# 차례

국어

사회

과학

정답과 해설

단원 평가

KB214472

↓ 정답과 해설은 EBS 초등사이트(primary.ebs.co.kr)에서 다운로드 받으실 수 있습니다.

교 재
내 용
문 의
교재 내용 문의는 EBS 초등사이트
(primary.ebs.co.kr)의 교재 Q&A
서비스를 활용하시기 바랍니다.

교 재
정오표
공 지
발행 이후 발견된 정오 사항을 EBS 초등사이트
정오표 코너에서 알려 드립니다.
교재 검색 ▶ 교재 선택 ▶ 정오표

교 재
정 정
신 청
공지된 정오 내용 외에 발견된 정오 사항이
있다면 EBS 초등사이트를 통해 알려 주세요.
교재 검색 ▶ 교재 선택 ▶ 교재 Q&A

# 자기주도학습 체크리스트

- ✓ 선생님의 친절한 강의로 여러분의 예습·복습을 도와 드릴게요.
- ✓ 공부를 마친 후에 확인란에 체크하면서 스스로를 칭찬해 주세요.
- ✓ 강의를 듣는 데에는 30분이면 충분합니다.

| 날짜 | 강의명 | | 확인 | 날짜 | 강의명 | | 확인 |
|---|---|---|---|---|---|---|---|
| | 강 | | | | 강 | | |
| | 강 | | | | 강 | | |
| | 강 | | | | 강 | | |
| | 강 | | | | 강 | | |
| | 강 | | | | 강 | | |
| | 강 | | | | 강 | | |
| | 강 | | | | 강 | | |
| | 강 | | | | 강 | | |
| | 강 | | | | 강 | | |
| | 강 | | | | 강 | | |
| | 강 | | | | 강 | | |
| | 강 | | | | 강 | | |
| | 강 | | | | 강 | | |
| | 강 | | | | 강 | | |
| | 강 | | | | 강 | | |
| | 강 | | | | 강 | | |
| | 강 | | | | 강 | | |
| | 강 | | | | 강 | | |
| | 강 | | | | 강 | | |
| | 강 | | | | 강 | | |
| | 강 | | | | 강 | | |
| | 강 | | | | 강 | | |
| | 강 | | | | 강 | | |
| | 강 | | | | 강 | | |

자기주도학습 체크리스트로 공부의 기쁨이 차곡차곡 쌓일 것입니다.

# 만점왕 통합본

## 국어 3-1

# 차례와 교과서 작품

| 만점왕 국사과 통합 정보 | | 국어 교과서 정보 | | |
| --- | --- | --- | --- | --- |
| 단원명 | 페이지 | 교과서 | 작품명 | 지은이 |
| **1** 재미가 톡톡톡 | **4** | 국어 (가) | 소나기<br>공 튀는 소리<br>바삭바삭 갈매기<br>으악, 도깨비다!<br>강아지풀 | 오순택<br>신형건<br>전민걸<br>손정원, 유애로<br>강현호 |
| | | 국어 활동 | 귀신보다 더 무서워 | 허은순 |
| **2** 문단의 짜임 | **26** | 국어 (가) | 장승<br>옛날에는 어떤 과자를 먹었을까요 | |
| **3** 알맞은 높임 표현 | **40** | 국어 (가) | 백화점, 편의점 등에서 물건을<br>높이는 말, 들어 보셨나요? | 국립국어원 |
| **4** 내 마음을 편지에 담아 | **56** | 국어 (가) | 리디아가 쓴 편지<br>(원제목: 리디아의 정원) | 세라 스튜어트 |
| **5** 중요한 내용을 적어요 | **72** | 국어 (가) | 민화<br>(원제목: 민화와 불화의 매력)<br>플랑크톤이란? | 장세현<br><br>김종문 |

# 구성과 특징

## 개념책

교과서 개념을 충실하게 반영하였으며 실전 문제로 교과 학습을 완벽하게 이해할 수 있도록 내용을 구성하였습니다.

## 단원 평가

다양한 문제를 풀어 보며 자신의 학습 상태를 점검하고 학교 단원 평가에 대비할 수 있도록 내용을 구성하였습니다.

## **1** 교과서 지문 학습

국어 교과서 지문과 활동을 자세히 살펴보고, 문제를 통해 해당 내용을 꼼꼼하게 익힐 수 있습니다.

| 만점왕 국사과 통합 정보 | | 국어 교과서 정보 | | |
|---|---|---|---|---|
| 단원명 | 페이지 | 교과서 | 작품명 | 지은이 |
| **6** 일이 일어난 까닭 | **90** | 국어 (나) | 쓰레기 정거장<br>행복한 짹짹콩콩이 | 영등포구청<br>박성배 |
| | | 국어 활동 | 나는야 우리말 탐정! | 허정숙 |
| **7** 반갑다, 국어사전 | **104** | 국어 (나) | 먹을 수 있는 꽃 요리 | 오주영 |
| **8** 의견이 있어요 | **118** | 국어 (나) | 오성과 한음<br>지구를 깨끗이 가꾸자<br>좋은 습관을 기르자 | |
| **9** 어떤 내용일까 | **133** | 국어 (나) | 다람쥐는 왜 쉬지 않고<br>딱딱한 걸 갉아 댈까요?<br>프린들 주세요<br>반딧불이<br>지진 발생 시 장소별 행동 요령 | 왕입분<br><br>앤드루 클레먼츠<br>김태우, 함윤미<br>행정안전부 누리집 |
| | | 국어 활동 | 담쟁이덩굴은 뿌리 덕분에 벽에 잘 달<br>라붙는다?<br>세상에서 가장 겁 많은 고양이 미요 | 김진옥<br><br>임정자 |
| **10** 문학의 향기 | **153** | 국어 (나) | 빗길<br>만복이네 떡집 | 성명진<br>김리리 |
| | | 국어 활동 | 바위나리와 아기별 | 마해송 |

**2** 교과서 핵심 정리

국어 교과서 각 단원에서 익혀야 할 학습 목표와 관련된 개념을 정리할 수 있습니다.

**3** 단원 정리 평가

꼭 알아야 할 단원의 핵심 문제를 풀어 봄으로써 자신의 실력을 점검해 볼 수 있습니다.

**4** 서술형 문제 & 수행 평가

각 단원에서 익힌 내용을 활용하여 학교 시험의 서술형 문제와 수행 평가에 대비할 수 있습니다.

준비 **느낌을 살려 사물 표현하기** 봄의 느낌을 어떻게 표현했는지 살펴보며, 대화를 봅시다.

**단원 학습 목표**

감각적 표현의 재미를 느끼며 작품을 읽을 수 있어요.

▶ **그림의 특징**: 창밖의 봄꽃을 보며 엄마와 아이들이 봄에 대해 감각적 표현을 사용해 대화하는 그림입니다.

▶ **감각적 표현**: 사물의 느낌을 눈으로 보고, 귀로 듣고, 입으로 맛보고, 코로 냄새 맡고, 손으로 만지듯이 생생하게 표현한 것

교과서 문제

**01** 이 그림에 대해 알맞게 말한 것은 무엇입니까? (　　　)

① 진수는 총 소리를 재미있게 표현했어.
② 진수는 꽃이 피어나는 소리를 들었어.
③ 진희는 여름에 대해 이야기하고 있어.
④ 진희는 꽃잎으로 손톱을 물들이고 있어.
⑤ 진희는 봄이 오는 느낌을 실감 나게 표현했어.

**02** 다음 빈칸에 들어갈 알맞은 말을 쓰시오.

진희와 진수처럼 사물의 느낌을 생생하게 표현한 것을 (　　　　　　) 표현이라고 합니다.

서술형

**03** 보기 와 같이 다음 그림에 어울리는 감각적 표현을 쓰시오.

보기

쉬이익쉬이익 파도의 숨소리

**기본** **소나기** 시에 나타난 감각적 표현을 살펴보며 「소나기」를 읽어 봅시다.

## 소나기

㉠누가 잘 익은 콩을
저렇게 쏟고 있나

또로록 마당 가득
실로폰 소리 난다

소나기 그치고 나면
하늘빛이 더 맑다

▶ **글의 종류:** 시
▶ **글쓴이:** 오순택
▶ **글의 특징:** 소나기 내리는 소리를 '잘 익은 콩을 쏟는 소리'와 '실로폰 소리'라고 감각적으로 표현한 시입니다.

**1**
단원

**교과서 문제**

**04** ㉠과 같이 표현한 까닭은 무엇입니까? ( )
① 빗방울이 콩처럼 딱딱해서
② 실로폰 소리와 콩 쏟는 소리가 들려서
③ 비가 올 때 콩을 쏟아 본 경험이 떠올라서
④ 마당에서 동생이 콩을 쏟는 장면을 보아서
⑤ 소나기 내리는 소리가 콩을 쏟는 소리와 비슷하게 느껴져서

**05** 이 시를 읽고 떠오르는 생각이나 느낌을 알맞게 말한 친구는 누구인지 쓰시오.

> 민지: 동생과 놀다가 콩을 쏟아서 엄마께 꾸중 들은 기억이 떠올라.
> 준현: 빗소리를 들으면서 콩을 쏟는 소리 같다고 표현한 점이 재미있어.

( )

**06** '또로록'이라는 표현을 넣고 읽을 때와 빼고 읽을 때에 느낌이 어떻게 다른지 다음 빈칸에 알맞은 말을 쓰시오.

> '또로록'이라는 표현을 넣으면 소나기 소리가 ( ).

**낱말 사전**

쏟고 액체나 물질을 그것이 들어 있는 용기에서 바깥으로 나오게 하고.

또로록 '또르르'의 시적 표현임.

그치고 계속되던 일이나 움직임이 멈추거나 끝나고.

기본 **공 튀는 소리** 시에 나타난 감각적 표현을 찾으며 「공 튀는 소리」를 읽어 봅시다.

- **글의 종류:** 시
- **글쓴이:** 신형건
- **글의 특징:** 앓아누워 학교에 가지 못한 아이가 골목에서 들려오는 공 튀는 소리를 듣고, 나가서 놀고 싶은 마음을 생생하게 표현한 시입니다.

# 공 튀는 소리

이틀째 앓아누워
학교에 못 갔는데, 누가 벌써
학교 갔다 돌아왔는지
골목에서 공 튀는 소리 들린다.

㉠ 탕탕―
땅바닥을 두들기고
탕탕탕―
담벼락을 두들기고
탕탕탕탕―

꽉 닫힌 창문을 두들기며
골목 가득 울리는
소리

㉡ 내 방 안까지 들어와
이리 튕기고 저리 튕겨 다닌다.

까무룩 또 잠들려는 나를
뒤흔들어 깨우고는, 내 몸속까지
튀어 들어와 탕탕탕―
㉢ 내 맥박을 두들긴다.

---

**교과서 문제**

**07** ㉠은 무엇을 표현한 말인지 빈칸에 알맞은 말을 쓰시오.

(　　　) 튀는 소리

**08** ㉡은 무엇을 표현한 것입니까?　　　　　　　　　　　(　　　)

① 방에서 공놀이를 하는 모습
② 친구가 내 방문을 두드리는 모습
③ 방에서 축구공을 가지고 노는 모습
④ 심장이 두근대는 소리를 듣는 모습
⑤ 공 튀는 소리가 방 안에 있는 말하는 이의 귀에 들리는 모습

**09** 이 시에서 무엇이 잘 느껴지게 감각적으로 표현하였는지 보기 에서 알맞은 말을 골라 빈칸에 쓰시오.

> **보기**
> 소리　냄새　모습　촉감　입맛

공 튀는 (　　　)와(과) (　　　)

**서술형**

**10** ㉢에서 알 수 있는 말하는 이의 마음은 무엇인지 쓰시오.

_____

_____

**낱말 사전**

앓아누워　아파서 자리에 누워.

까무룩　정신이 갑자기 흐려지는 모양.

맥박　심장이 뛰면서 생기는 핏줄의 움직임.

**1 재미가 톡톡톡**

## 바삭바삭 갈매기

나는 갈매기야.

큰 바위섬에 살고 있지. 파란 하늘과 구름은 언제 봐도 좋아.

따뜻한 바람이 불면 높이 날아올라 물고기 떼를 찾고, 배가 부르면 친구들과 모여서 수다를 떨지.

잡은 물고기를 먹는 것도 아주 좋아해.

적어도 그때까지는 그랬어.

㉠"뿌우우우우웅!"

어느 날, 큰 배가 바위섬으로 다가왔어.

㉡"쿵작 뿡짝 띠리리라라."

㉢노랫소리와 함께 큰 배가 바위섬 옆을 지났지.

소리를 지르고, 손을 흔들고, 뽀뽀를 하고, 노래를 부르는 많은 사람이 있었어.

큰 배 뒤쪽에서는 아이들이 ㉮무언가를 던지고 있었어.

툭툭! 바스락!

어, 이게 뭐지?

콕콕 쪼아 봤어.

㉣짭조름하고 고소한 냄새에 코끝이 찡했어.

조심스럽게 한 입 깨물어 보았지.

㉤와그작. / 바삭! 바삭!

"꺄아악!"

이…… 이 맛은 뭐지?

㉯그건 마치 훌쩍 날아오른 뒤에 바다 한쪽이 "쿵!" 무너져 내린 거대한 구멍 속으로 바닷물과 함께 빨려 드는 느낌이었어. / 바삭! 바삭!

> **글의 종류**: 이야기
> **글쓴이**: 전민걸
> **글의 특징**: 사람들이 준 '바삭바삭'의 맛을 잊지 못한 갈매기가 '바삭바삭'을 찾아 떠나는 내용으로, 소리, 냄새, 맛, 촉감 등을 생생하게 표현한 감각적 표현들이 많이 나타나 있는 글입니다.

**1** 단원

**11** ㉮ '무언가'에 대한 설명으로 알맞은 것에 ○표 하시오.

(1) 먹을 수 없는 것이다. ( )

(2) 짭조름하고 고소한 냄새가 난다. ( )

교과서 문제
**12** ㉠~㉤ 중 감각적 표현이 나타나지 않은 것의 기호를 쓰시오.

( )

교과서 문제
**13** ㉯를 읽고 떠오르는 생각이나 느낌을 알맞게 말한 친구는 누구인지 쓰시오.

> 우진: '나'가 바다 위에서 멋있게 나는 모습이 생생하게 느껴져.
> 연석: '나'가 무언가를 먹고 느낀 점이 더 재미있고 실감 나게 와 닿아.

( )

**낱말 사전**

짭조름하고 조금 짠맛이 있고.

비린내 날콩이나 물고기, 동물의 피 따위에서 나는 역겹고 메스꺼운 냄새.

물컹하지도 너무 익거나 끓어서 물크러질 정도로 물렁하지도.

부스러기 잘게 부스러진 물건.

부둣가 배를 대어 사람과 짐이 뭍으로 오르내릴 수 있도록 만들어 놓은 곳 근처.

모퉁이 구부러지거나 꺾어져 돌아간 자리, 변두리나 구석진 곳.

좁쌀 조의 열매를 찧은 쌀.

"더 먹고 싶어!"

우리는 큰 배를 따라 날았어.

사람들이 던져 주는 바삭바삭을 먹기 위해서는 ㉠배에 바짝 붙어서 날아야 했지.

고등어 떼를 잡을 때와는 달랐어.

한 개라도 더 먹기 위해 우리는 싸우듯 날았어.

정신없이 먹다 보니 어느새 사람들 마을이었어.

큰 배에서는 더 이상 바삭바삭이 나오지 않았지.

"짭조름하고 고소해!"

"물고기처럼 비린내도 안 나고, 물컹하지도 않아!"

"끼룩! 더 먹고 싶어!"

우리는 바삭바삭 이야기로 정신이 없었어.

우리는 한동안 바삭바삭을 맛볼 수 없었지만, 잊을 수가 없었어.

사람들 마을 이곳저곳을 찾아다녔지.

비슷해 보이는 것은 앞다투어 깨물어 보았고, 운이 좋으면 부스러기 같은 것을 발견할 때도 있었어.

때로는 부둣가에 모여 소리쳤어.

"꺄악! 깍! 끼룩! 끽!"

사람들은 먹다 남은 생선 대가리 같은 것만 던져 줬어.

그건 ㉡끈적거리고 비린내만 나지, 맛이 없었어.

자꾸만 화가 났어.

"고소하고 짭조름하고 바삭바삭한 그걸 달라고!"

---

**교과서 문제**

**14** 갈매기들이 ㉠과 같이 행동한 까닭은 무엇입니까? ( )

① 폭풍우가 불어서
② 고등어 떼를 잡기 위해서
③ 배에 탄 사람들을 구경하려고
④ 배에서 나오는 음악을 듣기 위해서
⑤ 사람들이 주는 '바삭바삭'을 먹고 싶어서

**15** ㉡에 대해 알맞게 말한 친구에 ○표 하시오.

갈매기가 느끼는 맛이 실감 나게 느껴져.

갈매기의 소리를 귀로 들은 것같이 생생하게 표현했어.

(1) ( )    (2) ( )

**16** 다음은 이 글에 나오는 '바삭바삭'에 대해 친구에게 소개하는 글입니다. ㉮~㉰ 중 잘못된 것을 골라 기호를 쓰시오.

> 갈매기들이 좋아하는 '바삭바삭'은 ㉮고소해. 조금 ㉯끈적거리긴 하지만 너무 맛있어. 한 입 물면 ㉰짭조름한 맛이 입 안에 확 퍼져. ㉱자꾸자꾸 먹고 싶어.

( )

**17** 이 글에 나타난 감각적 표현을 한 가지 찾아 쓰시오.

_____

_____

달이 밝은 어느 날 밤에 난 사람들이 살고 있는 마을 깊숙이 들어갔어.

어디선가 고소하고 짭조름한 냄새가 나는 것 같았거든.

깊은 골목 안쪽에서 크고 살찐 개를 만났어.

개를 묶고 있는 쇠사슬은 꽤나 무거워 보였어.

"고소하고 짭조름한 맛이 나고 요렇게 생긴 거 못 봤어? 바삭바삭 소리도 나는데……."

그 개는 별로 가르쳐 주고 싶지 않은 것 같았어.

큰 개가 사납게 짖어 댔지만 결국 바삭바삭이 있는 곳을 알게 해 줬지.

나는 정말 행복했어.

바삭바삭을 꽉 물고 달렸어.

달리고 달렸어.

**18** '나'가 마을 깊숙이 들어간 까닭은 무엇입니까? ( )

① 친구를 만나기 위해
② 큰 개를 만나기 위해
③ '바삭바삭'을 찾기 위해서
④ 사람들이 어떻게 사는지 궁금해서
⑤ 사람들이 '바삭바삭'을 준다고 해서

**19** 사람들이 살고 있는 마을 깊숙이 들어가서 '나'가 만난 것은 누구입니까? ( )

① 꿩
② 개
③ 참새
④ 고양이
⑤ 비둘기

**20** 이 글에 나오는 '개'에 대한 설명으로 알맞지 <u>않은</u> 것은 어느 것입니까? ( )

① 크고 살쪘다.
② 쇠사슬에 묶여 있었다.
③ 깊은 골목 안쪽에 있었다.
④ '나'에게 사납게 짖어 댔다.
⑤ '바삭바삭'이 어디 있는지 '나'에게 알려 주지 않았다.

**21** '바삭바삭'이 있는 곳을 알게 되었을 때 '나'의 마음은 어떠하였습니까? ( )

① 무섭다.
② 외롭다.
③ 불편하다.
④ 행복하다.
⑤ 궁금하다.

골목 모퉁이를 돌아 바삭바삭을 물어뜯으려는데,

"바삭! 바삭!"

소리가 들렸어.

어? 애들은 누구지?

어째서 이런 곳에…….

털도 빠져 있고, 똥에다가 쓰레기…….

얘네 날 수는 있을까?

그때였어!

㉠"야아아아아아옹!"

난 깜짝 놀라서 튀어 올랐어.

웬일인지 잘 날 수가 없었어.

숨이 가쁘고 목이 말랐어.

쿵쾅쿵쾅 심장이 뛰더니 점점 작아져서 좁쌀만 하게 되는 것 같았어.

더 숨이 가빠 왔어.

나는 날개를 젓고 또 저었어.

겨우 날아오른 곳은 어느 빨간 지붕 위였지.

아침 해가 뜨고 있었어.

"뿌우우우우웅."

친구들은 여전히 큰 배 주위에 몰려 있었어.

먼바다에서 따뜻한 바람이 불어왔어.

부둣가의 비릿한 냄새도 사람들의 복잡한 냄새도 나지 않았지.

㉡오랜만에 멀리 날았어.

**22** 골목 모퉁이를 돌아 '바삭바삭'을 물어뜯으려다가 만난 친구들에 대해 알맞게 말한 것에 ○표 하시오.

(1) 좋은 향기가 났다. ( )

(2) 털이 빠져 있었다. ( )

(3) 깨끗하고 단정해 보였다. ( )

(4) 잘 날 수 있을 것 같았다. ( )

**23** ㉠은 어떤 소리를 감각적으로 표현한 것입니까?

( )

① 고양이 울음소리

② 강아지 짖는 소리

③ 배가 떠나가는 소리

④ 해가 떠오르는 소리

⑤ '나'의 심장이 뛰는 소리

**24** ㉠의 소리를 들은 '나'는 무엇을 느꼈는지 감각적으로 표현한 부분을 찾아 쓰시오.

_____

_____

**25** ㉡에서 알 수 있는 것은 무엇입니까? ( )

① '나'는 바다를 떠났다.

② '나'의 마음이 편안해졌다.

③ '나'는 '바삭바삭'을 먹었다.

④ '나'는 '바삭바삭'을 잊지 못한다.

⑤ '나'가 다시 '바삭바삭'을 찾으러 떠났다.

## 으악, 도깨비다!

기차 타고 쿨쿨, 버스 타고 털털, 다시 타박타박 반나절을 가면 바람만 아는 깊은 산골에 장승 마을이 있어요.

이곳에 장승 친구들이 살고 있지요.

지루한 한낮, 멋쟁이 장승이 삐뎡니 장승을 놀렸어요.

"하하, 넌 이가 삐드러져 수박 먹기 좋겠다."

삐뎡니가 눈을 흘기면서 말했어요.

"그럼 수박 좀 가져와 봐. 이 '잘난 척 왕자'야!"

그러자 낮잠을 자던 퉁눈이 장승이 소리를 질렀어요.

"아휴, 시끄러워. 낮잠 좀 자게 조용히 해."

하지만 밤이 되면 장승 친구들은 신바람이 나요. 팔다리가 생겨 마음껏 뛰어놀 수 있거든요. ㉠ 날아서 훨훨, 헤엄치며 첨벙첨벙.

그렇지만 날이 밝기 전에 꼭 제자리로 돌아와야 해요. 그 약속을 어기면 다시는 움직일 수 없게 되니까요.

> **글의 종류**: 이야기
> **글쓴이**: 손정원
> **글의 특징**: 깊은 산골의 장승 마을에 살고 있는 장승 친구들이 위험에 처한 친구를 구한 뒤 마을을 지키게 되었다는 이야기입니다.

**1 단원**

---

**교과서 문제**

**26** 장승 친구들이 밤이 되면 신바람이 나는 까닭은 무엇입니까? ( )

① 산골이 환해져서
② 주변이 조용해져서
③ 누워서 잘 수 있어서
④ 찾아오는 사람이 많아서
⑤ 팔다리가 생겨 마음껏 뛰어놀 수 있어서

☆☆☆
**27** ㉠에서 알 수 있는 장승 친구들의 마음은 무엇입니까? ( )

① 슬픈 마음      ② 신나는 마음
③ 아쉬운 마음      ④ 초조한 마음
⑤ 안타까운 마음

**28** 장승 친구들이 날이 밝기 전에 꼭 제자리로 돌아와야 하는 까닭은 무엇인지 쓰시오.

_____

**낱말 사전**

반나절 한나절의 반.

삐드러져 끝이 밖으로 벌어져 나와.

흘기면서 눈동자를 옆으로 굴리어 못마땅하게 노려보면서.

신바람 신이 나서 우쭐우쭐하여지는 기운.

주먹코 뭉툭하고 크게 생긴 코, 또는 그런 코를 가진 사람.

수놓아요 색실로 수를 놓은 것처럼 아름다운 경치를 이루어요.

한숨 근심이나 설움이 있을 때, 또는 긴장하였다가 안도할 때 길게 몰아서 내쉬는 숨.

장승 친구들은 환한 보름달 아래에서 숨바꼭질도 해요.

"꼭꼭 숨어라. 머리카락 보인다."

"야, 이빨 보인다."

"아이고, 넌 배꼽 보여."

"주먹코도 보인다!"

㉠ 별빛처럼 맑은 웃음소리가 밤하늘을 수놓아요.

장승 친구들은 날이 밝는 줄도 몰랐어요.

"꼬끼오!"

멀리서 새벽닭 소리가 들려오자 뼈덩니가 소리쳤어요.

"벌써 아침이야! 빨리 돌아가지 않으면 여기서 꼼짝 못 하게 돼!"

모두들 정신없이 달렸어요.

그런데 멋쟁이가 보이지 않아요. 어디에 있는 걸까요?

**29** 장승 친구들이 환한 보름달 아래에서 한 것은 무엇입니까? ( )

① 줄넘기
② 공놀이
③ 연날리기
④ 강강술래
⑤ 숨바꼭질

**31** 아침이 왔다고 소리를 지른 인물은 누구입니까? ( )

① 퉁눈이 장승
② 멋쟁이 장승
③ 잘난 척 왕자
④ 뼈덩니 장승
⑤ 옹기 할아버지

**32** 장승 친구들이 달릴 때 보이지 않은 친구는 누구인지 쓰시오. ( )

**30** ㉠에 대해 알맞게 말한 친구는 누구입니까? ( )

① 호진: 장승 친구들의 아쉬운 마음이 느껴져.
② 가인: 밤하늘에 별빛이 아름다운 장면을 표현한 거야.
③ 연우: 장승 친구들이 하늘을 보며 별을 세는 장면이 떠올라.
④ 지호: 장승 친구들이 해맑게 웃으며 밤새 노는 모습을 감각적으로 표현했어.
⑤ 혜린: 아침이 되기 전에 빨리 돌아가야 하는 장승 친구들의 다급한 마음이 느껴져.

교과서 문제
**33** 이야기를 읽고 떠오른 생각이나 느낌을 알맞게 말한 친구에 ○표 하시오.

장승 친구들이 밤새 노는 모습이 재미있어 보여.

편안하게 아침까지 놀 수 있어서 부러워.

(1) ( ) (2) ( )

멋쟁이는 잘난 척하고 꼭꼭 숨어 있다가 그만 날이 밝은 줄도 모른 거예요.

멋쟁이는 이제 밤이 되어도 움직일 수 없게 되었어요.

㉠친구들이 밤마다 놀러 왔지만 멋쟁이는 조금도 즐겁지 않았어요.

뼈덩니가 '잘난 척 왕자'라고 약을 올려도 대꾸도 하지 않고 한숨만 푹푹 내쉬었지요.

어느 날, 멋쟁이는 물에 비친 제 얼굴을 보고 깜짝 놀랐어요.

㉡ 멋쟁이의 얼굴은 곰팡이도 슬고 조금씩 썩어 가고 있었거든요.

"내 얼굴이 왜 이렇게 됐지? 정말 이상해졌잖아!"

멋쟁이는 엉엉 울고 말았어요.

**교과서 문제**

**34** 멋쟁이가 제자리로 돌아오지 못한 까닭은 무엇입니까? (    )

① 달리기가 느려서
② 깜빡 잠이 들어서
③ 길을 잃고 헤매서
④ 너무 멀리 가 버려서
⑤ 잘난 척하고 꼭꼭 숨어 있다가 날이 밝은 줄 몰라서

**35** ㉠에 대한 까닭으로 알맞은 것은 무엇입니까? (    )

① 친구들과 싸웠기 때문이다.
② 퉁눈이가 자기를 찾아오지 않았기 때문이다.
③ 숨바꼭질에서 금방 술래가 되었기 때문이다.
④ 뼈덩니가 잘난 척한다고 놀렸기 때문이다.
⑤ 밤이 되어도 움직일 수 없게 되었기 때문이다.

**36** 멋쟁이가 물에 비친 자신의 얼굴을 보고 깜짝 놀란 까닭으로 알맞은 것을 두 가지 고르시오. (    ,    )

① 이가 커져 있었다.
② 코가 퉁퉁 부었다.
③ 여드름이 많이 났다.
④ 얼굴에 곰팡이가 슬었다.
⑤ 얼굴이 썩어 가고 있었다.

**서술형**

**37** ㉡에서 자신이 멋쟁이 장승이라면 어떤 마음이 들었을지 쓰시오.

_____

_____

며칠이 지난 뒤, 멋쟁이한테 놀러 갔던 짱구가 헐레벌떡 달려와서 말했어요.

"없어졌어. 멋쟁이가 감쪽같이 사라져 버렸어!"

"뭐라고? 어떻게 된 거지?"

모두들 놀랐어요.

짱구가 말했어요.

"사람들이 자꾸 옹기를 가져가더니 멋쟁이도 데려간 것 같아."

"빨리 도망가자! 안 그러면 우리도 멋쟁이처럼 잡혀갈 거야."

㉠통눈이가 주먹을 불끈 쥐고 대답했어요.

"그럼 멋쟁이를 그냥 내버려 두자는 말이야?"

"없어진 멋쟁이를 어디서 찾겠니? 그러다 우리도 잡혀가면 어떡해?"

㉡결국 장승 친구들 사이에 싸움이 벌어졌어요.

"여긴 돌아가신 옹기 할아버지가 만들어 준 우리 마을이야. 끝까지 이곳을 지키겠다고 한 약속 벌써 잊어버렸어?"

모두들 정신이 번쩍 났어요.

그래요. 지금까지 그 약속을 잘 지켰기 때문에 장승 친구들은 밤마다 자유롭게 움직일 수 있었던 거예요.

"자, 어서 멋쟁이를 찾아보자!"

---

**38** ㉠에서 알 수 있는 통눈이의 성격에 대해 알맞게 말한 친구에 ○표 하시오.

주먹을 불끈 쥐는 것으로 보아 통눈이는 화를 잘 내는 친구인가 봐.

(1) (     )

멋쟁이를 구하려고 하는 모습에서 의리 있는 친구라는 생각이 들어.

(2) (     )

멋쟁이처럼 잡혀갈까 봐 두려워하는 걸 보니 겁이 많은 친구네.

(3) (     )

**39** ㉡에서 장승 친구들은 무엇을 문제로 싸움을 벌였는지 ○표 하시오.

(1) 잡혀간 멋쟁이 장승을 구할지 그냥 도망갈지에 대한 문제 (     )

(2) 멋쟁이 장승이 잡혀간 곳에 걸어갈지 버스를 타고 갈지 정하는 문제 (     )

**40** 장승 친구들은 누구와의 약속을 떠올리며 멋쟁이를 찾아보기로 결정했습니까? (     )

① 멋쟁이

② 도둑들

③ 산신령

④ 통눈이

⑤ 옹기 할아버지

앞장서던 뼈덩니가 외쳤어요.

"저기다!"

자동차 불빛을 따라가 보니, 트럭에 실려 가는 멋쟁이가 보였어요.

장승 친구들은 옹기랑 멋쟁이를 싣고 가는 도둑들을 놀래 주기로 했어요.

크아악!

가르르륵

"으악, 도깨비다!"

도둑들은 도깨비처럼 살아 움직이는 장승들을 보고 너무 놀라 도망쳤어요.

장승 친구들은 도둑들을 물리치고 멋쟁이를 구해 냈어요.

뼈덩니가 말했어요.

"멋쟁이야, 놀렸던 것 미안해. 우리가 힘을 합치면 이렇게 널 찾고 마을을 지킬 수 있다는 것을 몰랐어."

멋쟁이도 웃으며 말했지요.

"고마워, 얘들아. 마을로 돌아간다는 것이 정말 꿈만 같아. 나 좀 꼬집어 봐."

㉠멋쟁이를 구하고 마을을 지키게 된 장승들은 신바람이 났어요.

언덕을 넘고 개울을 건너 바람만 아는 깊은 산골로 돌아갔지요. 오늘 밤에도 장승 마을에서는 별빛처럼 맑은 웃음소리가 들릴 거예요.

---

**교과서 문제**

**41** 도둑들은 소리치는 장승 친구들을 보고 무엇이라고 생각했는지 쓰시오.

( )

**43** ㉠에서 장승들의 마음은 어떠합니까?

( )

① 기쁜 마음

② 부러운 마음

③ 화나는 마음

④ 시샘하는 마음

⑤ 실망스러운 마음

**42** 장승 친구들이 멋쟁이를 구하러 왔을 때 멋쟁이는 어떤 느낌이 들었을지 알맞게 말한 친구는 누구인지 쓰시오.

> 연경: 마을로 돌아갈 수 있다는 생각에 기쁘고 고마웠을 거야.
> 희진: 평소에는 놀리던 친구들이 구하러 오니 별로 고맙지 않았을 것 같아.
> 미선: 조금 더 일찍 와 주지 못한 친구들에게 원망하는 마음이 들었을 거야.

( )

**서술형**

**44** 이 글을 읽고 떠오르는 생각이나 느낌을 보기 처럼 쓰시오.

> **보기**
> • '크아악!', '가르르륵'은 도깨비가 지르는 소리처럼 생생하게 느껴졌어.
> • 장승 친구들이 도둑들을 놀라게 하려고 소리 지르는 표현이 재미있었어.

_____

_____

실천 **강아지풀** 강아지풀의 느낌을 생각하며 「강아지풀」을 읽어 봅시다.

> ▶ 글의 종류: 시
> ▶ 글쓴이: 강현호
> ▶ 글의 특징: 풀숲에서 본 강아지풀이 마치 강아지처럼 '나'를 따라올 것 같아 자꾸만 숲길을 뒤돌아본다는 내용의 시로 강아지풀의 느낌을 감각적으로 표현하였습니다.

# 강아지풀

풀숲에서
귀여운 강아지를 만났다.

솜털같이 복슬복슬한
꼬리를 살랑살랑

㉠ 요요요
요요요요
정답게 부르면

우리 집까지
따라올 것 같아
자꾸만 숲길을 뒤돌아보았다.

---

**45** 이 시의 내용을 알맞게 설명한 것은 무엇입니까?　　　　　(　　　)
① 강아지를 불렀더니 졸졸 따라오고 있다.
② 강아지 꼬리를 직접 만져 보고 쓴 시이다.
③ 풀숲에서 강아지를 만난 내용을 담은 시이다.
④ 풀숲의 강아지풀을 보고 강아지 같다고 생각하는 시이다.
⑤ 강아지가 집까지 따라와서 곤란해하는 내용을 담은 시이다.

**46** 강아지가 꼬리를 흔드는 모양을 표현한 네 글자의 낱말을 찾아 쓰시오.
(　　　　　　　　　)

**47** ㉠을 어떤 느낌으로 낭송하면 좋을지 알맞게 말한 친구는 누구인지 쓰시오.

강아지를 약 올리듯이 혀를 낼름거리며 낭송해 보자.
수지

강아지가 그리운 것처럼 구슬픈 목소리로 낭송해야지!
혜선

강아지를 부르는 것처럼 손짓을 하며 낭송하는 게 좋을 것 같아.
민석

강아지를 피해 도망가듯이 숨을 헐떡이며 낭송하면 더 실감 날 것 같아.
지현

(　　　　　　　　　)

**낱말 사전**
복슬복슬한  살이 찌고 털이 많아서 귀엽고 탐스러운.
살랑살랑  팔이나 꼬리 따위를 가볍게 자꾸 흔드는 모양.

**1 재미가 톡톡톡**

# 귀신보다 더 무서워

| 가 | 바람이 부나 봐요. 나뭇잎 부딪치는 소리가 나요.<br><br>그때였어요.<br><br>만만이가 피리 소리를 냈어요. 만만이가 응석 부릴 때 내는 소리예요. 아직도 자기 집에 안 들어갔나 봐요. |
|---|---|
| 나 | 바람이 부나 봐요. 나뭇잎 부딪치는 소리가 나요.<br><br>"스스스스스 샤아아 샤아아아."<br><br>그때였어요.<br><br>"삐익 삐이이익 삐익 삑."<br><br>만만이가 피리 소리를 냈어요. 만만이가 응석 부릴 때 내는 소리예요. 아직도 자기 집에 안 들어갔나 봐요.<br><br>"스스스슥 샤아아 샤아사사."<br><br>"삑 삐이이익 삐익." |

**1단원**

> **글의 종류:** 이야기
> **글쓴이:** 허은순
> **전체 글의 내용:** 마당이 있는 집으로 이사 온 병만이와 동생 동만이. 삽살개 만만이는 밤이 되면 감나무 때문에 무서워합니다. 시커먼 그림자가 어른어른거리는데, 밖에 자꾸 귀신 소리가 나는 것 같습니다. 병만이와 동만이는 이야기를 하면서 무서움을 이겨 내고 만만이 집에 들어가 만만이와 함께 바람이 나뭇잎에 부딪치는 소리를 들으면서 파도치는 소리를 떠올리고 잠이 듭니다.

---

**교과서 문제**

**48** 글 **가**와 글 **나**는 어떻게 다른지 알맞게 말한 친구를 쓰시오.

> 덕준: 더 재미있고 실감 나게 읽을 수 있는 글은 글 **가**야.
> 현서: 글 **나**를 읽다 보면 실제로 소리가 들리는 것처럼 생생하게 느껴져.

(                    )

**49** 글 **나**에서 감각적 표현을 찾아 보기와 같이 쓰시오.

보기

| 감각적 표현 | 표현한 대상 |
|---|---|
| 스스스스스 샤아아 샤아아아 | 나뭇잎이 부딪치는 소리 |

| 감각적 표현 | 표현한 대상 |
|---|---|
| (1) | (2) |

**50** 감각적 표현을 생각하며 이야기를 읽으면 좋은 점을 두 가지 찾아 ○표 하시오.

(1) 이어질 이야기를 쉽게 알 수 있다. (          )

(2) 좀 더 재미있고 실감 나게 읽을 수 있다. (          )

(3) 이야기 흐름을 정확하게 이해할 수 있다. (          )

(4) 직접 보거나 듣는 것처럼 장면이 생생하게 그려진다. (          )

**낱말 사전**

응석 어른에게 어리광을 부리거나 귀여워해 주는 것을 믿고 버릇없이 구는 일.

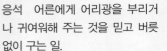

> **활동 내용**: 헷갈리기 쉬운 표기인 '-장이'와 '-쟁이'가 어떻게 다른지 알고, 바른 표기를 고르는 활동입니다.

# 낱말 표기에 주의하며 '-장이'와 '-쟁이' 구별하기

고집쟁이

개구쟁이

대장장이

옹기장이

| '-장이': '어떤 기술이 있는 사람'이라는 뜻을 더하는 말 | |
| --- | --- |
| '-장이'를 붙인 낱말의 예 | • 미장이<br>• 땜장이<br>• 간판장이<br>• 도배장이<br>• 양복장이 |

| '-쟁이': '어떤 특성이 있는 사람'이라는 뜻을 더하는 말 | |
| --- | --- |
| '-쟁이'를 붙인 낱말의 예 | • 멋쟁이<br>• 겁쟁이<br>• 고집쟁이<br>• 개구쟁이<br>• 심술쟁이 |

'-장이'는 직업을 가진 사람에 붙이는 말이야.

**51** 괄호 안의 낱말에서 바른 표기를 골라 ○표 하시오.

(1) 양복을 만드는 사람을 (양복쟁이, 양복장이)라고 해.

(2) 내 짝꿍은 장난이 심한 (개구장이, 개구쟁이)야.

(3) 쇠를 달구어 연장 따위를 만드는 일을 하는 사람을 (대장장이, 대장쟁이)라고 해.

(4) 내 동생은 엄마 말도 잘 안 듣고 고집도 센 (고집장이, 고집쟁이)야.

**낱말 사전**

대장장이 쇠를 달구어 연장 따위를 만드는 일을 하는 사람.

옹기장이 옹기그릇을 만드는 일을 하는 사람.

미장이 건축 공사에서 벽이나 천장, 바닥 따위에 흙, 시멘트 따위를 바르는 일을 하는 사람.

# 교과서 핵심 정리

## 핵심 ① 감각적 표현 알기

- 사물의 느낌을 눈으로 보고, 귀로 듣고, 입으로 맛보고, 코로 냄새 맡고, 손으로 만지듯이 생생하게 표현한 것입니다.
- 소리나 모양을 흉내 낸 말을 사용합니다.
- 사물을 다른 것에 빗대어 표현합니다.

예 그림에 어울리는 감각적 표현

|  |  |  |
|---|---|---|
| 총총 내리는 봄비 | 쉬이익쉬이익 파도의 숨소리 | 새싹의 초록빛 발차기 |

예 「소나기」에 나타난 감각적 표현

> 누가 잘 익은 콩을
> 저렇게 쏟고 있나
> 또로록 마당 가득
> 실로폰 소리 난다

→ 소나기가 내리는 소리를 콩을 쏟는 소리와 실로폰 소리에 빗대어 표현함.

예 「공 튀는 소리」에 나타난 감각적 표현

> 탕탕―
> 땅바닥을 두들기고
> 탕탕탕―
> 담벼락을 두들기고

→ 소리를 흉내 낸 말을 사용함.

> 감각적 표현이 있으면 재미있고 생생한 느낌이 들어.

## 핵심 ② 감각적 표현을 사용하면 좋은 점 알기

- 시나 이야기에서 표현하려는 대상이 생생하게 느껴집니다.
- 읽는 이가 재미있고 실감 나게 읽을 수 있습니다.

예 「바삭바삭 갈매기」에 나타난 감각적 표현 찾기

> 콕콕 쪼아 봤어.
> 짭조름하고 고소한 냄새에 코끝이 찡했어.
> 조심스럽게 한 입 깨물어 보았지.
> 와그작
> 바삭! 바삭!
> "꺄아악!"
> 이…… 이 맛은 뭐지?
> 그건 마치 훌쩍 날아오른 뒤에 바다 한쪽이 "쿵!" 무너져 내린 거대한 구멍 속으로 바닷물과 함께 빨려 드는 느낌이었어.

→ 갈매기 '나'가 '바삭바삭'을 먹고 난 뒤의 황홀한 느낌을 생생하고 재미있게 표현함.

## 핵심 ③ 이야기를 읽고 생각이나 느낌 나누기

- 감각적 표현을 생각하며 이야기를 읽고 내용을 파악합니다.
- 이야기에 나오는 인물이 되어 이야기를 나누어 봅니다.
- 이야기를 통해 자신의 경험을 되돌아보고 생각이나 느낌을 말합니다.

예 「으악, 도깨비다!」를 읽고 생각이나 느낌 말하기

> - 장승들이 숨바꼭질하는 모습이 신기하고 재미있었어.
> - 친구들끼리 힘을 합치면 어떤 어려움도 이겨 낼 수 있다는 생각이 들었어.

**01** 감각적 표현에 대해 알맞게 말하지 <u>못한</u> 것은 무엇입니까? ( )

① 재미있고 실감 나게 느껴진다.
② 사물을 다른 것에 빗대기도 한다.
③ 소리나 모양을 흉내 낸 말을 사용한다.
④ 사물의 느낌을 생생하게 표현한 것이다.
⑤ 감각적 표현을 쓰면 예의 바르게 느껴진다.

**02** 다음 그림을 감각적으로 표현한 문장은 무엇입니까? ( )

① 새싹이 자라나고 있다.
② 새싹이 바람에 흔들린다.
③ 새싹이 땅에서 돋아났다.
④ 새싹이 초록빛 발차기를 한다.
⑤ 새싹의 크기가 3센티미터 정도 된다.

**[03~04]** 다음 시를 읽고, 물음에 답하시오.

> 소나기
>
> 누가 잘 익은 콩을
> 저렇게 쏟고 있나
>
> 또로록 마당 가득
> 실로폰 소리 난다
>
> 소나기 그치고 나면
> 하늘빛이 더 맑다

**03** 소나기가 내리는 소리를 무엇과 무엇에 빗대어 썼는지 쓰시오.

( ), ( )

**04** 이 시를 읽고 떠오르는 생각이나 느낌을 알맞게 말한 친구는 누구인지 쓰시오.

> 현서: 비 오는 날 콩을 마당에 쏟는 아이의 모습이 떠올라.
> 지현: 빗방울 떨어지는 소리를 실로폰 소리가 난다고 표현한 것이 실감 나고 재미있어.
> 서진: '또로록'이라는 표현이 있으니까 실로폰 소리가 더 생생하게 느껴져.

( )

[05~07] 다음 시를 읽고, 물음에 답하시오.

이틀째 앓아누워
학교에 못 갔는데, 누가 벌써
학교 갔다 돌아왔는지
골목에서 공 튀는 소리 들린다.

㉠탕탕– / 땅바닥을 두들기고
탕탕탕– / 담벼락을 두들기고
탕탕탕탕–
꽉 닫힌 창문을 두들기며
골목 가득 울리는 / 소리

내 방 안까지 들어와
이리 튕기고 저리 튕겨 다닌다.

까무룩 또 잠들려는 나를
뒤흔들어 깨우고는, 내 몸속까지
튀어 들어와 탕탕탕– / 내 맥박을 두들긴다.

**05** ㉠은 무엇을 표현한 말인지 쓰시오.

( )

**06** 이 시에 잘 드러나 있는 글쓴이의 마음에 ○표 하시오.

(1) 책을 읽고 싶은 마음 ( )
(2) 학교에 가고 싶지 않은 마음 ( )
(3) 밖에 나가 공놀이를 하고 싶은 마음

( )

**07** 이 시를 읽고 자신의 경험과 관련지어 생각이나 느낌을 알맞게 말한 친구는 누구인지 쓰시오.

우석: 공 튀는 소리가 너무 커서 말하는 이가
아픈데 더 힘들었을 것 같아.
수현: 나도 아파서 학교 못 갔는데 친구들
이 노는 걸 보고 부러워한 적이 있어.

( )

[08~10] 다음 글을 읽고, 물음에 답하시오.

㉠"쿵작 뿡짝 띠리리라라."
노랫소리와 함께 큰 배가 바위섬 옆을 지났지.
소리를 지르고, 손을 흔들고, 뽀뽀를 하고, 노래
를 부르는 많은 사람이 있었어.
큰 배 뒤쪽에서는 아이들이 무언가를 던지고 있
었어.
툭툭! 바스락! / 어, 이게 뭐지?
콕콕 쪼아 봤어.
㉡짭조름하고 고소한 냄새에 코끝이 찡했어.
㉢조심스럽게 한 입 깨물어 보았지.
㉣와그작. / 바삭! 바삭!
"꺄아악!" / 이…… 이 맛은 뭐지?
㉤그건 마치 훌쩍 날아오른 뒤에 바다 한쪽이
"쿵!" 무너져 내린 거대한 구멍 속으로 바닷물과 함
께 빨려 드는 느낌이었어.

**08** ㉠~㉣ 중 감각적 표현이 아닌 것의 기호를 쓰시오.

( )

**09** ㉤은 무엇을 표현한 것입니까? ( )

① 배에서 들린 소리
② 갈매기가 하늘을 나는 느낌
③ '나'가 폭풍우를 만났던 경험
④ 갈매기가 바닷물에 빠졌던 경험
⑤ '나'가 '바삭바삭'을 먹고 난 느낌

**10** 다음은 이야기를 읽고 난 뒤의 생각이나 느낌을 말한 것입니다. 빈칸에 들어갈 알맞은 말을 보기에서 골라 쓰시오.

보기
재미  우아  생생  애교

• 과자의 냄새와 과자를 먹은 느낌을
(1) ( )하게 표현하고 있어서 더
(2) ( )있게 느껴져.

[11~14] 다음 글을 읽고, 물음에 답하시오.

> **가** 장승 친구들은 환한 보름달 아래에서 숨바꼭질도 해요.
> "꼭꼭 숨어라. 머리카락 보인다."
> "야, 이빨 보인다."
> "아이고, 넌 배꼽 보여."
> "주먹코도 보인다!"
> 별빛처럼 맑은 웃음소리가 밤하늘을 수놓아요.
> **나** 멋쟁이는 잘난 척하고 꼭꼭 숨어 있다가 그만 날이 밝은 줄도 모른 거예요.
> 멋쟁이는 이제 밤이 되어도 움직일 수 없게 되었어요.
> 친구들이 밤마다 놀러 왔지만 멋쟁이는 조금도 즐겁지 않았어요.
> 뼈덩니가 '잘난 척 왕자'라고 약을 올려도 대꾸도 하지 않고 한숨만 푹푹 내쉬었지요.
> 어느 날, 멋쟁이는 물에 비친 제 얼굴을 보고 깜짝 놀랐어요.
> 멋쟁이의 얼굴은 곰팡이도 슬고 조금씩 썩어 가고 있었거든요.
> "내 얼굴이 왜 이렇게 됐지? 정말 이상해졌잖아!"
> 멋쟁이는 엉엉 울고 말았어요.

**11** 이 글의 내용으로 알맞지 않은 것은 무엇입니까?

( )

① 멋쟁이의 얼굴은 썩어 가고 있었다.
② 장승 친구들이 밤마다 멋쟁이를 찾아왔다.
③ 멋쟁이는 자신의 얼굴을 보고 울고 말았다.
④ 멋쟁이는 숨바꼭질을 하다 돌아오지 못했다.
⑤ 주먹코는 밤이 되어도 움직일 수 없게 되었다.

**12** 글 **가** 에서 장승 친구들이 신나게 숨바꼭질하는 모습이 감각적으로 표현된 문장을 찾아 쓰시오.

_____

**13** 이 글을 읽고 떠오른 생각이나 느낌을 알맞게 말하지 못한 친구는 누구인지 쓰시오.

> 현진: 장승 친구들이 밤에 신나게 노는 장면이 재미있었어.
> 준우: 몸을 움직이지 못하게 된 멋쟁이 장승이 안타까웠어.
> 정현: 멋쟁이 얼굴이 곰팡이도 슬고 썩어 가고 있다니 부럽다는 생각을 했어.

( )

**서술형**

**14** 친구들과 이야기 나누기 놀이를 한다면 장승들에게 어떤 질문을 하고 싶은지 **보기** 처럼 쓰시오.

> **보기**
> 멋쟁이 장승아, 몸을 움직이지 못하게 됐을 때 어떤 기분이 들었어?

_____

_____

[15~16] 다음 시를 읽고, 물음에 답하시오.

> 강아지풀
>
> 풀숲에서
> 귀여운 강아지를 만났다.
>
> 솜털같이 ㉠복슬복슬한
> 꼬리를 ㉡살랑살랑
>
> ㉢요요요
> 요요요요
> 정답게 부르면
>
> 우리 집까지
> 따라올 것 같아
> 자꾸만 숲길을 뒤돌아보았다.

**15** 이 시에서 감각적으로 표현하고 있는 대상은 무엇입니까? ( )

① 솔방울　　　　② 밤송이
③ 솜사탕　　　　④ 민들레꽃
⑤ 강아지풀

**16** 이 시를 읽고 ㉠~㉢에 대한 생각이나 느낌을 알맞게 말한 것은 무엇인지 기호를 쓰시오.

> ㉮ ㉠은 강아지풀을 만져 본 느낌을 표현한 것입니다.
> ㉯ ㉡은 풀숲에서 만난 강아지가 꼬리를 흔드는 모양을 말합니다.
> ㉰ ㉢은 강아지를 혼내는 것처럼 큰 목소리로 낭송하면 좋겠습니다.

( )

국어 활동

**[17~18]** 다음 글을 읽고, 물음에 답하시오.

> ㉮ 바람이 부나 봐요. 나뭇잎 부딪치는 소리가 나요.
> 　그때였어요.
> 　만만이가 피리 소리를 냈어요. 만만이가 응석 부릴 때 내는 소리예요. 아직도 자기 집에 안 들어갔나 봐요.
> ㉯ 바람이 부나 봐요. 나뭇잎 부딪치는 소리가 나요.
> ㉠"스스스스스 샤아아 샤아아아."
> 　그때였어요.
> "삐익 삐이이익 삐익 삑."
> 　만만이가 피리 소리를 냈어요. 만만이가 응석 부릴 때 내는 소리예요. 아직도 자기 집에 안 들어갔나 봐요.
> "스스스슥 샤아아 샤아사사."
> "삑 삐이이익 삐익."

**17** 글 ㉮와 ㉯ 중 감각적 표현을 사용해 더 재미있고 생생하게 느껴지는 글의 기호를 쓰시오.

( )

**18** ㉠은 무슨 소리입니까? ( )

① 강아지 울음소리
② 새싹이 돋는 소리
③ 매미가 우는 소리
④ 뱀이 기어가는 소리
⑤ 나뭇잎 부딪치는 소리

**19** 감각적 표현을 생각하며 이야기를 읽으면 좋은 점을 알맞게 말한 것은 무엇입니까? ( )

① 모르는 낱말 뜻을 알 수 있다.
② 중심 문장을 잘 찾게 도와준다.
③ 이어질 이야기를 쉽게 알 수 있다.
④ 이야기 흐름을 정확하게 이해할 수 있다.
⑤ 직접 보거나 듣는 것처럼 장면이 생생하게 그려져서 좋다.

국어 활동

**20** 다음 중 밑줄 친 낱말의 표기가 잘못된 것은 무엇입니까? ( )

① 놀부는 심술쟁이다.
② 우리 아빠는 멋쟁이다.
③ 내 동생은 말을 참 안 듣는 개구쟁이다.
④ 그 대장장이는 칼을 만들기 위해 열심히 일을 하고 있다.
⑤ 체험학습에 가서 옹기그릇을 만드는 옹기쟁이를 보았다.

# 서술형 문제

**1. 재미가 톡톡톡**

**01 ~ 02**

앞장서던 뻐덩니가 외쳤어요.

"저기다!"

자동차 불빛을 따라가 보니, 트럭에 실려 가는 멋쟁이가 보였어요.

장승 친구들은 옹기랑 멋쟁이를 싣고 가는 도둑들을 놀래 주기로 했어요.

크아악!

가르르륵

"으악, 도깨비다!"

도둑들은 도깨비처럼 살아 움직이는 장승들을 보고 너무 놀라 도망쳤어요.

**01** 장승 친구들이 도둑들을 놀래 주는 장면을 생생하게 표현한 부분을 글에서 모두 찾아 쓰시오.

_____

_____

**02** 이 이야기 속에 나오는 인물이 되어 이야기 나누기 놀이를 할 때, 다음 질문에 대한 답을 쓰시오.

> 질문 : 당신이 멋쟁이 장승이라면 다른 장승 친구들이 도둑들에게 잡혀간 멋쟁이 장승을 구하러 올 때 어떤 기분이 들었을까요?

_____

_____

_____

_____

**03**

강아지풀

풀숲에서
귀여운 강아지를 만났다.

솜털같이 복슬복슬한
꼬리를 살랑살랑

요요요
요요요요
정답게 부르면

우리 집까지
따라올 것 같아
자꾸만 숲길을 뒤돌아보았다.

**03** 이 시에서 감각적 표현을 한 가지만 찾고, 그렇게 생각한 까닭을 쓰시오.

(1) 감각적 표현: _____

_____

_____

(2) 그렇게 생각한 까닭: _____

_____

_____

# 수행 평가

 **1. 재미가 톡톡톡**

**학습 주제** 「공 튀는 소리」를 읽고 감각적 표현 찾기　　　**배점** 20점

**학습 목표** 시에 나타난 감각적 표현을 찾고, 나의 경험과 관련하여 감각적 표현을 활용해 시를 바꾸어 쓸 수 있다.

---

이틀째 앓아누워
학교에 못 갔는데, 누가 벌써
학교 갔다 돌아왔는지
골목에서 공 튀는 소리 들린다.

탕탕–
땅바닥을 두들기고
탕탕탕–
담벼락을 두들기고
㉠탕탕탕탕–
꽉 닫힌 창문을 두들기며

골목 가득 울리는
소리

내 방 안까지 들어와
이리 튕기고 저리 튕겨 다닌다.

까무룩 또 잠들려는 나를
뒤흔들어 깨우고는, 내 몸속까지
튀어 들어와 탕탕탕–
㉡ 내 맥박을 두들긴다.

---

**1** ㉠은 무엇을 나타낸 소리인지 쓰시오.

　　　　　　　　　　　　( 　　　　　　　　　　　　　 )

**2** 말하는 이가 ㉡과 같이 말한 까닭은 무엇인지 쓰시오.

_____

**3** 시에 나타난 감각적 표현을 생각하며 시를 바꾸어 쓰시오.

이틀째 앓아누워
학교에 못 갔는데, 누가 벌써
학교 갔다 돌아왔는지
골목에서 _____ 소리 들린다.

_____–
땅바닥을 두들기고

_____–
담벼락을 두들기고
_____–
꽉 닫힌 창문을 두들기며
골목 가득 울리는
소리

**단원 학습 목표**

문단의 짜임을 생각하며 글을 읽고 쓸 수 있어요.

▶ 글의 종류: 설명하는 글
▶ 글의 특징: 로봇 박물관에 다녀와서 로봇에 대해 쓴 글로, 로봇이 하는 여러 가지 일에 대해 설명하고 있습니다.

가 한결이와 이모가 로봇 박물관에 가서 여러 가지 로봇을 보며 대화를 나누고 있습니다.

나 로봇은 여러 가지 일을 합니다.

### 가 한결이와 이모의 대화

### 나 한결이가 학급 누리집에 쓴 글

> 로봇은 여러 가지 일을 합니다. 감시용 로봇은 도둑이 집에 들어오는지 살피는 일을 합니다. 해양 탐사 로봇은 바다 깊은 곳에 가서 그곳 상태를 조사합니다. 정확하게 수술할 수 있도록 도와주는 의료용 로봇도 있습니다.

---

교과서 문제

**01** 그림 가 에서 한결이와 이모가 간 곳은 어디인지 쓰시오.

( ) 박물관

교과서 문제

**02** 해양 탐사 로봇이 하는 일은 무엇입니까? ( )

① 사람이 없을 때 집을 지키는 일
② 도둑이 집에 들어오는지 살피는 일
③ 바다 깊은 곳의 상태를 조사하는 일
④ 집 안을 깨끗하게 청소하도록 도와주는 일
⑤ 의사가 정확하게 수술할 수 있도록 도와주는 일

**03** 글 나 에서 한결이가 설명하는 것은 무엇입니까? ( )

① 로봇을 사용하는 방법  ② 로봇의 다양한 생김새
③ 로봇 박물관에 가는 길  ④ 로봇이 하는 여러 가지 일
⑤ 로봇을 개발하는 일의 중요성

**낱말 사전**

**감시** 단속하기 위하여 주의 깊게 살핌.

**해양** 넓고 큰 바다.

**탐사** 알려지지 않은 사물이나 사실 따위를 샅샅이 더듬어 조사함.

**조사합니다** 어떤 일이나 사물의 내용을 알기 위하여 자세히 살펴보거나 찾아봅니다.

**의료** 의학과 관련된 기술로 상처나 병을 치료함.

기본 **장승** 중심 문장과 뒷받침 문장을 찾으며 「장승」을 읽어 봅시다.

## 장승

**1** 장승은 여러 가지 구실을 했습니다. 우리 조상은 장승이 나쁜 병이나 기운이 마을로 들어오는 것을 막아 준다고 믿었습니다. 장승은 나그네에게 길을 알려 주기도 했습니다. 또 장승은 마을과 마을 사이를 나누는 구실도 했습니다.

**2** 장승은 나무나 돌에 사람의 얼굴 모습을 조각해 만들었습니다. 할아버지처럼 친근한 얼굴도 있고, 도깨비처럼 무서운 얼굴도 있습니다. 우스꽝스러운 장난꾸러기 얼굴을 한 장승도 있습니다.

### 중심 문장 찾기

**가** 설날에는 연날리기나 제기차기를 합니다. 정월 대보름에는 쥐불놀이를 합니다. 단오에는 씨름이나 그네뛰기를 합니다. 이처럼 우리나라에는 명절마다 하는 놀이가 있습니다.

**나** 불은 원시인의 삶을 크게 바꾸어 놓았습니다. 원시인들은 불을 피워 추위를 이겨 냈습니다. 불을 피워 사나운 동물의 공격도 피할 수 있었습니다. 원시인들은 불로 음식을 익혀 먹기도 했습니다.

> ▶ **글의 종류**: 설명하는 글
> ▶ **글의 특징**: 장승의 여러 가지 구실과 장승의 모습을 설명하는 글입니다.
>
> **1** 장승은 여러 가지 구실을 했습니다.
> **2** 장승은 나무나 돌에 사람의 얼굴 모습을 조각해서 만들었습니다.

**2**
단원

**04** 글 **1** 에서 글쓴이가 주로 말하고자 하는 내용은 무엇입니까?　( 　 )
① 장승이 여러 가지 구실을 했다.
② 장승은 나그네에게 길을 알려 주었다.
③ 장승은 나쁜 병이 마을로 들어오는 것을 막았다.
④ 장승은 마을과 마을 사이를 나누는 구실을 했다.
⑤ 장승은 나쁜 기운이 마을로 들어오지 못하게 했다.

서술형
**05** 글 **2** 에서 중심 문장과 뒷받침 문장을 구분하여 알맞은 문장을 찾아 쓰시오.

| 중심 문장 | (1) |
| --- | --- |

| 뒷받침 문장 | 뒷받침 문장 |
| --- | --- |
| 할아버지처럼 친근한 얼굴도 있고, 도깨비처럼 무서운 얼굴도 있습니다. | (2) |

**날말 사전**

**구실** 마땅히 해야 할 일이나 역할.

**기운** 어떤 일이 벌어지려고 하는 분위기.

**조각** 재료를 새기거나 깎아서 모양을 만듦.

**친근한** 사귀어 지내는 사이가 아주 가까운.

교과서 문제
**06** 글 **가** 와 **나** 의 중심 문장에 밑줄을 그으시오.

기본 옛날에는 어떤 과자를 먹었을까요  중심 문장을 파악하며 글을 읽어 봅시다.

> 글의 종류: 설명하는 글
> 글의 특징: 우리 조상이 만들어 먹었던 여러 가지 한과에 대해 설명하는 글입니다.

1 우리 조상은 여러 가지 한과를 만들어 먹었습니다.

2 약과는 밀가루를 꿀과 기름 따위로 반죽해 기름에 지진 과자입니다.

3 강정은 찹쌀가루를 반죽해 기름에 튀긴 뒤에 고물을 묻힌 과자입니다.

4 엿은 곡식이나 고구마 녹말에 엿기름을 넣어 달게 졸인 과자입니다.

## 옛날에는 어떤 과자를 먹었을까요

1 우리 조상은 여러 가지 한과를 만들어 먹었습니다. 한과는 전통 과자를 말합니다. 한과에는 약과, 강정, 엿처럼 여러 가지가 있습니다. 요즘에는 한과를 주로 시장에서 사 먹지만, 옛날에는 한과를 집에서 만들어 먹었습니다.

2 약과는 밀가루를 꿀과 기름 따위로 반죽해 기름에 지진 과자입니다. 꿀물이나 조청에 넣어 두어 속까지 맛이 배면 꺼내어 먹습니다. 지금은 국화 모양을 본떠서 많이 만들지만, 옛날에는 새, 물고기 같은 모양으로 만들었다고 합니다. 약과를 만들 때에는 만들고 싶은 모양으로 나무를 파서, 반죽한 것을 그 속에 넣어 찍어 냅니다.

3 ㉠강정은 찹쌀가루를 반죽해 기름에 튀긴 뒤에 고물을 묻힌 과자입니다. ㉡찹쌀가루를 반죽할 때에는 꿀과 술을 넣습니다. ㉢그런 다음에 끈기가 생길 때까지 반죽을 쳐서 갸름하게 썰어 말린 뒤 기름에 튀깁니다. ㉣깨, 잣가루, 콩가루와 같은 고물을 묻혀 먹습니다.

4 엿은 곡식이나 고구마 녹말에 엿기름을 넣어 달게 졸인 과자입니다. 엿을 만드는 데 쓰이는 곡식으로는 쌀, 찹쌀, 옥수수, 조 따위가 있습니다. 엿을 만들 때 호두나 깨, 콩 따위를 섞으면 더욱 맛있습니다. 옛날에는 가락엿을 부러뜨려, 그 속의 구멍이 더 많고 더 큰 쪽이 이기는 엿치기를 하기도 했습니다.

### 낱말 사전

반죽  가루에 물을 부어 이겨 갬.

지진  불에 달군 판에 기름을 바르고 전 따위를 부쳐 익힌.

조청  묽게 고아서 굳지 않은 엿.

고물  인절미나 경단 따위의 겉에 묻히거나, 시루떡의 켜와 켜 사이에 뿌리는 가루로 된 재료.

끈기  끈적끈적한 기운.

갸름하게  가늘고 긴 듯하게.

엿기름  식혜나 엿을 만드는 데 쓰는, 보리에 물을 부어 싹이 트게 한 다음에 말린 것.

졸인  찌개, 국, 한약 등의 물을 줄어들게 하여 양이 적어지게 한.

#### 교과서 문제

07 한과에 대해 알맞은 설명을 선으로 이으시오.

(1) 엿 •

(2) 강정 •

(3) 약과 •

• (가) 밀가루를 꿀과 기름 따위로 반죽해 기름에 지진 과자

• (나) 찹쌀가루를 반죽해 기름에 튀긴 뒤에 고물을 묻힌 과자

• (다) 곡식이나 고구마 녹말에 엿기름을 넣어 달게 졸인 과자

08 1 문단에서 중심 문장을 찾아 밑줄을 그으시오.

09 ㉠~㉣ 중에서 중심 문장을 찾아 기호를 쓰시오.

(                    )

기본 **문단 쓰기** 중심 문장과 뒷받침 문장을 생각하며 문단을 써 봅시다.

**2 문단의 짜임**

## 생각그물로 정리한 내용 보고 문단 쓰기

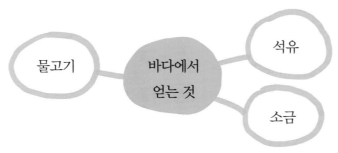

**1** 우리는 바다에서 많은 것을 얻습니다. 바닷물로 소금을 만들 수 있습니다. 바다에서 석유도 얻을 수 있습니다. _____ ㉠ _____

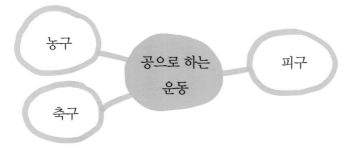

**2** ㉮ 공으로 하는 운동에는 여러 가지가 있습니다. ㉯ 축구는 발로 공을 차서 골대에 넣는 운동입니다. _____ ㉡ _____ . ㉰ 피구는 공을 던져 상대를 맞히는 운동입니다.

---

**10** ㉠에 들어갈 문장으로 알맞은 것은 무엇입니까? ( )

① 바닷물이 매우 맑습니다.
② 맑은 물에 물고기가 삽니다.
③ 바다에서 물고기를 얻을 수 있습니다.
④ 바다에서 놀 때 파도를 조심해야 합니다.
⑤ 물고기를 위해 바다에 쓰레기를 버리면 안 됩니다.

**11** ㉮~㉰에서 중심 문장을 찾아 기호를 쓰시오.

( )

서술형
**12** ㉡에 들어갈 알맞은 뒷받침 문장을 쓰시오.

_____

---

**오른쪽 내용 (사이드바)**

**1** 우리는 바다에서 많은 것을 얻습니다.

**2** 공으로 하는 운동에는 여러 가지가 있습니다.

**낱말 사전**

**석유** 땅속에서 천연으로 나며 태워서 에너지를 만드는, 주로 자동차나 공장의 연료로 쓰는 검은색의 기름.

**차서** 발을 뻗어서 어떤 것을 힘껏 지르거나 받아 올려서.

**맞히는** 무엇을 목표 지점에 맞게 하는.

## 중심 문장과 뒷받침 문장을 생각하며 문단 쓰는 방법

**1** 무엇에 대해 글을 쓸지 생각하기

**2** 무엇에 대해 글을 쓸지 정하기

**3** 쓰고 싶은 것을 자세히 알아보기

도서관에서 관련 책 찾아보기

인터넷에서 조사하기

부모님께 여쭈어보기

**4** 쓸 내용을 생각그물로 정리하기

**5** 중심 문장, 뒷받침 문장 쓰기
- 문단에서 가장 중요한 내용을 중심 문장으로 삼아야 합니다.
- 뒷받침 문장에서는 중심 문장을 덧붙여 설명하거나 예를 듭니다.

**6** 중심 문장과 뒷받침 문장을 넣어 한 문단으로 글 완성하기
- 중심 문장과 뒷받침 문장이 무엇인지 생각하며 써야 합니다.

---

**중심 문장과 뒷받침 문장을 생각하며 문단 쓰기**

1. 무엇에 대해 글을 쓸지 여러 가지를 떠올린다.
2. 떠올린 것 중에서 글을 쓸 대상을 정한다.
3. 쓰고 싶은 것에 대해 쓸 내용을 자세히 알아본다.
4. 쓸 내용을 중심 내용과 뒷받침 내용으로 나누어 생각그물로 정리한다.
5. 중심 문장과 뒷받침 문장을 쓴다.
6. 중심 문장과 뒷받침 문장을 넣어 한 문단으로 글을 쓴다.

---

**13** 중심 문장과 뒷받침 문장을 생각하며 문단을 쓰려고 합니다. 자신이 쓰고 싶은 것을 조사하는 방법으로 알맞지 <u>않은</u> 것에 ○표 하시오.

(1) 일기장을 찾아봅니다. ( )

(2) 인터넷에서 조사합니다. ( )

(3) 도서관에서 관련 책을 찾아봅니다. ( )

**14** 다음 중 문단에 어울리지 <u>않는</u> 문장은 무엇인지 기호를 쓰시오.

> ㉠ <u>우리 학교 도서관에는 여러 종류의 책이 있습니다.</u> ㉡ <u>우리 학교 도서관에는 동화책이 있습니다.</u> ㉢ <u>동화책이 동시집보다 더 재미있습니다.</u> ㉣ <u>여러 곤충에 대해 자세히 알 수 있는 곤충도감도 있습니다.</u>

( )

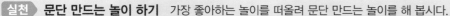

**1** 자신이 가장 좋아하는 놀이 떠올리기

㉠ 딱지치기, 고무줄놀이, 줄넘기 등

**2** 자신이 설명할 놀이에 대해 정리하기 ㉠

| 좋아하는 놀이 | 참여하는 사람의 수 |
|---|---|
| 고무줄놀이 | 두 명 이상 |

| 준비물 | ㉠ |
|---|---|
| 긴 고무줄 | 노래에 맞추어 발목에 건 고무줄을 여러 가지 방법으로 넘는다. |

**3** 문단 만드는 놀이

• 자신이 설명할 놀이에 대해 정리한 것을 보고, 중심 문장과 뒷받침 문장을 갖추어 놀이를 자세히 설명합니다.

• 다른 친구들은 설명을 잘 듣고 어떤 놀이인지 알아맞힙니다.

> 이 놀이는 여러 가지 방법으로 할 수 있습니다. 긴 고무줄을 노래에 맞추어 고무줄이 발에 닿지 않게 넘습니다. 이 놀이는 무엇일까요?

**주의할 점**

• 차례를 지키며 놀이를 진행합니다.

• 친구의 이야기를 끝까지 잘 듣고 어떤 놀이인지 알아맞힙니다.

**15** 자신이 좋아하는 놀이를 떠올려 문단 만드는 놀이를 하려고 합니다. 떠올린 것으로 알맞지 <u>않은</u> 것은 어느 것입니까? ( )

① 줄넘기
② 딱지치기
③ 바이올린
④ 공기놀이
⑤ 고무줄놀이

**16** ㉠에 들어갈 알맞은 말은 무엇입니까?

( )

① 놀이 이름
② 놀이 방법
③ 놀이 유래
④ 놀이 시간
⑤ 놀이 장소

서술형

**17** 루안이가 좋아하는 놀이에 대해 글을 쓴다고 할 때, **2** 에서 정리한 내용을 바탕으로 하여 빈칸에 들어갈 알맞은 내용을 쓰시오.

> 제가 가장 좋아하는 놀이는 고무줄놀이입니다. 고무줄놀이는 여러 명이 함께 할 수 있는 놀이입니다. (1) _____
>
> _____
>
> _____
>
> (2) _____
>
> _____
>
> _____

국어 활동 중심 문장과 뒷받침 문장을 찾으며 글을 읽어 봅시다.

동물들의 보호색
▶ 글의 종류: 설명하는 글
▶ 글의 특징: 보호색으로 자신의 몸을 지키는 여러 동물을 설명하는 글입니다.
▶ 글의 내용: 동물들은 보호색으로 자신의 몸을 지킵니다.

내가 좋아하는 동물, 햄스터
▶ 글의 종류: 설명하는 글
▶ 글의 특징: 좋아하는 동물인 햄스터에 대해 설명하는 글입니다.
▶ 글의 내용: 내가 좋아하는 동물은 햄스터입니다.

### 동물들의 보호색

㉠동물들은 보호색으로 자신의 몸을 지킵니다. ㉡나뭇잎을 기어 다니는 애벌레는 초록색이어서 눈에 잘 띄지 않습니다. ㉢나방은 나무껍질과 비슷한 보호색으로 천적을 속입니다. ㉣개구리도 사는 곳에 따라 녹색이나 갈색으로 색깔을 바꾸어 자신을 보호합니다. ㉤카멜레온은 주변 환경에 따라 색깔을 바꾸는 대표 동물입니다.

### 내가 좋아하는 동물, 햄스터

[　　　　　　] 햄스터는 작고 귀엽게 생겼습니다. 햄스터는 영리해서 똥오줌도 스스로 가립니다. 또 햄스터는 자기 집을 늘 깨끗하게 청소합니다. 햄스터는 종류도 다양합니다. 그래서 내가 키우고 싶은 종류를 선택해서 기를 수 있습니다.

**18** 애벌레의 색이 초록색인 까닭은 무엇입니까? (　　　)
① 동물들이 좋아해서
② 사람들이 좋아해서
③ 자신을 보호하려고
④ 바다와 비슷한 색이어서
⑤ 가장 눈에 잘 띄는 색이어서

교과서 문제
**19** ㉠~㉤에서 중심 문장과 뒷받침 문장을 찾아 기호를 쓰시오.

| 중심 문장 | (1) |
|---|---|
| 뒷받침 문장 | (2) |

교과서 문제
**20** [　　　] 안에 들어갈 중심 문장으로 알맞은 것은 어느 것입니까? (　　　)
① 나는 동물을 좋아합니다.
② 나는 햄스터를 좋아합니다.
③ 나는 동물 키우기를 좋아합니다.
④ 햄스터의 종류는 여러 가지입니다.
⑤ 햄스터는 좁은 공간에서도 기를 수 있습니다.

**21** 「내가 좋아하는 동물, 햄스터」의 끝부분에 뒷받침 문장을 덧붙이려고 할 때, 알맞은 것에 ○표 하시오.
(1) 햄스터는 작은 동물입니다. (　　　)
(2) 햄스터는 키우는 데 비용이 적게 듭니다. (　　　)
(3) 나는 햄스터 대신 고양이를 기르고 싶습니다. (　　　)

### 낱말 사전

보호색 적의 눈에 띄지 않아 생명을 보호할 수 있는, 주위의 빛깔과 비슷한 동물의 몸의 빛깔.

천적 잡아먹는 동물을 잡아먹히는 동물에 상대하여 이르는 말.

보호합니다 위험하거나 곤란하지 않게 지키고 보살핍니다.

환경 생물이 살아가는 데 영향을 주는 자연 상태나 조건.

가립니다 대소변을 눌 곳에 스스로 눕니다.

# 교과서 핵심 정리

## 핵심 1 중심 문장과 뒷받침 문장 알기

### 1 문단 알아보기
- 문단: 문장이 몇 개 모여 한 가지 생각을 나타내는 것
- 문단이 모여서 한 편의 글이 됩니다.

### 2 문단의 특징
- 중심 문장과 뒷받침 문장으로 이루어집니다.
- 문단을 시작할 때에는 한 칸을 들여 씁니다.
- 한 문단이 끝나면 줄을 바꿉니다.

### 3 중심 문장과 뒷받침 문장 알기
- 중심 문장: 문단 내용을 대표하는 문장
- 뒷받침 문장: 중심 문장을 덧붙여 설명하거나 예를 드는 방법으로 도와주는 문장

예 「장승」에서 중심 문장 알아보기

| 중심 문장 | 장승은 여러 가지 구실을 했습니다. |
|---|---|

| 뒷받침 문장 | 뒷받침 문장 | 뒷받침 문장 |
|---|---|---|
| 우리 조상은 장승이 나쁜 병이나 기운이 마을로 들어오는 것을 막아 준다고 믿었습니다. | 장승은 나그네에게 길을 알려 주기도 했습니다. | 또 장승은 마을과 마을 사이를 나누는 구실도 했습니다. |

## 핵심 2 중심 문장과 뒷받침 문장을 파악하며 글 읽기

- 중심 문장과 뒷받침 문장을 구별하며 글을 읽어 봅니다.
- 각 문단의 중심 문장을 파악하면 글을 간추릴 수 있습니다.

예 「옛날에는 어떤 과자를 먹었을까요」에서 중심 문장 알아보기

| 중심 문장 | 약과는 밀가루를 꿀과 기름 따위로 반죽해 기름에 지진 과자입니다. |
|---|---|

| 뒷받침 문장 | 뒷받침 문장 | 뒷받침 문장 |
|---|---|---|
| 꿀물이나 조청에 넣어 두어 속까지 맛이 배면 꺼내어 먹습니다. | 지금은 국화 모양을 본떠서 많이 만들지만, 옛날에는 새, 물고기 같은 모양으로 만들었다고 합니다. | 약과를 만들 때에는 만들고 싶은 모양으로 나무를 파서, 반죽한 것을 그 속에 넣어 찍어 냅니다. |

## 핵심 3 중심 문장과 뒷받침 문장을 생각하며 문단 쓰기

예 정리한 내용을 보며 문단 쓰는 방법

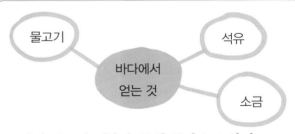

- 가장 중요한 내용을 중심 문장으로 삼기
  - 우리는 바다에서 많은 것을 얻습니다.
- 덧붙여 설명하거나 예를 들어 뒷받침 문장 쓰기
  - 바닷물로 소금을 만들 수 있습니다.
  - 바다에서 석유도 얻을 수 있습니다.
  - 바다에서 물고기도 잡을 수 있습니다.

- 문단에서 가장 중요한 내용을 중심 문장으로 삼아야 합니다.
- 뒷받침 문장은 중심 문장을 덧붙여 설명하거나 예를 들어 씁니다.

# 단원 정리 평가

**[01~02]** 다음 그림을 보고, 물음에 답하시오.

한결아, 여기가 바로 로봇 박물관이란다.

이모, 신기한 로봇이 많아요.

어, 이 로봇은 꽃게처럼 생겼어요.

해양 탐사 로봇이구나. 사람 대신 바다 깊은 곳에 가서 그곳 상태를 조사한단다.

**01** 한결이가 다녀온 곳은 어디입니까? ( )
① 식물원　　　　② 동물원
③ 장난감 가게　　④ 곤충 박물관
⑤ 로봇 박물관

**02** 한결이가 '로봇이 하는 여러 가지 일'에 대해 설명하는 글을 쓸 때, 중심 문장으로 가장 알맞은 것은 무엇입니까? ( )
① 의료용 로봇이 있습니다.
② 감시용 로봇은 집을 지킵니다.
③ 로봇은 여러 가지 일을 합니다.
④ 해양 탐사 로봇은 바다를 조사합니다.
⑤ 로봇 박물관에는 신기한 로봇이 많습니다.

**03** 문단에 대한 설명으로 알맞지 <u>않은</u> 것은 무엇입니까? ( )
① 한 문단이 끝나면 줄을 바꾼다.
② 문단이 모여서 한 편의 글이 된다.
③ 문단을 시작할 때에는 한 칸 들여 쓴다.
④ 중심 문장과 뒷받침 문장으로 이루어져 있다.
⑤ 한 문장으로 한 가지 생각을 나타내는 것이다.

**[04~06]** 다음 글을 읽고, 물음에 답하시오.

**가** ㉠장승은 여러 가지 구실을 했습니다. ㉡우리 조상은 장승이 나쁜 병이나 기운이 마을로 들어오는 것을 막아 준다고 믿었습니다. ㉢장승은 나그네에게 길을 알려 주기도 했습니다. ㉣또 장승은 마을과 마을 사이를 나누는 구실도 했습니다.
**나** 장승은 나무나 돌에 사람 얼굴 모습을 조각해 만들었습니다. 할아버지처럼 친근한 얼굴도 있고, 도깨비처럼 무서운 얼굴도 있습니다. 우스꽝스러운 장난꾸러기 얼굴을 한 장승도 있습니다.

**04** **가**와 **나**를 통해 알 수 있는 중요한 내용을 두 가지 고르시오. ( , )
① 장승의 구실　　② 장승의 모습
③ 장승의 색깔　　④ 장승의 개수
⑤ 장승을 만드는 사람

**05** ㉠~㉣을 중심 문장과 뒷받침 문장으로 나누어 기호를 쓰시오.

| 중심 문장 | (1) |
|---|---|
| 뒷받침 문장 | (2) |

**06** **나** 문단을 대표하는 문장을 찾아 쓰시오.

_____

_____

**07** 다음 글을 읽고, 중심 문장과 뒷받침 문장을 찾아 아래 표에 쓰시오.

> 불은 원시인의 삶을 크게 바꾸어 놓았습니다. 원시인들은 불을 피워 추위를 이겨 냈습니다. 불을 피워 사나운 동물의 공격도 피할 수 있었습니다. 원시인들은 불로 음식을 익혀 먹기도 했습니다.

| 중심 문장 | (1) |
|---|---|

| 뒷받침 문장 | 원시인들은 불을 피워 추위를 이겨 냈습니다. |
|---|---|
| | 불을 피워 사나운 동물의 공격도 피할 수 있었습니다. |
| | (2) |

**08** 한과에 대한 설명으로 알맞지 <u>않은</u> 것은 무엇입니까? ( )

① 한과는 전통 과자를 말한다.
② 요즘에는 한과를 주로 만들어 먹는다.
③ 옛날에는 한과를 집에서 만들어 먹었다.
④ 한과는 약과, 강정, 엿처럼 여러 가지가 있다.
⑤ 우리 조상은 여러 가지 한과를 만들어 먹었다.

**09** 이 글을 쓰기 위해 쓸 내용을 정리한 생각그물입니다. ㉮ 문단을 바탕으로 빈칸에 들어갈 알맞은 말을 쓰시오.

약과 — 여러 가지 한과 — 엿

**[08~10] 다음 글을 읽고, 물음에 답하시오.**

㉮ 우리 조상은 여러 가지 한과를 만들어 먹었습니다. 한과는 전통 과자를 말합니다. 한과에는 약과, 강정, 엿처럼 여러 가지가 있습니다. 요즘에는 한과를 주로 시장에서 사 먹지만, 옛날에는 한과를 집에서 만들어 먹었습니다.
㉯ 약과는 밀가루를 꿀과 기름 따위로 반죽해 기름에 지진 과자입니다. 꿀물이나 조청에 넣어 두어 속까지 맛이 배면 꺼내어 먹습니다. 지금은 국화 모양을 본떠서 많이 만들지만, 옛날에는 새, 물고기 같은 모양으로 만들었다고 합니다. 약과를 만들 때에는 만들고 싶은 모양으로 나무를 파서, 반죽한 것을 그 속에 넣어 찍어 냅니다.

**10** 중심 문장에는 ○표, 뒷받침 문장에는 △표를 하시오.

| (1) | 약과는 밀가루를 꿀과 기름 따위로 반죽해 기름에 지진 과자입니다. |
|---|---|
| (2) | 꿀물이나 조청에 넣어 두어 속까지 맛이 배면 꺼내어 먹습니다. |
| (3) | 지금은 국화 모양을 본떠서 많이 만들지만, 옛날에는 새, 물고기 같은 모양으로 만들었다고 합니다. |
| (4) | 약과를 만들 때에는 만들고 싶은 모양으로 나무를 파서, 반죽한 것을 그 속에 넣어 찍어 냅니다. |

[11~13] 다음 글을 읽고, 물음에 답하시오.

> **가** 강정은 찹쌀가루를 반죽해 기름에 튀긴 뒤에 고물을 묻힌 과자입니다. 찹쌀가루를 반죽할 때에는 꿀과 술을 넣습니다. 그런 다음에 끈기가 생길 때까지 반죽을 쳐서 갸름하게 썰어 말린 뒤 기름에 튀깁니다. 깨, 잣가루, 콩가루와 같은 고물을 묻혀 먹습니다.
>
> **나** ㉠ 엿은 곡식이나 고구마 녹말에 엿기름을 넣어 달게 졸인 과자입니다. ㉡ 엿을 만드는 데 쓰이는 곡식으로는 쌀, 찹쌀, 옥수수, 조 따위가 있습니다. ㉢ 엿을 만들 때 호두나 깨, 콩 따위를 섞으면 더욱 맛있습니다. ㉣ 옛날에는 가락엿을 부러뜨려, 그 속의 구멍이 더 많고 더 큰 쪽이 이기는 엿치기를 하기도 했습니다.

**11** **가** 문단에 대한 설명으로 알맞지 <u>않은</u> 것은 무엇입니까? (          )

① 문단을 시작할 때 한 칸 들여 썼다.
② 중심 문장은 문단의 앞에 나와 있다.
③ 강정에 고물을 묻혀 먹는 것이 중심 내용이다.
④ 중심 문장 한 개와 뒷받침 문장 세 개로 이루어진 문단이다.
⑤ '깨, 잣가루, 콩가루와 같은 고물을 묻혀 먹습니다'는 뒷받침 문장이다.

**12** 엿치기는 어떤 놀이인지 알맞은 설명에 ○표 하시오.

> 엿치기는 가락엿을 부러뜨려, 그 속의 구멍이 더 ( 많고 / 적고 ) 더 ( 큰 / 작은 ) 쪽이 이기는 놀이입니다.

**13** ☆☆☆ ㉠~㉣ 중 **나** 문단의 뒷받침 문장이 <u>아닌</u> 것을 찾아 기호를 쓰시오.

(                    )

[14~15] 다음 생각그물을 보고, 물음에 답하시오.

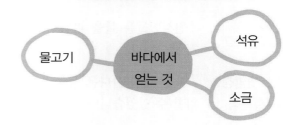

**14** 이 내용으로 문단을 쓸 때, 중심 문장으로 가장 알맞은 것은 무엇입니까? (          )

① 석유를 바다에서 얻을 수 있습니다.
② 바다에서 물고기를 잡을 수 있습니다.
③ 우리는 바다에서 많은 것을 얻습니다.
④ 바다에서 놀 때에는 조심해야 합니다.
⑤ 소금은 바다가 아닌 곳에서도 얻을 수 있습니다.

서술형
**15** 이 생각그물을 보고, '소금'을 넣어 알맞은 뒷받침 문장을 완성해 쓰시오.

_____

_____

**16** 다음 생각그물과 글에 대해 알맞게 말한 친구는 누구입니까? ( )

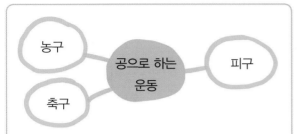

농구 · 공으로 하는 운동 · 피구
축구

　공으로 하는 운동에는 여러 가지가 있습니다. 축구는 발로 공을 차서 골대에 넣는 운동입니다. 농구는 공을 던져서 골대에 넣는 운동입니다. 피구는 공을 던져 상대를 맞히는 운동입니다.

① 유현: 중심 문장은 마지막 문장이야.
② 수진: 축구와 농구, 배구를 예로 들어 설명하고 있어.
③ 민정: 생각그물에 정리한 내용 중에 글에서 빠진 내용이 있어.
④ 유나: 공으로 하는 운동에 여러 가지가 있다는 것이 중심 내용이야.
⑤ 소영: 뒷받침 문장에서 중심 문장의 내용을 자세히 알려 주는 예를 들지 않았어.

**17** 쓰고 싶은 내용을 조사하는 방법이 <u>아닌</u> 것은 무엇입니까? ( )

① 인터넷에서 조사하기
② 선생님께 여쭈어 보기
③ 부모님께 여쭈어 보기
④ 도서관에서 관련 책 찾아보기
⑤ 생각나는 내용을 상상해서 정리하기

**18** 중심 문장을 쓰는 방법을 알맞게 말한 친구에 ○표 하시오.

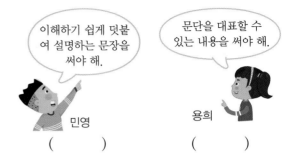

이해하기 쉽게 덧붙여 설명하는 문장을 써야 해.

문단을 대표할 수 있는 내용을 써야 해.

민영 ( )　　용희 ( )

**19** 중심 문장과 뒷받침 문장을 생각하며 문단을 쓰는 방법을 차례대로 기호를 쓰시오.

㉮ 중심 문장, 뒷받침 문장 쓰기
㉯ 무엇에 대해 글을 쓸지 생각하기
㉰ 쓰고 싶은 것을 자세히 조사하기
㉱ 쓸 내용을 정리하기
㉲ 중심 문장과 뒷받침 문장을 넣어 한 문단으로 글 완성하기

㉯ → ( ) → ( ) → ( ) → ㉲

국어 활동

**20** 다음 글을 읽고, 빈칸에 들어갈 중심 문장을 쓰시오.

**내가 좋아하는 동물, 햄스터**

　[　　　　　　　] 햄스터는 작고 귀엽게 생겼습니다. 햄스터는 영리해서 똥오줌도 스스로 가립니다. 또 햄스터는 자기 집을 늘 깨끗하게 청소합니다. 햄스터는 종류도 다양합니다. 그래서 내가 키우고 싶은 종류를 선택해서 기를 수 있습니다.

# 서술형 문제

 2. 문단의 짜임

**01 ~ 02**

설날에는 연날리기나 제기차기를 합니다. 정월 대보름에는 쥐불놀이를 합니다. 단오에는 씨름이나 그네뛰기를 합니다. 이처럼 우리나라에는 명절마다 하는 놀이가 있습니다.

**01** 이 글을 읽고 중심 문장과 뒷받침 문장을 나누어 쓰시오.

| 중심 문장 | |
|---|---|
| 뒷받침 문장 | 설날에는 연날리기나 제기차기를 합니다. |
| | |
| | 단오에는 씨름이나 그네뛰기를 합니다. |

**02** 이 글에 대해 <u>잘못</u> 말한 친구와 그 까닭을 쓰시오.

중심 문장은 항상 문단의 첫머리에 나와.
선영

설날, 정월 대보름, 단오에 하는 놀이를 예를 들어서 뒷받침하고 있어.
아라

(1) 잘못 말한 친구: ( )

(2) 잘못 말한 까닭:

**03 ~ 04**

**1**

농구
축구
공으로 하는 운동

**2** 공으로 하는 운동에는 여러 가지가 있습니다. 축구는 발로 공을 차서 골대에 넣는 운동입니다. 농구는 공을 던져서 골대에 넣는 운동입니다. _____

**03** 글 **2**에서 문단 내용을 대표하는 문장을 찾아 쓰시오.

**04** **1**에서 생각그물의 빈칸에 들어갈 수 있는 운동을 하나 더 생각하여 쓰고, **2**에서 중심 문장을 뒷받침할 수 있도록 알맞은 문장을 완성해 쓰시오.

# 수행 평가

## 2. 문단의 짜임

학습 주제 자신이 좋아하는 동물        배점 20점

학습 목표 중심 문장과 뒷받침 문장을 생각하며 문단 쓰기

**1** 자신이 쓸 내용을 생각그물로 정리해 쓰시오.

쓸 내용

내가 좋아하는
동물

**2** 생각그물에서 떠올린 내용에 알맞은 중심 문장과 뒷받침 문장을 쓰시오.

| 중심 문장 | |
|---|---|
| 뒷받침 문장 | |

**3** 자신이 좋아하는 동물에 대해 중심 문장과 뒷받침 문장을 넣어 한 문단으로 글을 쓰시오.

_____

_____

_____

_____

_____

## 3 알맞은 높임 표현

### 단원 학습 목표

높임 표현을 사용하는 경우와 방법을 알고 언어 예절에 맞게 대화할 수 있어요.

▶ 그림의 내용

| | |
|---|---|
| 가 | 여자아이가 동생에게 재미있어 보이는 책을 보여 주고 있음. |
| 나 | 여자아이가 아버지께 재미있어 보이는 책을 보여 드리고 있음. |
| 다 | 두 아이가 교문 안으로 들어가는 친구를 보고 말하고 있음. |
| 라 | 두 아이가 교문 안으로 들어가시는 선생님을 보고 말하고 있음. |
| 마 | 여자아이가 동생에게 머리핀을 선물로 주고 싶어 함. |
| 바 | 여자아이가 어머니께 머리핀을 선물로 드리고 싶어 함. |

▶ 높임 표현의 뜻
- 대상을 높이기 위한 표현입니다.
- 높임 표현에는 대상을 공경하는 마음이 담겨 있습니다.

▶ 높임 표현을 사용하는 경우
- 듣는 사람이 말하는 사람보다 웃어른일 때
- 행동하는 사람이 말하는 사람보다 웃어른일 때
- '누구에게'에 해당하는 사람이 말하는 사람보다 웃어른일 때

### 높임 표현을 사용하는 경우

가 진수야, 이 책이 재미있을 것 같아.

나 아버지, 이 책이 재미있을 것 같아요.

다 저기 진호가 간다.

라 저기 선생님께서 ㉠ .

마 동생에게 줄 선물이야.

바 어머니께 드릴 선물이야.

---

**01** 그림 가와 나에서 여자아이가 같은 내용을 다르게 말한 까닭은 무엇입니까?
(       )

① 듣는 사람이 다르기 때문에
② 말하는 장소가 다르기 때문에
③ 하고 싶은 말이 다르기 때문에
④ 가지고 있는 책이 다르기 때문에
⑤ 말하는 사람의 기분이 다르기 때문에

**02** 그림 나, 라, 바와 같이 공경하는 마음을 담아 대상을 높여서 말하는 것을 무엇이라고 하는지 빈칸에 알맞은 말을 쓰시오.
(          ) 표현

**03** 그림 라의 ㉠에 들어갈 말은 무엇인지 쓰시오.
(         )

교과서 문제

**04** 그림 바에서 사용한 높임 표현에 밑줄을 그으시오.

> 어머니께 드릴 선물이야.

기본 **높임 표현을 사용하는 방법** 높임 표현을 사용하는 방법을 찾으며 그림을 봅시다.

## 높임 표현을 사용하는 방법

가
아버지, 학교에 ⬚

나
친구에게 고운 말을 사용하면 ⬚

다
선생님께서도 여기로 ⬚?
아마 그러실 거야.

라
어머니, 오늘은 출근 안 하시나요?
응, 오늘은 회사 쉬는 날이야.

---

**교과서 문제**

**05** 그림 가와 나에서 빈칸에 들어갈 알맞은 높임 표현을 골라 ○표 하시오.

(1) 그림 가: 아버지, 학교에 ( 다녀왔다, 다녀왔습니다 ).

(2) 그림 나: 친구에게 고운 말을 사용하면 ( 좋겠다, 좋겠습니다 ).

☆☆☆
**06** 문제 05번에서 답한 내용을 참고할 때 그림 가와 나에 사용된 문장의 공통점은 무엇입니까?

( )

① 문장에 '−시−'를 넣었다.

② 인사를 할 때 쓰는 말이다.

③ 친구들끼리 말할 때 쓰는 말이다.

④ 문장 끝부분이 '−습니다'로 끝난다.

⑤ 말하는 사람이 듣는 사람보다 웃어른이다.

**교과서 문제**

**07** 그림 다와 라에서 높임의 대상이 된 사람은 누구인지 각각 알맞게 선으로 이으시오.

(1) 그림 다 •

• ① 남자아이

• ② 선생님

(2) 그림 라 •

• ③ 어머니

• ④ 여자아이

**08** 그림 다에서 빈칸에 들어갈 알맞은 높임 표현을 골라 ○표 하시오.

선생님께서도 여기로 ( 오니, 오시니 )?

# 알맞은 높임 표현 알기

**09** 그림 **가**에서 높임의 대상이 된 사람은 누구입니까? ( )

① 친구      ② 동생

③ 할머니      ④ 선생님

⑤ 할아버지

**10** 그림 **가**에서 남자아이가 사용한 높임을 표현한 방법을 바르게 말한 친구는 누구인지 모두 골라 이름을 쓰시오.

> 진희 : 문장에 '-시-'를 넣었어.
> 진웅 : 문장을 '요'로 끝맺었어.
> 모아 : 문장에 '께서'를 사용했어.

( , )

**11** ㉠에 들어갈 말로 알맞은 문장의 기호를 쓰시오.

> ㉮ 할머니한테 선물을 드려요.
> ㉯ 할머니께 선물을 드릴게요.
> ㉰ 할머니, 제가 선물을 준비했지.
> ㉱ 할머니, 이거 내가 준비한 선물이야.

( )

교과서 문제

**12** 그림 **다**와 **라**에 알맞은 높임 표현을 골라 ○표 하시오.

(1) 할아버지, ( 밥, 진지 ) 잡수세요.

(2) 할머니, ( 여쭈어볼, 물어볼 ) 것이 있어요.

교과서 문제

**13** 문제 12번에서 답한 내용을 참고하여 그림 **다**와 **라**에 사용한 높임 표현 방법을 빈칸에 쓰시오.

> 높임의 뜻이 있는 특별한 ( )을/를 사용한다.

## 높임 표현과 언어 예절 생각하며 대화하기

**14** 그림 **가**와 **나**를 보고 친구들이 말한 내용으로 알맞지 <u>않은</u> 것은 무엇입니까? ( )

① 여자아이는 할머니를 친구 대하듯이 말하고 있어.

② 여자아이는 언어 예절을 지키지 않고 대화 중이야.

③ 여자아이는 엎드린 자세로 할머니랑 대화하고 있네.

④ 여자아이는 할머니께 올바른 높임 표현을 쓰고 있어.

⑤ 여자아이는 할머니와 눈을 맞추지 않고 대화하고 있어.

**15** 여자아이에게 해 줄 수 있는 말로 알맞은 것에 ○표 하시오.

(1) 바른 자세로 할머니와 눈을 맞추고 대화해야 예의 바른 어린이지. ( )

(2) 할머니를 높여서 표현해야 하니까 '할머니도 보실래요?'라고 했어야지. ( )

**교과서 문제**

**16** 여자아이와 대화하는 할머니는 어떤 마음일지 알맞은 것에 ○표 하시오.

(1) ( ) (2) ( )

**서술형**

**17** 할머니와 대화할 때 여자아이가 언어 예절을 지키기 위해서는 ㉠을 어떻게 바꾸어 말해야 하는지 쓰시오.

지난겨울에 찍은 내 사진이야. 할머니도 한번 볼래?

→ _____

## 백화점, 편의점 등에서 물건을 높이는 말, 들어 보셨나요?

듣기 자료

백화점, 편의점 등에서 물건을 높이는 말, 들어 보셨나요?

구두 판매원: ㉠이 구두는 특별 할인 제품이시고요.

구두: 뭐? 내가 제품이시라고?

커피 가게 점원: ㉡주문하신 아메리카노 나오셨습니다.

커피: 뭐? 내가 나오셨다고?

휴대 전화 판매원: ㉢이 핸드폰은 매진되셨어요.

휴대 전화: 뭐? 내가 매진되셨다고?

사회자: 이분들은 왜 이러시는 걸까요? 백화점이나 편의점 같은 매장에서 물건을 고객처럼 존대하는 이 불편한 현실, 여러분은 어떠십니까?

물건을 높인다고 사람이 높아지지는 않습니다. 물건을 높이는 것은 버려야 할 언어 습관입니다.

물건을 높이는 말, 들어 보셨나요?

특별 할인 제품이시고요.

아메리카노 나오셨습니다.

이 핸드폰은 매진되셨어요.

물건을 고객처럼 존대하는 이 불편한 현실, 여러분은 어떠십니까?

교과서 문제

**18** ㉠~㉢에서 각 판매원들의 말은 누구를 높인 것이 되는지 쓰시오.

(1) ㉠: (                    )

(2) ㉡: (                    )

(3) ㉢: (                    )

**19** ㉠~㉢에서 나온 말이 잘못된 높임 표현인 까닭을 알맞게 말한 것에 ○표 하시오.

(1) 물건을 높였기 때문이다. (         )

(2) 점원이 스스로를 높였기 때문이다. (         )

(3) 물건을 구매한 손님을 높였기 때문이다. (         )

**20** ㉡을 바르게 고쳐 말한 친구는 누구인지 쓰시오.

현진: 주문하신 아메리카노 나왔습니다.
민지: 주문한 아메리카노 나왔으니 가져가.
지성: 주문하신 아메리카노 나오시려 합니다.
정욱: 주문하신 아메리카노께서 기다리고 계십니다.

(                    )

**21** 사회자는 어떤 현실이 불편하다고 전하고 있습니까? (         )

① 물건을 사지 않는 현실

② 물건을 고객처럼 높이는 현실

③ 다른 나라 물건을 좋아하는 현실

④ 물건을 마음대로 살 수 없는 현실

⑤ 판매원이 높임말을 사용하지 않는 현실

## 알맞은 높임 표현 생각하며 대화 보기

**22** 그림 **가**의 남자아이가 높여야 할 대상과 ㉠에 들어갈 말이 알맞게 짝 지어진 것은 무엇입니까?

( )

|   | 높여야 할 대상 | ㉠에 들어갈 말 |
|---|---|---|
| ① | 남자아이 자신 | 좋아해 |
| ② | 책 | 좋아해요 |
| ③ | 선생님과 친구들 | 좋아합니다 |
| ④ | 아버지 | 좋아한다 |
| ⑤ | 어머니 | 좋아해 |

교과서 문제

**23** ㉡에 들어갈 알맞은 높임 표현에 ○표 하시오.

( 어, 네 ), 거실에 ( 있어요, 계세요 ).

**24** 그림 **다**에서 남자아이가 높임을 표현하는 방법을 알맞게 말한 친구 두 명을 쓰시오.

> 진서: 듣는 사람이 선생님이라 '-습니다'를 써서 문장을 마쳤어.
> 현영: '말' 대신에 '말씀'이라는 높임을 뜻하는 특별한 낱말을 사용했어.
> 나진: 높임을 나타내는 '-시-'를 넣었어.

( , )

교과서 문제

**25** ㉢에 들어갈 알맞은 높임 표현은 무엇입니까?

( )

① 이야
② 이에요
③ 이세요
④ 이십니다
⑤ 계십니다

## 훈민이의 대화

듣기 자료

선생님께서 수업 시간에 쓴 학생들의 활동지를 보고 계셨습니다. 그러다가 수현이를 찾으셨습니다.

**가**

선생님: 김수현, 수현이 어디 있니?

훈민: 조금 전에 화장실에 간 것 같던데요.

선생님: 그럼 수현이가 교실에 들어오면 좀 오라고 하렴.

훈민: 네.

잠시 뒤, 수현이가 교실에 들어와 자리에 앉았습니다. 훈민이는 수현이를 보고는 다가가서 말합니다.

**나**

훈민: 수현아, ⬚⬚⬚⬚⬚⬚⬚ ㉠ ⬚⬚⬚⬚⬚⬚⬚.

---

교과서 문제

**26** ㉠에 들어갈 알맞은 높임 표현에 ○표 하시오.

(1) 선생님이 너 오래. 　　　　( 　　 )

(2) 선생님이 너 오시래. 　　　( 　　 )

(3) 선생님께서 너 오라고 하셔. 　( 　　 )

 ★★★
**27** 문제 **26**번과 같이 생각한 까닭을 알맞게 말한 친구는 누구인지 쓰시오.

> 미진: 선생님의 말씀은 간결하게 전해야 하기 때문이야.
>
> 태균: 선생님의 말씀을 따라야 하는 친구이니 '-시-'를 붙여야 해.
>
> 가빈: 선생님을 높여야 하니까 '께서'를 붙이고 '-시-'를 넣었기 때문이야.

( 　　　　　 )

교과서 문제

**28** 다음 그림에서 여자아이가 말한 것을 바르게 고친 문장은 무엇입니까? 　　( 　　 )

① 아버지가 뭐라셔?

② 아버지께서 뭐라고 했어?

③ 아버지가 뭐라고 했나요?

④ 아버지께서 뭐라고 하셨어?

⑤ 아버지가 뭐라고 했습니까?

서술형

**29** 문제 **28**번 그림에서 남동생이 해야 할 보기의 말을 높임 표현을 사용하여 바르게 고쳐 쓰시오.

> 보기
>
> 아버지가 장바구니 좀 챙기라고 했어.

→ _____

실천 높임 표현 사용해 역할놀이하기

## 높임 표현을 사용하는 여러 상황

가
훈민아, 동생이랑 옆집 어른께 김치 좀 갖다 드리고 올래?

네, 그런데 옆집 ㉠어른이 집에 있으실까요?

나
무슨 일이니?

㉡어머니께서 갖다주래요.

다
어머니께 이 취나물 좀 잡쉬 보시라고 하렴.

네, 감사합니다.

와! 그런데 ㉢쟁반이 너무 예쁘세요.

라
심부름 다녀왔습니다.

그래. 우리 훈민이와 서경이가 심부름을 잘했구나.

㉣옆집 어른이 고맙다고 했어.

교과서 문제

**30** 그림 **가**에서 ㉠을 알맞은 높임 표현으로 고친 문장은 어느 것입니까? ( )

① 어른이 집에 계실까요?
② 어른이 집에 있겠습니까?
③ 어른이 댁에 있으실까요?
④ 어른께서 댁에 계실까요?
⑤ 어른께서 집에 있으실까요?

서술형

**31** 그림 **다**의 ㉢은 무엇이 잘못되었는지 그 까닭을 쓰고 바르게 고쳐 쓰시오.

(1) 잘못된 까닭: _____

_____

(2) 바르게 고친 문장: _____

_____

**32** ㉡과 ㉣을 바르게 고치지 <u>못한</u> 친구의 이름을 쓰시오.

영지: ㉡은 높임의 뜻이 있는 특별한 낱말을 사용해야 해. '갖다주래요' 대신 '갖다 드리래요'가 알맞은 표현이야.

주영: ㉣은 어머니께 하는 말이니까 문장 뒤에 '요'나 '-습니다'를 붙여야 해.

지수: ㉣은 옆집 어른을 높여야 하니까 고맙다는 말 대신 감사하다고 바꿔 말해야 해.

진희: ㉣은 옆집 어른을 높여야 하니까 '옆집 어른께서 고맙다고 하셨어요.'가 맞아.

( )

**33** 높임 표현을 알맞게 사용했을 때, 듣는 사람의 기분으로 알맞은 것에 ○표 하시오.

(1) 공경받고 있는 기분이 든다. ( )
(2) 어색하거나 기분이 좋지 않다. ( )

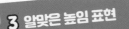 

국어 활동 높임 표현을 사용하는 방법을 생각하며 그림을 봅시다.

▶ 활동 내용: 높임 표현을 사용하는 경우에 알맞게 높임 표현 방법을 찾아봅니다.

**34** 파란색으로 쓰인 낱말에 주의하며 높임을 표현한 방법을 보기 에서 모두 찾아 번호를 쓰시오.

> 보기
> ① '-습니다' 또는 '요'를 써서 문장을 끝맺는다.
> ② 높임을 나타내는 '-시-'를 넣는다.
> ③ 높임의 대상에게 '께서'나 '께'를 사용한다.
> ④ 높임의 뜻이 있는 특별한 낱말을 사용한다.

(1) 가 (            )        (2) 나 (            )
(3) 다 (            )        (4) 라 (            )

높임 표현에는
상대를 존중하고 공경
하는 마음을 담아야
해요.

**35** 밑줄 친 낱말을 바르게 발음한 것에 ○표 하시오.

(1) 노력하지 <u>않고</u> 좋은 결과를 얻을 수는 없다.

[안꼬]  [안코]

(2) 기초를 <u>쌓지</u> 않고 건물을 지을 수는 없다.

[싸치]  [싸찌]

▶ 활동 내용: 받침 'ㅎ'은 뒤따르는 소리에 따라 발음을 달리합니다. 받침 'ㅎ'이 'ㄱ'을 만나면 [ㅋ]으로, 'ㄷ'을 만나면 [ㅌ]으로, 'ㅈ'을 만나면 [ㅊ]으로 발음됩니다.

# 교과서 핵심 정리

## 핵심 ① 높임 표현을 사용하는 경우 알기

| | |
|---|---|
| 듣는 사람이 말하는 사람보다 웃어른이거나 여러 명일 때 | 예 아버지, 이 책이 재미있을 것 같아요. |
| 행동하는 사람이 말하는 사람보다 웃어른일 때 | 예 선생님께서 들어가신다. |
| '누구에게'에 해당하는 사람이 말하는 사람보다 웃어른일 때 | 예 어머니께 드릴 선물이야. |

## 핵심 ② 높임을 표현하는 방법 알아보기

| 높임을 표현하는 방법 | 높임 표현의 예 |
|---|---|
| '-습니다' 또는 '요'를 써서 문장을 끝맺습니다. | 어머니, 밥 잘 먹겠습니다. / 저는 보라색을 좋아해요. |
| 높임을 나타내는 '-시-'를 넣습니다. | 어머니, 오늘은 출근 안 하시나요? |
| 높임의 대상에게 '께서'나 '께'를 사용합니다. | 삼촌께서 오셨어요. |
| 높임의 뜻이 있는 특별한 낱말을 사용합니다. | 할아버지, 진지 잡수세요. |

## 핵심 ③ 웃어른과 대화할 때 지켜야 할 언어 예절 알아보기

• 바른 자세로 듣는 사람을 바라보면서 말합니다.
• 알맞은 높임 표현을 사용해 예의 바르게 말합니다.

## 핵심 ④ 높임 표현과 언어 예절을 생각하며 대화하기

• 문장을 끝맺을 때 높임 표현을 알맞게 사용합니다.
• 높임의 대상에게 '께서'나 '께'를 사용합니다.
• 높임의 뜻이 있는 특별한 낱말을 알맞게 사용합니다.
• 웃어른께 예의 바른 태도로 말합니다.
• 웃어른이나 높임의 대상에게 공경하는 마음을 지닙니다.
• 높이지 않아도 되는 물건에는 높임 표현을 사용하지 않습니다.

## 예 높임 표현을 알맞게 사용하여 대화하기

| 잘못된 표현 | 바르게 고친 표현 |
|---|---|
| 선생님, 할 말이 있어요. | 선생님, 드릴 말씀이 있습니다. |

→ '말' 대신 '말씀'이라는 높임을 나타내는 특별한 낱말을 사용합니다.

| 잘못된 표현 | 바르게 고친 표현 |
|---|---|
| 이 신발이 요즘 인기 있는 신발이세요. | 이 신발이 요즘 인기 있는 신발이에요. |
| 쟁반이 너무 예쁘세요. | 쟁반이 너무 예뻐요. |

→ 물건인 경우에는 문장을 끝맺는 말에 '-시-'를 넣지 않습니다.

| 잘못된 표현 | 바르게 고친 표현 |
|---|---|
| 선생님이 너 오시래. | 선생님께서 너 오라고 하셔. |

→ '선생님'을 높여야 하는데 행동하는 사람(너)을 높이고 있습니다.

| 잘못된 표현 | 바르게 고친 표현 |
|---|---|
| 아버지가 뭐래? | 아버지께서 뭐라고 하셔? |

→ 아버지 뒤에 '께서'를 붙이고 '(말)하다'라는 문장을 끝맺는 말에 '-시-'를 넣어야 합니다.

| 잘못된 표현 | 바르게 고친 표현 |
|---|---|
| 옆집 어른이 집에 있으실까요? | 옆집 어른께서 댁에 계실까요? |

→ '어른이'를 '어른께서'로, '집'을 '댁'으로, '있으실까요?'를 '계실까요?'로 표현해야 합니다.

| 잘못된 표현 | 바르게 고친 표현 |
|---|---|
| 어머니께서 갖다주래요. | 어머니께서 갖다드리래요. |

→ '주다' 대신 '드리다'라는 높임을 나타내는 특별한 말을 써야 합니다.

3
단원

[01~03] 다음 그림을 보고, 물음에 답하시오.

**01** 그림 **가**의 남자아이가 한 말에서 높여야 할 대상은 누구인지 쓰시오.

( )

**02** ㉠에 들어갈 말로 알맞은 것은 어느 것입니까?

( )

① 간다
② 가네
③ 가네요
④ 가신다
⑤ 가십니다

☆☆☆
**03** 그림 **가**와 그림 **나**에서 공통으로 사용한 높임 표현 방법으로 알맞은 것에 ○표 하시오.

(1) '-시-'를 넣었다. ( )
(2) '께서'나 '께'를 사용했다. ( )
(3) '-습니다'를 써서 문장을 끝맺었다. ( )
(4) 높임의 뜻이 있는 특별한 낱말을 사용했다.

( )

[04~05] 다음 그림을 보고, 물음에 답하시오.

**04** ㉠에 들어갈 알맞은 높임 표현은 무엇입니까?

( )

① 해
② 해요
③ 합니까
④ 하나요
⑤ 하시나요

**05** 그림 **나**를 보고 말한 내용으로 알맞지 <u>않은</u> 것을 두 가지 고르시오. ( , )

① 높임을 나타내는 '-시-'를 넣었어.
② '모시고' 대신 '데리고'라고 바꾸어도 돼.
③ 높임의 뜻이 있는 특별한 낱말을 사용했어.
④ '다녀왔습니다' 대신 '다녀왔어요'라고 바꾸어도 돼.
⑤ 여러 친구들 앞에서 발표를 하는 상황이므로 '-습니다'로 문장을 끝맺었어.

**06** 높임 표현에 대한 설명으로 알맞지 <u>않은</u> 것에 ○표 하시오.

(1) 대상을 높여서 말하는 것이다. ( )

(2) 높임 표현은 웃어른에게만 사용해야 한다. ( )

(3) 대상을 공경하는 마음이 잘 담겨 있는 표현이다. ( )

(4) 물건의 경우에는 높임 표현을 사용하지 않는다. ( )

**07** 여자아이가 사용한 높임을 표현하는 방법은 무엇입니까? ( )

① 문장을 '-습니다'로 끝맺었다.
② 높여야 할 대상에게 '님'을 썼다.
③ 높임을 나타내는 '-시-'를 넣었다.
④ 높여야 할 대상에게 '께서'나 '께'를 썼다.
⑤ 높임의 뜻이 있는 특별한 낱말을 사용했다.

**08** 다음 낱말 중 높임의 뜻이 있는 특별한 낱말과 잘못 짝 지어진 것은 어느 것입니까? ( )

① 밥-진지
② 생일-생신
③ 주다-드리다
④ 자다-주무시다
⑤ 먹다-먹으시다

**[09~10]** 다음 그림을 보고, 물음에 답하시오.

**09** 그림의 여자아이에게 해 줄 수 있는 말을 알맞게 말하지 <u>못한</u> 친구는 누구인지 쓰시오.

> 승정 : 할머니와 눈을 맞추며 대화해야지.
> 류현 : 바른 자세로 할머니께 말씀드려야지.
> 연수 : 할머니와 친구처럼 사이가 좋아 보이네.
> 우석 : 할머니께 바른 높임 표현을 사용해야지.

( )

**10** 바른 언어 예절을 지키기 위해 ㉠을 바르게 고쳐 쓴 것에 ○표 하시오.

(1) 지난겨울에 찍은 제 사진이야. 할머니도 한번 볼래? ( )

(2) 지난겨울에 찍으신 제 사진입니다. 할머니도 볼래? ( )

(3) 지난겨울에 찍은 제 사진이에요. 할머니께서도 한번 보실래요? ( )

**[11~13]** 다음 글을 읽고, 물음에 답하시오.

> 구두 판매원: ㉠이 구두는 특별 할인 제품이시고요.
> 구두: 뭐? 내가 제품이시라고?
>
> 커피 가게 점원: ㉡주문하신 아메리카노 나오셨습니다.
> 커피: 뭐? 내가 나오셨다고?
>
> 휴대 전화 판매원: ㉢이 핸드폰은 매진되셨어요.
> 핸드폰: 뭐? 내가 매진되셨다고?
>
> 사회자: 이분들은 왜 이러시는 걸까요? 백화점이나 편의점 같은 매장에서 물건을 고객처럼 존대하는 이 불편한 현실, 여러분은 어떠십니까?

**11** ㉠~㉢에서 판매원들이 높여야 할 대상은 어느 것입니까? ( )

① 손님
② 사회자
③ 파는 물건
④ 가게 주인
⑤ 판매원 자신

**12** ㉠~㉢에서 사용된 높임 표현과 같이 <u>잘못 쓰인</u> 문장은 어느 것입니까? ( )

① 할머니, 밥 먹어.
② 엄마 보고 오라고 해.
③ 그 사이즈는 없으세요.
④ 네, 옆집 어른은 집에 있어요.
⑤ 지금부터 맞춤법에 대해 발표하겠다.

**13** ㉢을 바르게 고친 친구는 누구인지 쓰시오.

> 규종: 핸드폰은 물건이니 높일 필요가 없어. '이 핸드폰은 매진됐어요.'라고 하면 돼.
> 수현: 고객님께 하는 말이니 문장을 끝맺을 때는 '요'보다는 '-습니다'라고 끝내는 게 좋아. '이 핸드폰은 매진되셨습니다.'라고 해야 해.

( )

**[14~16]** 다음 그림을 보고, 물음에 답하시오.

서술형

**14** 그림 **나**의 ㉠을 바르게 고쳐 쓰고, 그렇게 고친 까닭을 쓰시오.

(1) 고쳐쓰기: _____

_____

(2) 그 까닭: _____

_____

**15** 그림 **다**에 대한 설명으로 알맞지 <u>않은</u> 것은 어느 것입니까? ( )

① 여자아이는 바른 높임 표현을 썼다.

② 남자아이는 바른 높임 표현을 썼다.

③ 남자 어른이 아이들에게 시장에 같이 가자고 한다.

④ 어른은 여자아이의 말을 듣고 기분이 좋지 않았을 것이다.

⑤ 남자아이는 '께서', '-시-'를 넣어 바른 높임 표현을 사용했다.

**서술형**

**16** 그림 **다**에서 다음 여자아이의 말을 알맞은 높임 표현으로 고쳐 쓰시오.

> 아버지가 뭐래?

→ _____

**서술형**

**17** 다음 그림의 ㉠을 알맞은 높임 표현으로 고쳐 쓰시오.

> 훈민아, 동생이랑 옆집 어른께 김치 좀 갖다 드리고 올래?

> 네, 그런데 옆집 ㉠어른이 집에 있으실까요?

> 어른이 집에 있으실까요?

→ _____

[18~19] 다음 그림을 보고, 물음에 답하시오.

**18** 이 그림의 남자아이가 할 말로 알맞은 높임 표현을 골라 ○표 하시오.

> 부모님(에게, 께) 카네이션을 달아 (줄, 드릴) 거야.

**19** 문제 18번에서 선택한 높임 표현은 어떤 높임 표현 방법을 사용한 것인지 두 가지 골라 기호를 쓰시오.

> ㉠ '-습니다' 또는 '요'를 써서 문장을 끝맺는다.
> ㉡ 높임을 나타내는 '-시-'를 넣는다.
> ㉢ 높임의 대상에게 '께서'나 '께'를 사용한다.
> ㉣ 높임의 뜻이 있는 특별한 낱말을 사용한다.

( , )

**국어 활동**

**20** 밑줄 친 낱말을 바르게 발음한 것에 ○표 하시오.

> 복도에 물건을 <u>쌓지</u> 마세요.

(1) [싸찌] ( )

(2) [싸치] ( )

# 서술형 문제

**01 ~ 02**

애야, 무엇을 그렇게 재미있게 보니?

지난겨울에 찍은 내 사진이야. 할머니도 한번 볼래?

**01** 할머니와 대화하고 있는 여자아이의 잘못된 점을 두 가지 이상 쓰시오.

(1) _____

_____

(2) _____

_____

**02** 웃어른과 대화할 때 지켜야 할 언어 예절을 생각하며 문제 **01**번에서 찾은 문제점을 어떻게 고쳐야 할지 쓰시오.

_____

_____

_____

**03 ~ 04**

가 수현이가 교실에 들어오면 좀 오라고 하렴.

나

**03** 그림 나에서 선생님 심부름을 하는 남자아이가 친구에게 전해야 할 말을 알맞은 높임 표현을 사용하여 쓰시오.

_____

_____

**04** 문제 **03**의 답에서 사용한 높임 표현 방법을 모두 쓰시오.

_____

_____

_____

## 수행 평가

 **3. 알맞은 높임 표현**

학습 주제 일상생활에서 물건을 높이는 경우를 찾아보고, 이를 알맞게 고치기 　배점 20점

학습 목표 일상생활에서 물건을 높이는 경우를 찾고, 이를 바르게 고쳐 쓸 수 있다.

3
단원

구두 판매원: ㉠이 구두는 특별 할인 제품이시고
　　요.
구두: 뭐? 내가 제품이시라고?
커피 가게 점원: ㉡주문하신 아메리카노 나오셨습
　　니다.
커피: 뭐? 내가 나오셨다고?
휴대 전화 판매원: ㉢이 핸드폰은 매진되셨어요.

핸드폰: 뭐? 내가 매진되셨다고?

사회자: 이분들은 왜 이러시는 걸까요? 백화점이
　　나 편의점 같은 매장에서 물건을 고객처럼
　　존대하는 이 불편한 현실, 여러분은 어떠십
　　니까?

**1** ㉠~㉢을 보기 와 같이 바르게 고쳐 쓰시오.

보기
　　말씀하신 사이즈는 없으세요. → 말씀하신 사이즈는 없어요.

(1) ㉠ 이 구두는 특별 할인 제품이시고요. → ＿＿＿＿＿＿＿＿＿＿＿＿＿＿＿＿＿＿

(2) ㉡ 주문하신 아메리카노 나오셨습니다. → ＿＿＿＿＿＿＿＿＿＿＿＿＿＿＿＿＿

(3) ㉢ 이 핸드폰은 매진되셨어요. → ＿＿＿＿＿＿＿＿＿＿＿＿＿＿＿＿＿＿＿＿＿

**2** 다음 보기 를 참고하여 일상생활에서 물건을 높이는 경우를 찾아보고, 이를 바르게 고쳐 쓰시오.

보기
• 잘못된 표현: 문의하신 상품은 품절이세요.
• 바르게 고친 표현: 문의하신 상품은 품절이에요.

(1) 잘못된 표현: ＿＿＿＿＿＿＿＿＿＿＿＿＿＿＿＿＿＿＿＿＿＿＿＿＿＿＿＿＿＿＿＿

(2) 바르게 고친 표현: ＿＿＿＿＿＿＿＿＿＿＿＿＿＿＿＿＿＿＿＿＿＿＿＿＿＿＿＿＿

**준비** **마음을 전한 경험 나누기** 마음을 표현해야 하는 상황의 그림을 살펴봅시다.

## 마음을 전해야 하는 상황

**단원 학습 목표**

전하고 싶은 마음을 담아 편지를 쓸 수 있어요.

**마음을 표현해야 할 상황**

| | |
|---|---|
| 가 | 할머니의 생신을 축하하는 상황 |
| 나 | 친구가 달리기를 하다가 넘어진 상황 |
| 다 | 짝이 책을 빌려주는 상황 |
| 라 | 친구의 그림에 물통을 엎지른 상황 |

**마음을 전하기 위해 해야 할 말**

| | |
|---|---|
| 가 | **예** 할머니, 생신 축하드려요. |
| 나 | **예** 정말 아프겠다. 넘어져서 속상했지? 다음에는 더 잘할 수 있을 거야. |
| 다 | **예** 책을 빌려줘서 고마워. |
| 라 | **예** 내 잘못이야. 미안해. |

**교과서 문제**

**01** 이 그림과 같은 상황에서 어떤 마음을 전하면 좋을지 알맞게 선으로 이으시오.

(1) 그림 **가** •          • ㉠ 미안한 마음

(2) 그림 **나** •          • ㉡ 고마운 마음

(3) 그림 **다** •          • ㉢ 축하하는 마음

(4) 그림 **라** •          • ㉣ 위로하는 마음

**02** 그림 **나** 에서 넘어진 친구에게 해야 할 말로 알맞은 것은 무엇입니까?

(        )

① "너 정말 대단하다."          ② "넘어져서 속상했지?"

③ "앞을 잘 보고 뛰어야지."      ④ "아프겠다. 나 먼저 간다."

⑤ "고마워. 내가 꼭 보답할게."

**서술형**

**03** 그림 **라** 에서 물통을 엎지른 남자아이가 할 말을 쓰고, 그 말을 들은 여자아이가 어떻게 대답하면 좋겠는지 알맞은 말을 쓰시오.

(1) 남자아이: _____

(2) 여자아이: _____

**기본** 편지를 읽고 마음을 나타내는 말 익히기   마음을 표현한 편지를 읽어 봅시다.

## 나리에게 보내는 편지

**가** 나리에게

나리야, 안녕? 나 민경이야.

나리야, 어제 네가 내 가방을 들어 주어서 ㉠고마웠어. 내가 팔을 다쳐서 가방을 어떻게 들까 걱정했는데 네가 와서 도와준다고 했을 때 ㉡정말 기뻤어. 그런데 어제는 고맙다는 말을 제대로 하지 못해서 이렇게 편지를 써.

지난 체육 시간에 너와 달리기 경주를 해서 ㉢내가 졌잖아. 달리기만큼은 자신 있었는데 내가 지니까 많이 속상했어. 그래서 그동안 너한테 말도 제대로 하지 않았어. 그런데 너는 오히려 나를 걱정해 주고 가방도 들어 주어서 ㉣미안했어.

나리야, 고마워! 너는 운동도 잘하고, 마음도 참 따뜻한 멋진 친구야. ㉤앞으로도 친하게 지내자. 안녕.

20○○년 4월 13일
민경이가

---

**04** 이 글의 내용으로 알맞은 것은 어느 것입니까? (      )

① 나리가 민경이에게 쓴 편지다.
② 민경이가 나리의 팔을 다치게 했다.
③ 나리는 민경이의 가방을 들어 주었다.
④ 민경이는 나리에게 위로하는 마음을 전하고 있다.
⑤ 민경이는 체육 시간 달리기 경주에서 졌지만 속상하지 않았다.

**교과서 문제**

**05** ㉠~㉤ 중 마음을 나타내는 말이 <u>아닌</u> 것은 무엇인지 기호를 쓰시오.

(        )

★★★
**06** 나리에 대한 민경이의 마음을 **보기** 에서 두 가지 골라 쓰시오.

**보기**
> 실망스러운 마음, 격려하는 마음, 미안한 마음,
> 고마운 마음, 화난 마음, 안타까운 마음

(        ,        )

---

▶ 글의 종류: 편지글
▶ 글의 특징: 민경이가 나리에게 고마운 마음과 미안한 마음을 표현하기 위해 쓴 편지입니다.

▶ '나리에게 보내는 편지'에 드러난 마음을 나타내는 말

> 고마웠어, 걱정했는데, 정말 기뻤어, 많이 속상했어, 미안했어, 고마워, 멋진 친구야, 친하게 지내자

▶ 마음을 표현하는 말

| 미안한 마음 |
| --- |
| • 미안해. |
| • 내 잘못이야. |
| • 용서해 줘. |

| 축하하는 마음 |
| --- |
| • 축하해. |
| • 기뻐요. |
| • 정말 대단하다. |

| 칭찬하는 마음 |
| --- |
| • 자랑스러워. |
| • 정말 잘했어. |
| • 나도 너를 닮고 싶어. |

| 고마운 마음 |
| --- |
| • 고마워. |
| • 너밖에 없어. |
| • 잊지 않을게. |

| 격려하는 마음 |
| --- |
| • 힘들지? |
| • 힘내. |
| • 응원할게. |
| • 포기하지 마. |

**낱말 사전**

경주   일정한 거리를 달려 빠르기를 겨루는 일.

## 할아버지께 보내는 편지

**나** 할아버지, 그동안 안녕하셨어요?

할아버지, 생신 축하드려요.

할아버지 댁에 가면 항상 반갑게 맞아 주시고, 재미있는 이야기도 많이 들려주셔서 감사합니다.

작년 할아버지 생신에는 제가 다리를 다쳐서 찾아뵙지 못해 많이 아쉬웠어요. 그런데 이번 생신에는 가족 모두 모여서 즐거운 시간을 보낼 수 있어서 정말 기뻐요.

할아버지, 다시 한번 생신 축하드려요. 항상 건강하시길 바랄게요.

20○○년 4월 14일

손자 정혁 올림

## 호준이에게 보내는 편지

**다** 호준이에게

호준아, 나 민재 형이야.

한 달 동안이나 저녁마다 줄넘기 연습을 열심히 하는 너를 보면서 네가 기특하고 대단하다고 생각했어. 그런데 어제 있었던 줄넘기 대회에서 상을 받지 못했다는 소식을 들었어. 많이 속상했지? 그래도 포기하지 않고 꾸준히 연습하면 다음에는 더 좋은 결과가 있을 거야.

형은 언제나 너를 응원하고 있어. 그럼 안녕.

20○○년 4월 15일

민재 형이

---

**07** 글 **나**는 누가 누구에게 쓴 편지인지 쓰시오.

(        )(이)가 (      )(이)에게/께

☆☆☆
**08** 글 **나**에 드러난 정혁이의 마음과 그 마음을 나타내는 말을 한 가지 쓰시오.

(1) 정혁이의 마음: _____

_____

(2) 마음을 나타내는 말: _____

_____

**09** 글 **다**의 내용을 알맞게 말하지 **못한** 것은 무엇입니까? (     )

① 민재 형이 호준이에게 쓴 편지이다.

② 민재 형이 호준이를 응원하고 있다.

③ 민재 형이 호준이를 축하하고 있다.

④ 호준이는 줄넘기 대회에서 상을 받지 못했다.

⑤ 민재 형은 호준이가 줄넘기 연습을 열심히 해서 대단하다고 생각했다.

서술형
**10** 글 **다**에서 자신이 민재 형이라면 호준이에게 격려하는 마음을 어떤 말로 전할지 쓰시오.

_____

_____

# 어머니와 물감

"어머니, 제 곰돌이 머리핀 못 보셨어요?"

책상 위에 놓아두었던 머리핀이 보이지 않았다.

"머리핀? 조금 전에 민주가 꽂고 유치원에 갔는데……."

㉠"제 머리핀인데 왜 민주가 꽂고 갔어요?"

"네가 일찍 일어나서 챙기지 않으니 그런 일이 생기지. 오늘은 그냥 다른 것으로 하고 가. 그러다 지각하겠다."

민주가 내 물건을 마음대로 가져간 건데 어머니께서는 내 탓이라고 하신다.

어머니께서는 늘 동생 편만 드신다.

"오늘 물감 가져가야 한다고 하지 않았니? 가방에 잘 넣었어?"

가방을 메고 방을 나서는데 어머니께서 또 말씀하셨다. 나는 어머니 말씀에 대구도 하지 않고 집을 나섰다.

학교에 왔는데 기분이 좋지 않았다.

"민서야, 이것 봐라. 어머니께서 새 물감 사 주셨다."

---

교과서 문제

**11** 민서가 아침에 어머니께 화가 난 까닭은 무엇입니까? (       )

① 집에 물감을 두고 와서

② 정아가 자기의 물감을 자랑해서

③ 어머니가 아침을 안 차려 주셔서

④ 어머니가 아침에 일찍 안 깨워 주셔서

⑤ 동생이 민서의 머리핀을 꽂고 간 것을 어머니께서 민서 탓으로 돌린다고 생각해서

**12** ㉠에 담긴 민서의 마음으로 알맞은 것은 무엇입니까? (       )

① 화난 마음          ② 기쁜 마음          ③ 슬픈 마음

④ 신나는 마음        ⑤ 걱정스러운 마음

**13** 이 글에서 민서의 서운한 마음을 알 수 있는 민서의 행동을 찾아 쓰시오.

_____

_____

> ▶ **글의 특징**: 자신의 머리핀을 마음대로 가져간 동생 편만 드시는 어머니께 화가 나고 속상했던 민서는 자신을 위해 그림물감을 가져다주신 어머니께 죄송한 마음이 들었다는 내용의 이야기입니다.

> ▶ **글쓴이의 마음을 짐작하는 방법**
> • 비슷한 경험이 있는지 생각하기
> • 인물의 말과 행동에 대한 자신의 생각이나 느낌을 떠올리기

**낱말 사전**

꽂고  쓰러지거나 빠지지 아니하게 박아 세우거나 끼우고.

탓  구실이나 핑계로 삼아 원망하거나 나무라는 일.

대구  남의 말을 듣고 대답하거나 자기 의사를 나타냄. 또는 그 말.

내 짝 정아가 새로 산 물감을 가방에서 꺼내며 자랑했다. 나는 괜히 짜증이 났다. 맞다, '그림물감'. 가방을 살펴봤다. 물감이 없었다. 아침에 분명 챙겼는데 보이지 않았다. 그때서야 신발 신을 때 물감을 현관에 두고 온 것이 떠올랐다.

짝은 새 물감이라고 빌려주지 않을지도 모른다. 그리고 물감을 준비하지 않았다고 선생님께 꾸중을 들을 수도 있다. 복도에 있는 공중전화 수화기를 들었다가 다시 내렸다. 어머니께서는 출근하셨을 것이다.

'내가 가장 좋아하는 미술 시간인데…….'

이게 다 민주와 어머니 때문이다. ㉠나는 책상에 엎드렸다. 눈물이 날 것 같았다.

그때 단짝 친구 소은이가 나를 불렀다.

"민서야, 너희 어머니께서 이거 너 주라고 하셨어."

내 물감이었다.

"우리 어머니 만났어?"

㉡"교문 앞에서 만났는데, 시간이 없어서 그러신다며 나한테 대신 전해 달라고 하셨어."

나는 어머니 말씀에 대꾸도 하지 않고 학교에 왔는데, 어머니께서는 출근하느라 바쁘신데도 학교까지 오셔서 물감을 주고 가셨나 보다. 집에 가서 어머니께 죄송하다고 말씀드려야겠다.

**14** ㉠에 대해 알맞게 말한 것은 어느 것입니까?

( )

① '나'의 의견을 알 수 있는 말이다.

② '나'의 다짐이 나타나 있는 행동이다.

③ '나'의 속상한 마음이 직접 드러난 표현이다.

④ '나'의 속상한 마음이 잘 드러나 있는 대화이다.

⑤ '나'의 속상한 마음이 잘 드러나 있는 행동이다.

**교과서 문제**

**15** ㉡을 듣고 민서는 어머니께 어떤 마음이 들었겠습니까? ( )

① 기쁜 마음

② 화난 마음

③ 죄송한 마음

④ 뿌듯한 마음

⑤ 안쓰러운 마음

**16** 자신이 민서라면 어머니께 자신의 마음을 어떻게 표현하면 좋을지 알맞게 말한 친구는 누구인지 쓰시오.

> 민현: 어머니께 직접 죄송하다고 말씀드릴래.
>
> 성우: 동생 말고 나만 예뻐해 달라고 어머니께 부탁드릴래.
>
> 지홍: 아버지께 어머니가 동생만 예뻐한다고 말씀드릴래.

( )

**서술형**

**17** 자신이 민서가 되어 어머니께 자신의 마음을 전하는 글을 쓰시오.

_____

_____

**4 내 마음을 편지에 담아**

# 리디아의 정원

**1** 꽃을 사랑하는 소녀 리디아는 아버지가 일자리를 잃고 생활이 어려워지자 도시에서 빵 가게를 하는 외삼촌 댁으로 가게 된다.

**2** 외삼촌은 무뚝뚝하기만 하고 도시 생활은 힘들지만, 리디아는 일하는 틈틈이 빵 가게 옥상에 멋진 꽃밭을 가꾼다.

**3** 어느 날, 리디아는 외삼촌을 꽃으로 뒤덮인 옥상으로 모시고 간다. ㉠외삼촌은 리디아가 가꾼 꽃에 감격한다.

**4** 그리고 일주일 뒤에 외삼촌은 리디아에게 직접 만든 케이크와 함께 기쁜 소식을 전해 준다.

---

**18** 리디아가 외삼촌 댁으로 가야 했던 까닭은 무엇입니까? ( )

① 외삼촌을 돕기 위해서
② 제빵 기술을 배우기 위해서
③ 할머니의 심부름을 하기 위해
④ 외삼촌 댁 지역으로 여행을 가려고
⑤ 아버지께서 일자리를 잃고 생활이 어려워져서

**19** 리디아가 무뚝뚝한 외삼촌을 감동하게 만든 일은 무엇인지 쓰시오.

( )

**20** ㉠의 일에 대해 외삼촌이 리디아에게 전하고 싶은 마음을 편지로 쓴다고 할 때, 알맞은 표현은 무엇입니까? ( )

① 너의 꽃을 가꾸는 실력이 형편없구나.
② 옥상 정원의 꽃이 너무 많아 어지럽구나.
③ 이렇게 멋진 옥상 정원을 보여 주어서 고맙구나.
④ 리디아, 네가 하루 빨리 취직을 했으면 좋겠구나.
⑤ 리디아, 네가 빨리 제빵 기술을 배웠으면 좋겠구나.

> ▶ 글의 종류: 이야기
> ▶ 글쓴이: 세라 스튜어트
> ▶ 글의 특징: 미국이 경제적으로 아주 어려웠던 1930년대, 리디아가 어려움을 이겨 내는 내용의 이야기입니다.

> ▶「리디아의 정원」전체 줄거리: 아버지가 일자리를 얻는 동안 도시에서 빵 가게를 하는 외삼촌 댁에 가 있게 된 리디아는 무뚝뚝한 외삼촌을 도우며 꿋꿋하게 생활합니다. 그러면서 자신만의 비밀 장소에 할머니께서 보내 주신 꽃씨들을 열심히 심고 가꾸어 외삼촌께 보여 드립니다. 외삼촌은 감격해하며 리디아를 위해 아빠가 취직하셨다는 편지와 함께 큰 케이크를 준비하셨고, 리디아는 외삼촌에게 행복한 추억을 남기고 가족이 있는 집으로 돌아가게 됩니다.

## 낱말 사전

**일자리** 생계를 꾸려 나갈 수 있는 수단으로서의 직업.

**옥상** 지붕의 위. 특히 현대식 양옥 건물에서 마당처럼 편평하게 만든 지붕 위를 이름.

**감격한다** 마음에 깊이 느끼어 크게 감동한다.

**기본** 마음이 잘 드러나게 편지 쓰는 방법 익히기

## 리디아가 쓴 편지

엄마, 아빠, 할머니께

⊙ 가슴이 너무 쿵쿵거려서 아래층 손님들한테까지 제 심장 뛰는 소리가 들릴 것만 같아요.

오늘 점심때 짐 외삼촌이 가게 문에 '휴업'이라는 팻말을 걸고는 에드 아저씨와 엠마 아줌마와 저에게 위층으로 올라가서 기다리라고 하셨어요. 외삼촌은 제가 지금까지 한 번도 보지 못한 ⓛ 굉장한 케이크를 들고 나타나셨어요. 꽃으로 뒤덮인 케이크였어요. 저한테는

그 케이크 한 개가 외삼촌이 천 번 웃으신 것만큼이나 의미 있었어요.

그리고…… 그리고 외삼촌이 주머니에서 편지를 꺼내셨어요. 아빠가 취직을 하셨다는 소식이 담긴 편지였어요. 저, 이제 집으로 돌아가요.

1936년 7월 11일

모두에게 사랑을 담아서, 그리고 곧

만날 날을 기다리며 리디아 그레이스

---

**교과서 문제**

**21** 리디아가 엄마, 아빠, 할머니께 편지를 쓴 까닭은 무엇입니까? ( )

① 리디아가 취직한 것을 자랑하려고

② 외삼촌의 케이크가 맛있다고 말하려고

③ 집으로 돌아간다는 기쁜 마음을 전하려고

④ 외삼촌 가게가 휴업했다는 것을 알리려고

⑤ 아빠가 집으로 돌아간다는 소식을 전하려고

**23** 이 편지를 읽고 ⓛ을 설명한 친구 중 알맞게 말하지 못한 친구는 누구인지 쓰시오.

> 민현: 아주 근사한 케이크였을 것 같아.
> 지혁: 엄청난 케이크인가 봐. 나도 한번 먹어 보고 싶다.
> 성미: 어마어마한 케이크였겠지? 아까워서 못 먹을 만큼!
> 재형: 소소하지만 삼촌의 정성이 담긴 케이크였을 것 같아.

( )

**22** ⊙에서 짐작할 수 있는 리디아의 마음으로 알맞지 않은 것은 무엇입니까? ( )

① 즐겁다

② 기쁘다

③ 가슴이 벅차다

④ 불안하고 초조하다

⑤ 하늘을 날 듯 신나다

**교과서 문제**

**24** 이 편지에서 편지의 형식 중 빠진 부분을 보기 에서 골라 쓰시오.

> **보기**
> 받을 사람, 첫인사, 쓴 사람, 끝인사,
> 쓴 날짜, 전하고 싶은 말

( )

**실천** **마음을 담아 편지 쓰기** 마음을 담아 편지를 써 봅시다.

**1** 마음을 전하고 싶은 사람 떠올리기

1 선생님께서 공부를 가르쳐 주시는 상황
2 아버지께서 맛있는 음식을 만들어 주시는 상황
3 팔을 다쳤을 때 친구가 가방을 들어 주는 상황
4 할머니, 할아버지께 칭찬을 받는 상황

**2** 떠올린 사람에게 전하고 싶은 마음 정리하기 예

| 누구에게 마음을 전하고 싶나요? | 아버지 |
| --- | --- |
| 어떤 일 때문에 마음을 전하고 싶나요? | 떡볶이를 만들어 주신 일 |
| 그때 어떤 생각이나 느낌이 들었나요? | 감사한 마음, 다음에는 내가 아버지께 요리를 대접해 드리고 싶은 마음 |

**3** 전하고 싶은 마음이 잘 드러나게 편지 쓰기 예

> 아버지께
> 아버지 안녕하세요? 저 은수예요.
> 지난번 아버지께서 만들어 주셨던 떡볶이가 너무 맛있었어요.
> 맛있는 음식도 만들고 좋은 추억을 쌓을 수 있게 해 주셔서 감사합니다. 다음에는 제가 아버지께 맛있는 떡볶이를 만들어 드리고 싶어요. 아버지 사랑해요. 그럼 안녕히 계세요.
> 20○○년 9월 21일
> 아버지의 딸, 은수가

4
단원

**교과서 문제**

**25** 팔을 다쳤을 때 가방을 들어 준 친구에게 전하고 싶은 마음은 무엇인지 쓰시오.

( )

**26** **3**에서 은수가 아버지께 쓴 편지를 읽고 알맞게 말한 친구에 ○표 하시오.
(1) 지원: 은수가 아버지께 전하고 싶은 마음은 고마운 마음이야. ( )
(2) 현서: 은수는 서운한 마음을 표현하려고 '맛있었어요.'라는 말을 사용했어. ( )

**27** 은수가 이 편지를 쓰고 나서 스스로 잘 썼는지 확인하기 위한 질문으로 알맞지 <u>않은</u> 것은 무엇입니까? ( )
① 편지의 형식에 맞게 썼는가?
② 편지를 쓴 날의 날씨를 썼는가?
③ 마음을 나타내는 말을 알맞게 썼는가?
④ 그때의 생각이나 느낌을 자세히 썼는가?
⑤ 마음을 전하고 싶은 일을 잘 나타냈는가?

**서술형**

**28** 고마운 마음을 나타내고 싶은 일을 떠올려 마음을 전하는 말을 쓰시오.

_____

_____

## 영주에게 쓴 편지

**가** 영주에게

안녕! 나, 지수야.

네가 다리를 다쳐서 병원에 입원했다는 소식을 들었어.

그럼 안녕!

20○○년 4월 17일

지수가

## 민아에게 쓴 편지

**나** 민아에게

나, 수민이야. 요즘 운동하기에 날씨가 참 좋은 것 같아. 어제 체육 시간에 우리 반 이어달리기 대표 선수에 뽑히지 않아서 많이 실망했지? 이어달리기 선수가 되고 싶어서 달리기 연습도 열심히 했는데 많이 아쉬울 거야. 하지만 포기하지 말고 다음에 꼭 다시 도전해. 힘내!

우리, 학교 끝나고 만나서 같이 축구하자.

20○○년 4월 17일

수민이가

## 승현이에게 쓴 편지

**다** 승현이에게

승현아, 안녕? 나 영지야.

지난번 비가 왔을 때, ㉠아침에 우산을 챙겨 오지 않아 속으로 걱정했거든. 그런데 네가 우산을 씌워 주었잖아? 네가 우산을 씌워 주지 않았다면 책가방도 옷도 다 젖었을 거야. 너도 내 도움이 필요할 때 언제든지 말해. ㉡정말 고마워.

㉢우리, 앞으로도 사이좋게 지내자.

그럼 안녕.

20○○년 4월 19일

네 친구 영지가

**29** **가**의 편지에서 부족한 점은 무엇입니까?

( )

① 쓴 날짜가 빠져 있다.

② 첫인사를 쓰지 않았다.

③ 쓴 사람을 쓰지 않았다.

④ 받을 사람을 쓰지 않았다.

⑤ 마음이 잘 드러나지 않는다.

**30** **가**에 어떤 내용을 더 넣으면 좋겠습니까?

( )

① 첫인사        ② 쓴 날짜

③ 끝인사        ④ 받을 사람

⑤ 전하고 싶은 말

**31** **나**의 편지에서 전하려는 마음은 무엇입니까?

( )

① 기쁜 마음

② 화나는 마음

③ 미안한 마음

④ 축하하는 마음

⑤ 위로하는 마음

**32** ㉠~㉢ 중 고마운 마음이 잘 드러난 표현의 기호를 쓰시오.

( )

# 교과서 핵심 정리

## 핵심 ① 편지를 읽고 마음을 나타내는 말 익히기

- 어떤 마음을 전할지 떠올리고, 마음을 전하는 말을 하는 까닭이 잘 드러나게 표현합니다.
- 마음을 표현해야 할 상황에 알맞은 말로 마음을 나타냅니다.

  예 마음을 표현하는 말

| 미안한 마음 | 미안해, 많이 속상했지?, 내 잘못이야, 용서해 줘, 그때 그렇게 하지 말았어야 했는데……. |
|---|---|
| 축하하는 마음 | 축하해, 기뻐요, 정말 대단하다. |
| 칭찬하는 마음 | 자랑스러워, 정말 잘했어, 나도 너를 닮고 싶어. |
| 고마운 마음 | 고마워, 너밖에 없어, 잊지 않을게. |
| 격려하는 마음 | 힘들지?, 힘내, 응원할게, 포기하지 마. |
| 위로하는 마음 | 괜찮아, 힘내! 다음에는 잘될 거야. |

## 핵심 ② 글을 읽고 글쓴이의 마음 짐작하기

- 글쓴이의 말이나 행동으로 글쓴이의 마음을 짐작할 수 있습니다.
- 마음을 직접 표현한 말을 찾아보면 글쓴이의 마음을 짐작할 수 있습니다.

  예 「어머니와 물감」에서 민서의 말이나 행동에 나타난 마음

| 말이나 행동 | 마음 |
|---|---|
| 물감을 가방에 넣었는지 물으시는 어머니 말씀에 대꾸도 하지 않음. | 서운함, 화남. |
| "제 머리핀인데 왜 민주가 꽂고 갔어요?" | 화남. |
| 책상에 엎드림. | 속상함. |

## 핵심 ③ 마음이 잘 드러나게 편지 쓰는 방법 익히고 마음을 담아 편지 쓰기

- 전하고 싶은 마음이 잘 나타나게 씁니다.
- 전하고 싶은 마음을 드러내는 표현을 사용하고, 그때 자신의 생각이나 느낌을 자세히 씁니다.
- 편지의 형식에 맞게 씁니다.
  (받을 사람, 첫인사, 전하고 싶은 말, 끝인사, 쓴 날짜, 쓴 사람)

  예 「리디아가 쓴 편지」에 드러난 리디아의 마음

| 마음이 드러나는 말 | 마음 |
|---|---|
| 가슴이 너무 쿵쿵거려서 아래층 손님들한테까지 제 심장 뛰는 소리가 들릴 것만 같아요. | 즐거움, 기쁨, 하늘을 날 듯 신남, 가슴이 벅참. |

**4** 단원

## 핵심 ④ 뜻이 비슷한 낱말 바꾸어 쓰기

- 한 낱말을 되풀이해서 쓰기보다는 쓰임에 따라 뜻이 비슷한 다른 낱말을 바꾸어 사용하면 내용을 더 풍부하게 쓸 수 있습니다.

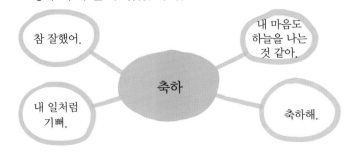

**01** 다음 상황에서 아이가 할머니께 전하고 싶은 마음은 무엇입니까?　　　　　　(　　　)

① 슬픈 마음
② 고마운 마음
③ 부러운 마음
④ 위로하는 마음
⑤ 축하하는 마음

서술형
**02** 할머니께 알맞은 높임 표현을 사용하여 전하고 싶은 마음이 잘 드러나게 하고 싶은 말을 쓰시오.

_____

_____

[03~04] 다음 글을 읽고, 물음에 답하시오.

> 지난 체육 시간에 너와 달리기 경주를 해서 내가 졌잖아. 달리기만큼은 자신 있었는데 내가 지니까 많이 속상했어. 그래서 그동안 너한테 말도 제대로 하지 않았어. 그런데 너는 오히려 나를 걱정해 주고 가방도 들어 주어서 미안했어.

**03** 이 글에서 마음을 나타내는 말을 두 가지 고르시오.　　　　　　(　　,　　)

① 미안했어.
② 내가 졌잖아.
③ 많이 속상했어.
④ 지난 체육 시간
⑤ 달리기 경주를 해서

**04** 이 글은 편지의 형식 중 어디에 해당합니까?
　　　　　　(　　　)

① 쓴 날짜　　　　② 첫인사
③ 받을 사람　　　④ 전하고 싶은 말
⑤ 끝인사

[05~06] 다음 글을 읽고, 물음에 답하시오.

> 호준이에게
> 호준아, 나 민재 형이야.
> 한 달 동안이나 저녁마다 줄넘기 연습을 열심히 하는 너를 보면서 네가 기특하고 대단하다고 생각했어. 그런데 어제 있었던 줄넘기 대회에서 상을 받지 못했다는 소식을 들었어. 많이 속상했지?
> ┌──────── ㉠ ────────┐
> 형은 언제나 너를 응원하고 있어. 그럼 안녕.
> 　　　　　　　　　20○○년 4월 15일
> 　　　　　　　　　　　　민재 형이

**05** 민재 형이 호준이에게 편지를 쓴 까닭은 무엇입니까? ( )

① 줄넘기 말고 다른 운동을 하자고 권하려고
② 호준이와 줄넘기 연습을 같이 하자고 하려고
③ 줄넘기 대회에서 상을 타지 못한 것을 알리려고
④ 줄넘기 대회에서 상을 받지 못한 호준이를 위로하려고
⑤ 호준이가 줄넘기 대회에서 상을 탄 것을 축하하려고

[서술형]

**06** 민재 형이 호준이에게 전하고 싶은 마음이 잘 드러나게 ㉠에 들어갈 알맞은 말을 쓰시오.

_____

_____

[07~09] 다음 글을 읽고, 물음에 답하시오.

어머니께서는 늘 동생 편만 드신다.
"오늘 물감 가져가야 한다고 하지 않았니? 가방에 잘 넣었어?"
가방을 메고 방을 나서는데 어머니께서 또 말씀하셨다. 나는 어머니 말씀에 대꾸도 하지 않고 집을 나섰다.
학교에 왔는데 기분이 좋지 않았다.
"민서야, 이것 봐라. 어머니께서 새 물감 사 주셨다."
내 짝 정아가 새로 산 물감을 가방에서 꺼내며 자랑했다. 나는 괜히 짜증이 났다. 맞다, '그림물감'. 가방을 살펴봤다. 물감이 없었다. 아침에 분명 챙겼는데 보이지 않았다. 그때서야 신발 신을 때 물감을 현관에 두고 온 것이 떠올랐다.

**07** 학교에서 민서는 무엇을 두고 와 당황했습니까? ( )

① 신발 주머니　　② 그림물감
③ 머리핀　　　　④ 책가방
⑤ 물통

**08** 이 이야기의 내용을 알맞게 말한 친구는 누구인지 쓰시오.

> 승우: 정아는 민서의 마음을 잘 살피며 행동하고 있어.
> 세진: 민서는 어머니가 물감을 안 챙겨 주셔서 짜증이 났어.
> 재진: 어머니 말씀에 대꾸도 하지 않고 집을 나선 민서의 행동으로 보아 어머니께 화가 많이 난 민서의 마음을 알 수 있어.

( )

☆☆☆
**09** 이야기에 나타난 민서의 마음을 짐작하는 방법을 두 가지 고르시오. ( , )

① 민서의 말과 행동을 잘 살펴보아야 해.
② 같은 낱말이 몇 번 반복되는지 살펴보아야 해.
③ 민서랑 비슷한 경험이 있는지 생각해 보아야 해.
④ 민서의 습관이 잘 드러나는 말을 살펴보아야 해.
⑤ 이야기가 몇 개의 문장으로 이루어져 있는지 세어 보아야 해.

**[10~13]** 다음 글을 읽고, 물음에 답하시오.

> 엄마, 아빠, 할머니께
> ㉠ 가슴이 너무 쿵쿵거려서 아래층 손님들한테까지 제 심장 뛰는 소리가 들릴 것만 같아요.
> 오늘 점심때 짐 외삼촌이 ㉡ 가게 문에 '휴업'이라는 팻말을 걸고는 에드 아저씨와 엠마 아줌마와 저에게 위층으로 올라가서 기다리라고 하셨어요. 외삼촌은 제가 지금까지 한 번도 보지 못한 굉장한 케이크를 들고 나타나셨어요. 꽃으로 뒤덮인 케이크였어요. 저한테는 그 케이크 한 개가 외삼촌이 천 번 웃으신 것만큼이나 의미 있었어요.
> 그리고…… 그리고 외삼촌이 주머니에서 편지를 꺼내셨어요. 아빠가 ㉢ 취직을 하셨다는 소식이 담긴 편지였어요. 저, 이제 집으로 돌아가요.
> 　　　　　　　　　　1936년 7월 11일
> 　　　　　모두에게 사랑을 담아서, 그리고 곧
> 　　　　　만날 날을 기다리며 리디아 그레이스

**10** ㉠에 대한 설명으로 알맞지 <u>않은</u> 것을 두 가지 고르시오. (　　　, 　　　)
① 리디아는 기쁜 마음을 전하고 있다.
② ㉠을 '하늘을 날 듯 신이 났어요.'라고 바꾸어 쓸 수 있다.
③ 리디아가 가슴이 쿵쿵거린 까닭은 아래층 손님과 싸웠기 때문이다.
④ 리디아가 ㉠과 같이 표현한 까닭은 외삼촌이 가게를 휴업하셨기 때문이다.
⑤ 리디아가 ㉠과 같이 표현한 까닭은 집으로 돌아갈 수 있다는 생각에 기뻤기 때문이다.

**11** ㉡과 ㉢을 바꾸어 쓸 수 있는 낱말을 찾아 선으로 이으시오.
(1) ㉡ 가게 ・　　　　・① 취업
　　　　　　　　　・② 상업
(2) ㉢ 취직 ・　　　　・③ 상점
　　　　　　　　　・④ 실직

**12** 외삼촌께서 굉장한 케이크를 들고 나타나신 까닭은 무엇입니까? (　　　)
① 리디아의 생일잔치를 위해
② 외삼촌 가게의 휴업을 기념하기 위해
③ 에드 아저씨를 깜짝 놀라게 해 주기 위해
④ 외삼촌의 케이크 만드는 솜씨를 뽐내기 위해
⑤ 리디아의 아빠가 취직이 되었다는 기쁜 소식을 전하기 위해

**13** 집으로 돌아가는 리디아에게 축하하는 마음을 전하는 말로 알맞지 <u>않은</u> 것은 무엇입니까? (　　　)
① 리디아, 집으로 돌아간다니 참 잘됐어.
② 리디아, 집으로 돌아가게 된 것을 정말 축하해.
③ 네가 집으로 돌아간다니 내 마음도 하늘을 나는 것 같아.
④ 리디아, 내가 집으로 돌아갈 수 있는 것처럼 너무 기뻐.
⑤ 리디아, 집으로 돌아간다는 소식 들었어. 기분이 어때?

**14** 마음이 드러나게 편지 쓰는 방법으로 빈칸에 들어갈 알맞은 낱말을 **보기**에서 골라 쓰시오.

> **보기**
> 마음, 느낌, 생각, 형식, 날짜, 날씨

(1) 전하고 싶은 (　　　)이/가 잘 나타나게 쓴다.
(2) 전하고 싶은 마음을 드러내는 표현을 사용하고, 그때 자신의 (　　　)(이)나 (　　　)을/를 자세히 쓴다.
(3) 편지의 (　　　)을/를 갖추어 쓴다.

[15~18] 다음 그림을 보고, 물음에 답하시오.

**15** 그림 **1** 은 무슨 상황입니까? ( )

① 선생님께 꾸중듣는 상황
② 아버지와 요리하는 상황
③ 할머니께 칭찬받는 상황
④ 넘어진 친구를 일으켜 주는 상황
⑤ 선생님과 공부를 하고 있는 상황

**16** 그림 **1** ~ **4** 에서 모두 전하고 싶은 마음은 무엇입니까? ( )

① 속상한 마음
② 고마운 마음
③ 미안한 마음
④ 위로하는 마음
⑤ 안타까운 마음

**17** 여자아이가 그림 **3** 에서 떠올린 친구에게 전하고 싶은 말로 가장 알맞은 것은 무엇입니까?( )

① 생일을 축하해.
② 주말에 영화 보러 갈까?
③ 지난번 일은 내가 잘못했어.
④ 다음에 꼭 공책을 빌려줄게.
⑤ 내 가방을 들어 줘서 고마웠어.

**18** 다음은 여자아이가 그림 **3** 에서 떠올린 친구에게 마음을 전하는 편지를 쓰는 과정입니다. 차례대로 기호를 쓰시오.

> ㉠ 편지를 다시 읽고, 고쳐 쓴다.
> ㉡ 마음을 담은 편지를 전달한다.
> ㉢ 전하고 싶은 마음을 정리해 본다.
> ㉣ 편지의 형식에 맞게 편지를 쓴다.

( )

`국어 활동`

[19~20] 다음 글을 읽고, 물음에 답하시오.

> 영주에게
>   안녕! 나, 지수야.
>   네가 다리를 다쳐서 병원에 입원했다는 소식을 들었어.
>   그럼 안녕!
>                                     20○○년 4월 17일
>                                                지수가

**19** 영주가 지수에게 이 편지를 받았을 때 어떤 기분일지 알맞은 것에 ○표 하시오.

역시 날 걱정해 주는 건 지수뿐이네. 내 고마운 친구!

음. 내가 입원해서 지수 마음이 어떻다는 거지? 아리송하네.

(1) ( ) (2) ( )

**20** 지수가 영주에게 전하려는 마음이 잘 표현된 말은 무엇입니까? ( )

① 그럴 줄 알았어.
② 빨리 나아서 같이 놀자.
③ 나도 너처럼 입원하고 싶어.
④ 너무 빨리 뛴 것이 잘못이야.
⑤ 네가 없는 동안 다른 친구와 놀게.

# 서술형 문제

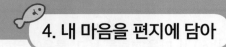
4. 내 마음을 편지에 담아

### 01 ~ 02

**가** 어머니께서는 늘 동생 편만 드신다.

"오늘 물감 가져가야 한다고 하지 않았니? 가방에 잘 넣었어?"

가방을 메고 방을 나서는데 어머니께서 또 말씀하셨다. 나는 어머니 말씀에 대꾸도 하지 않고 집을 나섰다.

**나** 그때 단짝 친구 소은이가 나를 불렀다.

"민서야, 너희 어머니께서 이거 너 주라고 하셨어."

내 물감이었다.

"우리 어머니 만났어?"

"교문 앞에서 만났는데, 시간이 없어서 그러신다며 나한테 대신 전해 달라고 하셨어."

나는 어머니 말씀에 대꾸도 하지 않고 학교에 왔는데, 어머니께서는 출근하느라 바쁘신데도 학교까지 오셔서 물감을 주고 가셨나 보다. 집에 가서 어머니께 죄송하다고 말씀드려야겠다.

### 01 이 글을 읽고 어머니에 대한 민서의 마음이 어떻게 변화했는지 쓰시오.

글 **가**　　　　　글 **나**

(1) (　　　　　) → (2) (　　　　　)

### 02 글 **나** 에 나타난 어머니에 대한 민서의 마음을 잘 전할 수 있는 편지를 쓰시오.

### 03 ~ 04

영주에게

안녕! 나, 지수야.

네가 다리를 다쳐서 병원에 입원했다는 소식을 들었어.

그럼 안녕!

지수가

### 03 이 편지에서 부족한 부분을 찾아 쓰시오.

### 04 문제 3번에서 찾은 부족한 부분을 지수의 마음이 잘 드러나게 편지의 형식을 갖추어 고쳐 쓰시오.

# 수행 평가

**학습 주제** 마음을 담아 편지 쓰기 　　　　　　　　　　　　　　**배점** 20점

**학습 목표** 인상 깊게 읽은 책의 등장인물에게 전하고 싶은 마음을 담아 편지를 쓸 수 있다.

**1** 인상 깊게 읽은 책을 골라 간단한 책 소개를 하시오.

| 책 제목 | | 지은이 | |
|---|---|---|---|
| 간단한 책 줄거리 | | | |
| 소개하고 싶은 등장인물<br>(인물이 처한 상황) | | | |

**2** 등장인물에게 편지를 쓰고 싶은 까닭을 쓰시오.

**3** 등장인물에게 전하고 싶은 마음을 쓰시오.

**4** 편지의 형식을 갖추어 책 속 인물에게 편지를 쓰시오.

# 5 중요한 내용을 적어요

## 단원 학습 목표

설명하는 말을 듣거나 글을 읽고 대강의 내용을 간추릴 수 있어요.

▶ **글의 특징**: 어린이 박물관 2층 옛이야기 전시관을 안내하는 글입니다. 각 장소에서 하는 전시 내용을 알 수 있습니다.

### 박물관 선생님 말씀

듣기 자료

지금부터 어린이 박물관을 안내하겠습니다. 어린이 박물관은 1층의 역사 전시관과 2층의 옛이야기 전시관으로 이루어져 있어요. 옛이야기 전시관에서는 매달 옛이야기 하나를 정해서 전시하고 있는데, 이번 달 옛이야기는 「흥부와 놀부」예요. 옛이야기 전시관 안으로 들어가면, '이야기 알기', '이야기 속으로', '이야기 세상' 구역으로 나누어지지요. 먼저 '이야기 알기'에서는 옛이야기의 줄거리를 그림으로 알아볼 수 있어요. 그리고 '이야기 속으로'에서는 옛이야기에 나오는 여러 가지 체험활동을 할 수 있어요. 마지막으로 '이야기 세상'에서는 옛이야기와 관련된 조상의 생활 모습과 옛이야기 속 과학 지식을 알아볼 수 있어요.

교과서 문제

**01** 선생님의 말씀을 들으며 민건이가 메모한 내용으로 빈칸에 알맞은 내용을 쓰시오.

> **옛이야기 전시관**
> 이번 달의 옛이야기: (1)「(                    )」
> 1. 이야기 알기: 줄거리를 (2) (            )(으)로 알아보기
> 2. 이야기 속으로: 옛이야기에 나오는 여러 가지 (3) (            )
> 3. 이야기 세상: 조상의 생활 모습, 옛이야기 속 (4) (            )

**02** 민건이네 모둠이 옛이야기 속 과학 지식을 조사하려면 어느 구역으로 가야 합니까?                                              (      )

① 이야기 알기        ② 이야기 속으로        ③ 이야기 세상
④ 역사 전시관        ⑤ 조사할 수 있는 구역이 없다.

서술형

**03** 민건이처럼 메모하면 좋은 점을 한 가지 쓰시오.

## 낱말 사전

**전시하고** 여러 가지 물품을 한곳에 벌여 놓고 보여 주고.

**구역** 갈라놓은 지역.

**조상** 돌아간 어버이 위로 대대의 어른.

## 메모가 필요한 상황

## 메모했던 경험 말하기

04 **가~다는 각각 어떤 상황인지 알맞게 선으로 이으시오.**

(1) 가 ·              · ㉠ 공부하는 상황

(2) 나 ·              · ㉡ 좋은 생각이 떠오른 상황

(3) 다 ·              · ㉢ 심부름을 갈 때 기억해야 할 내용이 많은 상황

05 **이와 같은 상황에서 오랫동안 기억을 잘하려면 어떻게 하는 것이 좋은지 빈칸에 알맞은 말을 쓰시오.**

녹음이나 (                    )을/를 해야 한다.

06 **다음 중 메모가 필요한 상황을 모두 찾아 ○표 하시오.**

(1) 전화한 내용을 누구에게 전해야 할 때                    (          )

(2) 엄마와 오늘 있었던 일에 대해 이야기할 때              (          )

(3) 친구들과 모둠 활동 준비물에 대해 이야기할 때          (          )

> **대화의 특징:** 메모가 필요한 여러 가지 상황을 담은 대화입니다.

> **대화의 특징:** 메모했던 장소, 시간, 하고 있던 일, 메모한 내용이 다른 여러 가지 경험을 말했습니다.

> **메모의 뜻**
> 다른 사람에게 말을 전하거나 자신이 기억한 것을 잊지 않으려고 짧게 쓴 글

**낱말 사전**

**성장해서** 사람이나 동식물 따위가 자라서 점점 커져서.

**자손** 자신의 세대에서 여러 세대가 지난 뒤의 자녀를 통틀어 이르는 말.

듣기 자료

## 복을 물어다 주는 제비

우리 조상은 제비를 복과 재물을 가져다주는 좋은 새라고 여겼습니다. 제비는 주로 음력 9월 9일 즈음 강남에 갔다가 3월 3일 즈음에 돌아오는데, 우리 조상은 이처럼 홀수가 겹치는 날을 운이 좋은 날이라 하여 길일이라고 불렀습니다. 따라서 좋은 날에 떠나 좋은 날에 돌아오는 제비는 그만큼 영리하고 행운을 가져다주는 동물일 것이라고 생각했던 것입니다. 그래서 집에 제비가 들어와 둥지를 틀면 좋은 일이 생길 것이라고 믿고 반겼습니다.

## 「복을 물어다 주는 제비」를 듣고 쓴 메모

**한비**
복을 물어다 주는 제비
• 제비는 복과 재물을 가져다주는 새
• 좋은 날(홀수가 겹치는 날)에 떠나 좋은 날에 돌아옴. 그만큼 영리하고 행운을 가져다줄 것이라고 생각함.

**진호**
복을 물어다 주는 제비
우리 조상은 제비를 복과 재물을 가져다주는 좋은 새라고 여겼습니다. 제비는 주로 음력 9월 9일 즈음 강남에 갔다가 3월 3일 즈음에 돌아오는데, 우리 조상은 이처럼……

**수영**
복을 물어다 주는 제비
• 9월 9일, 3월 3일
• 제비 둥지

**07** 「복을 물어다 주는 제비」를 읽고 알 수 없는 것은 무엇입니까?　(　　)
① 9월 9일은 길일이다.
② 제비는 3월 3일 즈음에 돌아온다.
③ 우리 조상은 제비를 좋은 새라고 여겼다.
④ 제비는 둥지를 틀 곳을 신중하게 고른다.
⑤ 우리 조상은 제비가 집에 들어오는 것을 반겼다.

교과서 문제
**08** 우리 조상은 홀수가 겹치는 날을 어떤 날이라고 생각했는지 쓰시오.
(　　　　　)

**09** 친구들의 메모에 대해 알맞게 설명한 것은 ○표, 잘못 설명한 것은 ×표를 하시오.
(1) 한비의 메모는 선생님 말씀에서 중요한 낱말을 중심으로 짧게 썼다.　(　　)
(2) 진호는 선생님 말씀에서 중요한 낱말만 골라서 썼다.　(　　)
(3) 수영이는 선생님 말씀을 너무 간추려서 중요한 내용을 알기 힘들다.　(　　)

교과서 문제
**10** 「복을 물어다 주는 제비」를 듣고 가장 메모를 잘한 친구는 누구인지 쓰시오.
(　　　　　)

## 동물을 치료하는 직업

듣기 자료

흥부는 제비의 다리를 치료해 주고 복이 담긴 박씨를 얻었습니다. 요즘이라면 제비의 다리를 고치기 위해 동물 병원에 갔겠죠. 이렇게 동물 병원에서 동물의 병을 치료해 주는 직업을 '수의사'라고 합니다. 수의사는 애완 동물부터 가축, 야생 동물, 희귀 동물까지 모든 동물을 진료하는 의사입니다.

여러분도 수의사가 되고 싶다고요? 수의사가 되려면 질병이나 동물에 대한 전문적인 지식이 필요하기 때문에 공부를 많이 해야 합니다. 또 흥부처럼 동물을 사랑하는 마음과 생명을 소중하게 여기는 마음을 지녀야 합니다.

> 글의 종류: 정보를 전달하는 글
> 글의 특징: 동물을 치료하는 직업인 수의사에 대해 소개하는 글입니다. 수의사가 하는 일과 수의사가 되기 위해 필요한 것을 설명하고 있습니다.

**11** 이 글에서 소개하는 것에 ○표 하시오.

> 수의사, 흥부전

**12** 이 글을 읽고 메모를 할 때 생각해야 할 점이 <u>아닌</u> 것은 무엇입니까? ( )
① 되도록 많은 내용을 쓴다.
② 너무 길게 쓰지 말아야 한다.
③ 중요한 내용이 빠지지 않아야 한다.
④ 중요한 낱말을 중심으로 짧게 쓴다.
⑤ 여러 가지 방법으로 메모할 수 있다.

**13** 이 글을 읽고 메모하기 위한 친구들의 대화에서 <u>잘못</u> 말한 친구를 쓰시오.

> 유진: 맨 처음에 나오는 흥부 이야기가 재미있으니까 메모에 넣을래.
> 지원: 수의사가 되기 위한 방법을 두 가지로 정리해서 메모해야겠어.
> 지영: 수의사가 어떤 직업인지는 꼭 메모해야 해.

( )

**낱말 사전**

애완 동물이나 물품 따위를 좋아하여 가까이 두고 귀여워하거나 즐김.

가축 소, 말, 돼지, 닭 등 집에서 기르는 짐승.

야생 산이나 들에서 저절로 나서 자람. 또는 그런 생물.

희귀 드물어서 특이하거나 매우 귀함.

진료하는 진찰하고 치료하는.

질병 몸에 생기는 여러 가지 병.

**14** 이 글을 읽고 간단히 메모한 내용입니다. 빈칸에 알맞은 낱말을 쓰시오.

> • 수의사: (1) ( )에서 동물의 병을 치료해 주는 직업
> • 수의사가 되기 위한 방법
>  – (2) ( )을/를 많이 해야 함.
>  – 동물을 (3) ( )하는 마음과 (4) ( )을/를 소중하게 여기는 마음을 지녀야 함.

## 여러 가지 메모

**가** 악기는 타악기, 현악기, 관악기로 나눌 수 있어요. 타악기는 두드리거나 때려서 소리를 내는 악기로 타악기에는 장구나 큰북 등이 있으며, 현악기는 줄을 사용하는 악기로 현악기에는 가야금이나 바이올린 등이 있어요. 그리고 관악기는 입으로 불어서 소리를 내는 악기로 관악기에는 단소나 트럼펫 등이 있어요.

**나** 악기는 타악기, 현악기, 관악기로 나눌 수 있다.

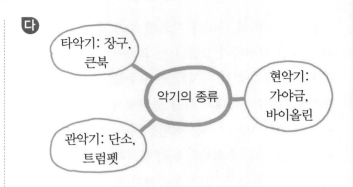

**다**
타악기: 장구, 큰북
악기의 종류
현악기: 가야금, 바이올린
관악기: 단소, 트럼펫

---

교과서 문제

**15** 다음 빈칸에 들어갈 낱말로 알맞은 것은 무엇입니까? ( )

> 글 **가** ~ **다**는 ( )의 종류에 대한 글입니다.

① 악기
② 음식
③ 놀이
④ 동물
⑤ 장난감

**16** 타악기를 두 가지 고르시오. ( , )
① 장구
② 큰북
③ 단소
④ 가야금
⑤ 바이올린

교과서 문제

**17** 다음은 어떤 글의 특징을 설명한 것인지 글 **가**~**다**에서 골라 글의 기호를 쓰시오.

(1) 전체 내용을 한두 문장으로 짧게 간추려 썼다. ( )
(2) 중요한 내용을 낱말 중심으로 짧게 썼다. ( )
(3) 전달하고 싶은 내용을 자세히 썼다. ( )

**18** 글 **가**~**다**와 같은 쓰기 방식이 필요한 상황을 찾아 선으로 이으시오.

(1) **가** ·　　·㉠ 전체 내용을 간단하게 정리할 때 필요하다.

(2) **나** ·　　·㉡ 자세히 알려 주는 글을 쓸 때 필요하다.

(3) **다** ·　　·㉢ 읽거나 들은 내용을 빠르게 정리할 때 필요하다.

**5 중요한 내용을 적어요**

# 민화

❶ 민화는 옛날 사람들이 널리 사용하던 그림이에요. 따라서 민화 속에는 우리 조상의 삶과 신앙, 멋이 깃들어 있어요. 민화가 여느 그림과 다른 점은 생활에 필요한 실용적인 그림이라는 것이에요. 다시 말해, 선비들이 그린 격조 높은 산수화나 솜씨 좋은 화원이 그린 작품들은 오래 두고 감상하는 그림이지만, 민화는 어떤 특별한 목적을 위해 사용한 그림이지요.

❷ 민화의 쓰임새는 여러 가지였어요. 혼례식이나 잔치를 치를 때 장식용으로 쓰던 병풍 그림도 민화였고, 대문이나 벽에 부적처럼 걸어 둔 것도 민화였고, 자신의 소망을 빌거나 누군가를 축하하는 그림도 민화였어요.

❸ 민화는 호랑이, 까치, 물고기, 사슴, 학, 거북, 토끼, 매와 같은 동물이나 소나무와 대나무, 모란, 불로초, 연꽃, 석류 같은 식물 등의 다양한 소재를 사용했어요. 해태나 용 같은 상상의 동물도 있지요. 우리 조상은 민화에 복을 기원하고, 악귀나 나쁜 것을 몰아내는 힘이 있다고 믿었던 거예요.

---

**19** 이 글의 내용을 **잘못** 말한 것은 무엇입니까? ( )
① 민화는 다양한 소재를 사용했다.
② 민화는 오래 두고 감상하는 그림이다.
③ 민화에는 상상의 동물을 그리기도 했다.
④ 민화 속에는 우리 조상들의 삶이 깃들어 있다.
⑤ 민화는 잔치를 치를 때 장식용으로 쓰이기도 했다.

**20** 이 글을 읽고 각 문단의 중요한 내용을 정리할 때, ( ) 안에 알맞은 낱말을 쓰시오.

| 문단 | 중요한 내용 |
|---|---|
| ❶ | 민화는 (1) ( )이/가 널리 사용하던 그림이다. |
| ❷ | 민화의 (2) ( )은/는 여러 가지였다. |
| ❸ | 민화는 다양한 (3) ( )을/를 사용했다. |

**21** 문제 20번에서 정리한 내용을 자연스럽게 이어 간추릴 때 무엇을 사용하면 좋습니까? ( )
① 높임 표현 ② 설명하는 말 ③ 꾸며 주는 말
④ 이어 주는 말 ⑤ 차례를 나타내는 말

> **글의 종류**: 정보를 전달하는 글
> **글쓴이**: 장세현
> **글의 특징**: 민화의 뜻과 쓰임새, 민화에 등장하는 소재와 우리 조상들이 민화를 그린 까닭을 설명하는 글입니다.

❶ 민화는 옛날 사람들이 널리 사용하던 그림입니다.
❷~❸ 민화의 쓰임새와 소재는 여러 가지입니다.

**낱말 사전**

산수화 산과 물이 어우러진 자연의 아름다움을 그린 그림.

화원 조선 시대에 도화서라는 관청에서 그림을 그리던 사람. 오늘날의 직업 화가를 말함.

병풍 바람을 막거나 장식을 위해 방 안에 세우는 물건.

부적 귀신을 쫓고 나쁜 일을 피하려고 글씨를 쓰거나 그림을 그려 몸에 지니거나 집에 붙이는 종이.

불로초 사람이 먹으면 늙지 않는다는 풀.

해태 옳고 그름과 착하고 나쁨을 판단해 안다고 하는 상상의 동물.

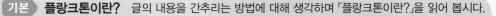

> **글의 종류:** 정보를 전달하는 글
> **글쓴이:** 김종문
> **글의 특징:** 플랑크톤의 의미와 플랑크톤의 여러 가지 특징에 대해 설명하는 글입니다.

① ~ ② 생물이 생명을 유지하는 데 물은 반드시 필요하며, 물이 있는 곳에는 항상 생물이 삽니다.

③ ~ ④ 물에 둥둥 떠다니는 생물을 '플랑크톤'이라고 합니다.

# 플랑크톤이란?

① 우리가 아는 모든 생물에게 물은 생명을 유지하는 데 반드시 필요한 물질입니다. 그래서 바다와 강, 호수, 연못뿐만 아니라 빗물이 고인 작은 웅덩이까지 물이 있는 곳이라면 다양한 생물이 살아갑니다. 다만 어떤 종류의 생물이 사는지가 다를 뿐이지요.

② 빗물이 고인 작은 병 속에는 아무 생물도 없다고요? 혹시 너무 작아서 안 보이는 건 아닐까요? 맨눈으로는 볼 수 없는 작은 생물까지 포함하면 자연적인 상태의 물이 있는 곳에는 어떤 형태로든 생물이 산다고 보아도 좋을 것입니다.

③ 물에 사는 생물들은 살아가는 모습에 따라서 크게 세 가지로 나뉩니다. 바닥 생활을 하는 생물, 헤엄을 치는 생물, 그리고 떠다니는 생물이 있습니다. 이 가운데 물에 둥둥 떠다니는 생물을 통틀어서 '플랑크톤'이라고 합니다.

④ 플랑크톤이라고 해서 모두 물에 가만히 떠 있기만 하는 것은 아니며, 어떤 종류는 스스로 헤엄치기도 합니다. 그러나 운동 능력이 워낙 약해서 물의 흐름을 거슬러 이동할 수는 없습니다. 그러므로 물속에 사는 아주 작은 생물들은 모두 플랑크톤이라고 생각할 수 있습니다. 해파리처럼 제법 큰 생물이라도 물의 흐름을 거슬러 헤엄칠 수 없다면 모두 플랑크톤으로 분류합니다.

---

**22** 이 글을 읽고 글을 간추리는 방법으로 알맞지 <u>않은</u> 것의 기호를 쓰시오.

> ⊙ 각 문단의 중심 내용을 찾아 정리한다.
> ⓒ 중요한 내용을 이어서 전체 내용을 하나로 묶는다.
> ⓒ 알게 된 내용과 더 알고 싶은 내용을 조사해 정리한다.

(            )

교과서 문제

**23** 이 글의 전체 내용을 다음과 같이 간추리려고 합니다. 빈칸에 알맞은 이어 주는 말을 보기 에서 골라 쓰시오.

> **보기**
>
> 그래서    그리고    하지만

> 생물이 생명을 유지하는 데 물은 반드시 필요합니다. (      ) 물이 있는 곳에는 생물이 산다고 할 수 있습니다. 이 가운데 물에 둥둥 떠다니는 생물을 플랑크톤이라고 합니다. 스스로 헤엄칠 수 있는 큰 생물이라도 물의 흐름을 거슬러 헤엄칠 수 없다면 플랑크톤입니다.

**낱말 사전**

**유지하는** 어떤 상태나 상황을 그대로 보존하거나 변함없이 계속하여 지탱하는.

**고인** 물 따위의 액체나 가스, 냄새 따위가 우묵한 곳에 모인.

**거슬러** 일이 돌아가는 상황이나 흐름과 반대되거나 어긋나는 태도를 취하는.

## 윤지가 쓴 소개하는 글

최근에 『세상을 돌고 도는 놀라운 물의 여행』을 읽고 물에 대한 정보를 알게 되었습니다. 그 책에 나온 물에 대한 정보를 소개하겠습니다.

우리가 사는 지구에는 몇십억 년 전부터 물이 있었습니다. 그리고 그 물은 모양을 바꾸며 세상 곳곳을 끊임없이 돌아다니며 여행합니다. 물은 하늘에서 땅과 바다로, 그리고 우리 몸속이나 동물들 몸속으로 끊임없이 돌고 돕니다. 물은 오랜 시간에 걸쳐 모습만 바꾸어 돌아다니기 때문에 지금 수도꼭지에서 흘러내리는 물은 아주 오래전에 공룡이 발을 담근 물일지도 모른다고 합니다.

- > 글의 종류: 소개하는 글
- > 글의 특징: 책 『세상을 돌고 도는 놀라운 물의 여행』을 읽고 알게 된 물에 대한 정보를 소개하는 글입니다.
- > 윤지가 소개한 내용: 책 제목, 소개하고 싶은 까닭, 소개할 내용
- > 책의 내용을 간추린 부분: 우리가 사는 지구에는 ~ 물일지도 모른다고 합니다.

**교과서 문제**

**24** 윤지가 읽은 책 제목은 무엇인지 쓰시오.

( )

**교과서 문제**

**25** 윤지가 읽은 책 내용을 간추린 부분을 찾아 첫 낱말과 끝 낱말을 쓰시오.

( , )

**★☆☆**
**26** 글쓴이가 읽은 책에서 얻은 물에 대한 정보가 <u>아닌</u> 것은 무엇입니까?

( )

① 물은 끊임없이 돌고 돈다.
② 물은 모양을 바꾸지 못한다.
③ 아주 오래전에 있던 물은 지금도 있다.
④ 물은 오랜 시간에 걸쳐 모습만 바꾸어 돌아다닌다.
⑤ 우리가 사는 지구에는 몇십억 년 전부터 물이 있었다.

**낱말 사전**

정보 관찰이나 측정을 통하여 수집한 자료를 실제 문제에 도움이 될 수 있도록 정리한 지식. 또는 그 자료.

담근 액체 속에 넣은.

## 석현이와 선생님의 대화

석현: 선생님, 도서관에서는 어떤 일을 하나요?

사서 선생님: 도서관에서 하는 일은 아주 많아요. 먼저, 책이나 신문과 같은 자료를 모으는 일을 하지요. 그리고 그 자료들을 분류 · 정리 · 보존하는 일을 해요. 또 많은 사람이 그 자료를 이용할 수 있게 해요.

석현: 그럼 저는 도서관에서 어떤 것을 할 수 있나요?

사서 선생님: 석현이는 오늘 도서관이 어떤 곳인지 알아보려고 왔죠? 도서관에는 여러 종류의 책이 있어요. 여기에서 책을 찾아 읽을 수도 있고 빌려 갈 수도 있어요. 그리고 정보를 검색할 수도 있어요. 우리 도서관에서는 다양한 독서 문화 행사를 여니 행사에도 참여할 수 있어요.

---

**27** 도서관에서 하는 일에 대해 **잘못** 설명한 것은 무엇입니까?　(　　　)

① 책을 빌려 갈 수 있다.

② 책을 찾아 읽을 수 있다.

③ 다양한 독서 문화 행사를 연다.

④ 많은 사람들이 자료를 이용할 수 있게 한다.

⑤ 영화나 만화 영화 같은 영상 자료를 모은다.

교과서 문제

**28** 석현이가 선생님의 말씀을 듣고 정리한 메모의 빈칸에 알맞은 내용을 쓰시오.

> 도서관에서 하는 일
>
> • 자료 (1) (　　　　), 자료 분류 · 정리 · 보존하기, 많은 사람이 자료 이용할 수 있게 하기
>
> 우리가 도서관에서 할 수 있는 일
>
> • 책을 읽거나 빌릴 수 있음.
> • (2) (　　　)을/를 검색할 수 있음.
> • 다양한 독서 문화 행사에 참여할 수 있음.

**29** 메모하는 방법으로 알맞은 것에는 ○표, 틀린 것에는 ×표를 하시오.

(1) 중요한 내용을 정리해 쓴다.　(　　　)

(2) 중심이 되는 낱말 하나만 쓴다.　(　　　)

(3) 들은 내용을 빠짐없이 모두 쓴다.　(　　　)

(4) 중요한 낱말을 중심으로 짧게 쓴다.　(　　　)

---

▶ **대화의 특징**: 선생님께서 석현이에게 도서관에서 하는 일과 우리가 도서관에서 할 수 있는 일에 대해 설명하고 있습니다.

▶ **메모가 필요한 상황** 예
• 선생님께서 체험학습 준비물을 알려 주실 때
• 심부름할 내용을 잊을 것 같아 걱정될 때

▶ **메모하는 방법**
• 중요한 내용을 정리해 씁니다.
• 중요한 낱말을 중심으로 짧게 씁니다.

**낱말 사전**

보존　잘 보호하고 간수하여 남김.

검색　책이나 컴퓨터에서, 목적에 따라 필요한 자료들을 찾아내는 일.

# 새로운 운동

① 생활 속에서 쉽게 할 수 있는 운동에 관심이 높아지면서 예전에 볼 수 없던 새로운 운동이 많이 늘어나고 있습니다. 이 운동 가운데에는 새로 만든 운동도 있고, 외국에서 예전부터 즐겼지만 우리나라에는 늦게 들어온 운동도 있습니다. 그리고 우리나라 전통 놀이를 새롭게 바꾸어 만든 운동도 있습니다.

② 새로 만든 운동으로 스포츠 스태킹이 있습니다. 스포츠 스태킹은 1980년대에 미국 어린이들이 종이컵으로 하던 놀이에서 생겨난 운동입니다. 이 운동을 할 때에는 컵 열두 개를 다양한 방법으로 쌓고 허무는 기술과 속도가 중요합니다. 이 운동을 하면 근육을 사용하는 능력과 집중력을 높일 수 있습니다.

③ 외국에서는 예전부터 즐기던 것인데 최근에 우리나라에 들어온 운동으로 슐런이 있습니다. 슐런은 네덜란드에서 즐기던 것인데, 슐박이라는 놀이판 끝에 있는 관문 네 곳에 나무 원반 30개를 밀어서 넣는 운동입니다. 관문마다 점수가 다르지만, 원반을 네 곳에 골고루 넣으면 추가 점수가 있으므로 한 곳에 몰아넣는 것보다 높은 점수를 얻을 수 있습니다. 점수가 높은 사람이 이깁니다. 슐런은 규칙이 간단해서 누구나 쉽게 배울 수 있고, 손힘을 조절하는 능력과 집중력을 높일 수 있는 운동입니다.

④ 우리나라 전통 놀이를 새롭게 바꾸어 만든 운동에는 한궁이 있습니다. 한궁은 우리나라 전통 놀이인 투호와 외국의 다트를 합쳐서 만든 운동입니다. 자석 한궁 핀을 표적판에 던져 높은 점수를 얻는 사람이 이기며, 왼손과 오른손으로 각각 다섯 번씩 던져야 하기 때문에 양손 근육을 골고루 발달시킬 수 있습니다.

⑤ 이런 새로운 운동들은 좋은 점이 많습니다. 규칙이 간단해 쉽게 배울 수 있고, 특별한 운동 기술이 없어도 누구나 즐길 수 있습니다. 또 긴 시간과 넓은 장소가 필요하지 않기 때문에 생활 속에서 틈틈이 즐길 수도 있습니다. 여러분도 한번 해 보는 게 어떨까요?

**30** 다음과 같은 놀이 방법으로 하는 운동 이름은 무엇인지 쓰시오.

> 슐박이라는 놀이판 끝에 있는 관문 네 곳에 나무 원반 30개를 밀어서 넣는 운동

(       )

**31** 글의 전체 내용을 간추리는 알맞은 방법은 무엇입니까? (   )

① 글 전체를 그대로 다시 쓴다.
② 문단의 마지막 문장만 모아서 쓴다.
③ 자신이 새로 안 내용만 이어서 간추린다.
④ 글을 읽고 궁금한 내용만 자세하게 간추린다.
⑤ 문단에서 중요한 내용을 찾아 그 내용을 이어서 전체를 간추린다.

**교과서 문제**

**32** 이 글을 읽고 각 문단의 중요한 내용을 정리하려고 합니다. 빈칸에 알맞은 말을 쓰시오.

| 문단 | 중요한 내용 |
|---|---|
| ① | 새로운 (1) (     )이/가 많이 늘어나고 있습니다. |
| ② | 새로 만든 운동으로 (2) (    )이/가 있습니다. |
| ③ | 외국에서는 예전부터 즐기던 것인데 최근에 우리나라에 들어온 운동으로 (3) (    )이/가 있습니다. |
| ④ | 우리나라 전통 놀이를 새롭게 바꾸어 만든 운동에는 (4) (    )이/가 있습니다. |
| ⑤ | 새로운 운동들은 좋은 점이 많습니다. |

국어 활동  겹받침 'ㄼ'을 발음하는 방법을 떠올리며 대화를 읽어 봅시다.

> 대화의 특징: 겹받침 'ㄼ'이 쓰인
> 낱말을 어떻게 발음해야 하는지
> 생각해 볼 수 있는 대화입니다.

> 겹받침 'ㄼ' 발음하기
> – '짧고, 얇게, 엷고, 넓지, 여덟'
>  의 'ㄼ'은 [ㄹ]로 소리 냅니다.
> – '밟다, 밟고'의 'ㄼ'은 [ㅂ]으로
>  소리 냅니다.

교과서 문제

**33** 겹받침 'ㄼ'이 있는 낱말을 어떻게 발음해야 하는지 알맞은 것에 ○표 하시오.

(1) 파란색을 좀 더 <u>엷게</u> 만들어서 칠해 봐.
 → ① [열께] (          ) ② [엽께] (          )

(2) 바닥에 내 공책이 있으니 <u>밟지</u> 말고 다녀.
 → ① [발찌] (          ) ② [밥찌] (          )

**34** 겹받침 'ㄼ'이 들어간 낱말을 바르게 발음하는 것에 ○표 하시오.

(1) 얇다 → ① [얄따] (     )     ② [얍따] (     )

(2) 떫다 → ① [떨따] (     )     ② [떱따] (     )

(3) 넓다 → ① [널따] (     )     ② [넙따] (     )

☆☆☆
**35** 밑줄 친 낱말을 바르게 발음하여 쓰시오.

(1)                              (2)

> '넓지'와 '밟지'는
> 같은 'ㄼ' 받침이라도
> 다르게 발음해.

연필심이 <u>짧</u>다.

발을 <u>밟</u>다.

[          ]          [          ]

# 교과서 핵심 정리

## 핵심 ① 메모의 뜻과 메모를 하는 방법

### **1** 메모의 뜻
• 다른 사람에게 말을 전하거나 자신이 기억한 것을 잊지 않으려고 짧게 쓴 글

### **2** 메모가 필요한 상황
• 좋은 생각이 떠올랐을 때

　**예** 책을 읽다가 나중에 글로 쓸 좋은 생각이 났을 때

• 기억해야 할 내용이 너무 많을 때

　**예** 심부름을 하러 가서 살 물건을 기억할 때

• 잊지 말아야 할 중요한 내용이 있을 때

　**예** 선생님이 체험학습 준비물을 알려 주실 때

### **3** 메모를 하면 좋은 점
• 시간이 많이 흐른 뒤에도 듣고 보고 생각한 것을 다시 떠올리는 데 도움이 됩니다.

### **4** 메모를 하는 방법
• 중요한 내용이 빠지지 않게 써야 합니다.
• 중요한 낱말을 중심으로 짧게 써야 합니다.

**예** 「복을 물어다 주는 제비」를 듣고 메모하기

> **복을 물어다 주는 제비**
> • 제비는 복과 재물을 가져다주는 새
> • 좋은 날(홀수가 겹치는 날)에 떠나 좋은 날에 돌아옴. 그만큼 영리하고 행운을 가져다줄 것이라고 생각함.

## 핵심 ② 글의 내용을 간추리는 방법

• 각 문단의 중요한 내용을 찾아 정리합니다.
• 묶을 수 있는 낱말을 이용해서 간단하게 정리합니다.
• 중요한 내용을 이어서 전체 내용을 하나로 묶습니다.
• 중요한 내용을 이어서 하나로 만들 때에는 '그리고', '그래서', '그러나'와 같이 이어 주는 말을 사용합니다.

**예** 「민화」의 내용 간추리기

> ① 민화는 옛날 사람들이 널리 사용하던 그림이에요.
> ② 민화의 쓰임새는 여러 가지였어요.
> ③ 민화는 동물, 식물, 상상의 동물과 같은 다양한 소재를 사용했어요.

> 　민화는 옛날 사람들이 널리 사용하던 그림으로, 쓰임새가 여러 가지였어요. 그리고 동물, 식물, 상상의 동물과 같은 다양한 소재를 사용했어요.

**예** 「플랑크톤이란?」의 내용 간추리기

> 　생물이 생명을 유지하는 데 물은 반드시 필요합니다. 그래서 물이 있는 곳에는 생물이 산다고 할 수 있습니다. 이 가운데 물에 둥둥 떠다니는 생물을 플랑크톤이라고 합니다. 스스로 헤엄칠 수 있는 큰 생물이라도 물의 흐름을 거슬러 헤엄칠 수 없다면 플랑크톤입니다.

**01** 메모를 하면 좋은 점은 무엇입니까? ( )

① 글씨를 예쁘게 쓰는 데 도움이 된다.
② 말하는 이의 처지를 이해할 수 있다.
③ 의견의 좋고 나쁨을 구분할 수 있다.
④ 자신의 생각을 좀 더 정확하게 전달할 수 있다.
⑤ 듣고 보고 생각한 것을 다시 떠올리는 데 도움이 된다.

**02** 메모가 필요한 상황이 <u>아닌</u> 것은 무엇입니까?

( )

① 좋은 생각이 떠올랐을 때
② 기억해야 할 내용이 너무 많을 때
③ 잊지 말아야 할 중요한 내용이 있을 때
④ 나중에 다시 떠올려야 할 내용을 들었을 때
⑤ 친구와 어제 본 만화 영화에 대해 이야기할 때

**03** 메모하는 방법이 <u>잘못된</u> 것은 무엇입니까?

( )

① 중요한 내용을 정리해 쓴다.
② 다양한 방법으로 메모할 수 있다.
③ 들은 내용을 빠짐없이 모두 쓴다.
④ 중요한 낱말을 중심으로 짧게 쓴다.
⑤ 전체적인 내용을 알 수 있도록 쓴다.

서술형
**04** 일상생활에서 메모했던 경험을 떠올려 한 가지 쓰시오.

_____

_____

**[05~06]** 다음 글을 읽고, 물음에 답하시오.

> 지금부터 어린이 박물관을 안내하겠습니다. 어린이 박물관은 1층의 역사 전시관과 2층의 옛이야기 전시관으로 이루어져 있어요. 옛이야기 전시관에서는 매달 옛이야기 하나를 정해서 전시하고 있는데, 이번 달 옛이야기는 「흥부와 놀부」예요. 옛이야기 전시관 안으로 들어가면, '이야기 알기', '이야기 속으로', '이야기 세상' 구역으로 나누어지지요. 먼저 '이야기 알기'에서는 옛이야기의 줄거리를 그림으로 알아볼 수 있어요. 그리고 '이야기 속으로'에서는 옛이야기에 나오는 여러 가지 체험활동을 할 수 있어요. 마지막으로 '이야기 세상'에서는 옛이야기와 관련된 조상의 생활 모습과 옛이야기 속 과학 지식을 알아볼 수 있어요.

**05** 옛이야기에 나오는 여러 가지 체험활동을 하려면 전시관의 어느 구역에 가야 하는지 쓰시오.

( )

**06** 다음은 선생님의 말씀을 듣고 민건이가 메모한 내용입니다. 민건이가 <u>잘못</u> 메모한 것은 무엇입니까?

( )

> **옛이야기 전시관**
>
> • 이번 달 옛이야기: ① 「흥부와 놀부」
> 1. 이야기 알기: 줄거리를 ② 그림으로 알아보기
> 2. ③ 이야기 속으로: 옛이야기에 나오는 여러 가지 체험활동
> 3. ④ 이야기 속 과학: 조상의 생활 모습, ⑤ 과학 지식

**[07~08]** 다음 글을 읽고, 물음에 답하시오.

우리 조상은 제비를 복과 재물을 가져다주는 좋은 새라고 여겼습니다. 제비는 주로 음력 9월 9일 즈음 강남에 갔다가 3월 3일 즈음에 돌아오는데, 우리 조상은 이처럼 홀수가 겹치는 날을 운이 좋은 날이라 하여 길일이라고 불렀습니다. 따라서 좋은 날에 떠나 좋은 날에 돌아오는 제비는 그만큼 영리하고 행운을 가져다주는 동물일 것이라고 생각했던 것입니다. 그래서 집에 제비가 들어와 둥지를 틀면 좋은 일이 생길 것이라고 믿고 반겼습니다.

**07** 우리 조상은 제비를 어떤 새라고 여겼습니까?

(     )

① 노래를 잘하는 새
② 만나기 어려운 새
③ 날짜를 잘 세는 새
④ 만나면 안 좋은 일이 생기는 새
⑤ 복과 재물을 가져다주는 좋은 새

**서술형**

**08** 이 글에서 중요한 내용을 간추려 쓰시오.

_____

_____

**09** 글을 간추리는 방법으로 알맞지 **않은** 것은 무엇입니까?

(     )

① 중요한 내용을 이어 하나로 묶는다.
② 각 문단의 중심 내용을 찾아 정리한다.
③ 각 문단의 마지막 내용을 이어 정리한다.
④ 문장을 이을 때 이어 주는 말을 사용한다.
⑤ 중요한 내용을 중심으로 간단히 정리한다.

**[10~11]** 다음 글을 읽고, 물음에 답하시오.

흥부는 제비의 다리를 치료해 주고 복이 담긴 박씨를 얻었습니다. 요즘이라면 제비의 다리를 고치기 위해 동물 병원에 갔겠죠. 이렇게 동물 병원에서 동물의 병을 치료해 주는 직업을 '수의사'라고 합니다. 수의사는 애완 동물부터 가축, 야생 동물, 희귀 동물까지 모든 동물을 진료하는 의사입니다.

여러분도 수의사가 되고 싶다고요? 수의사가 되려면 질병이나 동물에 대한 전문적인 지식이 필요하기 때문에 공부를 많이 해야 합니다. 또 흥부처럼 동물을 사랑하는 마음과 생명을 소중하게 여기는 마음을 지녀야 합니다.

**10** 이 글은 어떤 글입니까?

(     )

① 정보를 전달하는 글이다.
② 이야기를 듣고 메모한 내용이다.
③ 자신의 의견을 제안하는 글이다.
④ 책을 읽고 생각이나 느낌을 쓴 글이다.
⑤ 중요한 내용만 골라 짧게 간추린 글이다.

**11** 이 글의 내용으로 알맞은 것은 무엇입니까?

(     )

① 동물을 사랑하는 사람은 수의사가 될 수 없다.
② 수의사는 애완 동물만 치료하는 의사를 말한다.
③ 수의사가 되려면 공부는 많이 하지 않아도 된다.
④ 수의사는 동물을 사랑하는 마음만 있으면 된다.
⑤ 동물 병원에서 동물의 병을 치료해 주는 직업을 수의사라고 한다.

**12** 글을 간추리는 방법으로 알맞은 말을 골라 ○표 하시오.

(1) 각 문단의 중요한 내용을 찾아 정리하고, 묶을 수 있는 낱말을 사용해 ( 길게, 간단하게 ) 정리한다.

(2) 중요한 내용을 이어서 전체 내용을 ( 하나, 여러 가지 )로 묶는다.

**[13~16]** 다음 글을 읽고, 물음에 답하시오.

**가** 민화는 옛날 사람들이 널리 사용하던 그림이에요. 따라서 민화 속에는 우리 조상의 삶과 신앙, 멋이 깃들어 있어요. 민화가 여느 그림과 다른 점은 생활에 필요한 실용적인 그림이라는 것이에요. 다시 말해, 선비들이 그린 격조 높은 산수화나 솜씨 좋은 화원이 그린 작품들은 오래 두고 감상하는 그림이지만, 민화는 어떤 특별한 목적을 위해 사용한 그림이지요.

**나** 민화의 쓰임새는 여러 가지였어요. 혼례식이나 잔치를 치를 때 장식용으로 쓰던 병풍 그림도 민화였고, 대문이나 벽에 부적처럼 걸어 둔 것도 민화였고, 자신의 소망을 빌거나 누군가를 축하하는 그림도 민화였어요.

**다** 민화는 호랑이, 까치, 물고기, 사슴, 학, 거북, 토끼, 매와 같은 동물이나 소나무와 대나무, 모란, 불로초, 연꽃, 석류 같은 식물 등의 다양한 소재를 사용했어요. 해태나 용 같은 상상의 동물도 있지요.

**13** 민화의 쓰임새가 아닌 것은 무엇입니까? (      )

① 자신의 소망을 빌기
② 누군가를 축하하기
③ 오래 두고 감상하기
④ 대문이나 벽에 부적처럼 걸어 두기
⑤ 혼례식이나 잔치를 치를 때 장식용으로 쓰기

**14** 각 문단의 중요한 내용을 찾아 알맞게 선으로 이으시오.

(1) **가** ·　　　· ㉠ 민화는 다양한 소재를 사용했다.

(2) **나** ·　　　· ㉡ 민화는 옛날 사람들이 널리 사용하던 그림이다.

(3) **다** ·　　　· ㉢ 민화의 쓰임새는 여러 가지였다.

**15** **다** 에서 예로 든 낱말을 각각 묶을 수 있는 낱말을 찾아 쓰시오.

| 묶을 수 있는 낱말 | 예로 든 낱말 |
| --- | --- |
| (1) | 호랑이, 까치, 물고기, 사슴, 학, 거북, 토끼, 매 |
| (2) | 소나무, 대나무, 모란, 불로초, 연꽃, 석류 |
| (3) | 해태, 용 |

**16** 이 글을 가장 알맞게 간추린 친구는 누구인지 쓰시오.

제덕: 우리 조상은 민화에 복을 기원하는 힘이 있다고 믿었다.

선우: 민화에는 호랑이, 까치, 물고기, 사슴, 학, 거북, 토끼, 매와 같은 동물을 그렸다.

유빈: 민화는 옛날 사람들이 널리 쓰던 그림으로 쓰임새가 여러 가지이다. 그리고 동물이나 식물, 상상의 동물 등 다양한 소재를 사용했다.

(　　　　　　　)

**[17~19] 다음 글을 읽고, 물음에 답하시오.**

**가** 우리가 아는 모든 생물에게 물은 생명을 유지하는 데 반드시 필요한 물질입니다. 그래서 바다와 강, 호수, 연못뿐만 아니라 빗물이 고인 작은 웅덩이까지 물이 있는 곳이라면 다양한 생물이 살아갑니다. 다만 어떤 종류의 생물이 사는지가 다를 뿐이지요.

**나** 빗물이 고인 작은 병 속에는 아무 생물도 없다고요? 혹시 너무 작아서 안 보이는 건 아닐까요? 맨눈으로는 볼 수 없는 작은 생물까지 포함하면 자연적인 상태의 물이 있는 곳에는 어떤 형태로든 생물이 산다고 보아도 좋을 것입니다.

**다** 물에 사는 생물들은 살아가는 모습에 따라서 크게 세 가지로 나뉩니다. 바다 생활을 하는 생물, 헤엄을 치는 생물, 그리고 떠다니는 생물이 있습니다. 이 가운데 물에 둥둥 떠다니는 생물을 통틀어서 '플랑크톤'이라고 합니다.

**라** 플랑크톤이라고 해서 모두 물에 가만히 떠 있기만 하는 것은 아니며, 어떤 종류는 스스로 헤엄치기도 합니다. 그러나 운동 능력이 워낙 약해서 물의 흐름을 거슬러 이동할 수는 없습니다. 그러므로 물속에 사는 아주 작은 생물들은 모두 플랑크톤이라고 생각할 수 있습니다. 해파리처럼 제법 큰 생물이라도 물의 흐름을 거슬러 헤엄칠 수 없다면 모두 플랑크톤으로 분류합니다.

**17** 플랑크톤에 대한 설명으로 알맞지 <u>않은</u> 것은 무엇입니까? ( )

① 해파리도 플랑크톤으로 분류된다.
② 어떤 종류는 스스로 헤엄치기도 한다.
③ 아주 작은 생물만 플랑크톤으로 분류한다.
④ 물에 둥둥 떠다니는 생물을 통틀어서 말한다.
⑤ 플랑크톤은 물의 흐름을 거슬러 이동할 수 없다.

**18** 보기 에서 각 문단의 중심 내용을 골라 그 기호를 쓰시오.

보기
㉠ 물에 둥둥 떠다니는 생물을 통틀어서 '플랑크톤'이라고 한다.
㉡ 물의 흐름을 거슬러 헤엄칠 수 없다면 플랑크톤이다.
㉢ 물이 있는 곳에는 다양한 생물이 산다.
㉣ 물은 생물이 생명을 유지하는 데 반드시 필요한 물질이다.

(1) 글 **가** ( )
(2) 글 **나** ( )
(3) 글 **다** ( )
(4) 글 **라** ( )

서술형
**19** 이어 주는 말을 사용하여 이 글을 짧게 간추려 쓰시오.

_____

_____

　이 가운데 물에 둥둥 떠다니는 생물을 플랑크톤이라고 합니다. 스스로 헤엄칠 수 있는 큰 생물이라도 물의 흐름을 거슬러 헤엄칠 수 없다면 플랑크톤입니다.

**20** 정보를 전달하는 글 가운데에서 읽고 싶은 내용과 그 까닭을 알맞게 말한 친구는 누구인지 쓰시오.

우영: 동시를 읽고 장면을 떠올려 보았어.
하식: 이야기를 읽어 보고 생각이나 느낌을 정리해 볼래.
두리: 나는 키가 더 컸으면 좋겠어. 키가 크는 데 도움이 되는 음식을 알아볼 거야.

( )

# 서술형 문제

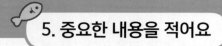

**01 ~ 02**

### 새로운 운동

**가** 생활 속에서 쉽게 할 수 있는 운동에 관심이 높아지면서 예전에 볼 수 없던 새로운 운동이 많이 늘어나고 있습니다. 이 운동 가운데에는 새로 만든 운동도 있고, 외국에서 예전부터 즐겼지만 우리나라에는 늦게 들어온 운동도 있습니다. 그리고 우리나라 전통 놀이를 새롭게 바꾸어 만든 운동도 있습니다.

**나** 새로 만든 운동으로 스포츠 스태킹이 있습니다. 스포츠 스태킹은 1980년대에 미국 어린이들이 종이컵으로 하던 놀이에서 생겨난 운동입니다. 이 운동을 할 때에는 컵 열두 개를 다양한 방법으로 쌓고 허무는 기술과 속도가 중요합니다. 이 운동을 하면 근육을 사용하는 능력과 집중력을 높일 수 있습니다.

**다** 외국에서는 예전부터 즐기던 것인데 최근에 우리나라에 들어온 운동으로 슐런이 있습니다. 슐런은 네덜란드에서 즐기던 것인데, 슐박이라는 놀이판 끝에 있는 관문 네 곳에 나무 원반 30개를 밀어서 넣는 운동입니다. 관문마다 점수가 다르지만, 원반을 네 곳에 골고루 넣으면 추가 점수가 있으므로 한 곳에 몰아넣는 것보다 높은 점수를 얻을 수 있습니다. 점수가 높은 사람이 이깁니다. 슐런은 규칙이 간단해서 누구나 쉽게 배울 수 있고, 손힘을 조절하는 능력과 집중력을 높일 수 있는 운동입니다.

**라** 우리나라 전통 놀이를 새롭게 바꾸어 만든 운동에는 한궁이 있습니다. 한궁은 우리나라 전통 놀이인 투호와 외국의 다트를 합쳐서 만든 운동입니다. 자석 한궁 핀을 표적판에 던져 높은 점수를 얻는 사람이 이기며, 왼손과 오른손으로 각각 다섯 번씩 던져야 하기 때문에 양손 근육을 골고루 발달시킬 수 있습니다.

**마** 이런 새로운 운동들은 좋은 점이 많습니다. 규칙이 간단해 쉽게 배울 수 있고, 특별한 운동 기술이 없어도 누구나 즐길 수 있습니다. 또 긴 시간과 넓은 장소가 필요하지 않기 때문에 생활 속에서 틈틈이 즐길 수도 있습니다. 여러분도 한번 해 보는 게 어떨까요?

**01** 각 문단의 중요한 내용을 찾아 정리해 쓰시오.

| 문단 | 중심 내용 |
|------|-----------|
| **가** | |
| **나** | |
| **다** | |
| **라** | |
| **마** | |

**02** 문제 **01**번에서 정리한 내용을 바탕으로, 이 글을 간추려 쓰시오.

_____

_____

_____

_____

_____

# 수행 평가

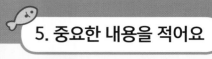

**학습 주제** 친구들에게 책 소개하기      **배점** 20점

**학습 목표** 자신이 읽은 책 내용을 간추려 친구들에게 소개하는 글을 쓸 수 있다.

**1** 자신이 읽은 책 내용을 간추려 친구들에게 소개할 내용을 정리해 쓰시오.

(1) 친구들에게 소개할 책의 제목: _____

(2) 친구들에게 소개할 내용

| | |
|---|---|
| 이 책을 고른 까닭 | |
| 책을 읽고 새롭게 알게 된 점 | |
| 책을 읽고 느낀 점 | |
| | |

**2** 문제 1번에서 정리한 내용을 바탕으로 친구들에게 책을 소개하는 글을 쓰시오.

|  |
|---|
|  |

## 단원 학습 목표

원인과 결과를 생각하며 경험을 이야기할 수 있어요.

▶ **글의 종류**: 만화
▶ **글의 특징**: 골목 입구에 쌓여 있는 쓰레기를 해결하기 위해 쓰레기 정거장이 생긴 일이 잘 나타나 있습니다.

▶ **원인**: 골목 입구에 쓰레기가 쌓여 있어서 불편한 상황입니다.
▶ **결과**: 쓰레기를 깔끔하게 종류별로 나눠서 버릴 수 있는 쓰레기 정거장이 생겼습니다.

### 쓰레기 정거장

**01** 쓰레기를 버릴 때 불편했던 점이 <u>아닌</u> 것은 무엇입니까? ( )
① 쓰레기가 뒤죽박죽 버려지게 된다.
② 좁은 장소에 한꺼번에 쓰레기를 버려서 지저분하다.
③ 골목 입구에 쓰레기가 쌓여 있어서 다닐 때 불편하다.
④ 쓰레기를 버리는 곳이 밤이 되면 어두워서 으스스하다.
⑤ 쓰레기를 종류별로 나눠서 버려야 해서 시간이 오래 걸린다.

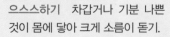

으스스하기 차갑거나 기분 나쁜 것이 몸에 닿아 크게 소름이 돋기.

뒤죽박죽 여러 가지가 마구 뒤섞여 엉망이 된 모양. 또는 그 상태.

재활용품 고치거나 새로 만들어 다시 쓸 수 있는 물건.

종류별 종류에 따라 각각 갈라놓은 것.

**서술형**

**02** 쓰레기 정거장이 생긴 원인과 결과를 생각해 보고 빈칸에 원인을 쓰시오.

| 원인 | |
|---|---|

↓

| 결과 | 쓰레기 정거장이 생겼다. |
|---|---|

## 행복한 짹짹콩콩이 〔듣기 자료〕

"참새다!"

야구공을 찾으려고 꽃밭으로 들어갔던 승호가 소리쳤습니다. 승호는 야구공을 장미꽃 속에서 찾아 던졌습니다. 그리고 조심스럽게 참새를 잡았습니다. 야구를 하던 아이들이 우르르 몰려왔습니다.

"아기 참새구나." / "엄마를 잃어버렸나 봐."

"날려 줄 거야."

승호는 아기 참새를 쥔 두 손을 높이 들고 깡충 뛰며 놓아주었습니다. 그러나 아기 참새는 길에서 깡충깡충 뛰어다니기만 했습니다. 승호는 파닥거리는 아기 참새를 두 손으로 감싸 쥐었습니다.

"참새를 어떻게 하지?"

승호가 걱정스럽게 물었습니다.

"선생님께 가져다드리자." / "그래, 그게 좋겠다."

승호는 참새를 안고 교실로 갔습니다.

---

**03** 승호가 잡은 참새를 놓아주자 참새는 어떻게 되었습니까? ( )

① 꽃밭으로 다시 들어갔다. ② 승호 주변을 날아다녔다.

③ 길에서 깡충깡충 뛰어다녔다. ④ 승호의 어깨에 앉아 파닥거렸다.

⑤ 날아가서 옆에 있던 나무에 앉았다.

〔서술형〕

**04** 승호가 경험한 일을 원인과 결과에 따라 정리해 쓰시오.

| 원인 | |
| --- | --- |

↓

| 결과 | 승호가 아기 참새를 교실로 데려갔다. |
| --- | --- |

**05** 이 글에서 일어난 일을 정리할 때, 빈칸에 들어갈 알맞은 말을 쓰시오.

승호는 날지 못하는 아기 참새가 걱정되었다. ( ) 승호는 아기 참새를 선생님께 가져다드리기로 했다.

---

▶ **글의 종류:** 이야기

▶ **글쓴이:** 박성배

▶ **글의 특징:** 승호가 잘 날지 못하는 아기 참새를 키우게 된 일의 원인과 결과가 잘 드러난 이야기입니다.

### 낱말 사전

**우르르** 사람이나 동물 등이 한꺼번에 움직이거나 한곳에 몰리는 모양.

**깡충** 짧은 다리를 모으고 힘 있게 위로 솟아오르며 뛰는 모양.

**파닥거리는** 날개를 잇따라 가볍고 빠르게 치는.

**감싸 쥐었습니다** 손으로 전체를 감아서 힘 있게 잡았습니다.

**소란스럽게** 시끄럽고 어수선한 데가 있게.

**그럴듯한** 제법 훌륭한.

**탈** 뜻밖에 일어난 걱정할 만한 사고.

"선생님, 참새 잡았어요."

승호를 뒤따라온 아이들이 승호보다 먼저 소란스럽게 말했습니다.

"참새를 어떻게 잡았니?"

"잘 날지 못하는 아기 참새예요."

선생님께서는 승호가 내미는 참새를 받아 손바닥에 올려놓으셨습니다.

"선생님, 교실에서 키워요."

"그래야겠구나. 날 수가 없으니 잘 날 수 있을 때까지만 키우자."

"그럼 아기 참새도 우리 반이네요?"

"참새 이름을 정해요."

아이들은 앞다투어 그럴듯한 이름들을 말했습니다. 선생님께서는 아이들이 말한 이름들을 모두 칠판에 쓰셨습니다. 많은 이름 가운데에서 '짹짹콩콩'으로 부르자는 아이가 가장 많았습니다.

아기 참새는 자기 이름에 맞게 짹짹거리며 콩콩 뛰어다녔습니다.

"짹짹!"

"콩콩!"

아이들은 아기 참새를 따라다니며 번갈아 이름을 불렀습니다.

---

**교과서 문제**

**06** 승호네 반 친구들은 참새를 어떻게 하기로 했습니까? ( )

① 교실에서 키우기로 하였다.
② 꽃밭에 데려다주기로 하였다.
③ 창밖으로 날려 보내기로 하였다.
④ 승호네 집에 데려가 키우기로 하였다.
⑤ 아기 참새의 엄마를 찾아주기로 하였다.

**07** 승호네 반 친구들은 언제까지 아기 참새를 키우기로 하였는지 쓰시오.

( )

**08** 승호네 반 친구들이 아기 참새에게 '짹짹콩콩'이라는 이름을 붙여 준 까닭으로 알맞은 것에 ○표 하시오.

(1) 선생님이 '짹짹콩콩'으로 부르자고 해서
( )

(2) 많은 아이들이 '짹짹콩콩'으로 부르자고 해서
( )

**09** 승호네 반 친구들의 아기 참새에 대한 마음은 어떠합니까? ( )

① 아기 참새를 좋아한다.
② 아기 참새를 미워한다.
③ 아기 참새를 귀찮아한다.
④ 아기 참새에 관심이 없다.
⑤ 아기 참새가 사람이 되기를 바란다.

**10** 이 글의 내용을 잘못 이해한 친구는 누구입니까?
( )

① 효준: 선생님께서 아이들이 말한 많은 이름을 칠판에 쓰셨어.
② 행화: 아이들은 아기 참새를 따라다니면서 번갈아 이름을 불렀어.
③ 효빈: 아기 참새가 잘 날지 못했기 때문에 승호는 아기 참새를 잡을 수 있었어.
④ 승혜: 아기 참새가 잘 날지 못해서 날게 될 수 있을 때까지 교실에서 키우기로 했어.
⑤ 윤백: 아기 참새는 자기 이름이 짹짹콩콩이기 때문에 짹짹거리면서 콩콩 뛰어다녔어.

그날 저녁이었습니다. 승호는 교실에 혼자 남겨 두고 온 쨱쨱콩콩이가 걱정되어 잠을 이룰 수가 없었습니다. 걱정을 하던 승호는 살그머니 밖으로 나왔습니다. 그리고 학교를 향해 달렸습니다. 승호는 조금 무서웠지만 조심조심 복도를 걸어 교실로 갔습니다.

"어?"

승호는 두 눈을 동그랗게 떴습니다. 교실에는 선생님과 여러 명의 아이가 와 있었습니다.

"너도 쨱쨱콩콩이가 걱정돼서 왔구나."

선생님께서 아기 참새를 두 손으로 감싸 쥐고 계셨습니다.

"쨱쨱콩콩이를 사랑하는 친구가 이렇게 많으니까 아무 탈 없이 자랄 거야."

선생님의 말씀에 그렇다는 듯이 쨱쨱콩콩이가 "쨱쨱." 소리를 냈습니다.

**[교과서 문제]**

**11** 승호네 반 선생님과 아이들이 저녁에 다시 교실에 온 까닭은 무엇입니까? ( )

① 아기 참새가 걱정되어서
② 아기 참새를 날려 주려고
③ 아기 참새에게 먹이를 주려고
④ 아기 참새의 사진을 찍으려고
⑤ 아기 참새를 집으로 데려가려고

**[서술형]**

**12** 다음 대화를 읽고, 어머니께서 승호가 하는 말을 이해하지 못하신 까닭을 생각하여 쓰시오.

> 승호: 교실에서 참새를 키우기로 했어요. 저녁에 교실에 가 봤더니 선생님과 친구들이 와 있었어요.
> 어머니: 참새를 교실에서 키운다고? 친구들이 저녁에 교실에 왔다고?

_____

_____

**13** 빈칸에 들어갈 알맞은 말을 **[보기]**에서 골라 쓰시오.

**[보기]**

| 때문에 | 그래서 |
|--------|--------|
| 왜냐하면 | 위해서 |

> 승호는 교실에 남겨 두고 온 쨱쨱콩콩이가 걱정되었기 ( ㉠ ) 저녁에 다시 학교에 갔다. 그런데 교실에는 선생님과 여러 명의 친구들도 와 있었다. ( ㉡ ) 모두들 쨱쨱콩콩이를 걱정했기 때문이다.

(1) ㉠ ( )
(2) ㉡ ( )

**14** 원인과 결과를 생각하며 경험을 말하면 좋은 점에 ○표 하시오.

(1) 겪은 일을 알기 쉽게 말할 수 있다.
( )

(2) 말하는 이가 말하지 않아도 듣는 이가 짐작해서 이해하기 쉽다.
( )

**1 기억에 남는 경험 떠올리기**

기뻤던 일, 슬펐던 일, 화났던 일 등 기억에 남는 경험을 떠올립니다.

**2 친구들에게 말할 경험 정하기**

• 언제 있었던 일입니까?

• 어디에서 있었던 일입니까?

• 누구와 있었던 일입니까?

**3 경험한 일의 원인과 결과 생각해 보기**

• 경험했던 일의 원인과 결과를 생각하여 정리합니다.

• 경험한 일의 차례를 생각해 봅니다.

예

| 원인 | | 결과 |
| --- | --- | --- |
| 자전거를 열심히 연습하였다. | → | 자전거를 잘 타게 되었다. |

| 원인 | | 결과 |
| --- | --- | --- |
| 친구가 고운 말을 쓰지 않았다. | → | 친구와 다투었다. |

**4 원인과 결과를 생각하며 경험한 일을 친구들과 이야기하기**

경험한 일의 차례를 생각하며, 원인과 결과가 드러나게 경험한 일을 친구들과 이야기합니다.

**5 친구들이 경험한 일을 듣고 이어 주는 말을 사용하여 정리하기**

예 김여름: 친구가 나를 놀려서 말싸움을 했다.

**6 원인과 결과를 생각하며 경험한 일을 글로 쓰기**

• 생각이나 느낌이 잘 드러나게 씁니다.

• 경험한 일을 원인과 결과가 잘 드러나게 씁니다.

• 이어 주는 말을 알맞게 사용합니다.

---

**15** 다음 ㉠에 들어갈 알맞은 것은 어느 것입니까?

( 　 )

| 원인 | | 결과 |
| --- | --- | --- |
| ㉠ | → | 혼자서 자전거 타기에 성공했다. |

① 헬멧을 쓰고 자전거를 탔다.

② 자전거 타기 연습을 열심히 했다.

③ 우리 엄마는 자전거를 잘 타신다.

④ 자전거를 타다가 넘어져서 다쳤다.

⑤ 넓은 공원에서 자전거를 타는 사람이 많았다.

**16** 다음은 여름이가 경험한 일입니다. 이어 주는 말을 사용하여 알맞게 정리한 것에 ○표 하시오.

월요일 하교 시간에 나는 가을이와 말싸움을 했다. 교문 앞에서 갑자기 가을이가 '꼬마'라고 나를 놀렸다. 화가 나서 나도 가을이에게 못생겼다고 놀렸다.

(1) 여름이가 가을이에게 못생겼다고 했기 때문에 말싸움을 했다. ( 　 )

(2) 가을이가 여름이를 놀렸다. 그래서 여름이는 가을이와 말싸움을 했다. ( 　 )

실천 **이야기 꾸미기**  원인과 결과를 생각하며 이야기를 꾸며 봅시다.

**6 일이 일어난 까닭**

**1** 어떤 일이 일어났을지 상상하며 그림 살펴보기

그림을 자세히 살펴보고 꾸밀 이야기를 생각하며 그림의 차례를 정합니다.

**2** 그림을 보고 이야기 상상해 보기

그림 속 이야기의 주인공, 시간, 장소, 어떤 일이 일어났는지를 자세히 상상합니다.

- 주인공이 누구일까?
- 언제 어디에서 있었던 일일까?
- 어떤 일이 일어났을까?
- 이야기 제목을 무엇으로 붙일까?

예 이야기 꾸미기

| 원인 | | 결과 |
|---|---|---|
| 빨간색, 보라색 막대와 비밀 지도를 얻은 두 아이를 보라색 새가 발견함. | → | 보라색 새의 안내를 받아 빨간색, 보라색 자전거를 타고 큰 문에 도착함. |

| 원인 | | 결과 |
|---|---|---|
| 문에서 나온 신기한 할아버지가 주황색 막대를 꺼냄. | → | 비가 그치고 무지개가 뜨고 아름다운 곳으로 변함. |

**3** 원인과 결과를 생각하며 이야기를 꾸며서 쓰기

원인과 결과를 생각하여 그림 차례에 맞게 이야기를 꾸며서 씁니다.

예 어느 날, 남매에게 동화 속 임금님이 나타나 초대장을 준다. 그래서 남매는 동화 속 세상으로 떠난다.

**4** 꾸민 이야기를 친구들 앞에서 발표하기

- 상상하여 꾸민 이야기를 발표합니다.
- 원인과 결과가 잘 드러나도록 이야기합니다.
- 알맞은 이어 주는 말을 사용하여 이야기합니다.

---

**17** 그림을 보고 이야기를 꾸밀 때, 생각해야 할 것이 아닌 것은 무엇입니까? ( )

① 주인공이 누구일까?
② 언제 있었던 일일까?
③ 어떤 일이 일어났을까?
④ 어디에서 있었던 일일까?
⑤ 그림을 무엇으로 그렸을까?

**18** ☆☆☆ 이야기를 꾸밀 때 원인과 결과로 나누어 쓰시오.

(1) 빨간색, 보라색 막대와 비밀 지도를 얻은 두 아이를 보라색 새가 발견하였다.

( )

(2) 두 아이는 보라색 새의 안내를 받아 빨간색, 보라색 자전거를 타고 큰 문에 도착하였다.

( )

**19** 꾸민 이야기를 친구들 앞에서 발표할 때 주의할 점으로 알맞은 것에 ○표 하시오.

(1) 원인과 결과보다 재미에 초점을 맞추어 이야기합니다. ( )

(2) 알맞은 이어 주는 말을 사용해서 이야기합니다. ( )

**20** 다음은 친구가 원인과 결과를 생각하며 이야기를 꾸민 것입니다. 원인이 나타난 부분의 기호를 쓰시오.

㉠어느 날, 남매에게 동화 속 임금님이 나타나 초대장을 준다. ㉡그래서 남매는 동화 속 세상으로 떠난다.

( )

**6 일이 일어난 까닭**

> **글의 종류:** 만화
> **지은이:** 허정숙
> **글의 특징:** 줄임 말을 쓰면서 벌어지는 상황을 쓴 글과 그림입니다.
> **글의 내용:** 선생님께서 아이들이 줄임 말을 써서 잘못 이해하셨습니다. 그래서 줄임 말을 썼을 때의 문제점을 알려 주셨습니다.

> **원인과 결과를 나타내는 속담**
> - 아닌 땐 굴뚝에 연기 날까: 원인이 없으면 결과가 있을 수 없음을 빗댄 속담입니다.
> - 콩 심은 데 콩 나고 팥 심은 데 팥 난다: 원인에 따라 거기에 걸맞은 결과가 나온다는 것을 빗댄 속담입니다.

---

**교과서 문제**

**21** 선생님께서 아이들이 진주네 집에서 요리를 한다고 생각하신 까닭에 ○표 하시오.

(1) 생일 파티 때 생일 선물로 직접 요리를 만들어 준다고 생각하셔서
(      )

(2) 생일 파티와 생일 선물의 줄임 말인 '생파'와 '생선'을 진짜 파와 물고기로 생각하셔서
(      )

**22** 줄임 말이나 알아듣기 어려운 말을 쓰면 좋지 않은 점을 [보기]에서 골라 기호를 쓰시오.

> **보기**
> ㉮ 재미를 줄 수 없다.      ㉯ 대화를 제대로 이어 나갈 수가 없다.

(      )

# 교과서 핵심 정리

**핵심 ①** 원인과 결과

- 원인: 어떤 일이 일어난 까닭
- 결과: 그 때문에 일어난 일

예 원인과 결과 알기

| 원인 | 아이스크림을 너무 많이 먹었다. |
|------|---------------------------|
| 결과 | 배탈이 났다. |

예 「쓰레기 정거장」에 나타난 원인과 결과 알기

| 원인 | 쓰레기를 버리러 갈 때 불편함이 많았다. |
|------|---------------------------------|
| 결과 | 쓰레기 정거장이 생겼다. |

**핵심 ②** 원인과 결과를 생각하며 경험을 말할 때의 좋은 점

- 겪은 일을 알기 쉽게 말할 수 있습니다.
- 말하는 내용을 듣는 사람이 쉽게 이해할 수 있습니다.

**핵심 ③** 원인과 결과를 생각하며 말하는 방법

- 그 일이 일어난 까닭과 그 까닭 때문에 생긴 일, 달라진 일을 찾아봅니다.
- 그 결과 어떤 일이 일어났는지 생각해 봅니다.
- 일어난 일을 원인과 결과에 따라 정리해 봅니다.

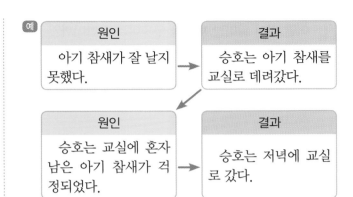

예

| 원인 | 결과 |
|------|------|
| 아기 참새가 잘 날지 못했다. | 승호는 아기 참새를 교실로 데려갔다. |

| 원인 | 결과 |
|------|------|
| 승호는 교실에 혼자 남은 아기 참새가 걱정되었다. | 승호는 저녁에 교실로 갔다. |

- '그래서', '때문에', '왜냐하면'과 같은 이어 주는 말을 사용하여 말합니다.

승호는 날지 못하는 참새가 다칠까 봐 걱정되었어. 그래서 참새를 안고 교실로 갔어.

승호는 날지 못하는 참새가 다칠까 봐 걱정됐기 때문에 참새를 안고 교실로 갔어.

승호는 저녁에 교실로 갔어. 왜냐하면 교실에 혼자 남은 아기 참새가 걱정됐기 때문이야.

**핵심 ④** 원인과 결과를 생각하며 경험 말하기

- 언제, 어디에서, 누구와 있었던 일인지 떠올립니다.
- 경험한 일의 차례를 생각해 봅니다.
- 경험한 일을 원인과 결과에 따라 정리해 봅니다.
- 원인과 결과가 잘 드러나도록 이어 주는 말을 알맞게 사용하여 이야기합니다.

**01** 어떤 일이 일어난 까닭을 무엇이라고 합니까?
( )

① 결과
② 원인
③ 문단
④ 문장
⑤ 이어 주는 말

**[02~04]** 다음 글을 읽고, 물음에 답하시오.

**02** 골목 입구에 새로 생긴 것은 무엇인지 쓰시오
( )

**03** 이 글에 나타난 원인과 결과로 알맞은 것은 무엇입니까? ( )

| | 원인 | | 결과 |
|---|---|---|---|
| ① | 밤이 되면 으스스하다. | → | 쓰레기를 한 곳에 버려서 지저분했다. |
| ② | 골목 입구가 너무 좁다. | → | 밤에 환하게 불을 밝혀 놓았다. |
| ③ | 밤에 쓰레기를 버리러 갈 때 무서웠다. | → | 깨끗하고 환한 버스 정거장이 생겼다. |
| ④ | 쓰레기 정거장을 만들었다. | → | 골목 입구가 뒤죽박죽하고 지저분해졌다. |
| ⑤ | 골목 입구에 쓰레기가 쌓여 있어서 불편하다. | → | 쓰레기 정거장이 생겼다. |

**04** 이 글에 나타난 상황을 원인과 결과가 잘 드러나게 쓸 때, 다음 빈칸에 들어갈 알맞은 말은 무엇입니까?
( )

> 골목 입구에 쓰레기가 쌓여 있어서 쓰레기를 버리러 가는 데 불편함이 많았다. ( ) 쓰레기를 깔끔하게 버리기 위한 쓰레기 정거장을 만들었다.

① 그리고
② 그래서
③ 그런데
④ 왜냐하면
⑤ 그러므로

**[05~06]** 다음 글을 읽고, 물음에 답하시오.

> "참새다!"
> 야구공을 찾으려고 꽃밭으로 들어갔던 승호가 소리쳤습니다. 승호는 야구공을 장미꽃 속에서 찾아 던졌습니다. 그리고 조심스럽게 참새를 잡았습니다. 야구를 하던 아이들이 우르르 몰려왔습니다.
> "아기 참새구나."
> "엄마를 잃어버렸나 봐."
> "날려 줄 거야."
> 승호는 아기 참새를 쥔 두 손을 높이 들고 깡충 뛰며 놓아주었습니다. 그러나 아기 참새는 길에서 깡충깡충 뛰어다니기만 했습니다. 승호는 파닥거리는 아기 참새를 두 손으로 감싸 쥐었습니다.
> "참새를 어떻게 하지?"
> 승호가 걱정스럽게 물었습니다.
> "선생님께 가져다드리자."
> "그래, 그게 좋겠다."
> 승호는 참새를 안고 교실로 갔습니다.

**05** 승호가 꽃밭에 들어간 까닭은 무엇입니까? ( )

① 장미꽃을 꺾으려고
② 야구공을 찾기 위해서
③ 엄마 참새를 쫓아가느라
④ 길에서 깡충깡충 뛰다가
⑤ 아기 참새를 잡기 위해서

서술형

**06** 이 글을 원인과 결과에 따라 정리하였습니다. 빈칸에 들어갈 알맞은 내용을 쓰시오.

| 원인 | | 결과 |
|------|---|------|
| 승호는 날지 못하는 아기 참새가 걱정되었다. | → | |

**[07~09]** 다음 글을 읽고, 물음에 답하시오.

> "선생님, 참새 잡았어요."
> 승호를 뒤따라온 아이들이 승호보다 먼저 소란스럽게 말했습니다.
> "참새를 어떻게 잡았니?"
> "잘 날지 못하는 아기 참새예요."
> 선생님께서는 승호가 내미는 참새를 받아 손바닥에 올려놓으셨습니다.
> "선생님, 교실에서 키워요."
> "그래야겠구나. 날 수가 없으니 잘 날 수 있을 때까지만 키우자."
> "그럼 아기 참새도 우리 반이네요?"
> "참새 이름을 정해요."
> 아이들은 앞다투어 그럴듯한 이름들을 말했습니다. 선생님께서는 아이들이 말한 이름들을 모두 칠판에 쓰셨습니다. 많은 이름 가운데에서 '짹짹콩콩'으로 부르자는 아이가 가장 많았습니다.
> 아기 참새는 자기 이름에 맞게 짹짹거리며 콩콩 뛰어다녔습니다.
> "짹짹!"
> "콩콩!"
> 아이들은 아기 참새를 따라다니며 번갈아 이름을 불렀습니다.

**07** 아기 참새의 이름은 무엇인지 쓰시오.

( )

서술형

**08** 아기 참새의 이름을 문제 **07**번의 답으로 지은 까닭이 무엇이겠는지 원인과 결과가 잘 드러나게 쓰시오.

_____

_____

**09** 다음 빈칸에 알맞은 말은 무엇입니까? (      )

> 아기 참새가 잘 날지 못하기 (      ) 아기 참새가 잘 날 수 있을 때까지 교실에서 키우기로 하였다.

① 위해서　　② 향해서　　③ 때문에
④ 왜냐하면　⑤ 그럴듯해

**10** 원인과 결과를 생각하며 경험을 말한 것으로 알맞은 것에 ○표 하시오.

(1) 동생과 장난감을 가지고 함께 놀았어.
(      )

(2) 친구와 어제 학교에서 집에 오는 길에 싸웠어.
(      )

(3) 엄마가 자전거 타는 것을 도와주셔서 자전거를 탈 수 있게 되었어.　(      )

**[11~14] 다음 글을 읽고, 물음에 답하시오.**

> 그날 저녁이었습니다. 승호는 교실에 혼자 남겨 두고 온 짹짹콩콩이가 걱정되어 잠을 이룰 수가 없었습니다. 걱정을 하던 승호는 살그머니 밖으로 나왔습니다. 그리고 학교를 향해 달렸습니다. 승호는 조금 무서웠지만 조심조심 복도를 걸어 교실로 갔습니다.
> "어?"
> 승호는 두 눈을 동그랗게 떴습니다. 교실에는 선생님과 여러 명의 아이가 와 있었습니다.
> "너도 짹짹콩콩이가 걱정돼서 왔구나."
> 선생님께서 아기 참새를 두 손으로 감싸 쥐고 계셨습니다.
> "짹짹콩콩이를 사랑하는 친구가 이렇게 많으니까 아무 탈 없이 자랄 거야."
> 선생님의 말씀에 그렇다는 듯이 짹짹콩콩이가 "짹짹." 소리를 냈습니다.

**11** 빈칸에 들어갈 알맞은 내용은 무엇입니까?
(      )

| 원인 | | 결과 |
|------|---|------|
| 승호는 교실에 혼자 남은 아기 참새가 걱정되었다. | → | |

① 승호는 저녁에 교실로 갔다.
② 승호는 선생님께 연락을 드렸다.
③ 승호는 친구들의 집에 찾아갔다.
④ 승호는 꿈에서 아기 참새를 만났다.
⑤ 승호는 학교에 가는 것이 무서웠다.

**12** 교실에 도착한 승호가 놀란 까닭은 무엇입니까?
(      )

① 불이 켜지지 않았기 때문에
② 교실 문이 잠겨 있었기 때문에
③ 아기 참새가 날아가 버렸기 때문에
④ 선생님과 친구들이 와 있었기 때문에
⑤ 엄마 참새가 아기 참새를 찾으러 왔기 때문에

**13** 선생님께서 아기 참새에게 하신 말씀은 무엇입니까?
(      )

① 밤에 무서울 것이다.
② 금방 날 수 있을 것이다.
③ 집으로 누가 데려가야 한다.
④ 밤에 잠을 자지 못할 것이다.
⑤ 사랑하는 친구들이 많아서 잘 자랄 것이다.

**서술형**

**14** 원인과 결과가 잘 드러나게 문장을 쓰시오.

> 승호네 반 친구들은 저녁에 교실에 왔다. 왜냐하면 _____
> _____

**15** 원인과 결과를 생각하며 경험한 일을 말하는 방법으로 알맞지 않은 것은 무엇입니까? ( )

① 일이 일어난 까닭을 생각하여 말한다.

② 그 결과 어떤 일이 일어났는지 생각하여 말한다.

③ 원인과 결과가 잘 드러나게 이어 주는 말을 사용한다.

④ 경험한 일의 차례는 생각하지 않고 중요한 사건만 말한다.

⑤ '그래서', '왜냐하면', '때문에'와 같은 말을 적절히 사용하여 말한다.

**16** 다음 원인에 따른 결과로 알맞은 것은 무엇입니까? ( )

원인: 날마다 달리기 연습을 열심히 했습니다.

① 줄넘기 대회에서 우승했습니다.

② 줄넘기를 꾸준히 연습했습니다.

③ 달리기를 연습하기로 결심했습니다.

④ 달리기 대회에서 좋은 성적을 거두었습니다.

⑤ 달리기 대회에서 반 대표로 뽑히고 싶었습니다.

**17** 경험한 일의 원인과 결과로 빈칸에 들어갈 알맞은 내용은 무엇입니까? ( )

| 원인 | | 결과 |
|---|---|---|
| | → | 우리 마을 공기가 맑아졌어요. |

① 우리 마을 사람들이 땅을 팠어요.

② 우리 마을 사람들이 나무를 뽑았어요.

③ 우리 마을 사람들이 숲속으로 놀러 갔어요.

④ 우리 마을 사람들이 신선한 공기를 마셨어요.

⑤ 우리 마을 사람들이 나무를 심고 정성껏 가꾸었어요.

**18** 다음 일에 대한 결과로 알맞은 것은 어느 것입니까? ( )

도서관에서 책을 많이 읽었어요.

① 그래서 다리를 다쳤어요.

② 그래서 아침에 늦게 일어났어요.

③ 그래서 어려운 낱말을 많이 알게 되었어요.

④ 그래서 축구 경기에서 골을 많이 넣었어요.

⑤ 그래서 가족과 자전거를 타고 공원에 놀러 갔어요.

**19** 다음을 원인으로 하여 생긴 결과로 알맞은 것은 무엇입니까? ( )

집에서 리코더 연습을 열심히 했습니다.

① 수학 시험을 잘 보았다.

② 줄넘기를 잘하게 되었다.

③ 만들기에 자신감이 생겼다.

④ 책을 더욱 빨리 읽을 수 있게 되었다.

⑤ 학예회에서 자신 있게 연주할 수 있었다.

**20** 원인과 결과가 잘 어울리게 문장을 선으로 이으시오.

| 원인 | | 결과 |
|---|---|---|
| (1) 음식을 먹고 양치질을 잘 하지 않았다. • | • ㉠ | 수업 시간에 계속 졸았다. |
| (2) 어젯밤에 늦게까지 책을 읽었다. • | • ㉡ | 이가 아팠다. |
| (3) 학교가 끝난 뒤에 날마다 공 차는 연습을 했다. • | • ㉢ | 축구 경기에서 골을 많이 넣었다. |

**01 ~ 02**

쓰레기를 종류별로 나눠서 버릴 수 있으면 좋을 텐데.

좁은 장소에 한꺼번에 쓰레기를 버리니까 몹시 지저분하고 다니기도 불편해. 게다가 밤이 되면 으스스하기까지 해.

지저분해.

뒤죽박죽이야.

짜잔! 그래서 마련했어. 쓰레기를 깔끔하게 버릴 수 있는 쓰레기 정거장! 재활용품, 음식물 쓰레기, 일반 쓰레기로 나눠서 버릴 수 있지. 밤에는 환하게 불도 밝혀 놓았어.

우아! 이런 곳이 있다니!

쓰레기를 깔끔하게 종류별로 나눠서 버릴 수 있잖아!

**01** 이 만화를 읽고, 빈칸에 들어갈 알맞은 말을 쓰시오.

| 원인 | 골목 입구에 쓰레기가 쌓여서 지저분하고 다니기가 불편하다. |
|---|---|

↓

| 결과 |  |
|---|---|

**02** 보기 에서 알맞은 낱말을 골라, 이 글의 내용을 원인과 결과가 드러나게 간추려 쓰시오.

보기

그래서    왜냐하면    때문에

_____

_____

**03 ~ 04**

"참새다!"

야구공을 찾으려고 꽃밭으로 들어갔던 승호가 소리쳤습니다. 승호는 야구공을 장미꽃 속에서 찾아 던졌습니다. 그리고 조심스럽게 참새를 잡았습니다. 야구를 하던 아이들이 우르르 몰려왔습니다.

"아기 참새구나."

"엄마를 잃어버렸나 봐."

"날려 줄 거야."

승호는 아기 참새를 쥔 두 손을 높이 들고 깡충 뛰며 놓아주었습니다. 그러나 아기 참새는 길에서 깡충깡충 뛰어다니기만 했습니다. 승호는 파닥거리는 아기 참새를 두 손으로 감싸 쥐었습니다.

"참새를 어떻게 하지?"

승호가 걱정스럽게 물었습니다.

"선생님께 가져다드리자."

"그래, 그게 좋겠다."

승호는 참새를 안고 교실로 갔습니다.

**03** 승호가 아기 참새를 교실로 데려가게 된 원인은 무엇인지 쓰시오.

_____

_____

**04** 승호가 선생님께 참새를 가져다드리며 해야 할 말을 원인과 결과가 잘 드러나게 쓰시오.

선생님, _____

_____

_____

# 수행 평가

 **6. 일이 일어난 까닭**

**학습 주제** 원인과 결과를 생각하며 경험 말하기 　　　　　**배점** 20점

**학습 목표** 원인과 결과에 따라 이야기하는 방법을 생각하며 경험을 이야기해 봅시다.

**1** 다음 내용을 읽고, 원인과 결과가 잘 어울리게 문장을 선으로 이으시오.

| 원인 | | 결과 |
|---|---|---|
| (1) 밤 늦게까지 책을 읽었다. ● | ● ㉠ | 미끄러져서 넘어졌다. |
| (2) 피아노 연습을 열심히 했다. ● | ● ㉡ | 다음날 아침 늦잠을 잤다. |
| (3) 바나나 껍질을 밟았다. ● | ● ㉢ | 어려운 곡을 연주할 수 있게 되었다. |

**2** 담윤이가 경험한 일을 간단히 정리한 내용을 읽고, 담윤이가 경험한 일의 원인과 결과를 정리해 쓰시오.

- 누구와: 엄마와
- 언제: 여름 방학에
- 어디에서: 집에서
- 한 일: 과일 화채를 만들어 먹었다.
- 왜: 너무 더워서 시원한 음식이 먹고 싶었다.

| 원인 | |
|---|---|

↓

| 결과 | |
|---|---|

**3** 담윤이의 메모를 바탕으로 하여 겪은 일의 원인과 결과가 잘 드러나게 일기를 쓰시오.

20○○년 8월 ○일 날씨: 덥고 맑음.

제목: ＿＿＿＿＿＿＿＿＿＿＿＿＿＿＿＿＿＿＿＿＿＿＿＿＿＿＿＿＿＿

＿＿＿＿＿＿＿＿＿＿＿＿＿＿＿＿＿＿＿＿＿＿＿＿＿＿＿＿＿＿＿＿＿＿

＿＿＿＿＿＿＿＿＿＿＿＿＿＿＿＿＿＿＿＿＿＿＿＿＿＿＿＿＿＿＿＿＿＿

국어사전 앞표지에는 사전 이름이 있어요.
국어사전이라는 이름은 공통으로 쓰지만, 특별히 국어사전에 싣는 내용이나 국어사전을 사용하는 대상에 따라 다른 이름을 덧붙이기도 해요.

국어사전 옆모습을 살펴보면 낱말을 쉽게 찾을 수 있도록 한글 자음 차례대로 두되, 색을 다르게 하거나 모양을 달리해 표시한 것을 알 수 있어요.

**ㄱ**

**ㄱ**[기역] 「명사」 한글 자모의 첫째 글자.
**가**01[가:] 「명사」 ① 경계에 가까운 바깥쪽 부분. ② 어떤 중심이 되는 곳에서 가까운 부분. ③ 그릇 따위의 아가리 주변.

한글 자음과 모음 차례대로 낱말을 싣고, 시작하는 쪽에는 해당하는 자음이 크게 표시되어 있기도 해요.

**다듬잇돌**[다드미똘/다드믿똘] 「명사」 다듬이질을 할 때 밑에 받치는 돌. 「비」다듬돌. 〈예〉 이 돌이면 매끄러운 다듬잇돌이 되겠구나.
**다듬잇방망이**[다드미빵망이/다드믿빵망이] 「명사」 다듬이질을 할 때 쓰는 방망이.

낱말의 발음, 낱말의 뜻, 낱말이 사용되는 예와 같은 정보가 들어 있어요.
낱말 뜻풀이만으로 부족한 경우에는 그림이나 사진을 함께 싣기도 해요.

**부록**
한글 맞춤법……1280
표준어 규정……1302
표준어 모음……1332

낱말과 낱말의 뜻 외에 부록으로 한글 맞춤법이나 표준어 규정과 같이 우리말에 대한 유용한 내용이 실려 있어요.

**약호, 기호**
「본」 본말
「준」 준말
「비」 비슷한말
「반」 반대말
「높」 높임말
「낮」 낮춤말
⋮

「방언」 방언
「옛말」 옛말
「북한어」 북한어
: 긴소리(장음) 표시
[ ] 발음 표시
〈예〉 예문
⋮

---

**01** 국어사전은 주로 어떤 상황에서 사용합니까? ( )
① 띄어쓰기를 모를 때
② 책의 제목을 찾을 때
③ 낱말의 뜻을 찾을 때
④ 그림의 제목을 찾을 때
⑤ 문단이 담고 있는 의미를 찾을 때

**02** 국어사전에서 알 수 있는 내용이 <u>아닌</u> 것은 무엇입니까? ( )
① 낱말의 뜻
② 낱말의 발음
③ 낱말이 사용된 예시
④ 낱말을 사용하는 까닭
⑤ 찾은 낱말과 비슷한 낱말

**03** 국어사전의 부록으로 알맞은 내용에 모두 ○표 하시오.
(1) 한글 맞춤법 ( )
(2) 표준어 규정 ( )
(3) 표준어 모음 ( )
(4) 세계의 문화재 ( )
(5) 우리나라의 역사 ( )

**서술형**

**04** 국어사전에 낱말의 뜻과 함께 사진이나 그림을 함께 실은 까닭은 무엇인지 쓰시오.

_____

_____

## 국어사전에 낱말을 싣는 차례

국어사전에는 첫 번째 글자의 첫 자음자가 같은 낱말끼리 모아 놓았습니다. 예를 들어 '친구'의 뜻은 첫 자음자가 'ㅊ'인 낱말 가운데에서 찾을 수 있습니다.

| 첫 자음자 | 낱말 | 첫 자음자 | 낱말 |
|---|---|---|---|
| ㄱ | 가방, 개교 | ㅆ | 싸리문, 쓰임새 |
| ㄲ | 까꿍, 꽃 | ㅇ | 안개꽃, 야구 |
| ㄴ | 나무, 농사 | ㅈ | 장사, 저울질 |
| ㄷ | 달, 두꺼비 | ㅉ | 짝, 쪽파 |
| ㄸ | 따개, 뚜껑 | ㅊ | 차림새, 친구 |
| ㄹ | 라면, 러시아 | ㅋ | 칸막이, 콩 |
| ㅁ | 모자, 문학 | ㅌ | 타조, 통나무 |
| ㅂ | 바다, 병풍 | ㅍ | 파도, 포구 |
| ㅃ | 빵, 뺄셈 | ㅎ | 하늘, 허수아비 |
| ㅅ | 사람, 숯가마 | | |

## 글자의 짜임

한글 글자는 첫 자음자, 모음자, 받침으로 이루어지는데, 이 차례대로 낱말을 찾습니다. '친구'를 국어사전에서 찾으려면, 먼저 첫 번째 글자인 '친'을 찾고, 그다음에 두 번째 글자인 '구'를 찾아야 하는데, 각 글자는 낱자('ㅊ, ㅣ, ㄴ', 'ㄱ, ㅜ') 차례대로 찾아야 합니다.

| 첫 자음자 | ㄱ | ㄲ | ㄴ | ㄷ | ㄸ | ㄹ | ㅁ |
|---|---|---|---|---|---|---|---|
| | ㅂ | ㅃ | ㅅ | ㅆ | ㅇ | ㅈ | ㅉ |
| | ㅊ | ㅋ | ㅌ | ㅍ | ㅎ | | |
| 모음자 | ㅏ | ㅐ | ㅑ | ㅒ | ㅓ | ㅔ | ㅕ |
| | ㅖ | ㅗ | ㅘ | ㅙ | ㅚ | ㅛ | ㅜ |
| | ㅝ | ㅞ | ㅟ | ㅠ | ㅡ | ㅢ | ㅣ |
| 받침 | ㄱ | ㄲ | ㄳ | ㄴ | ㄵ | ㄶ | ㄷ |
| | ㄹ | ㄺ | ㄻ | ㄼ | ㄽ | ㄾ | ㄿ |
| | ㅀ | ㅁ | ㅂ | ㅄ | ㅅ | ㅆ | ㅇ |
| | ㅈ | ㅊ | ㅋ | ㅌ | ㅍ | ㅎ | |

**05** 첫 자음자가 같은 낱말을 보기 에서 골라 쓰시오.

보기

생일  참새  기분  선물  결과  치약

| 첫 자음자 | 낱말 |
|---|---|
| ㄱ | (1) |
| ㅅ | (2) |

교과서 문제

**06** 글자의 짜임을 빈칸에 쓰시오.

| 친 | |
|---|---|
| 첫 자음자 | ㅊ |
| 모음자 | (1) |
| 받침 | ㄴ |

| 구 | |
|---|---|
| 첫 자음자 | (2) |
| 모음자 | ㅜ |
| 받침 | 없음. |

**07** '사자'의 낱말 뜻을 국어사전에서 찾는 방법으로 빈칸에 알맞은 낱자를 쓰시오.

가장 먼저 첫 번째 글자인 '사'의 첫 자음자인 (1) (     )을/를 찾고, 모음자인 (2) (     )을/를 찾습니다. 그리고 두 번째 글자인 '자'의 첫 자음자인 (3) (     )을/를 찾고, 모음자인 (4) (     )을/를 찾습니다.

**08** 다음 낱말을 국어사전에 싣는 차례대로 쓰시오.

화분  연필  청소

(     ) → (     ) → (     )

**교과서 문제**

**09** 보기 의 낱말들을 형태가 바뀌는 낱말과 형태가 바뀌지 않는 낱말로 나누어 쓰시오.

보기

| | | |
|---|---|---|
| 일어서다 | 넓다 | 도서관 |
| 달리다 | 웃다 | 동생 |

| 형태가 바뀌는 낱말 | 형태가 바뀌지 않는 낱말 |
|---|---|
| (1) | (2) |

**10** 문제 9번에서 나눈 '형태가 바뀌는 낱말'을 다음과 같이 둘로 나누어 쓰시오.

| 움직임을 나타내는 낱말 | 성질이나 상태를 나타내는 낱말 |
|---|---|
| (1) | (2) |

**교과서 문제**

**11** 다음 밑줄 친 낱말을 형태가 바뀌지 않는 부분과 형태가 바뀌는 부분으로 나누어 쓰시오.

> 산은 높은데 언덕은 낮다.
> 산은 높고 바다는 넓다.
> 우리 마을에 높은 산이 있다.
> 산이 높아서 올라가기가 힘들다.

| 낱말 | 형태가 바뀌지 않는 부분 | 형태가 바뀌는 부분 |
|---|---|---|
| 높은데 | 높 | 은데 |
| 높고 | (1) | 고 |
| 높은 | 높 | (2) |
| 높아서 | (3) | (4) |

**12** 다음 문장에서 밑줄 친 낱말의 기본형을 쓰시오.

(1) 나는 웃었지만 기분이 나빴다.

　→ (　　　　　　　　)

(2) 바람이 불어서 시원했다.

　→ (　　　　　　　　)

(3) 책을 읽으니 시간이 잘 갔다.

　→ (　　　　　　　　)

(4) 잠을 자고 일어나서 세수를 했다.

　→ (　　　　　　　　)

**13** 빈칸에 알맞은 낱말을 쓰시오.

> 형태가 바뀌는 낱말을 모두 국어사전에 실으면 국어사전이 너무 두꺼워지므로, 국어사전에는 낱말의 (　　　　)만 싣습니다.

**14** 형태가 바뀌는 낱말과 낱말의 기본형이 바르게 짝지어진 것은 어느 것입니까?　　　( 　　 )

| | 낱말 | 낱말의 기본형 |
|---|---|---|
| ① | 예쁘다 | 예쁜 |
| ② | 묶고 | 묶다 |
| ③ | 많다 | 많으니 |
| ④ | 입어서 | 입고 |
| ⑤ | 붙으니 | 붙고 |

**기본** **기후와 생활** 형태가 바뀌는 낱말의 기본형을 생각하며 「기후와 생활」을 읽어 봅시다.

## 기후와 생활

**1** 기후에 따라 사람들이 생활하는 모습이 다릅니다. 입는 옷, 먹는 음식, 사는 집도 기후와 깊은 관련이 있습니다. 기후에 따라 생활 모습이 어떻게 다른지 알아봅시다.

**2** 기후에 따라 ㉠입는 옷이 다릅니다. 추운 겨울에는 몸의 열을 빼앗기지 않으려고 가죽옷이나 두꺼운 털옷을 입습니다. 그러나 무더운 여름에는 몸에서 생기는 열을 내보내려고 ㉡얇고 성긴 옷을 입습니다.

**3** 한복도 여름에는 몸에 잘 붙지 않도록 까슬까슬한 옷감으로 만들었습니다. 그리고 바람이 잘 통하도록 등나무로 만든 기구를 먼저 걸치고 저고리를 입기도 했습니다. 겨울에는 추위를 견딜 수 있도록 옷감 사이에 솜을 넣은 한복을 입었습니다. 차가운 공기가 스며들지 않도록 목둘레나 소매 끝을 ㉢좁게 만들기도 했습니다.

**15** 겨울에 입는 옷의 특징이 아닌 것은 어느 것입니까? (    )
① 두꺼운 털옷을 입는다.  ② 옷감 사이에 솜을 넣는다.
③ 가죽으로 만든 옷을 입는다.  ④ 목둘레나 소매 끝을 좁게 만든다.
⑤ 몸에 잘 붙지 않게 까슬까슬한 옷감으로 만든다.

**교과서 문제**

**16** ㉠~㉢ 낱말의 형태가 바뀌지 않는 부분을 쓰고, 기본형을 쓰시오.

| 낱말 | 형태가 바뀌지 않는 부분 | 낱말의 기본형 |
| --- | --- | --- |
| ㉠ 입는 | (1) | (2) |
| ㉡ 얇고 | (3) | (4) |
| ㉢ 좁게 | (5) | (6) |

**17** 문제 16번에서 답한 낱말의 기본형을 국어사전에 싣는 차례대로 쓰시오.
(                ) → (                ) → (                )

**18** ㉠~㉢의 낱말의 기본형에 알맞은 뜻을 찾아 선으로 이으시오.
(1) ㉠ •          • ㉮ 너비가 작다.
(2) ㉡ •          • ㉯ 두께가 두껍지 아니하다.
(3) ㉢ •          • ㉰ 옷을 몸에 꿰거나 두르다.

▶ **글의 종류**: 설명하는 글
▶ **글의 특징**: 기후에 따라 옷의 종류가 달라지는 점을 설명한 글입니다.

**1**~**2** 기후에 따라 생활하는 모습과 입는 옷이 다릅니다.
**3** 한복도 기후에 따라 옷감의 종류나 모양이 달랐습니다.

▶ **기본형을 정하는 까닭**
국어사전에 형태가 바뀐 낱말을 모두 실으면 국어사전이 너무 두꺼워지기 때문입니다.

**낱말 사전**

기후  기온, 눈, 비, 바람 따위의 날씨 상태.

성긴  물건의 사이가 뜬.

까슬까슬한  살결이나 물건의 거죽이 매끄럽지 않고 까칠하거나 빳빳한.

걸치고  가로질러 걸리고.

기본 **먹을 수 있는 꽃 요리**  국어사전을 활용하며 「먹을 수 있는 꽃 요리」를 읽어 봅시다.

## 먹을 수 있는 꽃 요리

**1** 우리 조상은 꽃을 눈으로도 ㉠즐기고 입으로도 즐겼습니다. 삼짇날이 되면 진달래 꽃잎을 넣고 찹쌀가루를 둥글납작하게 부쳐서 만든 진달래화전을 먹었습니다. 오늘날의 프라이팬이라고도 할 수 있는 ㉡번철을 돌 위에 올리고 그 아래에 불을 피워 화전을 부쳤습니다. 번철 대신 솥뚜껑을 쓰기도 했습니다.

삼짇날에는 진달래화채도 만들어 먹었습니다. 진달래 꽃잎을 녹말가루에 묻혀 살짝 튀긴 뒤, 설탕이나 꿀을 넣어 달게 담근 오미자즙에 띄워 먹었습니다.

진달래와 비슷한 철쭉꽃은 먹을 수 없는 꽃이라서 '개꽃'이라고 했지만, 진달래는 먹을 수 있는 꽃이라서 '참꽃'이라고 했습니다. 진달래뿐만 아니라 벚꽃, 배꽃, 매화로도 ㉢화전을 만들어 먹었습니다.

**2** 꽃으로 만든 음식은 보는 것만으로도 기분이 좋습니다. 그뿐만 아니라 꽃잎에 묻어 있는 꽃가루에는 여러 가지 몸에 좋은 ㉣물질이 들어 있습니다.

---

**교과서 문제**

**19** 보기 의 꽃들을 먹을 수 있는 꽃과 먹을 수 없는 꽃으로 나누어 쓰시오.

> **보기**
>
> 진달래, 철쭉꽃, 벚꽃, 배꽃, 매화

| 먹을 수 있는 꽃 | 먹을 수 없는 꽃 |
|---|---|
| (1) | (2) |

**20** ㉠~㉣ 중 형태가 바뀌는 낱말의 기호를 쓰고, 그 낱말의 기본형을 쓰시오.

| 형태가 바뀌는 낱말 | 기본형 |
|---|---|
| (1) | (2) |

**21** ㉠~㉣을 국어사전에 싣는 차례대로 기호를 쓰시오.

(       ) → (       ) → (       ) → (       )

---

> **글의 종류**: 설명하는 글
> **글쓴이**: 오주영
> **글의 특징**: 우리 조상이 꽃을 먹는 다양한 방법을 설명한 글입니다.

**1**~**2** 우리 조상은 꽃으로 음식을 만들어 먹었지만, 먹을 수 없는 꽃도 있습니다.
**3** 우리 조상은 천연 색소로 화전을 만들었습니다.

### 낱말 사전

**삼짇날**  음력 3월 3일.

**부쳐서**  번철이나 프라이팬 따위에 기름을 바르고 빈대떡, 전병 따위의 음식을 익혀서 만들어서.

**알레르기**  처음에 어떤 물질이 몸속에 들어갔을 때 그것에 반응하는 항체가 생긴 뒤, 다시 같은 물질이 생체에 들어가면 그 물질과 항체가 반응하는 일.

**독성**  독이 있는 성분.

**색소**  물체의 색깔이 나타나도록 해 주는 성분.

그렇지만 모든 꽃을 다 먹을 수 있는 것은 아닙니다. 진달래, 국화, 장미, 금잔화, 삼색제비꽃, 제비꽃처럼 먹을 수 있는 꽃을 골라 먹어야 합니다. 그리고 먹을 수 있는 꽃이라고 하더라도 꽃가루 등에 의한 알레르기를 일으킬 수 있으므로 암술, 수술, 꽃받침을 제거하고 먹어야 합니다. 특히 진달래는 수술에 약한 독성이 있으므로 반드시 꽃술을 제거하고 꽃잎만 깨끗한 물에 씻은 뒤에 먹어야 합니다.

꽃집에서 파는 꽃이나 ㉠정원의 꽃은 함부로 먹으면 안 됩니다. ㉡농약을 친 꽃에는 독성이 있기 때문입니다. 이런 꽃을 먹었다가는 배탈이 나고 속이 나빠져서 크게 고생할 수 있습니다. 반드시 식용을 목적으로 따로 안전하게 ㉢재배되는 꽃만 먹어야 합니다.

**3** 우리 조상은 자연에서 나오는 순수한 색소로 찹쌀가루에 물을 들여 화전을 만들기도 했습니다. 쑥·시금치·신감채·녹찻잎 등으로는 초록색 물을 들였고, 단호박·치자 등으로는 노란색 물을 들였습니다. 오미자·복분자로는 빨간색 물을, 보라색 고구마로는 보라색 물을, 당근으로는 주황색 물을 들였습니다. 검은깨나 검은콩으로는 검은색 물을 들였습니다.

자연에서 얻은 천연 색소는 음식을 돋보이게 할 뿐만 아니라 ㉣재료의 영양이 그대로 살아 있어 ㉤건강에도 무척 좋습니다. 이렇듯 화전에는 자연이 준 선물을 음식에 이용한 조상의 지혜가 담겨 있습니다.

**22** 이 글의 내용으로 알맞지 않은 것은 무엇입니까?
( )

① 국화는 먹을 수 있는 꽃이다.
② 진달래는 수술에 독성이 있다.
③ 농약을 친 꽃은 먹으면 안 된다.
④ 꽃집에서 파는 꽃은 먹어도 된다.
⑤ 진달래는 꽃잎만 깨끗이 씻은 뒤 먹어야 한다.

**서술형**

**24** 이 글에 나오는 낱말 가운데 뜻을 모르는 낱말을 찾아 쓰고, 그 뜻을 짐작하여 쓰시오.

| 낱말 | 짐작한 뜻 |
|---|---|
| (1) | (2) |

**23** ㉠~㉤ 중 국어사전에서 가장 먼저 나오는 낱말은 무엇입니까? ( )
① ㉠ 정원
② ㉡ 농약
③ ㉢ 재배
④ ㉣ 재료
⑤ ㉤ 건강

**25** 글을 읽을 때 국어사전을 활용하며 읽으면 좋은 점은 무엇입니까? ( )
① 글을 더 빨리 읽을 수 있다.
② 글의 내용이 더 어려워진다.
③ 글을 더 천천히 읽을 수 있다.
④ 글을 더 재미있게 읽을 수 있다.
⑤ 글의 내용을 더 쉽게 이해할 수 있다.

**7 반갑다, 국어사전**

**▶ 낱말의 기본형**

상황에 따라 형태가 바뀌는 낱말이 있는데 바뀌는 형태를 대표하는 낱말을 기본형이라고 합니다. 기본형은 형태가 바뀌지 않는 부분에 '–다'를 붙여 만듭니다.

**▶ 줄여서 쓸 수 없는 낱말**

줄여서 쓸 수 없는데 흔히 줄여서 잘못 쓰는 낱말을 알아봅니다.

| 틀린 표기 | 바른 표기 |
|---|---|
| 사겼던 | 사귀었던 |
| 사겨 | 사귀어 |
| 바꼈습니다 | 바뀌었습니다 |
| 셨다가 | 쉬었다가 |
| 떴다 | 뛰었다 |
| 할켜 | 할퀴어 |

**26** 다음 낱말의 기본형을 쓰시오.

| (1) | 받고, 받으니, 받아서 |
|---|---|
| (2) | 솟고, 솟으니, 솟아서 |
| (3) | 낚아채고, 낚아채서, 낚아채니 |
| (4) | 뒤쫓고, 뒤쫓으니, 뒤쫓아서 |

**27** 문제 **26**번에서 쓴 기본형을 국어사전에 싣는 차례대로 쓰시오.

(       ) → (       ) → (       ) → (       )

**28** 다음 글을 읽고 바른 표기를 찾아 ○표 하시오.

> 정수는 내가 유치원에 다닐 때부터 (1) (사겼던, 사귀었던) 친구인데, 내 친구 가운데에서 가장 오랫동안 (2) (사귀어, 사겨) 아주 가까운 친구이다. 3학년이 되자마자 정수는 다른 학교로 전학을 갔다. 부모님께서 가게를 다른 곳으로 옮기면서 사는 집도 이사했기 때문이다.

**29** 밑줄 친 낱말이 바르게 쓰인 것은 어느 것입니까? (       )

① 전화 번호가 바꼈습니다.
② 힘드니까 셨다가 다시 시작하자.
③ 체육 시간에 공을 쫓아 열심히 떴다.
④ 현아는 오랫동안 사겨 친한 친구입니다.
⑤ 고양이가 사람에게 달려들어 팔을 할퀴었다.

# 교과서 핵심 정리

### 핵심 1  국어사전에 대해 알기

**1 국어사전의 겉모습**

• 국어사전의 앞표지에는 사전 이름이 있습니다. '국어사전'이라는 이름은 공통으로 쓰지만, 특별히 국어사전에 싣는 내용이나 국어사전을 사용하는 대상에 따라 다른 이름을 덧붙이기도 합니다.

　예 어린이 국어사전, 속담 국어사전

• 국어사전 옆에는 낱말을 쉽게 찾을 수 있도록 한글 자음 차례를 색을 다르게 하거나 모양을 달리해 표시해 두었습니다.

**2 국어사전에 들어 있는 내용**

• 한글 자음과 모음 차례대로 낱말을 싣고, 시작하는 쪽에는 해당하는 자음이 크게 표시되어 있기도 합니다.

• 낱말의 발음, 낱말의 뜻, 낱말이 사용되는 예와 같은 정보가 들어 있습니다.

• 낱말 뜻풀이만으로 부족한 경우에는 그림이나 사진을 함께 싣기도 합니다.

• 낱말과 낱말의 뜻 외에 부록으로 한글 맞춤법이나 표준어 규정과 같이 우리말에 대한 유용한 내용이 실려 있습니다.

• 국어사전에 있는 약호나 기호의 쓰임새

|  | 약호 | 기호 |
|---|---|---|
| 뜻 | 간단하고 알기 쉽게 나타낸 부호 | 어떤 뜻을 나타내기 위한 문자나 부호 |
| 예시 | 「본」 본말<br>「준」 준말<br>「비」 비슷한말<br>「반」 반대말 | : 긴소리(장음) 표시<br>[ ] 발음 표시<br>〈예〉 예문 |

### 핵심 2  국어사전에서 낱말을 찾는 방법

• 국어사전에는 낱말을 이루는 글자 차례대로 낱말이 나옵니다. 국어사전에서 낱말을 찾으려면 낱말을 싣는 차례를 알아야 합니다.

• 한글 글자는 첫 자음자, 모음자, 받침으로 이루어지는데, 이 차례대로 낱말을 찾습니다.

| 첫<br>자음자 | ㄱ | ㄲ | ㄴ | ㄷ | ㄸ | ㄹ | ㅁ | ㅂ |
|---|---|---|---|---|---|---|---|---|
|  | ㅃ | ㅅ | ㅆ | ㅇ | ㅈ | ㅉ | ㅊ | ㅋ |
|  | ㅌ | ㅍ | ㅎ |  |  |  |  |  |
| 모음자 | ㅏ | ㅐ | ㅑ | ㅒ | ㅓ | ㅔ | ㅕ | ㅖ |
|  | ㅗ | ㅘ | ㅙ | ㅚ | ㅛ | ㅜ | ㅝ | ㅞ |
|  | ㅟ | ㅠ | ㅡ | ㅢ | ㅣ |  |  |  |
| 받침 | ㄱ | ㄲ | ㄳ | ㄴ | ㄵ | ㄶ | ㄷ | ㄹ |
|  | ㄺ | ㄻ | ㄼ | ㄽ | ㄾ | ㄿ | ㅀ | ㅁ |
|  | ㅂ | ㅄ | ㅅ | ㅆ | ㅇ | ㅈ | ㅊ | ㅋ |
|  | ㅌ | ㅍ | ㅎ |  |  |  |  |  |

### 핵심 3  형태가 바뀌는 낱말을 국어사전에서 찾기

• 움직임을 나타내는 낱말과 성질이나 상태를 나타내는 낱말은 상황에 따라 형태가 바뀝니다. 국어사전에는 기본형만 실리므로, 낱말의 기본형을 알아야 합니다. 형태가 바뀌지 않는 부분에 '-다'를 붙여 기본형을 만듭니다.

| 형태가 바뀌지 않는 부분 | 형태가 바뀌는 부분 | 기본형 |
|---|---|---|
| 높 | 은, 고, 아서 | 높다 |
| 먹 | 었는데, 고, 어서 | 먹다 |

### 핵심 4  국어사전을 활용하여 글 읽기

• 낱말의 뜻을 국어사전에서 찾고 비슷한말이나 그 낱말이 쓰인 예를 함께 찾아보면 낱말의 뜻을 깊이 이해할 수 있습니다.

• 낱말의 뜻을 찾아 가며 글을 읽으면 글의 내용을 더 쉽게 이해할 수 있어 중심 생각을 파악하는 데 도움이 됩니다.

**01** 국어사전의 겉모습에 대해 알맞게 말한 것은 무엇입니까? (　　)

① 옆에는 한글 모음이 차례대로 쓰여 있다.

② 앞표지에는 국어사전의 이름이 쓰여 있다.

③ 국어사전 옆에는 아무것도 쓰여 있지 않다.

④ 앞표지에는 국어사전을 만든 까닭이 자세히 쓰여 있다.

⑤ 실은 내용이나 사용하는 대상에 관계없이 제목은 항상 '국어사전'이라고만 쓴다.

**02** 국어사전의 내용에 대해 잘못 말한 것은 무엇입니까? (　　)

① 낱말의 뜻을 알 수 있다.

② 그림이나 사진을 함께 싣기도 한다.

③ 낱말을 발음하는 방법은 알 수 없다.

④ 한글 자음과 모음 차례대로 낱말을 싣는다.

⑤ 부록으로 우리말에 대한 유용한 내용이 실려 있다.

**03** 다음 보기 의 자음자로 시작하는 낱말끼리 짝 지어진 것은 어느 것입니까? (　　)

> 보기
>
> ㄸ

① 달, 바위

② 따개, 뚜껑

③ 뜨락, 뒤뜰

④ 두꺼비, 다람쥐

⑤ 싸리문, 통나무

**04** 짝 지어진 두 낱말 가운데 국어사전에 먼저 싣는 낱말에 ○표 하시오.

(1)
> 거미, 개미

(2)
> 하늘, 한국

(3)
> 한복, 한과

(4)
> 사슬, 사슴

**05** 다음 낱말을 국어사전에 싣는 차례대로 쓰시오.

(1)
> 고구마, 끝, 가을

(　　　　) → (　　　　) → (　　　　)

(2)
> 두부, 다람쥐, 도마

(　　　　) → (　　　　) → (　　　　)

(3)
> 부채, 부자, 부속

(　　　　) → (　　　　) → (　　　　)

**06** 〔보기〕와 같이 글자의 짜임을 쓰시오.

〔보기〕

| 친 | |
|---|---|
| 첫 자음자 | ㅊ |
| 모음자 | ㅣ |
| 받침 | ㄴ |

| 구 | |
|---|---|
| 첫 자음자 | ㄱ |
| 모음자 | ㅜ |
| 받침 | 없음. |

| 사 | |
|---|---|
| 첫 자음자 | (1) |
| 모음자 | (2) |
| 받침 | (3) |

| 람 | |
|---|---|
| 첫 자음자 | (4) |
| 모음자 | (5) |
| 받침 | (6) |

**07** 국어사전에는 어떤 낱말끼리 모여 있습니까?
( )
① 뜻이 비슷한 낱말
② 발음이 비슷한 낱말
③ 첫 번째 글자의 받침이 같은 낱말
④ 첫 번째 글자의 모음자가 같은 낱말
⑤ 첫 번째 글자의 첫 자음자가 같은 낱말

**08** '인형'의 뜻을 국어사전에서 찾으려면 가장 먼저 어떤 낱말에서 찾아야 합니까? ( )
① 첫 자음자가 'ㄴ'인 낱말
② 첫 자음자가 'ㅎ'인 낱말
③ 첫 모음자가 'ㅣ'인 낱말
④ 첫 자음자가 'ㅇ'인 낱말
⑤ 받침이 있는 낱말

**09** 〔보기〕의 낱말들과 첫 자음자가 같은 낱말을 한 가지 쓰시오.

〔보기〕
바다, 병풍, 버스, 보물

( )

**10** 다음 글에서 ㉠~㉤의 기본형을 바르게 쓴 것은 무엇입니까? ( )

기후에 따라 ㉠입는 옷이 다릅니다. 추운 겨울에는 몸의 열을 빼앗기지 않으려고 가죽옷이나 두꺼운 털옷을 입습니다. 그러나 무더운 여름에는 몸에서 생기는 열을 내보내려고 ㉡얇고 성긴 옷을 입습니다.
한복도 여름에는 몸에 잘 ㉢붙지 않도록 까슬까슬한 옷감으로 만들었습니다. 그리고 바람이 잘 통하도록 등나무로 만든 기구를 먼저 ㉣걸치고 저고리를 입기도 했습니다. 겨울에는 추위를 견딜 수 있도록 옷감 사이에 솜을 넣은 한복을 입었습니다. 차가운 공기가 스며들지 않도록 목둘레나 소매 끝을 ㉤좁게 만들기도 했습니다.

① ㉠ 입는 → 입었다
② ㉡ 얇고 → 얇게
③ ㉢ 붙지 → 붙어서
④ ㉣ 걸치고 → 걸쳤다
⑤ ㉤ 좁게 → 좁다

**11** 다음 보기 의 낱말을 형태가 바뀌는 낱말과 형태가 바뀌지 않는 낱말로 알맞게 나누어 쓰시오.

보기

먹다, 언덕, 마을, 솟다, 작다, 바다

| | |
|---|---|
| 형태가 바뀌는 낱말 | (1) |
| 형태가 바뀌지 않는 낱말 | (2) |

**12** 다음 중 먹을 수 없는 꽃은 무엇입니까? (　　　)

① 매화　　　　　② 배꽃

③ 벚꽃　　　　　④ 진달래

⑤ 철쭉꽃

**13** ☆☆☆ ㉠과 ㉡의 형태가 바뀌지 않는 부분과 기본형을 쓰시오.

| 낱말 | 형태가 바뀌지 않는 부분 | 기본형 |
|---|---|---|
| ㉠ 먹었습니다 | (1) | (2) |
| ㉡ 먹을 | | |

**[12~15]** 다음 글을 읽고, 물음에 답하시오.

　우리 조상은 꽃을 눈으로도 즐기고 입으로도 즐겼습니다. 삼짇날이 되면 진달래 꽃잎을 넣고 찹쌀가루를 둥글납작하게 부쳐서 만든 진달래화전을 ㉠먹었습니다. 오늘날의 프라이팬이라고도 할 수 있는 번철을 돌 위에 올리고 그 아래에 불을 피워 화전을 부쳤습니다. 번철 대신 솥뚜껑을 쓰기도 했습니다.

　삼짇날에는 진달래화채도 만들어 먹었습니다. 진달래 ㉮꽃잎을 녹말가루에 묻혀 살짝 튀긴 뒤, ㉯설탕이나 ㉰꿀을 넣어 달게 담근 오미자즙에 띄워 먹었습니다.

　진달래와 비슷한 철쭉꽃은 ㉡먹을 수 없는 꽃이라서 '개꽃'이라고 했지만, 진달래는 먹을 수 있는 꽃이라서 '참꽃'이라고 했습니다. 진달래뿐만 아니라 벚꽃, 배꽃, 매화로도 화전을 만들어 먹었습니다.

　꽃으로 만든 ㉱음식은 보는 것만으로도 기분이 좋습니다. 그뿐만 아니라 꽃잎에 묻어 있는 꽃가루에는 여러 가지 ㉲몸에 좋은 물질이 들어 있습니다.

서술형

**14** 다음 낱말의 뜻을 짐작하여 쓰시오.

| 낱말 | 꽃가루 |
|---|---|
| 짐작한 뜻 | |

**15** ㉮~㉲ 중 국어사전에서 가장 나중에 나오는 낱말은 어느 것입니까? (　　　)

① ㉮ 꽃잎

② ㉯ 설탕

③ ㉰ 꿀

④ ㉱ 음식

⑤ ㉲ 몸

**[16~19] 다음 글을 읽고, 물음에 답하시오.**

그렇지만 모든 꽃을 다 먹을 수 있는 것은 아닙니다. 진달래, 국화, 장미, 금잔화, 삼색제비꽃, 제비꽃처럼 먹을 수 있는 꽃을 골라 먹어야 합니다. 그리고 먹을 수 있는 꽃이라고 하더라도 꽃가루 등에 의한 알레르기를 일으킬 수 있으므로 암술, 수술, 꽃받침을 제거하고 먹어야 합니다. 특히 진달래는 수술에 약한 독성이 있으므로 반드시 꽃술을 제거하고 꽃잎만 깨끗한 물에 ㉠씻은 뒤에 먹어야 합니다.

꽃집에서 파는 꽃이나 정원의 꽃은 함부로 먹으면 안 됩니다. 농약을 친 꽃에는 독성이 있기 때문입니다. 이런 꽃을 먹었다가는 배탈이 나고 속이 나빠져서 크게 고생할 수 있습니다. 반드시 식용을 목적으로 따로 안전하게 재배되는 꽃만 먹어야 합니다.

우리 조상은 자연에서 나오는 순수한 색소로 찹쌀가루에 물을 들여 화전을 만들기도 했습니다. 쑥·시금치·신감채·녹찻잎 등으로는 초록색 물을 들였고, 단호박·치자 등으로는 노란색 물을 들였습니다. 오미자·복분자로는 빨간색 물을, 보라색 고구마로는 보라색 물을, 당근으로는 주황색 물을 들였습니다. 검은깨나 검은콩으로는 검은색 물을 들였습니다.

자연에서 얻은 천연 색소는 음식을 돋보이게 할 뿐만 아니라 재료의 영양이 그대로 살아 있어 건강에도 무척 좋습니다. 이렇듯 화전에는 자연이 준 선물을 음식에 이용한 조상의 지혜가 담겨 있습니다.

**16** 다음 식물에서 얻을 수 있는 색소의 색깔을 쓰시오.
(1) 시금치 → (　　　　　)
(2) 오미자 → (　　　　　)
(3) 검은깨 → (　　　　　)
(4) 치자 → (　　　　　)

**17** 꽃집에서 파는 꽃이나 정원의 꽃을 함부로 먹으면 안 되는 까닭은 무엇입니까? (　　)
① 꽃집에서 파는 꽃은 맛이 없다.
② 꽃의 색소는 건강에 무척 좋다.
③ 정원의 꽃은 음식을 돋보이게 한다.
④ 우리 조상은 꽃집에서 파는 꽃을 먹지 않았다.
⑤ 농약을 친 꽃에는 독성이 있어서 배탈이 날 수 있다.

**18** ㉠을 국어사전에서 찾으려면 어떤 낱말을 찾아야 합니까? (　　)
① 씻은　　② 씻다
③ 씻으니　　④ 씻어서
⑤ 씻었다

**서술형**

**19** 이 글에 나오는 낱말 가운데 뜻을 모르는 낱말을 한 가지 골라 짐작한 뜻을 쓰고, 그 낱말을 넣어 문장을 만들어 쓰시오.
(1) 모르는 낱말: (　　　　　　)
(2) 짐작한 뜻: _____
_____
(3) 그 낱말을 넣어 만든 문장: _____
_____

**20** 글을 읽을 때 국어사전을 활용하며 읽으면 좋은 점을 골라 ○표 하시오.
(1) 글의 내용을 더 쉽게 이해할 수 있다. (　　)
(2) 모르는 낱말의 수를 쉽게 알 수 있다. (　　)

# 서술형 문제

**7. 반갑다, 국어사전**

**01** 다음 글을 보고, '공책'이라는 낱말을 국어사전에서 찾는 방법을 쓰시오.

> 한글 글자는 첫 자음자, 모음자, 받침으로 이루어지는데, 이 차례대로 낱말을 찾습니다. '친구'를 국어사전에서 찾으려면, 먼저 첫 번째 글자인 '친'을 찾고, 그다음에 두 번째 글자인 '구'를 찾아야 하는데, 각 글자는 낱자('ㅊ, ㅣ, ㄴ', 'ㄱ, ㅜ') 차례대로 찾아야 합니다.

| 첫<br>자음자 | ㄱ | ㄲ | ㄴ | ㄷ | ㄸ | ㄹ | ㅁ |
|---|---|---|---|---|---|---|---|
| | ㅂ | ㅃ | ㅅ | ㅆ | ㅇ | ㅈ | ㅉ |
| | ㅊ | ㅋ | ㅌ | ㅍ | ㅎ | | |
| 모음자 | ㅏ | ㅐ | ㅑ | ㅒ | ㅓ | ㅔ | ㅕ |
| | ㅖ | ㅗ | ㅘ | ㅙ | ㅚ | ㅛ | ㅜ |
| | ㅝ | ㅞ | ㅟ | ㅠ | ㅡ | ㅢ | ㅣ |
| 받침 | ㄱ | ㄲ | ㄳ | ㄴ | ㄵ | ㄶ | ㄷ |
| | ㄹ | ㄺ | ㄻ | ㄼ | ㄽ | ㄾ | ㄿ |
| | ㅀ | ㅁ | ㅂ | ㅄ | ㅅ | ㅆ | ㅇ |
| | ㅈ | ㅊ | ㅋ | ㅌ | ㅍ | ㅎ | |

| 친 | |
|---|---|
| 첫 자음자 | ㅊ |
| 모음자 | ㅣ |
| 받침 | ㄴ |

| 구 | |
|---|---|
| 첫 자음자 | ㄱ |
| 모음자 | ㅜ |
| 받침 | 없음. |

_____

_____

_____

_____

_____

_____

**02** 다음 글을 읽고 밑줄 친 낱말의 기본형을 쓰고, 낱말의 뜻을 짐작하여 쓰시오.

> 기후에 따라 사람들이 생활하는 모습이 다릅니다. 입는 옷, 먹는 음식, 사는 집도 기후와 깊은 관련이 있습니다. 기후에 따라 생활 모습이 어떻게 다른지 알아봅시다.
>
> 기후에 따라 입는 옷이 다릅니다. 추운 겨울에는 몸의 열을 빼앗기지 않으려고 가죽옷이나 두꺼운 털옷을 입습니다. 그러나 무더운 여름에는 몸에서 생기는 열을 내보내려고 얇고 성긴 옷을 입습니다.
>
> 한복도 여름에는 몸에 잘 붙지 않도록 까슬까슬한 옷감으로 만들었습니다. 그리고 바람이 잘 통하도록 등나무로 만든 기구를 먼저 걸치고 저고리를 입기도 했습니다. 겨울에는 추위를 견딜 수 있도록 옷감 사이에 솜을 넣은 한복을 입었습니다. 차가운 공기가 스며들지 않도록 목둘레나 소매 끝을 좁게 만들기도 했습니다.

| 낱말 | 기본형 | 짐작한 뜻 |
|---|---|---|
| 깊은 | | |
| 견딜 | | |
| 스며들지 | | |

# 수행 평가

**7. 반갑다, 국어사전**

**학습 주제** 국어사전을 활용하며 글 읽기     **배점** 20점

**학습 목표** 국어사전을 활용하며 글을 읽을 수 있다.

**1** 국어사전에는 첫 번째 글자의 첫 자음자가 같은 낱말끼리 모아 놓았습니다. 다음 표의 빈칸에 들어갈 알맞은 자음자 또는 낱말을 써넣어 표를 완성하시오.

| 첫 자음자 | 낱말 | 첫 자음자 | 낱말 | 첫 자음자 | 낱말 | 첫 자음자 | 낱말 |
|---|---|---|---|---|---|---|---|
| (1) | 가방, 개교 | ㄲ | 까꿍, 꽃 | (2) | 나무, 농사 | ㄷ | 달, 두꺼비 |
| ㄸ | 따개, 뚜껑 | ㄹ | 라면, 러시아 | ㅁ | (3) | ㅂ | (4) |
| ㅃ | 빵, 뺄셈 | (5) | 사람, 숯가마 | ㅆ | 싸리문, 쓰임새 | ㅇ | 안개꽃, 야구 |
| ㅈ | (6) | ㅉ | 짝, 쪽파 | ㅊ | 차림새, 친구 | (7) | 칸막이, 콩 |
| ㅌ | 타조, 통나무 | (8) | 파도, 포구 | ㅎ | 하늘, 허수아비 | | |

**2** 다음 글을 읽고 뜻을 모르는 낱말 두 가지를 찾아 쓰고, 낱말의 뜻을 짐작한 뒤에 국어사전에서 그 뜻을 찾아 쓰시오.

> 우리 조상은 꽃을 눈으로도 즐기고 입으로도 즐겼습니다. 삼짇날이 되면 진달래 꽃잎을 넣고 찹쌀가루를 둥글납작하게 부쳐서 만든 진달래화전을 먹었습니다. 오늘날의 프라이팬이라고도 할 수 있는 번철을 돌 위에 올리고 그 아래에 불을 피워 화전을 부쳤습니다. 번철 대신 솥뚜껑을 쓰기도 했습니다.
> 삼짇날에는 진달래화채도 만들어 먹었습니다. 진달래 꽃잎을 녹말가루에 묻혀 살짝 튀긴 뒤, 설탕이나 꿀을 넣어 달게 담근 오미자즙에 띄워 먹었습니다.
> 진달래와 비슷한 철쭉꽃은 먹을 수 없는 꽃이라서 '개꽃'이라고 했지만, 진달래는 먹을 수 있는 꽃이라서 '참꽃'이라고 했습니다. 진달래뿐만 아니라 벚꽃, 배꽃, 매화로도 화전을 만들어 먹었습니다.
> 꽃으로 만든 음식은 보는 것만으로도 기분이 좋습니다. 그뿐만 아니라 꽃잎에 묻어 있는 꽃가루에는 여러 가지 몸에 좋은 물질이 들어 있습니다.

| 낱말 | (1) |
|---|---|
| 짐작한 뜻 | (2) |
| 국어사전에서 찾은 뜻 | (3) |

## 8 의견이 있어요

글을 읽고 의견을 파악해 보아요.

> **글의 종류**: 이야기
> **글의 특징**: 오성과 한음이 권 판서 댁으로 뻗은 감나무 가지에 달린 감 주인이 누구인지 가려내는 이야기입니다.

1 오성과 한음이 감을 따려고 했는데 옆집 하인이 못 따게 했습니다.

2 오성과 한음은 권 판서 대감을 찾아갔습니다.

### 낱말 사전

**탐스럽게** 가지거나 차지하고 싶은 마음이 들 정도로 보기가 좋고 끌리는 데가 있게.

**알아채고** 어떤 일의 분위기를 짐작으로 미리 알고.

**어이없다는** 너무 뜻밖의 일을 당해서 기가 막히는 듯한.

**궁리** 어떤 일을 해결할 방법을 깊이 생각함. 또는 그 생각.

**인기척** 사람이 있음을 알 수 있게 하는 소리나 낌새.

**무례함** 말이나 행동에 예의가 없음.

**창호지** 한지의 한 종류로 주로 문을 바르는 데 쓰는 종이.

**당돌한** 겁내거나 어려워하지 않고 당당한.

**호기심** 새롭고 신기한 것을 좋아하거나 모르는 것을 알고 싶어 하는 마음.

---

# 오성과 한음

1 어느 날 아침, 한음이 오성의 집에 놀러 왔습니다. 오성의 집 마당에 있는 큰 감나무에는 빨간 감이 탐스럽게 열려 있었습니다. 이 감나무 가지는 담 너머 옆집인 권 판서 댁까지 뻗어 있었습니다.

"야, 저 감 참 맛있겠다!"

한음이 담 너머에 있는 감을 가리키며 말했습니다. 오성은 한음의 마음을 알아채고 감을 따려고 했습니다.

"우리 집 감을 왜 허락도 없이 따려고 하시오?" / 옆집 하인이 말했습니다.

"무슨 말인가? 우리 감나무에 달린 감이야."

"도련님 댁 감이라고요? 그건 우리 감이에요. 보시다시피 우리 집으로 가지가 넘어왔잖아요."

옆집 하인이 그쪽으로 넘어간 감나무 가지를 자기네 것이라고 우기며 감을 따지 못하게 했습니다.

"그런 경우가 어디 있나? 그 감은 우리 것이네. 아무리 담 너머로 가지가 넘어갔어도 감나무는 우리 집에서 심고 가꾸었기 때문이야."

오성은 어이없다는 듯이 옆집 하인에게 말했습니다.

2 "무슨 좋은 방법이 없을까?"

오성과 한음은 서로 머리를 맞대고 궁리했습니다. 갑자기 한음이 큰 소리로 말했습니다.

---

**교과서 문제**

**01** 오성과 옆집 하인이 다툰 까닭은 무엇입니까? ( )

① 오성이 옆집의 감을 허락 없이 다 따가서
② 옆집 하인이 감나무를 심고 가꾸었다고 우겨서
③ 오성과 한음이 감나무 가지를 마음대로 꺾어서
④ 옆집 하인이 오성의 집 감을 마음대로 따먹어서
⑤ 담을 넘어간 가지의 감이 누구의 것인지 생각이 달라서

**02** 이 글에서 등장인물의 의견으로 알맞은 것을 선으로 이으시오.

(1) 오성 •
(2) 옆집 하인 •

• ㉠ 우리 집으로 넘어온 가지에 달린 감은 우리 감이다.

• ㉡ 감나무는 우리 집에서 심고 가꾸었기 때문에 감은 우리 것이다.

**03** '어떤 일을 해결할 방법을 깊이 생각함. 또는 그 생각.'이라는 뜻을 가진 낱말을 이 글에서 찾아 쓰시오.

( )

"좋은 생각이 났어."

"그래? 뭔데?"

오성은 한음의 말을 듣고 고개를 끄덕이며 미소를 지었습니다. 두 소년은 오성의 옆집에 사는 권 판서 댁 하인을 앞세우고 가서 대감이 있는 사랑방 앞에 멈추어 섰습니다.

"밖에 누가 왔느냐?"

인기척을 느낀 권 판서가 물었습니다.

"대감님, 저의 무례함을 용서하십시오."

오성은 창호지를 바른 방문 안으로 팔을 쑥 들이밀었습니다. 책을 읽고 있던 권 판서는 방문을 뚫고 들어온 팔을 보고 깜짝 놀랐습니다.

"이웃에 사는 오성입니다."

오성은 손을 들이민 채 권 판서에게 정중하게 말했습니다.

"대감님, 지금 이 팔이 누구 팔입니까?"

"그야 네 팔이지, 누구 팔이겠느냐?"

"지금 이 팔은 방 안에 들어가 있지 않습니까?"

"방 안에 있다 해도 네 몸에 붙었으니까 네 팔이지."

권 판서는 오성의 당돌한 질문에 호기심을 느꼈습니다.

"그렇다면 한 말씀 더 여쭙겠습니다. 저 담 너머 감나무에서 뻗어 나와 이 댁에 넘어온 가지는 누구네 것입니까?"

권 판서는 오성이 무엇 때문에 방문을 뚫고 팔을 들이밀었는지 그 뜻을 금방 깨달았습니다.

"음, 그야 너희 것이지. 우리 집에 가지가 일부분 넘어왔어도 나무의 뿌리는 너희 집에 있지 않느냐."

"그렇다면 왜 이 댁 하인들이 저희에게 감을 못 따게 합니까?"

"우리 집 하인들이 생각이 모자랐던 것 같구나. 다시는 그런 일이 없도록 하마."

그리하여 오성과 한음은 잘 익은 감을 맛있게 먹을 수 있었습니다.

---

**교과서 문제**

04 오성이 권 판서 대감을 만나서 한 행동은 무엇입니까? ( )

① 방문으로 감나무 가지를 들이밀었다.

② 권 판서 대감 댁 하인의 팔을 잡아당겼다.

③ 창호지를 바른 문으로 팔을 쑥 들이밀었다.

④ 방에 들어가 감나무가 자기 것이라고 이야기했다.

⑤ 문 안으로 팔을 내밀어 자신의 팔을 잡아 달라고 했다.

**서술형**

05 권 판서 대감은 감이 누구네 것이고, 그 까닭은 무엇이라고 하였는지 쓰시오.

(1) ( )의 것

(2) 까닭:

06 오성과 같은 의견을 말한 친구는 누구인지 쓰시오.

> 유빈: 나무의 뿌리는 오성의 집에 있으니까 오성네 감이야.
>
> 서우: 감이 떨어진 곳이 권 판서네 집이니까 감은 권 판서네 감이지.

( )

07 다음 빈칸에 들어갈 말은 어느 것입니까? ( )

> ( )(이)란 글쓴이나 인물이 어떤 대상에게 지니는 생각을 뜻한다.

① 의견 ② 낱말 ③ 문단

④ 이야기 ⑤ 문장

- **글의 종류:** 주장하는 글
- **글의 특징:** 지구를 깨끗이 하기 위하여 일회용품을 적게 사용하자는 글쓴이의 의견과 실천 방법이 나타난 글입니다.

❶ 우리는 지구를 깨끗이 하려고 노력해야 합니다.
❷ 비닐봉지를 적게 써야 합니다.
❸ 일회용 컵을 적게 써야 합니다.

## 지구를 깨끗이 가꾸자

❶ ㉠우리는 지구를 깨끗이 하려고 노력해야 합니다. ㉡왜냐하면 지구는 앞으로도 우리가 살아갈 터전이기 때문입니다. 그런데 우리가 한 번 쓰고 난 뒤에 무심코 버리는 일회용품은 지구를 병들게 합니다. ㉢일회용품은 평소에 사람들이 자주 쓰는 비닐봉지, 일회용 컵, 일회용 나무젓가락 따위를 말합니다. 그러므로 일회용품을 덜 쓰려면 다음과 같은 일을 실천해야 합니다.

❷ 첫째, 비닐봉지를 적게 써야 합니다. ㉣왜냐하면 전 세계에서 매년 사용하고 버리는 비닐봉지 양이 매우 많기 때문입니다. 이것을 처리하려면 돈이 많이 듭니다. ㉤그냥 두면 없어지는 데 500년이 넘게 걸립니다. 그러므로 물건을 사거나 담을 때에는 여러 번 쓸 수 있는 가방이나 장바구니를 활용해야 합니다.

❸ 둘째, 일회용 컵을 적게 써야 합니다. 왜냐하면 일회용 컵은 쓰기는 간편하지만 낭비하기 쉽기 때문입니다. 이렇게 낭비하면 일회용 컵 재료가 되는 나무나 플라스틱이 많이 필요하기 때문에 환경을 더 파괴할 수 있습니다. 그러므로 일회용 컵 대신에 여러 번 쓸 수 있는 컵을 사용해야 합니다.

---

**08** 글쓴이는 지구를 깨끗이 가꾸기 위해 어떻게 해야 한다고 하였습니까?　　　　　　（　　　　）

① 일회용품을 덜 써야 한다.
② 쓰레기 분리배출을 잘해야 한다.
③ 장바구니보다는 비닐봉지를 써야 한다.
④ 승용차 대신 대중교통을 이용해야 한다.
⑤ 일회용 컵 재료인 나무를 많이 써야 한다.

**날말 사전**

터전　생활의 근거지가 되는 곳.

무심코　아무런 뜻이나 생각이 없이.

일회용품　한 번만 쓰고 버리도록 만들어진 물건.

실천　계획, 생각한 것을 실제 행동으로 옮김.

낭비하기　돈, 시간, 물건 등을 헛되이 함부로 쓰기.

**09** 비닐 봉지 대신 사용할 수 있는 것 두 가지를 찾아 쓰시오.
（　　　　　　　，　　　　　　　）

☆☆☆
**10** ㉠～㉤ 중 글쓴이의 의견으로 알맞은 것은 무엇입니까?　　　　　（　　　　）
① ㉠　　　　　　② ㉡　　　　　　③ ㉢
④ ㉣　　　　　　⑤ ㉤

④ 셋째, 일회용 나무젓가락을 적게 써야 합니다. 왜냐하면 나무젓가락을 만들려면 나무를 많이 베어야 하기 때문입니다. 일회용 나무젓가락은 나무로 만들기 때문에 환경에 피해를 주지 않을 것이라고 생각하기 쉽습니다. 그러나 일회용 나무젓가락을 만들 때 잘 썩지 않도록 약품 처리를 하기 때문에 그냥 두면 20년쯤 지나야만 자연으로 돌아간다고 합니다. 그러므로 여러 번 쓸 수 있는 젓가락을 사용해야 합니다.

⑤ 우리는 일회용품을 덜 써서 깨끗한 지구를 만들어야 합니다. 지금까지 살펴본 것은 우리가 생활 속에서 실천할 수 있는 일입니다. 이 밖에도 우리가 할 수 있는 일을 찾아보면 여러 가지가 있습니다. 지구를 가꾸는 것은 우리 모두가 해야 할 일입니다. 우리가 함께 노력한다면 깨끗한 지구를 만들 수 있습니다.

교과서 문제

**11** 지구를 가꾸는 것은 누가 해야 할 일이라고 하였는지 쓰시오.

( )

서술형

**12** 글쓴이가 '나무젓가락을 만들려면 나무를 많이 베어야 하기 때문입니다.'라는 까닭을 들어 뒷받침하고 있는 의견은 무엇인지 쓰시오.

**13** 글쓴이가 이 글을 쓴 목적으로 알맞은 것에 ○표 하시오.

(1) 사람들에게 지구가 하는 일을 설명하기 위해서이다. ( )
(2) 사람들에게 지구의 환경을 깨끗이 유지하자고 말하기 위해서이다.

( )

**14** 이 글에서 글쓴이의 의견은 무엇입니까? ( )
① 지구를 깨끗이 가꾸기는 어렵다.
② 우리 모두 자연의 소중함을 알아야 한다.
③ 일회용품을 덜 써서 깨끗한 지구를 만들자.
④ 깨끗한 지구를 만들기 위해 어른들만 노력해야 한다.
⑤ 깨끗하고 편리한 삶을 위해 생활 속에서 일회용품을 사용하자.

④ 일회용 나무젓가락을 적게 써야 합니다.
⑤ 우리는 일회용품을 덜 써서 깨끗한 지구를 만들어야 합니다.

▶ 글쓴이의 의견 파악하기

| 글의 제목 |
| --- |
| 「지구를 깨끗이 가꾸자」 |
| 이 글을 쓴 목적 |
| 사람들에게 일회용품을 덜 쓰자고 말하기 위함. |
| 글쓴이의 의견 |
| • 우리 스스로 지구를 깨끗이 가꿀 수 있도록 노력하자.<br>• 지구를 깨끗이 가꾸고 유지하자. |

**낱말 사전**

**베어야** 날이 있는 연장으로 자르거나 끊어야.

**약품** 화학 변화를 일으키는 데 쓰는 물질.

**가꾸는** 어떠한 것을 좋게 만드는.

> 글의 종류: 주장하는 글
> 글의 특징: 좋은 습관을 기르자는 글쓴이의 의견과 실천 방법이 나타난 글입니다.

❶ 우리는 좋은 습관을 길러야 합니다.

❷ 약속을 잘 지키는 습관을 기릅시다.

## 좋은 습관을 기르자

❶ 우리는 좋은 습관을 길러야 합니다. 작은 습관이 모여 결국은 큰 변화를 만들기 때문입니다. 습관이란 어떤 행동을 오랫동안 되풀이하면서 저절로 몸에 익은 행동을 말합니다. 예를 들어 꾸준히 일기를 쓴다든가 말을 바르고 곱게 하는 것, 몸을 깨끗이 잘 씻는 것 따위는 작지만 좋은 습관입니다. 좋은 습관이 무엇인지를 알아보고, 좋은 습관을 기르려고 노력해 봅시다.

❷ 첫째, 약속을 잘 지키는 습관을 기릅시다. 약속은 자신이나 다른 사람과 어떤 일을 지키기로 다짐한 것으로 신뢰를 줄 수 있기 때문입니다. 우리는 살면서 약속을 자주 합니다. 약속을 잘 지키면 주변 사람들에게 믿음을 줄 수 있습니다. 그리고 사람들과 사이도 좋아집니다. 약속을 잘 지키는 것은 지켜야 할 기본예절입니다. 그러므로 약속을 잘 지킬 수 있도록 노력해야 합니다.

---

**15** 약속을 잘 지켜야 하는 까닭이 <u>아닌</u> 것은 무엇입니까?　　　　　(　　　)

① 몸이 건강해지기 때문에
② 사람들과 사이가 좋아지기 때문에
③ 약속을 지키는 것은 기본예절이기 때문에
④ 주변 사람들에게 믿음을 줄 수 있기 때문에
⑤ 다른 사람에게 어떤 일을 지키기로 다짐한 것이기 때문에

교과서 문제

**16** 글쓴이가 제목을 '좋은 습관을 기르자'로 정한 까닭을 알맞게 짐작한 것을 두 가지 고르시오.　　　　　(　　,　　)

① 나쁜 습관을 기르자고 말하려고
② 좋은 습관을 기르자고 말하려고
③ 도움이 되는 습관을 기르자고 말하려고
④ 나쁜 습관의 중요성을 알려 주기 위해서
⑤ 좋은 습관을 고치기가 어렵다는 것을 말하기 위해서

서술형

**17** ❶, ❷ 문단의 중심 문장을 정리하여 빈칸에 알맞은 말을 쓰시오.

| 문단 | 중심 문장 |
|---|---|
| ❶ | (1) |
| ❷ | (2) |

 낱말 사전

되풀이　같은 말이나 일을 자꾸 반복함.

익은　자주 경험하여 조금도 서투르지 않은.

꾸준히　거의 변함이 없이 한결같이.

신뢰　굳게 믿고 의지함.

❸ 둘째, 날마다 운동하는 습관을 기릅시다. 날마다 운동하면 몸과 마음이 건강해지기 때문입니다. 예를 들어 아침 일찍 일어나 달리기나 줄넘기 같은 운동을 하면 하루를 활기차게 시작할 수 있습니다. 그리고 그날 무엇을 할지 생각해 보는 여유가 생길 수 있습니다. 이처럼 날마다 운동하면 우리 생활에 많은 도움이 됩니다. 따라서 날마다 운동하는 습관을 기르도록 노력해야 합니다.

❹ 셋째, 고마워하는 마음을 표현하는 습관을 기릅시다. 작은 일에도 고마워하는 마음을 표현하면 주변 사람과 자기 자신 모두를 행복하게 만들 수 있기 때문입니다. 맛있는 음식을 먹을 수 있고, 안전한 곳에서 잠잘 수 있는 것처럼 우리에게는 고마워할 일이 참 많습니다. 작은 일에도 고마워하는 마음을 표현하는 습관을 길러 봅시다.

❺ 습관은 우리 삶에서 아주 중요한 역할을 합니다. 처음에는 어려운 일도 자주 하다 보면 습관이 되어 우리 삶을 바꿀 수 있습니다. 자신의 삶을 발전하게 하는 좋은 습관이 있는가 하면 좋지 않은 습관도 있습니다. 여러분은 어떤 습관을 기르고 싶나요? 우리 모두 좋은 습관을 기를 수 있도록 꾸준히 노력합시다.

**18** 좋은 습관을 길러야 하는 까닭은 무엇입니까? (　　　)
① 똑똑해지기 위해서
② 칭찬을 받기 위해서
③ 친구를 많이 만들기 위해서
④ 자신의 삶을 발전하게 하기 위해서
⑤ 주변 사람에게 가르침을 주기 위해서

**서술형**

**19** 이 글 전체에 나타난 글쓴이의 의견을 한 문장으로 쓰시오.



**20** 이 글을 읽고 친구들이 기르고 싶은 습관에 대해 이야기를 나누었습니다. 의견에 알맞은 까닭을 찾아 선으로 이으시오.

| 의견 | 까닭 |
| --- | --- |
| (1) 고마움을 표현하는 습관을 기르고 싶어. | ㉠ 고마움을 표현할수록 나도 기분이 좋아지기 때문이야. |
| (2) 날마다 아침에 운동하는 습관을 기르고 싶어. | ㉡ 중요한 일을 잊지 않을 수 있기 때문이야. |
| (3) 꾸준히 메모하는 습관을 기르고 싶어. | ㉢ 하루를 활기차게 시작할 수 있기 때문이야. |

---

❸ 날마다 운동하는 습관을 기릅시다.
❹ 고마워하는 마음을 표현하는 습관을 기릅시다.
❺ 우리 모두 좋은 습관을 기를 수 있도록 꾸준히 노력합시다.

**낱말 사전**

활기차게 힘이 넘치고 생기가 가득하게.

여유 느긋하고 너그러운 마음의 상태.

삶 사는 일. 또는 살아 있음.

발전 더 좋은 상태나 더 높은 단계로 나아감.

**1 우리 학교에 어떤 문제점이 있는지 생각해 보기**

학교의 문제점 예

- 운동장에 쓰레기가 떨어져 있습니다.
- 복도에서 너무 많이 뛰어다닙니다.
- 친구끼리 말을 함부로 합니다.
- 점심시간에 급식실이 너무 시끄럽습니다.

**2 문제점과 의견, 그렇게 생각한 까닭 정리하기**

문제점을 해결하기 위한 자신의 의견과 까닭을 정리합니다. 예

| 문제점 | 복도나 교실에서 뛰어다니는 것이 가장 큰 문제이다. |
|---|---|
| 의견 | 복도에서는 오른쪽으로 다니고 사뿐사뿐 걷자. |
| 그렇게 생각한 까닭 | 복도를 사용할 때 규칙이 있으면 뛰지 않을 것 같기 때문이다. |

**3 아름답고 즐거운 학교를 가꾸기 위한 알림 활동에 쓸 손 팻말의 말 만들기**

자신의 의견을 한 문장으로 정리합니다. 예

> 복도에서 뛰지 않아요.

> 복도에서 사뿐사뿐 걸어요.

> 복도에서 오른쪽으로 다녀요.

> 화장실에서 장난치지 않아요.

**4 알림 활동에 쓸 손 팻말을 여러 가지 모양으로 만들기**

★★☆
**21** 문제점에 대한 의견으로 알맞지 <u>않은</u> 것은 무엇입니까?  (    )

|  | 문제점 | 의견 |
|---|---|---|
| ① | 복도에서 뛰어다니는 친구가 많다. | 복도에서 걸어다니자. |
| ② | 말을 함부로 하는 친구들이 있다. | 바르고 고운 말을 사용하자. |
| ③ | 교실 바닥이 지저분하다. | 날마다 청소를 하는 것은 힘들다. |
| ④ | 급식을 먹을 때 너무 시끄럽다. | 조용히 밥을 먹자. |
| ⑤ | 화장실 벽에 낙서가 있다. | 화장실을 깨끗하게 이용하자. |

**22** 다음 손 팻말에 쓰여진 말을 통해 짐작할 수 잇는 우리가 지켜야 할 일은 무엇입니까?  (    )

① 고운 말을 사용하자.
② 수업할 때 조용히 하자.
③ 복도에서 사뿐사뿐 걷자.
④ 교실을 깨끗하게 사용하자.
⑤ 복도에서 오른쪽으로 다니자.

**국어 활동** **글쓴이의 의견 파악하기** 글쓴이의 의견을 파악하는 방법을 생각하며 글을 읽어 봅시다.

**8 의견이 있어요**

───────

㉠

1 자전거를 탈 때에는 안전 수칙을 잘 지켜야 합니다. 한국교통연구원이 2017년에 발표한 자료에 따르면, 자전거를 타는 사람이 1340만 명을 넘었다고 합니다. 자전거를 타면 건강에도 도움이 되고, 환경도 지킬 수 있기 때문일 것입니다. 그런데 이와 함께 자전거를 타다가 일어나는 사고도 빠르게 늘고 있다고 합니다. 그렇다면 자전거를 안전하게 타는 방법은 무엇일까요?

2 첫째, 안전 장비를 갖추고 타야 합니다. 만약 사고가 나더라도 안전 장비는 소중한 우리 몸을 지켜 줄 수 있기 때문입니다. 자전거를 탈 때 필요한 안전 장비에는 안전모, 장갑, 팔꿈치와 무릎 보호대 따위가 있습니다. 안전 장비를 갖추는 것은 선택이 아니라 필수입니다. 그러므로 자전거를 탈 때에는 반드시 안전 장비를 착용합시다.

3 둘째, 위험한 행동을 하지 않아야 합니다. 위험한 행동을 하면 자칫 큰 사고가 날 수 있기 때문입니다. 자전거를 탈 때 무리하게 속도 내기, 짐받이에 올라타기, 손 놓고 타기는 매우 위험한 행동입니다. 사고는 한순간에 일어날 수 있습니다. 그러므로 자전거를 안전하게 탑시다.

4 셋째, 자전거 상태를 자주 점검해야 합니다. 고장 난 부분을 미리 발견해 사고를 예방할 수 있기 때문입니다. 특히 제동 장치, 바퀴, 손잡이를 주의 깊게 살펴보아야 합니다. 자전거가 잘 멈추는지, 바퀴에 공기는 충분한지, 손잡이는 잘 고정되어 있는지를 꼼꼼히 확인해야 합니다. 그 외에도 자전거에 고장 난 곳은 없는지 자주 점검합시다.

5 자전거를 안전하게 타는 방법을 아는 것만큼 실천도 중요합니다. 자전거를 탈 때 자신이 알고 있는 안전 수칙을 잘 지키지 않는다면 이로운 점보다 해로운 점이 더 많을 수 있기 때문입니다. 자전거 타기는 여러모로 좋은 운동입니다. 그러므로 규칙을 잘 지키며 안전하게 타도록 노력합시다.

**교과서 문제**

**23** 1 문단의 중심 문장으로 알맞은 것에 ○표 하시오.

(1) 안전 장비를 갖추고 타야 합니다. ( )

(2) 자전거를 탈 때에는 안전 수칙을 잘 지켜야 합니다. ( )

**서술형**

**24** ㉠에 들어갈 알맞은 제목을 붙여 쓰시오.

───────

**글의 종류:** 주장하는 글

**글의 특징:** 자전거를 탈 때 안전 수칙을 지키기 위한 실천 방법이 나타난 글입니다.

1 자전거를 탈 때에는 안전 수칙을 지켜야 합니다.

2 안전 장비를 갖추고 타야 합니다.

3 위험한 행동을 하지 않아야 합니다.

4 자전거 상태를 자주 점검해야 합니다.

5 실천도 중요합니다.

**낱말 사전**

**수칙** 지키도록 정한 규칙.

**장비** 어떤 일을 하기 위하여 갖추어야 할 물건이나 시설.

**필수** 꼭 있어야 하거나 해야 함.

**자칫** 어쩌다가 조금 어긋나서.

**짐받이** 자전거 뒤쪽에 짐을 놓는 곳.

**제동** 기계나 자동차 등의 움직임을 멈추게 함.

**고정** 한곳에서 움직이지 않음. 또는 움직이지 않게 함.

## 핵심 ① 의견의 뜻 알기

### 1 의견의 뜻

- 의견: 글쓴이나 인물이 어떤 대상에게 지니는 생각
- 의견은 사람마다 같을 수도 있고 다를 수도 있습니다.

예 「오성과 한음」에 나타난 인물의 의견과 까닭

| | | |
|---|---|---|
| 오성 | 의견 | 담을 넘어간 가지에 달린 감은 우리 집 감이다. |
| | 까닭 | 감나무는 우리 집에서 심고 가꾸었기 때문이다. |
| 옆집 하인 | 의견 | 담을 넘어간 가지에 달린 감은 권 판서 댁 감이다. |
| | 까닭 | 권 판서 댁으로 가지가 넘어왔기 때문이다. |
| 권 판서 | 의견 | 감은 오성의 것이다. |
| | 까닭 | 가지가 일부분 넘어왔어도 나무의 뿌리는 오성의 집에 있기 때문이다. |

예 「오성과 한음」의 등장인물이 한 말에 대해 자신의 의견 말하기

하인이 빗자루를 든 것을 보니 혹시 넘어온 감나무 가지에서 떨어진 잎을 청소하지 않았을까? 그렇다면 하인의 말도 일리가 있는 것 같아.

오성이 정성스럽게 키운 감인데 가지가 넘어왔다고 하인이 자기네 것이라고 우기는 것은 너무한 것 같아.

## 핵심 ② 글을 읽고 인물의 의견과 그 까닭 알기

- 나의 의견을 정합니다.
- 그렇게 생각하게 된 까닭을 생각합니다.
- 의견에 대한 까닭이 적절한지 판단합니다.
- 의견과 그 까닭을 함께 이야기합니다.

## 핵심 ③ 글쓴이의 의견을 파악하는 방법 알기

- 글 제목을 주의 깊게 살펴봅니다.
- 문단의 중심 문장을 정리합니다.
- 글쓴이가 글을 쓴 목적이 무엇인지 생각해 봅니다.

예 「지구를 깨끗이 가꾸자」를 읽고 글쓴이의 의견 파악하기

| | |
|---|---|
| 제목을 지은 까닭 | 지구와 환경을 오염시키지 말자고 하기 위해서임. |
| 이 글을 쓴 목적 | 사람들에게 일회용품을 덜 쓰자고 말하기 위함. |
| 글쓴이의 의견 | 우리 스스로 지구를 깨끗이 가꿀 수 있도록 노력하자. |

예 「지구를 깨끗이 가꾸자」의 중심 문장 정리하기

| 문단 | 중심 문장 |
|---|---|
| 1 | 우리는 지구를 깨끗이 하려고 노력해야 합니다. |
| 2 | 비닐봉지를 적게 써야 합니다. |
| 3 | 일회용 컵을 적게 써야 합니다. |
| 4 | 일회용 나무젓가락을 적게 써야 합니다. |
| 5 | 우리는 일회용품을 덜 써서 깨끗한 지구를 만들어야 합니다. |

예 「좋은 습관을 기르자」를 읽고 중심 문장 정리하기

| 문단 | 중심 문장 |
|---|---|
| 1 | 우리는 좋은 습관을 길러야 합니다. |
| 2 | 약속을 잘 지키는 습관을 기릅시다. |
| 3 | 날마다 운동하는 습관을 기릅시다. |
| 4 | 고마워하는 마음을 표현하는 습관을 기릅시다. |
| 5 | 우리 모두 좋은 습관을 기를 수 있도록 꾸준히 노력합시다. |

예 「좋은 습관을 기르자」의 글쓴이의 의견 파악하기

우리 모두 좋은 습관을 기를 수 있도록 꾸준히 노력합시다.

# 단원 정리 평가

8. 의견이 있어요

[01~04] 다음 글을 읽고, 물음에 답하시오.

어느 날 아침, 한음이 오성의 집에 놀러 왔습니다. 오성의 집 마당에 있는 큰 감나무에는 빨간 감들이 탐스럽게 열려 있었습니다. 이 감나무 가지는 담 너머 옆집인 권 판서 댁까지 뻗어 있었습니다.

"야, 저 감 참 맛있겠다!"

한음이 담 너머에 있는 감을 가리키며 말했습니다. 오성은 한음의 마음을 알아채고 감을 따려고 했습니다.

"우리 집 감을 왜 허락도 없이 따려고 하시오?"

옆집 하인이 말했습니다.

"무슨 말인가? 우리 감나무에 달린 감이야."

"도련님 댁 감이라고요? ㉠그건 우리 감이에요. 보시다시피 우리 집으로 가지가 넘어왔잖아요."

옆집 하인이 그쪽으로 넘어간 감나무 가지를 자기네 것이라고 우기며 감을 따지 못하게 했습니다.

㉡"그런 경우가 어디 있나? 그 감은 우리 것이네. 아무리 담 너머로 가지가 넘어갔어도 감나무는 우리 집에서 심고 가꾸었기 때문이야."

오성은 어이없다는 듯이 옆집 하인에게 말했습니다.

**01** 이 글에서 인물이 ㉠과 같이 이야기한 까닭은 무엇입니까? ( )

① 옆집으로 가지가 넘어갔기 때문이다.
② 옆집 대감님이 감나무를 샀기 때문이다.
③ 옆집 하인이 심은 감나무이기 때문이다.
④ 감나무를 가꾼 사람이 옆집 하인이기 때문이다.
⑤ 오성의 집에서 심고 가꾼 감나무이기 때문이다.

**02** ㉡은 누구의 의견인지 쓰시오.

( )

**03** 옆집 하인의 의견은 무엇인지 빈칸에 알맞은 말을 쓰시오.

감은 ( ) 것이다.

서술형
**04** 보기와 같이 이 글의 등장인물이 한 말에 대해 자신의 의견을 쓰시오.

보기

옆집 하인이 혹시 넘어온 감나무 가지에서 떨어진 잎을 청소하진 않았을까? 그렇다면 하인의 말도 일리가 있는 것 같아.

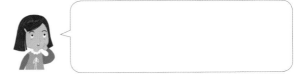

**05** 글쓴이나 인물이 어떤 대상에게 지니는 생각을 무엇이라고 합니까? ( )

① 까닭 ② 의견
③ 원인 ④ 결과
⑤ 상상

**[06~07] 다음 글을 읽고, 물음에 답하시오.**

> 우리는 지구를 깨끗이 하려고 노력해야 합니다. 왜냐하면 지구는 앞으로도 우리가 살아갈 터전이기 때문입니다. 그런데 우리가 한 번 쓰고 난 뒤에 무심코 버리는 일회용품은 지구를 병들게 합니다. 일회용품은 평소에 사람들이 자주 쓰는 비닐봉지, 일회용 컵, 일회용 나무젓가락 따위를 말합니다. 그러므로 일회용품을 덜 쓰려면 다음과 같은 일을 실천해야 합니다.

**06** 글쓴이는 일회용품을 어떻게 써야 한다고 생각하고 있습니까? ( )

① 일회용품을 깨끗이 사용해야 한다.
② 일회용품을 간편하게 사용해야 한다.
③ 여러 종류의 일회용품을 사용해야 한다.
④ 일회용품은 한 번 쓰고 난 뒤에 버려야 한다.
⑤ 일회용품은 지구를 병들게 하므로 덜 써야 한다.

**07** 일회용품에는 어떤 것이 있다고 하였는지 두 가지 쓰시오.

( , )

**[08~10] 다음 글을 읽고, 물음에 답하시오.**

> 가 첫째, 비닐봉지를 적게 써야 합니다. 왜냐하면 전 세계에서 매년 사용하고 버리는 비닐봉지 양이 매우 많기 때문입니다. 이것을 처리하려면 돈이 많이 듭니다. 그냥 두면 없어지는 데 500년이 넘게 걸립니다. 그러므로 물건을 사거나 담을 때에는 여러 번 쓸 수 있는 가방이나 장바구니를 활용해야 합니다.
>
> 나 둘째, 일회용 컵을 적게 써야 합니다. 왜냐하면 일회용 컵은 쓰기는 간편하지만 낭비하기 쉽기 때문입니다. 이렇게 낭비하면 일회용 컵 재료가 되는 나무나 플라스틱이 많이 필요하기 때문에 환경을 더 파괴할 수 있습니다. 그러므로 일회용 컵 대신에 여러 번 쓸 수 있는 컵을 사용해야 합니다.

> 다 셋째, 일회용 나무젓가락을 적게 써야 합니다. 왜냐하면 나무젓가락을 만들려면 나무를 많이 베어야 하기 때문입니다. 일회용 나무젓가락은 나무로 만들기 때문에 환경에 피해를 주지 않을 것이라고 생각하기 쉽습니다. 그러나 일회용 나무젓가락을 만들 때 잘 썩지 않도록 약품 처리를 하기 때문에 그냥 두면 20년쯤 지나야만 자연으로 돌아간다고 합니다.

**08** 이 글의 내용으로 알맞지 <u>않은</u> 것은 무엇입니까? ( )

① 일회용 컵 재료는 나무나 플라스틱이다.
② 비닐봉지보다는 장바구니를 활용해야 한다.
③ 일회용 컵은 쓰기는 간편하지만 낭비하기 쉽다.
④ 일회용 나무젓가락이 자연으로 돌아가는 데 20년쯤 걸린다.
⑤ 일회용 나무젓가락은 나무로 만들어서 환경에 피해를 주지 않는다.

**09** 가 문단의 중심 문장을 찾아 쓰시오.

_____

_____

**10** ☆☆☆ 이 글에 이어질 글쓴이의 의견으로 알맞은 것에 ○표 하시오.

(1) 우리는 일회용품을 덜 써서 깨끗한 지구를 만들어야 합니다. ( )
(2) 위생적이고 간편한 일회용품을 적절히 사용하는 것은 좋습니다. ( )
(3) 환경을 파괴하는 일회용 컵 대신에 일회용 나무젓가락을 사용해야 합니다. ( )

**[11~14] 다음 글을 읽고, 물음에 답하시오.**

**가** (         ⊙         ) 약속은 자신이나 다른 사람과 어떤 일을 지키기로 다짐한 것으로 신뢰를 줄 수 있기 때문입니다. 우리는 살면서 약속을 자주 합니다. 약속을 잘 지키면 주변 사람들에게 믿음을 줄 수 있습니다. 그리고 사람들과 사이도 좋아집니다. 약속을 잘 지키는 것은 지켜야 할 기본예절입니다. 그러므로 약속을 잘 지킬 수 있도록 노력해야 합니다.

**나** 날마다 운동하는 습관을 기릅시다. 날마다 운동하면 몸과 마음이 건강해지기 때문입니다. 예를 들어 아침 일찍 일어나 달리기나 줄넘기 같은 운동을 하면 하루를 활기차게 시작할 수 있습니다. 그리고 그날 무엇을 할지 생각해 보는 여유가 생길 수 있습니다. 이처럼 날마다 운동하면 우리 생활에 많은 도움이 됩니다. 따라서 날마다 운동하는 습관을 기르도록 노력해야 합니다.

**다** 고마워하는 마음을 표현하는 습관을 기릅시다. 작은 일에도 고마워하는 마음을 표현하면 주변 사람과 자기 자신 모두를 행복하게 만들 수 있기 때문입니다. 맛있는 음식을 먹을 수 있고, 안전한 곳에서 잠을 잘 수 있는 것처럼 우리에게는 고마워할 일이 참 많습니다. 작은 일에도 고마워하는 마음을 표현하는 습관을 길러 봅시다.

**라** 습관은 우리 삶에서 아주 중요한 역할을 합니다. 처음에는 어려운 일도 자주 하다 보면 습관이 되어 우리 삶을 바꿀 수 있습니다. 자신의 삶을 발전하게 하는 좋은 습관이 있는가 하면 좋지 않은 습관도 있습니다. 여러분은 어떤 습관을 기르고 싶나요? 우리 모두 좋은 습관을 기를 수 있도록 꾸준히 노력합시다.

**11** ⊙에 들어갈 말로 알맞은 것에 ○표 하시오.

(1) 약속을 잘 지키는 습관을 기릅시다. (     )
(2) 주변 사람들에게 믿음을 주어야 합니다.

(     )

**12** 아침 일찍 일어나 운동하는 습관을 기를 때의 좋은 점이 아닌 것을 두 가지 고르시오.

(    ,    )

① 몸과 마음이 건강해진다.
② 하루를 활기차게 시작할 수 있다.
③ 주변 사람들에게 믿음을 줄 수 있다.
④ 주변 사람들을 행복하게 만들 수 있다.
⑤ 그날의 할 일을 생각하는 여유가 생긴다.

**13** 이 글의 제목으로 알맞은 것은 무엇입니까?

(      )

① 운동의 중요성
② 좋지 않은 습관
③ 약속을 잘 지키자
④ 좋은 습관을 기르자
⑤ 고마움을 표현하는 습관

**서술형**

**14** 이 글에 나타난 글쓴이의 의견은 무엇인지 쓰시오.

_____

_____

**15** 다음 문제점에 알맞은 의견에 ○표 하시오.

> 화장실에서 물을 뿌리는 장난을 하면 물이 떨어져서 바닥이 미끄러워집니다. 그러면 친구들이 넘어지거나 다칠 수 있습니다. 그리고 장난을 치지 않는 다른 친구들이 물을 맞고 기분이 나빠질 수 있습니다.

(1) 고운 말을 씁시다. (     )
(2) 화장실에서 장난을 하지 맙시다. (     )

**8**
단원

**[16~17]** 다음 그림을 보고, 물음에 답하시오.

내가 놀리지 말라고 했지?

네가 먼저 욕 했잖아!

서술형

**16** 이 문제점에 대한 의견과 그렇게 생각한 까닭을 쓰시오.

| 의견 | (1) |
|------|-----|
| 까닭 | (2) |

**17** 아름답고 즐거운 학교를 가꾸기 위한 알림 활동에 쓸 손 팻말을 만들었습니다. 이 그림에 나타난 문제점에 가장 알맞은 팻말은 무엇입니까? (          )

① 함께 쓰는 물건은 아껴 씁시다

② 계단에서 걸어다니기

③ 쓰레기통으로 쓰레기 쏙

④ 걸을 때는 사뿐사뿐

⑤ 친구에게 고운 말로 말해요

국어 활동

**[18~20]** 다음 글을 읽고, 물음에 답하시오.

**가** 위험한 행동을 하지 않아야 합니다. 위험한 행동을 하면 자칫 큰 사고가 날 수 있기 때문입니다. 자전거를 탈 때 무리하게 속도 내기, 짐받이에 올라타기, 손 놓고 타기는 매우 위험한 행동입니다.

**나** 자전거 상태를 자주 점검해야 합니다. 고장 난 부분을 미리 발견해 사고를 예방할 수 있기 때문입니다. 특히 제동 장치, 바퀴, 손잡이를 주의 깊게 살펴보아야 합니다. 자전거가 잘 멈추는지, 바퀴에 공기는 충분한지, 손잡이는 잘 고정되어 있는지를 꼼꼼히 확인해야 합니다.

**다** 자전거를 안전하게 타는 방법을 아는 것만큼 실천도 중요합니다. 자전거를 탈 때 자신이 알고 있는 안전 수칙을 잘 지키지 않는다면 이로운 점보다 해로운 점이 더 많을 수 있기 때문입니다.

**18** 각 문단의 중심 문장으로 알맞은 것을 선으로 이으시오.

(1) **가** •          • ㉠ 위험한 행동을 하지 않아야 합니다.

(2) **나** •          • ㉡ 자전거 상태를 자주 점검해야 합니다.

(3) **다** •          • ㉢ 자전거를 안전하게 타는 방법을 아는 것만큼 실천도 중요합니다.

서술형

**19** 글 전체에 나타난 글쓴이의 의견은 무엇인지 쓰시오.

_____

**20** 이 글을 읽고 친구들이 의견을 나누고 있습니다. 의견에 대한 까닭을 알맞게 말한 친구에 ○표 하시오.

나는 자전거 상태를 자주 점검해야 한다고 생각해. 자전거가 고장 나면 사고가 날 수 있기 때문이야.

나는 자전거를 타고 위험한 행동을 하지 않아야 한다고 생각해. 자전거를 타면서 빠르게 달리면 기분이 좋아져.

지훈

민정

(          )          (          )

# 서술형 문제

01 ~ 02

**가** 자전거를 탈 때에는 안전 수칙을 잘 지켜야 합니다. 한국교통연구원이 2017년에 발표한 자료에 따르면, 자전거를 타는 사람이 1340만 명을 넘었다고 합니다. 자전거를 타면 건강에도 도움이 되고, 환경도 지킬 수 있기 때문일 것입니다. 그런데 이와 함께 자전거를 타다가 일어나는 사고도 빠르게 늘고 있다고 합니다. 그렇다면 자전거를 안전하게 타는 방법은 무엇일까요?

**나** 첫째, 안전 장비를 갖추고 타야 합니다. 만약 사고가 나더라도 안전 장비는 소중한 우리 몸을 지켜 줄 수 있기 때문입니다. 자전거를 탈 때 필요한 안전 장비에는 안전모, 장갑, 팔꿈치와 무릎 보호대 따위가 있습니다. 안전 장비를 갖추는 것은 선택이 아니라 필수입니다. 그러므로 자전거를 탈 때에는 반드시 안전 장비를 착용합시다.

**다** 둘째, 위험한 행동을 하지 않아야 합니다. 위험한 행동을 하면 자칫 큰 사고가 날 수 있기 때문입니다. 자전거를 탈 때 무리하게 속도 내기, 짐받이에 올라타기, 손 놓고 타기는 매우 위험한 행동입니다. 사고는 한순간에 일어날 수 있습니다. 그러므로 자전거를 안전하게 탑시다.

**라** 셋째, 자전거 상태를 자주 점검해야 합니다. 고장 난 부분을 미리 발견해 사고를 예방할 수 있기 때문입니다. 특히 제동 장치, 바퀴, 손잡이를 주의 깊게 살펴보아야 합니다. 자전거가 잘 멈추는지, 바퀴에 공기는 충분한지, 손잡이는 잘 고정되어 있는지를 꼼꼼히 확인해야 합니다. 그 외에도 자전거에 고장 난 곳은 없는지 자주 점검합시다.

**마** 자전거를 안전하게 타는 방법을 아는 것만큼

실천도 중요합니다. 자전거를 탈 때 자신이 알고 있는 안전 수칙을 잘 지키지 않는다면 이로운 점보다 해로운 점이 더 많을 수 있기 때문입니다. 자전거 타기는 여러모로 좋은 운동입니다. 그러므로 _____ ⊙ _____.

**01** 이 글을 읽고 중심 문장을 간추려 쓰시오.

| 문단 | 중심 문장 |
|------|----------|
| 가 | 자전거를 탈 때에는 안전 수칙을 잘 지켜야 합니다. |
| 나 | |
| 다 | |
| 라 | |
| 마 | 자전거를 안전하게 타는 방법을 아는 것만큼 실천도 중요합니다. |

**02** 이 글에 나타난 글쓴이의 의견을 생각하며 ⊙에 들어갈 문장을 쓰시오.

8단원

# 수행 평가

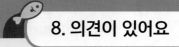
**학습** **주제** 「지구를 깨끗이 가꾸자」 **배점** 20점

**학습** **목표** 글쓴이의 의견을 파악하는 방법 알기

> **가** 우리는 지구를 깨끗이 하려고 노력해야 합니다. 왜냐하면 지구는 앞으로도 우리가 살아갈 터전이기 때문입니다. 그런데 우리가 한 번 쓰고 난 뒤에 무심코 버리는 일회용품은 지구를 병들게 합니다. 일회용품은 평소에 사람들이 자주 쓰는 비닐봉지, 일회용 컵, 일회용 나무젓가락 따위를 말합니다. 그러므로 일회용품을 덜 쓰려면 다음과 같은 일을 실천해야 합니다.
>
> **나** 비닐봉지를 적게 써야 합니다. 왜냐하면 전 세계에서 매년 사용하고 버리는 비닐봉지 양이 매우 많기 때문입니다. 이것을 처리하려면 돈이 많이 듭니다. 그냥 두면 없어지는 데 500년이 넘게 걸립니다.
>
> **다** 일회용 컵을 적게 써야 합니다. 왜냐하면 일회용 컵은 쓰기는 간편하지만 낭비하기 쉽기 때문입니다. 이렇게 낭비하면 일회용 컵 재료가 되는 나무나 플라스틱이 많이 필요하기 때문에 환경을 더 파괴할 수 있습니다.
>
> **라** 우리는 일회용품을 덜 써서 깨끗한 지구를 만들어야 합니다. 지금까지 살펴본 것은 우리가 생활 속에서 실천할 수 있는 일입니다. 이 밖에도 우리가 할 수 있는 일을 찾아보면 여러 가지가 있습니다. 지구를 가꾸는 것은 우리 모두가 해야 할 일입니다. 우리가 함께 노력한다면 깨끗한 지구를 만들 수 있습니다.

**1** 이 글의 제목은 「지구를 깨끗이 가꾸자」입니다. 이와 같이 제목을 정한 까닭은 무엇일지 쓰시오.

_____

**2** 각 문단의 중심 내용으로 알맞은 것을 선으로 이으시오.

(1) **가** •　　　　　　　　• ㉠ 비닐봉지를 적게 써야 합니다.

(2) **나** •　　　　　　　　• ㉡ 일회용 컵을 적게 써야 합니다.

(3) **다** •　　　　　　　　• ㉢ 우리는 지구를 깨끗이 하려고 노력해야 합니다.

(4) **라** •　　　　　　　　• ㉣ 우리는 일회용품을 덜 써서 깨끗한 지구를 만들어야 합니다.

**3** 글쓴이가 이 글을 쓴 목적은 무엇인지 쓰시오.

_____

**4** 글쓴이의 의견을 쓰시오.

_____

준비 **수영 금지 안내문** 낱말의 뜻을 짐작했던 경험을 생각하며 읽어 봅시다.

## 수영 금지 안내문

이 폭포는 수심이 매우 깊다는데, 여기서 '수심'은 무슨 뜻일까?

물에 빠질 경우 사고가 발생할 수 있는 장소라고 하네. '발생'이 뭐지?

**수영 금지 안내문**
○○ 폭포는 ㉠수심이 매우 깊어서 물에 빠질 경우 사고가 ㉡발생할 수 있는 장소이므로 수영이나 물놀이를 삼가 주시기 바랍니다.

**단원 학습 목표**

낱말의 뜻이나 생략된 내용을 짐작하며 글을 읽을 수 있어요.

> **그림의 특징**: 폭포 앞에서 수영 금지 안내문을 보고 친구들이 모르는 낱말에 대해 대화를 나누는 내용입니다.

☆☆☆
**01** ㉠ '수심'과 ㉡ '발생'의 뜻을 찾아 알맞게 선으로 이으시오.

(1) ㉠ 수심 •

(2) ㉡ 발생 •

• ㉮ 강이나 바다, 호수 따위의 물의 깊이.

• ㉯ 어떤 일이나 물건이 생겨남.

**9 단원**

교과서 문제
**02** 뜻을 모르는 낱말이 있어 고민했던 경험을 알맞게 말한 것에 ○표 하시오.

(1) 가족과 여행을 갈 때 길을 몰라 고생한 적이 있다. ( )

(2) 어려운 책을 읽을 때 낱말의 뜻을 몰라 책의 내용을 이해하기 힘들었다.
( )

☆☆☆
**03** 글을 읽다가 뜻을 모르는 낱말이 나올 때 할 일로 알맞지 **않은** 것은 무엇입니까?
( )

① 어른께 여쭈어본다.

② 국어사전을 찾아본다.

③ 인터넷에서 검색해 본다.

④ 자주 나오는 낱말로 바꾸어 본다.

⑤ 앞뒤 내용을 보고 미루어 짐작해 본다.

**낱말 사전**

**수심** 강이나 바다, 호수 따위의 물의 깊이.

**발생** 어떤 일이나 물건이 생겨남.

**삼가** 몸가짐이나 말과 행동을 조심하여.

> **글의 종류:** 설명하는 글
> **글쓴이:** 왕입분
> **글의 특징:** 다람쥐가 딱딱한 먹이를 먹는 까닭을 설명한 글입니다.

**1 ~ 2** 다람쥐는 이빨을 닳게 하려고 딱딱한 열매를 갉아 먹습니다.
**3** 다람쥐는 가을에 먹이를 많이 먹고, 남은 먹이는 모아 두었다가 겨울에 먹습니다.

> **낱말의 뜻을 짐작하는 방법**
> • 앞뒤 문장이나 낱말을 살펴봅니다.
> • 짐작한 뜻과 뜻이 비슷한 낱말을 넣어 봅니다.
> • 그 낱말을 사용한 예를 떠올려 봅니다.

### 낱말 사전

**닳게** 갈리거나 오래 쓰여서 어떤 물건이 낡아지거나 그 물건의 길이, 두께, 크기 따위가 줄어들게.

**쓸거나** 쥐나 좀 따위가 물건을 잘게 물어뜯거나.

**갉아** 박박 문질러.

**감춰** 남이 보거나 찾아내지 못하도록 가리거나 숨겨.

---

## 다람쥐는 왜 쉬지 않고 딱딱한 걸 갉아 댈까요?

**1** 다람쥐처럼 쥐 무리에 속하는 동물들은 이빨이 계속해서 자란다고 해요. 그렇기 때문에 이빨을 ㉠닳게 하려고 쉬지 않고 나무를 쓸거나 딱딱한 열매를 갉아 먹는 것이죠.

**2** 그래서 다람쥐가 좋아하는 먹이는 도토리, 밤, 땅콩, 호두, 잣과 같이 대부분 껍질이 딱딱한 열매예요. 하지만 가끔은 채소의 싹을 잘라 먹기도 하고 곤충을 잡아 먹기도 한대요.

**3** 가을이 되면 다람쥐는 겨울잠을 자려고 먹이를 많이 먹어 두어요. 남은 먹이는 땅속에 먹이 창고를 만들어 ㉡감춰 두지요. 그리고 배고플 때마다 겨울잠에서 깨어나 먹이를 먹으며 겨울을 나지요.

---

**교과서 문제**

**04** 다람쥐가 좋아하는 먹이는 무엇입니까? ( )
① 곤충　　　　② 물고기　　　　③ 사과와 배
④ 도토리와 밤　　⑤ 채소의 싹

**05** 다람쥐의 먹이에 대해 알맞게 설명한 것은 무엇입니까? ( )
① 가을에 먹고 남은 먹이는 모두 버린다.
② 다람쥐는 껍질이 딱딱한 열매만 먹는다.
③ 남은 먹이는 나뭇가지 사이에 숨겨 둔다.
④ 겨울에 배가 고프면 먹이를 구하러 밖에 나간다.
⑤ 계속 자라는 이빨을 닳게 하려고 딱딱한 열매를 갉아 먹는다.

**서술형**

**06** ㉠'닳게'의 기본형 '닳다'를 넣어 한 문장을 만들어 쓰시오.

_____

**07** ㉡'감춰'와 뜻이 비슷한 낱말은 무엇입니까? ( )
① 잘라　　　　② 먹어　　　　③ 숨겨
④ 버려　　　　⑤ 드러내

**기본** 프린들 주세요 낱말의 뜻을 짐작하는 방법을 생각하며 「프린들 주세요」를 읽어 봅시다.

## 프린들 주세요

**1** 이튿날, 수업이 끝난 뒤 계획이 시작되었다. 닉은 페니 팬트리 가게에 가서 계산대에 있는 아주머니에게 '프린들'을 달라고 했다.

아주머니는 눈을 가늘게 뜨고 물었다.

"뭐라고?"

"프린들요. 까만색으로요."

닉은 이렇게 말하며 싱긋 웃었다.

아주머니는 한쪽 귀를 닉 쪽으로 돌리며 닉에게 몸을 더 가까이 기울였다.

"뭘 달라고?"

"프린들요."

닉은 아주머니 뒤쪽 선반에 있는 볼펜을 가리켰다.

"까만색으로요."

아주머니는 닉에게 볼펜을 주었다. 닉은 아주머니에게 45센트를 건네주고는 "안녕히 계세요." 하고 인사한 뒤 가게를 나섰다.

**2** 엿새 뒤, 재닛이 그 계산대 앞에 서 있었다. 똑같은 가게, 똑같은 아주머니였다. 그 전날은 존이 다녀갔고, 그 전날은 피트가, 그 전날은 크리스가, 그 전날은 데이브가 다녀갔다. 재닛은 닉의 부탁을 받고 프린들을 사러 온 다섯 번째 아이였다.

재닛이 프린들을 달라고 하자, 아주머니는 볼펜 쪽으로 손을 뻗으며 물었다.

"파란색, 까만색?"

닉은 옆에 있는 사탕 진열대 앞에 서 있다가 씨익 웃었다.

---

**교과서 문제**

**08** '프린들'은 무엇을 가리키는 낱말입니까? ( )

① 돈　　　　　② 볼펜　　　　　③ 가게

④ 선반　　　　　⑤ 아주머니

**교과서 문제**

**09** 아주머니는 '프린들'이 무엇인지 어떻게 알게 되었습니까? ( )

① 아주머니의 남편이 알려 주어서

② 아주머니가 스스로 생각해 보아서

③ 닉이 아주머니에게 '프린들'의 뜻을 말해 주어서

④ 아주머니가 볼펜을 '프린들'이라고 부르기로 정해서

⑤ 닉의 친구들이 계속해서 볼펜을 '프린들'이라고 불러서

---

> **글의 종류:** 이야기
> **글쓴이:** 앤드루 클레먼츠
> **글의 특징:** 닉과 친구들이 볼펜을 '프린들'이라는 새로운 낱말을 사용하기로 약속하는 이야기입니다.

**1** 닉은 볼펜을 '프린들'이라고 부르기 시작했다.

**2** 닉의 친구들도 가게에서 펜을 '프린들'이라고 불렀고, 아주머니도 이해했다.

**낱말 사전**

선반 물건을 얹어 두기 위하여 까치발을 받쳐서 벽에 달아 놓은 긴 널빤지.

진열대 물건이나 상품을 진열해 놓을 수 있도록 만든 대.

❸ 닉과 친구들은 앞으로 영원히 펜을 프린들이라고 부르기로 맹세했다.

**▶ 낱말의 뜻을 짐작하면 좋은 점**
- 낱말의 뜻을 짐작하며 글을 읽으면 국어사전을 찾지 않아도 되어 시간을 절약할 수 있습니다.
- 글을 더 잘 이해하며 더 재미있게 읽을 수 있습니다.

❸ '프린들'은 이제 펜을 가리키는 ㉠어엿한 낱말이다. 누가 펜을 프린들이라고 했을까?

"네가 그런 거야, 닉."

30분 뒤, 5학년 아이들이 심각한 표정을 지으며 닉의 방에서 회의를 했다. 존, 피트, 데이브, 크리스, 재닛이었다. 닉까지 합하면 여섯 명. 여섯 명의 비밀 요원이었다!

아이들은 오른손을 들고 닉이 쓴 ㉡서약서를 읽었다.

> 나는 오늘부터 영원히 펜이라는 말을 쓰지 않겠다. 그 대신 프린들이란 말을 쓸 것이며, 다른 사람들도 그렇게 하도록 최선을 다할 것을 맹세한다.

여섯 명 모두 서약서에 서명을 했다. 닉의 프린들로.
이 계획은 꼭 성공할 것이다.

---

**교과서 문제**

**10** ㉠, ㉡과 뜻이 비슷한 낱말에 ○표 하시오.

| ㉠ 어엿한 | (1) 멋진,  틀린,  분명한 |
|---|---|
| ㉡ 서약서 | (2) 편지,  메모,  약속장 |

**11** ㉠ '어엿한'을 국어사전에서 찾은 뜻에 ○표 하시오.
(1) 행동이 거리낌 없이 아주 당당하고 떳떳한. (     )
(2) 하는 짓이나 모양이 자연스럽지 못하여 우습고 싱거운 데가 있는.
(     )

**서술형**

**12** '서약서'를 넣어 문장을 한 가지 만들어 쓰시오.

_____

_____

☆☆☆
**13** 글을 읽을 때 낱말의 뜻을 짐작하는 방법이 <u>아닌</u> 것은 무엇입니까? (     )
① 앞뒤 낱말을 살펴본다.
② 앞뒤 문장을 살펴본다.
③ 글의 제목을 살펴본다.
④ 그 낱말을 사용한 예를 떠올려 본다.
⑤ 짐작한 뜻과 뜻이 비슷한 낱말을 넣어 본다.

**낱말 사전**

**어엿한** 행동이 거리낌 없이 아주 당당하고 떳떳한.

**심각한** 상태나 정도가 매우 깊고 중대한. 또는 절박함이 있는.

**서약서** 맹세하고 약속하는 글.

**맹세** 어떤 약속이나 목표를 꼭 실천하겠다고 다짐함.

**서명** 어떤 내용을 인정하거나 찬성하는 뜻으로 자신의 이름을 써넣음. 또는 써넣은 것.

기본 **반딧불이** 생략된 내용을 짐작하는 방법을 생각하며 「반딧불이」를 읽어 봅시다.

**9 어떤 내용일까**

# 반딧불이

**1** 우리나라에서는 사라져 가는 반딧불이 서식지를 천연기념물로 정하고 있습니다. 전라북도 무주군 설천면 남대천 일대가 바로 그곳이에요. 여기에서는 매년 반딧불이 축제가 열립니다. 수십, 수백 마리의 반딧불이가 반짝거리는 모습을 보면 말로는 설명이 안 될 정도로 황홀하답니다.

**2** 반딧불이가 반짝반짝 빛을 내는 것은 서로 의견을 나누기 위해서랍니다. 다른 동물처럼 소리를 내거나 냄새를 잘 맡지 못하기 때문에 빛으로 서로의 생각을 전달하지요. 특히 암수가 서로 짝을 찾을 때 그 불빛이 큰 역할을 해요. 수컷이 암컷에게 사랑을 고백하는 뜻으로 빛을 깜박이면 암컷도 반짝거리며 대답합니다. 빛으로 어떻게 얘기할까 싶지만 빛을 빠르게 또는 천천히 깜박이거나, 점점 밝게, 점점 약하게 조절하는 방법으로 여러 가지 생각을 표현하지요.

**3** 도대체 반딧불이는 뭘 먹고 그토록 아름다운 빛을 내는 걸까요? 어른이 된 반딧불이는 이슬을 먹고, 반딧불이의 애벌레는 다슬기나 달팽이를 먹고 삽니다.

---

> 글의 종류: 설명하는 글
> 글쓴이: 김태우 · 함윤미
> 글의 특징: 반딧불이의 서식지, 빛을 내는 까닭, 먹이, 이름 등의 특징을 설명하는 글입니다.

**1** 우리나라에서는 반딧불이 서식지를 천연기념물로 정하고 있습니다.

**2** 반딧불이는 빛을 내어 의견을 나눕니다.

**3** 어른 반딧불이는 이슬을 먹고, 애벌레는 다슬기나 달팽이를 먹습니다.

**9** 단원

【교과서 문제】

**14** 반딧불이가 빛을 내는 까닭은 무엇인지 쓰시오.



【교과서 문제】

**15** 어른 반딧불이와 반딧불이 애벌레의 먹이로 각각 알맞은 것을 선으로 이으시오.

(1) | 어른 반딧불이의 먹이 | · | · ㉠ | 이슬

(2) | 반딧불이 애벌레의 먹이 | · | · ㉡ | 다슬기나 달팽이

**16** 다음 내용을 읽고, 반딧불이를 언제 관찰하면 좋을지 짐작해 쓰시오.

| 글에서 찾은 단서 | 자신의 경험 |
| --- | --- |
| • 수십, 수백 마리의 반딧불이가 반짝거리는 모습을 보면 말로는 설명이 안 될 정도로 황홀하답니다.<br>• 반딧불이가 반짝반짝 빛을 내는 것은 서로 의견을 나누기 위해서랍니다. | • 빛은 어두운 밤에 잘 보여. |

→ 반딧불이는 (          )에 관찰해야 한다.

**낱말 사전**

서식지 생물 등이 자리를 잡아 사는 곳.

황홀하답니다 눈이 부시어 어릿어릿할 정도로 찬란하거나 화려하답니다.

**4** 반딧불이 애벌레는 달팽이 전문 사냥꾼이라고 불릴 정도로 먹성이 대단해요. 입에서 나오는 독으로 달팽이를 마비시킨 다음, 달팽이가 움직이지 못하면 그때부터 살살 녹여서 먹는답니다.

**5** 이야기를 듣다 보니 직접 반딧불이를 보고 싶지요? 그러나 반딧불이를 만나기는 그리 쉽지 않아요. 반딧불이는 애벌레의 먹이가 많고 물이 깨끗한 곳에서 살거든요.

**6** 반딧불이가 밝을까, 개똥벌레가 밝을까?

정답은 '둘 다 똑같다'입니다. 반딧불이와 개똥벌레는 같은 곤충이거든요. 반딧불이가 흔히 부르는 이름이고, 개똥벌레는 경기도 지역에서 반딧불이를 일컫는 또 다른 이름이에요. 그런데 반딧불이에게 왜 '개똥'이라는 단어가 붙었을까요?

우리나라 말에서 '개똥'이 들어가는 말은 보잘것없고 천한 것을 뜻합니다. '개똥참외'라고 하면 저절로 자라는 흔한 참외를 말하지요. 이것으로 미루어 볼 때, 옛날에는 반딧불이가 너무 많아 지천으로 깔려 있다는 뜻으로 개똥벌레라고 했을 수 있습니다.

---

**4**～**5** 반딧불이는 애벌레의 먹이가 많고 물이 깨끗한 곳에 삽니다.

**6** 반딧불이와 개똥벌레는 같은 곤충입니다.

▶ 글을 읽으며 생략된 내용을 짐작하는 방법
• 글에서 찾을 수 있는 단서를 확인합니다.
• 자신의 경험을 떠올려 봅니다.

**낱말 사전**

먹성 음식의 종류에 따라 좋아하거나 싫어하는 성미.

보잘것없고 볼만한 가치가 없을 정도로 하찮고.

천한 지체, 지위 따위가 낮은.

지천으로 매우 흔하게.

---

**교과서 문제**

**17** 반딧불이는 어떤 곳에서 볼 수 있습니까? ( )

① 강가
② 바닷가
③ 물이 많이 있는 곳
④ 달팽이가 살지 않는 곳
⑤ 애벌레의 먹이가 많고 물이 깨끗한 곳

**교과서 문제**

**18** 경기도 지역에서 반딧불이를 '개똥벌레'라고 부른 까닭은 무엇입니까? ( )

① 반딧불이를 싫어해서
② 벌레를 많이 먹어서
③ 개똥참외를 좋아해서
④ 반딧불이가 너무 많아서
⑤ 반딧불이를 보는 것이 너무 어려워서

**19** 이 글을 읽고 반딧불이를 관찰할 수 있는 장소를 짐작해 보았습니다. 빈칸에 알맞은 말을 쓰시오.

| 글에서 찾은 단서 | 자신의 경험 |
| --- | --- |
| 반딧불이는 애벌레의 먹이가 많고 물이 깨끗한 곳에서 살거든요. | 물이 깨끗하고 달팽이가 많이 사는 곳은 자연환경이 ( ) 곳이야. |

→ 반딧불이는 자연환경이 ( ) 곳에 가야 관찰할 수 있다.

# 나비 박사 석주명

석주명이 나비를 채집하려고 지리산에 갔을 때의 일입니다. 저만치 흑갈색 바탕 위에 흰무늬가 있는 날개를 단 나비가 눈에 띄었습니다.

'처음 보는 나비인데……'

㉠석주명은 숨을 죽인 채 살금살금 다가갔습니다. 그 순간 나비는 팔랑거리며 날아가 버렸습니다.

'저것은 지금까지 발견하지 못한 나비야.'

㉡나비가 나는 모습만 보아도 암컷인지 수컷인지 알 수 있는 석주명이었습니다. 그는 가슴이 두근거렸습니다.

나비는 잡힐 듯 잡힐 듯 하면서도 계속 날아갔습니다. ㉢석주명은 있는 힘을 다해 나비를 뒤쫓았으나 나비는 어디론가 사라져 버렸습니다.

'어떻게 해서든지 저 나비를 꼭 잡아야 해.'

석주명은 나비를 찾으려고 풀숲도 헤쳐 보고 나뭇가지도 흔들어 보며 온 산을 헤매고 다녔습니다. 여기저기 부딪쳐 멍이 들고 나뭇가지에 살갗이 긁혀 피가 흘렀습니다.

**20** 이 글의 내용을 간단히 한 문장으로 정리할 때 빈칸에 들어갈 낱말을 알맞게 짝지은 것은 어느 것입니까? (　　　)

> 석주명은 ( ㉮ )에서 처음 보는 ( ㉯ )을/를 채집하였습니다.

① ㉮: 백두산, ㉯: 나비
② ㉮: 지리산, ㉯: 나비
③ ㉮: 백두산, ㉯: 강아지
④ ㉮: 호랑이, ㉯: 백두산
⑤ ㉮: 지리산, ㉯: 고양이

☆☆☆
**21** ㉠~㉢ 중에서 석주명이 나비에 대해 잘 알고 있다는 것을 짐작할 수 있는 내용의 기호를 쓰시오.

(　　　　　)

---

> ▶ **글의 종류**: 전기문
> ▶ **글의 특징**: 나비 박사 석주명의 생애와 업적이 나타나 있는 글입니다.

**9**
단원

**낱말 사전**

**채집** 찾아서 캐거나 잡아 모으는 일.

**독립운동가** 일본에게 나라를 빼앗겼던 시대에 우리 민족의 독립을 위해 여러 가지 운동을 하던 사람.

**몰두** 어떤 일에 온 정신을 다 기울여 열중함.

**학자** 어떠한 학문을 연구하는 사람.

그러기를 여러 시간, 그는 마침내 나비를 잡을 수 있었습니다. 우리나라에서는 처음 발견한 나비였습니다. 석주명은 이 나비한테 '지리산팔랑나비'라는 이름을 붙였습니다.

석주명은 어렸을 때 개와 고양이뿐만 아니라 비둘기, 도마뱀까지 기를 만큼 동물을 좋아했습니다. 그리고 친구들과 어울려 다니며 뛰어놀기를 좋아하는 개구쟁이이기도 했습니다.

그런데 그때는 우리나라가 일본에 나라를 빼앗긴 시대였습니다. 석주명은 독립운동가들을 도와주시는 아버지의 모습을 보며 자랐습니다. 어린 나이에 석주명은 3 · 1 운동에도 참가했습니다.

석주명이 나비를 연구하기로 마음먹은 것은 일본에서 공부하던 스물한 살 때였습니다. 석주명에게 일본인 선생님이 말했습니다.

"조선에서는 아직 나비에 대한 연구가 제대로 되어 있지 않아. 나비를 연구해 보게. 자네가 십 년 동안 끊임없이 연구한다면 세계에서 알아주는 나비 박사가 될 수 있을 걸세."

석주명은 선생님 말씀을 듣고 결심했습니다.

'그렇다. 나도 무엇인가를 해야 한다. 먼저 나는 우리나라 나비를 연구할 것이다. 아무도 하지 않은 이 일을 내가 반드시 해내고야 말리라.'

**서술형**

**22** 석주명이 오랫동안 몸을 다쳐 가며 나비를 잡은 까닭을 짐작해 쓰시오.

_____

_____

**교과서 문제**

**23** 석주명의 어린 시절에 대해 알맞게 설명한 것은 어느 것입니까? ( )

① 친구들과 뛰어노는 것을 싫어했다.

② 3 · 1 운동에는 아쉽게 참가하지 못했다.

③ 도마뱀까지 기를 만큼 동물을 좋아했다.

④ 새벽 두 시 전에는 결코 잠자리에 들지 않았다.

⑤ 아버지가 독립운동가들을 돕는 것을 보지 못했다.

**24** 석주명이 우리나라 나비를 연구하겠다고 결심한 까닭에 ○표 하시오.

(1) 우리나라는 아직 나비 연구가 제대로 되어 있지 않아서이다. ( )

(2) 우리나라 나비를 연구하는 학자가 많아 자신이 앞서 나가기를 원했기 때문이다.

( )

**25** 이 글을 읽고 석주명에 대해 짐작할 수 있는 것은 무엇입니까? ( )

① 잠을 많이 자는 편이다.

② 직업은 독립운동가이다.

③ 끈기가 있고 노력을 많이 하는 사람이다.

④ 일본에 가지 않고 우리나라에서 계속 공부를 했다.

⑤ 어렸을 때부터 나비를 연구하는 것에 관심이 많았다.

우리나라로 돌아온 석주명은 마음을 굳게 먹고 나비 연구를 시작했습니다. 밥 먹는 시간도 아까워서 길을 걸으며 땅콩을 먹었고, 새벽 두 시 전에는 결코 잠자리에 들지 않았습니다. 언제 어디에서나 오직 나비만을 생각하며 연구에 몰두했습니다.

십 년이라는 세월이 흘렀습니다. 그러던 어느 날, 석주명은 편지 한 통을 받았습니다.

> 석주명 선생님께
> 조선에 있는 모든 나비를 연구해 책으로 써 주십시오.
> 영국왕립아시아학회

석주명은 책을 쓰기로 했습니다. 그는 이 책을 쓰려

고 나비를 수만 마리나 모으며 온갖 정성을 쏟았습니다. 그리고 일본 학자들이 우리나라 나비에 대해 잘못 쓴 부분들을 찾아내 바로잡았습니다. 이렇게 하여 석주명은 우리나라에 사는 나비에 대한 책을 완성해 영국왕립도서관으로 보냈습니다.

이렇듯 석주명은 나비를 연구하는 데 온 힘을 다했습니다. 그는 무려 나비 75만여 마리를 모았습니다. 그리고 일본어로 된 나비 이름을 '수노랑나비', '유리창나비'와 같은 우리말 이름으로 바꾸어 붙였습니다. 나라를 빼앗겨 어두웠던 시대에 석주명은 나비를 연구해 우리 민족의 훌륭함을 온 세계에 알렸습니다.

---

**서술형**

**26** 이 글을 읽고 석주명처럼 열심히 노력했던 자신의 경험을 떠올려 쓰시오.

_____

_____

**교과서 문제**

**27** 영국왕립아시아학회에서 석주명에게 보낸 편지로 짐작할 수 있는 것은 무엇입니까? (　　　)

① 우리나라에 나비가 살지 않는다.
② 영국 사람들이 우리나라에 와 본 적이 없다.
③ 우리나라 나비에 영국 사람들은 관심이 없다.
④ 일본 나비에 대해 영국 사람들이 관심이 많다.
⑤ 우리나라에 사는 모든 나비를 제대로 연구해 쓴 책이 없다.

**28** 석주명이 새롭게 우리말 이름으로 바꾸어 붙인 나비의 이름을 두 가지 쓰시오.

(　　　　　,　　　　　)

**서술형**

**29** 영국왕립아시아학회에서 책을 써 달라는 편지를 받은 석주명이 어떤 마음이었을지 자신의 경험을 떠올리며 짐작해 쓰시오.

| 글에서 찾은 단서 | • 이 책을 쓰려고 나비를 수만 마리나 모으며 온갖 정성을 쏟았습니다.<br>• 일본 학자들이 우리나라 나비에 대해 잘못 쓴 부분들을 찾아내 바로잡았습니다. |
|---|---|
| 자신의 경험 | (1) |

↓

**짐작한 내용**

영국왕립아시아학회에서 책을 써 달라는 편지를 받은 석주명은 (2) _____

_____

_____

**9**
단원

# 지진 발생 시 장소별 행동 요령

### 집 안에 있을 경우

탁자 아래로 들어가 몸을 보호합니다. 할 수 있으면 전기와 가스를 ㉠차단하고, 문을 열어 출구를 ㉡확보한 뒤에 밖으로 나갑니다.

### 집 밖에 있을 경우

물건이 떨어질 것에 대비해 가방이나 손으로 머리를 보호하며, 건물과 거리를 두고 운동장이나 공원같이 넓은 공간으로 ㉢대피합니다.

### 승강기 안에 있을 경우

모든 숫자 단추를 눌러 가장 먼저 열리는 층에서 내린 뒤에 계단을 이용합니다.

※승강기를 타면 매우 위험합니다.

### 산이나 바다에 있을 경우

산사태가 나거나 절벽이 ㉣붕괴될 수 있으니 안전한 곳으로 대피합니다. 해안에서 지진 해일 특보가 발령되면 높은 곳으로 이동합니다.

---

**30** 이 글은 무엇에 대해 설명하고 있습니까?
( )

① 승강기를 탈 때 주의할 점
② 운동장에서 재미있게 노는 방법
③ 산사태가 났을 때 대피하는 방법
④ 불이 났을 때 안전하게 불을 끄는 방법
⑤ 지진이 일어났을 때 장소에 따라 알맞게 행동하는 방법

**31** ☆☆☆ 낱말과 낱말의 뜻을 알맞게 선으로 이으시오.

(1) ㉠ 차단 •  • ㉮ 무너지고 깨어짐.

(2) ㉡ 확보 •  • ㉯ 위험이나 피해를 입지 않도록 피함.

(3) ㉢ 대피 •  • ㉰ 확실히 보증하거나 가지고 있음.

(4) ㉣ 붕괴 •  • ㉱ 액체나 기체의 흐름을 막아서 통하지 못하게 함.

**32** 집 안에 있을 경우 지진이 났을 때 몸을 숨겨야 하는 곳은 어디입니까?
( )
① 문 앞      ② 침대 위
③ 탁자 아래      ④ 승강기 안
⑤ 거실 가운데

교과서 문제

**33** 지진이 났을 때 승강기를 타면 위험한 까닭을 알맞게 짐작하지 <u>못한</u> 친구는 누구입니까?
( )
① 제덕: 지진 때문에 정전이 되면 승강기가 멈출 수도 있잖아.
② 연경: 지진 때문에 불이 났을 때 승강기가 불이 난 곳에 멈추면 위험해.
③ 효진: 소화전 호스의 물이 승강기의 전기와 만나면 고장이 날 수도 있을 것 같아.
④ 선우: 많은 사람이 지진을 빨리 피하려고 승강기로 몰리면 사고가 날 수도 있어.
⑤ 정아: 계단을 이용하면 너무 힘드니까 승강기를 꼭 타야 할 것 같아.

## 담쟁이덩굴은 뿌리 덕분에 벽에 잘 달라붙는다?

**1** 담쟁이덩굴이 멋지게 둘러쳐진 건물은 멋있으면서도 신기해요. '담쟁이덩굴처럼 연약하게 보이는 식물이 어떻게 저런 높은 벽을 타고 올라갈 수 있었을까?' 하는 생각이 저절로 들거든요.

담쟁이덩굴을 벽에서 떼어 내려고 해 봐도 쉽게 떨어지지도 않아요. 마치 줄기에 끈끈이라도 붙어 있는 것처럼 꼼짝하지 않는답니다.

어떻게 그렇게 튼튼하게 붙어 있는지 담쟁이덩굴의 줄기를 들여다볼까요? 아니! 그런데 줄기에 돋아난 짧은 것이 줄기에서 나와 벽에 착 달라붙어 있네요. 마치 문어 다리에 있는 ㉠흡반처럼 생긴 것이 담쟁이덩굴을 착 붙어 있게 해 주네요. 흡반처럼 생긴 이것은 놀랍게도 담쟁이덩굴 뿌리랍니다.

담쟁이덩굴 뿌리는 줄기에서 나와 벽에 달라붙어 있어요. 벽에 착 달라붙는 뿌리 덕분에 담쟁이덩굴은 아무리 높은 벽도 쉽게 올라갈 수 있지요. 높은 벽을 타고 척척 뻗어 나가는 모습은 감탄 그 자체지요. 스파이더맨 따위는 부럽지 않을 정도랍니다.

**2** 이처럼 다른 것에 달라붙기 위해 줄기의 군데군데에서 나오는 뿌리를 ㉡부착 뿌리라고 해요. 다른 나무를 타고 올라가 사는 송악도 부착 뿌리를 가지고 있답니다. 부착 뿌리는 줄기에 힘이 없어서 혼자서는 똑바로 서지 못하는 식물들에 꼭 필요한 강력 접착제예요.

---

**34** 담쟁이덩굴이 벽에 잘 붙어 있을 수 있는 까닭은 무엇입니까?
( )

① 꽃이 끈적거려서
② 벽에 접착제를 붙여 놓아서
③ 줄기에 끈끈이가 붙어 있어서
④ 혼자서 똑바로 설 수 있어서
⑤ 줄기에 흡반처럼 생긴 것이 달려 있어서

**35** ㉠'흡반'의 뜻으로 알맞은 것에 ○표 하시오.
(1) 서로 도우며 함께 삶.
( )
(2) 다른 동물이나 물체에 달라붙기 위한 기관. ( )

**서술형**

**36** 앞뒤 문장이나 낱말을 살펴보며 ㉡'부착'의 뜻을 짐작해 쓰시오.

_____

_____

**37** 이 글을 읽고 짐작할 수 있는 내용에 ○표 하시오.
(1) 담쟁이덩굴은 줄기 때문에 벽에 붙어 자랄 수 있다.
( )
(2) 송악도 담쟁이덩굴처럼 혼자서는 똑바로 설 수 없는 식물이다. ( )

> **글의 종류**: 설명하는 글
> **글쓴이**: 김진옥
> **글의 특징**: 식물이 다른 것에 달라붙을 수 있게 해 주는 부착 뿌리에 대해 설명하는 글입니다.

**1** 담쟁이덩굴은 뿌리 덕분에 벽에 달라붙어 자랄 수 있습니다.
**2** 다른 것에 달라붙기 위해 줄기에서 부착 뿌리가 나옵니다.

> **낱말의 뜻을 짐작하는 방법**
> 낱말의 뜻을 짐작할 때에는 해당 낱말의 앞뒤 내용이나 낱말을 살펴보면 도움이 됩니다.

**9**
단원

낱말 사전

흡반 다른 동물이나 물체에 달라붙기 위한 기관.

> 글의 종류: 이야기
> 글쓴이: 임정자
> 글의 특징: 미요와 여자 친구 미야가 저수지에 소풍을 갔다가 일어난 일을 쓴 이야기입니다.
> 글의 내용: 미요와 미야가 저수지 근처에서 놀다가 미야가 물에 빠졌는데, 개 털보가 구해 주었습니다.

❶ 고양이 미요와 미야가 저수지로 소풍을 갔다가 미야가 저수지에 빠졌지만 미요는 발만 동동 굴렀습니다.

## 세상에서 가장 겁 많은 고양이 미요

❶ ㉠고양이들은 물을 싫어해요. 미요도 그래요. 물이라면 딱 질색이에요.

하루는 ㉡미요가 여자 친구 미야랑 저수지 근처로 소풍을 나갔어요. 바람은 산들산들 불었고, 물오리들은 한가로이 헤엄을 쳤지요.

미요랑 미야는 팔랑팔랑 나비를 발견하곤 팔짝팔짝, 폴짝폴짝, ㉢나비를 쫓으며 놀았어요. 그러다 실수로 비탈에서 미야 발이 미끄러진 거예요.

"어, 어, 어."

미야는 그만 저수지에 풍덩 빠지고 말았어요.

"미요, 살려 줘! 미야옹 미야옹!"

미야는 놀라 허우적거렸어요.

미요는 당연히 미야를 구하고 싶었지요. 하지만 태어나서 한 번도 물에 들어가 본 적이 없었어요. ㉣게다가 물이 너무 무서웠지요.

"어쩌면 좋아, 어쩌면 좋아. 미요옹 미요옹."

㉤미요는 발만 동동 굴렀어요.

**38** ㉠~㉤ 중 미요의 성격을 짐작할 수 있는 단서를 두 가지 고르시오. ( , )

① ㉠
② ㉡
③ ㉢
④ ㉣
⑤ ㉤

**39** 미요의 성격은 어떠합니까? ( )

① 겁이 많다.
② 시샘이 많다.
③ 용기가 있다.
④ 끈기가 있다.
⑤ 다른 사람을 잘 도와준다.

서술형
**40** 이 글을 읽고 미요와 비슷한 경험을 한 가지 생각하여 쓰시오.

_____

_____

**41** 이 글에서 짐작할 수 있는 내용은 무엇입니까? ( )

① 미야도 물을 싫어한다.
② 미야는 헤엄을 잘 친다.
③ 미요는 수영을 할 수 있다.
④ 미야는 일부러 물에 들어갔다.
⑤ 날씨가 안 좋은 날에 저수지로 소풍을 갔다.

낱말 사전

질색 몹시 싫어하거나 꺼림.

비탈 산이나 언덕 따위가 기울어진 곳.

저수지 하천이나 골짜기를 막아 물을 모아 둔 큰 연못.

**2** 때마침, 개 털보가 저수지 근처를 어슬렁대다 이 광경을 보았어요.

"이봐, 고양이! 정신 차려! 정신을 차리고 헤엄을 쳐, 헤엄을!"

하지만 미야는 정신을 차릴 수가 없었어요.

털보가 보다 못해 물속으로 뛰어들었어요. 털보는 워낙 헤엄을 잘 쳐서 가뿐하게 미야를 구해 냈어요.

"괜찮아, 고양이?"

"미야옹, 고마워. 넌 개지만 내 생명의 은인이야."

"뭘, 물에 빠진 친구를 구해 주는 건 당연한 거지. 예전에 난 하루를 구해 준 적도 있어."

"하루?"

"응, 내 친구야. 세상에서 가장 용감한 강아지지."

말을 마친 털보는 몸을 푸르르 흔들어 물기를 털어 냈어요.

**3** "참, 난 털보라고 해. 대추나무 골에 살지. 이것도 인연인데 우리, 친구 하지 않을래?"

미야는 털보를 빤히 바라보더니 고개를 끄덕였어요.

"고양이가 개와 친구 하는 경우는 없지만, 넌 생명의 은인이니까 특별히 친구 할게."

털보는 빙긋 웃더니 미야에게 과수원으로 놀러 가자고 했어요. 자기 친구들을 소개해 주겠다면서요. 미야는 방긋 웃으며 좋다고 대답했지요.

---

**2** 개 털보가 미야를 구해 주었습니다.

**3** 털보와 미야는 친구가 되기로 했습니다.

**▶ 견묘지간**
개와 고양이 사이라는 뜻으로, 서로 좋지 못한 사이를 이르는 말입니다.

**▶ 준말 바르게 쓰기**
• '조금'의 준말은 '좀'으로 써야 합니다.
• '준말'은 본래의 말보다 간단히 줄어든 말입니다.
• 줄지 않은 본디의 말은 본말이라고 합니다.

9 단원

---

**42** 털보에 대해 이 글에서 짐작할 수 없는 내용은 무엇입니까?

( )

① 털보는 헤엄을 잘 친다.
② 털보는 친구가 한 명도 없다.
③ 털보의 친구인 하루는 개이다.
④ 털보는 다른 동물을 잘 도와준다.
⑤ 털보는 미야 말고도 다른 동물을 구해 준 적이 있다.

**서술형**
**43** 자신의 경험과 글에 나타난 단서를 생각하며 미요가 앞으로 어떻게 행동할지 짐작해 쓰시오.

_____

**44** 털보와 미야처럼 평소에 가깝지 않던 사람에게 도움을 주거나 받은 경험을 말한 친구는 누구인지 쓰시오.

> 하준: 열심히 연습했더니 리코더를 잘 불게 되었어.
> 서미: 자전거가 내 앞을 지나갈 때 옆에 서 계시던 아주머니가 나를 당겨 준 적이 있어.

( )

**45** 알맞게 쓴 것에 ○표 하시오
(1) 어제 텔레비전을 보느라 잠을 ( 좀, 쫌 ) 늦게 잤다.
(2) 물건값이 ( 조금, 쫌 ) 비싸다.

**낱말 사전**

가뿐하게 들기 좋을 정도로 가볍게.
은인 자신에게 은혜를 베푼 사람.
인연 사람들 사이에 맺어지는 관계.

# 교과서 핵심 정리

핵심 ① **낱말의 뜻을 짐작하며 글 읽기**

**1** 글을 읽을 때 낱말의 뜻을 짐작하며 읽으면 좋은 점

- 낱말의 뜻을 짐작하며 글을 읽으면 국어사전을 찾지 않아도 되어 시간을 절약할 수 있습니다.
- 글을 더 잘 이해하며 재미있게 읽을 수 있습니다.

**2** 글을 읽을 때 낱말의 뜻을 짐작하는 방법

- 앞뒤 문장이나 낱말을 살펴봅니다.
- 짐작한 뜻과 뜻이 비슷한 낱말을 넣어 봅니다.
- 그 낱말을 사용한 예를 떠올려 봅니다.

예 「프린들 주세요」에 나온 낱말의 뜻 짐작하기

| '프린들'은 이제 펜을 가리키는 어엿한 낱말이다. | |
| --- | --- |
| • 앞뒤 문장이나 낱말을 살펴봅니다. | |
| 아주머니는 눈을 가늘게 뜨고 물었다. "뭐라고?" | 재닉은 닉의 부탁을 받고 프린들을 사러 온 다섯 번째 아이였다. |
| 재닛이 프린들을 달라고 하자, 아주머니는 볼펜 쪽으로 손을 뻗으며 물었다. | '프린들'은 이제 펜을 가리키는 어엿한 낱말이다. |

↓

| '어엿한'과 비슷한 낱말은 '분명한, 확실한'입니다. |
| --- |

예 「반딧불이」를 읽고 '서식지'의 뜻 짐작하기

| 앞뒤 문장이나 낱말 살펴보기 | 우리나라에서는 사라져 가는 반딧불이 서식지를 천연기념물로 정하고 있습니다. 전라북도 무주군 설천면 남대천 일대가 바로 그곳이에요. 여기에서는 매년 반딧불이 축제가 열립니다. → 뒷부분에 반딧불이 축제가 열리는 장소에 대한 내용이 나오는구나. |
| --- | --- |
| 뜻이 비슷한 낱말 넣어 보기 | 뜻이 비슷한 낱말에는 '사는 곳'이 있어. |

↓

| 뜻 짐작해 보기 | '서식지'는 '생물이 일정한 곳에 자리를 잡고 사는 곳'이라는 뜻입니다. |
| --- | --- |

핵심 ② **글을 읽으며 생략된 내용을 짐작하는 방법**

- 글에서 찾을 수 있는 단서를 확인해 봅니다.
- 자신의 경험을 떠올립니다.

예 「반딧불이」를 관찰할 때 주의할 점 짐작하기

| 글에서 찾은 단서 | 자신의 경험 |
| --- | --- |
| • 반딧불이의 애벌레는 다슬기나 달팽이를 먹고 산다. • 반딧불이는 애벌레의 먹이가 많고 물이 깨끗한 곳에서 산다. | 물이 깨끗하고 달팽이가 많이 사는 곳은 자연환경이 맑고 깨끗한 곳이야. |

↓

| 주의할 점 짐작하기 |
| --- |
| 반딧불이는 자연환경이 맑고 깨끗한 곳에 가야 관찰할 수 있다. |

단서란 어떤 일이나 사건이 일어난 까닭을 풀어 나갈 수 있는 실마리예요.

핵심 ③ **생략된 내용을 짐작하며 글 읽기**

- 생략된 내용을 짐작하면 글을 더 잘 이해하며 재미있게 읽을 수 있습니다.

예 「나비 박사 석주명」을 읽고 석주명 박사의 마음 짐작하기

| 글에서 찾은 단서 | • 그는 이 책을 쓰려고 나비를 수만 마리나 모으며 온갖 정성을 쏟았습니다. • 일본 학자들이 우리나라 나비에 대해 잘못 쓴 부분들을 찾아내 바로잡았습니다. |
| --- | --- |
| 자신의 경험 | 부모님이 중요한 일을 맡기면 책임감이 느껴집니다. |

↓

| 생략된 내용 짐작하기 | 석주명 박사는 나비에 대한 책을 만드는 데에 책임감을 느꼈을 것 같습니다. |
| --- | --- |

# 단원 정리 평가

 **9. 어떤 내용일까**

**[01~03]** 다음 글을 읽고, 물음에 답하시오.

> 수영 금지 안내문
> ○○ 폭포는 ㉠수심이 매우 깊어서 물에 빠질 경우 사고가 발생할 수 있는 장소이므로 수영이나 물놀이를 ㉡삼가 주시기 바랍니다.
> △△시공원관리사업소장 · △△소방서장

**01** ㉠'수심' 대신 넣어도 문장의 뜻이 같은 것은 무엇입니까? ( )

① 땅의 넓이
② 물의 넓이
③ 땅의 높이
④ 물의 깊이
⑤ 물의 맑기

**02** 다음과 같은 뜻을 가진 낱말은 무엇인지 이 글에서 찾아 쓰시오.

> 어떤 일이나 사물이 생겨남.

( )

**03** ㉡의 뜻으로 알맞은 것은 어느 것입니까? ( )

① 뜻밖에 일어난 불행한 일.
② 어떤 내용을 소개하여 알려 주다.
③ 어떤 일이 이루어지거나 일어나는 곳.
④ 몸가짐이나 말과 행동을 조심하다.
⑤ 생각이나 바람대로 어떤 일이나 상태가 이루어지기를 바라다.

**[04~07]** 다음 글을 읽고, 물음에 답하시오.

> **가** 다람쥐처럼 쥐 무리에 속하는 동물들은 이빨이 계속해서 자란다고 해요. 그렇기 때문에 이빨을 닳게 하려고 쉬지 않고 나무를 ㉠쏠거나 딱딱한 열매를 갉아 먹는 것이죠.
> 그래서 다람쥐가 좋아하는 먹이는 도토리, 밤, 땅콩, 호두, 잣과 같이 대부분 껍질이 딱딱한 열매예요.
> **나** 가을이 되면 다람쥐는 겨울잠을 자려고 먹이를 많이 먹어 두어요. 남은 먹이는 땅속에 먹이 창고를 만들어 ㉡감춰 두지요. 그리고 배고플 때마다 겨울잠에서 깨어나 먹이를 먹으며 겨울을 나지요.

**04** 글을 읽고 다람쥐에 대해 알 수 없는 내용은 무엇입니까? ( )

① 겨울에 겨울잠을 잔다.
② 이빨이 계속해서 자란다.
③ 땅속에 먹이 창고를 만든다.
④ 껍질이 딱딱한 열매를 좋아한다.
⑤ 겨울에도 먹이를 구하러 밖으로 나간다.

**05** ㉠의 뜻은 무엇입니까? ( )

① 질질 끌고 가거나
② 한데 모아서 버리거나
③ 문질러서 닳게 하거나
④ 몹시 굳고 단단하게 하거나
⑤ 전체적으로 점점 커지게 하거나

**06** ㉡과 바꾸어 쓸 수 있는 말을 한 가지 쓰시오.

( )

**서술형**

**07** 다람쥐가 껍질이 딱딱한 열매를 좋아하는 까닭을 짐작해 쓰시오.

[08~11] 다음 글을 읽고, 물음에 답하시오.

> 가 아주머니는 한쪽 귀를 닉 쪽으로 돌리며 닉에게 몸을 더 가까이 ㉠기울였다.
> "뭘 달라고?" / "프린들요."
> 닉은 아주머니 뒤쪽 선반에 있는 볼펜을 가리켰다.
> "까만색으로요."
> 아주머니는 닉에게 볼펜을 주었다.
> 나 재닛이 프린들을 달라고 하자, 아주머니는 볼펜 쪽으로 손을 뻗으며 물었다.
> "파란색, 까만색?"
> 닉은 옆에 있는 사탕 진열대 앞에 서 있다가 씨익 웃었다.
> '프린들'은 이제 펜을 가리키는 어엿한 낱말이다. 누가 펜을 프린들이라고 했을까?
> "네가 그런 거야, 닉."
> 30분 뒤, 5학년 아이들이 ㉡심각한 표정을 지으며 닉의 방에서 회의를 했다. 존, 피트, 데이브, 크리스, 재닛이었다. 닉까지 합하면 여섯 명. 여섯 명의 비밀 요원이었다!
> 아이들은 오른손을 들고 닉이 쓴 서약서를 읽었다.
>
> > 나는 오늘부터 영원히 펜이라는 말을 쓰지 않겠다. 그 대신 프린들이란 말을 쓸 것이며, 다른 사람들도 그렇게 하도록 최선을 다할 것을 맹세한다.
>
> 여섯 명 모두 서약서에 서명을 했다. 닉의 프린들로. / 이 계획은 꼭 성공할 것이다.

**08** 닉이 한 일이 아닌 것은 무엇입니까? (      )
① 가게에서 볼펜을 샀다.
② 펜을 '프린들'이라고 부르기로 했다.
③ '프린들'이라는 말에 대한 서약서를 썼다.
④ 아주머니에게 '프린들'의 뜻을 직접 말해 주었다.
⑤ 친구들에게 '프린들'이라는 말을 가게에서 써 달라고 부탁했다.

**09** 닉의 성격을 짐작해 보고, 그렇게 생각한 까닭을 쓰시오.
(1) 닉의 성격: _____
(2) 그렇게 생각한 까닭: _____
_____

**10** ㉠의 뜻으로 알맞은 것은 어느 것입니까?
(      )
① 반짝반짝 빛을 냈다.
② 맛있는 냄새를 풍겼다.
③ 비스듬하게 한쪽을 낮췄다.
④ 어떤 일이나 사물이 생겨났다.
⑤ 어떤 일을 하지 못하게 말렸다.

**11** ㉡과 바꾸어 쓸 수 있는 말은 어느 것입니까?
(      )
① 슬픈                ② 웃긴
③ 즐거운              ④ 진지한
⑤ 화가 난

**12** 글을 읽을 때 낱말의 뜻을 짐작하는 방법이 아닌 것은 무엇입니까? (      )
① 문장의 수를 세어 본다.
② 앞뒤 문장을 살펴본다.
③ 앞뒤 낱말을 살펴본다.
④ 그 낱말을 사용한 예를 떠올려 본다.
⑤ 짐작한 뜻과 뜻이 비슷한 낱말을 넣어 본다.

**[13~15] 다음 글을 읽고, 물음에 답하시오.**

**가** ㉠ 우리나라에서는 사라져 가는 반딧불이 서식지를 천연기념물로 정하고 있습니다. 전라북도 무주군 설천면 남대천 일대가 바로 그곳이에요. 여기에서는 매년 반딧불이 축제가 열립니다. 수십, 수백 마리의 반딧불이가 반짝거리는 모습을 보면 말로는 설명이 안 될 정도로 황홀하답니다.

반딧불이가 반짝반짝 빛을 내는 것은 서로 의견을 나누기 위해서랍니다. 다른 동물처럼 소리를 내거나 냄새를 잘 맡지 못하기 때문에 빛으로 서로의 생각을 전달하지요. 특히 암수가 서로 짝을 찾을 때 그 불빛이 큰 역할을 해요. 수컷이 암컷에게 사랑을 고백하는 뜻으로 빛을 깜박이면 암컷도 반짝거리며 대답합니다.

**나** 도대체 반딧불이는 뭘 먹고 그토록 아름다운 빛을 내는 걸까요? 어른이 된 반딧불이는 이슬을 먹고, 반딧불이의 애벌레는 다슬기나 달팽이를 먹고 삽니다.

**다** 이야기를 듣다 보니 직접 반딧불이를 보고 싶지요? ㉡ 그러나 반딧불이를 만나기는 그리 쉽지 않아요. 반딧불이는 애벌레의 먹이가 많고 물이 깨끗한 곳에서 살거든요.

**13** 이 글은 무엇에 대해 설명한 글입니까? (　　　)

① 반딧불이를 잡는 방법
② 반딧불이가 싸우는 방법
③ 반딧불이라는 이름이 붙은 까닭
④ 반딧불이가 애벌레를 기르는 방법
⑤ 반딧불이의 먹이와 빛을 내는 까닭

**14** 반딧불이를 관찰하려면 어느 때가 가장 좋겠습니까?
(　　　)

① 새벽　　　　② 오전
③ 오후　　　　④ 어두운 밤
⑤ 해가 지기 전

**15** ㉠과 ㉡을 바탕으로 우리나라에서 반딧불이가 사라져 가는 까닭을 짐작해 쓰시오.

_____

_____

**[16~17] 다음 글을 읽고, 물음에 답하시오.**

**지진 발생 시 장소별 행동 요령**

**집 안에 있을 경우**

탁자 아래로 들어가 몸을 보호합니다. 할 수 있으면 전기와 가스를 ㉠ 차단하고, 문을 열어 출구를 ㉡ 확보한 뒤에 밖으로 나갑니다.

**집 밖에 있을 경우**

물건이 떨어질 것에 대비해 가방이나 손으로 머리를 보호하며, 건물과 거리를 두고 운동장이나 공원같이 넓은 공간으로 ㉢ 대피합니다.

**승강기 안에 있을 경우**

모든 숫자 단추를 눌러 가장 먼저 열리는 층에서 내린 뒤에 계단을 이용합니다.
※승강기를 타면 매우 ㉣ 위험합니다.

**산이나 바다에 있을 경우**

산사태가 나거나 절벽이 ㉤ 붕괴될 수 있으니 안전한 곳으로 대피합니다. 해안에서 지진 해일 특보가 발령되면 높은 곳으로 이동합니다.

**16** ㉠~㉤ 중 다음과 같은 뜻을 가진 낱말은 어느 것입니까? (　　　)

액체나 기체의 흐름을 막아서 통하지 못하게 함.

① ㉠ 차단　　　② ㉡ 확보
③ ㉢ 대피　　　④ ㉣ 위험
⑤ ㉤ 붕괴

9
단원

**서술형**

**17** 집 안에 있을 때 지진이 발생하면 탁자 아래로 들어가 몸을 보호해야 하는 까닭을 짐작해 쓰시오.

_____

_____

**국어 활동**

[18~20] 다음 글을 읽고, 물음에 답하시오.

　담쟁이덩굴이 멋지게 둘러쳐진 건물은 멋있으면서도 신기해요. '담쟁이덩굴처럼 연약하게 보이는 식물이 어떻게 저런 높은 벽을 타고 올라갈 수 있었을까?' 하는 생각이 저절로 들거든요.

　담쟁이덩굴을 벽에서 떼어 내려고 해 봐도 쉽게 떨어지지도 않아요. 마치 줄기에 끈끈이라도 붙어 있는 것처럼 꼼짝하지 않는답니다.

　어떻게 그렇게 튼튼하게 붙어 있는지 담쟁이덩굴의 줄기를 들여다볼까요? 아니! 그런데 줄기에 돋아난 짧은 것이 줄기에서 나와 벽에 착 달라붙어 있네요. 마치 문어 다리에 있는 ㉠흡반처럼 생긴 것이 담쟁이덩굴을 착 붙어 있게 해 주네요. 흡반처럼 생긴 이것은 놀랍게도 담쟁이덩굴 뿌리랍니다.

　담쟁이덩굴 뿌리는 줄기에서 나와 벽에 달라붙어 있어요. 벽에 착 달라붙는 뿌리 덕분에 담쟁이덩굴은 아무리 높은 벽도 쉽게 올라갈 수 있지요. 높은 벽을 타고 척척 뻗어 나가는 모습은 감탄 그 자체지요. 스파이더맨 따위는 부럽지 않을 정도랍니다.

　이처럼 다른 것에 달라붙기 위해 줄기의 군데군데에서 나오는 뿌리를 ㉡부착 뿌리라고 해요. 다른 나무를 타고 올라가 사는 송악도 부착 뿌리를 가지고 있답니다. 부착 뿌리는 줄기에 힘이 없어서 혼자서는 똑바로 서지 못하는 식물들에 꼭 필요한 강력 접착제예요.

**18** 담쟁이덩굴과 송악의 같은 점은 무엇입니까?
（　　　）

① 똑바로 서서 자란다.
② 줄기에 끈끈이가 있다.
③ 이파리에 접착제가 있다.
④ 부착 뿌리를 가지고 있다.
⑤ 다른 나무를 타고 올라가 자란다.

**서술형**

**19** ㉠'흡반'의 뜻을 앞뒤 문장이나 낱말을 살펴보며 짐작해 쓰시오.

_____

_____

**20** ㉡의 뜻으로 알맞은 것은 어느 것입니까?
（　　　）

① 떨어지지 않게 붙음.
② 높은 곳으로 이동함.
③ 넓은 공간으로 대피함.
④ 어떤 일이나 사물이 생김.
⑤ 어떤 일을 하지 못하게 함.

# 서술형 문제

**01** 다음 안내문을 읽고, 지진이 났을 때 승강기를 타면 위험한 까닭을 짐작해 쓰시오.

---

### 지진 발생 시 장소별 행동 요령

#### 집 안에 있을 경우

탁자 아래로 들어가 몸을 보호합니다. 할 수 있으면 전기와 가스를 차단하고, 문을 열어 출구를 확보한 뒤에 밖으로 나갑니다.

#### 집 밖에 있을 경우

물건이 떨어질 것에 대비해 가방이나 손으로 머리를 보호하며, 건물과 거리를 두고 운동장이나 공원같이 넓은 공간으로 대피합니다.

#### 승강기 안에 있을 경우

모든 숫자 단추를 눌러 가장 먼저 열리는 층에서 내린 뒤에 계단을 이용합니다.
※승강기를 타면 매우 위험합니다.

#### 산이나 바다에 있을 경우

산사태가 나거나 절벽이 붕괴될 수 있으니 안전한 곳으로 대피합니다. 해안에서 지진 해일 특보가 발령되면 높은 곳으로 이동합니다.

---

**02** 다음 글을 읽고 모르는 낱말을 한 가지 찾아 뜻을 짐작해 쓰시오.

---

담쟁이덩굴이 멋지게 둘러쳐진 건물은 멋있으면서도 신기해요. '담쟁이덩굴처럼 연약하게 보이는 식물이 어떻게 저런 높은 벽을 타고 올라갈 수 있었을까?' 하는 생각이 저절로 들거든요.

담쟁이덩굴을 벽에서 떼어 내려고 해 봐도 쉽게 떨어지지도 않아요. 마치 줄기에 끈끈이라도 붙어 있는 것처럼 꼼짝하지 않는답니다.

어떻게 그렇게 튼튼하게 붙어 있는지 담쟁이덩굴의 줄기를 들여다볼까요? 아니! 그런데 줄기에 돋아난 짧은 것이 줄기에서 나와 벽에 착 달라붙어 있네요. 마치 문어 다리에 있는 흡반처럼 생긴 것이 담쟁이덩굴을 착 붙어 있게 해 주네요. 흡반처럼 생긴 이것은 놀랍게도 담쟁이덩굴 뿌리랍니다.

담쟁이덩굴 뿌리는 줄기에서 나와 벽에 달라붙어 있어요. 벽에 착 달라붙는 뿌리 덕분에 담쟁이덩굴은 아무리 높은 벽도 쉽게 올라갈 수 있지요. 높은 벽을 타고 척척 뻗어 나가는 모습은 감탄 그 자체지요. 스파이더맨 따위는 부럽지 않을 정도랍니다.

이처럼 다른 것에 달라붙기 위해 줄기의 군데군데에서 나오는 뿌리를 부착 뿌리라고 해요. 다른 나무를 타고 올라가 사는 송악도 부착 뿌리를 가지고 있답니다. 부착 뿌리는 줄기에 힘이 없어서 혼자서는 똑바로 서지 못하는 식물들에 꼭 필요한 강력 접착제예요.

---

| 모르는 낱말 | (1) |
|---|---|
| 자신이 짐작한 뜻 | (2) |
| 바꾸어 쓸 수 있는 낱말 | (3) |

# 수행 평가

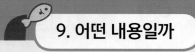
| 학습 주제 | 「반딧불이」를 읽고, 낱말의 뜻과 생략된 내용 짐작하기 | 배점 20점 |
|---|---|---|
| 학습 목표 | 낱말의 뜻과 생략된 내용을 짐작하며 글을 읽을 수 있다. | |

## 반딧불이가 밝을까, 개똥벌레가 밝을까?

　정답은 '둘 다 똑같다'입니다. 반딧불이와 개똥벌레는 같은 곤충이거든요. 반딧불이가 흔히 부르는 이름이고, 개똥벌레는 경기도 지역에서 반딧불이를 일컫는 또 다른 이름이에요. 그런데 반딧불이에게 왜 '개똥'이라는 단어가 붙었을까요?

　우리나라 말에서 '개똥'이 들어가는 말은 보잘것없고 천한 것을 뜻합니다. '개똥참외'라고 하면 저절로 자라는 흔한 참외를 말하지요. 이것으로 미루어 볼 때, 옛날에는 반딧불이가 너무 많아 ㉠지천으로 깔려 있다는 뜻으로 개똥벌레라고 했을 수 있습니다.

**1** ㉠'지천으로'의 뜻을 짐작해 보고, 그렇게 짐작한 까닭을 쓰시오.

_____

_____

_____

**2** 옛날 경기도 지역에는 반딧불이가 많았을까요, 적었을까요? 짐작해 보고 그렇게 생각한 까닭을 쓰시오.

_____

_____

_____

준비 **책 소개하기**　재미있게 읽었거나 감동받은 책을 소개해 봅시다.

**단원 학습 목표**

재미나 감동을 느낀 부분을 찾으며 작품을 감상해 봐요.

❯ **대화의 특징:** 같은 책을 읽고 느낀 점을 서로 이야기하고 있습니다.

1 초희가 덕무에게 책을 읽어 봤는지 물어보고 있습니다.

2 재미있었던 장면에 대해 이야기를 나누고 있습니다.

3 감동을 받았던 장면에 대해 이야기를 나누고 있습니다.

4 같은 책을 읽어도 사람마다 생각과 경험이 달라 느낌이 다릅니다.

**10** 단원

교과서 문제

**01** 덕무는 책을 어떻게 읽으면 더 재미있다고 하였습니까? (　　　)

① 친구와 함께 읽으면 더 재미있다.

② 눈물을 흘리며 읽으면 더 재미있다.

③ 바른 자세로 앉아서 읽으면 더 재미있다.

④ 인물의 행동을 흉내 내며 읽으면 더 재미있다.

⑤ 재미있는 표현을 소리 내어 읽으면 더 재미있다.

**02** 초희와 덕무가 『개구리와 두꺼비는 친구』를 읽고 감동받은 부분을 찾아 선으로 이으시오.

(1) 초희 •　　　　　　　• ㉠ 개구리가 편지를 쓰는 장면

(2) 덕무 •　　　　　　　• ㉡ 두꺼비가 편지를 받는 장면

**03** 같은 책을 읽어도 사람마다 느낌이 서로 다를 수 있는 까닭은 무엇입니까?

(　　　)

① 사람마다 책을 산 곳이 달라서

② 사람마다 생각과 경험이 달라서

③ 사람마다 책을 읽은 시간이 달라서

④ 사람마다 책을 읽는 속도가 달라서

⑤ 사람마다 좋아하는 책 냄새가 달라서

**낱말 사전**

감동　강하게 느껴 마음이 움직임.

경험　자신이 실제로 해 보거나 겪어 봄.

기본  **빗길**  재미나 감동을 느낀 부분을 생각하며 「빗길」을 읽어 봅시다.

> **글의 종류:** 시
> **글쓴이:** 성명진
> **글의 특징:** 비 오는 날 친구와 우산을 함께 쓰고 가면서 서로를 배려하는 마음이 잘 드러난 시입니다.

# 빗길

친구의 우산을 함께 쓰고 왔다.

미안해서
내가 비를 더 맞으려고
㉠어깨를 우산 밖으로 내놓으면
친구가 우산을 내 쪽으로
더 기울여 주었다.

빗속을
우리는 나란히 걸었다.

㉡좁은 길에선 일부러
내가 빗물 고인 자리를 디뎠다.
그걸 알았는지 친구는 나를
제 쪽으로 가만히 당겨 주는 것이었다.

---

**04** ㉠처럼 행동한 까닭은 무엇입니까?　　　　　　　（　　　）
① 비 맞는 것을 좋아해서
② 우산 안이 좁아서 짜증 나서
③ 친구와 어깨가 자꾸 부딪쳐서
④ 친구에게 미안해서 내가 비를 더 맞으려고
⑤ 어깨를 우산 밖으로 내놓는 것이 멋있어 보여서

**05** 이 시를 읽고 떠오르는 장면으로 알맞은 것은 무엇입니까?　　　（　　　）
① 비 오는 날 친구와 다투는 장면
② 비 오는 날 비를 맞으며 뛰어가는 장면
③ 두 친구가 우산을 함께 쓰고 가는 장면
④ 두 친구가 비가 그치기를 기다리는 장면
⑤ 두 친구가 빗물이 고인 자리에서 물을 튀기며 노는 장면

**낱말 사전**

나란히  둘 이상이 함께.

고인  우묵한 곳이나 좁은 넓이의 공간에 물과 같은 것이나 냄새 등이 모인.

디뎠다  발을 올려놓고 서거나 발로 내리눌렀다.

가만히  남이 모르게 조용히.

**06** 시에서 감동을 느낀 부분을 찾는 방법으로 알맞지 <u>않은</u> 것은 무엇입니까?
　　　　　　　　　　　　　　　　　　　　　　　　（　　　）
① 시를 읽고 어떤 장면이 떠오르는지 생각한다.
② 시에서 특별히 기억에 남는 부분을 찾아본다.
③ 시에서 처음 보는 낱말의 뜻이 무엇인지 찾아본다.
④ 시에 나오는 인물의 마음이 어떠한지를 생각해 본다.
⑤ 시에 나오는 인물이 한 경험과 비슷한 자신의 경험을 떠올린다.

# 만복이네 떡집

### 〈앞 이야기〉

걸핏하면 친구들과 싸워서 욕쟁이, 깡패, 심술쟁이로 이름난 만복이. 어느 날, 만복이는 하굣길에 '만복이네 떡집'이라는 신기한 떡집을 발견한다. 주인이 없는 떡집에서 '입에 척 들러붙어 말을 못 하게 되는 찹쌀떡'을 먹은 만복이는 온종일 나쁜 말을 안 해서 주변 사람들한테 칭찬을 받는다. 그 후로 만복이는 날마다 '만복이네 떡집'에 들러 신기한 떡을 먹는다.

만복이는 학교가 끝나자마자 또다시 '만복이네 떡집'으로 달려갔어. 그러고는 무지개떡을 한입에 꿀꺽 삼켰지. 무지개떡은 아주 구수하고 신비롭고 독특한 맛이었어. 지금까지 먹어 본 떡하고는 많이 달랐어. 무지개떡을 먹자 저절로 재미있는 이야기들이 머릿속에 ㉠몽실몽실 떠올랐어. 만복이는 자꾸 이야기를 하고 싶어서 입이 ㉡간질간질했어.

다음 날, 만복이는 학교에 갔어.

"만복이 온다."

누군가 소리치자 아이들은 만복이 자리로 몰려들었어. 만복이는 머릿속에 떠오르는 재미있는 이야기를 친구들한테 들려주었어. ㉢구수한 옛이야기부터 ㉣알쏭달쏭한 수수께끼, 무시무시한 귀신 이야기까지 만복이가 입만 열면 재미있는 이야기들이 ㉤술술술 쏟아져 나왔어. 아이들은 시간 가는 줄 모르고 만복이의 이야기를 들었어. 만복이가 있으면 어디에든 아이들의 웃음꽃이 활짝 피었지.

---

**07** 신기한 떡집을 발견하기 전의 만복이를 잘 나타내는 낱말에 ○표 하시오.

(1) 심술쟁이 　　( 　　 )
(2) 이야기꾼 　　( 　　 )

**08** 학교가 끝나자마자 만복이가 '만복이네 떡집'으로 달려간 까닭은 무엇입니까? 　　( 　　 )

① 친구와 함께 놀려고
② 신기한 떡을 먹으려고
③ 빨리 집에 가고 싶어서
④ 배가 고파서 떡을 사 먹으려고
⑤ 떡집 주인과 이야기 나누려고

**09** ㉠~㉤ 중 흉내 내는 말이나 반복되는 말이 아닌 것은 무엇입니까?
　　　　　　( 　　 )

① ㉠　　　　② ㉡
③ ㉢　　　　④ ㉣
⑤ ㉤

서술형
**10** 무지개떡을 먹은 만복이에게 어떤 일이 일어났는지 쓰시오.

_____

_____

---

> **글의 종류:** 이야기
> **글쓴이:** 김리리
> **글의 특징:** 욕쟁이, 깡패, 심술쟁이였던 만복이가 '만복이네 떡집'에서 신기한 떡들을 먹고 착한 아이로 변해 간다는 내용의 이야기입니다.

**낱말 사전**

**이름난** 세상에 평판이나 명성이 널리 알려진.

**온종일** 아침부터 저녁까지 내내.

**몽실몽실** 구름이나 연기 등이 동글게 뭉쳐서 가볍게 떠 있거나 떠오르는 듯한 모양.

**간질간질했어** 어떠한 일을 참기 어려울 정도로 자꾸 하고 싶어 했어.

**술술술** 말이나 글이 막힘없이 잘 나오거나 써지는 모양.

**눈치챘나** 여러 가지 상황으로 어떤 일의 낌새나 다른 사람의 마음 따위를 알아냈나.

**범인** 법을 어기고 잘못을 저지른 사람.

학교가 끝나고 만복이는 또 '만복이네 떡집'으로 달려 갔어. 이번에는 맛있는 쑥떡을 먹을 수 있었지. 쑥떡을 먹자 귓구멍이 간질간질한 게 쑥덕쑥덕 이상한 소리가 들리기 시작했어. 마치 누군가 귀에 대고 작게 소곤거 리는 것처럼 말이야. 지나가는 사람들의 생각도 쑥덕 쑥덕 들리고, 쓰레기를 뒤지고 있던 강아지의 생각도 쑥덕쑥덕 들렸어.

'아, 배고파. 요즘에는 왜 이렇게 먹을 게 없지?'

만복이는 엄마가 간식으로 싸 준 소시지빵을 강아지 한테 던져 주었어. 학원에 가서 먹으려고 했는데, 강아 지가 배고픈 걸 알고 그냥 지나칠 수가 없었거든.

강아지가 달려와서 만복이가 던져 준 소시지빵을 덥 석 받아먹었어.

'아, 맛있다. 정말 고마운 아이야.'

강아지의 생각이 다시 쑥덕쑥덕 들렸어. 만복이는 신 이 나서 헤벌쭉 웃었지.

다음 날은 친구들의 생각을 엿들을 수 있었어. 동환

이 옆을 지나자 동환이의 생각이 쑥덕쑥덕 들렸어.

'아이참, 왜 자꾸 방귀가 나오지? 아침에 고구마를 너무 많이 먹었나? 앗! 또 나오려고 한다. 이키.'

만복이는 코를 막고 키득키득 웃었어. 그러자 동환이 가 만복이의 눈치를 살폈어.

'어, 만복이가 눈치챘나? 분명히 친구들한테 다 소문 낼 거야. 어떻게 하지?'

만복이는 입이 간질간질한 걸 꾹 참았어. 다른 때 같 으면 방귀쟁이라고 여기저기 떠벌리고 다녔을 거야. 하지만 부끄러워하는 동환이의 마음을 알자 그러고 싶 은 마음이 싹 사라졌어. 만복이는 종호와 지현이가 서 로 좋아하는 것도 알게 되었고, 교실 뒤에 걸려 있는 거울을 깨뜨린 범인도 알게 되었어. 범인 옆을 지날 때 '내가 거울을 깨뜨린 걸 아무도 모를 거야. 큭! 다행 이다.'

하고 쑥덕거리는 소리가 들렸거든. 순간, 만복이의 눈 빛이 반짝 빛났지.

---

**11** 쑥떡을 먹은 만복이에게 어떤 일이 일어났습니 까? ( )

① 자꾸 방귀를 뀌게 되었다.
② 쑥떡을 계속 먹고 싶게 되었다.
③ 하루 종일 나쁜 말을 하지 않게 되었다.
④ 다른 사람의 생각을 들을 수 있게 되었다.
⑤ 친구들의 말을 여기저기 떠벌리고 다니게 되 었다.

서술형

**12** 만복이는 어떤 마음으로 강아지에게 소시지빵을 던져 주었을지 쓰시오.

_____

_____

**13** 이 글을 읽고 재미나 감동을 느낀 부분을 알맞게 말한 친구에 ○표 하시오.

평소에 착하지 않던 만복이가 착한 행동을 하려고 노력하는 부분 에서 감동을 느꼈어.

(1) ( )

만복이가 '동환이는 방귀쟁이'라고 이야기 했으면 더 감동적이었 을 거야.

(2) ( )

은지 옆을 지나자 은지의 생각이 쑥덕쑥덕 들렸어.

'애들이 날 싫어하나 봐. 나한테 말도 잘 안 걸고……. 친구들이 함께 놀자고 하면 얼마나 좋을까?'

은지의 고민을 알자 만복이는 그냥 지나칠 수가 없었어. ㉠만복이는 은지한테 먼저 다가가서 말을 걸어 주었어.

선생님 곁을 지날 때도 선생님의 고민이 쑥덕쑥덕 들렸어.

'평소처럼 바지를 입고 올걸, 괜히 치마를 입었나? 오늘따라 화장도 이상한 것 같고……. 저녁에 데이트가 있는데 어쩌지?'

만복이는 선생님한테 조용히 다가가서 말했어.

"㉡선생님은 바지를 입는 것도 예쁘지만, 치마를 입는 것도 잘 어울려요. 얼굴도 오늘 더 예뻐 보여요."

선생님은 기분이 좋은지 싱글벙글 웃었어.

'만복이가 요즘 아주 착해졌단 말이야. 지난번에 부모님 오시라고 했는데, 아무래도 오시지 않아도 된다고 해야겠어.'

만복이의 귓가로 선생님의 생각이 다시 들려왔어.

초연이 옆을 지날 때는

'㉢예전에는 만복이가 정말 싫었는데, 요즘에는 만복이가 좋아진단 말이야. 만복이도 나를 좋아할까?'

하는 소리가 들렸어. 만복이는 기분이 좋아서 하늘로 붕붕 날아오를 것 같았어.

"초연아, 나도 네가 좋아."

만복이는 다른 친구들한테 들리지 않게 작은 소리로 말했어. 만복이의 이야기를 들은 초연이의 얼굴이 사과처럼 아주 빨개졌지 뭐야.

**교과서 문제**

**14** 만복이가 은지에게 먼저 다가가서 말을 걸었을 때의 마음을 헤아린 것으로 알맞은 것은 무엇입니까?
( )

① 은지를 미워하는 마음
② 잘난 척하고 싶은 마음
③ 선생님께 칭찬을 받고 싶은 마음
④ 외로워하는 은지를 도와주고 싶은 마음
⑤ 기분이 좋아서 하늘로 붕붕 날아오를 것 같은 마음

**15** ㉠과 ㉡에 대한 설명으로 알맞은 것은 무엇입니까?
( )

① 상대를 배려하는 말과 행동이다.
② 슬픈 마음을 표현하는 말과 행동이다.
③ 상대를 골탕 먹이려는 말과 행동이다.
④ 다른 사람을 놀리기 위해 한 말과 행동이다.
⑤ 초연이에게 칭찬을 받고 싶어서 한 말과 행동이다.

**16** ㉢을 들은 만복이의 마음은 어떠하겠는지 알맞게 말한 친구는 누구인지 쓰시오.

수빈: 초연이한테 관심 없을 거야.
유담: 만복이를 싫어했었다니 서운했을 거야.
해인: 기분이 좋아서 하늘로 날아오를 것 같을 거야.

( )

**서술형**

**17** 초연이가 만복이를 좋아하게 된 까닭은 무엇이겠는지 짐작해 쓰시오.

_____

_____

그런데 장군이 옆을 지날 때였어.

'난 왜 이렇게 공부를 못하지? 공부를 좀 잘하면 얼마나 좋을까?'

만복이는 장군이를 진심으로 도와주고 싶었어.

"장군아, 내가 좀 도와줄까?"

만복이가 물었어.

"네가 뭘 도와줘?"

장군이는 눈을 치켜뜨고 만복이를 노려보았어.

"다음에는 시험 잘 볼 수 있게 내가 공부 좀 가르쳐 줄게."

만복이가 말을 마치자마자 곧바로 장군이의 주먹이 날아오지 뭐야.

"너 나한테 죽고 싶어? 이게 어디서 잘난 척이야."

만복이는 또 코피가 터졌어. 만복이는 너무 화가 나서 주먹을 꼬옥 쥐었어. 그런데 장군이의 생각이 다시 들려오지 뭐야.

'아이, 때리려고 그런 게 아닌데……. 만복이가 또 코피 나잖아. 정말 아프겠다. 난 왜 이렇게 만날 사고만 치지? 난 정말 나쁜 애야.'

㉠만복이는 쥐고 있던 주먹을 풀었어. 장군이의 마음을 알자 미운 마음이 눈 녹듯 사라져 버렸거든.

그날 집으로 돌아가는 길에 골목 모퉁이를 지날 때였어. 떡집은 그대로였지만 뭔가 좀 달라진 것 같았어. 만복이는 걸음을 멈추고 고개를 들어 간판을 보았어. 떡집 간판에는 커다란 글씨로 '장군이네 떡집'이라고 쓰여 있었어. 만복이는 헤벌쭉 웃으면서 떡집 앞을 그냥 지나쳐 갔어.

---

**교과서 문제**

**18** 만복이가 장군이와 싸우지 않은 까닭은 무엇입니까? ( )

① 선생님께 혼날까 걱정되어서
② 장군이에게 또 맞을 것 같아서
③ 장군이가 얄미워서 나중에 복수하려고
④ 장군이가 나쁜 아이라 상대하지 않으려고
⑤ 장군이의 마음을 알고 미운 마음이 사라져서

**서술형**

**19** 율찬이는 이 글에서 감동적인 부분으로 ㉠을 골랐습니다. 그 까닭이 무엇일지 짐작해 쓰시오.

_____

_____

**20** 만복이네 떡집에 나오는 인물이 한 경험과 비슷한 경험을 알맞게 말한 친구는 누구인지 쓰시오.

나는 만복이처럼 친구를 도와주고 싶어서 친구에게 '내가 도와줄까?' 하고 물어본 적이 있어.

혜원

나는 친구에게 맞고 너무 속상해서 엉엉 운 적이 있어.

민수

( )

**실천** **우리 반 독서 잔치 열기**   우리 반 독서 잔치를 열어 봅시다.

## 우리 반 독서 잔치 여러 가지 선택 활동

**가 시와 그림으로 표현하기**

• 준비물: 종이, 색연필, 사인펜

① 종이에 사인펜으로 시를 쓴다.
② 시를 쓰고 남은 공간에 색연필로 어울리는 그림을 그려 작품을 완성한다.
③ 작품을 교실에 전시하고 감상한다.

**나 친구에게 책 읽어 주기**

① 반 친구가 모두 책을 한 권씩 가져온다.
② 각자 재미있게 읽었거나 감동받은 부분을 찾는다.
③ 친구들 앞에서 5분씩 낭독한다.
④ 한 친구가 낭독을 다 하고 나면 다음 친구가 낭독을 한다.

**다 책을 읽고 문제 알아맞히기**

• 준비물: 개인용 칠판, 칠판 펜, 칠판 지우개

① 책 내용을 묻는 문제를 두세 가지 준비한다.
② 친구들과 한 명씩 돌아가며 문제를 낸다.
③ 각자 칠판에 답을 쓴다.
④ 문제를 가장 많이 알아맞힌 사람이 이긴다.

**라 책 속 인물 초청하기**

• 준비물: 인물 가면, 마이크

① 책 속 인물 역할을 할 사람을 정한다.
② 인물 역할을 맡은 사람은 인물 가면을 쓴다.
③ 한 사람이 먼저 마이크를 들고 궁금한 것을 묻고, 인물 역할을 맡은 사람은 그 물음에 대답한다.
④ 물음이 끝나면 다른 사람에게 마이크를 넘긴다.
⑤ 인물 역할을 바꾸어 계속한다.

**21** 우리 반 독서 잔치에 참여할 계획을 알맞게 세우지 못한 친구는 누구입니까? (      )

① 지원: 나는 시를 읽고 떠오르는 장면을 그림으로 그릴 거야.
② 서영: 나는 좋아하는 책을 친구들 앞에서 처음부터 끝까지 다 읽어 줄 거야.
③ 다령: 「만복이네 떡집」을 읽고 내용을 묻는 문제를 두세 가지 준비해야겠어.
④ 현지: 「만복이네 떡집」을 읽고 만복이를 초청하고 싶어. 만복이 가면을 만들 거야.
⑤ 기련: 나도 「만복이네 떡집」을 읽고 만복이를 초청하고 싶어. 만복이에게 할 질문을 만들어야겠어.

**22** 다음 설명에 알맞은 독서 잔치 활동은 무엇입니까? (      )

① 책을 읽고 종이에 사인펜으로 시를 쓴다.
② 시를 쓰고 남은 공간에 색연필로 어울리는 그림을 그려 작품을 완성한다.
③ 작품을 교실에 전시하고 감상한다.

① 책 속 인물 초청하기
② 친구에게 책 읽어 주기
③ 시와 그림으로 표현하기
④ 책을 읽고 문제 알아맞히기
⑤ 책의 한 장면을 역할극으로 나타내기

# 바위나리와 아기별

> **글의 종류:** 이야기
> **글쓴이:** 마해송
> **글의 특징:** 바위나리와 아기별의 우정에 대한 이야기입니다.

**1** 바위나리는 날마다 친구를 기다렸습니다.
**2** 아기별이 바위나리를 찾아왔다가 하늘로 올라갔습니다.

**1** 바위나리는 날마다 노래를 부르면서 친구를 불렀습니다. 그렇지만 바다와 모래벌판과 바람결밖에는 아무것도 없는 이 바닷가에 친구가 될 만한 것은 하나도 없었습니다. 며칠을 기다리고 기다려도 아무도 보이지 않았습니다.

㉮'아, 이렇게 예쁘고 아름다운 나를 귀여워해 줄 친구가 없구나!'

친구를 기다리며 바위나리는 ㉠훌쩍훌쩍 울기도 했습니다. 그러다가도 아침에 해가 동녘에서 ㉡불끈 솟아오르면

'그래, 오늘은 누가 꼭 와 주겠지!'

라고 생각하면서 더 예쁘게 단장을 하고 ㉢고운 목소리로 노래를 불렀습니다. 그렇지만 해가 서쪽으로 슬그머니 사라져 가도 찾아오는 친구는 없었습니다.

'아, 오늘도 아무도 오지 않고 해가 졌구나!'

바위나리는 눈물이 ㉣글썽글썽해져서 이튿날을 기다렸습니다. 이튿날 아침에 해가 동녘에서 불끈 솟아오르면 또

'그래, 오늘은 누가 꼭 와 주겠지!'

라고 생각했습니다. ㉯바위나리는 이렇게 며칠 동안 날마다 노래를 부르면서 친구가 오기를 기다렸지만, 찾아오는 친구는 아무도 없었습니다. 바위나리는 큰 소리로 울었습니다.

## 낱말 사전

**벌판** 사방으로 펼쳐진 넓고 평평한 땅.

**동녘** 네 방위 중의 하나로, 해가 뜨는 쪽.

**불끈** 물체 등이 두드러지게 치밀거나 솟아오르거나 떠오르는 모양.

**단장** 얼굴, 머리, 옷차림을 곱게 꾸밈.

**슬그머니** 남이 잘 알아차리지 못하게 몰래.

**글썽글썽해져서** 눈에 눈물이 넘칠 듯이 자꾸 그득하게 고여서.

**한참** 시간이 꽤 지나는 동안.

**어쩔 줄을 모르고** 무엇을 어떻게 해야 할지 모르고.

**옷깃** 저고리나 두루마기의 목에 둘러대어 앞에서 여밀 수 있도록 된 부분.

---

**23** 바위나리는 무엇을 하고 있습니까? (　　)
① 친구를 기다린다.
② 친구와 놀고 있다.
③ 그림을 그리고 있다.
④ 열심히 공부를 하고 있다.
⑤ 하늘로 올라가기를 기다린다.

**[교과서 문제]**
**24** ㉮에서 느낄 수 있는 인물의 마음은 무엇입니까? (　　)
① 슬픔　　② 화남
③ 두려움　　④ 기쁨
⑤ 미안함

**25** ㉠~㉣ 중 소리나 모양을 흉내 내는 말이 아닌 것의 기호를 쓰시오.
(　　　　)

**[서술형]**
**26** ㉯를 읽고 어떤 느낌이 들었는지 쓰시오.

_____

_____

**②** 그런데 이상하게도 이 울음소리가 밤이면 남쪽 하늘에 맨 먼저 뜨는 아기별의 귀에 들렸습니다. 아기별은 이 울음소리를 듣고 깜짝 놀랐습니다.

'누가 이렇게 슬프게 울까? 내가 가서 달래 주어야겠다.'

아기별은 별나라의 임금님에게 다녀오겠다는 말도 하지 않고 울음소리가 나는 곳을 찾아 내려갔습니다.

울음소리를 따라 바닷가로 내려간 아기별은 바위나리가 혼자 슬프게 울고 있는 것을 보았습니다. 아기별은 바위나리를 한참이나 정신없이 보고만 있었습니다. 그러다가 바위나리의 뒤로 가까이 가서 어깨를 툭 치면서 물었습니다.

"왜 울어요?"

바위나리는 깜짝 놀랐습니다. 돌아다보니 아름다운 별님이 아니겠습니까? ㉠바위나리는 어찌나 좋은지 어쩔 줄을 모르고 이리저리 몸을 흔들며 외쳤습니다.

"별님! 별님!"

잠깐 동안만 달래 주고 돌아가려던 아기별은 바위나리를 보자 더 오래 같이 놀고 싶었습니다. 다른 생각은 다 잊어버렸습니다. 아기별과 바위나리는 이야기도 하고, 노래도 부르고, 놀이도 하면서 밤새는 줄 모르고 놀았습니다.

그러다가 어느새 새벽이 되었습니다. 그제야 아기별은 깜짝 놀라 소리쳤습니다.

"큰일 났다. 바위나리야, 나는 얼른 가야 돼. 오늘 밤에 또 올게. 울지 말고 기다려, 응?"

아기별이 돌아가려고 하니까 바위나리가 아기별의 옷깃을 꼭 붙들고 울면서 놓지 않았습니다.

㉡"나는 얼른 가야만 해! 더 늦으면 하늘 문이 닫혀서 들어갈 수가 없어. 오늘 밤에 꼭 다시 내려올게."

아기별은 이렇게 말하고 스르르 하늘 위로 올라갔습니다. 바위나리는 하는 수 없이 밤이 되기만을 기다렸습니다. 아무에게도 들키지 않고 돌아간 아기별도 어서어서 밤이 되기를 기다렸습니다.

**27** 아기별이 한 일은 무엇입니까? ( )
① 바위나리와 다투었다.
② 바위나리를 하늘나라로 데려갔다.
③ 하늘나라에서 친구들을 데리고 내려왔다.
④ 바위나리와 놀다가 하늘나라로 돌아갔다.
⑤ 바위나리와 놀다가 하늘나라에 가지 못했다.

☆☆☆
**28** ㉠과 ㉡의 장면에서 느낄 수 있는 마음을 알맞게 선으로 이으시오.

(1) ㉠ •　　　　　• (가) 안타까움

(2) ㉡ •　　　　　• (나) 기쁨

서술형
**29** 이 글에서 재미를 느끼거나 감동받은 부분을 쓰고, 어떤 느낌이 들었는지 쓰시오.

_____

_____

_____

교과서 문제
**30** 알맞게 쓴 것에 ○표 하시오.

> 할머니께 전화를 드렸는데 할머니께서 전화를 받지 않으셨다. 날이 어두워졌는데도 전화를 받지 않으셨다. 어머니께서도 걱정이 (되서, 돼서) 계속 전화를 거셨다.

**핵심 ①** 재미있게 읽었거나 감동받은 책 소개하기

**1 재미있게 읽었거나 감동받은 책 소개하는 방법**
- 책 제목을 소개합니다.
- 줄거리, 소개하는 까닭, 지은이, 재미를 느낀 부분, 감동받은 부분, 출판사, 책 분량, 그림 등을 소개합니다.
- 책에서 재미나 감동을 느낀 까닭을 함께 이야기합니다.
- 듣는 사람이 쉽게 이해할 수 있는 말로 소개합니다.
  **예** 책 소개하기

> 나는 『훨훨 간다』를 소개하고 싶어. 농부가 황새를 보고 이야기를 만드는 장면이 재미있었어. 그리고 "기웃기웃 살핀다.", "콕 집어먹는다."라는 말을 소리 내어서 읽어 보아도 재미있어.

**2 친구들과 서로 읽은 책을 소개하면 좋은 점**
- 친구들에게 책을 소개하면서 읽은 내용을 다시 떠올릴 수 있습니다.
- 친구들이 소개한 책을 찾아서 읽을 수 있습니다.
- 책을 읽었을 때의 감동을 다시 떠올릴 수 있습니다.
- 혼자 읽었을 때 잘 이해가 되지 않는 부분도 이해할 수 있습니다.

**핵심 ②** 재미나 감동을 느낀 부분을 생각하며 시 읽기

- 시를 읽고 어떤 장면이 떠오르는지 생각해 봅니다.
- 시에서 특별히 기억에 남는 부분을 생각해 봅니다.
- 자신의 경험이나 느낌과 비슷한 일을 떠올려 봅니다.
- 시에 나오는 인물의 마음이 어떤지 생각해 봅니다.
  – 인물이 한 말이나 행동으로 인물의 마음을 짐작할 수 있습니다.
- 재미있는 표현을 찾아봅니다.

**예** 「빗길」에서 인물이 한 경험과 비슷한 자신의 경험 떠올리기

> - 우산이 없는 친구에게 우산을 씌워 주었던 일이 있습니다.
> - 비 오는 날, 선생님께서 우산을 빌려주셨던 일이 있습니다.

**예** 「빗길」에서 재미나 감동을 느낀 부분 찾기

| 감동적인 부분 | 친구가 우산을 내 쪽으로 더 기울여 주었다. |
|---|---|
| 그 까닭 | 친구와 우산을 같이 쓰면 좁아서 어깨가 젖은 적이 있어서 우산을 기울여 준 것이 감동적이었다. |

**핵심 ③** 이야기를 읽고 재미나 감동을 느낀 부분 찾기

- 주인공의 말이나 행동을 살펴봅니다.
- 자신의 경험과 비슷한 부분에서 찾습니다.
- 가슴이 뭉클해지는 부분에서 찾습니다.
- 재미있는 표현(흉내 내는 말, 반복되는 말)을 찾아 봅니다.
  **예** 「만복이네 떡집」에서 재미나 감동을 느낀 부분 찾기

> - 주인공의 말이나 행동 살펴보기: 친구가 없는 은지에게 먼저 다가가 말을 걸어 주는 만복이의 행동에 감동을 받았어.
> - 자신의 경험과 비슷한 부분에서 찾기: 만복이가 친구들을 배려하는 것을 보고 지난번에 다친 친구를 도와주어서 뿌듯했던 일이 생각났어.
> - 가슴이 뭉클해지는 부분에서 찾기: 장군이의 속마음을 듣고 쥐고 있던 주먹을 풀었던 만복이의 행동에 가슴이 뭉클해졌어.

# 단원 정리 평가

10. 문학의 향기

**[01~02]** 다음 그림을 보고, 물음에 답하시오.

『개구리와 두꺼비는 친구』에서는 개구리가 편지를 쓰는 장면에서 감동을 받았어.

그래? 나는 두꺼비가 편지를 받는 부분에서 눈물이 나던데……

초희

같은 책을 읽어도 느낌이 서로 다를 수 있구나.

사람마다 생각과 경험이 다르니까!

**01** 초희가 『개구리와 두꺼비는 친구』를 읽고 감동받은 부분은 무엇입니까? ( )

① 새가 훨훨 날아가는 모습
② 개구리가 편지를 쓰는 장면
③ 두꺼비가 편지를 받는 장면
④ 농부가 황새를 보고 이야기를 만드는 장면
⑤ "기웃기웃 살핀다", "콕 집어먹는다."라는 내용을 소리 내어 읽는 것

**02** 같은 책을 읽어도 느낌이 서로 다른 까닭으로 가장 알맞은 것에 ○표 하시오.

(1) 책은 언제나 감동적이기 때문이다. ( )
(2) 사람마다 생각과 경험이 다르기 때문이다.
( )

**03** 다음에서 친구들에게 읽은 책과 관련해 소개한 것을 두 가지 고르시오. ( , )

> 저는 요정이 착한 신데렐라를 도와주는 장면에서 감동을 받았습니다. 그리고 요정이 호박을 마차로 변신시키는 장면이 재미있었습니다.

① 지은이
② 줄거리
③ 소개하는 까닭
④ 감동받은 부분
⑤ 재미를 느낀 부분

**[04~05]** 다음 시를 읽고, 물음에 답하시오.

> 빗속을
> 우리는 나란히 걸었다.
>
> 좁은 길에선 일부러
> 내가 빗물 고인 자리를 디뎠다.
> 그걸 알았는지 친구는 나를
> 제 쪽으로 가만히 당겨 주는 것이었다.

**04** '내'가 좁은 길에서 일부러 빗물 고인 자리를 디딘 까닭은 무엇입니까? ( )

① 친구의 발이 젖지 않게 하려고
② 친구에게 물을 튀기는 장난을 치려고
③ 빗물 고인 자리를 밟는 것을 좋아해서
④ 친구의 팔을 당겨 주다가 미처 보지 못해서
⑤ 물이 고인 자리를 밟을 때 나는 소리가 좋아서

**05** 이 시에서 감동이 느껴지는 까닭으로 알맞은 것에 ○표 하시오.

> 비 오는 날, 친구와 우산을 함께 쓰고 가며 서로 ( 배려하는 / 인내하는 ) 마음이 잘 드러나기 때문이다.

**06** 시에서 감동을 느낀 부분을 찾는 방법이 <u>아닌</u> 것은 무엇입니까? ( )

① 재미있는 표현을 찾는다.
② 시에서 가장 처음 부분을 떠올려 본다.
③ 시에 나오는 인물의 마음을 생각해 본다.
④ 자신의 경험이나 느낌과 비슷한 일을 떠올린다.
⑤ 시를 읽고 어떤 장면이 떠오르는지 생각한다.

**[07~08] 다음 글을 읽고, 물음에 답하시오.**

만복이는 학교가 끝나자마자 또다시 '만복이네 떡집'으로 달려갔어. 그러고는 무지개떡을 한입에 꿀꺽 삼켰지. 무지개떡은 아주 구수하고 신비롭고 독특한 맛이었어. 지금까지 먹어 본 떡하고는 많이 달랐어. 무지개떡을 먹자 저절로 재미있는 이야기들이 머릿속에 ㉠몽실몽실 떠올랐어. 만복이는 자꾸 이야기를 하고 싶어서 입이 ㉡간질간질했어.

다음 날, 만복이는 학교에 갔어.

"만복이 온다."

누군가 소리치자 아이들은 만복이 자리로 몰려들었어. 만복이는 머릿속에 떠오르는 재미있는 이야기를 친구들한테 들려주었어. 구수한 옛이야기부터 알쏭달쏭한 수수께끼, ㉢무시무시한 귀신 이야기까지 만복이가 입만 열면 재미있는 이야기들이 ㉣술술술 쏟아져 나왔어. 아이들은 ㉤시간 가는 줄 모르고 만복이의 이야기를 들었어. 만복이가 있으면 어디에든 ㉮아이들의 웃음꽃이 활짝 피었지.

**07** ㉮에서 아이들의 웃는 모습을 본 만복이의 마음을 짐작한 것으로 알맞은 것은 무엇입니까?( )

① 행복한 마음
② 미안한 마음
③ 속상한 마음
④ 안타까운 마음
⑤ 부끄러운 마음

**08** ㉠~㉤에서 '말이나 글이 막힘없이 잘 나오거나 써지는 모양'이라는 뜻을 가진 낱말은 무엇입니까?

( )

① ㉠ 몽실몽실
② ㉡ 간질간질
③ ㉢ 무시무시
④ ㉣ 술술술
⑤ ㉤ 시간 가는 줄 모르고

**[09~10] 다음 글을 읽고, 물음에 답하시오.**

학교가 끝나고 만복이는 또 '만복이네 떡집'으로 달려갔어. 이번에는 맛있는 쑥떡을 먹을 수 있었지. 쑥떡을 먹자 귓구멍이 간질간질한 게 쑥덕쑥덕 이상한 소리가 들리기 시작했어. 마치 누군가 귀에 대고 작게 소곤거리는 것처럼 말이야. 지나가는 사람들의 생각도 쑥덕쑥덕 들리고, 쓰레기를 뒤지고 있던 강아지의 생각도 쑥덕쑥덕 들렸어.

'아, 배고파. 요즘에는 왜 이렇게 먹을 게 없지?'

만복이는 엄마가 간식으로 싸 준 소시지빵을 강아지한테 던져 주었어. 학원에 가서 먹으려고 했는데, 강아지가 배고픈 걸 알고 그냥 지나칠 수가 없었거든.

강아지가 달려와서 만복이가 던져 준 소시지빵을 덥석 받아먹었어.

'   ㉠   .'

강아지의 생각이 다시 쑥덕쑥덕 들렸어. 만복이는 신이 나서 헤벌쭉 웃었지.

**서술형**

**09** 앞뒤 내용을 바탕으로 하여 ㉠에 들어갈 강아지의 생각을 상상하여 쓰시오.

_____

_____

**10** 만복이가 강아지에게 소지지빵을 던져 준 경험과 비슷한 경험을 떠올려 이야기를 나눌 때, 알맞게 말한 친구에 ○표 하시오.

소풍 갔을 때, 물을 가져오지 않아 목말라 하는 친구에게 내 물을 나누어 준 적이 있어.

나는 지난 주말에 아빠 심부름으로 떡집에 가서 쑥떡을 사 왔어.

건우 ( )  승아 ( )

**[11~12] 다음 글을 읽고, 물음에 답하시오.**

선생님 곁을 지날 때도 선생님의 고민이 쑥덕쑥덕 들렸어.

'평소처럼 바지를 입고 올걸, 괜히 치마를 입었나? 오늘따라 화장도 이상한 것 같고…… 저녁에 데이트가 있는데 어쩌지?'

만복이는 선생님한테 조용히 다가가서 말했어.

"㉠선생님은 바지를 입는 것도 예쁘지만, 치마를 입는 것도 잘 어울려요. 얼굴도 오늘 더 예뻐 보여요."

선생님은 기분이 좋은지 싱글벙글 웃었어.

'만복이가 요즘 아주 착해졌단 말이야. ㉡지난번에 부모님 오시라고 했는데, 아무래도 오시지 않아도 된다고 해야겠어.'

만복이의 귓가로 선생님의 생각이 다시 들려왔어.

**11** 만복이가 ㉠처럼 말한 까닭은 무엇입니까?
( )

① 선생님을 약올리려고
② 선생님께 말을 걸고 싶어서
③ 선생님께 칭찬을 받기 위해서
④ 선생님께 잘 보여서 혼나지 않으려고
⑤ 선생님의 걱정하는 마음을 안심시켜 드리려고

서술형

**12** ㉡을 들은 만복이의 기분을 짐작해 쓰시오.

_____

**13** 이야기를 읽고 재미나 감동을 느낀 부분을 찾는 방법이 아닌 것은 무엇입니까? ( )

① 재미있는 표현을 찾아보기
② 가슴이 뭉클해지는 부분에서 찾기
③ 주인공의 말이나 행동을 살펴보기
④ 자신의 경험과 비슷한 부분에서 찾기
⑤ 글쓴이의 의견이 잘 드러난 부분을 찾기

**[14~16] 다음 글을 읽고, 물음에 답하시오.**

"다음에는 시험 잘 볼 수 있게 내가 공부 좀 가르쳐 줄게."

만복이가 말을 마치자마자 곧바로 장군이의 주먹이 날아오지 뭐야.

"너 나한테 죽고 싶어? 이게 어디서 잘난 척이야."

만복이는 또 코피가 터졌어. 만복이는 너무 화가 나서 주먹을 꼬옥 쥐었어. 그런데 장군이의 생각이 다시 들려오지 뭐야.

'아이, 때리려고 그런 게 아닌데…… 만복이가 또 코피 나잖아. 정말 아프겠다. 난 왜 이렇게 만날 사고만 치지? 난 정말 나쁜 애야.'

만복이는 쥐고 있던 주먹을 풀었어. 장군이의 마음을 알자 미운 마음이 눈 녹듯 사라져 버렸거든.

**14** 이 글을 읽고 떠오르는 만복이의 모습으로 알맞은 것은 무엇입니까? ( )

① 장군이를 때리는 모습
② 장군이를 놀리는 모습
③ 장군이를 때리려다 용서하는 모습
④ 장군이에게 함께 놀자고 이야기하는 모습
⑤ 장군이에게 모르는 문제를 물어보는 모습

**15** 장군이의 경험과 비슷한 경험에 ○표 하시오.
(1) 친구에게 생일 선물을 주었던 일 ( )
(2) 친구에게 마음에 없는 말을 하고 후회한 일
( )

서술형

**16** 이 글에서 재미나 감동을 느낀 부분을 찾고, 그 까닭을 쓰시오.

| 재미나 감동을 느낀 부분 | |
|---|---|
| 그 까닭 | |

**[17~19]** 다음 글을 읽고, 물음에 답하시오.

> **가** 아기별은 바위나리를 한참이나 정신없이 보고만 있었습니다. ㉠그러다가 바위나리의 뒤로 가까이 가서 어깨를 툭 치면서 물었습니다.
>
> "왜 울어요?"
>
> 바위나리는 깜짝 놀랐습니다. 돌아다보니 아름다운 별님이 아니겠습니까? ㉡바위나리는 어찌나 좋은지 어쩔 줄을 모르고 이리저리 몸을 흔들며 외쳤습니다.
>
> "별님! 별님!"
>
> 잠깐 동안만 달래 주고 돌아가려던 아기별은 바위나리를 보자 더 오래 같이 놀고 싶었습니다. 다른 생각은 다 잊어버렸습니다. ㉢아기별과 바위나리는 이야기도 하고, 노래도 부르고, 놀이도 하면서 밤새는 줄 모르고 놀았습니다.
>
> **나** 아기별이 돌아가려고 하니까 바위나리가 아기별의 옷깃을 꼭 붙들고 울면서 놓지 않았습니다.
>
> "나는 얼른 가야만 해! 더 늦으면 하늘 문이 닫혀서 들어갈 수가 없어. 오늘 밤에 꼭 다시 내려올게."
>
> 아기별은 이렇게 말하고 스르르 하늘 위로 올라갔습니다. 바위나리는 하는 수 없이 밤이 되기만을 기다렸습니다. 아무에게도 들키지 않고 돌아간 아기별도 어서어서 밤이 되기를 기다렸습니다.

**17** ㉠~㉢을 읽은 느낌을 이야기하였습니다. 잘못 말한 친구는 누구인지 쓰시오.

> 혜식: ㉠에서 바위나리를 깜짝 놀라게 한 아기별에게 화가 나.
>
> 선영: ㉡을 읽고 신이 난 바위나리의 마음을 느낄 수 있어.
>
> 현태: ㉢을 읽으니 아기별과 바위나리가 즐거워하는 마음이 느껴져.

(                    )

**국어 활동**

**18** 글 **가**에서 알 수 있는 바위나리의 마음으로 알맞은 것은 무엇입니까? (          )

① 슬픔　　　　　　② 기쁨
③ 화남　　　　　　④ 속상함
⑤ 부끄러움

**국어 활동**

**19** 글 **나**에서 일어난 일은 무엇입니까? (          )

① 아기별은 바위나리를 미워했다.
② 바위나리가 아기별을 하늘 위로 초대했다.
③ 바위나리와 아기별은 영영 만나지 못했다.
④ 아기별이 하늘 위로 올라가자 바위나리는 기뻤다.
⑤ 아기별이 하늘 위로 올라간 후 바위나리가 밤이 되기를 기다렸다.

**국어 활동**

**20** 알맞은 표기에 ○표 하시오.

> 할머니께서는 시장에 가셨다가 친구를 만나서 집에 늦게 오게 ( 됬다고, 됐다고 ) 하셨다.

# 서술형 문제

**01 ~ 03**

친구의 우산을 함께 쓰고 왔다.

미안해서
내가 비를 더 맞으려고
어깨를 우산 밖으로 내놓으면
친구가 우산을 내 쪽으로
더 기울여 주었다.

빗속을
우리는 나란히 걸었다.

좁은 길에선 일부러
내가 빗물 고인 자리를 디뎠다.
그걸 알았는지 친구는 나를
제 쪽으로 가만히 당겨 주는 것이었다.

**01** '내'가 비를 더 맞으려고 어깨를 우산 밖으로 내놓았을 때 친구가 한 행동은 무엇인지 쓰시오.

**02** 좁은 길에서 친구를 위해 '내'가 한 행동은 무엇인지 쓰시오.

**03** 이 시에서 감동이 느껴지는 까닭을 쓰시오.

**04 ~ 05**

**가** 다음 날은 친구들의 생각을 엿들을 수 있었어. 동환이 옆을 지나자 동환이의 생각이 쑥덕쑥덕 들렸어.

'아이참, 왜 자꾸 방귀가 나오지? 아침에 고구마를 너무 많이 먹었나? 앗! 또 나오려고 한다. 이키.'

만복이는 코를 막고 키득키득 웃었어. 그러자 동환이가 만복이의 눈치를 살폈어.

'어, 만복이가 눈치챘나? 분명히 친구들한테 다 소문낼 거야. 어떻게 하지?'

만복이는 입이 간질간질한 걸 꾹 참았어. 다른 때 같으면 방귀쟁이라고 여기저기 떠벌리고 다녔을 거야. 하지만 부끄러워하는 동환이의 마음을 알자 그러고 싶은 마음이 싹 사라졌어.

**나** 은지 옆을 지나자 은지의 생각이 쑥덕쑥덕 들렸어.

'애들이 날 싫어하나 봐. 나한테 말도 잘 안 걸고……. 친구들이 함께 놀자고 하면 얼마나 좋을까?'

은지의 고민을 알자 만복이는 그냥 지나칠 수가 없었어. ㉠만복이는 은지한테 먼저 다가가서 말을 걸어 주었어.

**04** 만복이가 동환이를 방귀쟁이라고 놀리지 않은 까닭은 무엇인지 쓰시오.

**05** 만복이가 ㉠과 같이 행동한 까닭은 무엇인지 쓰시오.

# 수행 평가

 **10. 문학의 향기**

학습 주제 재미있게 읽었거나 감동받은 책 소개하기 　　배점 20점

학습 목표 재미있게 읽었거나 감동받은 책을 소개해 봅시다.

**1** 소개할 책 제목이 무엇인지 쓰시오.

**2** 소개하고 싶은 까닭이 무엇인지 쓰시오.

**3** 읽은 책과 관련해 소개하고 싶은 것에 ○표 하시오.

| 줄거리 | 소개하는 까닭 | 지은이 | 재미를 느낀 부분 |
|---|---|---|---|
| 감동받은 부분 | 출판사 | 책 분량 | 그림 |

**4** 재미있게 읽었거나 감동받은 책을 소개하는 글을 쓰시오.

# 만점왕

## 통합본 국어 3-1

# EBS

EBS 초등
인터넷·모바일·TV
**무료 강의 제공**

초｜등｜부｜터 **EBS**

바쁜 초등학생을 위한
국·사·과 교과서 완전 학습서

# 만점왕

## 사회 3-1

### 통합본

# 만점왕 통합본

## 사회 3-1

# 구성과 특징

**개념책**

교과서 개념을 충실하게 반영하였으며 실전 문제로 교과 학습을 완벽하게 이해할 수 있도록 내용을 구성하였습니다.

**단원 평가**

다양한 문제를 풀어보며 자신의 학습 상태를 점검하고 학교 단원 평가에 대비할 수 있도록 내용을 구성하였습니다.

## 1 교과서 개념 익히기

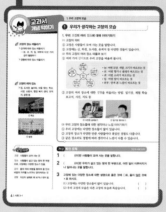

## 2 실전 문제

**1** 자세한 개념 설명과 그림을 통해 교과서 내용을 분명하게 파악할 수 있습니다.

**2** 앞서 배운 개념과 관련된 문제를 풀어보며 주요 내용을 꼼꼼하게 확인할 수 있습니다.

**3** 꼭 알아야 할 단원의 핵심 개념을 한 페이지로 확인할 수 있습니다.

**4** 단원을 정리하는 문제를 풀어보며 실력을 점검, 보완할 수 있습니다.

## 3 단원 정리

## 4 단원 정리 평가

## 5 서술형 문제

## 6 수행 평가

**5,6** 각 단원에서 익힌 내용을 활용하여 학교 시험의 서술형 문제와 수행평가에 대비할 수 있습니다.

# 차례

**1 우리 고장의 모습**

❶ 우리가 생각하는 고장의 모습      4

❷ 하늘에서 내려다본 고장의 모습      10

**2 우리가 알아보는 고장 이야기**

❶ 우리 고장의 옛이야기      24

❷ 우리 고장의 문화유산      30

**3 교통과 통신 수단의 변화**

❶ 교통수단의 발달과 생활 모습의 변화      44

❷ 통신 수단의 발달과 생활 모습의 변화      50

# ① 우리가 생각하는 고장의 모습

## 1. 우리 고장의 여러 장소에 대해 이야기하기

(1) 고장의 의미

① 고장은 사람들이 모여 사는 곳을 말합니다.

② 고장에는 산, 하천, 도서관, 유적지 등 다양한 것들이 있습니다.

(2) 우리 고장의 여러 장소 떠올려 보기

① 여러 가지 감각으로 우리 고장을 떠올려 봅니다.

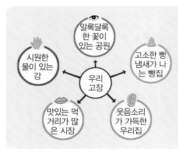

- 눈: 어떤 모양, 색깔, 크기가 떠오르는 것
- 코: 어떤 향기나 냄새가 떠오르는 것
- 귀: 어떤 소리가 떠오르는 것
- 입: 어떤 맛이 떠오르는 것
- 피부: 만져 본 느낌이 떠오르는 것

② 고장의 여러 장소에 대한 경험을 떠올리는 방법: 일기장, 체험 학습 보고서, 사진, 지도 등

⬣ 사진첩 살펴보기　　　　⬣ 일기장 찾아보기

(3) 우리 고장의 장소들에 대한 생각이나 느낌 이야기하기

① 우리 고장에는 다양한 장소들이 많이 있습니다.

② 고장의 장소가 다양한 만큼 사람들마다 겪었던 경험도 다릅니다.

③ 같은 장소라도 경험에 따라 생각이나 느낌이 다를 수 있습니다.

---

### 고장의 장소 떠올리기

▶ 감각에 따라 장소 떠올리기
→ 눈, 코, 귀, 입, 피부의 다섯 가지 감각 활용하기

▶ 경험에 따라 장소 떠올리기

### 고장의 여러 장소

▶ 집, 도서관, 놀이터, 마을 뒷산, 학교, 시장, 소방서, 행정 복지 센터, 유적지, 공원 등

⬣ 학교

⬣ 병원

---

### 낱말 사전

고장　사람들이 모여 사는 곳

장소　사람들이 살고 있는 땅의 한 부분으로, 고장에는 다양한 장소가 있음.

감각　몸의 여러 부분을 통하여 몸 안과 바깥의 자극을 느끼거나 알아차리는 것

경험　자신이 실제로 해 보거나 겪어 봄.

---

## 개념 확인 문제

정답과 해설 33쪽

**1** (　　　　)(이)란 사람들이 모여 사는 곳을 말합니다.

**2** (　　　　)(이)란 우리가 살고 있는 땅의 한 부분으로, 어떤 일이 이루어지거나 일어나는 곳을 말합니다.

**3** 고장에 있는 다양한 장소에 대한 설명으로 옳은 것에 ○표, 옳지 않은 것에 ×표 하시오.

(1) 고장에는 다양한 장소들이 많이 있습니다. 　　　　　　　( 　　 )

(2) 우리 고장의 모습은 다른 고장의 모습과 똑같습니다. 　　( 　　 )

## 2. 머릿속에 떠오르는 우리 고장의 모습 그리기

(1) 우리 고장의 심상 지도 그리기

① 심상 지도란 머릿속에 있는 고장의 모습을 지도처럼 그려서 나타낸 것을 말합니다.

② 심상 지도에 들어가는 내용: 자신이 잘 아는 장소, 자주 찾는 장소, 좋아하는 장소, 알리고 싶은 장소, 새롭게 달라진 장소 등

③ 우리 고장의 심상 지도를 그리는 방법

| 집과 학교를 먼저 그립니다. | ➡ | 집에서 학교까지 가는 길에 있는 장소들을 그립니다. | ➡ | 우리 고장의 다른 장소들을 그립니다. |

④ 완성된 심상 지도에 나의 생각과 느낌을 넣어서 꾸밉니다.

(2) 우리 고장의 모습 그리기

① 고장의 모습을 나타낼 장소 정하기

② 고장의 모습을 그리는 방법
- 장소의 모습을 떠올리며 자유롭게 그립니다.
- 떠오르는 장소를 중심으로 그리며, 위치는 정확하지 않아도 됩니다.

**1**
**단원**

### 🖉 고장의 모습을 그릴 때 주의할 점

❯ 건물 모습까지 자세히 그릴 필요는 없습니다.

❯ 여러 장소를 그려도 되고, 한 곳을 중심으로 그려도 됩니다.

❯ 장소의 대략적인 방향과 위치를 생각하며 그립니다.

❯ 상상 속의 장소가 아닌 고장의 실제 있는 장소들을 중심으로 그립니다.

### 🖉 완성된 심상 지도에 나의 생각과 느낌을 표현하는 방법

❯ 장소를 떠올렸을 때 생각나는 감정을 붙임 딱지로 붙여 줍니다.

❯ 장소에서 겪었던 경험이나 생각, 느낌을 메모지에 적어 장소 근처에 붙여 봅니다.

---

**4** (          )(이)란 머릿속에 있는 고장의 모습을 지도처럼 그려 나타낸 것입니다.

**5** 고장의 모습을 그리는 방법을 관련된 것끼리 바르게 연결하시오.

(1) 건물 모습을 자세하게 그려야 하나요? • • ㉠ 떠오르는 장소를 중심으로 그리면 됩니다.

(2) 고장에 있는 모든 장소를 그려야 하나요? • • ㉡ 장소의 모습을 떠올리며 자유롭게 그립니다.

(3) 장소의 위치가 정확하지 않아도 되나요? • • ㉢ 장소의 대략적인 방향과 위치를 생각합니다.

### 낱말 사전 🐱

위치 일정한 곳에 자리를 차지하는 것으로 물체가 놓여있는 장소를 의미하는 공간

방향 어떤 곳을 향하는 쪽으로, 지도에서 방향은 크게 동쪽, 서쪽, 남쪽, 북쪽으로 나눠짐.

교과서
개념 익히기

✏️ **우리 고장의 모습을 그린 심상 지도 비교하기**

▶ 나의 그림에 있는 장소가 친구의 그림에도 있을 수 있지만, 위치, 크기, 모양, 색깔 등이 서로 다를 수 있습니다.

▶ 같은 건물의 위치, 크기, 모양, 색깔 등이 어떻게 다른지 비교해 봅니다.

✏️ **두 그림의 공통점과 차이점을 알아볼 수 있는 질문**

▶ 두 친구의 그림에 모두 있는 장소는 어디인가요?

▶ 한 친구의 그림에만 있는 것은 무엇인가요?

▶ 두 친구가 그린 장소의 위치나 크기는 어떠한가요?

▶ 두 친구가 그린 장소의 모양이나 색깔은 어떠한가요?

## 3. 우리 고장의 모습을 그린 그림 비교하기

(1) 비교하는 방법

① 두 그림에 공통적으로 있는 건물이나 자연의 모습(산, 강, 바다, 하천 등)을 찾아 그 위치, 크기, 모양, 색깔 등을 비교합니다.
② 두 그림 중 어느 한 그림에만 있는 건물이나 자연의 모습을 찾아봅니다.
③ 두 그림에서 장소의 위치, 크기, 모양, 색깔 등을 비교합니다.

| 공통점 찾기 | 차이점 찾기 |
|---|---|
| • 같은 장소 찾기<br>• 모양과 위치가 비슷한 장소 찾기 | • 어느 한 그림에만 있는 장소 찾기<br>• 같은 곳이지만 모양과 위치가 다른 장소 찾기 |

④ 장소를 중심으로 비교하기, 같은 장소를 비슷한 위치에 그렸는지 비교하기, 같은 장소 주변에 어떤 곳을 그렸는지 비교하기 등이 있습니다.

(2) 우리 고장의 모습을 그린 심상 지도를 통해 알 수 있는 점
① 사람마다 생각하는 고장의 모습이 다양합니다.
② 각자 그린 고장의 모습은 공통점도 있고, 차이점도 있습니다.
③ 사람마다 그린 고장의 모습과 방법이 다릅니다.
④ 사람마다 고장에서 겪은 경험이 다릅니다.
⑤ 고장에 대한 생각과 느낌이 서로 다릅니다.

🐱 **낱말 사전**

비교   둘 이상의 사물을 견주어 공통점과 차이점 등을 찾는 일

공통점   여럿 사이에 두루 통하는 점

차이점   서로 같지 아니하고 다른 점

## 개념 확인 문제

정답과 해설 33쪽

**6** 우리 고장의 모습을 그린 그림을 (          )하면 각자 그린 고장의 모습은 공통점도 있고 차이점도 있음을 알 수 있습니다.

**7** 우리 고장의 모습을 그린 그림을 비교하는 방법으로 옳은 것에 ○표, 옳지 않은 것에 ×표 하시오.
(1) 두 그림에서 장소의 모양, 색깔, 가격을 비교합니다.                                    (          )
(2) 두 그림에 공통적으로 있는 장소를 찾아볼 필요는 없습니다.        (          )
(3) 두 그림 중 어느 한 그림에만 있는 자연의 모습을 찾아봅니다.    (          )

## 4. 우리 고장에 대한 생각과 느낌 이야기하기

(1) 우리 고장에 대한 생각과 느낌을 이야기하는 방법

① 공통으로 그려진 장소를 이야기해 봅니다.

② 서로 다르게 그려진 장소를 이야기해 봅니다.

③ 심상 지도를 비교하면서 우리 고장에 대해 어떤 생각을 가지게 되었는지 이야기해 봅니다.

같은 고장에 살고 있지만 그림이 서로 다르네?

맞아, 공통점도 있고 차이점도 있어.

여러 장소를 그린 친구도 있고, 한 곳을 중심으로 그린 친구도 있어.

(2) 우리 고장에 대한 생각과 느낌을 이야기하기

① 고장의 모습을 그린 그림을 보며, 궁금한 점을 묻고 답합니다.

② 장소와 관련된 경험을 물어볼 수 있습니다.

③ 고장에 관한 생각과 느낌은 각자의 경험에 따라 다를 수 있으므로, 서로 다른 생각과 느낌을 존중해야 합니다.

(3) 우리 고장에 대한 생각이나 느낌이 다를 수 있는 까닭

① 사람마다 경험하는 것이 다르기 때문입니다.

② 사람에 따라 관심 있는 것이 다르기 때문입니다.

(4) 우리 고장에 대한 생각과 느낌 공유하기: 친구들과 고장에 대한 생각과 느낌을 이야기하면 우리 고장의 모습을 더 잘 이해할 수 있습니다.

✏️ **내가 그린 고장의 모습과 친구가 그린 고장의 모습에 공통점도 있고 차이점도 있는 까닭**

▶ 같은 고장에 살면서 비슷한 경험을 했기 때문에 공통점이 있습니다.

▶ 사람들마다 보고 듣는 것의 차이가 있을 뿐만 아니라 표현하는 방법도 다릅니다.

✏️ **고장에 대한 생각과 느낌을 공유하기**

▶ 공통적으로 그려진 장소를 찾고, 서로 다르게 그려진 장소를 찾아봅니다. 심상 지도를 비교하면서 우리 고장을 더 잘 이해할 수 있습니다.

→ 같은 장소를 그렸지만 모양, 크기, 색깔, 위치 등이 다를 수 있습니다.

**8** 우리 고장에 대한 생각이나 느낌이 서로 다를 수 있는 까닭으로 옳은 것에 ○표, 옳지 않은 것에 ×표 하시오.

(1) 사람마다 경험하는 것이 다르기 때문입니다. ( )

(2) 사람에 따라 관심 있는 것이 다르기 때문입니다. ( )

**9** 고장에 대한 서로 다른 생각이나 느낌을 ( )해야 합니다.

**낱말 사전**

존중 상대를 높이어 귀중하게 대함.

공유 두 사람이 이상이 한 물건을 공동으로 소유함.

**01** 다음 그림에서 고장의 장소를 떠올리기 위해 이용한 자료는 무엇입니까? (　　　)

① 음악　　　② 지도　　　③ 사진
④ 일기장　　⑤ 체험 학습 보고서

**02** 다음 밑줄 친 '이곳'에 들어갈 알맞은 장소는 어디입니까? (　　　)

이곳은 내가 아플 때 치료해 준 고마운 곳이야. 며칠 전에는 예방 접종을 하러 갔어.

①
⬆ 병원

②
⬆ 소방서

③
⬆ 시청

④
⬆ 학교

**03** 집에서 학교까지 가는 길을 심상 지도로 나타낼 때 그리는 방법을 순서대로 기호를 쓰시오.

㉠ 집과 학교를 먼저 그린다.
㉡ 우리 고장의 다른 장소를 그린다.
㉢ 집에서 학교까지 가는 길에 있는 장소들을 그린다.

(　　　　　　　)

**04** 다음에서 이야기하고 있는 고장의 장소를 찾아 ○표 하시오.

수정: 내가 좋아하는 책이 많아서 참 좋아.
주영: 나는 책을 읽어 주는 행사에 참여했어.
민재: 책을 빌려 와서 집에서 읽을 수도 있어.

(1) 　　　(2)
(　　　)　　　　　　(　　　)

**05** 우리 고장의 모습을 그림으로 그릴 때 다음의 장소를 그리려고 하는 까닭으로 알맞은 것은 어느 것입니까? (　　　)

• 학교　　• 도서관　　• 우리 집

① 자주 찾는 장소이기 때문에
② 사람이 없는 장소이기 때문에
③ 잘 알지 못하는 장소이기 때문에
④ 새롭게 달라진 장소이기 때문에
⑤ 평소에 가 보지 못한 장소이기 때문에

**06** 고장의 모습을 그릴 때 주의할 점으로 알맞지 않은 것은 어느 것입니까? (　　　)

① 상상 속의 장소를 그려 본다.
② 한 곳을 중심으로 그려도 된다.
③ 떠오르는 장소를 중심으로 그리면 된다.
④ 장소의 모습을 떠올리며 자유롭게 그린다.
⑤ 장소의 대략적인 방향과 위치를 생각하며 그려 본다.

[07~08] 다음은 우리 고장의 모습을 그린 그림입니다. 물음에 답하시오.

(가)

(나)

**07** (가), (나) 그림에 공통적으로 있는 장소가 아닌 곳은 어디입니까? ( )
① 학교　　　　　② 공원
③ 우체국　　　　④ 소방서
⑤ 행정 복지 센터

**08** (가) 그림에만 있고, (나) 그림에는 없는 자연의 모습을 보기 에서 모두 골라 기호를 쓰시오.

> 보기
> ㉠ 연두산　　㉡ 파랑천　　㉢ 초록산

( )

**09** 각자 그린 심상 지도를 보며 고장에 대한 생각이나 느낌을 이야기할 때, 바른 태도로 말한 사람은 누구인지 쓰시오.

> 선영: 학교가 가장 중요한 장소인데 심상 지도에서 왜 빠뜨렸어?
> 문수: 놀이터가 심상 지도의 가운데에 있네. 크기도 너무 크고, 이렇게 그리면 안돼!
> 수연: 공원에 대한 생각이나 느낌이 나와는 다르지만 너희들의 의견도 중요해.

( )

**10** 고장의 모습을 그린 심상 지도를 통해 알 수 있는 점으로 알맞지 않은 것은 어느 것입니까? ( )
① 각자 그린 고장의 모습을 모두 같다.
② 우리 고장은 여러 장소로 이루어져 있다.
③ 같은 장소를 저마다 다르게 표현할 수 있다.
④ 사람마다 생각하는 고장의 모습은 다양하다.
⑤ 사람마다 고장에서 겪은 경험이 다를 수 있다.

**11** 각자 그린 고장의 모습을 보며 생각이나 느낌을 이야기할 때, 바른 태도로 알맞은 것은 어느 것입니까? ( )
① 자연의 모습을 많이 그릴수록 좋다.
② 나와 같은 것을 그린 친구만 칭찬한다.
③ 나와 다르게 그린 친구와는 이야기하지 않는다.
④ 고장에 대한 서로 다른 생각과 느낌을 존중한다.
⑤ 모든 친구들이 같은 장소를 나타내는 것이 중요하다.

**12** 다음은 우리 고장에 있는 장소에 대한 생각과 느낌을 이야기한 것입니다. ㉠에 들어갈 알맞은 말은 무엇입니까? ( )

> 지영: 초록산에 올라가면 산 정상에서 우리 마을이 다 보여. 그래서 가족들하고 주말마다 산책을 해.
> 상형: 초록산으로 현장 체험 학습을 다녀왔어. 다양한 식물들을 관찰했지.
> 현택: 초록산은 마을 행사를 하는 곳이야. 그래서 초록산을 떠올리면 설레고 즐거워.

 우리 고장에 대한 생각과 느낌은 각자의 ( ㉠ )에 따라 서로 다를 수 있어.

① 건강　　　② 경험　　　③ 나이
④ 성별　　　⑤ 태어난 곳

교과서 개념 익히기

## ② 하늘에서 내려다본 고장의 모습

### 1. 우리 고장의 모습을 살펴보는 다양한 방법
(1) 높은 곳에 올라가서 살펴보기
(2) 우리나라의 지도 살펴보기
(3) 우리 고장의 안내도 살펴보기
(4) 드론을 이용하여 살펴보기
(5) 디지털 영상 지도로 살펴보기

△ 높은 곳에 올라가서 살펴보기    △ 디지털 영상 지도

### 2. 디지털 영상 지도를 이용하여 우리 고장 살펴보기
(1) 디지털 영상 지도
① 항공 사진과 위성 영상 정보를 이용해 만들었습니다.
② 디지털 영상 지도를 이용하면 우리 고장의 전체적인 모습을 하늘에서 내려다본 것처럼 살펴볼 수 있습니다.

△ 항공 사진    △ 위성 영상 정보

---

### 📝 인공위성
▸ 행성의 둘레를 도는 인공적인 물체로 통신, 방송, 기상, 과학, 지구 관측, 군사 등의 다양한 정보를 알려 줍니다.
▸ 인공위성에는 성능이 뛰어난 카메라가 설치되어 있어서 지구와 멀리 떨어진 우주에서도 선명한 영상을 찍을 수 있습니다.

### 📝 디지털 영상 지도의 이용
▸ 인터넷 지도에서 길 찾기
▸ 운전할 때 길 도우미 이용하기
▸ 스마트폰 지도에서 위치 찾기

---

### 낱말 사전

드론  사람이 타지 않고 무선 전파의 유도에 의해서 비행하는 비행기나 헬리콥터 모양의 비행체

디지털 영상 지도  비행기나 인공위성에서 찍은 사진을 이용해서 만든 지도

항공 사진  비행기 등에서 땅 위의 모습을 찍은 사진

---

### 개념 확인 문제
정답과 해설 33쪽

**1** (                )(이)란 비행기나 인공위성에서 찍은 사진을 이용해서 만든 지도를 말합니다.

**2** (          )(이)란 비행기 등에서 땅 위의 모습을 찍은 사진을 말합니다.

**3** 우리 고장의 실제 모습을 살펴보는 방법으로 옳은 것에 ○표, 옳지 <u>않은</u> 것에 ×표 하시오.
(1) 높은 곳에 올라가서 고장의 모습을 살펴봅니다.　　　　　(　　)
(2) 한적하고 낮은 건물 안에서 고장의 모습을 살펴봅니다.　　(　　)

(2) 디지털 영상 지도를 이용하는 방법

① 디지털 영상 지도의 이용: 컴퓨터, 스마트폰 등의 디지털 기기

② 국토 지리 정보원의 디지털 영상 지도를 이용하는 방법

| | | |
|---|---|---|
| 국토 지리 정보원 누리집에 접속합니다. | ➡ | [국토 정보 플랫폼]을 누릅니다. | ➡ |
| [국토 정보 맵] → [통합 지도 검색]을 차례로 누릅니다. | ➡ | 오른쪽 [지도 선택]에서 [영상 지도]를 누릅니다. |

위치 찾기 기능

이동 기능

지도의 종류 변환 기능

확대와 축소 기능

③ 디지털 영상 지도의 여러 기능

| 위치 찾기 기능 | 검색창에 찾고자 하는 장소를 입력하면 지도에서 위치를 찾을 수 있음. |
|---|---|
| 지도의 종류 변환 기능 | 원하는 지도를 누르면 지도의 종류를 바꿀 수 있음. |
| 이동 기능 | 마우스를 누른 채로 움직이면 지도 안에서 원하는 위치로 이동할 수 있음. |
| 확대와 축소 기능 | + 단추를 누르면 확대, − 단추를 누르면 축소할 수 있음. |

✏️ **종이로 된 지도가 아닌 디지털 영상 지도를 이용하면 좋은 점**

➤ 고장의 모습을 생생하게 볼 수 있습니다.

➤ 확대, 축소가 자유로워 전체의 모습뿐만 아니라 자세한 모습도 확인할 수 있습니다.

✏️ **국토 지리 정보원 누리집**

➤ www.ngii.go.kr

➤ map.ngii.go.kr

✏️ **디지털 영상 지도를 이용하면 좋은 점**

➤ 우리 고장의 위치를 쉽게 알 수 있습니다.

➤ 우리 고장의 모습을 생생하게 볼 수 있습니다.

➤ 우리 고장의 전체적인 모습과 자세한 모습을 비교해 볼 수 있습니다.

**4** 디지털 영상 지도의 기능과 역할을 관련된 것끼리 바르게 연결하시오.

(1) 이동 •

(2) 위치 찾기 •

(3) 확대, 축소 •

• ㉠ 자세히 보거나 폭넓게 볼 수 있음.

• ㉡ 지도 안에서 원하는 위치로 움직이기

• ㉢ 찾고자 하는 장소를 입력하여 지도에서 위치 찾기

**5** 디지털 영상 지도를 이용하면 우리 고장의 ( )적인 모습과 자세한 모습을 비교할 수 있어서 좋습니다.

**낱말 사전**

디지털 기기  컴퓨터, 휴대 전화 등 각종 첨단 기계를 일컫는 것

누리집  인터넷 홈페이지의 순우리말

### 고장을 대표하는 다양한 랜드마크

- 부산 – 광안 대교
- 서울 – N서울 타워, 숭례문
- 경주 – 첨성대
- 수원 – 수원 화성

### 문화유산

- 우리 조상 대대로 전해 내려온 문화 중에서 다음 세대에 물려줄 만한 가치가 있는 것을 말합니다.
- 문화유산에는 눈에 보이는 유형 문화유산과 눈에 보이지 않는 무형 문화유산이 있습니다.

### 백지도

산, 하천, 철길 등의 밑그림만 그려져 있는 지도로, 고장의 지형지물을 표현하기 좋습니다.

## 3. 디지털 영상 지도로 우리 고장의 주요 장소 살펴보기

(1) 주요 장소

① 여러 장소 중에서 눈에 잘 띄거나 여러 사람이 자주 찾는 곳입니다.

② 고장의 여러 가지 지형지물 중에서 대표적인 것을 랜드마크라고 합니다.

(2) 고장의 주요 장소를 찾는 방법

① 주제 정하기

② 주제와 관련된 장소를 디지털 영상 지도에서 찾아보기

③ 찾아본 장소를 비교하며 이야기하기

| 주제 | 고장의 주요 장소 |
|---|---|
| 사람들의 생활을 편리하게 도와주는 곳 | 병원, 소방서, 행정 복지 센터 등 |
| 다른 고장으로 이동할 때 이용하는 곳 | 기차역, 지하철역, 공항 등 |
| 자연과 관련 있는 곳 | 산, 강, 하천, 호수 등 |
| 문화유산이나 유명한 관광지가 있는 곳 | 유적지, 놀이공원, 박물관 등 |
| 물건을 사고파는 곳 | 시장, 대형 할인점 등 |

## 4. 우리 고장의 주요 장소를 백지도에 나타내기

(1) 우리 고장의 주요 지형지물을 백지도에 나타내면 고장의 모습을 쉽게 파악할 수 있습니다.

(2) 고장의 주요 장소를 백지도에 나타내는 방법

| 1단계 | 우리 고장의 여러 장소 중에서 백지도에 나타내고 싶은 장소 정하기 |
|---|---|
| 2단계 | 선택한 장소들의 위치를 디지털 영상 지도에서 찾아보기 |
| 3단계 | 우리 고장의 주요 장소들을 백지도에 표시하기 |
| 4단계 | 주요 장소에 대한 생각과 느낌을 다양한 방법으로 표현하여 백지도 완성하기 |

### 낱말 사전

지형지물 산, 하천, 바다, 강 등 땅의 생김새와 땅 위에 있는 모든 물체를 이르는 말

랜드마크 고장의 여러 가지 지형지물 중에서 눈에 띄는 대표적인 것

행정 복지 센터 지역 주민들의 행정 업무와 민원 업무를 처리하는 기관으로, 고장의 일을 맡아서 함.

### 개념 확인 문제

정답과 해설 33쪽

**6** 주요 ( )은/는 눈에 잘 띄거나 여러 사람이 자주 찾는 곳입니다.

**7** 사람들의 생활을 ( )하게 도와주는 장소에는 병원, 소방서, 경찰서, 행정 복지 센터, 은행 등이 있습니다.

**8** ( )(이)란 산, 하천, 철길 등의 밑그림만 그려져 있는 지도입니다.

## 5. 우리 고장 소개하기

(1) 우리 고장에 대한 정보를 수집하는 방법

① 시 · 군 · 구청 누리집에서 찾아봅니다

② 고장의 안내 책자를 살펴봅니다.

③ 우리 고장을 잘 알고 있는 어른과 면담합니다.

④ 우리 고장을 답사합니다.

▲ 시 · 군 · 구청 누리집에서 찾아보기

▲ 안내 책자 살펴보기

▲ 고장 어른과 면담하기

▲ 답사하기

(2) 우리 고장의 자랑할 만한 장소가 되기 위한 조건

① 고장에서 많은 사람들이 찾는 곳

② 고장 사람들이 좋아하는 곳

③ 역사적으로 중요하거나 경치가 아름답고 특별한 의미를 가진 곳

④ 다른 고장 사람들도 인정할 만한 특징이 있는 곳

(3) 우리 고장을 소개하는 방법

① 우리 고장을 소개하는 신문 만들기

② 우리 고장의 안내도 만들기

③ 우리 고장의 안내 책자 만들기

### 📝 고장의 안내도

▶ 고장에서 자랑할 만한 장소의 모습이나 위치가 담겨 있고, 고장의 랜드마크를 확인할 수 있습니다.

▶ 우리 고장을 다른 고장 사람들에게 소개할 때 고장의 안내도를 이용할 수 있습니다.

### 📝 지역 화폐 속 고장의 유명한 장소

충청남도 논산시에서는 탑정호 출렁다리, 경기도 성남시에서는 탄천, 부산광역시는 광안 대교를 지역 화폐의 디자인에 활용했습니다.

**9** 고장에 대한 정보를 수집하는 방법을 바르게 연결하시오.

(1) 고장 어른과 면담하기

(2) 안내 책자 살펴보기

(3) 누리집에서 찾아보기

㉠

㉡

㉢

**10** 우리 고장에 대한 정보를 수집하는 방법 중 현장에 직접 가서 정보를 수집하는 방법을 (　　　　)(이)라고 합니다.

### 낱말 사전 😺😺

면담　서로 만나서 얼굴을 보고 이야기하는 것으로, 알고 싶은 내용을 알아보기 위하여 얼굴을 마주하고 이야기해서 정보를 수집함.

답사　현장에 가서 직접 보고 조사하는 것

지역 화폐　어느 한 고장이나 지역에서만 사용할 수 있는 화폐

# 실전 문제

**01** 다음과 같이 고장의 모습을 살펴보는 방법은 무엇입니까? (　　)

① 우리나라의 지도 살펴보기
② 드론을 이용하여 살펴보기
③ 우리 고장의 안내도 살펴보기
④ 디지털 영상 지도로 살펴보기
⑤ 높은 곳에 올라가서 살펴보기

**02** 다음 (　　) 안에 들어갈 알맞은 말을 보기 에서 골라 기호를 쓰시오.

보기
　㉠ 고장　　㉡ 안내도　　㉢ 인공위성

　비행기나 (　　　)에서 찍은 사진을 이용해서 만든 지도를 디지털 영상 지도라고 한다.

(　　　　　)

**03** 디지털 영상 지도에 대한 설명으로 알맞은 것을 보기 에서 모두 골라 기호를 쓰시오.

보기
㉠ 고장의 위치를 파악할 수 있다.
㉡ 고장의 전체적인 모습을 알 수 있다.
㉢ 항공 사진을 이용해 선명하지 않다.

(　　　　　)

**04** 디지털 영상 지도에 대한 설명으로 알맞은 것은 어느 것입니까? (　　)

① 가격이 비싸고 사용하기 어렵다.
② 고장의 인구 수를 한눈에 알 수 있다.
③ 고장의 자세한 모습은 선명하게 보기 어렵다.
④ 우리 고장의 실제 모습을 생생하게 볼 수 있다.
⑤ 우리 고장의 어디에, 무엇이 있는지 쉽게 알 수 없다.

**05** 다음 대화를 볼 때 검색창에 들어갈 알맞은 장소는 어디입니까? (　　)

디지털 영상 지도의 검색창에 찾고자 하는 장소를 입력하면 지도에서 위치를 찾을 수 있어.

많은 사람들이 물건을 사고파는 곳을 주제로 고장의 주요 장소를 찾으려고 할 때 검색할 장소는 어디일까?

① 시장　　　② 유적지　　　③ 박물관
④ 버스 터미널　⑤ 행정 복지 센터

**06** 우리 고장의 자랑할 만한 장소로 알맞지 않은 것은 어느 것입니까? (　　)

① 경치가 아름다운 산
② 고장의 먹거리를 파는 시장
③ 관광객이 많이 오는 관광지
④ 문화유산으로 지정된 유적지
⑤ 교통이 혼잡한 버스 터미널 근처

**07** 다음 대화를 읽고 살펴본 고장의 주요 장소로 알맞지 <u>않은</u> 것은 무엇입니까? (　　　)

고장의 주요 장소란 무엇일까요?

눈에 잘 띄거나 사람들이 자주 찾는 곳을 말해요.

① 산　　　　② 강　　　　③ 학교
④ 시장　　　⑤ 우리 집

**08** 다음에서 설명하는 것은 무엇입니까? (　　　)

산, 하천, 바다, 강 등 땅의 생김새와 도로, 건물 등 땅 위에 있는 모든 물체를 말한다. 이 중에서 눈에 띄는 대표적인 것을 랜드마크라고 한다. 부산의 '광안 대교', 서울의 'N 서울 타워' 등이 있다.

① 백지도　　　　　② 지형지물
③ 항공 사진　　　　④ 고장 안내도
⑤ 디지털 영상 지도

☆☆☆
**09** 다음과 같이 산, 강, 철길, 큰길 등의 밑그림만 그려져 있는 지도를 무엇이라 하는지 쓰시오.

춘천역
중앙 로터리

(　　　　　　　　)

**10** 고장의 주요 장소를 백지도에 나타내는 방법을 순서대로 기호를 쓰시오.

ㄱ 우리 고장의 주요 장소들을 백지도에 표시하기
ㄴ 선택한 장소들의 위치를 디지털 영상 지도에서 찾아보기
ㄷ 우리 고장의 여러 장소 중에서 백지도에 나타내고 싶은 장소 정하기
ㄹ 주요 장소에 대한 생각과 느낌을 다양한 방법으로 표현하여 백지도 완성하기

(　　　　　　　　)

**11** 우리 고장에 대한 정보를 수집하는 방법을 **보기**에서 모두 골라 기호를 쓰시오.

**보기**
ㄱ 고장의 안내 책자 살펴보기
ㄴ 우리 고장의 누리집 찾아보기
ㄷ 다른 고장에 사는 친구에게 물어보기

(　　　　　　　　)

**12** 우리 고장을 소개하는 방법으로 알맞지 <u>않은</u> 것은 어느 것입니까? (　　　)
① 디지털 영상 지도 만들기
② 우리 고장의 안내도 만들기
③ 우리 고장의 안내 책자 만들기
④ 우리 고장의 장소 카드 만들기
⑤ 우리 고장을 소개하는 신문 만들기

# 단원 정리

## 1 우리가 생각하는 고장의 모습

### 1 고장의 여러 장소

| ( ㉠ )의 의미 | • 사람들이 모여 사는 곳<br>• 고장의 주요 장소는 사람들의 눈에 잘 띄거나 여러 사람이 자주 찾는 곳임. |
|---|---|
| 여러 장소를 떠올려 보는 방법 | • 여러 가지 ( ㉡ )으로 떠올리기: 색, 냄새, 소리, 맛, 만져 본 느낌으로 장소 떠올리기<br>• 일기장, 체험 학습 보고서, 사진, 지도 등을 이용하여 경험 떠올리기 |

### 2 우리 고장의 심상 지도 그리기

| 심상 지도의 의미 | 사람들이 생각하는 우리 고장의 모습을 지도처럼 그려서 나타낸 것 |
|---|---|
| 심상 지도에 들어가는 내용 | • 자신이 잘 아는 장소<br>• 자주 찾는 장소<br>• 좋아하는 장소<br>• 알리고 싶은 장소<br>• 새롭게 달라진 장소 |
| 주의할 점 | • 건물 모습까지 자세히 그릴 필요는 없음.<br>• 여러 장소를 그려도 되고, 한 곳을 중심으로 그려도 됨.<br>• 장소의 대략적인 방향과 ( ㉢ )를 생각하며 그려야 함.<br>• 실제 장소들을 중심으로 그려야 함. |

### 3 우리 고장의 모습을 그린 심상 지도를 통해 알 수 있는 점

① 사람마다 생각하는 고장의 모습이 다양합니다.
② 각자 그린 고장의 모습은 공통점도 있고, 차이점도 있습니다.
③ 사람마다 고장에서 겪은 경험이 다릅니다.
④ 고장에 대한 생각과 느낌을 ( ㉣ )해야 합니다.

## 2 하늘에서 내려다본 고장의 모습

### 1 고장의 실제 모습을 살펴보는 방법

① 높은 곳에 올라가서 살펴보기
② 우리 고장의 안내도 살펴보기
③ 디지털 영상 지도로 살펴보기

### 2 디지털 영상 지도

| 의미 | 항공 사진과 위성 영상 정보를 이용해 만든 지도 |
|---|---|
| 특징 | • 비행기 등에서 땅 위의 모습을 찍은 사진인 항공사진은 높은 곳에서 땅 위의 모습을 선명하게 찍음.<br>• 사람이 만들어서 우주로 쏘아 올린 비행 물체인 인공위성에서 찍은 사진은 지구 곳곳의 모습을 잘 보여 줌. |

### 3 디지털 영상 지도를 이용하면 좋은 점

① 우리 고장의 위치를 쉽게 알 수 있습니다.
② 우리 고장의 전체적인 모습과 자세한 모습을 비교해 볼 수 있습니다.

### 4 우리 고장의 주요 장소를 백지도에 나타내는 방법

• ( ㉤ ): 산, 하천, 철길 등의 밑그림만 그려져 있는 지도

| 1단계 | 백지도에 나타내고 싶은 장소 정하기 |
|---|---|
| 2단계 | 선택한 장소들의 위치를 ( ㉥ )에서 찾아보기 |
| 3단계 | 고장의 주요 장소들을 백지도에 표시하기 |
| 4단계 | 주요 장소에 대한 생각과 느낌을 다양한 방법으로 표현하여 백지도 완성하기 |

### 5 우리 고장에 대한 정보를 수집하는 방법

① 시·군·구청 누리집에서 살펴보기
② 고장의 안내 책자 살펴보기
③ 고장 어른과 면담하기
④ 고장 답사하기

**정답** ㉠ 고장 ㉡ 감각 ㉢ 위치 ㉣ 존중 ㉤ 백지도 ㉥ 디지털 영상 지도

# 단원 정리 평가

**01** 다음 그림의 어린이가 우리 고장을 떠올려 보았을 때 이용한 감각은 무엇입니까? ( )

> 학교에서 집에 가는 길에 항상 **빵집**을 지나. 빵집을 지날 때마다 고소한 버터향이 나.

① 눈          ② 코          ③ 입
④ 귀          ⑤ 피부

**02** 우리 고장에 대한 생각이나 느낌이 서로 다른 까닭으로 알맞은 것은 어느 것입니까? ( )

① 나이가 같기 때문에
② 좋아하는 것이 같기 때문에
③ 경험하는 것이 다르기 때문에
④ 같은 고장에 살고 있기 때문에
⑤ 가족 구성원의 수가 같기 때문에

**03** 다음 글의 ( ) 안에 공통으로 들어갈 알맞은 말은 무엇입니까? ( )

> • 머릿속에 있는 고장의 모습을 지도처럼 그려서 나타낸 것을 ( )(이)라고 한다.
> • ( )에는 자신이 잘 아는 장소, 좋아하는 장소, 자주 찾는 장소, 알리고 싶은 장소 등을 그릴 수 있다.

① 백지도          ② 인공위성
③ 심상 지도          ④ 고장 안내도
⑤ 디지털 영상 지도

**04** 다음 대화의 밑줄 친 부분에 들어갈 알맞은 말은 어느 것입니까? ( )

> 민주: 고장의 모습을 그리려고 하는데 고장에 있는 모든 장소를 모두 그려야 하나요?
> 선생님: _____

① 위치도 실제와 똑같이 그려야 해요.
② 건물 모습을 아주 자세히 그려야 해요.
③ 고장에 있는 모든 장소를 그려야 해요.
④ 장소의 대략적인 위치만 그리면 안 돼요.
⑤ 떠오르는 장소를 중심으로 그리면 돼요.

[05~06] 다음은 우리 고장의 모습을 나타낸 그림입니다. 물음에 답하시오.

**05** (가), (나) 그림을 비교한 내용으로 알맞은 것은 어느 것입니까? ( )

① 하늘천은 (가)에만 그려져 있다.
② 소망초는 (가)에만 그려져 있다.
③ (가), (나) 모두 시장이 그려져 있다.
④ 사람들이 생각하는 고장의 모습이 같다.
⑤ (가), (나) 모두 길과 도로를 그리지 않았다.

**06** (가), (나) 그림에 대한 설명 중 ( ) 안에 들어갈 말로 알맞지 <u>않은</u> 것은 무엇입니까? ( )

> 두 그림에 공통적으로 있는 소망초를 살펴보고 ( ) 등을 비교한다.

① 위치          ② 크기          ③ 모양
④ 색깔          ⑤ 가격

**07** 친구들이 그린 고장의 그림을 보고, 알 수 있는 사실로 알맞은 것에 ○표하시오.

(1) 사람마다 생각하는 고장의 모습이 다양하다.
( )

(2) 같은 고장에 살기 때문에 자연의 위치를 똑같이 생각한다. ( )

(3) 같은 고장에 살면서 비슷한 경험을 했기 때문에 공통점이 있다. ( )

**08** 다음 신문 기사와 관련 깊은 고장의 주요 장소는 어디입니까? ( )

> **문화의 달, 다양한 독서 행사 열려…**
>
> 문화의 달을 맞아 다양하고 풍성한 독서 프로그램이 고장의 주민들을 찾아간다. 지난해에 이어 책 속 인물에게 편지 보내기 등의 독서 프로그램이 준비되어 학생들의 참여를 기대하고 있다.

① 시장 ② 병원 ③ 도서관
④ 소방서 ⑤ 놀이터

**09** 우리 고장의 주요 장소에 대한 생각이나 느낌을 이야기할 때 바른 태도로 말한 사람은 누구인지 쓰시오.

 서로 다른 생각을 하다니 이해할 수 없어.
연수

 각자 경험이 달라서 느낌이 달라.
성균

( )

**10** 다음 글의 ( ) 안에 들어갈 알맞은 말을 보기에서 골라 쓰시오.

> **보기**
>
> 시기, 질투, 존중

> 사람마다 경험하는 것과 관심 있는 것이 다르기 때문에 고장에 대한 생각과 느낌이 다를 수 있습니다. 고장에 대한 서로의 생각과 느낌을 ( )하고 이해해야 한다.

( )

**11** 고장의 모습을 살펴보는 방법으로 알맞지 않은 것은 어느 것입니까? ( )
① 지도에서 살펴보기
② 낮은 곳에서 살펴보기
③ 고장 안내도 살펴보기
④ 드론을 이용하여 살펴보기
⑤ 디지털 영상 지도로 살펴보기

**12** 다음에서 설명하는 것은 무엇인지 쓰시오.

> 비행기나 인공위성에서 찍은 사진을 이용해서 만든 지도로, 고장의 전체적인 모습이나 고장의 위치를 알 수 있다.

( )

**13** 다음 대화를 보고 수정이가 설명하는 낱말은 무엇인지 쓰시오.

> 수정: 내가 퀴즈를 낼게.
> 주영: 좋아.
> 수정: 땅 위의 모습을 찍은 사진을 뭐라고 하지?
> 주영: 네 글자야?
> 수정: 응. 비행기를 타고 하늘 위에서 촬영한 거야. 디지털 영상 지도를 만들기 위한 자료이기도 해.

( )

**[14~15]** 다음 디지털 영상 지도를 보고, 물음에 답하시오.

**14** 위 지도를 보고 ㉠, ㉡에 들어갈 알맞은 말을 쓰시오.

> ＋ 단추를 누르면 ( ㉠ ) 기능을, － 단추를 누르면 ( ㉡ ) 기능을 이용할 수 있다.

㉠: (       ) ㉡: (       )

**15** 위 지도를 이용하는 알맞은 방법을 순서대로 기호를 쓰시오.

> ㉠ [국토 정보 플랫폼]을 누른다.
> ㉡ 국토 지리 정보원 누리집에 접속한다.
> ㉢ 오른쪽 [지도 선택]에서 [영상 지도]를 누른다.
> ㉣ [국토 정보 맵] → [통합 지도 검색]을 차례로 누른다.

(                )

**16** 디지털 영상 지도의 좋은 점으로 알맞지 않은 것은 어느 것입니까? (    )

① 고장의 위치를 쉽게 알 수 있다.
② 고장의 모습을 정확하게 알 수 있다.
③ 고장의 전체적인 모습을 볼 수 있다.
④ 휴대하기 어려워서 사용하기 쉽지 않다.
⑤ 디지털 기기를 통해 편리하게 이용할 수 있다.

**17** 다음 고장의 주요 장소와 관련 있는 주제로 알맞은 것에 ○표 하시오.

> • 시청          • 소방서

(1) 물건을 사고파는 곳 (      )
(2) 다른 고장으로 이동할 때 이용하는 곳 (      )
(3) 사람들의 생활을 편리하게 도와주는 곳 (      )

**18** 다음 글의 ㉠, ㉡에 들어갈 말이 바르게 짝지어진 것은 어느 것입니까? (    )

> 고장의 주요 장소에는 산, 강, 시청 등이 있다. 땅의 생김새와 도로, 건물, 다리 등 땅 위에 있는 모든 물체를 ( ㉠ )이라고 한다. ( ㉡ )는 산, 강, 철길, 큰길 등 밑그림만 그려져 있는 지도이다. 우리 고장의 주요 ( ㉠ )을 ( ㉡ )에 나타내면 고장의 모습을 쉽게 파악할 수 있다.

| | ㉠ | ㉡ |
|---|---|---|
| ① | 지형 | 안내 책자 |
| ② | 지형 | 심상 지도 |
| ③ | 지형지물 | 백지도 |
| ④ | 지형지물 | 고장 안내도 |
| ⑤ | 지형지물 | 디지털 영상 지도 |

**19** 우리 고장을 다른 사람에게 소개하기 위해 정보를 수집하는 방법으로 알맞지 않은 것은 어느 것입니까? (    )

① 답사하기
② 고장 어른과 면담하기
③ 친한 친구에게 물어보기
④ 고장 안내 책자 살펴보기
⑤ 시·군·구청 누리집에서 찾아보기

# 서술형 문제

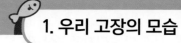

**01** 다음은 주영이와 수정이가 그린 우리 고장의 모습입니다. 그림을 보고, 물음에 답하시오.

(가)
⊙ 주영이가 그린 우리 고장의 모습

(나)
⊙ 수정이가 그린 우리 고장의 모습

(1) 두 그림에서 공통적으로 볼 수 있는 자연의 모습을 찾아 쓰시오.

(        )

(2) 두 그림을 본 성준이의 말에 알맞은 답을 쓰시오.

> 같은 고장에 살고 있는데 왜 서로 차이점이 있을까?

_____

_____

**02** 다음 대화를 읽고, 물음에 답하시오.

> 수정: 내가 잘 아는 장소인 학교를 그렸어.
> 주영: 도서관은 내가 좋아하는 책이 많아서 자주 찾는 장소야.
> 민재: 다른 사람들에게 알리고 싶은 장소를 담아서 표현했어.

(1) 위와 같이 우리 고장의 모습을 지도처럼 그려서 나타낸 것을 무엇이라고 합니까?

(        )

(2) 위의 친구들이 그린 고장의 모습이 다른 까닭을 쓰시오.

_____

_____

**03** 다음은 우리 고장에 있는 다양한 장소를 나타낸 그림입니다. 물음에 답하시오.

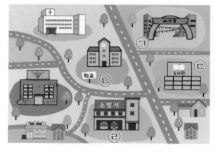

(1) 위의 그림에서 물건을 파는 곳을 찾아 기호를 쓰시오.

(        )

(2) 위의 그림을 보며 장소와 관련된 경험을 떠올리기 위해 활용할 수 있는 자료나 방법을 쓰시오.

_____

_____

04 다음 디지털 영상 지도를 보고, 물음에 답하시오.

　비행기나 (　　　)에서 찍은 사진을 이용
해서 만든 지도를 디지털 영상 지도라고 합
니다. (　　　)은/는 사람들이 만들어서 우
주로 쏘아 올린 비행 물체를 말한다.

(1) 위의 (　　) 안에 공통으로 들어갈 알맞은 말
은 무엇인지 쓰시오.

　　　　　　(　　　　　　　　　)

(2) 디지털 영상 지도를 이용해 알 수 있는 것을
보기 에서 모두 골라 쓰시오.

　　보기
　　㉠ 고장의 날씨
　　㉡ 고장의 전체적인 모습
　　㉢ 고장에서 일하는 사람들의 모습
　　㉣ 산이나 하천 등과 같은 고장에 있는 자
　　　연의 모습

　　　　　　(　　　　　　　　　)

(3) 다음 제시된 기능을 참고하여 위의 디지털 영
상 지도의 좋은 점은 무엇인지 쓰시오.

| 확대와 축소 기능 | ⊞, ⊟ 단추를 누르면 확대와 축소를 할 수 있음. |
|---|---|

(4) 위의 디지털 영상 지도를 생활 속에서 활용하
는 예를 한 가지 쓰시오.

05 다음 자료를 보고, 물음에 답하시오.

　우리 고장의 (　　　)에서 우리 고장에서
자랑할 만한 위치와 모습을 찾아볼 수 있다.

(1) 위의 (　　) 안에 들어갈 알맞은 말을 쓰시오.
　　　　　　(　　　　　　　　　)

(2) 이 밖에 우리 고장의 위치와 모습을 소개하는
방법으로 무엇이 있는지 쓰시오.

# 수행 평가

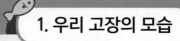

**학습 주제** 고장을 그린 그림 비교하기

**학습 목표** 고장을 그린 그림을 비교하여 공통점과 차이점을 찾을 수 있다.

**[1~2]** 다음은 고장을 그린 그림입니다. 물음에 답하시오.

⬆ 주영이가 그린 우리 고장의 모습

⬆ 수정이가 그린 우리 고장의 모습

**1** (가), (나) 그림의 공통점과 차이점에 대한 설명으로 알맞은 것을 **보기** 에서 모두 골라 기호를 쓰시오.

> **보기**
> ㉠ (가)와 (나)에서 공통적으로 소망산을 그렸다.
> ㉡ (가)에는 시장이 있지만 (나)에는 시장이 없다.
> ㉢ (가)와 (나)에 그려진 지형지물은 모두 비슷하다.
> ㉣ (가)에는 소망초를 그렸지만 (나)에는 소망초가 없다.

(            )

**2** (가), (나) 그림을 비교하여 정리한 다음 표를 보고, 틀린 것을 골라 기호를 쓰고 바르게 고치시오.

| (1) 고장의 모습을 그리는 방법 | ㉠ 장소의 위치가 정확해야 한다.<br>㉡ 떠오르는 장소를 중심으로 그린다.<br>㉢ 장소의 모습을 떠올리며 자유롭게 그린다. | |
|---|---|---|
| 틀린 기호 | (     ) | 바르게 고치기 |

| (2) (가), (나) 그림을 비교하는 방법 | ㉠ 공통으로 그려진 장소의 가격을 비교한다.<br>㉡ 비교하는 그림 중 공통으로 그려진 장소를 찾아본다.<br>㉢ 비교하는 그림 중 한 곳에만 그려진 장소를 찾아본다. | |
|---|---|---|
| 틀린 기호 | (     ) | 바르게 고치기 |

학습 **주제**  우리 고장의 주요 장소를 백지도에 나타내기

학습 **목표**  우리 고장의 주요 장소를 백지도에 나타낼 수 있다.

**[1~3]** 다음 자료를 보고, 물음에 답하시오.

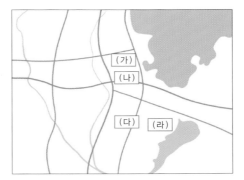

**1** 다음은 고장의 주요 장소를 백지도에 나타내는 방법입니다. 순서대로 기호를 바르게 쓰시오.

> ㉠ 찾은 장소를 백지도에 표시하기
> ㉡ 백지도에 나타내고 싶은 장소 정하기
> ㉢ 선택한 장소의 위치를 디지털 영상 지도에서 찾아보기
> ㉣ 주요 장소에 대한 생각과 느낌을 표현하여 백지도 완성하기

(                )

**2** 위의 디지털 영상 지도를 보고, 백지도의 (가)~(라)에 들어갈 주요 장소를 쓰시오.

(가): (           )　　　　　(나) : (           )

(다): (           )　　　　　(라) : (           )

**3** 위의 백지도를 보고 바르게 말하지 <u>않은</u> 사람의 이름을 쓰고, 바르게 고치시오.

> 종백: 도서관은 호수 공원 옆에 있어.
> 민현: 놀이터는 우리 학교 아래쪽에 있어.
> 수연: 백지도는 워낙 지도가 복잡해서 고장의 지형지물을 표현하기 어려워.
> 희수: 디지털 영상 지도와 백지도를 비교한 후 장소의 위치를 표시하는 거야.

(1) 이름: (           )　　　(2) 바르게 고치기 : ＿＿＿＿＿＿＿＿＿＿＿＿＿＿

# ① 우리 고장의 옛이야기

## 1. 우리 고장의 옛이야기 알아보기

(1) 옛이야기: 옛날부터 책에 기록되어 있거나 사람들 사이에서 전해 내려오는 이야기를 말합니다.

(2) 옛이야기와 지역의 관련성

| 고장의 민담이나 전설 | 지명 | 전해 내려오는 노래 |
|---|---|---|
| 의종은 형제 마을 | 낙성지 | 강강술래 |
| ▲ 충청남도 예산군 | ▲ 낙성대동 | ▲ 전라남도 해안 지역 |
| 옛날 의종은 형제가 추수가 끝난 후, 서로의 집에 몰래 볏단을 날랐습니다. 아무리 가져다 놓아도 줄지 않아 이상하게 여겼는데 알고 보니 서로의 집으로 볏단을 옮겼다는 옛이야기가 전해집니다. | 어느 날 하늘에서 별(星: 별 성)이 떨어졌는데(落: 떨어질 낙) 그곳에서 아이가 태어났다고 합니다. 이 아이가 후에 강감찬 장군이 되었고 이 지역의 이름을 '낙성대동'이라고 지었습니다. | 이순신 장군은 여자들에게 불을 피우고 강강술래를 하도록 했습니다. 멀리서 보면 깜빡거리는 그림자 때문에 일본군은 우리 군대의 인원이 많은 줄 알았고, 우리 군대가 승리할 수 있었습니다. |

(3) 옛이야기를 통해 알 수 있는 것

① 옛이야기로 오늘날 우리 고장의 특징을 알 수 있습니다.

② 옛이야기를 들으면 우리 고장을 이해하는 데 도움이 됩니다.

③ 당시의 자연환경, 생활 모습 등 우리 고장의 유래를 알 수 있습니다.

④ 옛이야기에는 고장의 특징이 담겨 있어 건물, 도로, 마을, 고장의 행사 등의 이름으로 사용하기도 합니다.

---

### 지역에서 비슷한 이름을 자주 볼 수 있는 이유

고장에 전해 내려오는 옛이야기에는 고장의 고유한 특징이 담겨 있어서 건물, 도로, 마을, 고장의 행사 등의 이름으로 사용하기도 합니다.

### 강강술래는 어떻게 하는 놀이인가요?

강강술래는 사람들이 노래를 부르며 원을 도는 전통 놀이입니다.
이순신 장군은 사람들에게 강강술래를 하게 하여, 적은 수의 군사와 시민들이 많아 보이는 전술을 사용하였다고 합니다.

### 아리랑에 담긴 정신

아리랑은 한국을 대표하는 민요로 본래 노동요의 성격을 갖고 있었으나, 민족이 위기에 처했을 때 함께 부르며 우리가 같은 민족임을 확인하던 노래로 널리 알려져 있습니다.
한국의 3대 아리랑으로는 「정선 아리랑」, 「진도 아리랑」, 「밀양 아리랑」이 있습니다.

---

### 낱말 사전

**민담** 옛날부터 사람들 사이에 전해 내려오는 흥미 위주의 이야기

**지명** 마을이나 산, 강 등의 이름

**유래** 어떤 일이나 사물이 생겨난 과정이나 까닭

---

### 개념 확인 문제

정답과 해설 38쪽

**1** 마을이나 산, 강 등의 이름을 (　　　　)(이)라고 합니다.

**2** 옛이야기에 대한 설명으로 옳은 것에 ○표, 옳지 않은 것에 ×표 하시오.
(1) 옛이야기를 통해 우리 고장의 특징을 알 수 있습니다. (　　)
(2) 옛이야기는 반드시 고장의 지명과 관련되어 있습니다. (　　)
(3) 옛이야기를 통해서 우리 고장을 잘 이해할 수 있습니다. (　　)

## 2. 지명으로 알 수 있는 고장의 특징

### (1) 고장의 특징을 알 수 있는 옛이야기

| | |
|---|---|
|  마이산 | 조선의 태종이 이 고장을 지나다 보게 된 산의 모양이 말의 귀를 닮았다 하여 '마이산'이라 불리게 되었습니다. |
|  삼성혈 | 삼성혈(三 석 삼, 姓 성씨 성, 穴 구멍 혈)은 제주도 땅에 난 세 개의 큰 구멍을 말하며, 이 지역에 처음 나라를 세운 '고, 부, 양' 세 명의 신이 이곳에서 나왔다는 역사 이야기가 전해집니다. |

### (2) 고장의 역사적 유래를 알 수 있는 옛이야기

| | |
|---|---|
|  피맛골 | 조선 시대 백성들은 말을 탄 양반들을 피하려고 큰길에서 점점 좁은 길로 돌아가기 시작했는데 이 길을 피맛골이라 이름 붙였습니다. |
|  잠실 | 옛날 사람들은 누에고치에서 실을 뽑아 비단옷을 만들어 입었습니다. 누에를 많이 키우기 위해 누에의 먹이인 뽕나무를 심고 누에를 기르는 잠실(蠶 누에 잠, 室 집 실)을 두어 '잠실'이라는 이름이 생겼습니다. |
|  말죽거리 | 옛날 사람들의 주요 교통수단이던 말을 쉬게 하고 죽을 끓여 먹이곤 하던 곳을 '말죽거리'라고 이름 붙였습니다. |

---

### ✍ 고장의 축제와 관련된 옛이야기

고장에서 전해 내려오는 옛이야기를 주제로 축제를 열어 고장을 널리 알리기도 합니다.

### ✍ 옛이야기와 관련된 고장의 축제

| | |
|---|---|
| 단양 온달 문화 축제 | 단양 온달산성에서 신라군에 맞서 용감히 싸우다 전사한 온달 장군의 넋을 기리기 위한 축제 |
| 남원 춘향제 | 매년 5월 춘향과 이몽룡이 처음 만난 단오절에 남원에서 열리는 축제 |
| 영산포 홍어 축제 | 전남 나주 영산포에서 '코끝 톡 쏘는 알싸한 맛'이 일품인 600년 전통의 숙성 홍어를 주제로 열리는 축제 |

### ✍ 문화체육관광부 누리집(www.mcst.go.kr)에서 고장의 문화 축제 조사하기

① 문화체육관광부 누리집 접속하기
② 상단 '문화광장' 누르기
③ 지역 축제 ➡ 연도 설정 ➡ 내려받기
④ 궁금한 지역의 문화 축제 찾아보기
⑤ 선택한 문화 축제 조사하기

**2단원**

---

**3** 옛이야기와 관련된 지명에 대한 설명을 바르게 연결하시오.

(1) 잠실 •

(2) 마이산 •

(3) 말죽거리 •

• ㉠ 누에를 기르던 곳이라는 뜻을 가진 지명

• ㉡ 말을 쉬게 하고 죽을 먹이던 것과 관련된 지명

• ㉢ 산의 모양이 말의 귀를 닮았다 하여 붙여진 지명

### 낱말 사전 👓

마이산 한자로 '말 마(馬)', '귀 이(耳)', '메 산(山)'임.

누에고치 누에가 실을 토하여 제 몸을 싸서 만든 집

**두물머리**

경기도 양평군에 두 물길이 닿는 곳이라 하여 '두물머리'라 이름 붙였습니다.

**섬진강**

두꺼비가 나타난 나루가 있는 강이란 뜻으로, 왜적들이 나타나 지역 주민들이 두려움에 떨 때 두꺼비가 울어서 왜적들이 도망갔다는 전설이 있는 강입니다.

**면담할 때 주의할 점**

> 예절을 갖춰 질문합니다.
> 미리 질문을 준비합니다.
> 궁금한 점을 생각합니다.
> 미리 면담 대상자에게 면담을 허락받습니다.

(3) 생활 모습을 알 수 있는 옛이야기

염창동

'소금 창고'라는 뜻의 염창동은 서쪽 바다의 염전에서 만든 소금을 운반해 오면 이를 보관하던 소금 창고가 있던 것에서 유래하였습니다.

서빙고동

옛날에는 얼음을 저장하는 창고를 '빙고'라고 하였습니다. 서빙고동의 이름은 서쪽에 있는 얼음 창고가 있던 곳이라는 것에서 유래하였습니다.

(4) 고사성어에 담긴 옛이야기

안성맞춤

경기도 안성에서 만든 유기그릇은 단단하고 섬세하여 그 품질을 인정받았습니다. 고객이 원하는 형태로 만든 '맞춤' 유기의 품질이 뛰어난 데서 유래하여 어떤 일이나 물건이 마음에 쏙 들거나 딱 들어맞을 때 쓰는 고사성어가 되었습니다.

### 3. 우리 고장의 옛이야기 조사하기

(1) 고장의 옛이야기 조사 계획 세우기

① 고장의 옛이야기를 조사할 계획을 세우고, 조사 계획서를 만듭니다.

② 조사 계획서에 들어갈 내용: 조사 주제, 조사 목적, 조사 기간, 조사 장소, 조사 내용, 조사 방법, 준비물, 주의할 점 등

(2) 고장의 옛이야기 조사하기

① 조사 계획서를 바탕으로 우리 고장에 관련된 옛이야기를 조사합니다.

② 조사 방법: 면담하기, 누리집 검색하기, 책 찾아보기, 문화원 방문하기, 답사하기 등

**낱말 사전**

조사  어떤 일이나 사실 또는 사물의 내용 따위를 명확하게 알기 위하여 자세히 살펴보거나 밝힘.

면담  서로 만나서 이야기하거나 의견을 나누는 것

답사  현장에 가서 직접 보고 조사하는 것

**개념 확인 문제**

정답과 해설 38쪽

**4** (          )은/는 경기도 안성의 유기그릇의 품질이 매우 뛰어난 데서 유래한 말로, 생각한 대로 아주 튼튼하게 잘 만들어진 물건이나 잘 풀린 일을 뜻합니다.

**5** 고장의 옛이야기를 조사할 때 조사 방법으로 옳은 것에 ○표, 옳지 않은 것에 ×표 하시오.

(1) 누리집을 검색합니다.                              (       )

(2) 문화원을 방문합니다.                              (       )

(3) 다른 나라에 살고 있는 외국인 친구에게 물어봅니다.        (       )

(3) 우리 고장의 옛이야기를 조사하는 과정

| 조사할 주제를 정합니다. | ➡ | 조사할 내용을 정합니다. | ➡ | 조사 방법을 정합니다. | ➡ |

| 조사합니다. | ➡ | 조사 보고서를 씁니다. | ➡ | 조사한 이야기를 소개합니다. |

## 4. 우리 고장의 옛이야기 소개하기

(1) 옛이야기 소개 방법

| 역할극 |
| --- |
| 역할을 정해 연기를 하며 이야기를 소개함. |

| 구연동화 |
| --- |
| 동화처럼 실감 나게 구성하여 들려줌. |

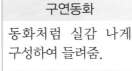

| 이야기책 만들기 |
| --- |
| 글로 쓰고 그림이나 사진을 담아 책을 만듦. |

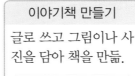

| 동영상 만들기 |
| --- |
| 옛이야기와 관련된 장소를 동영상으로 찍음. |

| 안내 책자 만들기 |
| --- |
| 그림과 글을 넣어 안내 책자를 만듦. |

| 노래 가사 바꿔 부르기 |
| --- |
| 옛이야기를 담아 노래 가사를 바꾸어 불러 봄. |

(2) 옛이야기를 조사하고 소개할 때의 좋은 점: 우리 고장을 소중하게 여기고, 자랑스러운 점을 찾아 널리 알릴 수 있습니다.

**6** 옛이야기를 소개하는 방법과 그 내용을 바르게 연결하시오.

(1) [ 역할극 하기 ] •

(2) [ 노래 가사 바꾸기 ] •

(3) [ 이야기책 만들기 ] •

• ㉠ 옛이야기를 담아 노래 가사를 바꿔 부릅니다.

• ㉡ 옛이야기를 담아 책을 만듭니다.

• ㉢ 역할을 정해 연기를 하며 옛이야기를 소개합니다.

---

**2 단원**

🖊 **독도의 여러 가지 이름과 이름에 담긴 이야기**

| 삼봉도 | 봉우리가 세 개 있다고 하여 붙여진 이름 |
| --- | --- |
| 가지도 | '가지어'가 많이 사는 곳 |
| 돌섬 | 섬 전체가 바위로 되어 있다는 뜻임. |
| 독섬 | 돌로 된 섬이라는 뜻의 '돌섬'을 경상도 지역 말로 부른 것 |
| 독도 | 한없이 넓은 바다에 홀로 외롭게 서 있다는 뜻임. |

🔺 독도

🖊 **조사 결과 보고서 작성하는 방법**

조사 기간, 조사한 사람, 조사 목적, 조사 장소, 조사 방법, 조사 내용, 조사 결과, 느낀 점, 더 알고 싶은 점 등을 씁니다.

**낱말 사전**

안내 어떤 내용이나 장소 따위를 소개하거나 지시하여 알려 줌.

가사 노래의 내용이 되는 글

가지어 강치라고도 하며, 흔히 바다사자, 바다표범이라고 함.

⭐⭐⭐
**01** 다음 (    ) 안에 공통으로 들어갈 알맞은 말은 무엇입니까?                                    (      )

> • 옛날부터 책에 기록되어 있거나 사람들 사이에서 전해 내려오는 이야기를 (        )(이)라 한다.
> • 우리 고장에 전해 내려오는 (        )을/를 통해 우리 고장의 특징과 유래를 알 수 있다.

① 농악                  ② 지혜
③ 전래동요              ④ 옛이야기
⑤ 민속놀이

**02** 다음 보기 에서 고장의 옛이야기를 통해 알 수 있는 것끼리 바르게 짝지은 것은 어느 것입니까?                                    (      )

> 보기
> ㉠ 고장의 특징         ㉡ 고장의 옛 모습
> ㉢ 고장의 일기예보     ㉢ 고장 사람들의 직업

① ㉠, ㉡              ② ㉠, ㉢
③ ㉡, ㉢              ④ ㉡, ㉢
⑤ ㉢, ㉢

**03** 다음 (    ) 안에 공통으로 들어갈 알맞은 말을 쓰시오.

> • 마을이나 산, 강 등의 이름을 (        )(이)라고 한다.
> • 마이산과 삼성혈은 고장의 자연환경을 알 수 있는 (        )(이)고, 말죽거리와 서빙고동은 옛날 고장 사람들의 생활 모습을 알 수 있는 (        )이다.

(                              )

**04** 다음 사진과 관련 있는 지명으로 알맞은 것은 어느 것입니까?                                    (      )

> 조선의 태종이 이 고장을 지나다 보게 된 산의 모양이 말의 귀를 닮았다고 하여 붙여진 지명이다.
>
>

① 마이산                ② 피맛골
③ 삼성혈                ④ 말죽거리
⑤ 두물머리

**05** '잠실'이라는 지명에서 알 수 있는 옛날 사람들의 생활 모습으로 알맞은 것은 어느 것입니까?                                    (      )

① 누에를 기르는 모습
② 돌이 많은 섬의 모습
③ 농기구로 농사짓는 모습
④ 말에게 죽을 먹이는 모습
⑤ 얼음을 창고에 저장하는 모습

**06** 고장의 옛이야기로 알 수 있는 것이 <u>아닌</u> 것은 어느 것입니까?                                    (      )

① 고장의 특징
② 고장의 유래
③ 오늘날의 자연환경
④ 옛날 사람들의 지혜
⑤ 옛날 사람들의 생활 모습

**07** 다음 밑줄 친 '이 말'은 경기도 안성 지역에 유기가 유명한 까닭과 관련한 고사성어를 설명한 말입니다. '이 말'은 무엇인지 쓰시오.

> 이 말은 어떤 일이나 물건이 마음에 쏙 들 거나 딱 들어맞을 때 사용하는 고사성어로 솜씨가 뛰어나 품질이나 모양이 사람들을 매우 만족하게 해서 생겨난 말이다.

( )

★☆☆
**08** 다음 ( ) 안에 들어갈 알맞은 말은 무엇인지 쓰시오.

> 고장의 옛이야기를 알기 위한 방법으로 사물의 내용을 명확히 알기 위해 자세히 살펴보거나 찾아보는 것을 무엇이라고 할까?

( )(이)라고 해요.

( )

**09** 고장의 옛이야기나 지명, 특산물과 관련한 축제가 아닌 것은 어느 것입니까? ( )
① 남원 춘향제
② 영산포 홍어 축제
③ 단양 온달 문화 축제
④ 예산 의좋은 형제 축제
⑤ 원주 다이내믹 댄싱 축제

**10** 고장의 옛이야기를 조사하는 방법으로 알맞은 것은 어느 것입니까? ( )
① 고장 지도 살펴보기
② 외국어 사전 찾아보기
③ 디지털 영상 지도 살펴보기
④ 고장의 문화원 누리집 살펴보기
⑤ 고장의 주요 버스 노선 검색하기

**2**
단원

**11** 다음에서 설명하는 옛이야기 소개 방법은 무엇입니까? ( )

> 옛이야기를 글로 쓰고 그림이나 사진을 담아 책을 만든다.

① 역할극    ② 구연동화
③ 동영상 만들기    ④ 이야기책 만들기

**12** 다음 ( ) 안에 들어갈 알맞은 말을 보기 에서 골라 기호를 쓰시오.

> **보기**
> ㉠ 위치          ㉡ 전래 놀이
> ㉢ 땅의 생김새    ㉣ 옛날에 있었던 일

> 독도에는 ( )와/과 관련된 이름이 많이 있다. 바위의 모양이 코끼리가 물을 마시는 모습처럼 생겼다 하여 이름 붙여진 '코끼리 바위'도 있고, 물이 고이는 샘이 있어서 이름 붙여진 '물골'도 있다.

( )

## ✏️ 무형 문화유산, 판소리

- 소리꾼이 고수의 북장단에 맞추어 이야기를 노래와 말로 전달하는 우리 고유의 민속악입니다.
- 사람이 직접 가르치고 배우며 전해 내려왔습니다.

## ✏️ 무형 문화유산이 중요한 이유

- 예로부터 전해 오는 기술을 이어지게 해 줍니다.
- 조상들의 생활 모습과 지혜를 엿볼 수 있습니다.
- 전통을 계승하고 발전시킬 수 있게 해 줍니다.

# 2 우리 고장의 문화유산

## 1. 문화유산이 소중한 까닭 알아보기

(1) 생활 속의 문화유산: 예 만 원권 화폐를 통해 알 수 있는 문화유산

일월오봉도: 해와 달을 함께 그린 그림으로 조선 시대 왕권을 상징함.

혼천의: 천체의 운행과 위치를 측정하던 천체 관측 기구

천상열차분야지도: 하늘의 별자리를 관찰하고 종이에 그린 조선 시대의 천문도

(2) 문화유산의 의미: 조상이 남겨 놓은 훌륭한 문화 중에서 후손에게 물려줄 만한 가치가 있는 것을 말합니다.

(3) 문화유산의 종류: 건축물이나 책, 공예품처럼 형태가 있는 문화유산과 노래나 춤, 공예처럼 형태가 없는 문화유산으로 나눌 수 있습니다.

| 형태가 있는 문화유산 | | 형태가 없는 문화유산 | |
|---|---|---|---|
|  | |  |  |
| 🔼 경복궁 | 🔼 금동미륵보살반가상 | 🔼 종묘제례악 | 🔼 가야금 병창 |
| • 유형 문화유산이라고도 함. <br> • 훼손되지 않는 이상 일정한 모양의 형태로 존재함. | | • 무형 문화유산이라고도 함. <br> • 기술을 물려받을 사람이 없으면 사라질 수 있음. | |

(4) 문화유산이 소중한 까닭: 문화유산에는 조상들의 멋과 슬기가 담겨 있고, 조상들의 생활 모습과 그 속에 담긴 지혜를 알 수 있습니다.

## 🐱 낱말 사전

**병창** 가야금이나 거문고 등의 악기를 타면서 거기에 맞추어 노래를 부름.

**고수** 북이나 장구를 치는 사람

**계승** 조상의 문화유산, 업적 등을 물려받아 이어 나감.

## 개념 확인 문제

정답과 해설 39쪽

**1** (         )이(란) 문화 중에서 후손에게 물려줄 만한 가치가 있는 것을 말합니다.

**2** 문화유산에 대한 설명으로 옳은 것에 ○표, 옳지 않은 것에 ×표 하시오.

(1) 판소리와 종묘제례악은 대표적인 무형 문화유산입니다. (      )

(2) 문화유산으로 조상들의 삶과 지혜를 배울 수 있습니다. (      )

(3) 형태가 있는 건축물과 같은 것을 무형 문화유산이라고 합니다. (      )

## 2. 문화유산으로 알 수 있는 조상들의 생활 모습

| 누비 | 한산 모시 | 해녀 | 김장 |
|---|---|---|---|
|  |  |  | |
| 튼튼하고 따뜻한 옷을 만들어 입기 위해 두 겹의 천 사이에 솜을 넣어 꿰매는 손바느질임. | • 여름철에 바람이 잘 통하는 모시옷을 입음.<br>• 충청남도 서천군 한산 지방에 모시 짜는 기술이 전해 내려옴. | • 잠수 장비 없이 바닷속에 들어가 해산물을 따는 일을 함.<br>• 해녀가 부른 노래, 옷, 도구도 문화유산임. | 한겨울에도 채소를 먹을 수 있도록 늦가을에 여러 가지 김치를 담가 보관하는 음식 문화임. |

| 다보탑 | 석굴암 | 탈춤 | 농요와 농악 |
|---|---|---|---|
|  |  |  |  |
| 경상북도 경주시 불국사 안에 있는 신라의 화강석 석탑임. | 석굴암은 단단한 돌을 사람이 조각해 지금까지 보존된 문화유산으로 조상들의 슬기를 엿볼 수 있음. | 탈을 쓰고 춤추며 노래와 이야기를 하는 놀이 연극으로 가난한 백성이 못된 양반을 혼내거나 비웃는 내용이 많이 들어 있음. | 농촌에서 다 같이 농사일을 할 때 부르거나 연주하던 농민들의 음악으로 노동의 힘듦을 잊게 해 주었음. |

**3 다음 문화유산에 대한 설명을 바르게 연결하시오.**

(1) 누비 •

(2) 탈춤 •

(3) 김장 •

• ㉠ 탈을 쓰고 춤추며 노래하는 무형 문화유산

• ㉡ 겨울에 두 겹의 천을 덧대어 솜을 넣어 꿰매는 손바느질

• ㉢ 한겨울에 채소를 먹기 위해 김치를 담가 보관하는 것

2
단원

✏️ **지역에 따른 탈춤의 종류**

| | |
|---|---|
| 양주 별산대놀이 |  |
| 송파 산대놀이 |  |

✏️ **우리 고장의 문화유산 조사하기**

① 국가 문화유산 누리집 접속하기
② 문화재 지역별 검색 누르기
③ 우리 지역 문화재 ⇨ 우리 고장 찾기
　예 전북특별자치도 – 전주시
④ 우리 고장 문화유산 중 하나 선택하기
⑤ 선택한 문화유산 조사하기

✏️ **고장의 문화유산 관련 행사로 배울 수 있는 것**

▶ 조상들의 삶과 지혜를 배울 수 있습니다.

▶ 조상들의 용맹함을 배울 수 있습니다.

▶ 우리나라의 훌륭한 문화에 대해 자긍심을 가질 수 있습니다.

**낱말 사전**

모시 모시풀 껍질의 섬유로 짠 천으로 베보다 곱고 빛깔이 희며 여름 옷감으로 많이 쓰임.

해녀 바닷속에 들어가 해삼, 전복 등을 따는 것을 직업으로 하는 여자

✏️ **국보와 보물의 차이**

▶ 국보: 보물 중 인류 문화의 관점에서 볼 때 그 가치가 큰 것을 지정한 것

▶ 보물: 일반적인 지정 기준에 도달하는 문화재를 지정한 것

▶ 국보와 보물의 지정 번호는 가치의 높고 낮음이 아니라 지정 순서에 따라 정해집니다.

✏️ **조사 계획서 작성하기**

조사 목적, 조사 장소, 조사 날짜, 조사 방법, 조사할 내용, 역할 나누기, 준비물, 주의할 점 등이 들어가야 합니다.

✏️ **답사 방법**

관찰하기, 면담하기, 안내문 읽기, 문화 해설사 설명 듣기, 기록하기, 그림 그리기, 사진 찍기, 동영상 찍기 등이 있습니다.

✏️ **답사할 때 주의할 점**

▶ 함부로 사진 찍지 않습니다.

▶ 문화유산을 훼손하지 않습니다.

▶ 다른 사람에게 피해가 가지 않게 주의합니다.

## 3. 우리 고장의 문화유산 조사하기

(1) 고장의 문화유산 찾아보기

① 고장의 문화유산 안내도, 관광 안내도, 인터넷 지도 살펴보기

② 문화재청 또는 시·군·구청 누리집 방문하기

③ 문화유산 관련 책이나 소개 자료 찾아보기

④ 박물관, 유적지 등 관련 장소 답사하기

⑤ 문화 관광 해설사나 문화유산에 대해 잘 알고 계신 분과 면담하기

(2) 우리 고장의 문화유산을 조사하는 과정

① 우리 고장에는 어떤 문화유산이 있는지 알아보고 조사하고 싶은 문화유산을 정합니다.

② 조사하고 싶은 문화유산이 같은 사람들끼리 모둠을 만들어 조사 계획서를 작성합니다.

③ 조사 계획서를 작성한 후 조사 방법에 따라 문화유산을 조사합니다.

(3) 고장의 문화유산 답사하기

| 답사할 문화유산을 정합니다. | 조사할 내용을 정하고 자료를 찾습니다. | 각자의 역할과 준비물을 정합니다. |
|---|---|---|
| 고장의 문화유산 중 자세히 알고 싶은 문화유산을 함께 정하기 | 인터넷 검색이나 자료를 살펴보고 내용을 정하기 | 답사 방법을 확인하고 역할을 나누고 준비물을 정하기 |

| 답사 계획서를 작성합니다. | 답사를 합니다. | 답사 보고서를 작성합니다. |
|---|---|---|
| 답사 날짜, 준비물, 답사 내용, 주의점 등을 정리하기 | 계획서에 따라 문화유산을 살펴보기 | 답사한 내용을 정리하여 보고서를 작성하기 |

🐱 **낱말 사전**

문화 관광 해설사 문화 유적지나 관광지에 대해 설명해 주는 사람

훼손 헐거나 깨뜨려 못쓰게 만듦.

## 개념 확인 문제

정답과 해설 39쪽

**4** 우리 고장의 문화유산을 찾아볼 때 이용할 지도에 ○표 하시오.

세계 지도, 우리나라 전도, 문화유산 안내도

**5** 문화유산을 답사하는 방법으로 옳은 것에 ○표, 옳지 <u>않은</u> 것에 ×표 하시오.

(1) 답사를 떠나기 전 답사 계획을 세웁니다. ( )

(2) 모둠에서 답사할 문화유산을 정할 때는 친구들과 함께 정합니다. ( )

(3) 문화유산을 정하고 조사 내용을 정할 때는 다양한 자료가 아니라 하나의 자료만 조사하고 정리합니다. ( )

## 4. 우리 고장의 문화유산 소개하기

### (1) 문화유산 소개 방법

| 사진 전시하기 |
|---|
| 답사할 때 찍은 사진을 전시함. |

| 모형 만들기 |
|---|
| 문화유산 모형을 만듦. |

| 안내 자료 만들기 |
|---|
| 문화유산 안내도 및 안내 책자를 만듦. |

| 동영상 만들기 |
|---|
| 문화유산 소개 동영상 자료를 만듦. |

| 신문 만들기 |
|---|
| 문화유산에 관한 기사, 사진, 광고 등이 담긴 신문을 제작함. |

| 설명하기 |
|---|
| 문화 관광 해설사가 되어 설명함. |

### (2) 문화유산 소개 자료를 만들 때 주의할 점

① 소개할 문화유산, 소개할 내용, 소개 방법, 준비물, 역할 나누기 등을 잘 회의하여 정합니다.

② 소개 자료의 특징이 드러나도록 소개할 내용과 방법을 정합니다.

③ 모둠원이 모두 협력하여 자료를 제작합니다.

---

✏️ **문화유산을 알리기 위한 고장의 노력**

➤ 체험: 향교 체험 등을 통해 문화유산을 알립니다.

➤ 전시회: 문화유산과 관련된 작품이나 문화유산을 전시해서 알립니다.

➤ 공연: 문화유산과 관련된 춤, 영화, 뮤지컬 등을 통해 문화유산을 알립니다.

🔺 향교 체험

🔺 인천 꽃맞이 굿

---

**6** 문화유산을 소개하는 방법을 바르게 연결하시오.

(1) [ 모형 만들기 ] •　　　• ㉠ [ 문화유산을 모방하여 물건을 제작합니다. ]

(2) [ 동영상 만들기 ] •　　　• ㉡ [ 문화재 소개 영상을 만듭니다. ]

**7** 고장의 문화유산을 소개하는 자료를 만들 때 주의할 점으로 옳은 것에 ○표, 옳지 않은 것에 ×표 하시오.

(1) 신문으로 소개 자료를 만들 때는 사진을 최대한 적게 넣습니다. (　　)

(2) 소개할 문화유산의 특징이 잘 드러나도록 소개 자료를 만듭니다. (　　)

**낱말 사전**

전시 여러 가지 물품을 한곳에 벌여 놓고 보임.

모형 실물을 모방하여 만든 물건

향교 고려·조선 시대의 지방에서 유학을 교육하기 위해 설립된 교육 기관

**01** 다음에서 설명하는 것은 무엇인지 쓰시오.

> 건축물, 예술 활동과 같이 우리 조상 대대로 전해 내려온 것 중에서 후손에게 물려줄 만한 가치가 있는 것을 말한다.

(          )

**02** 문화유산에 대한 설명으로 알맞지 <u>않은</u> 것은 어느 것입니까? (   )

① 왕과 왕비, 선비들만 사용하던 것을 말한다.
② 건축물, 도구, 예술 활동, 도자기 등이 있다.
③ 문화유산에는 유형 문화유산과 무형 문화유산이 있다.
④ 문화유산의 종류는 형태가 있는 것과 형태가 없는 것으로 나뉜다.
⑤ 조상이 남긴 다양한 흔적 중 후손에게 물려줄 만한 가치가 있는 것을 말한다.

**03** 다음 문화유산을 종류에 따라 바르게 연결하시오.

(1)

▲ 경복궁

(2)

▲ 고려청자

(3)

▲ 탈춤

• ㉠ 유형 문화유산

• ㉡ 무형 문화유산

**04** 다음 중 문화유산에 해당하는 것을 두 가지 고르시오.
(    ,    )

①

▲ 버스 터미널

②

▲ 스마트폰

③

▲ 다보탑

④

▲ 가야금 병창

**05** 조상들의 슬기를 보여 주는 다음 문화유산은 무엇입니까? (   )

① 석굴암      ② 첨성대
③ 경복궁      ④ 다보탑
⑤ 고려청자

**06** 다음에서 설명하는 조상들의 문화유산은 무엇입니까? (   )

> 우리 조상들은 여름철에 바람이 시원하게 통하는 옷을 입었다.

① 모시      ② 누비      ③ 김장
④ 탈춤      ⑤ 비단

**07** 농촌에서 농사를 지을 때 부르던 농민들의 음악으로 노동의 힘듦을 잊게 해 주었던 것은 무엇입니까? ( )

① 탈춤      ② 연극      ③ 판소리
④ 농요      ⑤ 오페라

**08** 다음 ( ) 안에 들어갈 문화유산은 무엇인지 쓰시오.

( )은/는 소리꾼이 고수의 북장단에 맞추어 이야기를 노래와 말로 전달하는 우리 고유의 민속악이다.

( )

**09** 우리 고장의 문화유산을 조사하는 방법으로 알맞지 않은 것은 어느 것입니까? ( )

① 우리 학교 누리집을 방문한다.
② 문화 관광 해설사에게 설명을 듣는다.
③ 박물관, 유적지 등 관련 장소를 답사한다.
④ 문화유산 관련 책이나 소개 자료를 찾아본다.
⑤ 고장의 문화유산 안내도, 관광 안내도, 인터넷 지도를 살펴본다.

**10** 우리 고장의 문화유산을 조사하는 방법 중 다음에서 설명하는 방법은 무엇인지 쓰시오.

문화유산에 대해 잘 아는 분과 만나 이야기하거나 의견을 나눈다.

( )

**11** 고장의 문화유산을 조사할 때 그림과 같이 조사할 대상이 있는 현장에 직접 가서 조사하는 방법을 무엇이라고 하는지 쓰시오.

( )

**12** 다음 자료에 대한 설명으로 알맞은 말에 ○표 하시오.

우리 고장의 문화유산을 알아 볼 때 고장의 ( 백지도 , 문화유산 안내도 )를 이용한다.

# 단원 정리

## 1 우리 고장의 옛이야기

**1 우리 고장의 옛이야기가 중요한 까닭**
① 오늘날 우리 고장의 유래와 특징 등을 알 수 있습니다.
② 고장의 자연환경이나 고장에 살았던 사람들의 생활 모습을 알 수 있습니다.

**2 옛이야기에 담겨 있는 고장의 모습**

| | |
|---|---|
| 고장의 특징을 알 수 있는 옛이야기 | • 마이산<br>• 삼성혈 |
| 고장의 역사적 유래를<br>알 수 있는 옛이야기 | • 피맛골<br>• 잠실<br>• 말죽거리 |
| 생활 모습을 알 수 있는 옛이야기 | • 염창동<br>• 서빙고동 |

**3 우리 고장의 옛이야기 조사하기**
① 고장의 옛이야기를 조사하기 위한 계획 세우기
② 조사 계획에 들어갈 내용: (㉠      ), 조사 목적, 조사 기간, 조사 장소, 조사 내용, 조사 방법, 준비물, 주의할 점 등
③ 조사 방법: 고장의 문화원과 시·군·구청 누리집 검색하기, 면담하기, 답사하기 등
④ 옛이야기를 통해 알 수 있는 점: 고장의 지명이 생겨난 까닭, 고장의 자연환경, 옛날 고장에 살았던 사람들의 생활 모습 등

**4 우리 고장의 옛이야기 소개하기**

| | |
|---|---|
| 소개 방법 | 역할극, 구연동화, 이야기책 만들기, 안내 자료 만들기, 노래 가사 바꾸기, 동영상 만들기 등 |
| 소개하면<br>좋은 점 | • 우리 고장을 소중하게 여길 수 있음.<br>• 우리 고장의 자랑스러운 점을 찾아 널리 알릴 수 있음. |

## 2 우리 고장의 문화유산

**1 문화유산**

| | |
|---|---|
| 의미 | 조상이 남긴 다양한 흔적 중 후손에게 물려줄 만한 가치가 있는 것을 말함. |
| 종류 | • (㉡      ) 문화유산: 형태가 있는 문화유산으로 건축물, 공예품, 책 등이 있음.<br>• (㉢      ) 문화유산: 형태가 없는 문화유산으로 예술 활동이나 기술 등이 있음. |

**2 문화유산으로 알 수 있는 것**
① 대표적인 문화유산: 누비, 한산 모시, 해녀, 김장, 석굴암, 탈춤 등
② 문화유산을 통해 알 수 있는 것: 조상들의 생활 모습과 삶의 지혜를 알 수 있습니다.

**3 문화유산을 조사하는 방법**
① 고장의 문화유산 안내도, 관광 안내도, 인터넷 지도 살펴보기
② 문화재청 또는 시·군·구청 누리집 방문하기
③ 문화유산 관련 책이나 소개 자료 찾아보기
④ 박물관, 유적지 등 관련 장소 (㉣      )하기
⑤ 문화 관광 해설사나 문화유산에 대해 잘 알고 계신 분과 (㉤      )하기

**4 문화유산 소개하기**

| | |
|---|---|
| 소개 방법 | 사진 전시하기, 모형 만들기, 영상 만들기, 안내 자료 만들기, 문화 관광 해설사가 되어 해설하기 등 |
| 문화유산을<br>알리기<br>위한 노력 | • 체험: 문화유산 모형 만들기 등 체험 활동<br>• 전시회: 문화유산과 관련된 작품이나 문화유산을 전시<br>• 공연: 문화유산과 관련된 춤, 영화, 뮤지컬 등 |

정답 ㉠ 조사 주제 ㉡ 유형 ㉢ 무형 ㉣ 답사 ㉤ 면담

# 단원 정리 평가

## 2. 우리가 알아보는 고장 이야기

**01** 다음 ( ) 안에 들어갈 알맞은 말을 쓰시오.

> ( )은/는 땅에 붙여진 이름으로 우리 고장의 특징을 나타낸다.

( )

**02** 고장의 옛날 모습을 알 수 있는 방법으로 알맞지 <u>않은</u> 것은 어느 것입니까? ( )

① 지명 살펴보기
② 옛이야기 찾아 읽기
③ 문화유산 찾아보기
④ 우주 배경 영화 시청하기
⑤ 고장에 전해 내려오는 노래 감상하기

**03** 다음에서 설명하는 유래와 어울리는 지명은 어느 것입니까? ( )

> ( )은/는 두꺼비가 나타난 나루가 있는 강이라는 뜻으로 왜적들이 나타나 지역 주민들이 두려움에 떨 때 두꺼비가 울어서 왜적들이 도망갔다는 전설을 가지고 있는 강이다.

① 포은        ② 독도        ③ 섬진강
④ 피맛골      ⑤ 두물머리

**04** 고장의 옛이야기를 조사하면서 알 수 있는 것이 아닌 것은 어느 것입니까? ( )

① 고장의 자연환경
② 고장과 관련된 인물
③ 고장의 전설 이야기
④ 고장의 지명이 생긴 까닭
⑤ 고장 사람들의 미래의 생활 모습

**[05~07]** 다음 고장의 옛이야기를 읽고, 물음에 답하시오.

> ㉮ ( ㉠ )은/는 제주도 땅에 난 세 개의 큰 구멍을 말합니다. 이 지역에 처음 나라를 세운 '고, 부, 양' 세 명의 신이 이곳에서 나왔다는 역사 이야기가 전해집니다.
> ㉯ 얼음을 저장하는 창고라는 뜻의 '빙고'에서 유래한 서빙고동은 서쪽에 있는 얼음 창고가 있던 곳이라는 것에서 유래된 지명입니다.

**05** 오른쪽 그림의 장소와 관련된 옛이야기를 위에서 찾아 기호를 쓰시오.

( )

**06** 위의 고장의 옛이야기를 바르게 이해한 사람을 모두 골라 이름을 쓰시오.

> 안나: ㉮ 옛이야기를 통해 고장의 특징을 알 수 있어.
> 나진: ㉯ 옛이야기를 통해 옛날의 생활 모습을 알 수 있어.
> 혜진: ㉯ 옛이야기를 통해 오늘날 고장 사람들의 직업을 알 수 있어.

( )

**07** 위 옛이야기의 ㉠에 들어갈 알맞은 말은 어느 것입니까? ( )

① 피맛골        ② 삼성혈
③ 섬진강        ④ 말죽거리
⑤ 두물머리

**08** 다음 대화 내용과 관련 있는 지명은 어디인지 쓰시오.

> 선주: 말을 탄 양반이 지나갈 때까지 바닥에 엎드려 있는 것이 싫어.
> 영준: 그럼 우리 이쪽 좁은 길로 돌아갈까?

(          )

**09** 옛이야기를 조사한 보고서에 들어갈 내용이 <u>아닌</u> 것은 무엇입니까? (    )

① 느낀 점      ② 조사 장소
③ 조사 결과      ④ 조사한 사람
⑤ 고장의 미래 모습

**10** 다음과 같이 고장의 옛이야기를 소개하는 방법은 무엇입니까? (    )

> 옛이야기를 소재로 하여 역할을 정해 연기를 하며 이야기를 소개한다.

① 음악회      ② 역할극
③ 동영상 만들기      ④ 노래 가사 바꾸기
⑤ 안내 책자 만들기

**11** 다음 중 문화유산의 종류가 <u>다른</u> 하나는 무엇입니까? (    )

①
△ 다보탑

②
△ 금동미륵보살반가상

③
△ 경복궁

④
△ 판소리

**[12~14]** 다음 문화유산을 보고, 물음에 답하시오.

(가)                 (나)

△ 석굴암             △ 탈춤

**12** (가) 문화유산에 대한 설명으로 알맞지 <u>않은</u> 것은 어느 것입니까? (    )

① 신라의 문화유산이다.
② 돌로 만든 문화유산이다.
③ 옛 기술로 오늘날 만든 건축물이다.
④ 종교의 힘으로 나라를 다스리고자 했다.
⑤ 신라 건축 기술의 우수성을 알 수 있다.

**13** (나) 문화유산에 대한 설명으로 알맞은 것은 어느 것입니까? (    )

① 탈을 쓰고 춤추며 노래한다.
② 겨울철에 보온을 위해 입던 옷이다.
③ 농사일을 할 때 부르던 농민들의 음악이다.
④ 여름철에 바람이 잘 통하게 입던 모시옷을 말한다.
⑤ 잠수 장비 없이 바닷속에 들어가 해산물을 따는 일을 하던 사람을 말한다.

**14** (나)와 같은 문화유산이 오늘날 갖는 중요한 의미는 무엇인지 쓰시오.

_____

_____

**15** 우리의 전통 문화유산인 김장에 대한 설명으로 알맞지 않은 것은 어느 것입니까? (　　　)
① 겨울에도 채소를 먹기 위해 만들었다.
② 지역마다 모두 같은 재료로 김장을 담근다.
③ 늦가을에 여러 가지 김치를 한번에 담갔다.
④ 우리나라의 대표적인 음식 문화 중 하나이다.
⑤ 오래 보관하기 위해 김장독을 땅에 묻기도 했다.

**16** 고장에 있는 문화유산을 조사할 때 조사 내용으로 알맞지 않은 것은 어느 것입니까? (　　　)
① 문화유산의 모습
② 문화유산의 의미
③ 문화유산의 위치
④ 문화유산의 가격
⑤ 문화유산이 만들어진 시대

**17** 고장의 문화유산을 답사하기 위해 계획을 세우려고 할 때 다음과 관련 있는 단계는 어느 것입니까? (　　　)

> 영래 : 불국사의 실제 모습을 살펴보고 오자.
> 재준 : 좋아. 불국사가 지어지게 된 배경도 알아보면 좋겠어.

① 답사의 목적을 정한다.
② 답사 방법과 준비물을 정한다.
③ 답사할 장소와 날짜를 정한다.
④ 답사 장소에서 조사할 내용을 정한다.
⑤ 답사 자료를 정리해 발표 자료를 만든다.

**18** 다음 보기 를 보고 답사 순서에 맞게 기호를 나열하시오.

> **보기**
> ㉠ 답사를 합니다.
> ㉡ 답사 보고서를 작성합니다.
> ㉢ 답사 계획서를 작성합니다.
> ㉣ 답사할 문화유산을 정합니다.
> ㉤ 각자의 역할과 준비물을 정합니다.
> ㉥ 조사할 내용을 정하고 자료를 찾습니다.

( 　 → 　 → 　 → 　 → 　 → 　 )

**2**
단원

**19** 다음과 같이 우리 고장의 문화유산을 조사하는 방법은 무엇입니까? (　　　)

① 신문기사 읽기
② 관련 서적 찾아보기
③ 인터넷 자료 찾아보기
④ 문화유산 안내도 살펴보기
⑤ 문화 관광 해설사의 설명듣기

**20** 고장의 문화유산 관련 행사로 배울 수 있는 것이 아닌 것은 어느 것입니까? (　　　)
① 조상들의 과학 기술
② 우리 문화의 우수성
③ 조상들의 생활 모습
④ 조상들의 삶과 지혜
⑤ 미래 과학의 우수성

# 서술형 문제

**01** 다음 자료를 보고, 물음에 답하시오.

- 독도는 섬 전체가 바위로 되어 있다고 해서 ( ㉠ ), 돌로 된 섬이라는 뜻의 '돌섬'을 경상도 지역 말로 불러 ( ㉡ ), 한없이 넓은 바다에 홀로 외롭게 서 있다 하여 ( ㉢ )라고 불렀다는 이야기가 있다.

- 독도의 옛 이름 중에 '삼봉도'라는 이름이 있었는데 이는 봉우리가 세 개 있다고 하여 붙여진 이름이었습니다. 또, '가지도'라는 이름도 있었는데 이를 통해 '가지어'*가 많이 사는 곳이었다는 것을 알 수 있다.

⊙ 우리 땅, 독도

*가지어: '강치'라고도 하며, 흔히 '바다사자', '바다표범'이라고 한다.

(1) 위의 ㉠~㉢에 들어갈 알맞은 말을 보기 에서 골라 쓰시오.

> **보기**
> • 독섬　　• 독도　　• 돌섬

㉠: (　　　　　　　)

㉡: (　　　　　　　)

㉢: (　　　　　　　)

(2) 독도의 옛 지명인 '삼봉도'와 '가지도'를 통해 알 수 있는 독도의 특징을 쓰시오.

_____

_____

**02** 다음은 명량해협 울돌목의 모습과 설명입니다. 이 사진과 해설을 통해 알 수 있는 이 지역의 자연적 특성을 쓰시오.

　　전남 해남과 진도 사이의 명량해협은 좁은 지형에 대량의 물이 지나면서 소용돌이가 일어나기도 하며, 물살로 인한 소리가 매우 큰 것이 특징이다. 예로부터 바위가 우는 것 같다는 의미로 '울돌목'이라 불렸고, 이를 한자로 표현한 것이 '명량(鳴梁)'이다.

_____

_____

**03** 강원특별자치도 설악산에는 흔들바위가 있습니다. 지명과 지역에 전해 내려오는 옛이야기의 관련성을 생각하여 설악산 흔들바위는 어떤 옛이야기를 지녔을지 자유롭게 상상해서 쓰시오.

_____

_____

**04** 다음 자료를 보고, 물음에 답하세요.

⬆ 부평 향교 유생 문화 체험

⬆ 인천 꽃맞이 굿

(1) 위의 행사들은 모두 고장의 무엇을 알리기 위한 행사인지 쓰시오.

(             )

(2) 위와 같은 고장의 행사를 통해 우리가 배울 수 있는 점을 간단히 쓰시오.

_____

_____

**05** 다음은 우리 고장의 문화유산을 조사하기 위한 계획을 세우는 모습입니다. 물음에 답하시오.

(1) 위 대화 내용 중 답사의 방법으로 조사할 것을 제안한 사람은 누구인지 이름을 쓰시오.

(             )

(2) 위에서 제시된 조사 방법 중 선미가 제안한 조사 방법의 편리한 점을 한 가지만 쓰시오.

_____

_____

(3) 위에서 혜원이가 말한 조사 방법의 장점을 한 가지만 쓰시오.

_____

_____

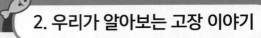
학습 주제  우리 고장의 옛이야기

학습 목표  우리 고장의 옛이야기를 조사할 수 있다.

**1** 우리 고장의 시·군·구청 누리집을 방문하여 우리 고장에 살던 조상의 생활 모습을 알 수 있거나 지형과 관련된 옛이야기를 한 가지 골라 그 특징을 쓰시오.

| 소개할 고장 | |
|---|---|
| 우리 고장의 옛이야기 | |
| 위 이야기를 통해 알 수 있는 점 | |

**2** 위에서 조사한 우리 고장의 옛이야기를 소개하는 자료를 만들어 보시오.

학습 주제  우리 고장의 문화유산

학습 목표  우리 고장의 문화유산을 조사할 수 있다.

**[1~3]** 우리 고장의 문화유산을 조사해 봅시다.

**1** 문화재청 누리집을 방문하여 우리 고장의 문화유산을 한 가지 골라 특징을 쓰시오.

| 문화유산 이름 | |
| --- | --- |
| 유형 / 무형 문화유산 | |
| 소재지 | |
| 시대 | |
| 특징 | |

**2** 위에서 조사한 우리 고장의 문화유산을 친구들에게 소개하려 할 때, 어떤 방법으로 소개하고 싶은지 소개 방법을 쓰시오.

**3** 위에서 조사한 우리 고장의 문화유산을 소중히 지켜나갈 수 있는 방법을 쓰시오.

# ① 교통수단의 발달과 생활 모습의 변화

## 1. 옛날의 교통수단

(1) 옛날 교통수단의 종류

① 옛날에는 주로 걸어서 다녔습니다.

② 멀리 가거나 짐을 싣고 이동할 때는 동물이나 사람, 자연의 힘을 이용한 교통수단을 이용하였습니다.

| 동물의 힘 | | |
|---|---|---|
|  소 | 말 |  당나귀 |

| 사람의 힘 | | 자연의 힘 |
|---|---|---|
|  가마 |  뗏목 |  돛단배 |

(2) 옛날 교통수단의 좋은 점과 불편한 점

① 좋은 점: 사람이나 동물, 자연의 힘을 이용하여 환경 오염이 적었습니다.

② 불편한 점

- 힘이 많이 들고 시간이 오래 걸렸습니다.
- 여러 사람이 같이 이용하기 어려웠습니다.
- 날씨와 같은 자연환경의 영향을 많이 받았습니다.
- 많은 양의 물건을 한꺼번에 옮기기 어려웠습니다.

### 📝 그림 속 옛날 교통수단

⚘ 김홍도 「고기잡이」

⚘ 김홍도 「장터길」

### 📝 수레

바퀴를 달아서 굴러가게 만든 것으로, 짐을 실어서 옮길 때 사용하였습니다.

### 낱말 사전

교통수단  사람이 이동하거나 짐을 옮기는 데 쓰는 방법이나 도구

뗏목  통나무를 가지런히 묶어 만든 배로 사람이나 짐을 옮길 때 사용했음.

### 개념 확인 문제

정답과 해설 43쪽

**1** (          )(이)란 사람이 이동하거나 물건을 옮기는 데 사용하는 방법이나 도구를 말합니다.

**2** 옛날의 교통수단에 대한 설명으로 옳은 것에 ○표, 옳지 않은 것에 ×표 하시오.

(1) 옛날의 교통수단은 사람, 동물, 자연의 힘을 주로 이용했습니다.

(          )

(2) 옛날의 교통수단은 날씨와 같은 자연환경의 영향을 많이 받았습니다.

(          )

## 2. 기계의 힘을 이용한 초기의 교통수단

| 증기선 | 증기 기관차 | 전차 | 비행기 |
|---|---|---|---|
|  |  |  |  |
| 수증기의 힘으로 움직이는 배 | 수증기의 힘으로 움직이는 기차 | 전기의 힘을 이용해 철길 위를 다니는 차 | 프로펠러를 이용하여 하늘을 다니는 이동수단 |

① 과학 기술의 발달로 기계의 힘으로 움직이는 새로운 교통수단이 등장했습니다.

② 교통수단의 크기가 커져 사람과 짐을 많이 옮길 수 있게 되었고, 옛날에 비해 먼 곳까지 쉽고 빠르게 이동할 수 있게 되었습니다.

## 3. 오늘날의 교통수단

(1) 오늘날 교통수단의 종류

| | | | |
|---|---|---|---|
| ⌃ 여객선 | ⌃ 자동차 | ⌃ 비행기 | ⌃ 기차(고속 열차) |

(2) 오늘날 교통수단의 특징

① 교통수단의 종류가 다양해졌고, 한 번에 많은 사람과 물건을 옮길 수 있습니다.

② 교통수단의 연료로 석유, 가스, 전기 등을 이용합니다.

③ 먼 곳까지 쉽게 갈 수 있고, 빠르고 편하게 이동할 수 있습니다.

---

**3** 초기의 교통수단과 관련된 내용을 바르게 연결하시오.

(1) 전차 ·   · ㉠ 수증기의 힘으로 움직이는 배

(2) 증기선 ·   · ㉡ 전기의 힘으로 다니는 차

(3) 비행기 ·   · ㉢ 프로펠러를 이용해 하늘을 다니는 이동 수단

**4** 다음 중 오늘날 교통수단의 연료로 이용하는 것에 모두 ○표 하시오.

증기, 동물의 힘, 석유, 전기

---

3
단원

✎ **서울의 전차**

> 1899~1968년까지 운행하였습니다.
> 서대문−종로−동대문−청량리에 이르는 약 8km 구간을 운행하였습니다.

✎ **여가를 위한 여러 교통수단**

⌃ 전기 자전거

⌃ 스케이트보드

⌃ 패러글라이딩

⌃ 인라인 스케이트

⌃ 전동 킥보드

⌃ 자전거

### 낱말 사전 👓

수증기 기체 상태의 물

프로펠러 두 개 이상의 회전 날개로 되어 있으며, 비행기나 선박을 움직이는 힘을 만들어 내는 장치

석유 땅속에서 나는 검은 갈색을 띤 기름으로 석유에서 휘발유, 등유, 경유가 나옴.

여가 일이 없어 남는 시간

## 교과서 개념 익히기

### ✏️ 몸이 불편한 사람을 위한 교통수단

⌃ 전동 휠체어

### ✏️ 물건을 옮기는 교통수단

⌃ 화물차

⌃ 화물선

⌃ 화물 열차

⌃ 화물 비행기

### ✏️ 계절에 따른 교통수단

⌃ 제설차: 도로에 쌓인 눈을 치웁니다.

⌃ 살수차: 도로에 물을 뿌려 먼지를 없애거나 기온을 낮춥니다.

### 4. 교통수단의 발달로 달라진 사람들의 생활 모습

(1) 교통수단의 발달에 따라 새롭게 생겨난 시설

| 배 | 선착장, 여객선 터미널, 부두 등 |
|---|---|
| 기차, 지하철 | 철길, 지하철역, 기차역 등 |
| 비행기 | 공항, 공항버스, 공항 철도, 관제탑 등 |
| 자동차 | 주유소, 차량 정비소, 휴게소, 주차장, 세차장, 터널 등 |
| 일상생활 | 버스 정류장, 택시 정류장, 횡단보도, 신호등, 교통 표지판 등 |

(2) 교통수단의 발달로 달라진 생활 모습

① 교통수단의 발달이 우리 생활에 미친 영향

- 길을 헤매지 않고, 약속한 장소에 정확하게 도착할 수 있습니다.
- 양이 많거나 무거운 짐도 먼 곳으로 쉽고 빠르게 옮길 수 있습니다.
- 예전에 가기 어려웠던 곳도 빠르고 안전하게 갈 수 있습니다.

② 교통수단의 발달로 달라진 고장의 모습

- 다른 지역으로 이동할 수 있는 방법이 다양해졌습니다.
- 공항, 터미널 등 다양한 교통 관련 시설이 생겼습니다.
- 교통수단과 관련된 다양한 직업이 생겼습니다.
- 사람이 많아져 큰 도시가 생겼습니다.

### 5. 고장의 환경에 따른 교통수단의 이용 모습

(1) 특수한 목적과 기능에 따른 교통수단

| 관광 | 관광 열차, 관광 유람선, 레일 바이크, 시내 관광버스 등 |
|---|---|
| 구조 | 구조용 특수 소방차, 산악 구조 헬리콥터, 해상 구조 보트, 구급차, 응급 구조 헬리콥터, 소방 헬리콥터 등 |
| 계절 | 제설차, 살수차 등 |

### 🤓 낱말 사전

관제탑 안전을 위해 비행기의 출발과 도착을 안내하거나 비행장의 일을 정리하는 역할을 하는 곳

관광 다른 지역이나 나라의 아름다운 산, 바다나 문화 유적 등을 돌아다니며 구경하는 것

구조 재난을 겪거나 어려운 상황에 처한 사람을 구해 주는 일

### 개념 확인 문제

정답과 해설 43쪽

**5** 자동차의 발달에 따라 새롭게 생겨난 시설에는 어떤 것이 있는지 한 가지 쓰시오.

( )

**6** 교통수단의 발달로 달라진 고장 모습에 대한 설명으로 옳은 것에 ○표, 옳지 않은 것에 ✕표 하시오.

(1) 사람이 많아져 큰 도시가 생겼습니다. ( )

(2) 교통수단과 관련된 다양한 직업이 생겼습니다. ( )

(3) 다른 지역으로 이동할 수 있는 방법이 줄어들었습니다. ( )

(2) 고장의 환경에 따른 교통수단

| 카페리 | 갯배 | 널배 | 케이블카 |
|---|---|---|---|
| 사람과 자동차를 함께 배에 실어 운반함. | 바다를 사이에 둔 마을을 오갈 때 이용함. | 갯벌에 빠지지 않고 조개 등을 운반할 때 이용함. | 산이나 높은 곳을 편하게 이동할 때 사용함. |

| 사륜구동 택시 | 경운기 | 모노레일 | 지하철 |
|---|---|---|---|
| 가파른 길이나 눈길을 안전하게 다니기 위해 이용함. | 농촌에서 농사 도구나 농산물을 운반할 때 이용함. | 가파른 길을 다니거나 농작물 운반에 이용함. | 사람과 차가 많아 길이 막히는 대도시에서 이용함. |

## 6. 교통수단의 발달로 달라질 미래의 생활 모습

| 기존 교통수단의 문제점 | → | 인공 지능 자율 주행 자동차 | 드론 자동차 |
|---|---|---|---|
| • 교통사고 발생<br>• 환경 오염 발생<br>• 노약자 이용 불편<br>• 소음 문제 | | | |

**7** 다음 중 관광을 목적으로 하는 교통수단인 것에 ○표 하시오.

제설차, 구급차, 레일 바이크, 해상 구조 보트

**8** ( )은/는 가파른 길을 다니거나 농작물 운반에 이용합니다.

**9** ( )은/는 산이나 높은 곳을 편하게 이동할 때 이용합니다.

🖉 **교통수단의 발달에 따른 이동 시간의 변화 (서울~부산)**

약 30일
5일
4시간 30분
2시간 40분
1시간

🖉 **교통수단 관련 직업**

| 직업 | 역할 |
|---|---|
| 항공 교통 관제사 | 공항을 오가는 비행기의 출발과 도착 순서를 안내하여 사고를 막고 안전한 비행기 운행을 도움. |
| 승무원 | 기차, 비행기 등에서 운행과 관련된 일이나 승객에 관한 일을 맡음. |
| 기관사 | 지하철, 배, 비행기 등의 기관을 다루거나 조종함. |
| 조종사 | 비행기의 방향과 속도를 다루는 기능과 자격을 갖추고 비행기를 조종함. |
| 항공기 정비원 | 비행기가 제대로 작동하도록 수리와 관리를 담당함. |

**낱말사전**

인공 지능 인간의 생각이나 학습 능력과 같은 기능을 갖춘 컴퓨터 시스템으로 AI(Artificial Intelligence)라고도 함.

드론 조종사가 타지 않고 무선 전파 유도에 의해 비행과 조종이 가능한 비행기나 헬리콥터 모양의 무인기

# 실전 문제

**01** 다음과 같이 바람의 힘으로 움직여 사람이나 짐을 강 건너편으로 옮겼던 옛날 교통수단은 무엇입니까? ( )

① 뗏목
② 돛단배
③ 당나귀
④ 나룻배
⑤ 소달구지

**02** 다음은 지수네 반 친구들이 옛날의 교통수단에 대해 조사한 내용입니다. 바르게 조사한 모둠의 이름을 쓰시오.

사랑 모둠: 많은 사람들이 동시에 이용하기 쉬웠다.
성실 모둠: 날씨와 같은 자연환경의 영향을 받지 않았다.
우정 모둠: 사람이나 동물, 자연의 힘을 이용하여 환경 오염이 적었다.

( ) 모둠

**03** 다음에서 설명하는 교통수단은 무엇입니까? ( )

• 기계의 힘을 이용한 초기의 교통수단이다.
• 프로펠러를 이용하여 하늘을 이동하였다.

① 전차
② 증기선
③ 자동차
④ 비행기
⑤ 자전거

**04** 다음 중 오늘날 사람들이 이용하는 교통수단은 무엇입니까? ( )

① ▲ 기차(고속 열차)
② ▲ 증기 기관차
③ ▲ 말
④ ▲ 가마

**05** 다음 ( ) 안에 들어갈 알맞은 말에 ○표 하시오.

기계의 힘을 이용한 초기의 교통수단은 주로 ( 수증기, 수소 )나 전기의 힘을 이용하였다.

**06** 오늘날 교통수단의 특징으로 알맞지 **않은** 것은 어느 것입니까? ( )

① 빠르고 편하게 이동할 수 있습니다.
② 먼 곳까지 쉽게 이동할 수 있습니다.
③ 여러 사람이 같이 이용하기 어렵습니다.
④ 한 번에 많은 사람과 물건을 옮길 수 있습니다.
⑤ 교통수단의 연료로 석유, 가스, 전기 등을 이용합니다.

**07** 다음은 교통수단의 발달에 따라 새롭게 생겨난 시설을 조사하여 그린 '마인드 맵'입니다. 물음표에 들어갈 교통수단은 무엇인지 쓰시오.

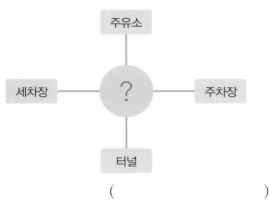

(                    )

**08** 바다에서 물에 빠진 사람을 구조할 때 이용하는 교통수단은 무엇입니까? (          )
① 제설차
② 레일 바이크
③ 시내 관광버스
④ 해상 구조 보트
⑤ 산악 구조 헬리콥터

**09** 교통수단의 발달로 달라진 생활 모습에 대하여 잘못 설명한 사람은 누구입니까? (          )

**10** 다음 일기의 (          ) 안에 들어갈 교통수단은 무엇입니까? (          )

△△년 △△월 △△일

겨울 방학을 맞아 가족과 함께 제주도로 놀러갔다. 오늘같이 눈이 많이 오는 겨울에 (          )을 타고 이동하니 무사히 등산로 입구에 도착했다. 우리는 한라산을 오르며 눈꽃 구경을 하면서 즐거운 시간을 보냈다.

① 갯배
② 카페리
③ 경운기
④ 모노레일
⑤ 사륜구동 택시

**11** 다음 교통수단에 대한 설명으로 알맞은 것은 어느 것입니까? (          )

① 눈길을 안전하게 다니기 위해 이용한다.
② 사람과 자동차를 함께 배에 실어 운반한다.
③ 바다를 사이에 둔 마을을 오갈 때 이용한다.
④ 가파른 길을 다니거나 농작물 운반에 이용한다.
⑤ 갯벌에 빠지지 않고 조개 등을 운반할 때 이용한다.

**12** 교통수단의 발달로 달라질 미래의 생활 모습을 바르게 말한 사람은 누구인지 쓰시오.

동인: 몸이 불편한 사람도 편리하게 이용할 수 있을 거야.
현수: 지금보다 안전하지 않은 교통수단이 많이 생길거야.
수빈: 서울에서 부산까지 이동하는 시간이 더 오래 걸릴 거야.

(                    )

**✏️ 파발**

사람이 직접 달려가거나 말을 타고 가서 나라의 중요한 일이나 소식을 전합니다.

**✏️ 봉수(烽: 햇불, 燧: 연기)**

> 낮에는 연기, 밤에는 햇불로 소식을 전했습니다.

> 주로 높은 산꼭대기에 설치하였으며, 연기나 불빛의 개수가 많을수록 위급한 상황이었습니다.

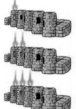

 침입이 없음.

 적이 나타남.

적이 다가옴.

 적이 쳐들어옴.

싸움이 시작됨.

**✏️ 신호 연**

> 연의 무늬로 암호를 정해서 적군이 알아차리지 못하게 하였습니다.

> 문양과 색깔로 명령 내용을 전할 수 있고, 멀리서도 쉽게 알아볼 수 있었습니다.

**🔍 낱말 사전**

통신 수단 소식이나 정보를 전달하는 데 사용하는 방법이나 도구

서찰 안부나 소식을 글로 적어서 보내는 것

방 어떤 일을 널리 알리기 위하여 사람들이 많이 모이는 곳에 글이나 소식을 써서 붙이는 것

## ❷ 통신 수단의 발달과 생활 모습의 변화

### 1. 옛날의 통신 수단과 이용 모습

(1) 옛날의 통신 수단의 종류

① 일상생활에서 이용했던 통신 수단

| 직접 전달 | 서찰(편지) | 파발 | 방 |
|---|---|---|---|
| 사람이 직접 가서 소식을 전달했습니다. | 안부나 소식을 적은 서찰을 보냈습니다. | 평상시나 전쟁 등 급한 소식을 전할 때 쓰였습니다. | 많은 사람들이 모이는 곳에 방을 붙여 알렸습니다. |

② 위급한 상황에서 이용했던 통신 수단

| 봉수 | 신호 연 | 새 | 북 |
|---|---|---|---|
| 낮에는 연기, 밤에는 햇불로 상황을 알렸습니다. | 연을 띄워 신호를 알렸습니다. | 새를 날려서 소식을 전달했습니다. | 북을 크게 쳐서 위급한 상황을 알렸습니다. |

(2) 옛날 통신 수단의 특징

① 한 번에 많은 내용을 전달하기 어려웠습니다.

② 소식을 전하기까지 시간이 오래 걸렸습니다.

**개념 확인 문제**      정답과 해설 44쪽

**1** 정보를 전달하려고 사용하는 방법이나 도구를 ( )(이)라고 합니다.

**2** 사람이 직접 달려가거나 말을 타고 가서 나라의 중요한 일이나 소식을 전하는 것을 ( )(이)라고 합니다.

**3** 봉수에 대한 설명으로 옳은 것에 ○표, 옳지 <u>않은</u> 것에 ×표 하시오.

(1) 날씨가 흐리면 소식을 전하기 어려웠습니다. ( )

(2) 연기나 불빛의 개수가 적을수록 위급한 상황이었습니다. ( )

(3) 낮에는 연기, 밤에는 불빛으로 위급한 상황을 알렸습니다. ( )

## 2. 오늘날의 통신 수단과 이용 모습

(1) 오늘날의 통신 수단 종류: 편지, 휴대 전화, 텔레비전, 인터넷, 컴퓨터, 신문, 길 도우미(내비게이션) 등

△ 편지　　　　△ 텔레비전　　　　△ 길 도우미(내비게이션)

(2) 오늘날의 통신 수단 특징

① 한 번에 정보를 많이 주고받을 수 있습니다.

② 정보를 실시간으로 빠르게 전달할 수 있습니다.

③ 여러 사람과 동시에 정보를 주고받을 수 있습니다.

④ 통신 기계 하나만 있으면 여러 가지 통신 방법을 이용할 수 있습니다.

## 3. 통신 수단의 발달로 달라진 생활 모습

(1) 전화기의 발달 과정

 ➡  ➡  ➡

△ 수동식 전화기　　△ 유선 전화　　△ 휴대 전화　　△ 스마트폰

① 전화 교환원이 전화를 거는 사람과 전화 받는 사람을 서로 연결해 주었습니다.

② 전화를 거는 사람이 전화 교환원 없이 전화기에서 직접 숫자 번호판을 돌려서 상대방과 통화했습니다.

③ 휴대할 수 있어 장소와 시간에 상관없이 통화할 수 있습니다.

④ 인터넷에 연결된 휴대 전화에서 여러 가지 일을 할 수 있습니다.

**4** 오늘날 통신 수단의 특징으로 옳은 것에 ○표, 옳지 <u>않은</u> 것에 ×표 하시오.

(1) 한 번에 많은 정보를 주고받기 어렵습니다. 　　　　( 　　)

(2) 정보를 실시간으로 빠르게 전달할 수 있습니다. 　( 　　)

(3) 여러 사람과 동시에 정보를 주고받을 수 있습니다. ( 　　)

**5** 다음 중 오늘날 통신 수단이 <u>아닌</u> 것에 ○표 하시오.

> 방, 인터넷, 텔레비전, 길 도우미, 휴대 전화

✎ **무선호출기**

> ❯ 호출한 사람의 전화번호나 음성 메시지를 소리나 진동으로 알려 줍니다.
> ❯ 호출이 오면 '삐삐' 소리가 나서 삐삐라는 별명으로 불렀습니다.

✎ **통신 수단의 발달로 나타난 생활 모습**

△ 화상 수업　　△ 화상 회의

△ 인터넷으로 물건　　△ 자료 활용
구입

**낱말 사전**

전화 교환원 　고객이 요청한 곳으로 전화를 연결해 주는 일을 함. '교환수'라고도 불림.

호출 　전화나 신호를 통해 사람을 부르는 것

✏️ **스마트폰으로 가능한 일**

▶ 영상 시청하기

▶ 화상 전화하기

▶ 메시지 보내기

▶ 은행 업무 보기

▶ 물건 구입 및 예약하기

▶ 여러 친구들과 동시에 대화하기

(2) 통신 수단의 발달로 달라진 고장의 생활 모습 비교

| | 1980년대의 생활 모습 | 2020년대의 생활 모습 |
|---|---|---|
| 학교 | • 수업할 때 직접 가서 관찰함.<br>• 알림장을 공책에 손으로 씀. | • 수업할 때 영상 자료를 이용함.<br>• 인터넷에서 알림장을 확인함. |
| 회사 | • 회의를 위해 출장을 감.<br>• 말이나 글로 직접 전달함. | • 화상 회의를 함.<br>• 메신저를 이용해 연락함. |
| 가정 | • 물건을 사러 상점에 감.<br>• 친구에게 우체국에 가서 편지를 보냄.<br>• 역이나 정류장에서 버스나 지하철이 올 때까지 기다림. | • 집에서 인터넷, 컴퓨터, 스마트폰 등을 이용해 물건을 주문함.<br>• 친구에게 전자 우편을 보냄.<br>• 지하철, 버스가 언제 오는 지 실시간으로 확인할 수 있음. |

(3) 통신 수단의 발달로 새롭게 생긴 시설과 직업

① 새롭게 생긴 시설: 기지국, 방송국, 통신 위성 등

② 새롭게 생긴 직업: 아나운서, 1인 방송인(유튜버), 인터넷 설치 기사 등

## 4. 고장의 환경에 따른 통신 수단의 이용 모습

(1) 장소에 따라 다른 통신 수단의 이용 모습

| 농촌 | 마을 방송, 농촌 정보 소통방 등 |
|---|---|
| 어촌 | 구조 신호, 해양 정보 인터넷 방송, 등대 신호 등 |
| 공동 주택 | 아파트 안내 방송, 인터폰으로 경비실과 연락, 화재 경보기 등 |

✏️ **통신 수단의 문제점**

통신 수단이 발달하면서 소음 공해, 개인 정보 유출, 게임 중독, 통신 비용 증가, 인터넷 예절 부족 등의 여러 문제점이 발생하고 있습니다.

⚠️ 개인 정보 유출

⚠️ 게임 중독

⚠️ 마을 방송

⚠️ 아파트 안내 방송

🐱 **낱말 사전**

**기지국** 휴대 전화나 인터넷 통신 신호를 원활하게 주고받는 기능을 함.

**통신 위성** 지역과 지역, 나라와 나라 사이의 통신망을 연결해 주는 장치

**인터폰** 같은 건물이나 배, 방과 방 사이의 통화를 위한 장치

**개념 확인 문제**

정답과 해설 44쪽

**6** ( )(으)로는 전화하기, 물건 구매하기, 여러 사람과 동시에 대화하기, 인터넷 은행 업무 보기, 문자 보내기 등을 할 수 있습니다.

**7** 고장의 환경에 따른 통신 수단 이용 모습에 대한 설명으로 옳은 것에 ○표, 옳지 **않은** 것에 ×표 하시오.

(1) 농촌에서는 마을 방송을 통해 주민들에게 소식을 전합니다. ( )

(2) 공동 주택에서는 구조 신호를 보내 경비실과 연락합니다. ( )

(2) 하는 일에 따라 다른 통신 수단의 이용 모습

| 무선 마이크 | 휴대 전화 |
|---|---|

▲ 전시해설자　　▲ 마트 판매원　　▲ 택시 기사　　▲ 배달 기사

수신호

▲ 항공기 유도원　　▲ 잠수부　　▲ 경매사

무전기

▲ 군인　　▲ 경찰관　　▲ 소방관

## 5. 통신 수단의 발달로 달라질 미래의 생활 모습

(1) 통신 기술의 발달로 사람들의 생활이 더 편리해질 것입니다.

(2) 생활 곳곳에서 사물 인터넷이 연결된 가전제품 사용이 늘어날 것입니다.

(3) 우리 몸의 건강 상태를 병원으로 바로 전달할 수 있을 것입니다.

(4) 몸이 불편한 사람도 편리하게 이용할 수 있을 것입니다.

[08~10] 다음 (　　) 안에 들어갈 알맞은 말을 보기 에서 골라 쓰시오.

보기
무전기, 전시 해설자, 수신호, 경찰관

**8** 항공기 유도원, 잠수부, 경매사는 (　　　　)을/를 이용하여 정보를 전달합니다.

**9** 군인, 경찰관, 소방관이 주로 이용하는 통신 수단은 (　　　　)입니다.

**10** 무선 마이크를 이용하는 직업은 (　　　　)입니다.

✏ 무전기

특정 신호를 이용하여 무선으로 연락을 하는 장치입니다.

3 단원

✏ 잠수부 수신호

알았다!　　　　내려 가자!

천천히!　　　　어느 방향?

물 속에서는 대화를 하기 어렵기 때문에 수신호로 의사소통을 대신합니다.

 낱말 사전

유도 대상을 정해진 장소나 방향으로 이끄는 것

경매 물건을 사려는 사람이 여러 명일 때 가장 높은 값을 부른 사람에게 판매하는 것

사물 인터넷(IoT: Internet of Things) 인터넷을 이용해 개별 사물끼리 정보를 주고받는 정보 기술

**01** 옛날에 이용했던 통신 수단의 이름과 그 모습을 바르게 연결하시오.

(1) 서찰 ·

(2) 북 ·

(3) 신호 연 ·

· ㉠

· ㉡

· ㉢

**02** 다음 그림의 ( ) 안에 들어갈 옛날 통신 수단의 이름을 쓰시오.

적이 나타났다! 더 늦기 전에 ( )(으)로 상황을 알려야겠어.

( )

**03** 옛날의 통신 수단인 파발에 대한 설명으로 알맞은 것은 어느 것입니까? ( )

△ 파발

① 간단한 안부를 전할 때 사용했다.
② 연기나 불빛을 이용하여 소식을 전했다.
③ 글로 써서 많은 사람들이 보는 곳에 붙였다.
④ 큰 소리를 이용하여 작전을 지시할 수 있었다.
⑤ 말을 타고 가거나 직접 걸어가서 소식을 전했다.

**04** 오늘날 사람들이 주로 사용하지 <u>않는</u> 통신 수단은 무엇입니까? ( )

①
△ 새

②
△ 컴퓨터

③
△ 텔레비전

④
△ 스마트폰

**05** 다음 찢어진 부분에 들어갈 전화기의 발달을 순서대로 바르게 배열한 것은 어느 것입니까? ( )

○○모둠

**전화기의 역사**

전화기는 과학 기술의 발달로 사람들이 사용하기에 더 편리해졌습니다. 전화기의 발달 과정은....

① 휴대 전화 → 스마트폰 → 유선 전화 → 수동식 전화기
② 스마트폰 → 수동식 전화기 → 유선전화 → 휴대 전화
③ 유선 전화 → 스마트폰 → 휴대 전화 → 수동식 전화기
④ 수동식 전화기 → 유선 전화 → 휴대 전화 → 스마트폰
⑤ 수동식 전화기 → 휴대 전화 → 유선 전화 → 스마트폰

**06** 다음 대화의 ( ) 안에 공통으로 들어갈 알맞은 통신 수단은 무엇입니까? ( )

> 예빈: ( )만 있으면 밖에 나가지 않아도 물건을 살 수 있어!
> 현준: 맞아! 난 ( )(으)로 외국에서 살고 계신 고모랑 연락도 해.
> 지수: 요즘은 ( )(으)로 동영상도 보고, 음악도 들을 수 있지!
> 민환: 나는 ( )을(를) 이용해서 먹고 싶은 음식도 주문하는 걸!

① 편지          ② 신문          ③ 무전기
④ 신호 연       ⑤ 스마트폰

☆☆☆
**07** 오늘날 통신 수단의 특징으로 옳은 것에 ○표 하시오.
(1) 전달하는 속도가 느리다. ( )
(2) 사람이 직접 가서 소식을 전한다. ( )
(3) 한 번에 많은 정보를 보낼 수 있다. ( )

**08** 다음은 지은이가 낸 다섯 고개 퀴즈입니다. 퀴즈에서 설명하는 것은 무엇입니까? ( )

> • 회사에서 많이 이용해.
> • 얼굴을 직접 볼 수 있어.
> • 여러 사람이 함께 참여할 수 있어.
> • 외국에 계신 친척들과도 할 수 있어.
> • 우리 엄마가 재택근무를 할 때도 쓰시더라.

① 편지              ② 인터폰
③ 텔레비전          ④ 마을 방송
⑤ 화상 회의

☆☆☆
**09** 오늘날 통신 수단의 발달로 인한 문제점으로 알맞지 않은 것은 어느 것입니까? ( )
① 게임 중독          ② 개인 정보 유출
③ 편리한 은행 업무    ④ 인터넷 예절 부족
⑤ 통신 비용의 증가

**10** 사람들이 주로 인터폰을 사용하여 연락을 주고받는 장소는 어디입니까? ( )
① 농촌          ② 어촌          ③ 물속
④ 대형 마트      ⑤ 공동 주택

**11** 다음 중 수신호를 사용하지 않는 직업은 어느 것입니까? ( )

①
⚑ 경매사

②
⚑ 전시 해설자

③
⚑ 항공기 유도원

④
⚑ 잠수부

**12** 미래의 통신 수단의 장점을 예측한 것으로 알맞지 않은 것은 어느 것입니까? ( )
① 편리한 기능이 늘어날 것이다.
② 사물 인터넷 활용이 많아질 것이다.
③ 소식을 더욱 빠르게 전달할 수 있을 것이다.
④ 소식 전달에 필요한 비용이 크게 늘어날 것이다.
⑤ 몸이 불편한 사람도 편리하게 이용할 수 있을 것이다.

## 1 교통수단의 발달과 생활 모습의 변화

### 1 옛날 교통수단과 초기의 교통수단

① 옛날의 교통수단

| 종류 | 동물의 힘 | 사람의 힘 | (㉠          ) |
|------|-----------|-----------|------------|
|      | 말, 소달구지 | 가마, 나룻배 | 돛단배 |
| 특징 | • 사람이나 동물, 자연의 힘을 이용하였음.<br>• 자연에서 쉽게 구할 수 있는 재료를 사용함. | | |

② 기계의 힘을 이용한 초기의 교통수단

| 종류 | 증기선, 증기 기관차, 전차, 비행기(초기) |
|------|------------------------------------------|
| 특징 | • (㉡          ) 또는 전기의 힘을 이용하였음.<br>• 기계의 힘을 이용해 하늘을 날기 시작하였음. |

### 2 오늘날 교통수단

① 오늘날 사람들이 이용하는 교통수단

| 종류 | 자동차, 버스, 트럭, 지하철, 기차(고속 열차), 비행기, 오토바이, 여객선, 자전거 등 |
|------|------------------------------------------|
| 특징 | • 기계의 힘을 이용함.<br>• 한 번에 많은 사람과 물건을 옮길 수 있음. |

② 교통수단의 발달로 달라진 생활 모습: 다양한 교통 관련 시설과 직업이 생겼습니다.

### 3 고장의 환경과 서로 다른 교통수단

① (㉢          ): 사람과 자동차를 배에 실어 운반합니다.

② 사륜구동 택시: 눈길을 안전하게 다닐 수 있습니다.

③ 케이블카: 산이나 높은 곳을 이동할 때 이용합니다.

④ 모노레일: 농작물을 운반할 때 이용합니다.

⑤ 갯배: 바다를 사이에 둔 마을을 오갈 때 이용합니다.

### 4 미래 교통수단의 특징

① 몸이 불편한 사람도 쉽게 이용할 수 있습니다.

② (㉣          )을 갖춰 교통사고를 예방할 수 있습니다.

③ 친환경 에너지를 이용한 교통수단이 등장할 것입니다.

## 2 통신 수단의 발달과 생활 모습의 변화

### 1 옛날의 통신 수단

| 평상<br>시 | 말로 전하기, 서찰, 방, 파발 |
|-----------|----------------------------|
| 전쟁<br>시 | • (㉤          ): 낮에는 연기, 밤에는 불을 이용함.<br>• 신호 연: 적이 알지 못하게 암호를 정해 연을 날려 작전을 알렸음.<br>• 새: 새를 이용해 소식을 전하였음.<br>• (㉥          ): 크게 쳐서 위급한 상황을 알렸음. |
| 특징 | • 한 번에 많은 내용을 전하기 어려움.<br>• 소식을 전하는 데 시간이 오래 걸림. |

### 2 오늘날의 통신 수단

| 종류 | 편지, 휴대 전화, 인터넷, 텔레비전, 컴퓨터 등 |
|------|------------------------------------------|
| 특징 | • 한 번에 정보를 많이 주고받을 수 있음.<br>• (㉦          )를 실시간으로 빠르게 전달함.<br>• 여러 사람과 동시에 정보를 주고받을 수 있음.<br>• 통신 기계 하나만 있으면 여러 가지 통신 방법을 이용할 수 있음. |

### 3 장소와 하는 일에 따라 다른 통신 수단

| | | |
|------|------|------|
| 장소 | 농촌 | 마을 방송, 농촌 정보 소통방 |
| | (㉧          ) | 구조 신호, 등대 신호 |
| | 공동 주택 | 아파트 안내 방송, 인터폰 |
| 하는 일 | 무선 마이크 | 전시 해설자, 마트 판매원 |
| | 휴대 전화 | 택시 기사, 배달 기사 |
| | 수신호 | 항공기 유도원, 잠수부, 경매사 |
| | (㉨          ) | 군인, 경찰관, 소방관 |

### 4 통신 수단의 발달로 달라질 미래 생활 모습

① 사람들의 생활이 더 편리해질 것입니다.

② 사물 인터넷이 연결된 가전제품이 늘어날 것입니다.

③ 건강 상태를 병원으로 바로 전달할 수 있을 것입니다.

정답 ㉠ 자연의 힘(바람) ㉡ 수증기 ㉢ 카페리 ㉣ 인공지능 ㉤ 봉수 ㉥ 북 ㉦ 정보 ㉧ 어촌 ㉨ 무전기

# 단원 정리 평가

## 3. 교통과 통신 수단의 변화

**01** 다음 일기의 (  ) 안에 공통으로 들어갈 교통수단은 무엇입니까? (      )

○○년 ○○월 ○○일

　오늘 동생 지은이와 함께 민속촌에 다녀왔다. 민속촌에는 재미있는 볼거리가 많았다. 한복을 빌려 입고 전통 그네도 타고 널뛰기도 체험했다. 또 옛날 신랑 신부가 하던 전통 결혼식도 구경하였다. 신부는 (      )을(를) 타고 왔다. 4명이나 되는 사람들이 작은 집처럼 생긴 (      )을/를 들고 왔다. 문이 열리고 예쁜 신부가 (      )에서 내리던 모습이 인상적이었다.

① 뗏목　　　② 가마　　　③ 돛단배
④ 나룻배　　⑤ 소달구지

**02** 옛날에 사용했던 교통수단의 특징을 <u>잘못</u> 조사한 사람은 누구입니까? (      )

①  힘과 시간이 많이 들었어.

②  날씨와 같은 환경의 영향을 받지 않았어.

③  사람이나 동물의 힘을 이용했어.

④  자연에서 쉽게 구할 수 있는 재료를 이용했어.

**03** 다음 퀴즈의 정답은 무엇인지 쓰시오.

퀴즈: 다음 교통수단은 공통으로 어떤 힘을 이용하였나요?

(                    )

**04** 다음에서 설명하는 교통수단은 무엇인지 쓰시오.

　과학 기술이 발달하면서 사람이나 동물의 힘을 이용하지 않고 전기의 힘을 이용한 교통수단이 등장했습니다.

(                    )

**05** 오늘날 먼 곳으로 해외여행을 갈 때 가장 적절한 교통수단은 무엇입니까? (      )

① 배　　　　　② 버스　　　　③ 증기선
④ 승용차　　　⑤ 비행기

**06** 오른쪽 시설을 이용하는 교통수단은 무엇입니까? (      )

① 기차
② 갯배
③ 여객선
④ 비행기
⑤ 자전거

**07** 다음 교통수단에 대한 설명으로 알맞지 <u>않은</u> 것은 어느 것입니까? (      )

△ 지하철

① 출퇴근할 때 많이 이용한다.
② 시간 약속을 지키기 어렵다.
③ 빠르고 편하게 이동할 수 있다.
④ 한 번에 많은 사람들이 이용할 수 있다.
⑤ 오늘날 사람들이 이용하는 교통수단이다.

**08** 다음 대화 내용을 읽고 ( ) 안에 공통으로 들어갈 알맞은 교통수단을 쓰시오.

> 아들: 아빠, 우리 제주도로 여행갈 때 어떤 교통수단을 이용할 건가요?
> 아빠: ( )을/를 타려고 해. ( )에는 자동차를 함께 싣고 갈 수 있단다.
> 아들: 우와! 이번 여행이 정말 기대가 돼요!

( )

**09** 오른쪽 교통수단을 이용하는 때는 언제입니까?

( )

△ 제설차

① 섬으로 이동할 때
② 쌓인 눈을 치울 때
③ 높은 곳으로 이동할 때
④ 응급 환자를 구조할 때
⑤ 무거운 농기구를 운반할 때

**10** 다음 상황에서 주로 사용하는 오늘날의 교통수단은 무엇입니까? ( )

> • 음식 배달
> • 가까운 거리로 물건 배달

① 경운기     ② 유람선     ③ 비행기
④ 오토바이     ⑤ 고속 열차

**11** 옛날 사람들이 소식을 전할 때 이용했던 방법을 두 가지 고르시오. ( , )

① 영상 통화를 했다.
② 파발을 보내 소식을 전했다.
③ 사람을 시켜 서찰을 보냈다.
④ 휴대 전화로 문자 메시지를 보냈다.
⑤ 누리 소통망 서비스(SNS)를 이용했다.

**12** 다음 통신 수단에 대한 설명으로 알맞지 않은 것은 어느 것입니까? ( )

① 날씨의 영향을 많이 받았다.
② 주로 높은 지역에 설치하였다.
③ 옛날에 전쟁 상황에서 주로 사용되었다.
④ 낮에는 횃불, 밤에는 연기를 사용하여 소식을 전하였다.
⑤ 연기나 횃불의 개수가 많을수록 위급한 상황임을 의미했다.

**13** 다음에서 설명하는 통신 수단은 무엇인지 쓰시오.

> • 아군만 알아볼 수 있도록 암호를 정했다.
> • 옛날 전쟁 중에서 사용하던 통신 수단으로, 연에 그려진 문양과 색깔로 명령 내용을 전했다.

( )

**14** 다음 밑줄 친 '이것'에 해당하는 통신 수단은 무엇입니까? ( )

> 90년대 추억 속으로! 이번 주제는 무엇일까요? 궁금하네요.

> 이것은 호출한 사람의 전화번호나 음성 메시지를 소리나 진동으로 알려 주었어요.

> 호출이 오면 '삐삐' 소리가 나서 삐삐라는 별명이 생겼다고 해요.

① 신문     ② 컴퓨터     ③ 길 도우미
④ 스마트폰     ⑤ 무선 호출기

**15** 다음은 옛날과 오늘날의 통신 수단을 분류한 것입니다. 잘못 분류한 것은 어느 것입니까? (       )

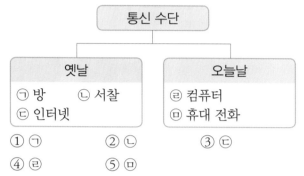

① ㉠                   ② ㉡                   ③ ㉢
④ ㉣                   ⑤ ㉤

**16** 다음에서 설명하는 통신 수단은 무엇입니까?
(       )

> • 농촌에서 많이 쓴다.
> • 넓은 지역에 퍼져서 일하는 사람들에게 마을의 소식을 빠르게 전하기 위해 사용한다.

① 무전기                ② 인터폰
③ 텔레비전              ④ 마을 방송
⑤ 화상 회의

**17** 통신 수단의 발달로 나타난 생활 모습으로 알맞지 않은 것은 어느 것입니까? (       )
① 학생들은 화상 수업을 듣게 되었다.
② 멀리 있는 사람들과 화상 회의를 할 수 있다.
③ 축구 경기를 보려면 직접 경기장에 가야 한다.
④ 시골에 계신 할머니와 얼굴을 보면서 통화할 수 있다.
⑤ 배가 고플 때 먹고 싶은 음식을 휴대 전화로 주문할 수 있다.

**18** 다음은 종국이가 하루 동안 통신 수단을 이용한 모습입니다. ㉠과 ㉡에 들어갈 말이 바르게 연결된 것은 무엇입니까? (       )

| 시간 | 통신 수단의 이용 모습 |
|---|---|
| 오전 7시 | ( ㉠ )의 알람 기능을 이용해 일어났다. |
| 오후 5시 | 간식을 먹으며 ( ㉡ )(으)로 만화 영화를 봤다. |
| 오후 8시 | 친구 현수에게 ( ㉠ )(으)로 문자 메시지를 보냈다. |
| 오후 9시 | 늦게 퇴근하신 아버지와 함께 ( ㉡ )(으)로 뉴스를 보았다. |

|  | ㉠ | ㉡ |
|---|---|---|
| ① | 라디오 | 신문 |
| ② | 라디오 | 인터넷 |
| ③ | 길 도우미 | 인터넷 |
| ④ | 스마트폰 | 신문 |
| ⑤ | 스마트폰 | 텔레비전 |

**19** (    ) 안의 알맞은 말에 ○표 하시오.

> 통신 수단이 발달하면서 ( 사물 인터넷 사용 , 개인 정보 유출 ), 게임 중독 등의 문제가 나타나게 되었다.

**20** 다음 그림의 사람이 소식을 전하는 모습과 비슷한 방법을 이용하는 직업 두 가지를 고르시오.
(    ,    )

① 경매사                ② 배달 기사
③ 택시 기사             ④ 마트 판매원
⑤ 항공기 유도원

# 서술형 문제

**01** 다음 자료를 보고, 물음에 답하시오.

ㄱ   ㄴ   ㄷ

ㄹ   ㅁ   ㅂ

(1) 위의 교통수단을 다음 기준으로 분류하여 기호를 쓰시오.
  ① 옛날의 교통수단: (                    )
  ② 기계의 힘을 이용한 초기의 교통수단:
     (                    )
  ③ 오늘날의 교통수단: (                    )
(2) 옛날 교통수단의 불편한 점을 한 가지 쓰시오.

_____

**02** 다음 일기를 읽고, 물음에 답하시오.

> 오늘은 제주도에 계시는 할아버지의 칠순 잔치가 있는 날이다. 부산에 사는 우리 가족은 아침 일찍 집에서 출발했다. (      )을/를 타고 제주도에 가서 할아버지를 만날 생각을 하니 기분이 좋았다.

(1) 나라면 어떤 교통수단을 선택했을지 위의 (      ) 안에 들어갈 교통수단을 쓰시오.
     (                    )
(2) 위 (1)번 답의 교통수단을 선택한 이유는 무엇인지 쓰시오.

_____

**03** 다음 교통수단을 보고, 물음에 답하시오.

소방 헬리콥터    제설차    레일 바이크

(1) 위의 교통수단 중 다음 기준에 적합한 것의 이름을 쓰시오.
  ① 구조 목적: (                    )
  ② 관광 목적: (                    )
(2) 제설차의 기능을 다음 낱말을 활용해 설명하시오.

> 눈, 겨울, 교통수단

제설차는 _____

_____

**04** 다음 대화를 읽고, 물음에 답하시오.

> 민수: 우리 집은 농사를 짓는데, (  ㄱ  )을/를 사용해. 무거운 농사 도구나 농산물을 옮기기 편하기 때문이야.
> 성은: 지난주 일요일에 설악산에 가서 (  ㄴ  )을/를 타 보았어. (  ㄴ  )을/를 타니까 산 위의 전망대까지 아주 편하고 빠르게 갈 수 있었어.

(1) 위의 ㄱ, ㄴ에 들어갈 교통수단의 이름을 쓰시오.
  ㄱ: (            )  ㄴ: (            )
(2) 위 대화 내용과 같이 사람들이 이용하는 교통수단이 다른 까닭은 무엇인지 쓰시오.

_____

**05** 다음은 옛날에 사용한 통신 수단입니다. 물음에 답하시오.

 ㉠
 ㉡
 ㉢
 ㉣

(1) 과거 시험 합격자를 알리려고 할 때 이용했던 통신 수단을 위에서 찾아 기호와 그 이름을 쓰시오.

(      ,      )

(2) 연기나 횃불을 이용했던 통신 수단을 위에서 찾아 이름을 쓰고, 어떤 상황에서 사용하였는지 쓰시오.

① 이름: (         )

② 상황: _____

**06** 다음 그림을 보고, 물음에 답하시오.

 ㉠
 ㉡
 ㉢
 ㉣

(1) 오늘날 사용하는 통신 수단의 기호를 쓰시오.

(        )

(2) 위 (1)번과 같은 오늘날 통신 수단의 특징은 무엇인지 쓰시오.

_____

**07** 다음 그림을 보고, 물음에 답하시오.

(1) 위 통신 수단의 이름은 무엇인지 쓰시오.

(        )

(2) 위 통신 수단을 이용해서 할 수 있는 일은 무엇인지 한 가지만 쓰시오.

_____

_____

**08** 다음은 통신 수단 이용 모습에 대하여 지우네 모둠이 발표한 자료입니다. 물음에 답하시오.

> 정환: 잠수부는 수신호를 이용해.
> 지우: 경찰관과 소방관은 무전기를 사용해.
> 경민: 택시 기사는 휴대 전화로 손님의 부름 요청을 받아.
> 서연: 전시 해설자와 마트 판매원은 ( )을/ 를 이용해.

(1) 위의 ( ) 안에 들어갈 통신 수단은 무엇인지 쓰시오.

(        )

(2) 위의 밑줄 친 '잠수부'가 수신호를 이용하는 까닭은 무엇인지 쓰시오.

_____

_____

학습 **주제** 교통수단의 발달과 생활 모습의 변화

학습 **목표** 옛날과 오늘날의 교통수단의 발달과 그에 따른 생활 모습의 변화를 설명할 수 있다.

**[1~3]** 다음 글을 읽고, 물음에 답하시오.

| 조선 시대 방울이의 생활 모습 |
| --- |

경주에 사는 방울이는 오늘 전주로 시집을 간 언니로부터 반가운 서찰을 받았다. 서찰은 언니네 집의 하인이 걸어서 들고 오느라 3일이나 걸렸다.

혼례(결혼)가 끝나고 언니가 탄 예쁜 가마가 마을 어귀를 떠날 때, 방울이는 섭섭해서 눈물이 났었다. 이제 곧 방울이의 <u>오라버니</u>도 과거 시험을 치러 한양으로 떠날 것이다. 오라버니도 한양으로 떠나고 나면, 넓은 집이 쓸쓸하게 느껴질 것 같다. 그런 방울이를 보던 아버지께서 옆 마을에서 열리는 오일장에 방울이를 데려가 주겠다고 하셨다. 강 건너편에 있는 옆 마을은 뗏목을 타야 갈 수 있다. 오일장에 간다고 생각하니 방울이는 금세 신이 났다.

\* 어귀: 드나드는 목의 첫 머리

| 2020○년 지현이의 생활 모습 |
| --- |

지현이네 가족은 오늘 친척들과 함께 부산으로 놀러 가기로 했다. 지현이네 가족은 지하철을 타고 김포공항에 도착했다. 김포 공항에서 비행기를 타니 부산에 금방 도착했다.

서울역 근처에 살고 있는 큰이모네 가족은 서울역에서 고속 열차를 타고 부산에 왔다. 경주에 사는 둘째 이모네 가족은 이모부가 운전하는 자동차를 타고 부산으로 왔다.

지현이네 가족들과 친척들은 부산 해운대 바닷가에 있는 횟집에서 점심을 먹었다. 오후에는 사촌들과 수영을 하며 즐거운 시간을 보냈다. 지현이는 부산으로 빠르고 편하게 이동할 수 있는 방법이 이렇게 많다는 사실이 신기했다.

**1** 윗글을 읽고 방울이와 지현이의 생활 모습 속에 나타난 교통수단을 모두 쓰시오.

| 방울이의 교통수단 | |
| --- | --- |
| 지현이의 교통수단 | |

**2** 윗글의 방울이의 오라버니가 과거 시험을 치러갈 때 어떤 교통수단을 이용할 수 있을지 한 가지 쓰시오.

( )

**3** 윗글을 통해 알 수 있는 옛날과 달라진 오늘날의 생활 모습에는 어떤 것이 있는지 쓰시오.

학습 주제 옛날과 오늘날의 통신 수단

학습 목표 옛날과 오늘날의 통신 수단을 알고 옛날과 오늘날의 통신 수단을 비교할 수 있다.

**[1~3]** 다음에 제시된 옛날과 오늘날의 통신 수단을 보고, 물음에 답하시오.

 ㉠
 ㉡
 ㉢
 ㉣

 ㉤
 ㉥
 ㉦
 ㉧

**1** 위 그림에서 옛날의 통신 수단을 모두 찾아 기호와 이름을 쓰고, 이용한 모습을 쓰시오.

| 통신 수단의 기호와 이름 | 이용한 모습 |
| --- | --- |
| 예 ㉣ 북 | 북을 쳐서 큰 소리를 내 전쟁을 알렸다. |
|  |  |
|  |  |
|  |  |

**2** 오늘날의 통신 수단이 옛날의 통신 수단에 비해 달라진 점을 두 가지 쓰시오.

(1) _____

(2) _____

**3** 이 밖에 오늘날 사람들이 많이 이용하는 통신 수단의 이름과 그 이용 모습을 쓰시오.

Memo

# 만점왕

## 통합본 사회 3-1

EBS

EBS 초등

인터넷·모바일·TV
**무료 강의 제공**

초 | 등 | 부 | 터 EBS

바쁜 초등학생을 위한
국·사·과 교과서 완전 학습서

# 만점왕

과학 3-1
통합본

# 만점왕 통합본 과학 3-1

# 구성과 특징

**개념책**

교과서 개념을 충실하게 반영하였으며 실전 문제로 교과 학습을 완벽하게 이해할 수 있도록 내용을 구성하였습니다.

**단원 평가**

다양한 문제를 풀어보며 자신의 학습 상태를 점검하고 학교 단원 평가에 대비할 수 있도록 내용을 구성하였습니다.

## 1 교과서 개념 익히기

## 2 실전 문제

**1** 자세한 개념 설명과 그림을 통해 교과서 내용을 분명하게 파악할 수 있습니다.

**2** 앞서 배운 개념과 관련된 문제를 풀어보며 주요 내용을 꼼꼼하게 확인할 수 있습니다.

## 3 단원 정리

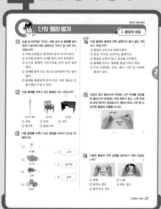

## 4 단원 정리 평가

**3** 꼭 알아야 할 단원의 핵심 개념을 한 페이지로 확인할 수 있습니다.

**4** 단원을 정리하는 문제를 풀어보며 실력을 점검, 보완할 수 있습니다.

## 5 서술형 문제

## 6 수행 평가

**5, 6** 각 단원에서 익힌 내용을 활용하여 학교 시험의 서술형 문제와 수행평가에 대비할 수 있습니다.

# 차례

## 1 과학자는 어떻게 탐구할까요?

❶ 땅콩을 탐구해 볼까요?     4
❷ 공룡의 흔적을 탐구해 볼까요?     6

## 2 물질의 성질

❶ 물체와 물질     8
❷ 물질의 성질     10
❸ 물질의 좋은 점과 성질 변화     20

## 3 동물의 한살이

❶ 동물의 암수     34
❷ 배추흰나비의 한살이     35
❸ 여러 가지 동물의 한살이     42

## 4 자석의 이용

❶ 자석 사이에 작용하는 힘     56
❷ 자석의 성질     60

## 5 지구의 모습

❶ 지구 표면의 모습     72
❷ 지구와 달의 모습     76

## 교과서 개념 익히기

### ① 땅콩을 탐구해 볼까요?

**1. 과학자는 어떻게 관찰할까요?**

(1) 관찰이란?

- 관찰 : 탐구하고자 하는 대상의 특징을 자세히 살펴보는 것
- 관찰에 사용하는 감각 기관 : 눈, 코, 입, 귀, 피부
- 관찰 도구 : 감각 기관만으로 관찰이 어려운 경우 사용합니다.
  예 돋보기, 현미경, 청진기 등

**실험 관찰로 알아보기** 깍지를 까지 않은 땅콩 관찰하기

| 준비물 |
플라스틱 접시, 깍지를 까지 않은 땅콩, 돋보기

| 관찰 방법 |
플라스틱 접시에 땅콩을 놓고 눈, 코, 입, 귀, 피부를 사용하여 관찰해 봅니다.

| 관찰 결과 |

| 손으로 만져 보기 | 냄새 맡기 | 맛보기 | 소리 듣기 | 돋보기로 관찰하기 |
|---|---|---|---|---|
| 표면이 까끌까끌함. | 속껍질에 싸인 땅콩에서 구수한 냄새가 남. | 깍지를 까서 먹으면 달면서 쓴맛, 고소한 맛이 남. | 흔들면 '후드득', 쪼개면 '와지직' 소리가 남. | 땅콩 알갱이를 쪼개면 작은 싹이 보임. |

- 깍지를 까지 않은 땅콩은 눈사람 모양처럼 생겼습니다.
- 땅콩 깍지의 가운데가 오목하게 들어가 있습니다.

---

### 📝 과학적인 관찰 방법

- 여러 가지 감각 기관을 사용하여 관찰을 합니다.
- 감각 기관만으로 관찰하기 어려울 때에는 도구를 사용합니다.
- 새롭게 관찰하거나 알게 된 내용을 관찰 결과로 기록합니다.
- 이미 알고 있는 것과 내가 생각한 것은 관찰 결과가 아닙니다.

### 📝 관찰하기 좋은 대상

⌃ 손

⌃ 각설탕

### 📝 땅콩 열매의 부분 명칭

꼬투리 · 씨 · 깍지

씨눈(배) · 떡잎

---

### 🐱 낱말 사전

**현미경** 돋보기와 같이 작은 대상을 크게 확대하여 관찰하는 기구.

**깍지** 콩이나 팥 등의 알맹이를 까고 난 껍질.

**꼬투리** 콩 따위의 식물에서 꽃이 지고 나서 생기는 열매로, 씨가 들어 있음.

**씨눈(배)** 식물이 완전히 자라기 전 식물의 씨앗 속에서 볼 수 있는 식물의 일부분. 나중에 어린 식물로 자람.

---

### 개념 확인 문제
정답과 해설 48쪽

**1** ( )은/는 탐구하고자 하는 대상의 특징을 자세히 살펴보는 것입니다.

**2** 과학적인 관찰 방법으로 옳은 것에 ○표, 옳지 않은 것에 ×표 하시오.

(1) 여러 가지 감각 기관을 사용하여 관찰합니다. ( )

(2) 관찰을 할 때에는 항상 도구를 이용해야 합니다. ( )

(3) 도구를 사용하지 않고, 감각 기관만으로 관찰합니다. ( )

(4) 이미 알고 있는 것이나 생각한 것은 관찰 결과가 아닙니다. ( )

## 2. 과학자는 어떻게 측정할까요?

(1) 측정이란?

- 측정 : 탐구하고자 하는 대상의 길이, 무게, 시간, 온도 등을 재는 것
- 측정 도구의 종류

| 구분 | 길이 | 무게 | 시간 | 온도 |
|------|------|------|------|------|
| 측정 도구 | 자 | 저울 | 시계 | 온도계 |

(2) 땅콩 길이 재기

- 준비물 : 깍지를 까지 않은 땅콩, 플라스틱 접시, 흰 종이, 자, 줄자, 실
- 땅콩에서 긴 부분의 길이를 어림하고, 실이나 종이로 정확하게 재 봅니다.

　예　약 6 cm로 어림했는데, 실제 잰 값은 약 4 cm입니다.

## 3. 과학자는 어떻게 예상할까요?

(1) 예상이란?

- 예상 : 앞으로 일어날 수 있는 일을 생각하는 것
- 예상을 쉽게 하는 방법 : 관찰하거나 경험하여 이미 알고 있는 것에서 규칙을 찾습니다.

(2) 크기가 다른 알갱이를 플라스틱 통에 넣고 흔들었을 때의 변화 예상하기

- 준비물 : 쌀, 땅콩, 아몬드, 검은콩, 오목한 플라스틱 그릇 네 개, 뚜껑이 있는 투명한 플라스틱 통, 플라스틱 숟가락
- 쌀, 땅콩, 아몬드, 검은콩 중 2가지를 골라 플라스틱 통에 넣고 고르게 섞은 뒤 좌우로 흔들면 어떤 변화가 일어날지 예상해 봅니다.

　예　크기가 큰 알갱이가 작은 알갱이 위로 올라갈 것입니다.

**3** (　　　　)은/는 탐구하고자 하는 대상의 길이, 무게, 시간, 온도 등을 재는 것입니다.

**4** 다음을 측정할 때 사용하는 도구를 바르게 선으로 연결하시오.

(1) 길이 ・　　　・ ㉠ 자

(2) 무게 ・　　　・ ㉡ 시계

(3) 시간 ・　　　・ ㉢ 저울

(4) 온도 ・　　　・ ㉣ 온도계

**5** (　　　　)은/는 앞으로 일어날 수 있는 일을 생각하는 것입니다.

## 교과서 개념 익히기

✏️ **좋은 분류 기준의 조건**

➤ "멋진가?", "예쁜가?"처럼 사람마다 다르게 생각할 수 있는 기준은 과학적인 분류 기준이 될 수 없습니다.

➤ "크기가 큰가?" 역시 크고 작은 것을 분명하게 구분할 수 없습니다.

➤ 어떤 대상을 분류할 때 그 대상은 한 무리에만 들어가야 합니다.

➤ 분류 대상은 하나도 빠짐없이 모두 분류되어야 합니다.

### 1. 과학자는 어떻게 분류할까요?

(1) 분류란?

• 분류 : 탐구 대상들의 공통점과 차이점을 바탕으로 무리 짓는 것

• 분류 기준 : 탐구 대상들의 공통점과 차이점을 찾고, 그중 한 가지를 분류 기준으로 선택(누가 분류하더라도 같은 분류 결과가 나와야 함.)

(2) 공룡 무리 짓기

• 한 가지 특징을 기준으로 공룡을 두 무리로 나눠봅니다.

그렇다. | 기준 : 날개가 있는가? | 그렇지 않다.
그렇다. | 기준 : 귀여운가? | 그렇지 않다.

〈좋은 기준의 예〉　　〈잘못된 기준의 예〉

### 2. 과학자는 어떻게 추리할까요?

(1) 추리란?

• 추리 : 관찰 결과, 과거 경험이나 이미 알고 있는 것 등을 바탕으로 하여 무슨 일이 일어났는지를 생각하는 것

• 과학적인 추리 방법

① 탐구 대상을 다양하고 정확하게 관찰합니다.

② 관찰한 것을 자신이 알고 있는 것이나 경험과 관련지어 생각합니다.

③ 과학적으로 추리한 것이 관찰 결과를 모두 설명할 수 있어야 합니다.

## 낱말 사전

대상 어떤 일의 상대가 되는 사람이나 목표가 되는 사물.

무리 같은 종류의 사람이나 동물이 많이 모여 있는 것.

### 개념 확인 문제

정답과 해설 48쪽

**6** (　　　　)은/는 대상들을 공통점과 차이점을 바탕으로 무리 짓는 것을 말합니다.

**7** 좋은 분류 기준에 ○표, 그렇지 않은 것에 ×표 하시오.

(1) 높이가 10 cm보다 높은가? (　　　)

(2) 다리가 네 개인가? (　　　)

(3) 예쁜 동물인가? (　　　)

(2) 이곳에서 일어난 일 생각하기
- 공룡 발자국을 보고, 이곳에서 무슨 일이 일어났을지를 생각해 봅니다.

ㄱ : 작은 발자국의 공룡은 큰 공룡을 만나기 전까지 천천히 걷고 있었을 것입니다.
ㄴ : 큰 발자국의 공룡은 천천히 걷다가 점점 빠르게 뛰었을 것입니다.
ㄷ : 두 공룡이 만나서 몸싸움이 있었을 것입니다.

### 3. 과학자는 어떻게 의사소통할까요?

(1) 의사소통이란?
- 의사소통 : 자신이 탐구한 내용에 대해 다른 사람과 생각이나 정보를 주고받는 것
- 과학적인 의사소통 방법
  ① 정확한 용어를 사용하여 간단하게 설명합니다.
  ② 표, 그림, 몸짓 등과 같은 다양한 방법을 설명합니다.

(2) 내가 추리한 내용을 이야기로 만들어 보기 예

> 작은 공룡은 천천히 걸어가고 있었다. 큰 육식 공룡은 멀리서 작은 공룡을 발견하고 살금살금 다가갔다. 그러다가 재빨리 뛰어가 작은 공룡을 덮쳤다. 깜짝 놀란 작은 공룡은 먹히지 않기 위해 싸웠지만, 결국 큰 공룡을 이겨 내기 어려웠다. 큰 육식 공룡은 작은 공룡을 입에 문 채로 새끼가 있는 곳으로 갔다.

**8** (　　　)은/는 관찰 결과, 과거 경험이나 이미 알고 있는 것 등을 바탕으로 하여 무슨 일이 일어났는지를 생각하는 것입니다.

**9** 과학적으로 추리한 것이 관찰 결과를 모두 (　　　)할 수 있어야 합니다.

**10** 의사소통은 자신이 탐구한 내용에 대해 다른 사람과 생각이나 ( 정보 , 공간 )을/를 주고 받는 것입니다.

---

✏ **관찰, 예상, 추리의 차이**
- 관찰 : 몸의 감각으로 정보를 알아내는 과정
- 예상 : 관찰 사실을 통해 앞으로 어떤 일이 일어날지를 생각하는 과정
- 추리 : 관찰 사실을 통해 과거에 어떤 일이 일어났는지를 생각하는 과정

**1**
**단원**

✏ **다양한 의사소통의 형태**
- 말을 이용한 의사소통
  대화, 전화 통화 등
- 글을 이용한 의사소통
  편지, 문자 메시지 등
- 그림을 이용한 의사소통
  도로교통 표지판, 픽토그램 등
- 몸짓을 이용한 의사소통
  수화, 마임 등
- 다른 여러 가지 의사소통 형태
  그래프, 표, 숫자, 음악 등

**낱말 사전**

육식　동물이 다른 동물의 고기를 먹이로 하는 일.

픽토그램　어떤 사물이나 행동 등을 쉽게 알아볼 수 있도록 간단한 그림으로 나타낸 것.

마임　말을 하지 않고, 몸짓과 표정으로 연기하는 것.

# ① 물체와 물질

## 1. 비밀 상자 속 물체 알아맞히기

(1) 물체 : 모양이 있고, 공간을 차지하고 있는 것

　　예 연필, 지우개, 필통, 책상, 의자 등

(2) 물체의 모습을 눈으로 직접 보지 않고 알아맞힌 경험 이야기하기

　　예 상자를 흔들어 보면서 소리를 듣고 알았습니다.

　　예 봉지에 무엇이 들었는지 냄새를 맡고 알았습니다.

　　예 손으로 만져 보면서 모양이나 촉감으로 알았습니다.

(3) 물체의 모습을 눈으로 직접 보지 않고 알아맞히는 방법

- 손으로 물체를 꼼꼼하게 만져 보기
- 흔들어 소리를 듣거나 냄새를 맡아 보기
- 어떤 재료로 만들어졌는지 생각하며 만져 보기
- 물체마다 모양이 다르기 때문에 어떤 모양일지 생각하며 만져 보기

(4) 비밀 상자 속 물체 알아맞히기

| ❶ 한 친구는 눈을 눈가리개로 가리고, 다른 친구는 비밀 상자에 준비한 물체를 넣는다. | ❷ 비밀 상자를 흔들거나 비밀 상자에 손을 넣어 물체를 만져 보면서 무엇인지 짐작해 본다. | ❸ 자신이 짐작하는 물체의 이름과 그렇게 짐작한 까닭을 말한 뒤 눈가리개를 벗고 확인해 본다. |

(5) 비밀 상자 속 물체의 이름을 알아맞히지 못하는 까닭

　　만져 보고(촉각), 소리를 들어 보고(청각), 냄새를 맡아 보는 것(후각)
　　만으로 어떤 물체인지 알아맞히기는 쉽지 않기 때문입니다.

---

### 비밀 상자에 준비한 물체의 조건

▶ 비밀 상자에 넣는 물체는 안전을 고려하여 각이 지거나 위험한 것, 자극적인 것은 제외합니다.

▶ 일상적으로 자주 사용하거나 쉽게 접하는 다양한 모양의 인형이나 생활용품 등을 활용합니다.

　　예 장난감 인형, 고무장갑, 모자, 모형 장난감 등

---

### 낱말 사전

촉각　피부에 닿아서 느껴지는 감각.

청각　소리를 느끼는 감각.

후각　냄새를 느끼는 감각.

---

## 개념 확인 문제

정답과 해설 48쪽

**1** (　　　　　)(이)란 모양이 있고, 공간을 차지하고 있는 것을 말합니다.

**2** 다음을 읽고 옳은 것에 ○표, 옳지 않은 것에 ×표 하시오.

(1) 모든 물체는 모양이 같습니다. 　　　　　　　　　　　　(　　　)

(2) 소리를 느끼는 감각은 청각입니다. 　　　　　　　　　　(　　　)

(3) 물체를 눈으로 직접 보지 않고 알아맞히는 것은 쉽습니다. (　　　)

## 2. 우리 주위의 물체를 만드는 물질 알아보기

(1) 물질 : 물체를 만드는 재료

　예) 금속, 플라스틱, 나무, 고무, 밀가루, 유리, 종이, 섬유, 가죽 등

(2) 우리 주변 여러 가지 물체와 물질 분류하기

| 물체 | 자물쇠 가위날 열쇠 못 | 블록 플라스틱 자 플라스틱 바구니 탁구공 | 의자 야구 배트 연필 |
|---|---|---|---|
| 물질 | 금속 | 플라스틱 | 나무 |
| 물체 | 고무줄 고무풍선 지우개 고무장갑 | 빵 과자 | 어항 컵 |
| 물질 | 고무 | 밀가루 | 유리 |
| 물체 | 책 종이 상자 | 인형 옷 | 야구 장갑 축구공 |
| 물질 | 종이 | 섬유 | 가죽 |

**3** (　　　　)(이)란 물체를 만드는 재료를 말합니다.

**4** 물질과 이 물질로 만들어진 물체를 바르게 선으로 연결하시오.

(1) 섬유 ・
(2) 금속 ・
(3) 나무 ・
(4) 플라스틱 ・

・㉠  ◁ 열쇠
・㉡ ◁ 야구 배트
・㉢ ◁ 인형
・㉣ ◁ 자

---

2
단원

✏ **금속**

철, 구리, 알루미늄, 금, 은 등은 금속에 속합니다.

✏ **플라스틱**

비닐, 스타이로폼, 페트(PET) 등은 플라스틱에 속합니다.

✏ **두 가지 이상의 물질로 이루어진 물체**

| 물체 | 물질 |
|---|---|
| 가위 | 자르는 부분은 금속으로, 손잡이 부분은 플라스틱으로 만들어졌음. |
| 인형 | 대부분 섬유로 만들어졌으나 눈과 코가 플라스틱으로 만들어진 것도 있음. |

✏ **지우개**

고무로 만들어진 것도 있고, 플라스틱으로 만들어진 것도 있습니다.

**낱말 사전**

섬유　실을 잣는 재료가 되는 가는 털 모양의 물질.

자물쇠　문 따위의 여닫는 물건을 잠그는 장치.

## ② 물질의 성질(1)

✏️ 금속 막대, 플라스틱 막대, 나무 막대, 고무 막대를 서로 긁어 보기

🔺 금속 막대로 플라스틱 막대 긁기

🔺 플라스틱 막대로 금속 막대 긁기

🔺 고무 막대로 금속 막대 긁기

🔺 플라스틱 막대로 나무 막대 긁기

🔺 금속 막대로 고무 막대 긁기

### 1. 여러 가지 물질의 성질 알아보기
- 물체를 이루고 있는 물질은 저마다 독특한 성질이 있습니다.
  > 예 색깔, 손으로 만졌을 때의 느낌, 단단한 정도, 휘는 정도, 물에 뜨는 정도 등

### 2. 금속, 플라스틱, 나무, 고무의 성질 비교하기
(1) 금속 막대, 플라스틱 막대, 나무 막대, 고무 막대를 서로 긁어 보면서 단단한 정도를 비교하기

| 구분 | 금속 막대와 플라스틱 막대를 서로 긁어보기 | | 금속 막대와 나무 막대를 서로 긁어 보기 | | 금속 막대와 고무 막대를 서로 긁어보기 | |
|---|---|---|---|---|---|---|
| | 금속 막대 | 플라스틱 막대 | 금속 막대 | 나무 막대 | 금속 막대 | 고무 막대 |
| 긁힌 자국 | 없다. | 있다. | 없다. | 있다. | 없다. | 있다. |

| 구분 | 플라스틱 막대와 나무 막대를 서로 긁어 보기 | | 플라스틱 막대와 고무 막대를 서로 긁어 보기 | | 나무 막대와 고무 막대를 서로 긁어 보기 | |
|---|---|---|---|---|---|---|
| | 플라스틱 막대 | 나무 막대 | 플라스틱 막대 | 고무 막대 | 나무 막대 | 고무 막대 |
| 긁힌 자국 | 없다. | 있다. | 없다. | 있다. | 없다. | 있다. |

- 두 물질을 서로 긁었을 때, 긁힌 자국이 있는 물질일수록 덜 단단합니다.
- 단단하기 : 금속 막대 > 플라스틱 막대 > 나무 막대 > 고무 막대
- 가장 무른 물질 : 고무
- 가장 단단한 물질 : 금속

🐱 낱말 사전

성질 사물이나 현상이 처음부터 가지고 있는 고유의 본바탕.

### 개념 확인 문제
정답과 해설 48쪽

**5** 물체를 이루고 있는 (                )은/는 저마다 독특한 성질이 있습니다.

**6** 여러 가지 막대를 서로 긁어 보면 (                )을/를 비교할 수 있습니다.

**7** 금속 막대, 플라스틱 막대, 나무 막대, 고무 막대 중 가장 단단한 막대를 쓰시오.

(                    )

(2) 금속 막대, 플라스틱 막대, 나무 막대, 고무 막대를 구부려 보면서 휘는 정도를 비교하기

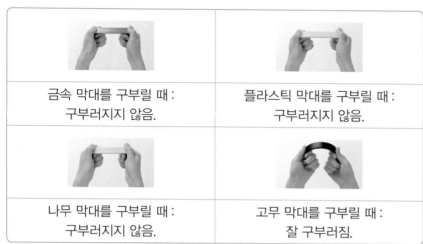

| | |
|---|---|
| 금속 막대를 구부릴 때 : 구부러지지 않음. | 플라스틱 막대를 구부릴 때 : 구부러지지 않음. |
| 나무 막대를 구부릴 때 : 구부러지지 않음. | 고무 막대를 구부릴 때 : 잘 구부러짐. |

• 가장 잘 휘는 물질 : 고무

(3) 물이 담긴 수조에 금속 막대, 플라스틱 막대, 나무 막대, 고무 막대를 넣어 보면서 물에 뜨는 막대와 물에 가라앉는 막대를 찾아보기

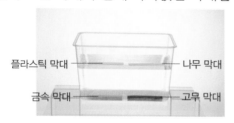

플라스틱 막대 ── ── 나무 막대
금속 막대 ── ── 고무 막대

• 물에 뜨는 것 : 플라스틱 막대와 나무 막대
• 물에 가라앉는 것 : 금속 막대와 고무 막대
• 물에 뜨는 물질 : 나무, 플라스틱
• 물에 가라앉는 물질 : 금속, 고무

**8** 금속, 플라스틱, 나무, 고무 중 가장 단단한 물질은 (          )이고, 가장 잘 휘는 물질은 (          )입니다.

**9** 다음 중 물에 뜨는 막대를 모두 고르시오.

금속 막대, 플라스틱 막대, 나무 막대, 고무 막대

(                  ,                  )

**10** 물에 가라앉는 물질은 ( 금속 , 플라스틱 , 나무 , 고무 )입니다.

2
단원

✏️ 물에 뜨는 물질과 뜨지 않는 물질 예상하기

예 배가 물에 뜨는 것을 보면 금속은 물에 뜰 것입니다.

예 동전을 물에 던지면 가라앉기 때문에 금속은 물에 가라앉을 것입니다.

예 뗏목이 물에 뜨는 것을 보면 나무는 물에 뜰 것입니다.

❯ 플라스틱이나 나무, 고무는 종류에 따라 물에 뜨는 것과 물에 가라앉는 것이 있습니다.

뗏목 통나무를 떼로 가지런히 엮어서 물에 띄워 사람이나 물건 따위를 운반하도록 만든 것.

**01** 다음 중 물체로 보기 어려운 것은 어느 것입니까?
( )

① 연필  ② 필통  ③ 고무
④ 책상  ⑤ 의자

**02** 오른쪽 사진과 같이 물체의 모습을 눈으로 보지 않고 물체를 알아맞히는 방법으로 옳지 않은 것은 어느 것입니까? ( )

① 냄새를 맡는다.
② 손으로 꼼꼼하게 만져 본다.
③ 어떤 모양일지 생각하며 만져 본다.
④ 아주 작은 조각을 떼어 내어 맛을 본다.
⑤ 어떤 재료로 만들어졌는지 생각하며 만져 본다.

**03** 다음은 비밀 상자 속 물체를 알아맞히는 과정에서 짐작한 내용입니다. 이 물체로 가장 알맞은 것은 어느 것입니까? ( )

• 네모 모양이다.
• 한 손에 들어오는 정도의 크기이다.
• 딱딱하지만 살짝 구부러지기도 한다.

① ⚠ 지우개  ② ⚠ 필통  ③ ⚠ 공책
④ ⚠ 연필  ⑤ ⚠ 축구공

**04** 다음은 무엇에 대한 설명인지 쓰시오.

• 물체를 만드는 재료를 말한다.
• 금속, 플라스틱, 유리, 나무, 고무, 밀가루 등이 있다.

( )

**05** 다음 물체를 이루고 있는 물질의 이름을 보기 에서 골라 각각 기호를 쓰시오.

**보기**
ㄱ 금속  ㄴ 플라스틱  ㄷ 나무
ㄹ 고무  ㅁ 밀가루  ㅂ 유리

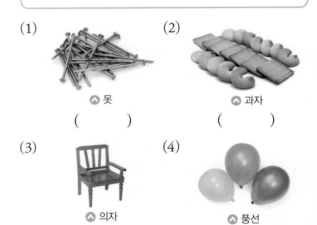

(1) ⚠ 못 ( )  (2) ⚠ 과자 ( )
(3) ⚠ 의자 ( )  (4) ⚠ 풍선 ( )

**06** 다음은 물질에 따른 물체를 분류한 것입니다. 바르지 않은 것은 어느 것입니까? ( )

| | 물질 | 물체 |
|---|---|---|
| ① | 금속 | 못, 열쇠 |
| ② | 유리 | 어항, 유리컵 |
| ③ | 종이 | 책, 상자 |
| ④ | 섬유 | 수건, 옷 |
| ⑤ | 플라스틱 | 음료수 캔, 장난감 블록 |

**07** 다음 중 물질의 고유한 성질로 거리가 먼 것은 어느 것입니까? ( )

① 색깔
② 크기
③ 물에 뜨는 정도
④ 휘는 정도
⑤ 손으로 만졌을 때의 느낌

**[08~09]** 다음과 같이 금속 막대, 나무 막대, 플라스틱 막대, 고무 막대를 서로 긁어 보았습니다. 물음에 답하시오.

⬆ 서로 다른 막대로 긁어 보기

**08** 위 실험은 물질의 성질 중 무엇을 알아보기 위한 것입니까? ( )

① 색깔 변화
② 휘는 정도
③ 단단한 정도
④ 물에 뜨는 정도
⑤ 손으로 만졌을 때의 느낌

**09** 위 실험 결과에 대한 설명으로 옳은 것을 보기에서 두 가지 골라 기호를 쓰시오.

보기
㉠ 고무 막대가 가장 잘 긁힌다.
㉡ 가장 단단한 물질은 플라스틱이다.
㉢ 금속이 나무보다 잘 긁히는 물질이다.
㉣ 금속 > 나무 > 플라스틱 > 고무 순으로 단단하다.
㉤ 플라스틱 막대로 나무 막대를 긁으면, 나무 막대에 긁힌 흔적이 있다.

( , )

**10** 다음과 같이 금속 막대, 플라스틱 막대, 나무 막대, 고무 막대를 각각 구부려 봤습니다. 이 실험에 대한 설명으로 바르지 않은 것은 어느 것입니까? ( )

① 물질마다 휘는 정도가 다르다.
② 나무 막대가 가장 잘 구부러진다.
③ 금속 막대는 잘 구부러지지 않는다.
④ 고무가 나무보다 더 잘 휘는 물질이다.
⑤ 고무 막대는 잘 구부러지고, 나머지 막대는 잘 구부러지지 않는다.

**11** 금속 막대, 나무 막대, 플라스틱 막대, 고무 막대를 이루는 물질 중 물에 뜨는 물질과 물에 가라앉는 물질을 구분하여 바르게 선으로 연결하시오.

(1) 물에 뜨는 물질 •

(2) 물에 가라앉는 물질 •

• ㉠ 금속
• ㉡ 나무
• ㉢ 플라스틱
• ㉣ 고무

**12** 다음 중 여러 가지 물질의 성질에 대한 설명으로 옳지 않은 것은 어느 것입니까? ( )

① 금속은 고무보다 단단하다.
② 나무는 물에 뜨는 물질이다.
③ 나무는 잘 구부러지지 않는다.
④ 고무는 잘 휘어지는 물질이다.
⑤ 플라스틱은 고무로 긁으면 잘 긁힌다.

## ✏️ 금속의 성질을 이용한 도구

⚐ 목공용 끌

⚐ 톱

나무를 깎고 다듬는 목공용 끌, 나무를 자르는 톱 등을 통해 금속이 나무보다 더 단단한 성질이 있음을 알 수 있습니다.

## ✏️ 다양한 모양으로 쉽게 만들 수 있는 플라스틱

> 플라스틱은 일정한 온도를 가하면 물렁물렁해지므로, 이것을 틀로 누르면 어떤 모양이든지 손쉽게 만들 수 있습니다.

> 플라스틱은 다양한 색깔로 나타낼 수 있고, 다양한 형태로도 만들 수 있기 때문에 마치 나무나 금속, 유리로 만들어진 물체처럼 보이게 만들 수 있습니다.

나무로 만들어 진 것처럼 보이는 야구 배트 / 금속으로 만들어진 것처럼 보이는 계산기 / 유리로 만들어진 것처럼 보이는 와인잔

---

## 2 물질의 성질(2)

### 1. 여러 가지 물질의 성질

(1) 금속의 성질

⚐ 단단하고 광택이 있는 미끄럼틀 경사면

⚐ 나무보다 단단해서 조각을 할 수 있는 끌날

- 딱딱합니다.
- 광택이 있습니다.
- 다른 물질보다 단단합니다.
- 다른 물질보다 무게가 무거운 편입니다.

(2) 플라스틱의 성질

⚐ 다양한 모양으로 쉽게 만들 수 있는 플라스틱

- 광택이 있습니다.
- 딱딱하고 부드럽습니다.
- 금속보다 가볍고, 녹이 슬지 않습니다.
- 다양한 색깔의 물체로 쉽게 만들 수 있습니다.
- 다양한 모양의 물체를 쉽게 만들 수 있습니다.

---

경사면 비스듬히 기울어져 있는 면.

날 칼·가위·도끼·낫 등에서, 물건이 잘 베어지거나 잘라지도록 날카롭게 만든 부분.

광택 빛에 의하여 매끄러운 물체의 표면이 번쩍이는 현상.

목공 나무를 다루어 물건을 만드는 일.

---

**개념 확인 문제**

정답과 해설 48쪽

**1** 금속은 다른 물질보다 더 ( 단단합니다 , 물렁물렁합니다 ).

**2** 플라스틱은 금속보다 더 ( 무겁습니다 , 가볍습니다 ).

**3** 금속과 플라스틱에 대한 설명으로 옳은 것에 ○표, 옳지 않은 것에 ✕표 하시오.

(1) 금속은 광택이 있습니다. ( )

(2) 금속은 다양한 색깔의 물체로 쉽게 만들 수 있습니다. ( )

(3) 플라스틱으로 다양한 모양의 물체를 쉽게 만들 수 있습니다. ( )

(3) 나무의 성질

⌃ 물에 뜨는 성질을 이용한 뗏목

⌃ 향과 무늬가 있는 나무를 이용한 서랍장

- 물에 뜹니다.
- 금속보다 가볍습니다.
- 고유한 향과 무늬가 있습니다.

(4) 고무의 성질

⌃ 당기면 늘어나는 성질을 이용한 고무 밴드

⌃ 잘 미끄러지지 않는 성질을 이용한 운동화 밑창

- 쉽게 구부러집니다.
- 물에 젖지 않습니다.
- 잘 미끄러지지 않습니다.
- 당기면 늘어났다가 놓으면 다시 돌아옵니다.

(5) 우리 주변의 다양한 물질과 성질

| 유리 | 투명하고, 다른 물체와 부딪치면 잘 깨짐. |
|---|---|
| 종이 | 잘 찢어지고, 접을 수 있으며, 물에 잘 젖음. |
| 섬유 | • 손으로 만지면 부드럽고, 접을 수 있음.<br>• 잘 찢어지지 않고, 질기며, 물에 잘 젖음. |
| 가죽 | 잘 찢어지지 않고, 질김. |

**4** 금속, 플라스틱, 나무, 고무 중 당기면 늘어났다가 놓으면 다시 돌아오는 물질을 쓰시오.

(                    )

**5** 우리 주변의 물체와 물체를 이루는 물질을 바르게 연결하시오.

(1) 어항 •

(2) 옷 •

(3) 축구공 •

• ㉠ 섬유

• ㉡ 유리

• ㉢ 가죽

✏ 나무 무늬

✏ 우리 주변의 다양한 물질과 물체

⌃ 유리컵 – 유리

⌃ 공책 – 종이

⌃ 옷 – 섬유

⌃ 축구공 – 가죽

낱말 사전

고유 어느 사물에만 특별히 있거나 본래부터 지니고 있는 것.

가죽 동물의 몸을 싸고 있는 껍질을 벗기어 가공한 물품.

## 2 물질의 성질(2)

✏️ **교실에서 볼 수 있는 물체**

연필, 필통, 자, 가위, 금속 고리, 고무줄, 플라스틱 바구니, 책상, 의자 등

### 2. 우리 생활에서 이용되는 물질의 성질

(1) 한 가지 물질로 만들어진 물체의 특징

| 물체 | 금속 고리 | 고무줄 | 플라스틱 바구니 |
|---|---|---|---|
| 물질 | 금속 | 고무 | 플라스틱 |
| 좋은 점 | 다른 물질로 만들어진 물체보다 튼튼함. | 잘 늘어나고, 다른 물체를 쉽게 묶을 수 있음. | • 가벼우면서도 튼튼함.<br>• 다양한 색깔과 모양으로 만들어 사용할 수 있음. |

✏️ **만들어진 물질의 개수로 물체 분류하기**

▶ 한 가지 물질로 만들어진 물체 : 금속 고리, 고무줄, 플라스틱 바구니 등

▶ 두 가지 이상의 물질로 만들어진 물체 : 책상, 의자, 자전거, 고무 쓰레받기 등

(2) 두 가지 이상의 물질로 만들어진 물체의 특징

**책상**

| 구분 | 부분 | 물질 | 좋은 점 |
|---|---|---|---|
| | 상판 | 나무 | 가벼우면서도 단단함. |
| | 몸체 | 금속 | 잘 부러지지 않고, 튼튼함. |
| | 받침 | 플라스틱 | 바닥이 긁히는 것을 줄여 줌. |

🐱 **낱말 사전**

상판 책상, 책장 등과 같은 물건의 맨 위에 놓는 판.

### 개념 확인 문제

정답과 해설 48쪽

**6** 고무줄은 (          )로 만들어져서 잘 늘어나고, 다른 물체를 쉽게 묶을 수 있습니다.

**7** 책상을 이루고 있는 물질에 대한 설명으로 옳은 것에 ○표, 옳지 않은 것에 ×표 하시오.

(1) 책상의 상판은 나무로 만들어져 가벼우면서도 단단합니다.　　(　　)

(2) 책상의 받침은 금속으로 만들어져 바닥이 긁히는 것을 줄여 줍니다.

(　　)

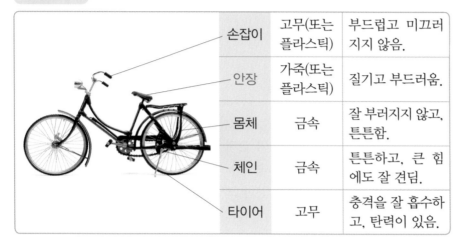

고무 쓰레받기

| 몸체 | 플라스틱 | 가볍고 단단함. |
|------|----------|----------------|
| 입구 | 고무 | 바닥에 잘 달라붙어 작은 먼지도 쓸어 담기 좋음. |

자전거

| 손잡이 | 고무(또는 플라스틱) | 부드럽고 미끄러지지 않음. |
|--------|---------------------|--------------------------|
| 안장 | 가죽(또는 플라스틱) | 질기고 부드러움. |
| 몸체 | 금속 | 잘 부러지지 않고, 튼튼함. |
| 체인 | 금속 | 튼튼하고, 큰 힘에도 잘 견딤. |
| 타이어 | 고무 | 충격을 잘 흡수하고, 탄력이 있음. |

⑶ 우리 생활에 이용되고 있는 물질의 성질 알아보기

• 물질마다 서로 다른 성질이 있습니다.
• 물체의 기능에 알맞은 물질을 선택하여 물체를 만들면 사용하기에 더 좋습니다.
• 한 물체를 만들 때 여러 가지 물질을 함께 사용하는 이유 :
  물체의 각 부분의 기능에 따라 알맞은 물질을 사용하기 위해서입니다.

**8** 이것은 쓰레받기를 이루고 있는 물질로, 가볍고 단단하며, 다양한 모양으로 쉽게 만들 수 있는 성질이 있습니다. 이 물질은 무엇인지 쓰시오.

(          )

**9** 자전거의 각 부분을 이루고 있는 물질을 바르게 선으로 연결하시오.

(1) 몸체 •

(2) 타이어 •

(3) 안장 •

• ㉠ 고무

• ㉡ 금속

• ㉢ 가죽 또는 플라스틱

---

**2**
단원

✏️ **플라스틱 물체의 일반적인 특성**

❯ 여러 가지 모양과 색깔로 만들기 쉽습니다.
❯ 가볍지만 어느 정도의 단단함도 있습니다.
❯ 습기에 강합니다.
❯ 물에 젖지 않습니다.
❯ 전기가 통하지 않습니다.
❯ 적당한 단단함이 있습니다.

**낱말 사전**

안장   자전거, 오토바이 따위에 사람이 앉게 마련해 놓은 자리.

기능   기계나 부품 따위가 어떤 일을 해 내는 능력.

**01** 다음에서 설명하고 있는 물질은 어느 것입니까?
( )

> • 광택이 있다.
> • 다른 물질보다 단단하다.
> • 딱딱하고, 들어 보면 무거운 편이다.

① 섬유 　　② 종이 　　③ 유리
④ 금속 　　⑤ 가죽

**02** 다음은 금속의 어떤 성질을 이용한 것입니까?
( )

목공용 끌날

① 늘어나는 성질
② 광택이 있는 성질
③ 물에 젖지 않는 성질
④ 촉감이 부드러운 성질
⑤ 나무보다 단단한 성질

**03** 다음 중 플라스틱의 성질이 <u>아닌</u> 것은 어느 것입니까? ( )

① 부드럽다.
② 딱딱하다.
③ 광택이 있다.
④ 가벼운 편이다.
⑤ 금속보다 단단하다.

**04** 다음은 플라스틱의 어떤 성질을 이용한 것입니까?
( )

① 딱딱한 성질
② 무늬가 있는 성질
③ 녹이 슬지 않는 성질
④ 금속보다 무거운 성질
⑤ 다양한 모양으로 쉽게 만들 수 있는 성질

**05** 다음에서 설명하는 물질은 어느 것입니까?
( )

> • 향과 무늬가 있다.
> • 물에 뜨는 것도 있다.

① 유리 　　② 섬유 　　③ 종이
④ 나무 　　⑤ 가죽

**06** 오른쪽과 같은 뗏목에 사용된 나무의 성질은 어느 것입니까?
( )

① 딱딱한 성질
② 물에 뜨는 성질
③ 광택이 있는 성질
④ 늘어나고 당겨지는 성질
⑤ 바닥에 잘 달라붙는 성질

**07** 고무의 성질로 옳은 것은 어느 것입니까?
( )
① 투명하다.
② 쉽게 구부러진다.
③ 다른 물질보다 단단하다.
④ 고유한 향과 무늬가 있다.
⑤ 다양한 모양의 물체를 만들기 쉽다.

**08** 물질과 그 물질의 성질을 바르게 연결한 것은 어느 것입니까?
( )
① 유리 – 물에 잘 젖는다.
② 나무 – 금속보다 무겁다.
③ 가죽 – 잘 찢어지지 않는다.
④ 섬유 – 손으로 만지면 딱딱하다.
⑤ 종이 – 다른 물체와 부딪치면 잘 깨진다.

**09** 다음 고리에 이용된 물질의 성질은 어느 것입니까?
( )

① 단단한 성질
② 가벼운 성질
③ 늘어나는 성질
④ 물에 뜨는 성질
⑤ 다양한 색깔로 만들 수 있는 성질

**10** 오른쪽 책상의 각 부분에 사용된 물질에 대한 설명으로 옳지 <u>않은</u> 것은 어느 것입니까? ( )

① 상판은 나무로 되어 있다.
② 받침은 바닥이 긁히는 것을 줄여 준다.
③ 몸체는 잘 부러지지 않고, 튼튼한 금속으로 되어 있다.
④ 받침은 다른 물질보다 단단하여 쉽게 부서지지 않는다.
⑤ 각 부분의 기능에 따라 나무, 플라스틱, 금속을 알맞게 사용했다.

**11** 쓰레받기 입구를 고무로 만들어서 좋은 점은 어느 것입니까? ( )

① 가벼워서 가지고 다니기 좋다.
② 다양한 색깔을 만들 수 있어 예쁘다.
③ 쉽게 구부러져 접어서 보관하기 좋다.
④ 다른 물질보다 단단하여 쉽게 부서지지 않는다.
⑤ 바닥에 잘 달라붙어 작은 먼지도 쓸어 담기 좋다.

**12** 다음 자전거의 몸체와 체인을 공통적으로 이루고 있는 물질은 무엇인지 쓰시오.

( )

# ❸ 물질의 좋은 점과 성질 변화

## 1. 같은 물체를 서로 다른 물질로 만들 때 좋은 점

(1) 「아기 돼지 삼 형제」가 지은 집의 물질과 좋은 점

| 물질 | 짚으로 지은 집 | 나무로 지은 집 | 벽돌로 지은 집 |
|---|---|---|---|
| 모습 | | | |
| 좋은 점 | 빨리 지을 수 있고, 바람이 잘 통함. | 튼튼하고 향이 좋음. | 매우 튼튼하고, 비바람에도 잘 견딤. |

### 📝 여러 가지 컵을 이루고 있는 물질의 성질

▶ 금속 컵 : 단단합니다.

▶ 플라스틱 컵 : 다양한 모양의 물체를 쉽게 만듭니다.

▶ 유리컵 : 투명합니다.

▶ 도자기 컵 : 단단합니다.

▶ 종이컵 : 잘 찢어집니다.

### 📝 도자기 컵을 이루는 물질을 흙이라고 하는 까닭

도자기 컵을 이루고 있는 물질은 도자기 또는 세라믹이라고 하는 것이 맞지만, 도자기 또는 세라믹의 원료가 흙이기 때문입니다.

(2) 여러 가지 컵을 이루고 있는 물질과 좋은 점

⬆ 금속 컵　⬆ 플라스틱 컵　⬆ 유리컵　⬆ 도자기 컵　⬆ 종이컵

| 컵의 종류 | 물질 | 좋은 점 |
|---|---|---|
| 금속 컵 | 금속 | 잘 깨지지 않고 튼튼함. |
| 플라스틱 컵 | 플라스틱 | 가볍고 단단하며, 모양과 색깔이 다양함. |
| 유리컵 | 유리 | 투명하여 무엇이 들어 있는지 쉽게 알 수 있음. |
| 도자기 컵 | 흙 | 음식을 오랫동안 따뜻하게 보관할 수 있음. |
| 종이컵 | 종이 | 싸고 가벼워 손쉽게 사용할 수 있음. |

### 🐱 낱말 사전

도자기　흙으로 빚어서 만든 그릇을 통틀어 이르는 말.

투명　속이 훤하게 모두 비치는 것.

## 개념 확인 문제　　정답과 해설 49쪽

**1**　( 짚, 나무, 벽돌 )(으)로 지은 집은 빨리 지을 수 있고, 바람이 잘 통합니다.

**2**　서로 다른 물질로 만든 컵과 그 컵의 좋은 점을 바르게 선으로 연결하시오.

(1) 금속 컵 ・　　・㉠ 튼튼합니다.

(2) 플라스틱 컵 ・　　・㉡ 싸고 가벼워 손쉽게 사용할 수 있습니다.

(3) 종이컵 ・　　・㉢ 모양과 색깔이 다양합니다.

(3) 여러 가지 장갑을 이루고 있는 물질과 좋은 점

🔺 비닐(플라스틱)장갑 　🔺 고무장갑 　🔺 면(섬유)장갑 　🔺 가죽 장갑

| 장갑의 종류 | 물질 | 좋은 점 |
|---|---|---|
| 비닐(플라스틱)장갑 | 비닐(플라스틱) | 투명하고 얇으며, 물이 들어오지 않음. |
| 고무장갑 | 고무 | 질기고 미끄러지지 않으며, 물이 들어오지 않음. |
| 면(섬유)장갑 | 면(섬유) | 부드럽고 따뜻함. |
| 가죽 장갑 | 가죽 | • 질기고 부드러우며, 따뜻함.<br>• 바람이 들어오지 않음. |

(4) 종류가 같은 물체를 서로 다른 물질로 만드는 까닭
- 종류가 같은 물체라도 그 물체를 이루고 있는 물질에 따라 좋은 점이 서로 다르기 때문입니다.
- 물질의 성질에 따라 물체의 기능이 다르고, 서로 다른 좋은 점이 있기 때문입니다.
- 생활 속에서는 물체의 기능을 고려하여 상황에 알맞은 것을 골라 사용할 수 있기 때문입니다.

| 만약 금속이나 유리로만 된 신발을 신었을 때의 불편한 점 | |
|---|---|
| 금속 | 금속 신발을 신으면 신발이 구부러지지 않아 불편함. |
| 유리 | 유리 신발을 신으면 신발이 다른 물체에 부딪쳤을 때 쉽게 깨져 다칠 수 있음. |

✏️ 금속 신발과 유리 신발

🔺 금속 신발 　🔺 유리 신발

> 금속 신발이나 유리 신발은 동화 속에서나 등장하는 신발로, 실제 생활에서 착용하려고 제작하지는 않습니다.

> 금속과 유리의 좋은 점은 물체의 용도에 따라 불편한 점으로 작용할 수 있어서 용도를 생각하며 제작해야 합니다.

**3** 여러 가지 장갑에 대한 설명으로 옳은 것에 ○표, 옳지 <u>않은</u> 것에 ×표 하시오.

(1) 비닐장갑은 부드럽고, 따뜻합니다. 　　　　　　　　( 　 )
(2) 고무장갑은 질기고, 물이 들어오지 않습니다. 　　　( 　 )
(3) 면장갑은 질기고, 바람이 들어오지 않습니다. 　　　( 　 )

 낱말 사전

상황 　어떤 일이나 현상 따위가 이루어지거나 처해 있는 모습이나 형편.

제작 　기계나 작품 따위를 일정한 재료를 사용하여 만듦.

**4** 종류가 같은 물체라도 그 물체를 이루고 있는 물질에 따라 좋은 점이 서로 ( 다릅니다 , 같습니다 ).

교과서
개념 익히기

## 2. 서로 다른 물질을 섞는 경우

(1) 생활 속에서 서로 다른 물질을 섞는 경우
- 여러 가지 물질을 섞어 과학 실험을 할 때
- 요리를 할 때 여러 가지 가루 물질을 섞을 때
- 물에 초콜릿 가루나 미숫가루를 타서 먹을 때

(2) 서로 다른 물질을 섞었을 때 물질의 성질 변화
- 처음에 가지고 있던 물질의 성질이 그대로 유지되기도 하고, 변하기도 합니다.
  - 예 미숫가루와 설탕을 섞으면, 미숫가루와 설탕의 성질이 그대로 있습니다.
  - 예 설탕을 물에 섞으면, 섞기 전 각 물질이 가지고 있던 색깔, 손으로 만졌을 때의 느낌 등의 성질이 변합니다.

✏️ 미숫가루와 설탕을 섞은 모습

미숫가루와 설탕을 섞어도 미숫가루와 설탕의 성질은 변하지 않습니다.

✏️ 탱탱볼 만드는 과정

따뜻한 물이 $\frac{2}{3}$ 정도 담긴 투명한 플라스틱 컵에 붕사를 두 숟가락 넣은 뒤 유리 막대로 저으면서 나타나는 현상을 관찰합니다.
➤ 물이 뿌옇게 흐려짐.

붕사가 든 컵에 폴리비닐 알코올을 다섯 숟가락 넣고 유리 막대로 저어 준 뒤, 3분 정도 뒤에 엉긴 물질을 꺼내 손으로 공 모양을 만듭니다.
➤ 서로 엉기고, 알갱이가 점점 커짐.

### 실험 관찰로 알아보기   탱탱볼 만들기

**| 준비물 |**
따뜻한 물이 담긴 투명한 플라스틱 컵, 붕사, 폴리비닐 알코올, 페트리 접시 두 개, 돋보기, 실험용 장갑, 약숟가락 두 개, 유리 막대, 초시계

**| 실험 방법 |**
❶ 물, 붕사, 폴리비닐 알코올의 색깔, 모양, 손으로 만졌을 때의 느낌을 알아보고, 자유롭게 관찰합니다.
❷ 따뜻한 물이 반쯤 담긴 투명한 플라스틱 컵에 붕사를 두 숟가락 넣은 뒤, 유리 막대로 저으면서 나타나는 현상을 관찰합니다.
❸ 폴리비닐 알코올을 ❷번 컵에 다섯 숟가락 넣습니다.
❹ 유리 막대로 저어 준 뒤에 3분 정도 기다리면서 어떤 현상이 나타나는지 관찰합니다.
❺ 엉긴 물질을 꺼내 손으로 주무르면서 공 모양을 만듭니다.
❻ 물기가 완전히 마르면 탱탱볼을 관찰해 봅니다.

🐱 낱말 사전

탱탱볼   탄성이 있는 공. 주로 간단한 운동이나 놀이에 사용함.

폴리비닐 알코올   무색의 가루로, 합성 섬유 · 비닐론 · 접착제 따위를 만드는 데에 쓰임.

### 개념 확인 문제                           정답과 해설 49쪽

**5** 생활 속에서 서로 다른 물질을 섞는 경우에는 ○표, 섞지 <u>않은</u> 경우에는 ✕표 하시오.

(1) 물을 팔팔 끓여서 그릇에 담습니다.                    (    )

(2) 여러 가지 재료를 넣어 국을 끓입니다.                  (    )

(3) 뜨거운 물에 코코아가루를 타서 먹습니다.               (    )

**6** 탱탱볼을 만들 때 ( 따뜻한 , 차가운 ) 물이 담긴 투명한 플라스틱 컵에 붕사를 넣습니다.

| 실험 결과 |

① 서로 섞기 전의 물, 붕사, 폴리비닐 알코올 관찰하기

| 물질 | 관찰한 내용 |
|---|---|
| 물 | 투명하고, 만지면 흘러내림. |
| 붕사 | • 하얀색이고, 광택이 없음.     • 손으로 만지면 깔깔함. <br> • 알갱이의 크기가 매우 작음. |
| 폴리비닐 알코올 | • 하얀색이고, 광택이 있음.     • 손으로 만지면 깔깔함. <br> • 붕사보다 알갱이의 크기가 큼. |

② 물, 붕사, 폴리비닐 알코올을 섞었을 때 나타나는 현상

| 섞는 물질 | 관찰한 내용 |
|---|---|
| 물, 붕사 | 물이 뿌옇게 흐려짐. |
| 물, 붕사, 폴리비닐 알코올 | 서로 엉기고, 알갱이가 점점 커짐. |

③ 물기가 완전히 말랐을 때의 탱탱볼
- 알갱이가 투명하고, 광택이 있습니다.
- 말랑말랑하고, 고무 같은 느낌이 듭니다.
- 바닥에 떨어뜨리면 잘 튀어 오릅니다.

④ 탱탱볼을 만들 때, 물질을 섞기 전과 섞은 후의 성질 변화
- 서로 다른 물질을 섞으면 섞기 전에 각 물질이 가지고 있던 색깔, 손으로 만졌을 때의 느낌 등의 성질이 변합니다.

(3) 물질의 성질을 이용해 창의적인 연필꽂이 설계하기

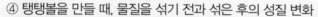

고무: 부드러워 다치지 않는다.
플라스틱: 가볍고 투명하다.
고무: 잘 늘어나고, 원래의 모습으로 다시 돌아온다.
종이: 두꺼운 종이는 단단하다.
고무: 잘 미끄러지지 않는다.
스펀지: 충격을 줄여 준다.

나무보다 더 단단한 금속으로 구멍을 낸다.
나무: 가볍고 튼튼하며 향이 난다.
나무: 지우개 놓는 곳으로 고무가 잘 달라붙지 않는다.
고무: 미끄러지지 않도록 해 준다.

---

✏️ 하얀 탱탱볼

엉긴 물질을 너무 빨리 물에서 꺼내어 탱탱볼을 만들면 하얀색으로 됩니다.

✏️ 색소를 넣어 만든 탱탱볼

✏️ 창의적인 연필꽂이를 설계할 때 고려해야 할 것

| 물질의 어떤 성질을 이용할까요? | 늘어나는 성질, 부드럽고 잘 미끄러지지 않는 성질, 충격을 줄여 주는 성질, 가볍고 투명한 성질 등 |
|---|---|
| 어떤 물질을 사용할까요? | 예 고무, 종이, 플라스틱 등 |
| 크기는 어느 정도면 좋을까요? | 예 높이가 연필보다 짧아야 함. |
| 어떤 모양이면 좋을까요? | 예 원통 두 개 모양, 사각 통 모양 등 |

---

**7** 물, 붕사, 폴리비닐 알코올이 섞이면 서로 ( **엉깁니다** , 엉기지 않습니다 ).

**8** 탱탱볼을 만들 때 서로 다른 물질을 섞으면, 섞기 전에 각 물질이 가지고 있던 색깔, 손으로 만졌을 때의 느낌 등의 성질이 ( **변합니다** , 변하지 않습니다 ).

**9** 연필꽂이에 사용한 재료(물질)와 그 성질을 바르게 선으로 연결하시오.

(1) 고무 •　　　• ㉠ 충격을 줄여 줍니다.

(2) 스펀지 •　　　• ㉡ 가볍고 투명합니다.

(3) 플라스틱 •　　　• ㉢ 부드럽고 늘어납니다.

낱말 사전

설계 계획을 세움.

충격 물체에 급격히 가해지는 힘.

**01** 다음은 짚, 나무, 벽돌로 지은 집의 좋은 점을 나타낸 것입니다. 서로 관련 있는 것끼리 바르게 선으로 이으시오.

(1)

 짚으로 지은 집

• • ㉠ 튼튼하고, 향이 좋다.

(2)

 나무로 지은 집

• • ㉡ 매우 튼튼하고, 비바람에도 잘 견딘다.

(3)

 벽돌로 지은 집

• • ㉢ 빨리 지을 수 있고, 바람이 잘 통한다.

**02** 다음 중 음식을 오랫동안 따뜻하게 보관할 수 있게 해 주는 컵은 어느 것입니까? ( )

① 유리컵　　　　② 종이컵
③ 금속 컵　　　　④ 도자기 컵
⑤ 플라스틱 컵

**03** 오른쪽 컵의 좋은 점으로 옳은 것은 어느 것입니까? ( )

① 싸고 가볍다.
② 음식이 맛있게 보인다.
③ 모양과 색깔이 다양하다.
④ 잘 깨지지 않고 튼튼하다.
⑤ 무엇이 들어 있는지 쉽게 알 수 있다.

**04** 다음 중 질기고, 미끄러지지 않으며, 물이 들어오지 않아 그릇을 씻을 때 사용하면 좋은 장갑은 어느 것입니까? ( )

① 　② 　③

▲ 비닐(플라스틱) 장갑　▲ 고무장갑　▲ 야구 장갑

④ 　⑤

▲ 면(섬유)장갑　▲ 가죽 장갑

**05** 오른쪽과 같은 금속 신발을 신으면 일어날 수 있는 일을 가장 잘 예상한 사람은 누구인지 쓰시오.

• 성재: 질기고 부드러워서 발이 편할 거야.
• 승철: 무거워서 오랫동안 서 있을 수 있어.
• 지섭: 신발이 구부러지지 않아 불편할 거야.
• 한진: 매우 단단하여 오랫동안 신을 수 있을 거야.

( )

**06** 종류가 같은 물체를 서로 다른 물질로 만드는 까닭으로 옳은 것은 어느 것입니까? ( )

① 더 싸고 우수한 물체를 만들기 위해
② 물질에 따라 좋은 점이 서로 다르기 때문
③ 사람들마다 좋아하는 물질이 다르기 때문
④ 한 가지 물질로만 만들면 빨리 깨지기 때문
⑤ 기분에 따라 알맞은 것을 골라 사용하기 위해

07 생활 속에서 서로 다른 물질을 섞는 경우로 보기 어려운 것은 어느 것입니까? ( )

① 필통에 연필과 지우개를 넣는다.
② 싱거운 국물에 소금을 더 넣는다.
③ 우유에 코코아 가루를 타서 먹는다.
④ 주스에 얼음을 넣어 시원하게 먹는다.
⑤ 요리를 할 때 여러 가지 물질을 섞는다.

08 물, 붕사, 폴리비닐 알코올 중에서 다음과 같은 성질이 있는 물질의 이름을 쓰시오.

> • 하얀색이고, 광택이 없다.
> • 손으로 만지면 깔깔하다.

( )

09 다음과 같이 따뜻한 물이 $\frac{2}{3}$ 정도 담긴 투명한 플라스틱 컵에 붕사를 넣고 유리 막대로 저으면서 관찰할 수 있는 내용으로 옳은 것은 어느 것입니까? ( )

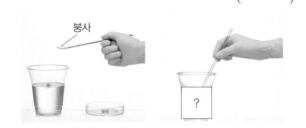

① 서로 엉긴다.
② 물이 뿌옇게 흐려진다.
③ 알갱이가 점점 커진다.
④ 색깔이 푸르게 변한다.
⑤ 덩어리가 위로 떠 오른다.

10 여러 가지 물질을 섞어 탱탱볼을 만들었습니다. 이에 대한 설명으로 옳지 않은 어느 것입니까?
( )

① 탱탱볼을 만지면 말랑말랑하다.
② 탱탱볼을 바닥에 튕기면 튀어 오른다.
③ 만들어진 탱탱볼의 성질은 붕사와 같다.
④ 물, 붕사, 폴리비닐 알코올을 섞으면 서로 엉긴다.
⑤ 폴리비닐 알코올은 하얀색이지만, 탱탱볼 알갱이는 투명하다.

11 물질의 성질을 이용하여 창의적인 연필꽂이를 설계할 때 고려해야 할 것으로 거리가 먼 것은 어느 것입니까? ( )

① 어떤 물질을 사용할까?
② 누구에게 얼마에 팔까?
③ 어떤 모양으로 만들까?
④ 어느 정도의 크기가 적당할까?
⑤ 물질의 어떤 성질을 이용할까?

12 다음은 물질의 성질을 이용해 연필꽂이를 설계한 그림입니다. ㉠에 이용된 물질의 성질로 가장 알맞은 것은 어느 것입니까? ( )

① 가볍고 투명하다.
② 충격을 줄여 준다.
③ 잘 미끄러지지 않는다.
④ 부드러워 다치지 않게 한다.
⑤ 여러 가지 모양을 만들어 준다.

## ❶ 물체와 물질

| 물체 | 모양이 있고, 공간을 차지하고 있는 것 ⑩ 책상, 의자, 칠판, 연필 등 |
|---|---|
| ( ㉠ ) | 물체를 만드는 재료 ⑩ 금속, 플라스틱, 나무, 고무, 밀가루 등 |

## ❷ 물질에 따른 물체 분류하기

| 금속 | ( ㉡ ) | 나무 | 고무 | 밀가루 | 유리 | 종이 |
|---|---|---|---|---|---|---|
| 못, 열쇠 | 바구니, 장난감 블록 | 의자, 야구 배트 | 풍선, 지우개 | 빵, 과자 | 컵, 어항 | 책, 상자 |

## ❸ 물질의 성질

(1) 물질의 성질 : 색깔, 손으로 만졌을 때의 느낌, 단단한 정도, 휘는 정도, 물에 뜨는 정도

(2) 금속, 플라스틱, 나무, 고무의 성질 비교

| 단단한 정도 | 두 막대를 서로 긁었을 때 긁히지 않는 물질이 더 단단한 물질임. ➡ 금속 막대 > 플라스틱 막대 > 나무 막대 > 고무 막대 |
|---|---|
| 휘는 정도 | 막대를 구부려 보면서 휘는 정도를 비교함. ➡ ( ㉢ ) 막대가 가장 잘 구부러지고, 나머지 막대는 구부러지지 않음. |
| 물에 뜨는 물질과 가라앉는 물질 | 물이 담긴 수조에 네 가지 막대를 넣어 보면서 물에 뜨는 물질과 물에 가라앉는 물질을 분류함. • 물에 뜨는 물질 : 나무, 플라스틱 • 물에 가라앉는 물질 : 금속, 고무 |

• 금속 : 광택이 있고, 나무보다 단단함.

• 플라스틱 : 금속보다 가볍고, 다양한 물체를 다른 물질보다 쉽게 만들 수 있음.

• ( ㉣ ) : 금속보다 가볍고, 고유한 향과 무늬가 있음.

• 고무 : 쉽게 구부러지고, 늘어났다가 다시 돌아오는 성질이 있음. 잘 미끄러지지 않음.

## ❹ 우리 생활에서 이용되는 물질의 성질

| 금속 고리 | | 금속으로 만들어져서 다른 물질로 만들어진 물체보다 튼튼함. |
|---|---|---|
| 고무줄 | | 고무로 만들어져서 잘 늘어나고, 다른 물체를 쉽게 묶을 수 있음. |
| 쓰레받기 | 입구 | ( ㉤ )로 만들어져서 바닥에 잘 달라붙어 작은 먼지도 쓸어 담기 좋음. |
| | 몸체 | 플라스틱으로 만들어져서 가볍고 단단하며, 다양한 모양으로 쉽게 만들 수 있음. |

## ❺ 서로 다른 물질을 섞었을 때 물질의 성질 변화

| 서로 섞기 전 | 물 | 투명하고, 만지면 흘러내림. |
|---|---|---|
| | 붕사 | • 하얀색이고, 광택이 없음. • 손으로 만지면 깔깔함. • 알갱이의 크기가 매우 작음. |
| | 폴리비닐 알코올 | • 하얀색이고, 광택이 있음. • 손으로 만지면 깔깔함. • 붕사보다 알갱이가 큼. |
| 섞었을 때 | 물, 붕사 | • 물이 뿌옇게 흐려짐. |
| | 물, 붕사, 폴리비닐 알코올 | 서로 엉기고, 알갱이가 점점 커짐. |
| 물기가 완전히 말랐을 때의 탱탱볼 | | • 알갱이의 색이 ( ㉥ ), 광택이 있음. • 말랑말랑하고, 고무 같은 느낌이 듦. • 바닥에 떨어뜨리면 잘 튀어 오름. |

▶ 섞기 전에 각 물질이 가지고 있던 색깔, 손으로 만졌을 때의 느낌 등의 성질이 ( ㉦ ).

정답 ㉠ 물질 ㉡ 플라스틱 ㉢ 고무 ㉣ 나무 ㉤ 고무 ㉥ 투명하고 ㉦ 변함

# 단원 정리 평가

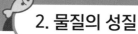
2. 물질의 성질

**01** 눈을 눈가리개로 가리고, 비밀 상자 속 물체를 알아 맞히기 놀이에 대한 설명으로 거리가 먼 것은 어느 것입니까? (     )

① 어떤 모양일지 생각하며 만져 보아야 한다.

② 상자를 흔들어 소리를 들어 보며 짐작한다.

③ 손으로 물체의 이곳저곳을 만져 보며 짐작한다.

④ 냄새를 맡아 보는 것으로 알아맞히기는 쉽지 않다.

⑤ 물체를 꼼꼼하게 만져 보면, 어떤 재료로 만들어졌는지 알 수 있다.

**02** 다음 물체를 이루고 있는 물질은 어느 것입니까? (     )

⚠ 야구 배트          ⚠ 의자          ⚠ 책상

① 금속          ② 유리          ③ 나무

④ 밀가루          ⑤ 플라스틱

**03** 다음 물체를 이루고 있는 물질을 바르게 선으로 연결하시오.

(1)
⚠ 열쇠
•

(2)
⚠ 과자
•

(3)
⚠ 못
•

(4) 
⚠ 풍선
•

• ㉠ 고무

• ㉡ 밀가루

• ㉢ 금속

**04** 다음 물체와 물질에 대한 설명으로 옳지 않은 것은 어느 것입니까? (     )

① 클립은 금속으로 만들어졌다.

② 장갑, 야구공, 교과서는 물체이다.

③ 물질은 모양이 있고, 공간을 차지한다.

④ 물체를 만드는 재료를 '물질'이라고 한다.

⑤ 우리 주변에는 유리, 종이, 나무 등 다양한 물질이 있다.

**05** 다음과 같이 플라스틱 막대로 나무 막대를 긁었을 때 플라스틱 막대에는 어떤 변화가 없고, 나무 막대에 긁힌 흔적이 생겼습니다. 플라스틱과 나무 중 더 단단한 물질의 이름을 쓰시오.

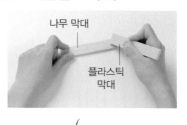

나무 막대

플라스틱 막대

(                    )

**06** 다음은 물질의 어떤 성질을 알아보기 위한 모습입니까? (     )

플라스틱 막대

고무 막대

① 색깔          ② 느낌

③ 긁히는 정도          ④ 휘는 정도

⑤ 물에 뜨는 정도

**07** 크기가 같은 금속 막대, 플라스틱 막대, 나무 막대, 고무 막대를 물이 담긴 수조에 넣었을 때, 실험 결과를 예상하여 (가), (나)에 알맞은 물질의 기호를 각각 쓰시오.

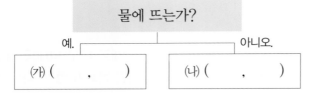

물에 뜨는가?

예. ─ 아니오.

(가) (        ,        )   (나) (        ,        )

**08** 다음의 목공용 끌날과 톱날은 금속의 어떤 성질을 이용한 것입니까?                                    (          )

① 광택이 난다.
② 나무보다 무겁다.
③ 물에 젖지 않는다.
④ 나무보다 단단하다.
⑤ 잘 미끄러지지 않는다.

**09** 플라스틱의 성질로 거리가 먼 것은 어느 것입니까?
(          )

① 광택이 있다.
② 금속보다 무겁다.
③ 물에 젖지 않는다.
④ 딱딱하고 부드럽다.
⑤ 다양한 모양의 물체를 쉽게 만들 수 있다.

**10** 다음과 같은 성질이 있는 물질은 어느 것입니까?
(          )

- 쉽게 구부러진다.
- 물에 젖지 않는다.
- 당기면 늘어났다가 놓으면 다시 돌아간다.

① 종이            ② 나무            ③ 고무
④ 유리            ⑤ 금속

**11** 다음 책상의 상판을 나무로 만들었을 때의 좋은 점으로 가장 알맞은 것은 어느 것입니까? (          )

① 가볍고 단단하다.
② 물에 잘 젖지 않는다.
③ 긁히는 것을 줄여 준다.
④ 매우 단단하여 부서지지 않는다.
⑤ 바닥에 달라붙어 미끄러지지 않는다.

**12** 다음 자전거의 안장을 이루고 있는 물질과 그 물질로 만들면 좋은 점으로 옳은 것은 어느 것입니까?
(          )

① 섬유 – 무겁고 부드럽다.
② 가죽 – 질기고 부드럽다.
③ 나무 – 가볍고 단단하다.
④ 금속 – 튼튼하고 잘 부러지지 않는다.
⑤ 고무 – 충격을 잘 흡수하고 탄력이 있다.

**13** 다음은 여러 가지 컵과 좋은 점을 나타낸 것입니다. 서로 관련된 것끼리 선으로 바르게 연결하시오.

(1)
△ 금속 컵

• ㉠ 모양과 색깔이 다양하다.

(2)
△ 유리컵

• ㉡ 투명하여 무엇이 들어 있는지 알기 쉽다.

(3)
△ 플라스틱 컵

• ㉢ 잘 깨지지 않는다.

**14** 다음과 같은 불편한 점과 좋은 점이 있는 컵은 어느 것입니까? ( )

• 불편한 점 : 잘 찢어진다.
• 좋은 점 : 싸고 가벼워 쉽게 사용할 수 있다.

① 유리컵
② 종이컵
③ 금속 컵
④ 도자기 컵
⑤ 플라스틱 컵

**15** 오른쪽 장갑을 사용할 때 좋은 점으로 거리가 먼 것은 어느 것입니까? ( )
① 질기다.
② 부드럽다.
③ 따뜻하다.
④ 미끄러지지 않는다.
⑤ 바람이 들어오지 않는다.

**16** 다음은 탱탱볼을 만드는 과정입니다. 물질이 서로 엉기는 때는 언제인지 기호를 쓰시오.

㉠ 따뜻한 물이 반쯤 담긴 투명한 플라스틱 컵에 붕사를 넣는다.
㉡ 유리 막대로 잘 젓는다.
㉢ ㉡의 플라스틱 컵에 폴리비닐 알코올을 다섯 숟가락 넣는다.
㉣ 유리 막대로 저어 준 뒤, 3분 정도 기다린다.
㉤ 공 모양으로 만든 뒤, 물기를 말린다.

( )

**17** 다음은 탱탱볼을 만들기 전 재료와 만든 후의 모습을 통하여 알 수 있는 사실을 정리한 것입니다. ( ) 안에 들어갈 알맞은 말을 쓰시오.

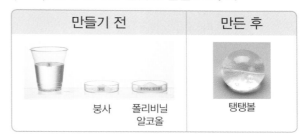

| 만들기 전 | | 만든 후 |
|---|---|---|
| | 붕사 / 폴리비닐 알코올 | 탱탱볼 |

탱탱볼을 만들 때 물질을 섞기 전과 섞은 후를 비교하면, 섞기 전에 각 물질이 가지고 있던 색깔이 ( ).

( )

**18** 물질의 성질을 이용하여 연필꽂이를 만들려고 합니다. 연필꽂이가 바닥에 미끄러지지 않게 하려면 연필꽂이 통의 아랫부분에 붙이면 좋은 물질은 어느 것입니까? ( )
① 종이
② 고무
③ 금속
④ 스펀지
⑤ 플라스틱

**01** 다음 자료를 보고, 물음에 답하시오.

ⓐ 자물쇠    ⓐ 자    ⓐ 연필    ⓐ 열쇠

ⓐ 의자    ⓐ 플라스틱 바구니    ⓐ 탁구공    ⓐ 못

(1) 위 자료와 같이 모양이 있고, 공간을 차지하는 것을 무엇이라고 하는지 쓰시오.

(                    )

(2) 위 자료를 구성 물질에 따라 분류하시오.

| 물질 | 물체(기호를 쓰시오.) |
|---|---|
| 금속 | |
| 나무 | |
| 플라스틱 | |

**02** 다음을 보고, 물음에 답하시오.

(가)            (나)

ⓐ 금속 막대로 플라스틱 막대를 긁을 때    ⓐ 플라스틱 막대로 금속 막대를 긁을 때

(1) 위 (가)와 (나)는 무엇을 알아보기 위한 실험인지 쓰시오.

(                    )

(2) 위 실험 결과를 통해 알 수 있는 사실을 쓰시오.

_____

_____

_____

**03** 다음 자료를 보고, 물음에 답하시오.

(가) 미끄럼틀 경사면    (나) 톱날

(1) 위 (가)와 (나) 물체를 이루는 공통적인 물질은 무엇인지 쓰시오.

(                    )

(2) 위 (1)번 물질의 성질을 2가지 쓰시오.

_____

_____

_____

**04** 다음과 같이 크기가 같은 여러 종류의 막대가 있습니다. 각각의 물질이 물에 뜨는 성질이 있는지 알아보기 위한 방법을 간단하게 쓰시오.

ⓐ 금속 막대            ⓐ 플라스틱 막대

ⓐ 고무 막대            ⓐ 나무 막대

_____

_____

**05** 다음 사진을 보고, 물음에 답하시오.

- 상판
- 몸체
- 받침

(1) 위 책상의 각 부분을 이루고 있는 물질을 각 각 쓰시오.
- 상판 : (                    )
- 몸체 : (                    )
- 받침 : (                    )

(2) 위 책상에서 몸체와 받침을 위 물질로 만들면 좋은 점을 각각 쓰시오.

- 몸체 : _____

- 받침 : _____

**06** 친구들이 각자 마시고 싶은 음료에 대해 이야기를 하고 있습니다. 각각의 친구에게 필요한 컵과 그렇게 생각한 까닭을 쓰시오.

- 희주 : 나는 따뜻한 코코아를 천천히 마시고 싶어.
- 유나 : 나는 달리면서 물을 마시고 싶어. 그러려면 가볍고 단단한 컵이 필요할 것 같아.
- 지수 : 나는 물인줄 알고 마셨더니 음료수인 적이 있었어. 어떤 음료가 들어 있는지 쉽게 알 수 있는 컵에 마시고 싶어.

- 희주 : _____

- 유나 : _____

- 지수 : _____

**07** 다음은 서로 다른 물질로 만들어진 장갑의 모습입니다. 물음에 답하시오.

(가)   (나)   (다)

(1) 위 (가), (나), (다) 장갑을 이루고 있는 물질을 쓰시오.
- (가): (                    )
- (나): (                    )
- (다): (                    )

(2) 이처럼 종류가 같은 물체를 서로 다른 물질로 만들었을 때의 좋은 점을 쓰시오.

_____

_____

_____

**08** 다음은 물질의 성질을 이용한 연필꽂이 설계도입니다. ㉠, ㉡에 사용된 물질과 이용한 물질의 성질을 각각 쓰시오.

- ㉡
- ㉠

**필요한 준비물**

플라스틱 통, 원통형 종이 상자, 고무줄, 스펀지, 고무, 가위, 자, 접착제 등

(1) ㉠의 물질 : (                    )
(2) ㉠ 물질의 성질 : (                    )
(3) ㉡의 물질 : (                    )
(4) ㉡ 물질의 성질 : (                    )

학습 주제 물질의 성질이 우리 생활에 이용되는 예

학습 목표 물질의 성질이 우리 생활에 어떻게 이용되는지를 설명할 수 있다.

**[1~2]** 다음 사진을 보고, 물음에 답하시오.

(가) 입구

(나) 몸체 / 안장 / 체인 / 타이어

**1** 위 (가) 쓰레받기의 입구 부분은 고무로 만들어졌습니다. 고무로 만들면 좋은 점을 쓰시오.

**2** 위 (나) 자전거의 각 부분을 이루고 있는 물질과 그 물질로 만들면 좋은 점을 쓰시오.

| 부분 | 물질 | 좋은 점 |
|------|------|---------|
| 안장 | ㉠ (          ) | 질기고 부드럽다. |
| 몸체 | 금속 | 잘 부러지지 않고 ㉡ (                    ) |
| 타이어 | ㉢ (          ) | ㉣ (                              ) |
| 체인 | ㉤ (          ) | 튼튼하고 큰 힘에도 잘 견딘다. |

학습 주제   서로 다른 물질을 섞었을 때의 변화 관찰하기

학습 목표   서로 다른 물질을 섞었을 때 나타나는 변화를 설명할 수 있다.

**3** 다음은 탱탱볼을 만드는 과정입니다. 물음에 답하시오.

❶

투명한 플라스틱 컵에 따뜻한 물을 $\frac{2}{3}$ 정도 붓는다.

❷

❶의 플라스틱 컵에 붕사를 두 숟가락 넣고, 유리 막대로 저으면서 나타나는 현상을 관찰해 본다.

❸

❷의 플라스틱 컵에 폴리비닐 알코올을 다섯 숟가락 넣고 유리 막대로 저어 준 뒤에 3분 정도 기다리면서 어떤 현상이 나타나는지 관찰해 본다.

❹

엉긴 물질을 꺼내 손으로 주무르면서 공 모양을 만든다.

(1) 위 실험 과정에서 물, 붕사, 폴리비닐 알코올을 다음과 같이 섞었을 때 나타나는 현상을 쓰시오.

| 실험 과정 | 섞는 물질 | 나타나는 현상 |
|---|---|---|
| ❷ | 물, 붕사 | |
| ❸ | 물, 붕사, 폴리비닐 알코올 | |

(2) 물기가 완전히 마른 탱탱볼을 관찰한 내용을 2가지 쓰시오.

(3) 위의 실험을 통해 서로 다른 물질이 섞이기 전과 후에 물질의 성질이 어떻게 변하는지 쓰시오.

교과서 개념 익히기

# ① 동물의 암수

## 1. 동물의 암수 생김새

### (1) 암수가 쉽게 구별되는 동물

| 동물 | 수컷의 생김새 | 암컷의 생김새 |
|---|---|---|
| 수컷 암컷 **사슴** | • 뿔이 있음.<br>• 암컷보다 몸이 큼. | • 뿔이 없음.<br>• 수컷에 비하여 몸이 작음. |
| 수컷 암컷 **꿩** | 깃털의 색깔이 선명하고, 화려함. | 깃털의 색깔이 수수하고, 황갈색에 검은색 무늬가 있음. |
| 수컷 암컷 **사자** | 머리에 갈기가 있음. | 머리에 갈기가 없음. |
| 수컷 암컷 **원앙** | 몸 색깔이 화려함. | 몸색깔이 갈색이고, 화려하지 않음. |

### (2) 암수가 쉽게 구별되지 않는 동물

| | | | |
|---|---|---|---|
| **붕어** | 암수가 길쭉한 몸에 똑같이 지느러미가 있고, 몸색깔도 비슷함. | **참새** | 암수 등이 갈색이고, 검은 세로줄 무늬가 있으며, 부리가 짧음. |
| **무당벌레** | 암수가 몸이 둥근 모양이고, 겉날개의 색과 무늬가 비슷함. | **돼지** | 암수가 다리가 짧고, 몸이 통통함. |

---

📝 **암수에 따라 다른 이름을 가진 꿩**
> 암컷 : 까투리
> 수컷 : 장끼

📝 **암수가 쉽게 구별되는 동물**
몸의 크기, 생김새, 색깔, 무늬 등이 뚜렷합니다.

📝 **암수가 쉽게 구별되지 않는 동물**
몸의 크기, 생김새, 색깔, 무늬 등이 비슷합니다.

---

### 낱말 사전

암수 동물의 암컷과 수컷을 함께 이르는 말.

구별 어떤 것과 다른 것을 차이에 따라 나눔.

갈기 말, 사자 등의 목덜미에 줄을 지어 길게 나있는 털.

---

**개념 확인 문제**

정답과 해설 52쪽

**1** 수컷 사슴은 뿔이 (          ), 암컷 사슴은 뿔이 (          ).

**2** 붕어는 암수의 구별이 ( 쉽습니다 , 어렵습니다 ).

**3** 동물의 암수에 대한 설명으로 옳은 것에 ○표, 옳지 <u>않은</u> 것에 ×표 하시오.
(1) 돼지는 암수의 구별이 어렵습니다. (     )
(2) 사자는 암수 구별이 쉽습니다. (     )
(3) 원앙의 암컷은 수컷보다 몸 색깔이 화려합니다. (     )

## 2. 알이나 새끼를 돌보는 과정에서 동물의 암수가 하는 역할 알아보기

| 암수가 함께 알과 새끼를 돌보는 동물 | 암수가 알을 돌보지 않는 동물 |
|---|---|
|  제비  황제펭귄 |  거북  개구리 |
| 예 제비, 찌르레기, 황제펭귄, 두루미 등 | 예 거북, 자라, 노린재, 개구리 등 |
| 수컷이 알을 돌보는 동물 | 암컷이 새끼를 돌보는 동물 |
|  가시고기  물자라 |  곰  소 |
| 예 가시고기, 물자라, 꺽지, 물장군 등 | 예 곰, 소, 산양, 바다코끼리 등 |

## ② 배추흰나비의 한살이

### 1. 배추흰나비 한살이 관찰 계획 세우기

(1) **동물의 한살이** : 동물의 알이나 새끼가 자라서 어미가 되면 다시 알이나 새끼를 낳는 것. 즉, 동물이 태어나서 성장하여 자손을 남기는 과정

(2) 배추흰나비를 기를 때 필요한 것
  - 사육 상자로 이용할 투명한 플라스틱 그릇
  - 배추흰나비 애벌레가 먹을 배추나 무, 양배추, 케일 등을 심은 화분
  - 알이나 애벌레를 보호해 줄 방충망
  - 사육 상자 안의 습도를 조절하기 위한 휴지, 분무기 등

△ 사육 상자

---

**4** 다음 동물에 해당하는 설명을 선으로 바르게 연결하시오.

(1) [ 가시고기 ] •　　　• ㉠ [ 암수가 함께 알을 돌봅니다. ]

(2) [ 거북 ] •　　　• ㉡ [ 수컷이 혼자 알을 돌봅니다. ]

(3) [ 제비 ] •　　　• ㉢ [ 암수가 알을 돌보지 않습니다. ]

**5** 동물의 알이나 새끼가 자라서 어미가 되면 다시 알이나 새끼를 낳습니다. 이처럼 동물이 태어나서 성장하여 자손을 남기는 과정을 동물의 (　　　) (이)라고 합니다.

---

**3**
단원

✏ **알을 돌보지 않는 거북 부부**

암수가 짝짓기를 하여 암컷이 해안가에 올라와 모래를 파고 알을 낳은 뒤, 해변가를 떠나 다시 바다로 돌아갑니다. 시간이 지나 알에서 부화한 새끼는 스스로 바다로 갑니다.

✏ **놀라운 부성애를 가진 가시고기, 물자라, 꺽지, 물장군**

암컷이 알을 낳으면 수컷이 알을 돌봅니다. 알을 돌보는 과정에서 수컷은 잘 먹지도 않고 열심히 알을 돌보며, 알에서 새끼들이 깨어나면 수컷이 지쳐서 죽거나 자신이 몸을 먹이로 내놓기도 합니다.

✏ **새끼를 혼자 돌보는 암컷 곰**

짝짓기를 한 수컷은 암컷과 함께 살지 않고 떠납니다. 암컷이 홀로 새끼를 낳아 돌보는데, 암컷은 떠돌이 수컷을 경계하며 수컷으로부터 새끼를 지킵니다.

✏ **사육 상자 안 습도 조절하는 방법**

분무기로 휴지에 물을 뿌려서 사육 상자 안의 습도를 조절합니다. 잎에 직접 물을 뿌리지 않습니다.

**낱말 사전**

부성애　자식에 대한 아버지의 사랑.

자손　자식과 손자.

성장　사람이나 동식물이 자라서 점점 커짐.

사육　짐승을 먹여 기름.

습도　공기에 포함되어 있는 수증기 양의 정도.

### 사육 상자 만들기

플라스틱 그릇 바닥에 휴지를 깔기 → 배추흰나비알 이 붙어 있는 화분 넣기 → 방충망 씌우기

### 배추흰나비 한살이 관찰하는 방법

⚫ 투명 컵에 기르기　⚫ 동영상 촬영하기

### 배추흰나비 알을 찾으려면 어디에서 찾아야 할까요?

⚫ 케일　　　⚫ 유채

배추나 무, 케일, 유채 등의 잎에서 찾을 수 있습니다.

### 낱말 사전

측정　길이나 무게 따위를 재어서 정함.

기록　주로 후일에 남길 목적으로 어떤 사실을 적음.

(3) 사육 상자에서 배추흰나비를 기를 때 주의할 점
- 알이나 애벌레를 옮길 때에는 알이나 애벌레가 붙은 잎을 함께 옮기고, 손으로 직접 만지지 않습니다.
- 애벌레가 바닥에 떨어졌을 때에는 배춧잎 등을 애벌레 앞에 놓아 애벌레가 스스로 기어오르도록 합니다.
- 알이나 애벌레를 손으로 만졌을 때에는 비누로 손을 깨끗이 씻습니다.

(4) 배추흰나비를 기르면서 관찰할 내용
- 배추흰나비알의 색깔, 모양, 크기
- 배추흰나비알에서 애벌레가 나오는 모습
- 배추흰나비 애벌레의 색깔과 모양, 크기, 움직이는 모습, 먹이를 먹는 모습, 똥을 누는 모습 등
- 어른벌레의 입과 더듬이, 다리의 수, 날개의 생김새, 날아다니는 모습, 먹이를 먹는 모습 등

(5) 배추흰나비를 관찰하는 방법
- 사진이나 동영상 찍기
- 맨눈이나 돋보기로 관찰하기
- 자로 크기를 측정하여 길이나 크기 변화 알아보기
- 교실에 사육 상자를 만들거나 화단에 케일을 심어 배추흰나비 애벌레 키우기

(6) 관찰한 내용을 기록하는 방법
- 관찰 일기 쓰기
- 관찰 기록장에 날짜를 적고 사진을 붙이고 글쓰기
- 관찰 기록장에 관찰한 내용을 글과 그림으로 표현하기

### 개념 확인 문제

정답과 해설 52쪽

**6** 배추흰나비알을 기르면서 ( 크기 , 날개의 모양 )을/를 관찰합니다.

**7** 배추흰나비 기르기에 대한 설명으로 옳은 것에 ○표, 옳지 않은 것에 ✕표 하시오.
(1) 알이나 애벌레를 옮길 때에는 손으로 잡아서 빨리 옮깁니다. (　　)
(2) 알이나 애벌레를 만졌을 때에는 비누로 손을 깨끗하게 씻습니다. (　　)
(3) 배추흰나비 애벌레의 색깔과 모양, 크기, 움직이는 모습 등을 관찰합니다. (　　)

## 2. 배추흰나비알과 애벌레

(1) 배추흰나비알의 모습

- 색깔 : 연한 노란색
- 크기 : 1 mm 정도
- 생김새 : 옥수수 열매처럼 생겼으며, 주름져 있습니다.
- 움직이지도 자라지도 않습니다.

△ 배추흰나비알

(2) 배추흰나비알의 부화 과정(알을 낳고 5~7일 뒤)

 ➡  ➡

알 속에서 애벌레의 움직임이 보임.(약 1 mm) | 애벌레가 알껍데기 밖으로 나옴.(2 mm~4 mm) | 애벌레가 알껍데기를 갉아 먹음.(2 mm~4 mm)

- 알에서 갓 나온 애벌레의 색깔 : 연한 노란색
- 알에서 애벌레가 완전히 나오기까지는 약 10분 정도 걸립니다.

(3) 배추흰나비 애벌레의 모습

- 색깔 : 초록색
- 몸 : 머리, 가슴, 배 세 부분으로 구분
- 긴 원통 모양입니다.
- 길쭉하고, 털이 많이 나 있고, 고리 모양의 마디가 있습니다.
- 가슴에는 가슴발이 세 쌍 있습니다.
- 먹이를 먹고, 자유롭게 기어서 움직입니다.
- 허물을 4번 벗고, 30 mm 정도까지 자랍니다.

머리 가슴 배

가슴발

△ 배추흰나비 애벌레

**8** 배추흰나비( )은/는 작고 연한 노란색이며, 옥수수 열매처럼 생겼습니다.

**9** 배추흰나비 애벌레에 대한 설명으로 옳은 것에 ○표, 옳지 않은 것에 ×표 하시오.

(1) 몸이 길쭉하고 초록색입니다. ( )

(2) 허물을 벗을 때마다 작아집니다. ( )

(3) 가슴에는 가슴발이 세 쌍 있습니다. ( )

---

✎ **갓 나온 애벌레가 알껍데기를 먹는 까닭**

알껍데기에 영양분이 풍부하기 때문입니다.

✎ **배추흰나비알과 애벌레의 실제 크기**

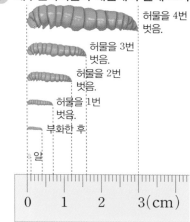

허물을 4번 벗음.

허물을 3번 벗음.

허물을 2번 벗음.

허물을 1번 벗음.

부화한 후

알

0  1  2  3(cm)

✎ **애벌레가 먹는 것을 중단할 때 어떻게 하면 좋을까요?**

몸을 붙일 수 있는 나뭇가지를 사육 상자에 넣어 주면 애벌레가 나뭇가지로 올라가 몸을 붙이고 번데기가 됩니다.

**낱말 사전**

부화  동물의 알에서 애벌레나 새끼가 알껍데기를 뚫고 밖으로 나오는 것.

원통  둥근 통.

가슴발  곤충의 가슴에서 나온 발.

허물  뱀이나 매미, 배추흰나비 애벌레 등이 벗는 껍질.

### ✏️ 배추흰나비 알과 애벌레 비교

| 알 | • 길쭉한 옥수수 모양<br>• 움직이지 않고, 자라지도 않음. |
|---|---|
| 애벌레 | • 털이 있고, 긴 원통 모양<br>• 몸에 털이 나 있음.<br>• 기어서 움직임.<br>• 허물을 벗으며 자람. |

### ✏️ 주변 환경에 따라 달라지는 번데기의 색깔

▶ 나뭇가지에 붙은 번데기의 색깔: 갈색

▶ 배춧잎에 붙은 번데기의 색깔: 연한 초록색

### ✏️ 배추흰나비 번데기가 주변 색깔과 비슷해지는 까닭

주변 색깔과 비슷해지면 눈에 잘 띄지 않아 자신을 보호할 수 있기 때문입니다.

---

(4) 배추흰나비 애벌레가 자라는 과정(15~20일 동안)

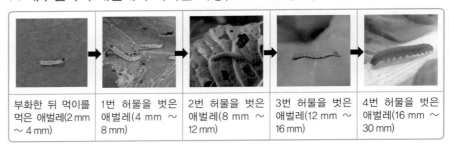

| 부화한 뒤 먹이를 먹은 애벌레(2 mm ~ 4 mm) | 1번 허물을 벗은 애벌레(4 mm ~ 8 mm) | 2번 허물을 벗은 애벌레(8 mm ~ 12 mm) | 3번 허물을 벗은 애벌레(12 mm ~ 16 mm) | 4번 허물을 벗은 애벌레(16 mm ~ 30 mm) |

• 애벌레 상태로 15~20일이 지나면 먹을 것을 중단하고 몸색깔이 맑아지며, 번데기로 변하기 위하여 안전한 곳을 찾습니다.

## 3. 배추흰나비 번데기와 어른벌레

(1) 애벌레가 번데기로 변하는 과정

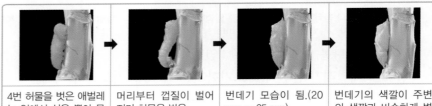

| 4번 허물을 벗은 애벌레는 입에서 실을 뽑아 몸을 묶음. | 머리부터 껍질이 벌어지며 허물을 벗음. | 번데기 모습이 됨.(20 mm ~ 25 mm) | 번데기의 색깔이 주변의 색깔과 비슷하게 변함. |

• 7~10일 동안 번데기 상태로 있습니다.

(2) 배추흰나비 번데기의 모습

▲ 배추흰나비 번데기

• 색깔 : 주변 환경의 색깔과 비슷합니다.
• 움직이지 않고, 먹이도 먹지 않습니다.
• 크기가 변하지 않고, 자라지도 않습니다.
• 여러 개의 마디가 있고, 가운데가 볼록하며, 양쪽 끝은 뾰족합니다.

---

### 🐱 낱말 사전

환경 생물이 살아가는 데 큰 영향을 미치는 자연의 상태나 조건.

---

**개념 확인 문제**                                 정답과 해설 52쪽

**10** 배추흰나비 애벌레는 (          )번 허물을 벗습니다.

**11** 배추흰나비 번데기에 대한 설명으로 옳은 것에 ○표, 옳지 않은 것에 ×표 하시오.

(1) 몸색깔은 주변 환경의 색깔과 비슷합니다.                    (        )

(2) 움직이지 않으나 먹이는 조금씩 먹습니다.                    (        )

(3) 길쭉하고, 털이 많이 나 있으며, 고리 모양의 마디가 있습니다. (        )

(3) 날개돋이 과정(약 5분 동안)

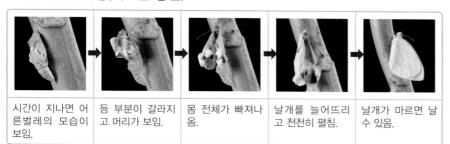

| 시간이 지나면 어른벌레의 모습이 보임. | 등 부분이 갈라지고 머리가 보임. | 몸 전체가 빠져나옴. | 날개를 늘어뜨리고 천천히 펼침. | 날개가 마르면 날수 있음. |

(4) 배추흰나비 어른벌레의 모습
- 몸 : 머리, 가슴, 배 세 부분으로 구분
- 머리 : 더듬이와 눈이 한 쌍씩 있습니다.
- 가슴 : 다리가 세 쌍이 있습니다.
- 배 : 마디가 있고 길쭉합니다.
- 날개 : 두 쌍이고, 하얀색 또는 연한 노란색
- 몸색깔 : 날개보다 짙은 색깔
- 입 : 도르르 말려 있다가 먹이를 먹을 때는 긴 대롱 모양으로 펴집니다.

입 눈 한쌍
머리
가슴
배
더듬이 한쌍
다리 세 쌍
날개 두 쌍
▲ 배추흰나비 어른벌레

(5) 배추흰나비 한살이 과정

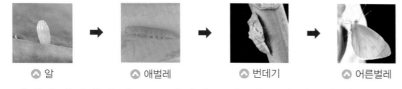

▲ 알　　▲ 애벌레　　▲ 번데기　　▲ 어른벌레

- 알에서 애벌레가 나오고, 애벌레는 허물을 4번 벗으며 자랍니다.
- 애벌레가 먹기를 중단하고 번데기가 되면 시간이 흐른 뒤에 번데기에서 어른벌레가 나옵니다.
- 어른벌레 중 암컷은 알을 낳을 수 있습니다.

**12** 번데기에서 날개가 있는 어른벌레가 나오는 과정을 (　　　　　　)(이)라고 합니다.

**13** 배추흰나비 어른벌레는 날개가 (　　　) 쌍, 눈이 (　　　) 쌍, 다리가 (　　　) 쌍, 더듬이가 (　　　) 쌍 있습니다.

**14** 배추흰나비 어른벌레는 몸이 (　　　), (　　　), (　　　) 세 부분으로 구분됩니다.

---

✏ **날개돋이 과정**

번데기의 등 부분이 갈라지고, 어른벌레의 머리가 나온 다음 몸 전체가 빠져나옵니다.

✏ **곤충**

▶ 몸이 머리·가슴·배 세 부분으로 되어 있고, 다리가 세 쌍인 동물
　예 배추흰나비, 개미, 벌 등
▶ 날개가 있는 곤충과 없는 곤충

▲ 벌　　　　　▲ 개미

**3**
단원

**낱말 사전**

날개돋이 번데기에서 날개가 있는 어른벌레가 나오는 과정.

쌍 둘씩 짝을 이룬 것.

대롱 원통형으로, 속이 비고 가느다라며 길다란 도막.

**01** 암수가 쉽게 구별되지 않은 동물을 두 가지 고르시오. ( , )

①
🔺 사슴

②
🔺 꿩

③
🔺 무당벌레

④
🔺 붕어

⑤
🔺 사자

**02** 다음은 꿩의 사진입니다. 수컷 꿩에는 '수', 암컷 꿩에는 '암'이라고 쓰시오.

(1)
( )

(2)
( )

★★★
**03** 암수가 함께 알이나 새끼를 돌보는 동물이 아닌 것은 어느 것입니까? ( )

①
🔺 제비

②
🔺 곰

③
🔺 두루미

④
🔺 황제 펭귄

⑤
🔺 찌르레기

**04** 다음 동물들의 공통점은 어느 것입니까? ( )

🔺 거북

🔺 노린재

🔺 개구리

① 물에 알을 낳는다.
② 암수의 구별이 쉽다.
③ 수컷이 혼자 알을 돌본다.
④ 암컷이 알을 낳은 후 죽는다.
⑤ 암수 모두 알을 돌보지 않는다.

**05** 배추흰나비알을 채집하여 직접 기르면서 배추흰나비의 한살이를 관찰하려고 합니다. 다음 중 배추흰나비를 기를 때 필요한 것으로 거리가 먼 것은 어느 것입니까? ( )

① 방충망
② 해충제
③ 분무기
④ 케일을 심은 화분
⑤ 투명한 플라스틱 그릇

**06** 오른쪽과 같은 배추흰나비 애벌레를 기르면서 관찰할 것으로 옳지 않은 것은 어느 것입니까? ( )

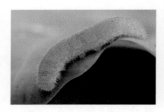

① 움직이는 모습
② 똥을 누는 모습
③ 몸의 크기 변화
④ 허물을 벗는 모습
⑤ 해충제를 뿌렸을 때 모습

**07** 다음 보기 중 배추흰나비알에 대한 설명을 바르게 짝지은 것은 어느 것입니까? ( )

보기
㉠ 주름이 있다.
㉡ 털이 많이 나 있다.
㉢ 길쭉하고 초록색이다.
㉣ 옥수수 열매처럼 생겼다.

① ㉠, ㉡　　　　② ㉠, ㉢
③ ㉠, ㉣　　　　④ ㉡, ㉢
⑤ ㉡, ㉣

**08** 배추흰나비알에서 애벌레가 나오는 모습을 바르게 설명한 것은 어느 것입니까? ( )

① 배추흰나비는 알에서 나오는 애벌레를 도와준다.
② 알에서 갓 나온 애벌레는 몸이 연한 초록색이다.
③ 애벌레는 알에서 나오자마자 알껍데기를 갉아 먹는다.
④ 알에서 갓 나온 애벌레 크기는 대략 30mm 정도이다.
⑤ 애벌레가 알에서 완전히 기어 나오기까지는 하루가 걸린다.

**09** 배추흰나비 번데기와 어른벌레에 대한 설명으로 옳은 것은 어느 것입니까? ( )

① 배추흰나비 번데기는 크기가 점점 커진다.
② 배추흰나비 번데기는 배춧잎을 먹고 자란다.
③ 배추흰나비 어른벌레는 배에 다리가 세 쌍 있다.
④ 배추흰나비 번데기는 주변 환경과 색깔이 비슷하다.
⑤ 배추흰나비 어른벌레는 긴 대롱 모양의 더듬이가 한 쌍 있다.

**10** 배추흰나비 애벌레와 어른벌레의 공통점으로 옳은 것은 어느 것입니까? ( )

① 자유롭게 기어서 움직인다.
② 허물을 벗으며 점점 자란다.
③ 가슴에 가슴발이 세 쌍 있다.
④ 몸은 머리, 가슴, 배로 구분된다.
⑤ 날개 두 쌍과 더듬이 한 쌍이 있다.

**11** 다음은 배추흰나비의 한살이 과정입니다. 순서대로 기호를 쓰시오.

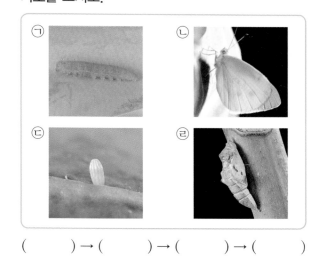

( ) → ( ) → ( ) → ( )

**12** 배추흰나비의 한살이 중 자유롭게 움직이는 단계끼리 바르게 짝지은 것은 어느 것입니까?
( )

① 알, 애벌레　　　② 알, 어른벌레
③ 번데기, 어른벌레　④ 애벌레, 번데기
⑤ 애벌레, 어른벌레

교과서 개념 익히기

## ③ 여러 가지 동물의 한살이

### 1. 여러 가지 곤충의 한살이

**(1) 사슴벌레의 한살이 : 알 → 애벌레 → 번데기 → 어른벌레**

 알
썩은 나무나 습기가 있는 나무에 알을 낳음.

 애벌레
나무 속에서 허물을 벗으며 자람.

 번데기
수컷 / 암컷
먹지도 움직이지 않음.

 어른벌레
암컷 / 수컷
시간이 지나면 번데기에서 어른벌레가 나옴.

**(2) 잠자리의 한살이 : 알 → 애벌레 → 어른벌레**

알
물에 알을 낳음.

애벌레
물속에서 허물을 벗으며 자람.

번데기 과정을 거치지 않음.

 어른벌레
시간이 지나면 애벌레에서 어른벌레가 나옴.

**(3) 사슴벌레와 잠자리의 한살이에서 차이점과 공통점**

| 구분 | 사슴벌레 | 잠자리 |
|------|----------|--------|
| 차이점 | • 썩은 나무나 습기가 있는 나무에 알을 낳음.<br>• 애벌레는 나무 속에서 자람.<br>• 번데기 단계가 있음. | • 물에 알을 낳음.<br>• 애벌레는 물속에서 자람.<br>• 번데기 단계가 없음.<br>• 애벌레는 물 밖으로 나와 날개돋이를 함. |
| 공통점 | • 둘 다 알을 낳고, 알에서 애벌레가 나옴.<br>• 애벌레가 허물을 벗으며 자람.<br>• 어른벌레는 날개 두 쌍과 다리 세 쌍이 있고, 땅에서 생활함. | |

---

🖊 암수가 구별되는 사슴벌레의 번데기

▲ 수컷 : 큰 턱이 보임.   ▲ 암컷 : 턱이 작음.

🖊 암수가 구별되는 사슴벌레

▲ 수컷 : 큰 턱에 몸집이 큼.   ▲ 암컷 : 작은 턱에 몸집이 작음.

**낱말 사전**

습기  축축한 기운.

---

**개념 확인 문제**                정답과 해설 53쪽

**1** 사슴벌레의 한살이는 알 → 애벌레 → (　　　　　) → 어른벌레의 단계를 거칩니다.

**2** 잠자리는 물속에 알을 낳고, 애벌레가 (　　　　)에서 살다가 성장이 끝나면 물 밖으로 나와 어른벌레가 됩니다.

**3** 사슴벌레와 잠자리에 대한 설명으로 옳은 것에 ○표, 옳지 않은 것에 ✕표 하시오.

(1) 사슴벌레는 번데기에서 어른벌레가 나옵니다.　　　　　(　　)

(2) 사슴벌레와 잠자리는 모두 알에서 애벌레가 나옵니다.　　(　　)

(4) 완전 탈바꿈과 불완전 탈바꿈

| 완전 탈바꿈 | 불완전 탈바꿈 |
|---|---|
| 알 → 애벌레 → 번데기 → 어른벌레<br>예 사슴벌레, 나비, 벌, 파리, 풍뎅이, 나방, 개미, 무당벌레 등 | 알 → 애벌레 → 어른벌레<br>예 잠자리, 사마귀, 메뚜기, 노린재, 방아깨비 등 |

## 2. 알을 낳는 동물의 한살이

(1) 닭의 한살이 : 알 → 병아리 → 큰 병아리 → 다 자란 닭

**알**
- 하얀색 또는 갈색
- 한쪽 끝이 뾰족한 공 모양임.
- 단단한 껍데기에 싸여 있음.

약 21일 후

부화 : 닭이 알을 품으면 병아리는 부리로 껍데기를 깨고 나옴.

1일 후

**병아리**
솜털로 덮여 있음.

약 30일 후

**큰 병아리**
솜털이 깃털로 변함.

약 5개월 후

**다 자란 닭**
- 깃털이 나고, 머리에 볏이 생김.
- 암컷이 알을 낳을 수 있음.

---

✏️ **무당벌레의 한살이(완전 탈바꿈)**

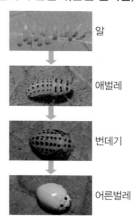

알
애벌레
번데기
어른벌레

✏️ **노린재의 한살이(불완전 탈바꿈)**

알
애벌레
어른벌레

✏️ **수탉과 암탉의 구별**
> 병아리의 암수는 구별이 어렵지만, 다 자란 닭은 암컷과 수컷이 쉽게 구별이 됩니다.
> 수탉은 볏이 암컷보다 크고, 꽁지깃이 길어서 휘어집니다.

**낱말 사전**

볏  닭이나 꿩 등의 머리 위에 세로로 붙은 톱니 모양의 납작하고 붉은 살 조각.

솜털  동물의 몸에 나는 곱고 보드라운 털.

부화  동물의 알 속에서 새끼가 껍데기를 깨고 밖으로 나옴.

---

**4** 다음은 사슴벌레와 잠자리의 한살이에 대한 설명입니다. 각 설명에 알맞은 곤충을 선으로 바르게 연결하시오.

(1) 번데기 단계가 있습니다. ·               · ㉠ 사슴벌레

(2) 물에 알을 낳습니다. ·

(3) 애벌레가 허물을 벗으며 자랍니다. ·     · ㉡ 잠자리

**5** 곤충의 한살이에서 '알 → 애벌레 → 번데기 → 어른벌레' 과정을 거치는 것을 (          ) 탈바꿈이라고 합니다.

**6** 닭의 한살이는 알 → (          ) → 큰 병아리 → 다 자란 닭입니다.

✏️ **알, 병아리, 다 자란 닭의 차이점**

| 알 | • 한쪽 끝이 뾰족한 공 모양<br>• 암수 구별이 어려움. |
|---|---|
| 병아리 | • 몸이 솜털로 덮여 있음.<br>• 볏과 꽁지깃이 없음.<br>• 암수 구별이 어려움. |
| 다 자란<br>닭 | • 몸이 깃털로 덮여 있음.<br>• 이마와 턱에 볏이 있음.<br>• 꽁지깃이 길게 자라 있음.<br>• 암수 구별이 쉬움. |

✏️ **물속에 알을 낳는 동물**

⚠ 연어

⚠ 도롱뇽

⚠ 붕어

⚠ 두꺼비

(2) 알을 낳는 동물의 종류와 한살이

| 구분 | 물에 알을 낳는 동물 | 땅에 알을 낳는 동물 |
|---|---|---|
| 예 | 연어, 개구리 | 뱀, 굴뚝새 |
| 한살이 | • 연어 : 알 → 새끼 연어 → 다 자란 연어<br>• 개구리 : 알 → 올챙이 → 개구리<br>• 뱀 : 알 → 새끼뱀 → 다 자란 뱀<br>• 굴뚝새 : 알 → 새끼 굴뚝새 → 큰 새끼 굴뚝새 → 다 자란 굴뚝새 ||
| 특징 | • 동물에 따라 알의 수, 크기, 모양이 다름.<br>• 알에서 깨어난 새끼는 다 자라면 짝짓기를 하여 암컷이 알을 낳음. ||

(3) 알을 낳는 동물들의 한살이의 공통점과 차이점

| 공통점 | • 알에서 깨어난 새끼 중 암컷은 다 자라면 알을 낳을 수 있음. |
|---|---|
| 차이점 | • 땅 위나 땅속에 알을 낳는 동물도 있고, 물에 알을 낳는 동물도 있음.<br>• 마른 땅에 알을 낳는 동물도 있고, 축축한 땅에 알을 낳는 동물도 있음.<br>• 알에서 새끼가 깨어날 때까지 걸리는 기간, 다 자랄 때까지의 기간이 다름.<br>• 동물에 따라 알의 수, 알의 크기, 알의 모양이 다름. |

### 3. 새끼를 낳는 동물의 한살이

(1) 개의 한살이 : 갓 태어난 강아지 → 큰 강아지 → 다 자란 개

| 갓 태어난 강아지 | 큰 강아지 | 다 자란 개 |
|---|---|---|
|  | 6~8주 →  | 7~10개월 →  |

🐱 **낱말 사전**

짝짓기 동물이 새끼나 알을 낳기 위해 암수가 만나 짝을 이루는 일.

**개념 확인 문제**

정답과 해설 53쪽

**7** 알을 낳는 동물에 대한 설명으로 옳은 것에 ○표, 옳지 않은 것에 ✕표 하시오.

(1) 물에 알을 낳는 동물도 있고, 땅에 알을 낳는 동물도 있습니다. (　　　)

(2) 알에서 깨어난 새끼는 다 자라면 짝짓기를 하여 수컷이 알을 낳습니다.
(　　　)

(3) 알에서 새끼가 깨어날 때까지 걸리는 기간, 다 자랄 때까지의 기간은 다릅니다. (　　　)

**8** 개구리의 한살이는 알 → (　　　　　) → 개구리입니다.

(2) 갓 태어난 강아지가 다 자란 개가 되는 과정

❶ 갓 태어난 강아지는 어미젖을 먹으며 자랍니다.

❷ 2~3주가 지나면, 눈을 떠 사물을 볼 수 있고, 귀가 열려 소리를 들을 수 있습니다. 또 젖니가 나오기 시작합니다.

❸ 6~8주가 지나면 젖니가 다 나오고, 먹이를 씹어 먹을 수 있습니다.

❹ 9~12개월이 지나면 다 자란 개가 되고, 짝짓기를 하여 암컷이 새끼를 낳습니다. 보통 한 번에 4~6마리의 새끼를 낳습니다.

(3) 새끼를 낳는 다른 동물의 한살이
- 소의 한살이 : 갓 태어난 송아지 → 큰 송아지 → 다 자란 소
- 사람의 한살이 : 아기 → 어린이 → 청소년 → 어른

(4) 새끼를 낳는 동물들의 한살이의 공통점과 차이점

| 공통점 | • 다 자란 동물은 암수가 짝짓기를 하고, 일정 시간이 지나면 암컷이 새끼를 낳음.<br>• 새끼는 어미와 모습이 비슷함.<br>• 태어나서 어미젖을 먹고 자라다가 점차 다른 먹이를 먹음.<br>• 몸이 털이나 가죽으로 덮여 있음.<br>• 다 자랄 때까지 어미의 보살핌을 받음. |
| --- | --- |
| 차이점 | • 동물마다 임신 기간과 한 번에 낳는 새끼의 수, 새끼가 자라는 기간 등이 다름.<br>• 송아지는 태어나자마자 걸을 수 있지만, 강아지는 그렇지 않음. |

## 4. 여러 가지 동물의 한살이를 만화로 표현하기

### ✏️ 갓 태어난 강아지와 다 자란 개의 특징 비교

| 공통점 | • 몸이 털로 덮여 있음.<br>• 다리가 네 개<br>• 꼬리가 있음.<br>• 주둥이가 길쭉하게 튀어나왔음.<br>• 코는 털이 없고, 촉촉함. |
| --- | --- |
| 갓 태어난 강아지 | • 눈이 감겨 있고, 귀도 막혀 있음.<br>• 이빨이 없어 씹지 못하고 어미젖을 먹음.<br>• 다리에 힘이 없어 일어서지 못함. |
| 다 자란 개 | • 눈을 떠 사물을 볼 수 있고 귀로 작은 소리도 들을 수 있음.<br>• 이빨이 있어 고기를 뜯거나 사료를 씹어 먹음.<br>• 걷거나 달릴 수 있음. |

**3** 단원

**9** 개의 한살이에 대한 설명으로 옳은 것에 ○표, 옳지 않은 것에 ×표 하시오.

(1) 새끼는 어미의 모습과 비슷합니다. ( )

(2) 다 자란 개가 되면 젖니가 나옵니다. ( )

(3) 새끼는 태어나자마자 걸을 수 있습니다. ( )

(4) 한 번에 낳는 새끼의 수는 정해져 있습니다. ( )

(5) 새끼는 태어나자마자 어미젖을 먹고 자랍니다. ( )

**10** 새끼를 낳는 동물의 한살이 과정에서 다 자란 동물은 암수가 짝짓기를 하여 ( )이 새끼를 낳습니다.

**낱말 사전**

젖니 젖먹이 때에 나서 아직 갈지 않은 이.

임신 아이를 가지는 것.

# 실전 문제

**❸ 여러 가지 동물의 한살이**

01 다음은 사슴벌레의 한살이입니다. 순서대로 기호를 쓰시오.

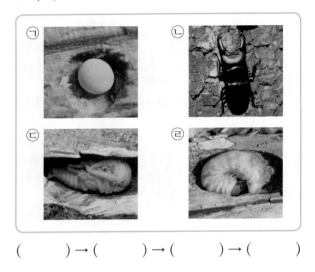

( ) → ( ) → ( ) → ( )

02 사슴벌레와 잠자리의 한살이에서 공통점은 어느 것입니까? ( )

① 물에 알을 낳는다.
② 번데기 단계가 있다.
③ 애벌레가 물 밖에서 산다.
④ 어른벌레는 땅에서 생활한다.
⑤ 번데기에서 어른벌레가 나온다.

03 다음 ( ) 안에 공통으로 들어갈 알맞은 말을 쓰시오.

> 곤충의 한살이에서 ( ) 단계를 거치는 것을 '완전 탈바꿈'이라고 하고, ( ) 단계를 거치지 않는 것을 '불완전 탈바꿈'이라고 한다.

( )

04 무당벌레와 노린재의 한살이입니다. 한살이 과정을 보고, 완전 탈바꿈과 불완전 탈바꿈을 구분하여 ( ) 안에 쓰시오.

(1)

⬆ 무당벌레의 한살이
( )

(2)

⬆ 노린재의 한살이
( )

05 다음 중 완전 탈바꿈을 하는 곤충은 어느 것입니까? ( )

① 파리   ② 잠자리   ③ 사마귀
④ 메뚜기   ⑤ 방아깨비

06 다음 중 알을 낳는 동물의 한살이에 대한 공통된 설명으로 옳은 어느 것입니까? ( )

① 알을 땅에 낳는다.
② 애벌레 단계가 있다.
③ 허물을 벗으며 자란다.
④ 다 자란 암컷이 알을 낳는다.
⑤ 알은 단단한 껍데기에 싸여 있다.

[07~08] 다음은 닭의 한살이입니다. 물음에 답하시오.

알 → ㉠ → 큰 병아리 → 다 자란 닭

**07** ㉠에 단계에 들어갈 알맞은 말을 쓰시오.

( )

**08** ㉠과 다 자란 닭을 비교 설명한 것으로 옳지 않은 것은 어느 것입니까? ( )

| | ㉠ | 다 자란 닭 |
|---|---|---|
| ① | 볏이 없다. | 볏이 있다. |
| ② | 다리가 두 개 있다. | 다리가 두 개 있다. |
| ③ | 암수 구별이 어렵다. | 암수 구별이 쉽다. |
| ④ | 알을 낳을 수 없다. | 암컷이 알을 낳는다. |
| ⑤ | 몸이 솜털과 깃털로 덮여 있다. | 몸이 깃털로 덮여 있다. |

**09** 다음 동물의 한살이에서 ( ) 안에 공통으로 들어갈 알맞은 말을 쓰시오.

- 뱀 : ( ) → 새끼 뱀 → 다 자란 뱀
- 개구리 : ( ) → 올챙이 → 개구리
- 굴뚝새 : ( ) → 새끼 굴뚝새 → 큰 새끼 굴뚝새 → 다 자란 굴뚝새

( )

**10** 갓 태어난 강아지와 다 자란 개의 공통점으로 옳지 않은 것은 어느 것입니까? ( )

△ 갓 태어난 강아지　　△ 다 자란 개

① 꼬리가 있다.
② 다리가 네 개다.
③ 몸이 털로 덮여 있다.
④ 코는 털이 없고, 촉촉하다.
⑤ 귀로 작은 소리를 들을 수 있다.

**11** 새끼를 낳는 동물의 한살이에 대한 설명으로 옳지 않은 것은 어느 것입니까? ( )

① 젖을 먹여 새끼를 기른다.
② 몸이 털이나 가죽으로 덮여 있다.
③ 새끼와 어미의 모습이 많이 닮았다.
④ 허물을 벗으며 자라고 번데기를 만든다.
⑤ 다 자랄 때까지 어미의 보살핌을 받는다.

**12** 보기 중 연어의 한살이를 만화로 표현할 때 필요하지 않는 장면의 기호를 쓰시오.

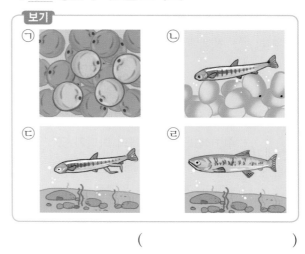

( )

# 단원 정리

### 3. 동물의 한살이

## ① 동물의 암수 생김새

| 구분 | 동물 | 수컷의 생김새 | 암컷의 생김새 |
|---|---|---|---|
| 암수가 쉽게 구별되는 동물 | 사슴 | (㉠       )이/가 있음. | 뿔이 없음. |
| | 꿩 | 깃털의 색깔이 선명하고, 화려함. | 깃털의 색깔이 수수하고, 황갈색에 검은색 무늬가 있음. |
| | 사자 | 갈기가 있음. | 갈기가 없음. |
| | 원앙 | 몸색깔이 화려함. | 몸 색깔이 갈색이고, 화려하지 않음. |
| 암수가 쉽게 구별되지 않는 동물 | | 붕어, 무당벌레, 참새, 돼지 등 | |

## ② 알이나 새끼를 돌보는 과정에서 암수가 하는 역할

| 암수가 함께 알과 새끼를 돌보는 동물 | 암수가 알을 돌보지 않는 동물 |
|---|---|
| 예 제비, 찌르레기, 황제펭귄, 두루미 등 | 예 거북, 자라, 노린재, 개구리 등 |
| 수컷이 알을 돌보는 동물 | 암컷이 새끼를 돌보는 동물 |
| 예 가시고기, 물자라, 꺽지, 물장군 등 | 예 산양, 바다코끼리, 곰, 소 등 |

## ③ 배추흰나비의 한살이

| 구분 | 색깔 | 생김새 | 움직임 |
|---|---|---|---|
| 알 | 연한 (㉢     ) | 옥수수 열매 모양, 주름져 있음. | 안 움직임. |
| 애벌레 | 초록색 | 긴 원통 모양 | 기어 다님. |
| 번데기 | 주변색과 비슷 | 여러 개의 마디가 있고, 가운데가 볼록함. | 안 움직임. |
| 어른벌레 | • 머리, 가슴, 배로 구분됨.<br>• 가슴에 다리가 (㉣     ) 쌍이 있음.<br>• 날개는 (㉤     ) 쌍임. | | |

• 배추흰나비의 한살이 과정

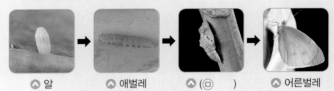

⊙ 알    ⊙ 애벌레    ⊙ (㉤   )    ⊙ 어른벌레

## ④ 여러 곤충의 한살이

| 완전 탈바꿈 | 알 → 애벌레 → (㉥       ) → 어른벌레<br>예 나비, 벌, 파리, 풍뎅이, 나방, 개미, 무당벌레 등 |
|---|---|
| 불완전 탈바꿈 | 알 → 애벌레 → 어른벌레<br>예 사마귀, 메뚜기, 방아깨비, 노린재 등 |

## ⑤ 알을 낳는 동물의 한살이

| 동물 | • 닭 : 알 → 병아리 → 큰 병아리 → 다 자란 닭<br>• 연어 : 알 → 새끼 연어 → 다 자란 연어<br>• 개구리 : 알 → 올챙이 → 개구리 |
|---|---|
| 공통점 | 알에서 깨어난 새끼 중 (㉦       )은/는 다 자라면 알을 낳을 수 있음. |
| 차이점 | • 알에서 새끼가 깨어날 때까지 걸리는 기간, 다 자랄 때까지의 기간이 다름.<br>• 동물에 따라 알의 수, 알의 크기, 알의 모양이 다름. |

## ⑥ 새끼를 낳는 동물의 한살이

| 동물 | • 개 : 갓 태어난 강아지 → 큰 강아지 → 다 자란 개<br>• 소 : 갓 태어난 송아지 → 큰 송아지 → 다 자란 소 |
|---|---|
| 공통점 | • 새끼는 어미와 모습이 비슷함.<br>• 다 자랄 때까지 어미의 보살핌을 받음. |
| 차이점 | 동물마다 임신 기간과 한 번에 낳는 새끼의 수, 새끼가 자라는 기간 등이 다름. |

정답 ㉠ 뿔 ㉡ 노란색 ㉢ 세 ㉣ 두 ㉤ 번데기 ㉥ 번데기 ㉦ 암컷

# 단원 정리 평가

**3. 동물의 한살이**

**01** 다음 사진 속 동물에 대한 설명으로 옳은 것은 어느 것입니까? ( )

① 수컷을 '장끼'라고 한다.
② 암컷이 혼자 새끼를 돌본다.
③ 암컷은 풀 속에 알을 낳는다.
④ 수컷은 머리와 목둘레에 갈기가 있다.
⑤ 암수 모두 색깔이 비슷하여 구별하기 어렵다.

**02** 다음 동물들의 공통점은 어느 것입니까? ( )

⌃ 붕어　　⌃ 무당벌레　　⌃ 참새　　⌃ 돼지

① 암수의 구별이 쉽다.
② 암수의 구별이 어렵다.
③ 암컷이 적당한 곳에 알을 낳는다.
④ 암컷 혼자서 알이나 새끼를 돌본다.
⑤ 수컷 혼자서 알이나 새끼를 돌본다.

**03** 수컷이 혼자 알을 돌보는 동물은 어느 것입니까?
( )

① 소　　　　　　② 산양
③ 자라　　　　　④ 제비
⑤ 가시고기

**04** 배추흰나비알을 키우면서 관찰하는 방법으로 옳지 않은 것은 어느 것입니까? ( )

① 맨눈으로 관찰한다.
② 돋보기로 관찰한다.
③ 사진이나 동영상을 찍는다.
④ 손으로 만져 보고 느낌을 기록한다.
⑤ 자로 크기를 측정하여 변화를 알아본다.

**05** 배추흰나비알에서 애벌레가 나오자마자 자신이 나온 알껍데기를 갉아 먹는 까닭으로 옳은 것은 어느 것입니까? ( )

① 다른 동물이 먹는 게 싫어서
② 자기의 허물을 기억하기 위해서
③ 알껍데기에 영양분이 풍부하게 들어 있어서
④ 기어다니는 데 방해가 되지 않게 하기 위해서
⑤ 몸색깔을 주변의 색과 비슷하게 맞추기 위해서

**06** 다음은 배추흰나비알과 애벌레의 실제 크기입니다. 이를 통해 알게된 사실은 어느 것입니까? ( )

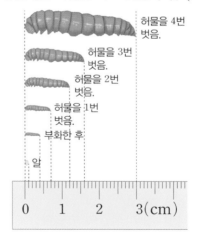

① 알과 애벌레는 움직이지 않는다.
② 알과 애벌레는 먹이를 먹지 않는다.
③ 애벌레는 가슴발로 기어서 움직인다.
④ 애벌레는 먹이를 4번 먹고, 어른벌레가 된다.
⑤ 애벌레는 허물을 4번 벗으면서 크기가 커진다.

**07** 오른쪽 배추흰나비 번데기에 대한 설명으로 옳지 <u>않은</u> 것은 어느 것입니까? ( )

① 움직이지 않는다.

② 먹이를 먹지 않는다.

③ 여러 개의 마디가 있다.

④ 시간이 지날수록 조금씩 자란다.

⑤ 색깔은 주변 환경의 색깔과 비슷하다.

**08** 다음과 같이 번데기에서 날개가 있는 어른벌레로 나오는 것을 무엇이라고 하는지 쓰시오.

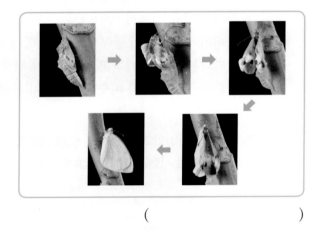

( )

**09** 다음 보기 를 보고, 배추흰나비의 한살이를 순서대로 기호를 쓰시오.

보기
㉠ 번데기의 색깔이 변한다.
㉡ 알에서 애벌레가 기어 나온다.
㉢ 입에서 실을 뽑아 몸을 묶는다.
㉣ 번데기에서 어른벌레가 나온다.
㉤ 애벌레가 자라다가 먹는 것을 중단한다.

( ) → ( ) → ( ) → ( ) → ( )

**10** 잠자리의 한살이에 대한 설명으로 옳은 것은 어느 것입니까? ( )

① 물에 알을 낳는다.

② 번데기 단계가 있다.

③ 완전 탈바꿈 과정을 거친다.

④ 애벌레는 나무 속에서 자란다.

⑤ 땅에 있는 썩은 나무에 알을 낳는다.

**11** 다음 중 불완전 탈바꿈을 하는 곤충은 어느 것입니까? ( )

① 나비    ② 사마귀    ③ 무당벌레

④ 벌    ⑤ 파리

**12** 다음 두 곤충의 한살이에서 나타나는 공통점으로 옳지 <u>않은</u> 것은 어느 것입니까? ( )

⬆ 사슴벌레    ⬆ 노린재

① 알을 낳는다.

② 애벌레 단계가 있다.

③ 번데기 단계가 있다.

④ 어른벌레는 땅에서 생활한다.

⑤ 어른벌레는 머리, 가슴, 배로 구분된다.

**13** 다음 동물들의 공통점으로 옳은 것은 어느 것입니까?
(　　　)

⊙ 연어　　　⊙ 굴뚝새　　　⊙ 개구리

① 알을 낳는다.

② 새끼를 낳는다.

③ 암수 구별하기 쉽다.

④ 번데기 단계를 거친다.

⑤ 짝짓기를 하지 않고, 알을 낳을 수 있다.

**14** 알, 병아리, 다 자란 닭에 대한 내용으로 옳지 <u>않은</u> 것은 어느 것입니까?　　　　　(　　　)

① 알은 암수 구별이 어렵다.

② 다 자란 닭은 암수 구별이 쉽다.

③ 병아리는 몸이 솜털로 덮여 있다.

④ 병아리는 볏이 있고, 꽁지깃은 없다.

⑤ 다 자란 닭은 몸이 깃털로 덮여 있다.

**15** 알을 낳는 동물의 한살이에서 차이점을 보기 에서 골라 바르게 짝지은 것은 어느 것입니까?(　　　)

> **보기**
> ㉠ 알을 낳는 장소
> ㉡ 알의 모양과 크기
> ㉢ 다 자랄 때까지의 기간
> ㉣ 알에서 새끼가 깨어날 때까지 걸리는 기간

① ㉠, ㉡, ㉢

② ㉠, ㉡, ㉣

③ ㉠, ㉢, ㉣

④ ㉡, ㉢, ㉣

⑤ ㉠, ㉡, ㉢, ㉣

**16** 다음은 개의 한살이에 대한 설명입니다. 각 단계에 해당하는 설명을 선으로 바르게 연결하시오.

(1)
⊙ 갓 태어난 강아지
　•

　• ㉠ 짝짓기를 하여 암컷이 새끼를 낳을 수 있다.

(2)
⊙ 큰 강아지
　•

　• ㉡ 이빨이 나고, 먹이를 씹어 먹기 시작한다.

(3)
⊙ 다 자란 개
　•

　• ㉢ 어미젖을 먹으며 자란다.

**17** 다음 동물들의 공통점을 바르게 말한 친구의 이름을 쓰시오.

⊙ 말　　　⊙ 소　　　⊙ 산양

> **보기**
> • 지호 : 허물을 벗으며 자라.
> • 리아 : 새끼가 자라는 기간이 같아.
> • 유주 : 새끼와 어미의 모습이 비슷해.
> • 종현 : 암수 모두 새끼를 돌보지 않아.

(　　　　　　　)

**18** 개와 소의 한살이에 대한 설명으로 옳은 것은 어느 것입니까?　　　　　(　　　)

① 둘 다 땅 위에 한 개의 알을 낳는다.

② 다 자랄 때까지 어미의 보살핌을 받는다.

③ 송아지와 강아지는 태어나자마자 걷는다.

④ 어미젖을 먹고 자라다가 고기와 사료를 먹는다.

⑤ 다 자란 암수가 짝짓기를 하여 수컷이 새끼를 낳는다.

3
단원

# 서술형 문제

**01** 다음 원앙 사진을 보고, 암컷과 수컷의 생김새가 어떻게 다른지 쓰시오.

⚠ 수컷          ⚠ 암컷

• 암컷 : _____

_____

• 수컷 : _____

_____

**02** 제비, 곰, 물자라가 알이나 새끼를 돌보는 과정에서 암수가 하는 역할이 어떻게 다른지 쓰시오.

⚠ 제비          ⚠ 곰          ⚠ 물자라

• 제비 : _____

• 곰 : _____

• 물자라 : _____

**03** 다음은 배추흰나비알이 부화하는 모습입니다. 물음에 답하시오.

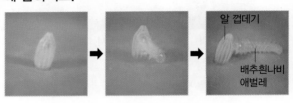

알 껍데기

배추흰나비 애벌레

(1) 배추흰나비알의 특징을 2가지 쓰시오.

① _____

② _____

(2) 위와 같이 애벌레가 알껍데기 밖으로 나온 뒤, 알껍데기를 갉아 먹는 까닭을 쓰시오.

_____

_____

**04** 다음은 배추흰나비의 한살이를 관찰하고 기록한 내용의 일부분입니다. 물음에 답하시오.

> 1. 시간이 지나면 번데기에서 어른벌레의 모습이 보인다.
> 2. (          ㉠          )
> 3. 몸 전체가 빠져나온다.
> 4. 날개를 늘어뜨리고 천천히 펼친다.
> 5. 날개가 마르면 날 수 있다.

(1) 위와 같은 과정을 무엇이라고 하는지 쓰시오.

(                    )

(2) ㉠에 들어갈 알맞은 내용을 쓰시오.

_____

_____

**05** 다음은 배추흰나비의 애벌레가 번데기로 변하는 모습입니다. 번데기의 생김새와 움직임에 대하여 쓰시오.

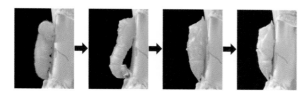

· 생김새 :

· 움직임 :

**06** 다음은 배추흰나비 애벌레와 어른벌레의 모습입니다. 물음에 답하시오.

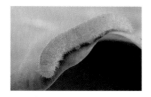 

◎ 배추흰나비 애벌레    ◎ 배추흰나비 어른벌레

(1) 배추흰나비 애벌레와 어른벌레의 자람을 비교하여 쓰시오.

(2) 배추흰나비 애벌레와 어른벌레의 움직임을 비교하여 쓰시오.

**07** 다음은 사슴벌레와 잠자리의 한살이 과정입니다. 물음에 답하시오.

◎ 사슴벌레의 한살이    ◎ 잠자리의 한살이

(1) 사슴벌레와 잠자리 중 완전 탈바꿈하는 곤충을 쓰시오.

(             )

(2) 곤충의 한살이에서 완전 탈바꿈과 불완전 탈바꿈의 차이점을 설명하시오.

**08** 다음은 새끼를 낳는 동물입니다. 이 동물들의 한살이를 통해 알 수 있는 새끼를 낳는 동물의 공통점을 3가지 쓰시오.

◎ 양    ◎ 곰    ◎ 돼지

① 

② 

③

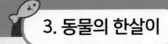
**학습 주제** 배추흰나비의 한살이 관찰 계획 세우기

**학습 목표** 배추흰나비의 한살이 관찰 계획을 세울 수 있다.

**[1~3]** 배추흰나비의 한살이 관찰 계획서입니다. 다음을 보고, 물음에 답하시오.

| ⊙ 배추흰나비 한살이 관찰 계획서 ⊙ | | |
|---|---|---|
| 관찰 기간 | 20○○년 ○○월 ○○일 ~ ○○월 ○○일 | |
| 필요한 것 | 먹이(배추나 케일을 심은 화분), 사육 상자, 방충망, 휴지, 분무기, 고무줄 등 | |
| 관찰할 내용 | 생김새 | 알, 애벌레, 번데기, 어른벌레의 생김새의 색깔, 모양 등 |
| | 크기 | 자라면서 변하는 몸의 크기 |
| | 움직임 | 알, 애벌레, 번데기, 어른벌레의 움직임 |
| 관찰 방법 | • 교실에 사육 상자를 만들어서 배추흰나비알과 애벌레를 키운다.<br>• 맨눈이나 (㉠          )(으)로 관찰한다.<br>• 사진기로 사진이나 동영상을 찍는다.<br>• (㉡          )을/를 사용하여 크기 변화를 측정한다. | |
| 기록 방법 | • 관찰 일기를 쓴다.<br>• 관찰 기록장에 글, 그림 등을 사용하여 표현한다. | |

**1** ㉠, ㉡에 들어갈 알맞은 말을 쓰시오.

• ㉠ : (                    )

• ㉡ : (                    )

**2** 애벌레일 때, 어떤 움직임을 관찰할지 구체적으로 2가지 쓰시오.

**3** 배추흰나비를 기를 때 주의할 점을 2가지 쓰시오.

학습 주제 여러 가지 동물의 한살이

학습 목표 여러 가지 동물의 한살이를 설명할 수 있다.

**4** 다음 동물들을 보고, 물음에 답하시오.

| ㉠ 사슴벌레 | ㉡ 잠자리 | ㉢ 닭 | ㉣ 개 |

(1) 위 동물들을 ㈎ 알을 낳는 동물과 ㈏ 새끼를 낳는 동물로 분류하여 기호를 쓰시오.

| ㈎ 알을 낳는 동물 | |
|---|---|
| ㈏ 새끼를 낳는 동물 | |

(2) 위의 동물 중 곤충의 기호를 모두 쓰고, 각 곤충의 한살이 과정을 쓰시오.

• 곤충 : (          ,          )

• _____

• _____

**5** 다음 동물들의 한살이 과정에서 차이점을 3가지 쓰시오.

| 연어     개구리     뱀     굴뚝새 |
|---|

• _____

• _____

• _____

# ① 자석 사이에 작용하는 힘

## 1. 자석에 붙는 물체 찾기

(1) 자석에 붙는 물체와 자석에 붙지 않는 물체 분류하기
- 자석에 붙는 물체 : 철 못, 철 용수철, 철사, 철이 든 빵 끈 등
- 자석에 붙지 않는 물체 : 유리컵, 플라스틱 빨대, 지우개 등

(2) 한 물체에서 자석에 붙는 부분과 자석에 붙지 않는 부분 구별하기

| 가위 | 물체 | 소화기 |
|---|---|---|
| 날 부분 | 자석에 붙는 부분 | 몸통 |
| 손잡이 | 자석에 붙지 않는 부분 | 호스 |

(3) 자석에 붙는 물체의 성질
- 철로 된 물체는 자석에 잘 붙습니다. 그러나 유리, 나무, 플라스틱 등으로 된 물체는 자석에 안 붙습니다.
- 한 물체에서도 자석이 붙는 부분과 붙지 않는 부분이 모두 있을 수 있습니다.

## 2. 자석에서 클립이 많이 붙는 곳 찾기

(1) 자석에서 철로 된 물체가 많이 붙는 부분
- 막대자석 : 양쪽 끝부분
- 동전 모양 자석 : 양쪽 면

⚫ 막대자석

(2) 자석의 극 찾기
- 자석의 극은 항상 두 개입니다.
- 막대자석의 극은 양쪽 끝부분에 있습니다.
- 동전 모양 자석의 극은 윗면과 아랫면에 있습니다.

⚫ 동전 모양 자석

---

### 📝 여러 가지 모양의 자석

⚫ 막대자석

⚫ 말굽 자석

⚫ 동전 모양 자석

⚫ 사각 자석

⚫ 고리자석

⚫ 둥근기둥 모양 자석

### 📝 막대자석의 N극과 S극

▶ 자석에서 빨간색이 N극이고, 파란색이 S극입니다.

▶ N극과 S극은 영어의 'North(북쪽)'과 'South(남쪽)'에서 따왔습니다.

### 📝 고리자석의 극

자석의 극

---

### 낱말 사전

말굽 말의 발끝에 있는 둥글고 큰 발톱.

호스 자유롭게 휘어지도록 고무 · 비닐 · 헝겊 따위로 만든 관으로, 물이나 기체를 보내는 데 쓰임.

---

## 개념 확인 문제

정답과 해설 56쪽

**1** 자석에 붙는 물체는 (          )(으)로 된 물체입니다.

**2** 자석의 극은 항상 (        )개입니다.

**3** 막대자석에 대한 설명으로 옳은 것에 ○표, 옳지 않은 것에 ×표 하시오.

(1) 앞면과 뒷면은 서로 다른 극입니다. (    )

(2) 자석의 양쪽 끝부분에 클립이 많이 붙습니다. (    )

(3) 자석의 양쪽 끝에 N극이 있고, 가운데는 S극이 있습니다. (    )

## 3. 자석을 철로 된 물체에 가까이 가져가기

| 막대자석을 통 가까이에 가져갔을 때 | 빵 끈 조각을 윗부분으로 끌고 갔을 때 | 막대자석을 조금 떨어뜨렸을 때 | 막대자석을 조금씩 더 떨어뜨렸을 때 |
|---|---|---|---|
| 빵 끈 조각<br>N S | N | N | N |
| 빵 끈 조각이 막대자석에 끌려옴. | 빵 끈 조각이 막대자석을 따라 윗부분까지 끌려옴. | 빵 끈 조각이 윗부분에 붙어 있음. | 빵 끈 조각이 윗부분에서 떨어짐. |

## 4. 물에 띄운 자석이 가리키는 방향 관찰하기

**실험 관찰로 알아보기** 자석이 가리키는 방향 관찰하기

| 준비물 |

나침반, 원형 수조, 물, 플라스틱 접시, 막대자석

| 실험 방법 |

① 교실에서 동서남북의 방향을 미리 확인합니다.

② 플라스틱 접시의 가운데에 막대자석을 올려 놓고 물이 담긴 수조에 띄웁니다.

③ 플라스틱 접시가 움직이지 않을 때 막대자석이 어느 방향을 가리키는지 관찰합니다.
(실험을 반복하면서 물에 띄운 자석이 가리키는 방향을 확인합니다.)

원형 수조 / 북 / 플라스틱 접시 / 서 / 동 / 막대자석 / 물 / 남

| 실험 결과 |

• 물에 띄운 자석이 항상 북쪽과 남쪽을 가리킵니다.

• 북쪽을 가리키는 극을 N극, 남쪽을 가리키는 극을 S극이라고 합니다.

---

**나침반**

빨간색 화살표가 가리키는 쪽이 북쪽입니다.

❯ 나침반은 방향을 알고 싶을 때 사용하는 도구입니다.

❯ 나침반의 바늘은 자석으로, 항상 북쪽과 남쪽을 가리킵니다.

**나침반이 남북을 가리키는 이유**

❯ 지구의 북쪽은 S극, 남쪽은 N극을 띤 거대한 자석이고, 나침반 바늘도 자석이기 때문입니다.

❯ 지구의 북쪽 S극이 나침반의 N극을 끌어당기기 때문에 나침반이 항상 남북을 가리킵니다.

**날말 사전**

바늘 보통 옷을 짓거나 꿰매는 데 쓰는 물건을 의미하지만, 나침반 등에서 눈금을 가리키는 뾰족한 물건을 뜻하기도 함.

---

**4** 철로 된 물체와 자석 사이에 서로 (          ) 힘이 작용합니다.

**5** 물에 띄운 막대자석은 항상 (          )쪽과 (          )쪽을 가리킵니다.

**6** (          )은/는 방향을 알려주는 도구입니다.

**7** 나침반의 바늘은 (          )이기 때문에 항상 일정한 방향을 가리킵니다.

# 실전 문제

**01** 다음 중 자석에 붙는 물체는 어느 것입니까?
( )

① 클립 ② 유리컵 ③ 지우개

④ 풍선 ⑤ 알루미늄 캔

**02** 자석에 붙는 물체의 특징에 대한 설명으로 옳은 것은 어느 것입니까? ( )
① 가벼운 물체만 자석에 붙는다.
② 철로 된 물체는 자석에 잘 붙는다.
③ 가위에는 자석이 붙는 부분이 없다.
④ 소화기의 호스는 자석에 잘 붙는다.
⑤ 고무로 된 물체는 자석에 잘 붙는다.

**03** 다음 중 자석에 붙지 않는 물체는 어느 것입니까?
( )
① 클립
② 바늘
③ 철 못
④ 고무줄
⑤ 철이 든 빵 끈

**04** 동전 모양 자석에 클립을 붙여 보았습니다. 이 모습을 보고, ㉠은 자석의 어디에 해당하는지 쓰시오.

자석의
( ㉠ )

( )

**05** 다음 중 막대자석의 극의 위치를 바르게 찾은 것은 어느 것입니까? ( )

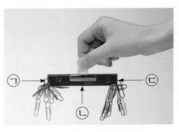

① ㉠ ② ㉠, ㉡
③ ㉠, ㉢ ④ ㉡, ㉢
⑤ ㉠, ㉡, ㉢

**06** 자석의 극에 대한 설명으로 옳은 것은 어느 것입니까?
( )
① 모든 자석의 극은 항상 두 개다.
② 막대자석의 극은 가운데 부분이다.
③ 둥근 기둥 모양 자석은 극이 한 개다.
④ 자석의 모양에 따라 극의 개수가 다르다.
⑤ 극에는 철로 된 물체가 가장 적게 붙는다.

**07** 다음과 같이 막대자석을 통에 가까이 가져갔을 때의 모습으로 알맞은 것은 어느 것입니까?

( )

**08** 오른쪽 그림처럼 점점 자석을 멀리했을 때 일어나는 일로 알맞은 것은 어느 것입니까? ( )

① 빵 끈 조각이 옆쪽으로 조금씩 이동한다.

② 멀어질수록 빵 끈 조각이 아래로 떨어진다.

③ 빵 끈 조각이 서로 엉겨 둥근 공 모양처럼 된다.

④ 자석이 통에서 떨어지는 순간 빵 끈 조각이 아래로 모두 떨어진다.

⑤ 자석이 계속 멀어져도 빵 끈 조각은 떨어지지 않고 붙어 있다.

**09** 다음 ( ) 안에 들어갈 알맞은 말을 골라 쓰시오.

자석과 철로 된 물체 사이의 거리가 점점 (가까워질수록, 멀어질수록) 끌어당기는 힘이 약해진다.

( )

**10** 다음 중 방향을 알려주는 도구는 어느 것입니까?

( )

① 자          ② 저울          ③ 시계

④ 온도계          ⑤ 나침반

**11** 물에 띄운 자석의 방향을 바르게 나타낸 그림은 어느 것입니까? ( )

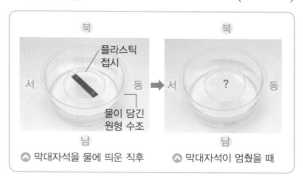

◎ 막대자석을 물에 띄운 직후          ◎ 막대자석이 멈췄을 때

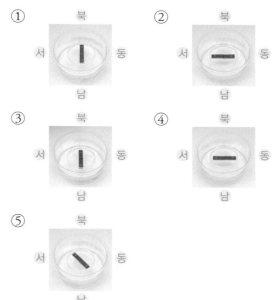

**12** 나침반에 대한 설명으로 알맞지 <u>않은</u> 것은 어느 것입니까? ( )

① 항상 북쪽과 남쪽을 가리킨다.

② 자석의 성질을 이용한 도구이다.

③ 빨간색 화살표는 북쪽을 가리킨다.

④ 나침반 몸통은 자석으로 되어 있다.

⑤ 나침반의 바늘은 일정한 방향을 가리킨다.

## ② 자석의 성질

### 1. 철로 된 물체로 나침반 만들기

(1) 머리핀에 자석의 성질을 띠게 하기
- 막대자석의 한쪽 극에 머리핀을 1분 동안 붙여 놓습니다.
- 머리핀을 클립에 대어보고, 클립이 붙으면 자석의 성질을 띠게 된 것입니다.

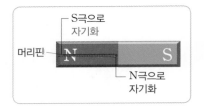

S극으로 자기화
머리핀 N  S  N극으로 자기화

(2) 머리핀으로 나침반 만들기
① 막대자석에 붙여 놓았던 머리핀을 수수깡 조각에 꽂아 물이 담긴 수조에 띄웁니다.
② 머리핀이 더 이상 움직이지 않을 때까지 기다리고 방향을 확인합니다.
③ 나침반의 방향을 보고 북쪽을 가리키는 머리핀 끝부분이 N극, 남쪽을 가리키는 끝부분이 S극입니다.

> 막대자석의 한쪽 극으로 문질러서 머리핀에 자석의 성질을 띠게 할 수 있습니다.
> 문지를 때에는 일정한 방향으로 여러 번 문지릅니다.

북
N극
남
S극
자석에 붙인 머리핀을 꽂은 수수깡 조각

#### 자석과 자석 사이에 작용하는 힘 느껴보기

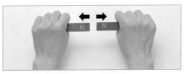

⬆ 같은 극끼리 마주 보게 하여 가까이 가져 갈 때 : 밀어내는 힘

⬆ 다른 극끼리 마주 보게 하여 가까이 가져 갈 때 : 끌어당기는 힘

### 2. 자석과 자석 사이에 작용하는 힘 느껴보기

| 같은 극 (N극과 N극, S극과 S극) | 다른 극 (N극과 S극) |
|---|---|
| 서로 밀어낸다. | 서로 끌어당긴다. |

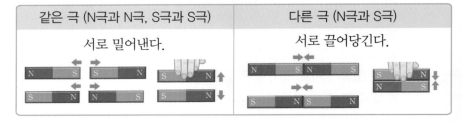

#### 낱말 사전

머리핀 사람의 머리카락을 제자리에 고정시키기 위한 길쭉한 도구.

자기화 바늘, 못, 핀 등을 자석에 붙여 놓으면 자석의 성질을 띠게 되는 것.

### 개념 확인 문제

정답과 해설 57쪽

**1** 자석에 붙여 놓은 철로 된 머리핀은 (　　　)의 성질을 띱니다.

**2** 막대자석의 극에 1분 동안 붙여 놓은 머리핀을 클립에 대면 클립이 (　　　).

**3** 2개의 자석을 서로 가까이 가져갔을 때 관찰할 수 있는 사실에 대한 설명으로 옳은 것에 ○표, 옳지 않은 것에 ×표 하시오.

(1) N극끼리 마주 보게 하면 서로 밀어냅니다. 　　　　　　　　( 　 )

(2) S극끼리 마주 보게 하면 서로 끌어당깁니다. 　　　　　　　( 　 )

(3) 다른 극끼리 마주 보게 나란히 놓고 밀면 서로 끌어당깁니다. ( 　 )

## 3. 자석 주위에 놓인 나침반 바늘의 움직임 관찰하기

(1) 막대자석을 나침반에 가까이 가져갔다가 멀어지게 하기
- 나침반의 바늘이 돌아 자석의 극이 있는 쪽을 가리키다가 막대자석이 멀어지면 다시 원래 가리키던 방향으로 되돌아갑니다.

(2) 자석 주위에 놓인 나침반
- 나침반 바늘의 움직임 : 나침반의 바늘이 자석의 극 쪽으로 끌려갑니다.
- 나침반의 바늘이 움직인 까닭 : 나침반의 바늘도 자석이기 때문입니다.

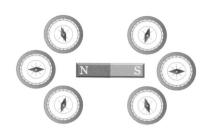

## 4. 우리 생활에서 자석을 이용한 생활용품 찾아보기 예

| 생활용품 | 자석이 있는 부분 | 편리한 점 |
| --- | --- | --- |
| 자석 클립 통 | 클립 통의 윗부분 | 클립 통이 뒤집어지거나 바닥에 떨어져도 클립이 잘 흩어지지 않는다. |
| 자석 다트 화살 | 다트 화살 끝(과녁과 만나는 부분) | 다트 화살 끝이 날카롭지 않아 과녁에 안전하게 붙일 수 있다. |
| 자석 스마트폰 거치대 | 거치대와 스마트폰이 만나는 부분 | 스마트폰을 살짝 대기만 해도 쉽게 고정할 수 있다. |
| 자석 필통 | 필통을 열고 닫는 부분 | 필통 뚜껑을 잘 열리고 닫히게 한다. |

**4** 자석 주위에 놓인 나침반의 바늘은 자석의 (　　　) 쪽으로 끌려갑니다.

**5** 자석 주위에 놓인 나침반 바늘이 움직인 까닭은 나침반 바늘도 (　　　) 이기 때문입니다.

**6** 자석을 이용한 생활용품과 자석이 있어 편리한 점을 바르게 연결하시오.

(1) 자석 클립 통 ・  ・㉠ 안전하게 붙일 수 있습니다.

(2) 자석 다트 ・  ・㉡ 잘 흩어지지 않습니다.

(3) 자석 필통 ・  ・㉢ 열고 닫기가 편리합니다.

---

### ✏️ 자석을 이용한 장난감 만들기

❶

종이 접시에 자동차가 지나갈 길과 배경을 꾸밉니다.

❷

동전 모양 자석

두꺼운 종이에 자동차 그림을 그려서 오려 낸 다음, 뒷면에 동전 모양 자석을 붙입니다.

❸

동전 모양 자석
나무 막대기

나무 막대기에 동전 모양 자석을 붙입니다.

❹

나무 막대기로 자동차를 움직입니다.

### 낱말 사전 👀

다트　원판에 짧고 통통하게 생긴 화살 모양의 다트 화살을 던져 과녁을 맞추는 놀이.

과녁　활쏘기에서 화살을 맞추는 목표물이 되는 판.

01 다음 자석위 머리핀에 대한 설명으로 알맞지 <u>않은</u> 것은 어느 것입니까? (          )

머리핀 — N          S

① 플라스틱으로 만든 머리핀을 사용해도 된다.
② 머리핀에 자석의 성질을 띠게 하는 방법이다.
③ 클립이 머리핀에 붙으면 자석의 성질을 띤 것이다.
④ 자석의 성질을 띤 머리핀은 나침반 바늘의 역할을 한다.
⑤ 막대자석의 한쪽 극에 머리핀을 1분 동안 붙여 놓는다.

02 위 01번 머리핀으로 만든 나침반에서 N극인 부분의 기호를 쓰시오.

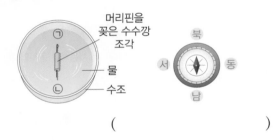

머리핀을 꽂은 수수깡 조각
ⓐ
물
ⓑ
수조

북
서   동
남

(          )

03 위 02번과 같이 머리핀으로 만든 나침반에 대한 설명으로 알맞은 것은 어느 것입니까? (          )
① 머리핀은 동쪽과 서쪽을 가리킨다.
② 수수깡이 자석의 성질을 띠고 있다.
③ 머리핀이 물 위에서 계속 뱅글뱅글 돈다.
④ 수수깡에 꽂힌 머리핀이 나침반 바늘의 역할을 한다.
⑤ 수조에서 꺼내 책상 위에 놓아도 머리핀이 일정한 방향을 찾아 돈다.

04 두 자석을 서로 가까이 가져갔을 때 작용하는 힘에 대한 설명으로 알맞은 것은 어느 것입니까?
(          )
① 같은 극끼리 마주 보게 하면 서로 밀어낸다.
② 마주 보는 극과 상관없이 무조건 서로 밀어낸다.
③ 마주 보는 극과 상관없이 무조건 서로 끌어당긴다.
④ 다른 극끼리 마주 보면 아무 힘도 작용하지 않는다.
⑤ 서로 가까이 있으면 끌어당기고, 멀리 있으면 밀어낸다.

05 다음과 같이 두 자석을 가깝게 했을 때 일어나는 일로 알맞은 것은 어느 것입니까? (          )

① N극끼리 서로 밀고, S극끼리도 서로 민다.
② S극끼리 서로 끌어당기고, N극끼리 서로 민다.
③ N극끼리 서로 끌어당기고, S극끼리 서로 민다.
④ N극끼리 서로 끌어당기고, S극끼리도 서로 끌어당긴다.
⑤ 아래쪽 자석이 위쪽 자석 가운데에 회전하면서 붙어 두 자석이 ＋자 모양이 된다.

06 서로 끌어당기는 힘이 작용하는 것은 어느 것입니까?
(          )

**07** 나침반에 막대자석을 가까이 가져갈 때 일어나는 일에 대한 설명으로 알맞은 것은 어느 것입니까?

(      )

① 나침반의 바늘이 빙글빙글 계속 돈다.

② 나침반 바늘은 자석과 상관없이 움직인다.

③ 나침반 바늘의 한쪽 끝이 자석의 극을 가리킨다.

④ 나침반 바늘의 빨간색 끝이 돌아 자석의 N극을 가리킨다.

⑤ 막대자석을 나침반에 가까이 가져갈수록 빠르게 돈다.

**08** 다음과 같이 나침반을 놓았을 때 나침반 바늘의 모습으로 알맞은 것은 어느 것입니까? (      )

N   S

①    ②    ③

④    ⑤

**09** 나침반 바늘이 자석의 극을 가리키는 까닭에 대해 바르게 말한 사람의 이름을 쓰시오.

나침반 바늘도 자석이기 때문이야.

나침반 바늘의 색깔이 자석과 달라서야.

나침반 바늘의 끝이 뾰족하기 때문이야.

나침반이 자석과 멀리 떨어져서 그래.

정윤   예나   지민   채원

(           )

**10** 다음 중 철로 된 물체가 잘 흩어지지 않도록 하는 데 자석을 이용한 물건은 어느 것입니까?

(      )

①    ②
자석 스마트폰 거치대          클립통

③    ④
자석 다트          자석 필통

⑤
가방 자석 단추

**11** 자석이 있는 부분의 기호를 쓰시오.

㉠        ㉡        ㉢

(           )

**12** 다음 장난감에 대한 설명으로 알맞은 것은 어느 것입니까? (      )

① 동전 모양 나무 조각을 이용한 장난감이다.

② 두 자석이 서로 밀어내는 힘을 이용하였다.

③ 나무 막대기를 움직이면 종이 접시도 움직인다.

④ 종이 접시가 두 자석 사이에 작용하는 힘을 막는다.

⑤ 나무 막대기와 자동차에는 동전 모양 자석이 붙어 있다.

# 단원 정리

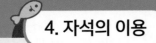

## ① 자석에 붙는 물체 찾기

| 자석에 붙는 물체 | 철 못, 철 용수철, 철사, 철이 든 빵 끈 등 | |
|---|---|---|
| | 공통점 | ( ㉠ )(으)로 된 물체 |
| 자석에 붙지 않는 물체 | 유리컵, 플라스틱 빨대, 지우개 등 | |
| | 공통점 | 유리, 플라스틱, 고무 등으로 된 물체 |

## ② 자석에서 클립이 많이 붙는 곳 찾기

| 자석의 ( ㉡ ) | 자석에서 철로 된 물체가 많이 붙는 부분으로, 항상 2개임 |
|---|---|
| 극의 위치 | 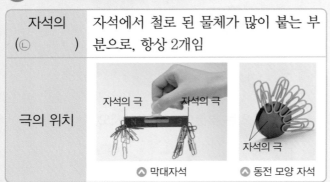<br>⬆ 막대자석  ⬆ 동전 모양 자석 |

## ③ 자석을 철로 된 물체에 가까이 가져가기

| 막대자석을 통 가까이에 가져 갔을 때 | 빵 끈 조각을 윗부분으로 끌고 갔을 때 | 막대자석을 조금 떨어뜨렸을 때 | 막대자석을 조금씩 더 떨어뜨렸을 때 |
|---|---|---|---|
| | | | |

## ④ 물에 띄운 자석이 가리키는 방향 관찰하기

| 물에 띄운 자석 | N극은 북쪽을 가리킴.<br>S극은 ( ㉢ )을 가리킴. |  |
|---|---|---|
| 나침반 | 나침반의 ( ㉣ )은/는 자석이기 때문에 북쪽과 남쪽을 가리킴. | |

## ⑤ 철로 된 물체로 나침반 만들기

| 자석의 성질 띠게 하기 | 막대자석의 한쪽 극에 머리핀을 약 1분 동안 붙여 놓는다. |
|---|---|
| 만드는 방법 | ❶ 막대자석에 붙여 놓았던 머리핀을 수수깡 조각에 꽂아 물이 담긴 수조에 띄운다.<br>❷ 머리핀이 더 이상 움직이지 않을 때까지 기다리고 방향을 확인한다. |
| 완성된 모습 | 나침반의 방향을 보고, 북쪽을 가리키는 머리핀 끝부분이 ( ㉤ )이고, 남쪽을 가리키는 끝부분이 S극이다.<br>북 N극 자석에 붙인 머리핀을 꽂은 수수깡 조각 남 S극 |

## ⑥ 자석과 자석 사이에 작용하는 힘 느껴보기

| 같은 극<br>(N극과 N극, S극과 S극) | 다른 극<br>(N극과 S극) |
|---|---|
| 서로 밀어냄. | 서로 끌어당김. |

## ⑦ 자석 주위에 놓인 나침반 바늘의 움직임 관찰하기

| 자석 주위에 놓인 나침반 | |
|---|---|

나침반 바늘도 자석이기 때문에 나침반 바늘이 자석의 극 쪽으로 끌려감.

## ⑧ 우리 생활에서 자석을 이용한 생활용품 찾아보기

예 자석 클립통, 자석 다트, 자석 스마트폰 거치대, 가방 자석 단추, 자석 필통 등

정답 ㉠ 철 ㉡ 극 ㉢ 남쪽 ㉣ 바늘 ㉤ N극

# 단원 정리 평가

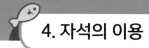
4. 자석의 이용

**01** 다음 중 자석에 붙지 <u>않는</u> 물체는 어느 것입니까?
( )

①
⊙ 못

②
⊙ 용수철

③
⊙ 클립

④
⊙ 플라스틱 빨대

⑤
⊙ 옷핀

**02** 자석에 붙는 물체의 특징에 대한 설명으로 옳은 것은 어느 것입니까? ( )
① 단단한 물체이다.
② 색이 화려한 물체이다.
③ 복잡한 모양의 물체이다.
④ 무게가 가벼운 물체이다.
⑤ 철로 이루어져 있는 물체이다.

**03** 다음 중 자석에 붙는 부분의 기호를 찾아 바르게 짝지은 것은 어느 것입니까? ( )

⊙ 소화기    ⊙ 가위

① ㉠, ㉢    ② ㉡, ㉢
③ ㉠, ㉣    ④ ㉡, ㉣
⑤ ㉢, ㉣

**04** 다음과 같이 철로 된 클립이 많이 붙어 있는 곳을 무엇이라고 하는지 쓰시오.

( )

**05** 자석의 극에 대한 설명으로 옳은 것은 어느 것입니까? ( )
① 자석의 모양과 상관없이 끝부분에 있다.
② 자석에 따라 극의 개수는 1~3개로 다르다.
③ 끈적끈적한 부분이 있어 물체가 잘 붙는다.
④ 플라스틱으로 된 물체가 많이 붙는 부분이다.
⑤ 막대자석의 극은 왼쪽과 오른쪽의 끝부분에 있다.

**06** 다음 실험을 통해 알 수 있는 사실로 가장 알맞은 것은 어느 것입니까? ( )

투명한 통
빵 끈 조각
N

① 투명한 통은 자석에 붙는다.
② 비닐로 된 물체는 자석에 붙는다.
③ 자석은 철로 된 물체를 끌어당긴다.
④ 가벼운 물체는 통 안에서 떠오른다.
⑤ 플라스틱 사이는 자석의 힘이 작용하지 않는다.

**07** 다음을 보고, ( ) 안에 들어갈 알맞은 말에 ○표 하시오.

| 막대자석을 대고 있을 때 | 막대자석을 조금 떨어뜨렸을 때 | 막대자석을 조금씩 더 떨어뜨렸을 때 |
|---|---|---|
| 빵 끈 조각 / 투명한 통 | | |

자석과 철로 된 물체 사이의 거리가 멀어질수록 끌어당기는 힘이 ( 약해진다, 강해진다 ).

**08** 다음 중 나침반에 대한 설명으로 알맞은 것은 어느 것입니까? ( )

① 길이를 잴 때 사용하는 도구이다.
② 빨간색 화살표는 동쪽을 가리킨다.
③ 나침반의 몸통은 자석으로 되어 있다.
④ 떼고 붙일 수 있는 자석의 성질을 이용했다.
⑤ 나침반의 바늘은 항상 일정한 방향을 가리킨다.

**09** ☆☆☆ 자석이 가리키는 방향을 알아보는 실험입니다. 다음 중 알맞지 않은 것은 어느 것입니까? ( )

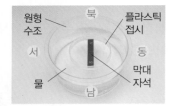

① 자석을 플라스틱 접시에 놓고 물에 띄운다.
② 막대자석을 물에 띄우면 방향을 알 수 있다.
③ 자석의 N극은 북쪽을 가리키고, S극은 남쪽을 가리킨다.
④ 자석을 다른 곳을 향하게 해도 다시 돌아 일정한 방향을 가리킨다.
⑤ 자석이 천천히 시계 방향으로 계속 돌아간다.

**10** 다음 철로 된 물체로 나침반을 만드는 과정에 대한 설명으로 알맞은 것은 어느 것입니까? ( )

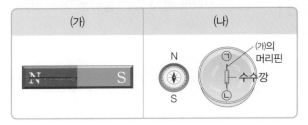

① (가)는 머리핀에 자석의 성질이 생기게 한다.
② (가)에서 머리핀은 1초 동안만 붙여 놓는다.
③ (나)에서 머리핀을 수수깡 없이 띄워도 된다.
④ (나)에서 머리핀은 물이 없는 맨바닥에 놓아도 같은 방향을 가리킨다.
⑤ (나)의 ㉠은 S극, ㉡은 N극이다.

**11** 자석에 1분 동안 붙인 머리핀으로 만든 나침반에 대한 설명으로 알맞은 것은 어느 것입니까? ( )

① 머리핀이 물 위에서 계속 돈다.
② 머리핀은 북쪽과 남쪽을 가리킨다.
③ 수수깡이 자석의 성질을 띠고 있다.
④ 머리핀을 돌리면 그대로 멈춰 있다.
⑤ 수수깡이 나침반의 바늘의 역할을 한다.

**12** 다음 보기 와 같이 두 자석을 가까이 가져갈 때, 서로 밀어내는 힘이 작용하는 것을 찾아 바르게 짝지은 것은 어느 것입니까? ( )

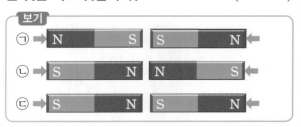

① ㉢    ② ㉠, ㉡
③ ㉡, ㉢    ④ ㉠, ㉢
⑤ ㉠, ㉡, ㉢

**13** 다음과 같이 자석을 놓고 밀 때, 관찰할 수 있는 현상은 어느 것입니까? (      )

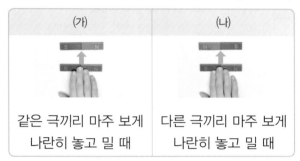

| (가) | (나) |
|------|------|
| 같은 극끼리 마주 보게 나란히 놓고 밀 때 | 다른 극끼리 마주 보게 나란히 놓고 밀 때 |

① (가), (나) 경우 모두 자석이 서로 밀어낸다.
② (가), (나) 경우 모두 자석이 서로 끌어당긴다.
③ (가)는 서로 끌어당기고, (나)는 서로 밀어낸다.
④ (가)는 서로 밀어내고, (나)는 서로 끌어당긴다.
⑤ (가), (나) 경우 모두 어떤 힘도 작용하지 않는다.

**14** 다음 위치에 나침반을 놓았을 때 나침반의 모습으로 알맞은 것은 어느 것입니까? (      )

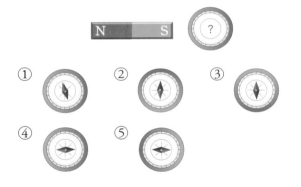

**15** 다음 중 위 14번처럼 나침반 바늘이 자석을 향하는 까닭으로 가장 알맞은 것은 어느 것입니까?

(      )

① 나침반 바늘이 가볍기 때문이다.
② 나침반 통이 투명하기 때문이다.
③ 나침반 바늘도 자석이기 때문이다.
④ 나침반 바늘이 뾰족한 모양이기 때문이다.
⑤ 나침반 바늘도 빨간색이 칠해져 있기 때문이다.

**16** 다음 중 보기 에서 설명하는 물건은 어느 것입니까? (      )

보기
• 자석의 성질을 이용한 물체이다.
• 클립을 보관하는 통이다.
• 통이 바닥에 떨어져도 클립이 잘 쏟아지지 않는다.

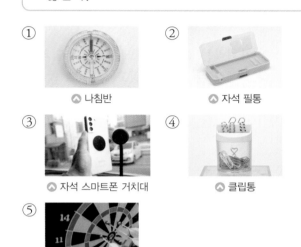

① △ 나침반
② △ 자석 필통
③ △ 자석 스마트폰 거치대
④ △ 클립통
⑤ △ 자석 다트

**17** 오른쪽 필통에서 자석이 있는 부분은 어느 것입니까? (      )

① ㉠
② ㉡
③ ㉢
④ ㉣
⑤ ㉤

**18** 다음과 같이 두 자석이 서로 밀어내는 힘으로 가는 장난감 자동차를 만들었을 때, 자동차에 붙어 있는 막대자석의 극을 쓰시오.

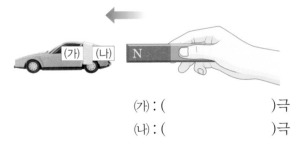

(가) : (          )극
(나) : (          )극

4 단원

 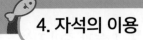

**01** 다음은 가위에서 자석에 붙는 부분과 자석에 붙지 않는 부분을 구별하는 실험입니다. 물음에 답하시오.

(1) ㉠과 ㉡ 중 자석에 붙는 부분의 기호를 쓰시오.
( )

(2) 가위라는 한 물체에도 위 (1)의 답과 같이 자석에 붙는 부분이 있고, 그렇지 않은 부분이 있습니다. 왜 이런 차이점이 생기는지 까닭을 쓰시오.

_____

_____

**02** 자석을 클립이 든 종이 상자에 넣었다가 천천히 들어 올리는 실험 모습입니다. 물음에 답하시오.

(1) 클립이 많이 붙는 곳을 모두 찾아 기호를 쓰시오.

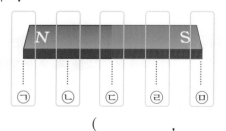

( , )

(2) 위 (1)의 답을 통해 알 수 있는 사실을 쓰시오.

_____

_____

**03** 다음을 보고, 물음에 답하시오.

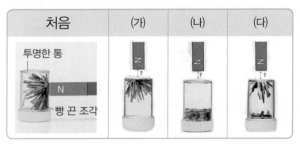

(1) 자석과 투명한 통 사이의 거리가 가까운 순서부터 기호를 쓰시오.
( , , )

(2) 위 (1)의 답을 이용하여 자석과 철로 된 물체 사이의 거리에 따라 끌어당기는 힘의 크기가 어떻게 달라지는지 쓰시오.

_____

_____

**04** 다음과 같이 막대자석을 올려놓은 플라스틱 접시를 물에 띄운 후, 접시를 살짝 돌려놓았다. 잠시 후 막대자석이 멈췄을 때의 모습을 쓰시오.

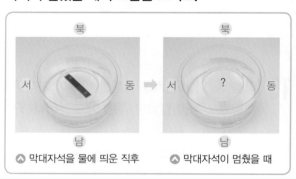

◎ 막대자석을 물에 띄운 직후　◎ 막대자석이 멈췄을 때

_____

_____

**05** 다음은 철로 된 물체로 나침반을 만들기 위해 수수깡에 자기화시킨 머리핀을 꽂은 모습입니다. 물음에 답하시오.

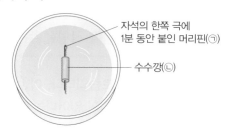

자석의 한쪽 극에 1분 동안 붙인 머리핀(㉠)

수수깡(㉡)

(1) ㉠과 ㉡ 중 자석의 성질을 가진 것의 기호를 쓰시오.

(              )

(2) 철로 된 머리핀을 막대자석을 이용하여 자석의 성질을 띠게 하는 방법을 쓰시오.

_____

_____

**06** 다음 두 막대자석 사이에 작용하는 힘을 통해 알 수 있는 자석의 성질을 쓰시오.

🔺 같은 극끼리 마주 보게 하여 가까이 가져갈 때

🔺 다른 극끼리 마주 보게 하여 가까이 가져갈 때

_____

_____

**07** 막대자석 주변에 나침반을 놓았을 때 나침반의 바늘이 아래 그림과 같이 움직인 까닭을 쓰시오

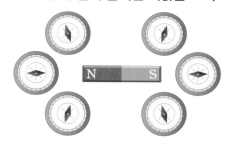

_____

_____

_____

**08** 다음 보기 의 자석 필통과 같이 우리 주변에서 자석을 이용한 생활용품을 찾고, 자석을 이용하면 어떤 점이 편리한지 쓰시오.

보기

| 생활용품 | 편리한 점 |
|---|---|
| 자석 필통 | 필통 뚜껑을 열고 닫기 편하다. |

| 생활용품 | |
|---|---|
| 편리한 점 | |

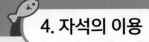 

학습 주제  자석을 철로 된 물체에 가까이 가져갔을 때 나타나는 현상 알아보기

학습 목표  자석을 철로 된 물체에 가까이 가져가면 철로 된 물체가 끌려와 달라붙음을 설명할 수 있다.

**1** 다음 (가)는 투명한 플라스틱 통에 빵 끈 조각을 넣고, 막대자석을 가까이 가져간 모습입니다. 이 실험을 통해 알게 된 사실을 이용하여 (나)에서 자석 드라이버를 나사에 가까이 가져가면 어떤 일이 일어나는지를 쓰시오.

(가)

플라스틱 통

빵 끈 조각

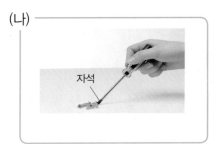

(나)

자석

**2** 막대자석을 투명한 플라스틱 통에서 조금씩 멀어지게 할 때 어떤 일이 일어날지 생각하며 물음에 답하시오.

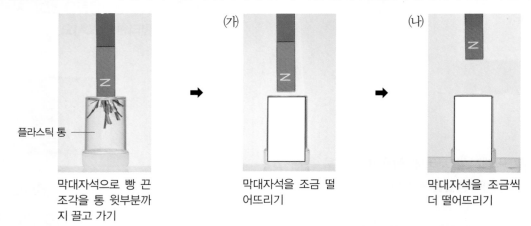

플라스틱 통

막대자석으로 빵 끈 조각을 통 윗부분까지 끌고 가기

(가)

막대자석을 조금 떨어뜨리기

(나)

막대자석을 조금씩 더 떨어뜨리기

(1) 위 실험의 (가)와 (나)에서 관찰할 수 있는 빵 끈 조각의 모습을 플라스틱 통 안에 그리시오.

(2) 이 실험을 통해 알게 된 사실을 (   ) 안에 알맞은 말을 넣어 정리하시오.

   막대자석과 (      )로 된 물체 사이에 얇은 플라스틱이 있어도 막대자석은 그 물체를 끌어당길 수 있었다. 하지만 막대자석을 빵 끈 조각에서 멀리할수록 끌어당기는 힘은 점점 더 (          ).

**학습 주제** 자석 주위에 놓인 나침반 바늘이 가리키는 방향 알아보기

**학습 목표** 자석 주위에서 나침반 바늘이 가리키는 방향이 달라지는 까닭을 설명할 수 있다.

**3** 다음 그림과 같이 놓인 나침반에 막대자석을 가까이 가져가는 실험입니다. 나침반의 붉은색 화살표가 가리키는 방향을 생각하며 ( ) 안에 알맞은 방향을 쓰시오.

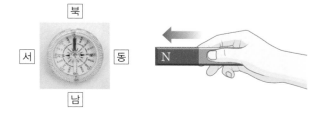

나침반의 붉은색 화살표는 돌아서 ( ) 쪽을 가리킨다.

**4** 자석 주위에 여러 개의 나침반을 놓고 바늘의 움직임을 관찰하는 실험입니다. 각 물음에 답하시오.

(1) 위 그림에 나침반 바늘이 가리키는 방향을 그리시오.(전체 6개)

(2) 자석 주위에서 나침반 바늘이 가리키는 방향이 달라지는 까닭을 자석과 자석 사이에 작용하는 힘을 이용하여 쓰시오.

_____

_____

교과서 개념 익히기

# ① 지구 표면의 모습

## 1. 지구 표면의 다양한 모습 알아보기

(1) 지구 표면의 다양한 모습 조사하기
- 우리나라에서 볼 수 있는 모습 : 산, 바다, 들, 강, 계곡, 호수, 갯벌 등
- 세계 여러 곳에서 볼 수 있는 모습 : 사막, 빙하, 화산 등

(2) 지구 표면의 모습 표현하고 설명하기 예

| 내가 표현한 지구의 모습 | | 친구들에게 설명할 내용 |
|---|---|---|
| 산 | | 나무와 풀을 표현하려고 초록색을 사용했어. 높은 곳도 있고, 낮은 곳도 있어. |
| 강 | | 강에 흐르는 물을 표현하기 위해서 파란색을 사용하고, 강은 주변보다 낮게 그렸어. 강 주변에 있는 나무와 풀은 초록색을 사용했어. |
| 사막 | | 사막의 모래를 표현하기 위해서 노란색과 갈색을 사용했어. 또 사막에서 볼 수 있는 낙타도 그려 넣었어. |

- 바닷물과 강물은 주로 파란색을 사용하여 표현할 수 있습니다.
- 식물은 초록색으로, 모래는 노란색과 갈색으로 표현할 수 있습니다.

## 2. 지구의 육지와 바다의 차이점 알아보기

(1) 육지와 바다의 넓이 비교
① 육지 : 지구의 표면 중 강이나 바다와 같이 물이 있는 곳을 제외한 부분
② 바다 : 지구에서 육지를 제외한 부분으로, 짠물이 육지를 둘러싸며 넓게 이어진 부분

---

✏️ **구글 어스를 이용하여 지구 표면의 모습 관찰하기**

① 인터넷 사이트에서 구글 어스(Google Earth)를 내려받아 설치합니다.
② 설치한 구글 어스를 실행합니다.
③ 프로그램의 검색창에 지구 표면의 모습 중 관찰하고 싶은 곳을 적으면 자세하게 지구 표면의 모습을 관찰할 수 있습니다.

✏️ **다양한 지구 표면의 모습**

🔼 산 　　　🔼 바다
🔼 갯벌 　　🔼 들
🔼 강 　　　🔼 계곡
🔼 사막 　　🔼 빙하

---

🐱 **낱말 사전**

사막　비가 1년에 250mm 이하로 오거나, 여러 해 동안 거의 비가 내리지 않아 식물이 자라기 힘든 넓은 지형.

빙하　높은 곳에 쌓인 눈이 다져져 얼음 상태로 된 뒤에 얼음의 무게로 인해 아래로 서서히 흘러내리는 두꺼운 얼음덩어리.

---

**개념 확인 문제** 　　　　　　정답과 해설 60쪽

**1** 지구 표면은 ( 다양한 , 한 가지 ) 모습으로 이루어져 있습니다.

**2** ( 육지 , 바다 )는 지구의 표면 중 강이나 바다와 같이 물이 있는 곳을 제외한 부분입니다.

**3** 지구 표면에 대한 설명으로 옳은 것에 ○표, 옳지 않은 것에 ×표 하시오.
(1) 산은 주변보다 땅의 높이가 높고, 나무와 풀을 볼 수 있습니다. (　　)
(2) 사막과 빙하는 우리나라에서 쉽게 볼 수 있는 모습입니다. (　　)
(3) 사막은 물로 가득 차 있습니다. (　　)

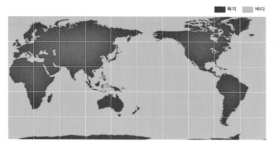

| 지도 전체 칸 수 | 육지 칸 수 | 바다 칸 수 |
|---|---|---|
| 50칸 | 14칸 | 36칸 |

육지로 셈.

바다로 셈.

※ 어떤 한 칸에서 육지나 바다가 절반 이상을 차지하면 그 칸은 육지나 바다로 셉니다.

- 바다가 육지보다 22칸 더 많습니다.
  ➡ 즉, 바다가 육지보다 더 넓습니다.

(2) 육지의 물맛과 바닷물 맛 비교하기
- 육지의 물은 짜지 않아서 깨끗한 물은 사람들이 마시기 적당합니다.
- 바닷물은 짜기 때문에 사람들이 마시기 적당하지 않습니다.
- 바닷물의 짠맛은 소금 등 여러 가지 물질이 녹아 있기 때문입니다.
  ➡ 우리는 바닷물을 염전에 가둔 뒤 증발시켜 소금을 얻습니다.

(3) 육지와 바다의 차이점
- 바다는 육지보다 넓습니다.
- 바닷물은 육지의 물보다 짠맛이 납니다.
- 육지와 바다에서 사는 생물이 다릅니다.
- 바닷물이 육지의 물보다 훨씬 많습니다.

### 3. 지구의 공기 역할 알아보기
- 생물이 숨을 쉬고 살 수 있게 해 줍니다.
- 눈에 보이지 않지만 우리 주위를 둘러싸고 있습니다.
- 공기가 없다면 바람이 불지 않고, 구름도 없을 것입니다. 또 비도 오지 않을 것입니다.

**4** ( 바다 , 육지 )의 넓이는 ( 바다 , 육지 )의 넓이보다 더 넓습니다.

**5** 바닷물에는 소금 등 여러 가지 물질이 녹아 있어 (          )맛이 납니다.

**6** (          )는/은 생물이 숨을 쉬고 살 수 있게 해 줍니다.

🖉 **생활에서 느낄 수 있는 공기**
- 부채로 일으키는 바람
- 선풍기에서 나오는 바람
- 바람에 날리는 깃발
- 물놀이에 사용하는 튜브 속 공기
- 바람 불 때 더 잘 나는 연
- 자전거 바퀴 속 공기
- 바람으로 돌아가는 풍력 발전소의 날개

🖉 **공기가 담긴 지퍼백을 손으로 만져 보기**

- 손으로 누르면 살짝 들어가고 말랑말랑한 느낌이 듭니다.
- 축구공보다 가볍고 거의 튀지 않습니다.

**낱말 사전**

염전 소금을 만들기 위하여 바닷물을 끌어 들여 논처럼 만든 곳.

풍력 발전소 바람으로 풍차를 돌려 전기를 일으키는 시설을 갖춘 곳.

**01** 다음과 같이 표현한 지구 표면의 모습은 어느 것입니까? (    )

① 강        ② 사막        ③ 호수
④ 바다      ⑤ 화산

**02** 다음 중 우리나라에서 보기 <u>어려운</u> 지구 표면의 모습은 어느 것입니까? (    )

① 강        ② 산          ③ 갯벌
④ 바다      ⑤ 빙하

**03** 다음 친구가 설명하는 부분에서 <u>어색한</u> 부분을 모두 찾은 것은 어느 것입니까? (    )

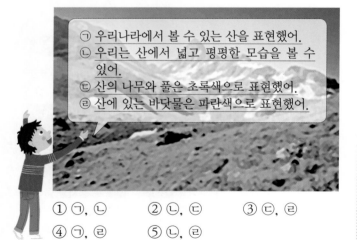

> ㉠ 우리나라에서 볼 수 있는 산을 표현했어.
> ㉡ 우리는 산에서 넓고 평평한 모습을 볼 수 있어.
> ㉢ 산의 나무와 풀은 초록색으로 표현했어.
> ㉣ 산에 있는 바닷물은 파란색으로 표현했어.

① ㉠, ㉡     ② ㉡, ㉢     ③ ㉢, ㉣
④ ㉠, ㉣     ⑤ ㉡, ㉣

**04** 다음과 같은 모습을 볼 수 있는 곳은 어느 곳입니까? (    )

> • 파도가 치는 모습을 볼 수 있다.
> • 물이 넓게 펼쳐져 있다.
> • 물속에는 물고기가 살고 있다.

① 강        ② 바다        ③ 빙하
④ 산        ⑤ 계곡

**05** 다음에서 설명하는 것은 무엇인지 쓰시오.

> 지구의 표면 중 육지를 제외한 부분으로, 짠물이 육지를 둘러싸며 넓게 이어진 부분이다.

(                    )

**06** 육지와 바다에 대한 설명으로 알맞은 것은 어느 것입니까? (    )

① 육지가 바다보다 넓다.
② 육지의 물이 바닷물보다 짜다.
③ 바다에서는 강이나 호수를 볼 수 있다.
④ 지구 표면을 크게 육지와 바다로 구분한다.
⑤ 육지에 있는 물의 양이 바다에 있는 물의 양보다 많다.

**07** 다음과 같이 세계 지도를 50칸으로 나누었을 때 바다가 36칸이라면 육지는 몇 칸인지 쓰시오. (단, 지도의 한 칸에서 절반 이상이 육지이면 그 칸을 육지로 셉니다.)

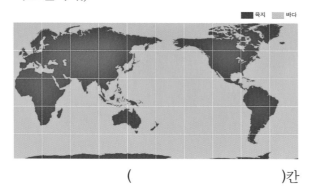

■ 육지　■ 바다

( 　　　　　　　 )칸

**08** 육지와 바다의 물맛을 비교한 설명으로 알맞지 <u>않</u>은 것은 어느 것입니까? (　　　)

① 바닷물은 짠맛이 난다.
② 육지의 물은 짜지 않다.
③ 육지와 바다의 물맛이 똑같다.
④ 육지의 깨끗한 물은 사람이 마실 수 있다.
⑤ 바닷물에는 소금 등 여러 가지 물질이 녹아 있다.

**09** 육지와 바다의 차이점을 <u>잘못</u> 설명한 것은 어느 것입니까? (　　　)

① 육지의 물은 짜지 않다.
② 육지와 바다의 물맛이 똑같다.
③ 육지와 바다에서 사는 생물이 다르다.
④ 지구 표면을 차지하는 넓이가 다르다.
⑤ 육지와 바다에 있는 물의 양이 다르다.

**10** 다음 사진의 비눗방울 안에 들어 있는 것으로 알맞은 것은 어느 것입니까? (　　　)

① 물　　　　② 공기　　　　③ 비누
④ 빨대　　　⑤ 유리 구슬

**11** 지구의 공기를 느끼는 방법으로 알맞지 <u>않은</u> 것은 어느 것입니까? (　　　)

① 부채로 바람을 일으킨다.
② 뜯지 않은 과자 봉지를 누른다.
③ 하늘 위로 높이 연을 날려본다.
④ 튜브 속 바람을 빼면서 손을 대본다.
⑤ 공기를 입에 머금고 맛을 느껴 본다.

**12** 지구에 있는 공기의 역할로 가장 알맞은 것은 어느 것입니까? (　　　)

① 동물에게 살 수 있는 땅을 준다.
② 동물이 목마르지 않도록 해 준다.
③ 비가 오거나 바람이 불지 않게 한다.
④ 식물이 살아가는데 필요한 물을 준다.
⑤ 생물이 숨을 쉬고 살 수 있게 해 준다.

## 교과서 개념 익히기

정답과 해설 61쪽

### ✏️ 지구가 둥글다는 다른 증거

🔺 먼바다에서 항구로 들어오는 배의 모습

먼바다에서 돛을 단 배가 항구로 들어오는 모습을 관찰하면 윗부분인 돛대부터 보입니다. 지구가 편평하다면 멀리에 있을 때에도 돛대뿐만 아니라 물 위로 나와 있는 부분이 모두 보여야 합니다.

### ✏️ 달의 모습

🔺 달의 바다　　🔺 충돌 구덩이

➤ 달의 바다 : 17세기의 과학자들은 달의 어두운 부분을 물로 차 있는 곳으로 생각해 '달의 바다'라고 하였습니다.

➤ 충돌 구덩이 : 충돌 구덩이는 우주 공간을 떠돌던 돌덩이가 충돌하여 만들어진 구덩이입니다.

### 😺 낱말 사전

돛　바람의 힘으로 배를 움직이게 하기 위해 배 위에 세운 기둥에 매다는 넓은 천.

편평하다　넓고 평평함.

---

## ② 지구와 달의 모습

### 1. 지구의 모양

(1) 마젤란 탐험대의 세계 일주

* 한 방향으로 계속 이동했습니다.
* 출발했던 곳으로 다시 돌아왔습니다. 이를 통해 지구가 둥글다는 것을 알 수 있습니다.

(2) 지구의 모양 : 둥근 공 모양
* 우리에게 지구가 편평하게 보이는 까닭 :
  사람의 크기에 비해 지구가 매우 크기 때문입니다.

🔺 지구

### 2. 달의 모양과 표면의 모습 알아보기

* 달의 모양 : 둥근 공 모양
* 색깔 : 회색빛을 띠고, 밝은 부분과 어두운 부분(달의 바다)이 있습니다.
* 움푹 파인 구덩이(달의 충돌 구덩이)가 많습니다.
* 산처럼 높이 솟은 곳과 바다처럼 깊고 넓은 곳도 있습니다.

🔺 달

---

## 개념 확인 문제

정답과 해설 61쪽

**1** 먼 바다에서 돛을 단 배가 항구로 들어오는 모습을 관찰하면, 윗부분인 돛대가 보입니다. 이를 통해 지구가 ( 둥글다 , 편평하다 )는 것을 알 수 있습니다.

**2** 마젤란 탐험대는 ( 한 , 여러 ) 방향으로 계속 이동했습니다.

**3** 우리에게 지구가 편평하게 보이는 까닭은 사람의 크기에 비해 지구가 매우 ( 작기 , 크기 ) 때문입니다.

## 3. 지구와 달의 비교

| 지구와 달의 하늘 | |
|---|---|
|  | |
| • 구름이 있음. | • 구름이 없음. |
| • 새가 있음. | • 새가 없음. |
| • 공기가 있음. | • 공기가 없음. |

| 지구와 달의 바다 | |
|---|---|
| • 물이 있음. | • 물이 없음. |
| • 생물이 있음. | • 생물이 없음. |

• 지구의 환경이 생물이 살아가기에 적합한 까닭 : 공기와 물이 있고, 생물이 살기에 알맞은 온도를 유지하고 있기 때문입니다.

## 4. 지구와 달 모형 만들기

(1) 야구공과 유리구슬을 지구와 달로 비유하기
  • 야구공을 지구로 비유하면, 유리구슬은 달로 비유할 수 있습니다.
  • 지구가 달보다 크기 때문입니다.

(2) 지구 모형과 달 모형의 공통점과 차이점

| 공통점 | 둥근 공 모양이다. |
|---|---|
| 차이점 | • 지구 모형이 달 모형보다 크다.<br>• 지구 모형은 파란색, 초록색, 갈색, 파란색 등 색깔이 다양하지만, 달 모형은 회색, 검은색 등의 색깔을 띠고 있다.<br>• 지구 모형과 다르게 달 모형에는 크고 작은 구덩이가 많다. |

## 5. 소중한 지구를 보존하기 위한 방법

• 나무를 심습니다.
• 물을 아껴 씁니다.
• 대중 교통을 이용합니다.
• 쓰레기를 줄입니다.
• 산불을 내지 않습니다.
• 재활용품을 분리 배출합니다.

---

**4** 지구와 달의 차이점에 대한 설명으로 옳은 것에 ○표, 옳지 않은 것에 ✕표 하시오.

(1) 지구와 달에는 모두 공기가 있다. ( )
(2) 지구와 달의 모양은 모두 둥근 공 모양이다. ( )
(3) 지구의 하늘에는 구름이 있지만, 달의 하늘에는 구름이 없다. ( )

**5** 지구의 바다에는 ( )이 살지만, 달의 바다에는 살지 않습니다.

**6** 지구가 달보다 ( 작습니다 , 큽니다 ).

---

### 지구와 달의 차이점과 공통점

| 구분 | | 지구 | 달 |
|---|---|---|---|
| 차이점 | 물 | 있음. | 없음. |
| | 공기 | 있음. | 없음. |
| | 생물 | 있음. | 없음. |
| 공통점 | | 모두 둥근 공 모양이고, 표면에 돌이 있음. | |

### 지구와 달의 상대적 크기 비교

 가 크기라면

지구　　　야구공

 은  정도의 크기임.

달　유리 구슬

### 지구와 달 모형 만들기

⬆ 지구 모형　　⬆ 달 모형

**01** 마젤란 탐험대의 세계 일주에 대한 설명으로 알맞지 <u>않은</u> 것은 어느 것입니까? (     )

① 한 방향으로 계속 이동했다.
② 바다 끝까지 간 뒤 되돌아왔다.
③ 출발했던 곳으로 다시 돌아왔다.
④ 대서양, 태평양, 인도양 순으로 지났다.
⑤ 항해를 통해 지구가 둥글다는 것을 알 수 있다.

**02** 우주에서 본 지구의 모양과 비슷한 물건은 어느 것입니까? (     )

①    ②

③    ④

⑤

**03** 우리에게 지구가 편평하게 보이는 까닭으로 알맞은 것은 어느 것입니까? (     )

① 실제로 우리가 사는 곳만 편평하기 때문이다.
② 지구의 표면을 자세히 보면 매끄럽기 때문이다.
③ 사람의 크기에 비해 지구가 매우 크기 때문이다.
④ 지구의 모양이 도화지와 같은 모양이기 때문이다.
⑤ 멀리서 보면 모든 물체가 편평하게 보이기 때문이다.

**04** 다음 중 달에 대한 설명으로 알맞지 <u>않은</u> 것은 어느 것입니까? (     )

① 회색빛을 띤다.
② 둥근 공 모양이다.
③ 움푹 파인 구덩이가 많다.
④ 밝은 부분과 어두운 부분이 있다.
⑤ 움푹 파인 구덩이에는 생물이 살고 있다.

**05** 다음 사진과 같이 움푹 파인 곳의 이름으로 알맞은 것은 어느 것입니까? (     )

① 충돌 구덩이        ② 바다
③ 산                ④ 들
⑤ 강

**06** 다음 사진 속 (가) 부분에 대한 설명으로 알맞지 <u>않은</u> 것은 어느 것입니까? (     )

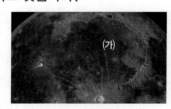

① 편평하게 펼쳐진 모양이다.
② 표면의 색이 주변보다 어둡다.
③ '달의 바다'라고 불리는 곳이다.
④ 물이 없으며 생물이 살지 않는다.
⑤ 땅의 높이가 낮고, 물로 가득 차 있다.

**07** 지구와 달의 하늘을 비교한 설명 중 알맞지 <u>않은</u> 것은 어느 것입니까? ( )

① 달에는 공기가 없다.
② 지구에는 공기가 있다.
③ 달의 하늘은 검은색이다.
④ 지구의 하늘은 파란색이다.
⑤ 달의 하늘에는 새가 날아다닌다.

**08** 다음은 지구와 달 중 어느 곳의 하늘인지 쓰시오.

( )의 하늘

**09** 지구와 달의 바다에 대한 설명으로 알맞은 것은 어느 것입니까? ( )

① 달의 바다에는 물이 있다.
② 지구의 바다에는 물이 있다.
③ 달에는 물이 없지만, 생물이 산다.
④ 지구와 달 모두 바다에 생물이 산다.
⑤ 달의 바다는 주변보다 땅의 높이가 높다.

**10** 다음 보기 에 있는 것은 지구와 달 중 어느 바다에서 볼 수 있는 것인지 쓰시오.

보기
• 파도   • 바다거북   • 미역

( )의 바다

**11** 다음 중 지구와 달의 크기를 바르게 비유한 것끼리 짝지은 어느 것입니까? ( )

|   | 지구 | 달 |
|---|------|-----|
| ① | 농구공 | 축구공 |
| ② | 야구공 | 축구공 |
| ③ | 야구공 | 유리구슬 |
| ④ | 유리구슬 | 야구공 |
| ⑤ | 유리구슬 | 농구공 |

**12** 지구와 달 모형에 대한 설명으로 알맞지 <u>않은</u> 것은 어느 것입니까? ( )

① 지구 모형이 달 모형보다 크다.
② 지구 모형에 주로 회색을 칠했다.
③ 달 모형은 둥근 공 모양으로 만들었다.
④ 달에 움푹 파인 구덩이를 많이 표현했다.
⑤ 지구에 육지와 바다, 구름 색깔을 표현했다.

# 단원 정리

## 1 지구 표면의 다양한 모습 알아보기

| | | |
|---|---|---|
| 지구 표면 | 우리 나라 | 산, 바다, 들, 강, 계곡, 호수, 갯벌 등 |
| | 세계 여러 곳 | 사막, 빙하, 화산 등 |
| 지구 표면 모습 설명하기 [예] | | 나무와 풀을 표현하려고 초록색을 사용했어. 높은 곳도 있고 낮은 곳도 있어. |

## 2 지구의 육지와 바다의 차이점 알아보기

| | |
|---|---|
| 육지 | 강이나 바다와 같이 물이 있는 곳을 제외한 부분 |
| 바다 | (㉠　　　)을/를 제외한 부분으로, 짠물이 육지를 둘러싸며 넓게 이어진 부분 |
| 차이점 | • (㉡　　　)는 (㉢　　　)보다 넓음.<br>• 바닷물은 육지의 물보다 짬.<br>• 바닷물은 사람이 마시기에 적당하지 않음.<br>• 육지와 바다에 사는 생물이 다름.<br>• 바닷물이 육지의 물보다 많음. |

## 3 지구의 공기 역할

| | |
|---|---|
| 공기의 역할 | • 눈에 보이지는 않지만, 우리 주위를 둘러싸고 있음.<br>• (㉣　　　)이/가 숨을 쉬고 살아갈 수 있음. |
| 공기가 없을 때 일어날 수 있는 현상 | • 바람이 불지 않음.<br>• 구름이 없고, 비가 오지 않음.<br>• 생물이 살아갈 수 없음. |

## 4 지구의 모양

| | |
|---|---|
| 전체적인 모양 | 둥근 (㉤　　　) 모양 |
| 우주에서 본 모습 | |
| 지구가 편평하게 보이는 까닭 | 사람의 크기에 비해 지구가 매우 크기 때문임. |

## 5 달의 모양과 표면의 모습 알아보기

| | | |
|---|---|---|
| 전체적인 모양 | 둥근 공 모양 | |
| 우주에서 본 모습 | | |
| 표면 | 색깔 | • 회색빛<br>• 밝은 부분과 어두운 부분이 있음. |
| | 모습 | • 움푹 파인 (㉥　　　)이/가 많음.<br>• 산처럼 높이 솟은 곳도 있고, 바다처럼 깊고 넓은 곳도 있음. |

## 6 지구와 달 비교

| | |
|---|---|
| 공통점 | 전체적 모양 : 공 모양 |
| 차이점 | • 지구에만 물과 공기가 있음.<br>• 지구에만 다양한 생물이 살고 있음.<br>• 지구에서 본 하늘은 파란색이지만, 달에서 본 하늘은 (㉦　　　)임. |
| 지구에 생물이 살 수 있는 까닭 | • 지구에는 물과 공기가 있어서 생물이 살 수 있음.<br>• 지구는 달과 다르게 생물이 살기에 알맞은 온도를 유지하고 있음. |

정답 ㉠ 육지 ㉡ 바다 ㉢ 육지 ㉣ 생물 ㉤ 공 ㉥ 구덩이 ㉦ 검은색

# 단원 정리 평가

## 5. 지구의 모습

**01** 다음은 지구 표면의 어떤 곳에서 볼 수 있는 모습입니까? ( )

① 강  ② 사막  ③ 호수
④ 바다  ⑤ 화산

**02** 다음 중 우리나라에서 보기 어려운 지구 표면의 모습은 어느 것입니까? ( )

① 산  ② 들  ③ 갯벌
④ 빙하  ⑤ 바다

**03** 다음 산을 그림으로 표현하려고 할 때, 표현 방법이 알맞지 않은 친구는 누구입니까? ( )

① 현지 : 하늘은 파란색으로 표현할래.
② 서윤 : 높은 곳과 낮은 곳을 잘 표현할래.
③ 영욱 : 풀밭은 초록색으로 표현하고 싶어.
④ 우진 : 파도와 물에 사는 생물들도 그리자.
⑤ 리원 : 구름은 하얀색으로 표현하면 좋겠어.

**04** 다음과 같은 모습을 볼 수 있는 곳은 어느 곳입니까? ( )

• 넓게 모래가 펼쳐져 있다.
• 낙타와 선인장을 볼 수 있다.

① 빙하  ② 바다  ③ 호수
④ 계곡  ⑤ 사막

**05** 다음은 육지에 대한 설명입니다. ( ) 안에 들어갈 알맞은 말을 쓰시오.

육지는 지구의 표면 중 강이나 바다와 같이 ( )이/가 있는 곳을 뺀 부분이다.

( )

**06** 다음과 같이 세계 지도를 50칸으로 나누었을 때 바다가 36칸이라면, 바다는 육지보다 몇 칸 더 많은지 쓰시오. (단, 지도의 한 칸에서 절반 이상이 육지나 바다이면 그 칸을 육지나 바다로 셉니다.)

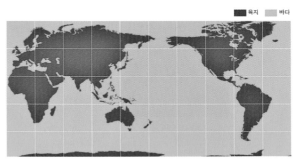

( )칸

5
단원

**07** 지구의 육지와 바다에 대한 설명으로 알맞은 것은 어느 것입니까? ( )

① 바다가 육지보다 더 넓다.
② 바다에는 생물이 살지 않는다.
③ 육지에는 바다보다 많은 물이 있다.
④ 지구 표면을 크게 강과 바다로 구분한다.
⑤ 바다에서는 높은 산과 호수를 볼 수 있다.

**08** 육지와 바다의 물을 비교한 설명으로 알맞은 것은 어느 것입니까? ( )

① 육지의 물은 바닷물보다 짜다.
② 육지와 바다의 물맛이 똑같다.
③ 바닷물은 육지의 물보다 단맛이 난다.
④ 깨끗한 바닷물은 사람이 마실 수 있다.
⑤ 바닷물에는 소금 등 여러 가지 물질이 녹아 있다.

**09** 다음 두 물체의 안에 공통적으로 들어 있는 것으로 알맞은 것은 어느 것입니까? ( )

⬆ 비눗방울           ⬆ 풍선

① 물          ② 고무          ③ 공기
④ 물감          ⑤ 지점토

**10** 다음 중 지구의 공기를 느낄 수 있는 것과 가장 거리가 <u>먼</u> 것은 어느 것입니까? ( )

①           ②
⬆ 선풍기          ⬆ 돋보기

③           ④
⬆ 태극기          ⬆ 부채

⑤
⬆ 연

**11** 지구에 물이나 공기가 없을 때 일어날 수 있는 일로 알맞지 <u>않은</u> 것은 어느 것입니까? ( )

① 바람이 불지 않는다.
② 비가 내리지 않는다.
③ 생물들이 숨을 쉬고 살아갈 수 없다.
④ 기온이 따뜻해지고 식물이 잘 자란다.
⑤ 생물에게 필요한 물이 없어 살 수 없다.

**12** 우주에서 본 지구의 모양과 비슷한 물건은 어느 것입니까? ( )

①           ②
⬆ 주사위          ⬆ 단추

③           ④
⬆ 접시          ⬆ 공

⑤
⬆ 다이아몬드

**13** 다음 중 지구에 대한 설명으로 알맞은 것은 어느 것입니까? ( )

① 지구의 바다에는 물이 있다.
② 지구를 멀리서 보면 회색빛을 띤다.
③ 지구의 전체적인 모양은 상자 모양이다.
④ 우주에서 지구를 볼 때 바다는 검은색이다.
⑤ 우주에서 지구를 볼 때 육지는 파란색이다.

**14** 다음 중 달에 대한 설명으로 알맞지 <u>않은</u> 것은 어느 것입니까? ( )

① 회색빛을 띤다.
② 밝은 곳과 어두운 곳이 있다.
③ 전체적으로 둥근 공 모양이다.
④ 넓고 편평하게 펼쳐진 곳이 있다.
⑤ 움푹 파인 구덩이에는 물이 있다.

**15** 다음 사진에 대한 설명으로 알맞은 것은 어느 것입니까? ( )

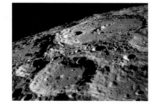

① 생물이 살았던 흔적이다.
② 우주에서 보면 파란색을 띤다.
③ 다른 곳보다 어둡고 평편하다.
④ '달의 바다'라고 불리는 곳이다.
⑤ 충돌 등으로 생긴 구덩이이다.

**16** 다음 사진에 대한 설명으로 알맞은 어느 것입니까? ( )

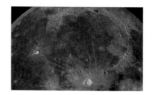

① 많은 생물이 살고 있다.
② 멀리서 보면 울퉁불퉁하다.
③ 표면의 색이 주변보다 밝다.
④ '달의 바다'라고 불리는 곳이다.
⑤ 땅의 높이가 낮고, 물로 가득 차 있다.

**17** 지구의 바다와 달의 바다에 대한 설명으로 알맞은 것은 어느 것입니까? ( )

① 두 곳 모두 바다에 물이 있다.
② 달의 바다에는 생물이 살고 있다.
③ 달의 바다는 다른 곳보다 어둡다.
④ 지구의 바다에는 생물이 살지 않는다.
⑤ 충돌로 생겨난 구덩이에 물이 고인 것이다.

**18** 지구와 달의 모형을 바르게 표현한 것은 어느 것입니까? ( )

① 지구 모형에 주로 회색 물감을 칠했다.
② 지구 모형과 달 모형을 상자로 만들었다.
③ 지구에 움푹 파인 구덩이를 많이 그렸다.
④ 달은 초록색과 파란색 물감을 주로 색칠했다.
⑤ 달 모형은 지구 모형보다 작은 크기로 만들었다.

# 서술형 문제

**01** 다음은 지구 표면 중 하나인 산의 모습을 그림으로 표현한 것입니다. 물음에 답하시오.

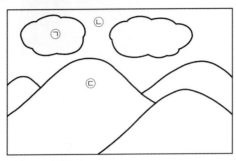

(1) 그림에 어울리는 색을 칠한다면, 기호가 써 있는 위치에 어울리는 색을 표에 쓰시오.

| 위치 | ㉠ | ㉡ | ㉢ |
|---|---|---|---|
| 어울리는 색깔 | | | |

(2) 위 (1)의 답과 같이 색칠해야 한다고 생각한 까닭을 쓰시오.

**02** 다음 자료를 보고, 이와 관련된 육지와 바다의 차이점을 쓰시오.

 육지

 바다

**03** 우리가 아래 사진과 같이 바닷물을 이용할 수 있는 까닭은 무엇인지 쓰시오.

**04** 다음과 같이 우리 주변에는 공기가 존재하지만, 눈에는 보이지 않습니다. 물음에 답하시오.

(1) 생활 속에서 공기가 있음을 확인하는 방법을 한 가지 쓰시오.

(2) 지구에 공기가 없다면 일어날 수 있는 일을 한 가지 쓰시오.

**05** 다음 세계 지도는 마젤란 탐험대가 세계 일주를 한 뱃길을 나타낸 것입니다. 물음에 답하시오.

(1) 뱃길에서 발견할 수 있는 특징을 두 가지 쓰시오.

① _____

② _____

(2) 지구의 모양을 위 (1)의 답을 근거로 하여 쓰시오.

_____

_____

**06** 다음 달의 사진을 관찰하고, 색깔과 모양 등 달의 특징을 각각 쓰시오.

• 색깔 : _____

• 모양 : _____

**07** 다음은 달의 표면 사진입니다.

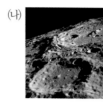

(가)　　　　　(나)

(1) 위 사진 중 달의 바다 사진을 찾아 기호를 쓰시오.

(　　　　　　　　　)

(2) 달의 바다가 지구의 바다와 다른 점을 두 가지 쓰시오.

① _____

② _____

**08** 다음 사진은 지구의 여러 모습이다. 물음에 답하시오.

(1) 우리가 땅, 물, 공기를 보존해야 하는 까닭을 한 가지 쓰시오.

_____

_____

(2) 우리가 집이나 학교에서 실천할 수 있는 땅, 물, 공기의 보존 방법을 한 가지 쓰시오.

_____

_____

# 수행 평가

학습 주제 지구의 육지와 바다의 특징

학습 목표 지구 표면을 이루는 육지와 바다의 넓이를 비교할 수 있다.

**[1~3]** 다음 세계 지도를 이용하여 육지와 바다의 넓이를 비교해 보고, 물음에 답하시오.

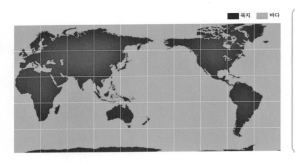

■ 육지 ■ 바다

규칙 1 그림처럼 육지 부분(갈색)이 바다 부분(파란색)보다 많은 경우 전체 칸을 △로 표시한다.

규칙 2 그림처럼 바다 부분(파란색)이 육지 부분(갈색)보다 많은 경우 전체 칸을 ○로 표시한다.

**1** 위 규칙에 따라 세계 지도의 △와 ○로 표시하시오.

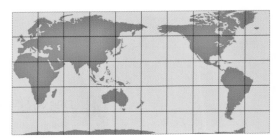

**2** 갈색으로 칠한 칸 수와 파란색으로 칠한 칸의 수를 세어 표로 정리하시오.

| 전체 칸 수 | △로 표시한 칸 수 | ○로 표시한 칸 수 |
|---|---|---|
| 50칸 | (          )칸 | (          )칸 |

**3** 육지와 바다의 넓이를 비교하고, (      ) 안에 알맞은 말을 쓰시오.

육지 칸의 수는 (      )칸이고, 바다 칸의 수는 (      )칸이다. 따라서 (      )가 (      )칸 더 많았기 때문에 (      )가 (      )보다 넓다는 사실을 확인할 수 있다.

학습 주제 지구와 달의 차이점

학습 목표 지구와 달을 비교하여 지구에 생물이 살 수 있는 까닭을 설명할 수 있다.

**4** 다음 사진을 보고, 물음에 답하시오.

(1) 위 사진을 지구의 모습과 달의 모습으로 분류하여 기호를 쓰시오.

   (가) 지구의 모습 : (       ,        )

   (나) 달의 모습 : (       ,        )

(2) 지구와 달의 모습 중 다른 점을 두 가지 쓰시오.

   ①

   ②

**5** 다음은 지구에 생물이 살 수 있는 까닭과 관련이 있는 사진입니다. 물음에 답하시오.

(1) 사진을 하나 골라 기호를 쓰고, 그 사진 속에서 생물이 살아가기 위해 꼭 필요한 것을 쓰시오.

| (가) 내가 고른 사진 | |
|---|---|
| (나) 사진 속 생물에게 꼭 필요한 것 (한 개 이상) | |

(2) 지구에 생물이 살 수 있는 까닭을 위 (나)에 적은 물질과 관련지어 설명하시오.

## 2021 소년한국 우수 어린이 도서 선정

여름 방학을 맞아
천문대 캠프에 지원한 수호
거기서 생각지도 못한 뜻밖의
인물을 만나게 되는데....
이렇게 되면 절대 질 수 없지!
우당탕탕 비고 클럽과 함께
우주에 관한 비밀을
낱낱이 파헤쳐 보자.

글 이소영 l 그림 이경석
감수 김문주(EBS 초등강사) l 13,000원

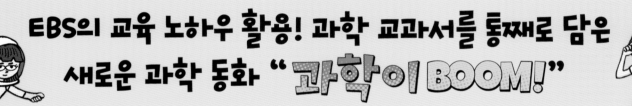

EBS의 교육 노하우 활용! 과학 교과서를 통째로 담은
새로운 과학 동화 "과학이 BOOM!"

**1 우리 몸**: 비고 클럽과 축구부의 미스터리
**2 동물**: 길고양이 삼색이를 찾아라
**3 식물**: 도깨비 박사와 꽃섬의 비밀
**4 지구**: 오싹한 초대, K마스 프로젝트

**6**번째 모험, **물리** 편도 기대해주세요~

# 만점왕

## 통합본 과학 3-1

바쁜 초등학생을 위한
국·사·과 교과서 완전 학습서

# 만점왕

정답과 해설
**3-1**

## 통합본

# 만점왕 통합본

## 정답과 해설

### 국어 · 사회 · 과학

### 3-1

# 차례

| 국어 | 3 |
|---|---|
| 사회 | 33 |
| 과학 | 48 |

## 인용 사진 출처

# 1. 재미가 톡톡톡

**교과서 지문 학습**     4~18쪽

**01** ⑤   **02** 감각적   **03** 예 총총 내리는 봄비   **04** ⑤
**05** 준현   **06** 예 더 생생하고 실감 나게 느껴진다.   **07**
공   **08** ⑤   **09** 소리, 모습   **10** 예 공 튀는 소리를 듣
고 자신도 밖에 나가 놀고 싶은 마음   **11** (2) ○   **12** ㉢
**13** 연석   **14** ⑤   **15** (1) ○   **16** ㉣   **17** 예 "짭조름하
고 고소해!" / "꺄악! 깍! 끼룩! 끽!"   **18** ③   **19** ②
**20** ⑤   **21** ④   **22** (2) ○   **23** ①   **24** 쿵쾅쿵쾅 심장
이 뛰더니 점점 작아져서 좁쌀만 하게 되는 것 같았어.
**25** ②   **26** ⑤   **27** ②   **28** 날이 밝기 전에 제자리로
돌아와야 하는 약속을 어기면 다시는 움직일 수 없게 되기
때문이다.   **29** ⑤   **30** ④   **31** ④   **32** 멋쟁이
**33** (1) ○   **34** ⑤   **35** ⑤   **36** ④, ⑤   **37** 예 얼굴이
이상해져서 슬프고 우울한 마음이 들었을 것 같다.
**38** (2) ○   **39** (1) ○   **40** ⑤   **41** 도깨비   **42** 연경
**43** ①   **44** 예 장승들이 서로 힘을 합쳐서 멋쟁이 장승을
구했다는 점 때문에 더 기뻤을 것 같아. / 친구들끼리 힘을
합치면 어떤 어려움도 이겨 낼 수 있다는 생각이 들었어. 등
**45** ④   **46** 살랑살랑   **47** 민석   **48** 현서   **49** (1) 예
삐익 삐이이익 삐익 삑 / 삑 삐이이익 삐익 (2) 만만이가 응
석 부리는 소리   **50** (2) ○ (4) ○   **51** (1) 양복장이 (2)
개구쟁이 (3) 대장장이 (4) 고집쟁이

**01** 진희는 개나리와 진달래를 감각적으로 표현하여 봄
이 오는 느낌을 실감 나고 생생하게 표현했습니다.

**02** 눈으로 보고, 귀로 듣고, 입으로 맛보고, 코로 냄새
맡고, 손으로 만지듯이 사물의 느낌을 생생하게 표
현한 것을 감각적 표현이라고 합니다.

**03** 비가 오는 소리나 모습을 생생하게 표현할 수 있습니다.

> **채점 기준**
> 비가 오는 소리나 모습을 흉내 내는 말을 넣거나, 비유적 표현
> 을 사용하여 생생하게 표현하여 썼으면 정답으로 인정합니다.

**04** 이 시는 소나기가 내리는 소리를 콩을 쏟는 소리와
실로폰 소리에 빗대어 감각적으로 표현한 시입니다.

**05** 소나기 내리는 소리를 콩을 쏟는 소리에 빗댄 시이
므로, 콩을 쏟아서 꾸중 들은 기억이 떠오른다는 것
은 적절하지 않습니다.

**06** '또로록'은 소나기 내리는 소리를 감각적으로 실감
나게 표현한 것입니다.

**09** 이 시에서는 공 튀는 소리가 생생하게 들리는 듯이
표현하고, 공이 이리저리 튕겨 다니는 모습이 눈에
보이는 듯 감각적으로 표현했습니다.

**10** 말하는 이는 공이 자신의 몸속으로 들어와 튀는 것
처럼 느껴서 ㉢처럼 표현한 것입니다. 이를 통해 밖
에 나가서 공놀이를 하고 싶은 마음을 짐작할 수 있
습니다.

> **채점 기준**
> '놀고 싶은 마음'과 비슷한 마음을 썼으면 정답으로 인정합니다.

**12** ㉠은 뱃고동 소리를, ㉡은 큰 배에서 나는 음악 소리
를, ㉣은 '바삭바삭'의 냄새를, ㉤은 아이들이 던진
'바삭바삭'을 씹어 보는 소리를 감각적으로 표현했습
니다.

**13** ㉣는 아이들이 던진 '바삭바삭'을 갈매기인 '나'가 먹
고 난 느낌을 생생하고 실감 나게 감각적으로 표현
한 것입니다.

**14** 갈매기들은 사람들이 던져 주는 '바삭바삭'을 먹기
위해 배에 바짝 붙어서 날았습니다.

**15** ㉡은 사람들이 던져 주는 먹다 남은 생선 대가리에
대한 설명입니다.

**17** 냄새, 소리, 맛, 촉감 등을 느끼듯이 생생하게 표현
한 부분을 찾아봅니다.

**18** '나'는 '바삭바삭'의 고소하고 짭조름한 냄새를 맡고
'바삭바삭'을 찾으러 마을 깊숙이 들어갔습니다.

**20** 큰 개는 결국 '나'에게 '바삭바삭'이 있는 곳을 알려
주었습니다.

**21** '나'는 '바삭바삭'이 있는 곳을 알게 되어 정말 행복했
다고 하였습니다.

**22** '나'는 골목 모퉁이를 돌아 털도 빠져 있고 똥에다가 쓰레기가 범벅이 되어 있는 친구들을 만났습니다. '나'는 친구들을 보며 잘 날 수 없다고 생각했습니다.

**24** '나'는 골목 모퉁이에서 고양이를 만나 깜짝 놀랐고 숨이 가빴습니다. 깜짝 놀란 느낌을 심장이 좁쌀만 하게 되는 것 같다고 감각적으로 표현하였습니다.

**25** 놀랐던 마음이 편안해지면서 오랜만에 멀리 날았음을 짐작할 수 있습니다.

**28** 장승 친구들은 날이 밝기 전에 꼭 제자리로 돌아와야 하고, 그 약속을 어기면 다시는 움직일 수 없게 된다고 하였습니다.

**30** ㉠은 장승 친구들이 해맑게 웃으며 밤새 숨바꼭질하며 노는 모습을 아름답고 감각적으로 표현한 것입니다.

**34** 멋쟁이는 잘난 척하고 꼭꼭 숨어 있다가 날이 밝은 줄 몰라서, 이제 밤이 되어도 움직일 수 없게 되었습니다.

**36** 멋쟁이가 물에 비친 제 얼굴을 보았을 때 얼굴에 곰팡이가 슬고 조금씩 썩어 가고 있었다고 하였습니다.

**37** 멋쟁이가 물에 비친 자기 얼굴을 보고 엉엉 운 것으로 보아, 슬프고 우울한 마음이 들었음을 짐작할 수 있습니다.

> **채점 기준**
> 슬프고 우울한 마음 등 인물이 처한 상황에 어울리는 내용으로 썼으면 정답으로 인정합니다.

**38** 멋쟁이처럼 잡혀갈까 봐 도망가자는 말에 퉁눈이가 주먹을 불끈 쥐고 "멋쟁이를 그냥 내버려 두자는 말이야?"라고 말한 것으로 보아 퉁눈이는 의리 있는 친구라고 짐작할 수 있습니다.

**39** 사라진 멋쟁이를 구할지 말지, 서로 다른 생각을 말하다가 싸움이 벌어졌습니다.

**42** 멋쟁이는 자신을 구하러 온 장승 친구들에게 고맙고, 마을로 돌아간다는 것이 꿈만 같다며 기뻐했습니다.

**44** 경험을 떠올리거나 감각적 표현을 생각해 봅니다.

> **채점 기준**
> 장승 친구들이 멋쟁이를 구하는 장면에 대해 자신의 경험과 관련지어 떠오르는 생각을 이야기하거나 재미있는 부분을 썼으면 정답으로 인정합니다.

**45** 이 시는 풀숲에서 본 강아지풀을 '귀여운 강아지'라고 표현하였습니다.

**47** ㉠은 강아지를 부르는 말을 표현한 것이므로 강아지를 부르듯이 손짓을 하며 낭송하는 것이 알맞습니다.

**50** 감각적 표현으로 이어질 이야기를 상상하거나 이야기 흐름을 정확하게 이해하기는 어렵습니다.

### 단원 정리 평가   20~23쪽

**01** ⑤   **02** ④   **03** 콩 쏟는 소리, 실로폰 소리   **04** 지현   **05** 공 튀는 소리   **06** (3) ○   **07** 수현   **08** ㉢   **09** ⑤   **10** (1) 생생 (2) 재미   **11** ⑤   **12** 별빛처럼 맑은 웃음소리가 밤하늘을 수놓아요.   **13** 정현   **14** 예 멋쟁이 장승아, 물에 비친 얼굴을 봤을 때 어떤 느낌이 들었어? / 뻐드렁니야, 너는 왜 멋쟁이가 움직일 수 없는데도 '잘난 척 왕자'라고 약을 올렸어? 등   **15** ⑤   **16** ㉠   **17** ㉯   **18** ⑤   **19** ⑤   **20** ⑤

**01** 감각적 표현을 쓰면 생생하고 실감 나게 느껴집니다.

**02** 땅에서 새싹이 올라오는 모습을 초록색 새싹이 발차기하는 모습이라고 감각적으로 표현하여 새싹의 생명력이 더욱 생생하게 느껴집니다.

**04** 직접 콩을 쏟고 있는 상황이 아니라, 동그란 콩과 같은 빗방울이 떨어지는 소나기 소리가 콩을 쏟는 소리 같다고 표현한 것입니다. '또로록'이라는 표현은 소나기 소리를 생생하게 표현한 것입니다.

**07** 말하는 이는 잠들려다가 공 튀는 소리를 듣고 깼고, 공이 자신의 몸속으로 들어와 튀는 것처럼 느껴졌습니다. 이를 통해 밖에 나가서 놀고 싶은 마음이 있음을 알 수 있습니다.

**09** ㉤은 '바삭바삭'을 먹은 '나'가 느끼는 새롭고도 황홀한 맛을 거대한 구멍 속으로 바닷물과 함께 빨려 드

는 느낌이라고 생생하게 표현한 것입니다.

**10** 생각이나 느낌을 감각적으로 표현하면 더 재미있고 생생하게 느껴집니다.

**12** 장승 친구들이 숨바꼭질하며 해맑게 웃는 모습과 소리를 '별빛처럼 맑은 웃음소리가 밤하늘을 수놓아요.'라고 아름답고도 감각적으로 표현하였습니다.

**13** 멋쟁이는 물에 비친 자신의 얼굴이 곰팡이도 슬고 조금씩 썩어 가는 것을 보고 엉엉 울고 말았다는 표현에서 슬픈 마음이 느껴집니다.

**14** 글에 제시된 인물이 어떤 상황에 처해 있는지 파악하여 그 상황에서 인물의 마음이나 생각 등을 묻는 질문을 해 봅니다.

> **채점 기준**
> 인물의 마음이나 생각, 인물이 처한 문제를 해결하기 위한 방법은 무엇이 있을지 등 내용과 관련 있는 질문을 썼으면 정답으로 인정합니다.

**15** 풀숲에서 본 강아지풀을 '귀여운 강아지' 같다고 표현한 시입니다.

**16** ㉡은 강아지풀이 흔들리는 모습을 강아지 꼬리가 살랑댄다고 표현한 것이고, ㉢은 강아지를 부르는 것처럼 손짓을 하며 낭송하는 것이 좋습니다.

**20** 옹기를 만드는 '기술이 있는 사람'이므로 '옹기장이'가 맞는 표기입니다.

---

### 서술형 문제    24쪽

**01** 크아악! / 가르르륵    **02** 예 친구들도 도둑들에게 잡혀갈 수 있는 위험한 상황인데도 나를 구하러 와 준 게 너무 고맙고 든든했어. / 집으로 돌아갈 수 있다는 생각에 너무 기뻤어. / 나도 다음에 꼭 친구들을 도와주고 싶었어 등.

**03** (1) 솜털같이 복슬복슬한, 꼬리를 살랑살랑, 요요요. / 요요요요   (2) 예 강아지풀이 흔들리는 모습이나 생김새가 생생하게 그려지기 때문이다. / 풀숲에서 만난 강아지풀을 보고 귀여운 강아지를 재미있게 부르는 듯한 모습이 실감 나게 떠오르기 때문이다. 등

---

**01** 장승 친구들이 도둑들을 놀래 주는 소리를 흉내 낸 말을 찾아봅니다.

> **채점 기준**
> 흉내 내는 말을 정확하게 찾아 썼으면 정답으로 인정합니다.

**02** 인물의 처지를 이해하고, 인물의 마음에 공감하는 내용을 씁니다.

> **채점 기준**
> 멋쟁이 장승이 처한 처지를 파악하고, 인물의 마음을 바르게 공감하여 자신의 경험과 관련지어 썼으면 정답으로 인정합니다.

**03** 사물의 느낌을 생생하게 나타낸 표현을 찾아봅니다.

> **채점 기준**
> 감각적 표현을 찾고, 그 표현이 감각적이라고 생각하는 까닭을 알맞게 썼으면 정답으로 인정합니다.

---

### 수행 평가    25쪽

**1** 공이 튀는 소리    **2** 예 공이 튀는 소리를 듣고 밖에 나가 놀고 싶어져서    **3** 예 구슬치기 / 톡 / 톡탁 / 톡톡탁

**1** ㉠은 시의 장면이 실감 나게 그려지는 감각적 표현입니다.

> **채점 기준**
> 시의 4행에서 답을 찾을 수 있으므로 '공(이) 튀는 소리'라고 정확히 써야 정답으로 인정합니다.

**2** ㉡은 아파서 누워 있지만, 자신도 나가서 놀고 싶은 마음을 심장이 두근댄다고 표현한 것입니다.

> **채점 기준**
> 밖에 나가 놀고 싶은 마음을 썼으면 정답으로 인정합니다.

**3** 감각적 표현 중 청각과 관련된 부분을 바꾸어 쓰는 문제이므로 아파서 친구들과 놀지 못했던 자신의 경험을 떠올려, 놀고 싶었던 일의 소리를 흉내 낸 말을 생각하여 씁니다.

> **채점 기준**
> 자신이 하고(놀고) 싶었던 일과 소리를 흉내 낸 말을 알맞게 썼으면 정답으로 인정합니다.

# 2. 문단의 짜임

**교과서 지문 학습**        26~32쪽

**01** 로봇    **02** ③    **03** ④    **04** ①    **05** (1) 장승은 나무나 돌에 사람의 얼굴 모습을 조각해 만들었습니다. (2) 우스꽝스러운 장난꾸러기 얼굴을 한 장승도 있습니다.    **06** <u>우리나라에는 명절마다 하는 놀이가 있습니다. / 불은 원시인의 삶을 크게 바꾸어 놓았습니다.</u>    **07** (1)-(다), (2)-(나), (3)-(가)    **08** <u>우리 조상은 여러 가지 한과를 만들어 먹었습니다.</u>    **09** ㉠    **10** ③    **11** ㉮    **12** 예 농구는 손으로 공을 상대편 골대에 던져서 넣는 운동입니다.    **13** (1) ○    **14** ㉢    **15** ③    **16** ②    **17** 예 (1) 고무줄놀이를 할 때에는 긴 고무줄이 필요합니다. (2) 노래에 맞추어 발목에 건 고무줄을 여러 가지 방법으로 넘으면서 놉니다.    **18** ③    **19** (1) ㉠ (2) ㉡, ㉢, ㉣, ㉤    **20** ②    **21** (2) ○

**01** 그림 **가**의 '여기가 바로 로봇 박물관이란다.'라는 이모의 말에서 찾아볼 수 있습니다.

**02** 글 **나**에서 해양 탐사 로봇은 바다 깊은 곳에 가서 그곳 상태를 조사하는 일을 한다는 것을 알 수 있습니다.

**03** '로봇은 여러 가지 일을 합니다.'라는 말에서 로봇이 하는 여러 가지 일에 대해 설명하는 글인 것을 알 수 있습니다.

**04** 장승의 여러 가지 구실에 대해 설명하고 있습니다.

**05** 문단 내용을 대표하는 중심 문장은 '장승은 나무나 돌에 사람의 얼굴 모습을 조각해 만들었습니다.'입니다. 다른 두 문장은 예를 들어 중심 문장을 덧붙여 설명하고 있습니다.

> **채점 기준**
> 중심 문장과 뒷받침 문장의 내용에 알맞게 썼으면 정답으로 인정합니다.

**07** **2**~**4** 문단의 첫 문장을 보면 알 수 있습니다.

**08** 한과가 무엇인지, 한과의 종류, 한과를 어디에서 구했는지를 대표할 수 있는 문장은 '우리 조상은 여러 가지 한과를 만들어 먹었습니다.'가 가장 적절합니다.

**09** 강정이 어떤 과자인지에 대해 설명하고 있는 문장은 ㉠입니다. ㉡~㉣은 강정을 만드는 방법, 먹는 방법을 자세히 덧붙여 설명한 문장입니다.

**10** 석유, 소금에 대한 내용은 글에 나타나 있으므로, 생각그물을 살펴보면 '물고기를 얻을 수 있다'는 내용이 들어가야 함을 알 수 있습니다.

**11** '공으로 하는 운동에는 여러 가지가 있습니다.'가 글 **2**를 대표하는 문장입니다.

**12** '공으로 하는 운동'으로 '농구, 축구, 피구'를 떠올렸는데, 글에는 농구에 대한 내용이 빠져 있습니다. ㉡에는 농구에 대한 내용을 써야 합니다.

> **채점 기준**
> 농구는 공을 어떻게 사용하는 운동인지 알맞게 설명하는 문장을 썼으면 정답으로 인정합니다.

**13** 일기장을 찾아보면 쓰고 싶은 내용에 대한 정보를 조사할 수 없습니다.

**14** ㉢은 '우리 학교 도서관에 있는 여러 가지 종류의 책'과 어울리지 않는 내용입니다.

**16** ㉠은 고무줄놀이를 하는 방법에 대한 설명입니다.

**17** 고무줄놀이에 대해 중심 문장과 뒷받침 문장을 갖추어 써 봅니다.

> **채점 기준**
> 놀이 준비물, 놀이 방법에 대한 내용이 알맞게 들어가면 정답으로 인정합니다.

**18** '나뭇잎을 기어다니는 애벌레는 초록색이어서 눈에 잘 띄지 않습니다.'라는 문장을 보면 알 수 있습니다.

**19** 문단의 내용을 대표하는 중심 문장은 ㉠입니다. ㉡~㉤은 보호색을 가지고 있는 동물을 예로 들어 자세히 설명하는 뒷받침 문장입니다.

**20** 뒷받침 문장의 내용과 제목을 보면 중심 문장으로 알맞은 것은 '나는 햄스터를 좋아합니다.'입니다.

**21** 햄스터의 특징에 대해 덧붙여 이야기해야 합니다.

**01** ⑤　**02** ③　**03** ⑤　**04** ①, ②　**05** (1) ㉠ (2) ㉡, ㉢, ㉣　**06** 장승은 나무나 돌에 사람 얼굴 모습을 조각해 만들었습니다.　**07** 해설 참고　**08** ②　**09** 강정　**10** (1) ○ (2) △ (3) △ (4) △　**11** ③　**12** 많고, 큰　**13** ㉠　**14** ③　**15** ⑩ 우리는 바다에서 소금을 얻을 수 있습니다.　**16** ④　**17** ⑤　**18** 용희　**19** ㉢, ㉣, ㉮　**20** ⑩ 내가 좋아하는 동물은 햄스터입니다.

**01** 첫 번째 장면을 보면 알 수 있습니다.

**02** '로봇이 하는 여러 가지 일'에 대해 설명하는 글이므로, 중심 문장으로 '로봇은 여러 가지 일을 합니다.'가 가장 알맞습니다.

**03** 문단은 '문장이 몇 개 모여 한 가지 생각을 나타내는 것'을 말합니다.

**04** ㉮에서는 장승의 구실, ㉯에서는 장승의 모습에 대해 설명하고 있습니다.

**05** ㉮ 문단의 내용을 대표하는 문장은 ㉠입니다. ㉡, ㉢, ㉣은 ㉠의 내용을 덧붙여 자세히 설명하는 뒷받침 문장입니다.

**06** ㉯ 문단을 대표하는 문장은 '장승은 나무나 돌에 사람 얼굴 모습을 조각해 만들었습니다.'입니다. 나머지 문장은 어떤 얼굴 모습인지 덧붙여 설명하는 문장입니다.

**07**

| 중심 문장 | 불은 원시인의 삶을 크게 바꾸어 놓았습니다. |
|---|---|
| 뒷받침 문장 | 원시인들은 불을 피워 추위를 이겨 냈습니다. |
| | 불을 피워 사나운 동물의 공격도 피할 수 있었습니다. |
| | 원시인들은 불로 음식을 익혀 먹기도 했습니다. |

**08** ㉮ 문단을 살펴보면, 요즘에는 한과를 주로 시장에서 사 먹는다는 것을 알 수 있습니다.

**09** ㉮ 문단에 '한과에는 약과, 강정, 엿처럼 여러 가지가 있습니다.'라는 문장이 나와 있으므로, 빈칸에 들어갈 낱말은 '강정'입니다.

**10** ㉯ 문단의 내용을 대표하는 문장은 '약과는 밀가루를 꿀과 기름 따위로 반죽해 기름에 지진 과자입니다.'입니다. 나머지 문장은 중심 문장을 덧붙여 자세히 설명하는 뒷받침 문장입니다.

**11** ㉮ 문단의 중심 문장은 '강정은 찹쌀가루를 반죽해 기름에 튀긴 뒤에 고물을 묻힌 과자입니다.'입니다.

**14** 생각그물을 살펴보면, '바다에서 얻는 것'에 여러 가지가 있다는 것을 알 수 있습니다. 따라서 '우리는 바다에서 많은 것을 얻습니다.'라는 문장이 중심 문장으로 알맞습니다.

**15** 바다에서 소금을 얻을 수 있다는 내용으로 뒷받침 문장을 써 봅니다.

> **채점 기준**
> '바다에서 소금을 얻는다'는 내용이 들어가면 정답으로 인정합니다.

**16** 생각그물을 살펴보면 '공으로 하는 운동'이 중심 내용이라는 것을 알 수 있습니다.

**17** '상상하는 것'은 실제로 없는 것이나 경험하지 않은 것을 머릿속으로 떠올리는 행동이므로 조사하는 방법에 해당하지 않습니다.

**19** 글을 쓰기 전에는 우선 무엇에 대해 글을 쓸지 생각하고, 다음으로 쓰고 싶은 것을 자세히 조사합니다. 그리고 쓸 내용을 생각그물로 정리합니다. 중심 문장과 뒷받침 문장을 쓰고 이 문장들을 넣어 한 문단으로 글을 완성합니다.

**20** 뒷받침 문장과 제목을 살펴보면 중심 문장을 알 수 있습니다.

> **채점 기준**
> '내가 좋아하는 동물은 햄스터입니다.'와 같은 내용이 들어가면 정답으로 인정합니다.

## 서술형 문제    38쪽

**01** 예

| 중심 문장 | 우리나라에는 명절마다 하는 놀이가 있습니다. |
|---|---|
| 뒷받침 문장 | 설날에는 연날리기나 제기차기를 합니다. |
| | 정월 대보름에는 쥐불놀이를 합니다. |
| | 단오에는 씨름이나 그네뛰기를 합니다. |

**02** (1) 선영

(2) 중심 문장은 항상 문단의 첫머리에 나오지는 않습니다.

**03** 공으로 하는 운동에는 여러 가지가 있습니다.

**04** 예 피구, 피구는 공을 던져 상대를 맞히는 운동입니다.

**01** '명절마다 하는 놀이'가 문단을 대표하는 내용입니다. 따라서 중심 문장은 '우리나라에는 명절마다 하는 놀이가 있습니다.'입니다. 그리고 이 중심 문장을 자세히 설명하기 위해 설날에 하는 놀이, 정월 대보름에 하는 놀이, 단오에 하는 놀이를 예로 들었습니다.

> **채점 기준**
> 중심 문장과 뒷받침 문장을 잘 찾아 썼으면 정답으로 인정합니다.

**02** 중심 문장은 문단 전체의 내용을 대표하는 문장으로, 문단의 중간이나 마지막에도 나올 수 있습니다.

> **채점 기준**
> 중심 문장이 항상 문단의 첫머리에 나오지 않는다는 내용을 썼으면 정답으로 인정합니다.

**03** 글의 중심 문장은 '공으로 하는 운동에는 여러 가지가 있습니다.'입니다. 나머지 문장은 예를 들어 자세히 설명하는 뒷받침 문장입니다.

> **채점 기준**
> 중심 문장을 정확히 찾아 썼으면 정답으로 인정합니다.

**04** 생각그물에 나와 있지 않은 공으로 하는 운동과 그 운동에 대한 설명을 뒷받침 문장으로 씁니다.

> **채점 기준**
> 생각그물에 나와 있지 않은 공으로 하는 운동과 그 운동을 하는 방법을 썼으면 정답으로 인정합니다.

## 수행 평가    39쪽

**1** 예

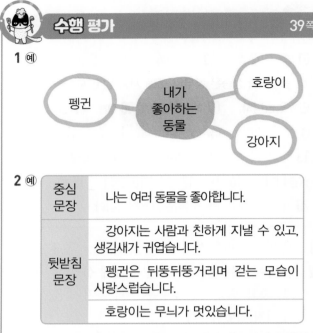

펭귄 / 내가 좋아하는 동물 / 호랑이 / 강아지

**2** 예

| 중심 문장 | 나는 여러 동물을 좋아합니다. |
|---|---|
| 뒷받침 문장 | 강아지는 사람과 친하게 지낼 수 있고, 생김새가 귀엽습니다. |
| | 펭귄은 뒤뚱뒤뚱거리며 걷는 모습이 사랑스럽습니다. |
| | 호랑이는 무늬가 멋있습니다. |

**3** 예 나는 여러 동물을 좋아합니다. 강아지는 사람과 친하게 지낼 수 있는 동물이고, 생김새가 귀엽습니다. 펭귄은 뒤뚱뒤뚱거리며 걷는 모습이 사랑스럽습니다. 호랑이는 무늬가 멋있습니다.

**1** 내가 좋아하는 동물을 떠올려 써 봅니다.

> **채점 기준**
> 동물을 알맞게 썼으면 정답으로 인정합니다.

**2** 중심 문장에는 내용을 대표할 수 있도록 '좋아하는 동물이 있다'와 같은 내용이 들어가야 합니다. 좋아하는 동물과 좋아하는 까닭이 잘 드러나도록 뒷받침 문장을 씁니다.

> **채점 기준**
> 중심 문장과 중심 문장을 자세히 설명하거나 예를 드는 방법으로 도와주는 뒷받침 문장을 알맞게 썼으면 정답으로 인정합니다.

**3** 자신이 좋아하는 동물에 대해 중심 문장과 뒷받침 문장을 넣어 한 문단으로 글을 써 봅니다. 문단을 쓸 때에는 한 칸을 들여서 시작해야 합니다.

> **채점 기준**
> 중심 문장과 뒷받침 문장을 알맞게 쓰고 문단의 형식에 맞추어 썼으면 정답으로 인정합니다.

## 3. 알맞은 높임 표현

**01** ①　**02** 높임　**03** 가신다　**04** 어머니께 드릴 선물이야.　**05** (1) 다녀왔습니다 (2) 좋겠습니다　**06** ④
**07** (1)-② (2)-③　**08** 오시니　**09** ⑤　**10** 진희, 모아
**11** ④　**12** (1) 진지 (2) 여쭈어볼　**13** 낱말　**14** ④
**15** (1) ○　**16** (2) ○　**17** 지난겨울에 찍은 제 사진이에요. 할머니께서도 한번 보실래요?　**18** (1) 구두 (2) 커피(아메리카노) (3) 휴대 전화(핸드폰)　**19** (1) ○　**20** 현진　**21** ②　**22** ③　**23** 네, 계세요　**24** 진서, 현영
**25** ②　**26** (3) ○　**27** 가빈　**28** ④　**29** 예 아버지께서 장바구니 좀 챙기라고 하셨어.　**30** ④　**31** (1) 쟁반이라는 물건을 높인 것은 잘못된 표현이기 때문이다. (2) 쟁반이 너무 예뻐요.　**32** 지수　**33** (1) ○　**34** (1) ①
(2) ①, ④ (3) ②, ③ (4) ③, ④　**35** (1) [안코] (2) [싸치]

**01** 그림 나에서는 듣는 사람이 웃어른이므로 '요' 또는 '-습니다'로 끝맺으며 높임 표현을 씁니다.

**02** 높임 표현이란 대상을 높이기 위한 표현이며 대상에 대한 공경의 마음이 담겨 있습니다.

**03** 행동하는 사람이 웃어른이므로 '-시-'를 넣은 높임 표현을 씁니다.

**04** '누구에게'에 해당하는 사람이 어머니 즉 웃어른이므로 '께'와 '주다'의 높임을 뜻하는 특별한 낱말인 '드리다'를 썼습니다.

**06** 말하는 사람보다 듣는 사람이 웃어른이거나 많은 친구들 앞에서 발표할 때는 '-습니다'를 붙여 바른 높임 표현을 사용합니다.

**07** 그림 다에서 높여야 할 대상은 선생님, 그림 라에서 높여야 할 대상은 어머니입니다.

**08** 행동하는 사람이 말하는 사람보다 웃어른인 경우이므로 '-시-'를 붙입니다.

**10** 그림 가는 할아버지를 높여야 하는 상황이므로 문

장에 '께서'와 '-시-'를 붙였습니다.

**11** 높여야 할 대상이 할머니이므로 '께'와, '주다'의 높임을 뜻하는 특별한 낱말인 '드리다'를 사용하고 문장을 끝맺을 때는 '요'나 '-습니다'를 붙입니다.

**12** '밥'의 높임말은 '진지', '물어보다'의 높임말은 '여쭈어보다'입니다.

**14** 여자아이는 할머니와 눈을 마주치고 올바른 자세로 바른 높임 표현을 사용해서 대화해야 합니다.

**16** 여자아이가 바른 높임 표현을 쓰지 않아 할머니께서는 언짢으실 것입니다.

**17** 여자아이는 할머니와 대화하고 있으므로 공경하는 마음을 담아 '내 사진'이 아닌 '제 사진'으로 말하고, 문장을 '-습니다'나 '요'로 끝맺어야 합니다. 또한 '보다'에 '-시-'를 넣어 '보실래요?'로 표현해야 합니다.

**채점 기준**
'내'를 '제'로, '께서'와 '-시-' 표현을 넣어 문장을 '-습니다'나 '요'로 끝맺었으면 정답으로 인정합니다.

**18** 판매원들은 각각 구두, 커피(아메리카노), 휴대 전화(핸드폰) 등 물건을 높이고 있습니다.

**19** 물건을 높이는 것은 잘못된 표현입니다.

**20** 커피(아메리카노)는 물건이므로 '-시-'를 넣지 않고 '나왔습니다'라고 문장을 끝맺습니다.

**22** 선생님뿐 아니라 여러 친구들 앞에서 발표할 때에는 '-습니다'나 '요'로 문장을 끝맺어야 바른 높임 표현입니다.

**23** '있어요'의 높임을 뜻하는 표현은 '계세요'입니다.

**24** '선생님, 드릴 말씀이 있습니다.'라는 문장에서는 '드리다', '말씀'과 같은 높임을 뜻하는 특별한 낱말을 사용했고, 문장을 '-습니다'로 끝맺었습니다.

**25** 물건에는 높임 표현을 쓰지 않으므로 '-이에요'라고 말해야 합니다.

**26** 높여야 할 대상은 선생님이고, 선생님께서 말씀하신 것이므로 문장을 끝맺는 말에 '-시-'를 넣어야 하고 '께서'도 붙여야 하기 때문에 '선생님께서 너 오라고 하셔(오라서).'가 알맞은 높임 표현입니다.

**27** 높여야 할 대상이 선생님이므로 '가' 대신 '께서'를 붙이고, '하다'라는 문장을 끝맺는 말에 '-시-'를 넣어야 합니다.

**28** 높여야 할 대상이 아버지이므로 '가' 대신 '께서'를 붙이고, '하다'라는 문장을 끝맺는 말에 '-시-'를 넣어야 합니다.

**29** '아버지가 장바구니 좀 챙기라고 했어.'를 높임 표현을 사용해서 바르게 고치면 '가' 대신에 '께서'를, '했어'에 '-시-'를 넣어 '하셨어'라고 합니다.

> **채점 기준**
> '아버지께서 장바구니 좀 챙기라고 말씀하셨어.' 또는 '아버지께서 장바구니 좀 챙기라고 하셨어.' 모두 정답으로 인정합니다.

**31** 사람이 아닌 물건에는 높임 표현을 쓰지 않습니다. 따라서 '-시-'를 넣지 않고 '예뻐요'라고 써야 합니다.

> **채점 기준**
> 물건을 높여서 표현하면 안 된다는 내용을 썼으면 정답으로 인정합니다. 잘못된 까닭과 고쳐쓰기를 모두 바르게 썼으면 정답으로 인정합니다.

**32** '갖다주래요'를 '갖다드리래요' 또는 '갖다드리라고 하셨어요'로 고쳐서 표현해야 합니다.
'감사하다'와 '고맙다'는 높임의 차이가 있는 표현이 아닙니다. 다만 '감사하다'는 좀 더 격식을 차리는 말투에 많이 쓰이고, '고맙다'는 좀 더 친근한 관계나 좀 더 부드러운 말투에 잘 어울리는 표현입니다.

**34** (1) 친구들 앞에서 발표할 때는 '-습니다'나 '요'로 문장을 끝맺습니다.
(2) 할머니가 높여야 하는 대상이므로 '데리고'의 높임 표현인 '모시고'를 사용하였고 여러 사람 앞에서 발표하는 공식적인 상황이므로 '-습니다'로 끝맺습니다.
(3) 어머니를 높여야 하는 상황이므로 '께서'와 '-시-'를 사용해야 합니다.
(4) 부모님을 높여야 하는 상황이므로 '께'와 '주다'의 높임 표현인 '드리다'를 사용합니다.

**35** (1) 받침 'ㅎ'이 'ㄱ'을 만나면 [ㅋ]으로 발음됩니다.
(2) 받침 'ㅎ'이 'ㅈ'을 만나면 [ㅊ]으로 발음됩니다.

---

 **단원정리평가**　50~53쪽

**01** 선생님　**02** ④　**03** (2) ○　**04** ⑤　**05** ①, ②
**06** (2) ○　**07** ⑤　**08** ⑤　**09** 연수　**10** (3) ○　**11**
①　**12** ③　**13** 규종　**14** (1) 예 선생님께서 너 오라고 하셔. / 선생님께서 너 오라셔. (2) 높여서 말할 대상이 선생님이고, 선생님께서 말씀하신 것이므로 '-시-'를 넣고 '께서'를 붙여야 하기 때문이다. **15** ①　**16** 아버지께서 뭐라고 하셔(뭐라셔)? **17** 어른께서 댁에 계실까요? **18** 께, 드릴 **19** ㉢, ㉣ **20** (2) ○

**01** 행동하는 대상이 웃어른인 선생님입니다.

**02** 선생님을 높여야 하는 상황이므로 '-시-' 표현을 사용해야 합니다.

**03** 그림 **가**와 **나**에서는 각각 선생님과 어머니를 높이며 '께서'와 '께'라는 표현을 사용했습니다.

**04** 어머니를 높여야 하므로 '-시-'를 붙여 '안 하시나요?'라고 말해야 합니다.

**05** '모시다'는 '데리다'의 높임을 나타내는 특별한 낱말입니다. '-시-'를 사용한 표현이 아닙니다.

**06** 듣는 사람이 웃어른이 아니더라도 여러 명이 듣는 상황일 때에도 높임 표현을 사용합니다.

**07** '여쭈어보다'는 '물어보다'의 높임을 뜻하는 특별한 낱말입니다.

**08** '먹다'의 높임 표현은 '자시다, 잡수시다, 드시다' 등이 있습니다.

**09** 여자아이는 바른 자세로 앉아 할머니와 눈을 마주치며 바른 높임 표현을 사용해야 합니다.

**10** 할머니를 높여야 하는 상황이므로 '내' 대신 '제', '요'나 '-습니다'로 문장을 끝내고 '께서'와 '-시-'를 사용하여 말해야 합니다.

**11** 판매원들은 물건이 아니라 손님을 높여야 합니다.

**12** ㉠~㉢은 물건을 높인 잘못된 높임 표현이며, ③ 역시 사이즈를 높인 잘못된 높임 표현입니다.

**13** 핸드폰은 물건이므로 높임 표현을 쓰지 않습니다. '-시-'를 넣지 않습니다.

**14** 높여야 할 대상은 선생님이고, 수현이는 친구이므로 '오다'에 '-시-'를 넣어 표현하지 않습니다.

> **채점 기준**
> 높임 표현이 잘못된 까닭과 고쳐쓰기를 모두 바르게 썼으면 정답으로 인정합니다.

**15~16** 여자아이는 아버지를 높여서 말을 해야 하는데 알맞은 높임 표현을 사용하고 있지 않습니다. 아버지를 높여야 하므로 '께서'와 '-시-'를 사용하여 '아버지께서 뭐라고 하셔(뭐라셔)?' 라고 물어야 합니다.

**17** 어른을 높여야 하므로 '께서'와 '집'의 높임 표현인 '댁'으로, '있을까요'의 높임 표현인 '계실까요'를 사용하여 '옆집 어른께서 댁에 계실까요?'라고 표현합니다.

> **채점 기준**
> '께서'를 넣고 높임을 나타내는 특별한 낱말인 '댁'과 '계시다'를 바르게 썼으면 정답으로 인정합니다.

**20** 받침 'ㅎ'이 'ㅈ'을 만나면 [ㅊ]으로 발음됩니다.

## 서술형 문제      54쪽

**01** 엎드린 자세로 스마트폰을 보면서 할머니와 대화하고 있다. / 알맞은 높임 표현을 사용하지 않았다.

**02** 예 바른 자세로 앉아 할머니와 눈을 맞추고 대화한다. / "지난겨울에 찍은 제 사진이에요. 할머니께서도 한번 보실래요?"라고 바른 높임 표현으로 고친다.

**03** 선생님께서 너 오라고 하셔(너 오라셔).

**04** '께서'를 사용했다. / '-시-'를 넣어 표현하였다.

**01~02** 여자아이는 웃어른인 할머니와 대화하고 있으므로 눈을 마주치고 바른 자세로, 공경하는 마음을 담아 바른 높임 표현을 사용해서 대화해야 합니다.

> **채점 기준**
>
> | 상 | 여자아이의 잘못된 자세와 바르지 않은 높임 표현을 찾아 바르게 고쳐 썼습니다. |
> |---|---|
> | 중 | 여자아이의 잘못된 자세와 바르지 않은 높임 표현을 찾았지만 바르게 고치지 못했습니다. |
> | 하 | 그림에서 잘못된 점을 찾아내지 못하였습니다. |

**03~04** 웃어른인 선생님께서 말씀하신 내용을 친구에게 전달하는 상황이므로 선생님을 높여야 합니다. 따라서 '-시-'와 '께서'를 넣어 '선생님께서 너 오라고 하셔(하시어).' 또는 '선생님께서 너 오라셔.'가 알맞은 표현입니다. '선생님이 너 오래.', '선생님께서 너 오시래.' 등은 잘못된 표현입니다. 선생님께 가는 것은 친구이므로 친구를 높여 '오다'에 '-시-'를 넣지 않도록 주의합니다.

> **채점 기준**
>
> | 상 | '께서'와 '-시-' 표현을 사용하여 '선생님께서 너 오라고 하셔(오라셔).'라고 표현하였습니다. |
> |---|---|
> | 중 | '께서'와 '-시-' 중 한 가지만 바르게 표현했습니다. |
> | 하 | 높임 표현을 알맞게 표현하지 못하였습니다. |

## 수행 평가      55쪽

**1** 예 (1) 이 구두는 특별 할인 제품이에요.
(2) 주문하신 아메리카노 나왔습니다.
(3) 이 핸드폰은 매진되었어요.

**2** (1) 예 아버지, 그 넥타이 색깔이 참 잘 나오셨네요. / 예 손님, 이 가방은 하나밖에 안 남은 상품이세요.
(2) 예 아버지, 그 넥타이 색깔이 참 잘 나왔네요. / 예 손님, 이 가방은 하나밖에 안 남은 상품이에요.

**1** 물건을 높이는 것은 잘못된 표현입니다.

> **채점 기준**
> '-시-'를 빼고, '-습니다'나 '요'로 문장을 끝맺었으면 정답으로 인정합니다.

**2** 물건을 구매할 때나 웃어른이 지니고 있는 물건에 대해서 대화할 때 등을 떠올려 보고 잘못된 표현을 찾아 바르게 고쳐 봅니다. 물건에 '께서'나 '께' 혹은 '-시-'를 넣지 않았는지 살펴봅니다.

> **채점 기준**
>
> | 상 | 일상생활에서 물건을 높인 경우를 찾고, 바르게 고쳐 썼습니다. |
> |---|---|
> | 중 | 일상생활에서 물건을 높인 경우를 찾았지만, 바르게 고치지 못했습니다. |
> | 하 | 일상생활에서 물건을 높이는 경우를 찾지 못하였습니다. |

## 4. 내 마음을 편지에 담아

 **교과서 지문 학습** 56~64쪽

**01** (1)-ⓒ (2)-ⓔ (3)-ⓛ (4)-ⓘ **02** ② **03** (1) 예
물통을 엎질러서 미안해. 다음부터는 조심할게. (2) 예 아니
야. 괜찮아. 일부러 그런 것도 아닌데 뭘. **04** ③ **05** ⓛ
**06** 미안한 마음, 고마운 마음 **07** (손자) 정혁, 할아버지
**08** (1) 생신을 축하드리는 마음 (2) 예 생신 축하드려요.
**09** ③ **10** 예 호준아, 많이 속상하겠지만, 지금 있는 그
대로도 최선을 다한 너의 모습이 참 보기 좋아. 이번에는
상을 못 탔지만 다음번에는 더 열심히 해서 좋은 결과가
있길 바랄게. **11** ⑤ **12** ① **13** 나는 어머니 말씀에
대꾸도 하지 않고 집을 나섰다. **14** ⑤ **15** ③ **16**
민현 **17** 예 오늘 아침에 어머니 말씀에 대꾸도 하지 않
고 나와서 죄송해요. 어머니께서 바쁘셨을 텐데도 제 물감
챙겨 주셔서 정말 감사합니다. 등 **18** ⑤ **19** 옥상에
멋진 꽃밭을 가꾼 것을 보여 드린 일 **20** ③ **21** ③
**22** ④ **23** 재형 **24** 첫인사 **25** 고마운 마음
**26** (1) ○ **27** ② **28** 예 내가 팔이 아플 때 내 가방을
들어 주어서 고마워. **29** ⑤ **30** ⑤ **31** ⑤ **32** ⓛ

**01** 가는 할머니 생신을 축하하는 마음, 나는 넘어진
친구를 위로하는 마음, 다는 친구가 책을 빌려줘서
고마운 마음, 라는 물통을 엎질러서 미안한 마음을
전할 수 있는 상황입니다.

**02** 넘어진 친구를 위로해 주는 마음을 나타낼 수 있는
말을 전합니다.

**03** 남자아이는 물통을 엎질러서 미안한 마음을 '미안
해, 많이 속상하지? 내 잘못이야, 앞으로는 조심할
게.' 등의 표현을 써서 전할 수 있고, 여자아이는 사
과를 받아들이는 마음을 나타내는 말을 합니다.

> **채점 기준**
> 물통을 엎질러서 미안해하는 남자아이의 마음과 사과를 받아
> 주는 여자아이의 마음이 드러나는 말을 썼으면 정답으로 인
> 정합니다.

**04** 이 글은 팔을 다친 민경이가 가방을 대신 들어 준 나
리에게 고마운 마음을 나타내는 편지입니다.

**06** 민경이는 나리에게 달리기 경주에서 져서 속상한 마
음에 말도 제대로 하지 않았는데, 나리가 오히려 자
신을 걱정해 주고 가방을 들어 주어 나리에게 고맙
고 미안한 마음을 가지게 됐다고 했습니다.

**08** 글 나는 정혁이가 할아버지 생신을 축하드리는 마
음을 전하는 편지입니다. '축하'라는 낱말이 들어간
문장을 찾아봅니다.

**09** 글 다는 민재 형이 줄넘기 대회에서 상을 받지 못한
호준이를 격려하고 위로하기 위하여 쓴 편지입니다.

**10** 호준이의 마음을 공감하고 격려하거나 위로하는 말
을 씁니다.

> **채점 기준**
> 호준이를 위로하고 격려해 주는 마음이 잘 드러나게 썼으면
> 정답으로 인정합니다.

**11** 민서는 동생이 머리핀을 제멋대로 가져갔는데 어머
니께서 동생 편만 들고 민서 탓으로 돌린다고 생각
했기 때문에 화가 났습니다.

**13** 민서는 어머니께서 늘 동생 편만 든다고 생각해서
서운한 마음에 물감을 챙겼느냐는 어머니 말씀에 대
꾸도 하지 않고 집을 나섰습니다.

**15** ⓛ을 듣고 난 후 '집에 가서 어머니께 죄송하다고 말
씀드려야겠다.'라고 한 것을 통해 민서의 마음을 짐
작해 볼 수 있습니다.

**17** 아침에 어머니 말씀에 대꾸도 하지 않고 학교에 와
서 죄송한 마음과 아침에 물감을 가져다주신 것에
대해 감사한 마음을 표현합니다.

> **채점 기준**
> 민서의 행동에 대한 후회나 반성, 어머니께 죄송한 마음 등을
> 민서의 입장에서 알맞게 썼으면 정답으로 인정합니다.

**18** 리디아는 아버지가 일자리를 잃고 생활이 어려워지
자 도시에서 빵 가게를 하는 외삼촌 댁으로 가게 되
었습니다.

**19** 리디아는 외삼촌을 도우며 일하는 틈틈이 옥상에 멋
진 꽃밭을 가꾸고 외삼촌께 보여 드립니다. 외삼촌

은 리디아가 가꾼 꽃에 감격했다고 했습니다.

**20** 리디아가 가꾼 꽃에 감격한 삼촌은 리디아에게 고마운 마음을 표현하고 싶을 것입니다.

**22** ㉠은 리디아가 아빠의 취직 소식을 듣고, 집으로 돌아갈 수 있다는 기쁨에 들떠 심장 뛰는 소리가 들릴 것만 같다고 표현한 부분으로, 리디아의 즐겁고 신나는 마음을 짐작할 수 있습니다.

**23** '굉장하다'는 '아주 크고 훌륭하다.'라는 뜻입니다. 비슷한 말로는 '엄청난, 놀라운, 큰, 상당한, 근사한, 대단한, 훌륭한, 어마어마한'이 있습니다. 재형이가 말한 '소소하지만'은 '작고 대수롭지 아니하지만.'이라는 뜻입니다.

**24** 리디아의 편지에는 '첫인사'가 빠져 있습니다. 받을 사람을 쓰고 나서 첫인사를 쓰는 것이 좋습니다.

**25** 가방을 들어 준 친구에게 전하고 싶은 마음은 고마운 마음입니다.

**26** '맛있는 음식도 만들고 좋은 추억을 쌓을 수 있게 해 주셔서 감사합니다.'라는 표현에서 은수는 고마운 마음을 전하고 싶다는 것을 알 수 있습니다.

**27** 편지를 쓸 때에 첫인사와 함께 날씨에 관한 표현을 사용하여 안부를 묻는 것도 좋은 방법이 될 수는 있지만 반드시 날씨에 대해 자세히 쓰는 것은 아닙니다.

**28** 고마운 마음을 나타내는 표현에는 '고마워', '너밖에 없어', '잊지 않을게' 등이 있습니다.

> **채점 기준**
> 고마운 마음이 잘 드러나게 썼으면 정답으로 인정합니다.

**29~30** 지수가 쓴 편지에는 영주를 걱정하거나 위로하는 마음이 잘 드러나지 않습니다. 마음을 담은 편지를 쓸 때에는 마음을 표현하는 말을 써야 합니다. 아픈 친구에게 마음을 전할 때에는 '힘내.', '얼른 낫기를 바랄게.'와 같은 말을 쓰면 좋습니다. 편지의 형식 가운데 전하고 싶은 말에 써야 합니다.

**31** ㉴는 민아가 이어달리기 대표 선수가 되지 못한 것을 위로하는 편지입니다.

 **단원 정리 평가** 66~69쪽

**01** ⑤   **02** ㉎ 할머니, 생신 축하드려요!   **03** ①, ③   **04** ④
**05** ④   **06** ㉎ 그래도 포기하지 않고 꾸준히 연습하면 다음에는 더 좋은 결과가 있을 거야.   **07** ②   **08** 재진
**09** ①, ③   **10** ③, ④   **11** (1) ③ (2) ①   **12** ⑤   **13** ⑤
**14** (1) 마음 (2) 느낌(생각), 생각(느낌) (3) 형식   **15** ⑤
**16** ②   **17** ⑤   **18** ㉢, ㉣, ㉠, ㉡   **19** (2) ○   **20** ②

**01** 할머니 생신을 축하드리는 상황입니다.

**02** 알맞은 높임 표현을 사용하여 '할머니, 생신 축하드려요.'라고 축하의 마음을 표현합니다.

> **채점 기준**
> 축하하는 마음을 담아 '생신'이라는 말을 넣어 '요'나 '-습니다'로 끝맺어 썼으면 정답으로 인정합니다.

**03** '내가 지니까 많이 속상했어.'에서 속상한 마음을, '오히려 나를 걱정해 주고 가방도 들어 주어서 미안했어.'라는 표현에서 미안한 마음을 짐작할 수 있습니다.

**05** 민재 형은 호준이가 줄넘기 대회에서 상을 받지 못했다는 소식을 듣고 위로하려고 편지를 썼습니다.

**06** 호준이를 위로하고 격려하는 마음이 잘 드러나게 전하고 싶은 말을 씁니다.

> **채점 기준**
> '힘내, 포기하지 마.' 등 격려하고 위로하는 마음이 드러나게 썼으면 정답으로 인정합니다.

**08** 민서는 어머니의 물감을 챙기라는 말씀에 대꾸도 하지 않고 집을 나섰습니다. 민서의 이 행동으로 보아 민서의 화난 마음을 짐작할 수 있습니다.

**09** 글쓴이의 말과 행동을 잘 살펴보고, 글쓴이가 한 경험과 비슷한 경험을 떠올려 보면 글쓴이의 마음을 짐작할 수 있습니다.

**10** ㉠은 리디아가 집으로 돌아갈 수 있다는 생각에 기쁨에 들떠 있는 즐겁고 신나는 모습입니다.

**11** 물건을 차려 놓고 파는 집이라는 뜻의 '가게'는 '상점'으로, 일정한 직업을 잡아 직장에 나간다는 '취직'은 '취업'으로 바꾸어 쓸 수 있습니다.

**12** 외삼촌께서 리디아의 아빠가 취직을 하셨다는 소식이 담긴 편지를 꺼냈다는 것으로 보아, 기쁜 소식을 전하기 위해 굉장한 케이크를 들고 나타나셨을 것입니다.

**13** 축하의 마음이 담긴 말로 '참 잘됐어.' '내 일처럼 기뻐.', '내 마음도 하늘을 나는 것 같아.', '축하해.' 등의 표현을 사용할 수 있습니다.

**18** 편지를 쓸 때는 먼저, 마음을 전하고 싶은 사람을 떠올리고 전하고 싶은 마음을 정리한 뒤에 편지의 형식에 맞게 편지를 씁니다. 그리고 다시 한번 편지를 읽고 고쳐 쓴 후 마음을 담은 편지를 전달합니다.

**20** 위로하고 격려하는 마음을 전하기 위해서는 '힘내, 빨리 나아, 많이 속상했지?' 등의 표현을 씁니다.

 **서술형 문제**    70쪽

**01** (1) 서운한 마음 / 화난 마음 (2) 죄송한 마음 / 감사한 마음

**02** 예 어머니께

어머니, 저 민서예요. 제가 아침에 어머니 말씀에 대꾸도 하지 않고 학교에 가서 많이 속상하셨죠? 저는 어머니께서 동생 편만 드신다고 생각해서 서운했었어요. 그런데 제가 잘못 생각했다는 걸 알았습니다. 정말 죄송해요. 그리고 아침에 바쁘실 텐데도 그림물감을 주고 가셔서 너무 감사했어요. 어머니, 이제는 짜증 내지 않고 준비물도 잘 챙길게요. 어머니, 사랑해요.

20○○년 4월 7일 / 민서 올림

**03** 예 지수의 영주에 대한 마음이 잘 드러나 있지 않습니다. / 편지의 형식을 제대로 갖추어 쓰지 않았습니다. 등

**04** 예 영주에게

안녕! 나, 지수야.

네가 다리를 다쳐서 병원에 입원했다는 소식을 들었어. 얼마나 속상했는지 몰라. 너도 놀라고 아팠지? 얼른 나아서 우리 함께 고무줄놀이를 하자. / 그럼 안녕!

20○○년 ○○월 ○○일
지수가

**01** 글 [가]에서 민서가 '어머니 말씀에 대꾸도 하지 않고 집을 나섰다.'라는 표현으로 보아 화난 마음을 짐작할 수 있습니다. 글 [나]에서는 '집에 가서 어머니께 죄송하다고 말씀드려야겠다.'라고 했습니다.

> **채점 기준**
> 서운한 마음과 죄송한 마음이 들어가게 썼으면 정답으로 인정합니다.

**02** 물감을 가져다주신 어머니께 죄송하고 감사한 마음을 나타내는 표현을 사용하고, 전하고 싶은 말 마지막 부분에는 앞으로의 다짐에 대해 써도 좋습니다.

> **채점 기준**
> 어머니에 대한 죄송하고 감사한 마음이 잘 드러나게 편지의 형식을 갖추어 썼으면 정답으로 인정합니다.

**03~04** 지수가 다친 영주에게 어떤 마음을 전하고 싶은지 드러나 있지 않으므로 위로하거나 격려하는 마음을 표현하는 말을 넣어 편지를 씁니다. 쓴 날짜도 쓴 사람 위에 적어 넣어 편지의 형식을 잘 갖추도록 합니다.

> **채점 기준**
> 편지의 부족한 부분을 찾고, 인물에게 전하고 싶은 마음이 잘 드러나게 편지의 형식을 갖추어 썼으면 정답으로 인정합니다.

 **수행 평가**    71쪽

**1** 예 책 제목: 「으악, 도깨비다!」   지은이: 손정원
간단한 책 줄거리: 깊은 산골 장승 마을에 살고 있는 장승 친구들이 위험에 처한 친구를 구한 뒤 마을을 지키게 되었다는 내용
소개하고 싶은 등장인물: 멋쟁이, 날이 밝기 전에 제자리로 돌아가야 하는 약속을 어긴 멋쟁이 장승이 밤이 되어도 움직일 수 없게 된 상황

**2** 예 멋쟁이 장승을 위로해 주고 싶기 때문이다.

**3** 예 위로하고 격려해 주고 싶은 마음

**4** 예 멋쟁이 장승에게

안녕? 나는 ○○ 초등학교 3학년 ○○반 ○○이야.
얼마 전 학교에서 너의 이야기를 읽고 하고 싶은 말이

있어서 이렇게 편지를 쓰게 되었어. 네가 날이 밝기 전에 돌아와야 하는데 친구들과 숨바꼭질을 하다가 돌아오지 못해서 못 움직이게 되었다고 했을 때 나도 덩달아 마음이 얼마나 답답했는지 몰라.

그때 얼마나 두렵고 무서웠니? 그래도 조금만 참으면 마법이 풀리지 않을까? 너무 겁내지 말고 기다려 보자. 네가 꼭 다시 움직이게 되길 바랄게. 그럼 안녕.

20○○년 ○○월 ○○일

○○가

**1** 기억에 남는 책을 골라 책 속 소개하고 싶은 등장인물을 정하고, 간단한 줄거리와 그 인물이 처한 상황을 써 봅니다.

채점 기준
책 속 등장인물에 알맞은 줄거리와 인물이 처한 상황을 알맞게 썼으면 정답으로 인정합니다.

**2~3** 등장인물이 처한 상황을 생각하며 어떤 마음을 전하고 싶은지 생각합니다.

채점 기준
책 속 등장인물이 처한 상황에 알맞게 인물에게 전하고 싶은 마음을 잘 썼으면 정답으로 인정합니다.

**4** 받을 사람, 첫인사, 전하고 싶은 말, 끝인사, 쓴 날짜, 쓴 사람을 갖추어 쓰고, 하고 싶은 말이나 내용이 잘 전달되도록 생각이나 느낌을 자세히 씁니다.

채점 기준
책 속 등장인물이 처한 상황을 정확히 파악하여, 그 상황에서 인물에게 전하고 싶은 마음을 잘 드러내는 표현을 쓰고 편지의 형식을 갖추어 썼으면 정답으로 인정합니다.

# 5. 중요한 내용을 적어요

 **교과서 지문 학습** 72~82쪽

**01** (1) 흥부와 놀부 (2) 그림 (3) 체험활동 (4) 과학 지식
**02** ③ **03** 예 오래 기억할 수 있다. / 나중에 기억을 잘 떠올릴 수 있다. **04** (1)-ⓒ (2)-ⓒ (3)-ⓒ **05** 메모
**06** (1) ○ (3) ○ **07** ④ **08** 길일(운이 좋은 날) **09** (1) ○ (2) × (3) ○ **10** 한비 **11** 수의사 **12** ①
**13** 유진 **14** (1) 동물 병원 (2) 공부 (3) 사랑 (4) 생명
**15** ① **16** ①, ② **17** (1) 나 (2) 다 (3) 가 **18** (1)-ⓒ (2)-ⓒ (3)-ⓒ **19** ② **20** (1) 옛날 사람들 (2) 쓰임새 (3) 소재 **21** ④ **22** ⓒ **23** 그래서 **24** 『세상을 돌고 도는 놀라운 물의 여행』 **25** 우리가, 합니다
**26** ② **27** ⑤ **28** (1) 모으기 (2) 정보 **29** (1) ○ (2) × (3) × (4) ○ **30** 슐런 **31** ⑤ **32** (1) 운동 (2) 스포츠 스태킹 (3) 슐런 (4) 한궁 **33** (1) ① (2) ② **34** (1) ① (2) ① (3) ① **35** (1) [짤따] (2) [밥따]

**01** 선생님이 설명해 주시는 내용 속에서 정답을 찾을 수 있습니다.

**02** 민건이네 모둠은 옛이야기 속 과학 지식을 조사해야 하는데, 이것은 '이야기 세상' 구역에서 찾을 수 있습니다.

**03** 메모를 하면 기억나지 않는 것을 다시 확인할 수 있습니다.

채점 기준
오래 기억할 수 있다거나 나중에 기억을 잘 떠올릴 수 있다는 내용을 썼으면 정답으로 인정합니다.

**04** 가는 좋은 생각이 떠오른 상황, 나는 심부름이 많은 상황, 다는 중요한 공부를 하는 상황입니다.

**05** 오랫동안 기억을 잘하려면 메모를 하는 것이 좋습니다.

**06** 엄마와 오늘 있었던 일에 대해 이야기할 때는 따로 메모를 하지 않아도 됩니다.

**07** 제비가 둥지를 틀 곳은 설명하지 않았습니다.

**09** 진호는 선생님 말씀을 모두 쓰려고 했습니다.

**10** 한비의 메모는 너무 길지 않고, 중요한 내용도 잘 알 수 있게 썼습니다.

**12** 메모할 때는 되도록 많은 내용이 아니라 내용을 간단히 써야 합니다.

**13** 메모를 쓸 때는 재미있는 내용이 아니라 중요한 내용을 주로 써야 합니다.

**15** 글 ⑰~㉰는 타악기, 현악기, 관악기를 포함한 악기의 종류를 설명하고 있습니다.

**17** ⑰는 내용을 자세히 썼고, ㉯는 간단히 썼고, ㉰는 그림을 사용해 낱말 중심으로 짧게 썼습니다.

**18** ⑰는 자세히 알려 주는 글을 쓸 때 필요하고, ㉯는 간단하게 정리할 때 필요하고, ㉰는 낱말 중심이므로 빠르게 정리할 때 필요합니다.

**19** ❶에 따르면 민화는 오래 두고 감상하는 그림이 아니라 특별한 목적을 위해 사용한 그림입니다.

**21** 문단의 중심 생각을 이을 때는 이어 주는 말을 사용합니다.

**22** 글을 간추릴 때는 각 문단의 중심 내용을 찾고, 이를 간단하게 정리한 다음, 전체 내용을 하나로 묶으면 됩니다.

**23** 앞 문장과 뒷문장은 '그래서'를 넣었을 때 가장 자연스럽게 연결됩니다.

**26** 이 글의 두 번째 문단에 '물은 모양을 바꾸며 세상 곳곳을 끊임없이 돌아다니며 여행합니다.'라고 소개되어 있습니다.

**27** 도서관은 영상 자료가 아니라 책이나 신문과 같은 자료를 모읍니다.

**29** (2) 중심이 되는 낱말을 모두 찾아 메모해야 합니다.
(3) 들은 내용 중 중요한 내용만 메모해야 합니다.

**31** 글의 전체 내용을 간추리려면 우선 각 문단에서 중요한 내용을 찾은 다음 그 내용을 자연스럽게 이으면 됩니다.

**32** 각 문단의 중요한 내용을 찾아 알맞은 낱말을 씁니다.

**33~35** '짧고, 얇게, 엷고, 넓지, 떫다'의 'ㄼ'은 [ㄹ]로 소리 내고, '밟다, 밟고, 밟지'의 'ㄼ'은 [ㅂ]으로 소리 냅니다.

**단원 정리 평가**    84~87쪽

**01** ⑤    **02** ⑤    **03** ③    **04** 예 선생님이 체험학습 준비물을 불러 주실 때 메모했다.    **05** 이야기 속으로    **06** ④    **07** ⑤    **08** 예 우리 조상은 제비를 복과 재물을 가져다주는 좋은 새라고 여겼습니다.    **09** ③    **10** ①    **11** ⑤    **12** (1) 간단하게 (2) 하나    **13** ③    **14** (1)-㉡ (2)-㉢ (3)-㉠    **15** (1) 동물 (2) 식물 (3) 상상의 동물    **16** 유빈    **17** ③    **18** (1) ㉣ (2) ㉢ (3) ㉠ (4) ㉡    **19** 예 생물이 생명을 유지하는 데 물은 반드시 필요합니다. 그래서 물이 있는 곳에는 생물이 산다고 할 수 있습니다.    **20** 두리

**01** 메모를 하면 머릿속에서 잊어버린 뒤에도 그 내용을 다시 떠올리는 데 도움이 됩니다.

**02** 친구와 이야기를 나눌 때는 메모가 필요하지 않습니다.

**03** 메모는 들은 내용을 빠짐없이 쓰는 것이 아니라, 중요한 내용만 골라 써야 합니다.

**04** 일상에서 메모를 했던 경험을 떠올려 써 봅니다.

> **채점 기준**
> 메모를 했던 경험을 떠올려 썼으면 정답으로 인정합니다.

**06** 조상의 생활 모습과 과학 지식을 알 수 있는 곳은 '이야기 세상'입니다.

**08** 문단을 대표할 수 있는 중심이 되는 중요한 내용을 찾아 써 봅니다.

> **채점 기준**
> 제비가 복과 재물을 가져다주는 좋은 새라는 내용이 들어가게 썼으면 정답으로 인정합니다.

**09** 문단의 중심 내용은 문단의 맨 앞이나 맨 끝에 있기도 하고, 양쪽 모두에 있기도 하므로 마지막 내용만 이어 정리하면 안 됩니다.

**10** 이 글은 수의사에 대한 정보를 전달해 주고 있습니다.

**12** 글을 간추리려면 각 문단의 중요한 내용을 찾아 묶을 수 있는 낱말을 이용해서 간단하게 정리합니다. 이렇게 정리한 내용을 이어서 전체 내용을 하나로 묶습니다.

**13** 오래 두고 감상하는 것은 격조 높은 산수화나 솜씨 좋은 화원이 그린 작품의 쓰임새입니다.

**14** 이 글에서는 각 문단의 첫 번째 문장에서 중요한 내용을 찾을 수 있습니다.

**16** 이 글은 민화의 쓰임새와 소재에 대해 설명하고 있는 글이므로, 두 가지 모두 들어가야 합니다.

**17** 해파리처럼 큰 동물도 플랑크톤으로 분류됩니다.

**19** 각 문단의 중심 내용을 이어 줄 수 있도록 알맞은 이어 주는 말을 사용해야 합니다.

> **채점 기준**
> 각 문단의 중심 내용이 모두 들어 있고, 이어 주는 말을 알맞게 한 가지 이상 사용해서 썼으면 정답으로 인정합니다.

---

## 서술형 문제 88쪽

**01 예**

| 문단 | 중요한 내용 |
|---|---|
| **가** | 새로운 운동이 많이 늘어나고 있습니다. |
| **나** | 새로 만든 운동으로 스포츠 스태킹이 있습니다. |
| **다** | 외국에서는 예전부터 즐기던 것인데 최근에 우리나라에 들어온 운동으로 슐런이 있습니다. |
| **라** | 우리나라 전통 놀이를 새롭게 바꾸어 만든 운동에는 한궁이 있습니다. |
| **마** | 새로운 운동들은 좋은 점이 많습니다. |

**02 예** 새로운 운동이 많이 늘어나고 있습니다. 새로 만든 운동으로 스포츠 스태킹이 있습니다. 외국에서는 예전부터 즐기던 것인데 최근에 우리나라에 들어온 운동으로는 슐런이 있습니다. 그리고 우리나라 전통 놀이를 새롭게 바꾸어 만든 운동에는 한궁이 있습니다. 이런 새로운 운동들은 좋은 점이 많습니다.

---

**01** 다양한 스포츠를 소개하고 있는 글이므로 각 문단에서 어떤 내용을 소개하고 있는지 읽어 보고 스포츠의 이름과 유래를 중심으로 간단히 정리합니다.

> **채점 기준**
> 각 문단에서 소개하는 내용을 간단히 정리하여 썼으면 정답으로 인정합니다.

**02** 01번에서 표로 정리한 내용을 바탕으로 이어 주는 말을 알맞게 넣어 자연스럽게 하나의 글로 연결되도록 정리합니다.

> **채점 기준**
>
> | 상 | 중요한 내용을 잘 찾고 이어 주는 말을 사용해서 각 문장의 내용이 자연스럽게 연결되도록 간추려 썼습니다. |
> |---|---|
> | 중 | 중요한 내용을 모아 하나의 글로 정리했으나 중요한 내용이 매끄럽게 이어지지 않습니다. |
> | 하 | 글 속에서 중요한 내용을 찾지 못해 중요하지 않은 내용으로 간추려 썼습니다. |

---

## 수행 평가 89쪽

**1 (1) 예** 『선생님, 착한 손잡이가 뭐예요?』

**(2) 예**

| 이 책을 고른 까닭 | 생활 속에 있는 디자인에 담긴 생각을 친구들에게도 알려 주고 싶어서 |
|---|---|
| 책을 읽고 새롭게 알게 된 점 | • 사람이 편리하게 사용하기 위한 디자인이 주목받고 있다.<br>• 학교에는 어린이나 청소년이 직접 디자인한 것들도 많다. |
| 책을 읽고 느낀 점 | 우리 주변의 디자인에 조금 더 관심을 가지고 살펴보아야겠다. |
| 학교 주변에서 찾을 수 있는 디자인 | • 높이를 조절할 수 있는 책상과 의자<br>• 학교 앞 건널목의 '옐로 카펫'<br>• 학생들이 불편한 점을 직접 생각하여 바꾼 교문 |

2

> ⓔ 최근에 『선생님, 착한 손잡이가 뭐예요?』를 읽고 사람이 편리하게 사용하기 위한 디자인이 주목받고 있다는 사실을 알게 되었습니다. 그리고 학교 주변에는 어린이나 청소년이 직접 디자인한 것들도 많다고 합니다. 그 책에 나온 학교 주변에서 찾을 수 있는 디자인을 소개하겠습니다.
>
> 교실에 있는 책상과 의자는 높이를 조절할 수 있어 키가 크거나 작은 학생들도 편리하게 사용할 수 있습니다. 또 학교 앞 건널목에는 바닥과 벽을 노랗게 칠한 '노란 깔판'이 설치되어 있어 아이들이 좀 더 안전하게 신호를 기다릴 수 있습니다. 마지막으로 서울 삼양초등학교의 교문은 학생들이 직접 문제를 해결하고, 모양을 디자인한 것이라고 합니다.
>
> 이렇게 우리 주변에는 많은 생각이 담긴 디자인이 있습니다. 저는 이 책을 읽고 우리 주변의 디자인에 조금 더 관심을 가지고 살펴보아야겠다고 생각했습니다.

1 친구들에게 소개할 만한 내용이 담긴 책을 한 권 골라서 표에서 제시한 내용을 간단히 정리합니다. 표의 맨 마지막 줄은 책의 내용 중 자신이 중심적으로 소개할 내용을 쓰면 좋습니다.

> **채점 기준**
> 친구들에게 소개할 책의 내용을 알맞게 썼으면 정답으로 인정합니다.

2 1에서 표로 정리한 내용을 바탕으로 이어 주는 말을 알맞게 넣어 자연스럽게 하나의 글로 연결되도록 정리합니다. 친구들에게 소개하는 내용이므로 너무 어려운 낱말을 사용하지 않도록 주의합니다.

> **채점 기준**
> 표에서 정리한 내용을 자연스럽게 연결되도록 썼으면 정답으로 인정합니다.

# 6. 일이 일어난 까닭

 **교과서 지문 학습** 90~96쪽

**01** ⑤ **02** ⓔ 쓰레기를 버릴 때 불편함이 많았다. **03** ③ **04** ⓔ 아기 참새가 잘 날지 못했다. / 승호가 날지 못하는 아기 참새를 잡았다. **05** 그래서 **06** ① **07** 아기 참새가 잘 날 수 있을 때까지 **08** (2) ○ **09** ① **10** ⑤ **11** ① **12** ⓔ 경험한 일의 원인과 결과가 잘 드러나게 말하지 않았기 때문이다. **13** (1) 때문에 (2) 왜냐하면 **14** (1) ○ **15** ② **16** (2) ○ **17** ⑤ **18** (1) 원인 (2) 결과 **19** (2) ○ **20** ㉠ **21** (2) ○ **22** ④

**01** 만화에 쓰레기를 버릴 때 불편했던 점으로 ①~④의 내용이 제시되어 있습니다.

**02** 만화의 내용에 '쓰레기를 버려야 하는데 어두워서 불편하다.', '골목 입구에 쓰레기가 쌓여 있어서 다닐 때 불편하다.', '몹시 지저분하다.'라는 내용이 나타나 있습니다. 그래서 골목 입구에 '쓰레기 정거장'이 생겼습니다.

> **채점 기준**
> '쓰레기로 인해 불편하다'는 내용이 들어가면 정답으로 인정합니다.

**03** '승호는 아기 참새를 쥔 두 손을 높이 들고 깡충 뛰며 놓아주었습니다. 그러나 아기 참새는 길에서 깡충깡충 뛰어다니기만 했습니다.' 부분을 보면 알 수 있습니다.

**04** 승호가 참새를 교실로 가져가게 된 까닭을 찾기 위해 글의 내용을 살펴보면, 승호가 잡은 아기 참새를 날려 주려고 했는데 아기 참새가 날지 못했다는 것을 알 수 있습니다.

> **채점 기준**
> 아기 참새가 날지 못했다는 내용이 들어가면 정답으로 인정합니다.

**05** 원인은 '아기 참새가 걱정되었다.', '결과는 '참새를 선생님께 가져다드리기로 했다.'입니다. 원인과 결과

를 순서대로 이어 주는 알맞은 말은 '그래서'입니다.

06~07 "선생님, 교실에서 키워요.", "그래야겠구나. 날 수가 없으니 잘 날 수 있을 때까지만 키우자."라는 내용에서 참새를 키우기로 하였다는 것을 알 수 있습니다.

10 참새의 이름이 '짹짹콩콩'이라서 짹짹거리고 콩콩 뛰어다닌 것이 아니라, 원래 참새는 짹짹 울고 콩콩 뛰어다닙니다.

11 "너도 짹짹콩콩이가 걱정돼서 왔구나."라는 부분에서 아기 참새가 걱정되어서 다시 교실에 왔다는 것을 알 수 있습니다.

12 승호는 어머니께 일이 일어난 결과만 이야기하였습니다. 교실에서 참새를 키우기로 한 원인과 저녁에 선생님과 친구들이 다시 교실에 온 원인이 드러나 있지 않습니다.

**채점 기준**
'원인이 드러나야 한다'는 내용이 들어가면 정답으로 인정합니다.

13 원인과 결과를 드러내도록 이어 주는 말에는 '때문에', '그래서', '왜냐하면'이 있습니다.
'(원인) −하기 때문에 (결과), (결과) 왜냐하면 (원인)'과 같이 쓰이므로, 빈칸에 들어갈 알맞은 말은 '때문에'와 '왜냐하면'입니다.

15 '혼자서 자전거 타기에 성공했다.'라는 결과가 나타나기 위해 한 일로 가장 알맞은 것은 '자전거 타기 연습을 열심히 했다.'입니다.

16 가을이가 여름이를 먼저 놀린 일이 원인이 되어 여름이가 가을이를 놀리는 결과가 나타났습니다.

17 이야기를 꾸밀 때에는 언제, 어디에서, 누가, 어떤 일이, 왜 일어났는지를 생각해 봅니다. 그림을 그린 재료가 무엇인지는 이야기를 꾸미는 것과 관련이 없습니다.

19 꾸민 이야기를 발표할 때에는 원인과 결과가 잘 드러나게 알맞은 이어 주는 말을 사용하여 이야기합니다.

## 단원 정리 평가  98~101쪽

01 ②  02 쓰레기 정거장  03 ⑤  04 ②  05 ②
06 예 승호는 아기 참새를 교실로 데려갔다.  07 짹짹콩콩  08 예 '짹짹콩콩'으로 부르자는 아이가 많아서 '짹짹콩콩'이라고 이름을 지었다.  09 ③  10 (3) ○  11 ①  12 ④  13 ⑤  14 예 교실에 혼자 남은 아기 참새가 걱정되었기 때문이다.  15 ④  16 ④  17 ⑤  18 ③  19 ⑤  20 (1)-ⓛ (2)-㉠ (3)-ⓒ

03 골목 입구에 쓰레기가 쌓여 있어서 불편했기 때문에 깨끗하고 환한 쓰레기 정거장을 설치하였습니다.

04
| 원인 | 골목 입구에 쓰레기가 쌓여 있어서 쓰레기를 버리러 가는 데 불편함이 많았다. |
| 결과 | 쓰레기를 깔끔하게 버리기 위한 쓰레기 정거장을 만들었다. |

원인 문장과 결과 문장 사이에서 자연스럽게 이어 주는 말은 '그래서'입니다.

05 '야구공을 찾으려고 꽃밭으로 들어갔던 승호가 소리쳤습니다.'에서 승호가 야구공을 찾기 위해 꽃밭으로 들어갔다는 것을 알 수 있습니다.

06 승호는 날지 못하는 아기 참새가 걱정되었기 때문에 아기 참새를 안고 교실로 갔습니다.

**채점 기준**
아기 참새를 교실로 데려갔다는 내용을 썼으면 정답으로 인정합니다.

08 많은 이름 가운데에서 '짹짹콩콩'으로 부르자는 아이가 가장 많아서 아기 참새의 이름을 '짹짹콩콩'으로 지었습니다.

**채점 기준**
선생님과 아이들이 '짹짹콩콩'이라는 이름을 지을 때 '짹짹콩콩'으로 부르자는 아이가 가장 많았다는 내용을 썼으면 정답으로 인정합니다.

09 '−하기 때문에'는 뒤에 나오는 결과가 앞에 나오는 원인으로 인한 것임을 나타내는 이어 주는 말입니다.

**12** 승호가 교실에 도착했을 때, 이미 선생님과 여러 명의 아이가 와 있었기 때문입니다.

**14** 승호네 반 친구들이 저녁에 교실로 온 원인을 써야 합니다.

> **채점 기준**
> 아기 참새가 걱정되었다는 내용이 들어가게 썼으면 정답으로 인정합니다.

**16** 날마다 달리기 연습을 열심히 한 행동에 알맞은 결과는 '달리기 대회에서 좋은 성적을 거두었습니다.'입니다. ③, ⑤는 달리기 연습을 열심히 하게 된 원인이라고 볼 수 있습니다.

**18** 책을 많이 읽은 행동의 결과로 나타날 수 있는 것으로 가장 알맞은 것은 어려운 낱말을 많이 알게 되었다는 내용입니다.

**19** 리코더 연습을 열심히 한 것의 결과로 알맞은 것은 '학예회에서 자신 있게 연주할 수 있었다.'입니다.

## 서술형 문제                     102쪽

**01** ⓔ 쓰레기 정거장이 생겼다.
**02** ⓔ 때문에: 골목 입구에 쓰레기가 쌓여서 불편했기 때문에 쓰레기 정거장이 생겼다. / 그래서: 쓰레기를 버리기가 불편했다. 그래서 쓰레기 정거장이 생겼다. / 왜냐하면: 쓰레기 정거장이 생겼다. 왜냐하면 쓰레기가 쌓여서 불편했기 때문이다.
**03** ⓔ 아기 참새가 날지 못했기 때문이다.
**04** ⓔ 선생님, 꽃밭에서 잡은 아기 참새가 잘 날지 못했어요. 그래서 교실로 데리고 왔어요.

**01** 쓰레기 때문에 불편해서 생긴 결과를 씁니다.

> **채점 기준**
> 쓰레기 정거장이 생겼다는 내용이 들어가게 썼으면 정답으로 인정합니다.

**02** 원인과 결과의 위치에 따라 알맞은 이어 주는 말을 골라 써 봅니다.

> **채점 기준**
> '때문에, 그래서, 왜냐하면'을 사용하여 원인과 결과가 잘 드러나게 썼으면 정답으로 인정합니다.

**03** 아기 참새가 잘 날지 못해 교실로 데려갔습니다.

> **채점 기준**
> 아기 참새가 날지 못했다거나 아기 참새가 걱정되었다는 내용을 썼으면 정답으로 인정합니다.

**04** 아기 참새를 데리고 오게 된 원인(참새가 날지 못함.)이 잘 드러나는지 확인합니다.

> **채점 기준**
> 아기 참새를 데리고 오게 된 원인과, 아기 참새를 데리고 왔다는 결과가 드러나게 이어 주는 말을 잘 넣어 썼으면 정답으로 인정합니다.

## 수행 평가                     103쪽

**1** (1) ⓛ (2) ⓒ (3) ⓐ

**2** ⓔ

| 원인 | 너무 더워서 시원한 음식이 먹고 싶었다. |
|---|---|

↓

| 결과 | 과일 화채를 만들어 먹었다. |
|---|---|

**3** ⓔ 제목: 과일 화채

　오늘은 집에서 엄마와 과일 화채를 만들어 먹었다. 왜냐하면 날씨가 너무 더워서 시원한 음식이 먹고 싶었기 때문이다. 여름 방학에 즐거운 추억을 만들어서 좋다.

**1** 일어난 일의 원인과 결과를 이어 봅니다.

> **채점 기준**
> 세 가지 모두 원인과 결과를 맞게 이었으면 정답으로 인정합니다.

**2** 담윤이의 메모를 보고 일어난 일의 원인과 결과를 생각해 봅니다.

> **채점 기준**
> 경험한 일의 원인과 결과를 각각 알맞게 썼으면 정답으로 인정합니다.

**3** 과일 화채를 먹게 된 원인이 잘 드러나게 썼는지를 살펴봅니다.

> **채점 기준**
> 원인과 결과에 따라 경험한 일이 잘 드러나게 썼으면 정답으로 인정합니다.

# 7. 반갑다, 국어사전

01 ③　02 ④　03 (1) ○ (2) ○ (3) ○　04 예 낱말의 뜻을 더 잘 이해할 수 있게 하기 위해서이다.　05 (1) 기분, 결과 (2) 생일, 선물　06 (1) ㅣ (2) ㄱ　07 (1) ㅅ (2) ㅏ (3) ㅈ (4) ㅏ　08 연필 → 청소 → 화분　09 (1) 일어서다, 넓다, 달리다, 웃다 (2) 도서관, 동생　10 (1) 일어서다, 달리다, 웃다 (2) 넓다　11 (1) 높 (2) 은 (3) 높 (4) 아서　12 (1) 웃다 (2) 불다 (3) 읽다 (4) 자다　13 기본형　14 ②　15 ⑤　16 (1) 입 (2) 입다 (3) 얇 (4) 얇다 (5) 좁 (6) 좁다　17 얇다 → 입다 → 좁다　18 (1) – ㉰ (2) – ㉯ (3) – ㉮　19 (1) 진달래, 벚꽃, 배꽃, 매화 (2) 철쭉　20 (1) ㉠ (2) 즐기다　21 ㉣ → ㉡ → ㉠ → ㉢　22 ④　23 ⑤　24 (1) 예 색소 (2) 물체에 색깔이 나타나도록 해 주는 성분.　25 ⑤　26 (1) 받다 (2) 솟다 (3) 낚아채다 (4) 뒤쫓다　27 낚아채다, 뒤쫓다, 받다, 솟다　28 (1) 사귀었던 (2) 사귀어　29 ⑤

01 국어사전은 낱말의 뜻을 모를 때 뜻을 찾기 위해 사용합니다.

02 국어사전에는 그 낱말이 왜 사용되는지에 대해서는 실려 있지 않습니다.

03 국어사전의 부록에는 우리말에 대한 내용이 실려 있으므로, 세계의 문화재나 우리나라의 역사는 알맞지 않습니다.

04 글과 그림이나 사진이 함께 실려 있으면 더 좋은 점을 생각하여 써 봅니다.

> **채점 기준**
> 낱말의 뜻을 더 잘 이해할 수 있다는 내용이 들어 있으면 정답으로 인정합니다.

05 '기분, 결과'는 'ㄱ'으로 시작하고, '생일, 선물'은 'ㅅ'으로 시작합니다.

07 국어사전에서 낱말을 찾을 때는 첫 번째 글자의 첫 자음자부터 차례대로 찾습니다.

08 '화분, 연필, 청소'의 첫 자음자가 각각 'ㅎ, ㅇ, ㅊ'이고 국어사전에는 'ㅇ, ㅊ, ㅎ' 차례대로 실립니다.

09 '도서관, 동생'은 문장에서 형태가 바뀌지 않고 항상 같은 형태로 쓰입니다.

10 '일어서다, 달리다, 웃다'는 움직임을 나타내는 낱말이고, '넓다'는 성질이나 상태를 나타내는 낱말입니다.

12 낱말의 형태가 바뀔 때에는 형태가 바뀌지 않는 부분에 '–다'를 붙이면 기본형이 됩니다.

13 국어사전에는 낱말의 기본형만 싣습니다.

15 몸에 잘 붙지 않게 까슬까슬한 옷감으로 만드는 것은 여름에 입는 옷입니다.

16 형태가 바뀌지 않는 부분에 '–다'를 붙이면 낱말의 기본형이 됩니다.

17 'ㅣ'보다 'ㅑ'가 먼저 오기 때문에 '입다'보다 '얇다'가 먼저 실립니다.

20 '즐기고'는 '즐기니, 즐기는' 등으로 형태가 바뀔 수 있습니다. 이렇게 형태가 바뀌는 낱말에서 형태가 바뀌지 않는 부분에 '–다'를 붙이면 기본형이 됩니다.

21 각 낱말의 첫 자음자인 'ㅈ, ㅂ, ㅎ, ㅁ'을 사전에 나오는 순서대로 늘어놓으면 'ㅁ, ㅂ, ㅈ, ㅎ'입니다. 따라서 사전에 실리는 순서는 '물질, 번철, 즐기다, 화전'입니다.

22 꽃집에서 파는 꽃은 함부로 먹으면 안 된다고 하였습니다.

23 첫 번째 자음자 중 'ㄱ'이 가장 먼저 옵니다.

24 글에서 모르는 낱말을 찾고, 그 뜻을 짐작하여 봅니다.

> **채점 기준**
> 낱말의 뜻을 낱말의 뜻과 비슷하게 짐작하여 썼으면 정답으로 인정합니다.

25 국어사전을 이용해 낱말의 뜻을 찾으며 읽으면 글을 더 쉽게 이해할 수 있습니다.

28 '사귀었던', '사귀어'는 줄여서 쓸 수 없는 말입니다.

29 '뛰었다', '할퀴었다', '쉬었다가'는 줄여서 쓸 수 없는 말입니다.

## 단원 정리 평가    112~115쪽

**01** ②   **02** ③   **03** ②   **04** (1) 개미 (2) 하늘 (3) 한과 (4) 사슴   **05** (1) 가을, 고구마, 끝 (2) 다람쥐, 도마, 두부 (3) 부속, 부자, 부채   **06** (1) ㅅ (2) ㅏ (3) 없음. (4) ㄹ (5) ㅏ (6) ㅁ   **07** ⑤   **08** ④   **09** 예 바람   **10** ⑤ **11** (1) 먹다, 솟다, 작다 (2) 언덕, 마을, 바다   **12** ⑤ **13** (1) 먹 (2) 먹다   **14** 예 꽃의 가운데에 들어 있는 가루   **15** ④   **16** (1) 초록색 (2) 빨간색 (3) 검은색 (4) 노란색   **17** ⑤   **18** ②   **19** 예 (1) 식용 (2) 먹을 것으로 씀. (3) 식용으로 닭을 기른다.   **20** (1) ○

**01** 국어사전의 앞표지에는 '어린이 국어사전, 속담 국어사전' 등 국어사전의 이름이 쓰여 있습니다.

**02** 국어사전에는 그 낱말을 발음하는 방법도 함께 실려 있습니다.

**04** (1) 첫 자음자가 같으므로 첫 모음자를 비교해 봅니다.

(2) 첫 자음자와 모음자가 같을 때는 첫 글자의 받침을 봅니다. 받침이 없는 글자가 먼저 옵니다.

(3) 첫 글자가 같을 때는 두 번째 글자의 첫 자음자로 비교합니다.

(4) 두 번째 글자의 모음자까지 같으므로 두 번째 글자의 받침으로 비교합니다.

**05** (1) 먼저 첫 번째 글자의 첫 자음자를 비교하고, 자음자가 같으면 모음자를 비교합니다.

(2) 첫 자음자가 같으므로 첫 번째 글자의 모음자를 비교합니다.

(3) 첫 번째 글자가 같으므로 두 번째 글자의 첫 자음자를 비교합니다.

**06** 예시를 보고 알맞게 나누어 써넣습니다.

**07** 국어사전에는 첫 번째 글자의 첫 자음자가 같은 낱말끼리 분류하여 차례대로 담겨 있습니다.

**08** 국어사전에서 낱말을 찾을 때는 첫 번째 글자의 첫 자음자부터 찾아야 합니다.

**09** 제시된 낱말들의 첫 자음자는 'ㅂ'이므로, 'ㅂ'으로 시작하는 낱말을 씁니다.

**10** 형태가 바뀌는 낱말은 바뀌지 않는 부분에 '-다'를 붙여 낱말의 기본형을 만듭니다.

**12** 철쭉꽃은 먹을 수 없는 꽃이라서 '개꽃'이라는 이름이 붙었습니다.

**14** 알고 있는 낱말들을 생각하거나 앞뒤 내용을 살펴보고 뜻을 짐작해 봅니다.

> **채점 기준**
> 앞뒤 내용을 살펴보고 뜻을 알맞게 짐작하여 썼으면 정답으로 인정합니다.

**15** 첫 자음자가 다르므로 첫 자음자를 비교해 봅니다.

**17** 글의 두 번째 문단에서 '농약을 친 꽃에는 독성이 있기 때문입니다.'라고 하였습니다.

**18** 국어사전에는 낱말의 기본형만 실리므로, '씻은'의 기본형인 '씻다'를 찾아야 합니다.

**19** 글에서 모르는 낱말을 한 가지 쓰고, 뜻을 짐작한 뒤에 뜻에 알맞게 문장을 만들어 봅니다.

> **채점 기준**
> 낱말의 뜻을 알맞게 찾아 쓰고, 뜻에 어울리게 문장을 만들었으면 정답으로 인정합니다.

**20** 국어사전을 활용하며 읽으면 글의 내용을 더 잘 이해할 수 있습니다.

## 서술형 문제    116쪽

**01** 예 첫 번째 글자인 '공'의 첫 자음자인 'ㄱ'을 먼저 찾는다. 그리고 첫 모음자인 'ㅗ'를 찾고, 받침인 'ㅇ'을 다음에 찾는다. 다음으로 두 번째 글자인 '책'의 자음자 'ㅊ', 모음자 'ㅐ', 받침 'ㄱ'을 차례대로 찾는다.

| 낱말 | 기본형 | 짐작한 뜻 |
|------|--------|-----------|
| 깊은 | 깊다 | 겉에서 속까지의 거리가 멀다. |
| 견딜 | 견디다 | 오랫동안 참고 버티다. |
| 스며들지 | 스며들다 | 속으로 배어들다. |

**01** '공책'이라는 낱말을 첫 번째 글자와 두 번째 글자로 나누고, 각 글자를 자음자, 모음자, 받침으로 나누어 찾는 방법을 설명하여 씁니다.

> **채점 기준**
> 낱말을 첫 번째와 두 번째 글자로 나누고, 각 글자를 자음자, 모음자, 받침으로 나누어 차례대로 찾아야 한다는 내용을 썼으면 정답으로 인정합니다.

**02** 기본형을 만드는 방법을 생각하며 알맞게 바꾸어 쓰고, 낱말의 앞뒤 내용을 읽어 본 뒤에 뜻을 짐작하여 씁니다.

> **채점 기준**
> 제시된 낱말의 뜻과 비슷한 내용을 짐작하여 썼으면 정답으로 인정합니다.

## 수행 평가 117쪽

**1** (1) ㄱ (2) ㄴ (3) 예 모자, 문학, 마음 (4) 예 바다, 병풍, 바람 (5) ㅅ (6) 예 장사, 저울질, 자전거 (7) ㅋ (8) ㅍ
**2** 예 (1) 삼짇날 (2) 3월에 있는 명절 (3) 음력 3월 초사흗날.

**1** 국어사전에서 자음자가 제시되는 순서를 생각하고, 각 자음자로 시작되는 낱말을 떠올려 씁니다.

> **채점 기준**
> 빈칸에 들어갈 자음자와 각 자음자로 시작하는 낱말을 모두 바르게 썼으면 정답으로 인정합니다.

**2** 낱말의 뜻은 그 낱말이 쓰인 문장의 앞뒤 내용을 읽어 보면 짐작할 수 있습니다.

> **채점 기준**
> 이 글에 나온 낱말을 골라 알맞게 짐작하여 썼으면 정답으로 인정합니다.

# 8. 의견이 있어요

## 교과서 지문 학습 118~125쪽

**01** ⑤    **02** (1)-ⓒ (2)-ⓙ    **03** 궁리    **04** ③    **05** (1) 오성 (2) 예 우리 집에 가지가 일부분 넘어왔어도 나무의 뿌리는 오성의 집에 있기 때문이다.    **06** 유빈    **07** ①    **08** ①    **09** 가방, 장바구니    **10** ①    **11** 우리 모두    **12** 예 일회용 나무젓가락을 적게 써야 한다.    **13** (2) ○    **14** ③    **15** ①    **16** ②, ③    **17** (1) 우리는 좋은 습관을 길러야 합니다. (2) 약속을 잘 지키는 습관을 기릅시다.    **18** ④    **19** 예 좋은 습관을 길러야 한다.    **20** (1)-ⓙ (2)-ⓒ (3)-ⓛ    **21** ③    **22** ③    **23** (2) ○    **24** 예 자전거를 안전하게 탑시다

**01** 오성과 옆집 하인은 담을 넘어간 가지가 서로 자기의 것이라고 이야기하였습니다.

**02** (1) 오성은 감나무를 우리 집에서 심고 가꾸었기 때문에 우리 감이라고 하였습니다. (2) 옆집 하인은 담 너머로 가지가 넘어갔기 때문에 우리 감이라고 하였습니다.

**03** '어떤 일을 해결할 방법을 깊이 생각함. 또는 그 생각.'이라는 뜻을 지닌 낱말은 '궁리'입니다.

**04** 오성은 권 판서 대감 댁에 찾아가 창호지를 바른 방문 안으로 팔을 쑥 들이밀었습니다.

**05** 권 판서 대감이 "음, 그야 너희 것이지. 우리 집에 가지가 일부분 넘어왔어도 나무의 뿌리는 너희 집에 있지 않느냐?"라고 말한 부분을 살펴보면 알 수 있습니다.

> **채점 기준**
> 감이 오성의 감이고 나무의 뿌리가 오성의 집에 있기 때문이라는 내용으로 까닭을 썼으면 정답으로 인정합니다.

**06** 오성은 우리 집에서 심고 가꾸어서 감이 오성의 감이라고 했습니다. 유빈이는 오성과 같은 의견을 말하였고, 서우는 권 판서네 감이라는 다른 의견을 말하였습니다.

**08** 글쓴이는 **1**의 마지막 부분에서 '일회용품을 덜 쓰려면 다음과 같은 일을 실천해야 합니다.'라고 이야기하고 있습니다.

**09** 여러 번 쓸 수 있는 가방이나 장바구니를 활용해야 한다고 이야기하였습니다.

**11** **5**에서 '지구를 가꾸는 것은 우리 모두가 해야 할 일입니다.'라는 내용을 찾아볼 수 있습니다.

**12** 글쓴이는 우리가 일회용품을 덜 써서 깨끗한 지구를 만들자고 하였고, 깨끗한 지구를 만들기 위해 우리가 함께 노력해야 한다고 강조하고 있습니다.

> **채점 기준**
> 글쓴이가 가장 하고 싶은 말인 '지구를 깨끗이 가꾸자.'라는 내용이 드러나게 썼으면 정답으로 인정합니다.

**14** 글 제목을 보거나 문단의 중심 문장을 정리하며 글쓴이의 의견을 짐작할 수 있습니다.

**15** ①은 **2**에서 찾아볼 수 없는 내용입니다.

**16** 이 글에서는 좋은 습관을 길러야 하는 까닭에 대해 이야기하고 있습니다. 좋은 습관을 고치기 어렵다는 것은 글의 내용과 관련이 없습니다.

**17** **1**을 대표하는 문장은 '우리는 좋은 습관을 길러야 합니다.'입니다. **2**에서는 약속을 지키기 위한 습관에 대해 이야기하고 있는데, 이 내용을 대표하는 문장은 '약속을 잘 지키는 습관을 기릅시다.'입니다.

> **채점 기준**
> **1**의 중심 내용인 '우리는 좋은 습관을 길러야 합니다.'가 들어가게 썼으면 정답으로 인정합니다.
> **2**의 중심 내용인 '약속을 잘 지키는 습관을 기릅시다.'가 들어가게 썼으면 정답으로 인정합니다.

**18** **5**를 살펴보면 좋은 습관이 자신의 삶을 발전하게 한다고 하였습니다.

**19** 좋은 습관을 기르는 일의 중요성에 대해 이야기하는 글입니다.

> **채점 기준**
> 좋은 습관을 길러야 한다는 내용이 들어가게 썼으면 정답으로 인정합니다.

**20** (1) 고마움을 표현하면 나도 기분이 좋아지기 때문에 고마움을 표현하는 습관을 기르고 싶다는 내용이 어울립니다.
(2) 날마다 아침에 운동하는 습관과 관련된 것은 '하루를 활기차게 시작할 수 있기 때문이야.'입니다.
(3) 꾸준히 메모하는 습관을 기르면 중요한 일을 잊지 않을 수 있습니다.

**21** 교실 바닥이 지저분한 문제를 해결하기 위한 의견으로 '날마다 청소를 하는 것은 힘들다.'는 어울리지 않습니다.

**22** '걸을 때는 사뿐사뿐'이라는 말에는 복도나 교실에서 사뿐사뿐 걷자는 의견이 잘 나타나 있습니다.

**24** 글의 중심 내용을 정리해 보고 글의 내용을 대표할 수 있는 제목을 생각해 봅니다.

> **채점 기준**
> '자전거를 안전하게 타자'라는 내용으로 쓰면 정답으로 인정합니다.

### 단원정리평가 127~130쪽

**01** ① **02** 오성 **03** 우리 집(권 판서 댁) **04** 예 오성이 정성스럽게 키운 감인데 옆집 하인이 자기네 감이라고 우기는 것은 억지라고 생각해. **05** ② **06** ⑤ **07** 비닐봉지, 일회용 컵, 일회용 나무젓가락 중 2개 **08** ⑤ **09** 비닐봉지를 적게 써야 합니다. **10** (1) ○ **11** (1) ○ **12** ③, ④ **13** ④ **14** 예 좋은 습관을 길러야 합니다. **15** (2) ○ **16** (1) 예 바르고 고운 말을 사용하자. (2) 예 친구들과 사이좋게 지낼 수 있다. **17** ⑤ **18** (1)-㉠ (2)-㉡ (3)-㉢ **19** 예 자전거를 안전하게 탑시다. **20** 지훈

**01** 권 판서 대감 집 쪽으로 감나무 가지가 넘어왔기 때문에 옆집 하인은 자기네 감이라고 했습니다.

**02** '오성은 어이없다는 듯이 옆집 하인에게 말했습니다.'라는 부분에서 알 수 있습니다.

**04** 인물의 말에 대한 의견은 사람마다 다릅니다. 자신의 의견을 까닭을 들어 씁니다.

> **채점 기준**
> 인물이 한 말과 관련하여 자신의 생각을 쓰면 정답으로 인정합니다.

**05** 글쓴이나 인물이 어떤 대상에게 지니는 생각을 '의견'이라고 합니다.

**06** '그런데 우리가 한 번 쓰고 난 뒤에 무심코 버리는 일회용품은 지구를 병들게 합니다.'를 보고 알 수 있습니다.

**07** '일회용품은 평소에 사람들이 자주 사용하는 비닐봉지, 일회용 컵, 일회용 나무젓가락 따위를 말합니다.'라는 문장에서 2개를 찾아 씁니다.

**08** 일회용 나무젓가락은 잘 썩지 않도록 약품 처리를 한다는 내용을 찾아볼 수 있습니다.

**10** 이 글에는 비닐봉지, 일회용 컵, 일회용 나무젓가락을 적게 쓰자는 내용이 나왔습니다. 따라서 뒤에는 일회용품을 덜 쓰자는 내용이 이어져야 합니다.

**11** 가 문단에서는 약속을 잘 지키는 것에 대한 내용이 나오므로, ㉠에는 '약속을 잘 지키는 습관을 기릅시다.'가 가장 알맞습니다.

**12** ③은 약속을 잘 지킬 때의 좋은 점입니다. ④는 고마워하는 마음을 표현하는 습관을 기를 때의 좋은 점입니다.

**13** 가~라 문단의 내용을 모두 포함하고, 글쓴이의 생각을 가장 잘 나타내는 제목은 '좋은 습관을 기르자'입니다.

**14** 글쓴이는 좋은 습관을 기르도록 노력하자고 이야기하고 있습니다.

> **채점 기준**
> 좋은 습관을 기르자는 내용이 들어가게 썼으면 정답으로 인정합니다.

**15** 화장실에서 물을 뿌리는 장난을 할 때의 단점에 대해 이야기하고 있습니다. 이를 해결할 수 있는 의견을 제시해야 합니다.

**16** 고운 말을 쓰지 않아 생긴 문제에 대한 의견과 알맞은 까닭을 씁니다.

> **채점 기준**
> 그림의 문제(고운 말을 쓰지 않아 생긴 문제)를 해결할 수 있는 의견을 제시하고, 문제점을 해결할 수 있는 의견에 대한 타당한 까닭을 제시하면 정답으로 인정합니다.

**17** 친구들끼리 욕하고 놀려서 다툼이 일어났기 때문에, '친구에게 고운 말로 말해요'가 가장 알맞습니다.

**18** 가의 중심 문장은 '위험한 행동을 하지 않아야 합니다.'입니다. 나의 중심 문장은 '자전거 상태를 자주 점검해야 합니다.'입니다. 다의 중심 문장은 '자전거를 안전하게 타는 방법을 아는 것만큼 실천도 중요합니다.'입니다.

**19** 글쓴이는 안전 수칙을 지켜서 자전거를 안전하게 타야 한다고 이야기하고 있습니다.

> **채점 기준**
> '자전거를 안전하게 타자.'라는 내용이 들어가게 썼으면 정답으로 인정합니다.

**20** 민정이의 의견과 의견에 대한 까닭은 서로 맞지 않는 내용입니다.

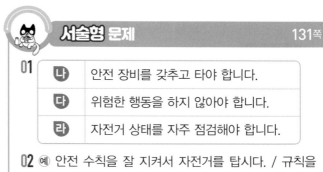

**서술형 문제**   131쪽

| 01 | 나 | 안전 장비를 갖추고 타야 합니다. |
| --- | --- | --- |
| | 다 | 위험한 행동을 하지 않아야 합니다. |
| | 라 | 자전거 상태를 자주 점검해야 합니다. |

**02** 예 안전 수칙을 잘 지켜서 자전거를 탑시다. / 규칙을 잘 지키며 안전하게 타도록 노력합시다.

**01** 이 글에서는 각 문단의 첫 번째 문장이 중심 문장입니다.

> **채점 기준**
> 중심 문장 세 가지 모두 바르게 찾아 썼으면 정답으로 인정합니다.

**02** ㉠에는 글 전체의 내용을 끝맺는 중요한 내용이 들어가야 합니다.

### 채점 기준

글쓴이의 의견인 '자전거를 안전하게 타야 한다.'라는 내용이 들어가면 정답으로 인정합니다.

### 수행 평가     132쪽

**1** 예 글쓴이의 생각을 가장 잘 드러내는 문장이기 때문이다.

**2** (1)-ⓒ (2)-ⓐ (3)-ⓑ (4)-ⓔ

**3** 예 지구를 깨끗이 가꾸는 방법으로 일회용품 사용을 줄일 수 있다는 것을 알리기 위해서이다.

**4** 예 일회용품을 덜 써서 깨끗한 지구를 만들자. / 지구를 깨끗이 가꾸고 유지하자. / 지구를 가꾸고 사랑하자.

**1** 글 제목을 살펴보면 글쓴이의 의견을 알 수 있습니다.

### 채점 기준

글쓴이의 의견(우리 스스로 지구를 깨끗이 가꾸자)을 잘 드러낸다는 내용으로 썼으면 정답으로 인정합니다.

**2** 각 문단의 가장 중요한 내용을 찾아봅니다.

### 채점 기준

네 문단의 중심 내용을 모두 알맞게 찾았으면 정답으로 인정합니다.

**3** 글쓴이가 무엇을 말하려고 이 글을 썼는지 생각해 봅니다.

### 채점 기준

일회용품 사용을 줄이자는 내용이나, 지구를 깨끗이 해야 한다는 내용이 들어가면 정답으로 인정합니다.

**4** 가 의 중심 문장인 '우리는 지구를 깨끗이 하려고 노력해야 합니다.'와 나 ~ 라 의 내용을 살펴보면, 글쓴이는 '지구를 깨끗이 해야 한다.'라고 이야기하고 있습니다.

### 채점 기준

글쓴이의 의견을 파악하여 전체의 내용을 포함할 수 있는 내용으로 썼으면 정답으로 인정합니다.

## 9. 어떤 내용일까

### 교과서 지문 학습    133~145쪽

**01** (1)-㉮ (2)-㉯   **02** (2) ○   **03** ④   **04** ④   **05** ⑤   **06** 예 글씨를 오래 써서 연필이 닳다.   **07** ③   **08** ②   **09** ⑤   **10** (1) 분명한 (2) 약속장   **11** (1) ○   **12** 예 나는 방학 동안 책을 많이 읽겠다는 서약서를 썼다.   **13** ③   **14** 서로 의견을 나누기 위해서이다.   **15** (1) ㉠ (2) ㉡   **16** 어두운 밤   **17** ⑤   **18** ④   **19** 예 맑고 깨끗한   **20** ②   **21** ㉡   **22** 예 나비를 좋아하고, 특히 새로운 나비 찾는 일을 중요하게 생각해서   **23** ③   **24** (1) ○   **25** ③   **26** 예 책이 재미있어서 밤늦게까지 자지 않고 읽었던 적이 있다.   **27** ⑤   **28** 수노랑나비 / 유리창나비   **29** (1) 예 쌩쌩이(2단뛰기)를 하려고 밤늦도록 줄넘기 연습을 했다. (2) 예 뿌듯하고 자랑스러웠을 것 같다. / 책임감이 느껴졌을 것 같다. / 우리나라 나비에 대해 일본이 잘못 쓴 부분도 모두 찾아 고치겠다고 다짐했을 것 같다.   **30** ⑤   **31** (1)-㉣ (2)-㉢ (3)-㉯ (4)-㉮   **32** ③   **33** ⑤   **34** ⑤   **35** (2) ○   **36** 예 달라붙는다.   **37** (2) ○   **38** ④, ⑤   **39** ①   **40** 예 길을 가는데 강아지가 너무 무서웠다.   **41** ①   **42** ②   **43** 예 수영을 배울 것 같다.   **44** 서미   **45** (1) 좀 (2) 조금

**01** 앞뒤 문장이나 낱말을 살펴보고 낱말의 알맞은 뜻을 생각해 봅니다.

**02** 낱말의 뜻을 몰라 힘들었던 경험을 떠올려 봅시다.

**05** 문단 ❶ 에서 다람쥐는 이빨을 닳게 하려고 딱딱한 열매를 갉아 먹는다고 했습니다.

**06** '닳다'의 뜻을 생각하며 문장을 만들어 봅니다.

### 채점 기준

'닳고', '닳아서' 등 형태가 바뀐 낱말도 정답으로 인정합니다.

**07** '감추다'의 뜻은 '남이 보거나 찾아내지 못하도록 가리거나 숨기다'로, '숨겨'와 뜻이 가장 비슷합니다.

**08** 문단 ❶ 에서 닉은 프린들을 달라고 말하며 볼펜을

가리켰습니다.

**09** 문단 **2**에서 닉의 친구들이 계속 가게를 다녀갔고, 아주머니가 알게 되었음을 알 수 있습니다.

**10** 주어진 낱말을 글 속에 대신 넣어 보고 비슷한 뜻이 되는지 확인해 봅니다.

**12** '서약서'는 '약속하고 맹세하는 글.'이라는 뜻입니다.

> **채점 기준**
> '서약서'가 쓰이는 상황에 알맞은 문장을 만들어 썼으면 정답 으로 인정합니다.

**13** 글의 제목은 글 속 낱말의 뜻을 짐작하는 데에 도움 이 되지 않을 수도 있습니다.

**14** 문단 **2**에서 반딧불이가 빛을 내는 까닭은 서로 의 견을 나누기 위해서라고 하였습니다.

**15** 문단 **3**에서 어른 반딧불이와 반딧불이 애벌레의 먹이에 대한 내용을 찾을 수 있습니다.

**16** 글에서 찾은 단서와 자신의 경험을 통해 보면 반딧 불이가 빛나는 모습을 잘 보려면 어두운 밤이 좋다 는 것을 짐작할 수 있습니다.

**17** 반딧불이는 애벌레의 먹이가 많고 물이 깨끗한 곳에 산다고 하였습니다.

**18** 이 글의 마지막 부분에서 옛날에는 반딧불이가 너무 많아 개똥벌레라고 했을 수 있다고 하였습니다.

**19** 반딧불이를 관찰하려면 자연환경이 맑고 깨끗한 곳 에 가야 합니다.

**20** 석주명은 지리산에서 나비를 채집하였습니다.

**21** 석주명은 나비가 나는 모습만 보아도 나비가 암컷인 지 수컷인지 알 수 있다는 점에서 나비에 대해 잘 알 고 있음을 짐작할 수 있습니다.

**22** 석주명은 나비를 좋아하고, 특히 새로운 나비를 찾 는 일을 아주 중요하게 생각합니다. 그래서 오랫동 안 몸을 다쳐 가며 나비를 잡았을 것입니다.

> **채점 기준**
> 석주명이 나비를 잡은 까닭에 대해 글의 내용을 반영하여 자 신의 생각을 알맞게 썼으면 정답으로 인정합니다.

**24** 조선은 나비 연구가 제대로 되어 있지 않다는 일본 인 선생님의 말을 듣고 석주명은 나비를 연구하기로

결심했습니다.

**25** 석주명이 오랫동안 몸을 다쳐 가며 나비를 잡은 모 습에서 끈기가 있고 노력을 많이 하는 사람인 것을 짐작할 수 있습니다. 석주명이 나비를 연구하기로 마음먹은 것은 스물한 살 때입니다.

**26** 자신이 오랫동안 노력한 일을 생각해 봅니다.

> **채점 기준**
> 어떤 일에 대해 열심히 노력하는 모습이나 행동이 잘 나타나 게 썼으면 정답으로 인정합니다.

**29** (1) 자신이 석주명처럼 정성을 쏟은 일이 있는지 생 각하여 써 봅니다.
(2) 글에서 찾은 단서와 (1)에 적은 일을 했을 때 어 떤 기분이 들었는지 생각하여 써 봅니다.

> **채점 기준**
> (1) 자신이 한 일 중 정성을 쏟은 일을 한 가지 썼으면 정답으 로 인정합니다.
> (2) 석주명이 자랑스러운 마음으로 주어진 일을 열심히 하겠 다는 내용을 썼으면 정답으로 인정합니다.

**30** 이 안내문은 여러 장소에 있을 때 지진이 일어나면 각각 어떻게 행동해야 하는지를 안내한 글입니다.

**31** 낱말의 뜻과 문장에서 낱말이 사용된 내용을 잘 살 펴보고 알맞은 뜻을 연결합니다.

**33** 승강기를 사용하면 다양한 문제가 생길 수도 있으므 로, 지진이 났을 때는 계단을 이용해야 합니다.

**34** 담쟁이덩굴은 부착 뿌리 덕분에 벽에 달라붙을 수 있습니다.

**35** 앞뒤 문장을 읽어 보고 뜻을 짐작해 봅니다.

**36** '부착'은 '떨어지지 아니하게 붙음.'이라는 뜻을 가진 낱말입니다.

> **채점 기준**
> '부착'의 실제 뜻과 비슷하게 짐작해 썼으면 정답으로 인정합 니다.

**37** 송악과 담쟁이덩굴은 둘 다 혼자서 똑바로 서지 못 해 부착 뿌리가 있는 식물입니다.

**38** 미요가 물이 무섭고, 물에 빠진 미야를 보고 발만 동 동 굴렀다는 점에서 미요의 성격을 짐작해 볼 수 있 습니다.

**39** 이야기 속에서 미요의 행동과 자신의 경험을 통해 짐작해 보면 미요가 겁이 많은 성격이라는 것을 알 수 있습니다.

**40** 미요와 같이 무서웠던 경험을 써 봅니다.

> **채점 기준**
> 평소 무언가를 무서워한 경험을 한 가지 썼으면 정답으로 인정합니다.

**41** 미야도 고양이이고, 물에 빠졌는데 스스로 헤엄쳐 나오지 못하고 미요에게 살려 달라고 한 것을 보면 미야도 물을 싫어한다는 것을 짐작할 수 있습니다.

**43** 미요의 성격과 미야, 털보의 행동을 떠올리며 앞으로의 이야기를 생각해 봅니다.

> **채점 기준**
> 등장인물의 성격과 앞의 내용을 바탕으로 이어질 이야기를 썼으면 정답으로 인정합니다.

**45** '조금'의 준말은 '좀'으로 써야 합니다.

---

### 단원정리 평가    147~150쪽

**01** ④    **02** 발생    **03** ④    **04** ⑤    **05** ③    **06** 예 숨겨    **07** 계속 자라는 이빨을 닳게 할 수 있어서    **08** ④    **09** (1) 예 장난기가 많다. (2) 예 펜을 프린들이라고 부르자는 신기한 장난을 생각해 내서    **10** ③    **11** ④    **12** ①    **13** ⑤    **14** ④    **15** 예 물이 깨끗한 곳이 점점 사라지고 있어서    **16** ①    **17** 예 떨어지는 물건에 맞아 다치는 것을 막을 수 있다.    **18** ④    **19** 예 다른 동물이나 물체에 달라붙기 위한 기관.    **20** ①

**01** 이 문장은 폭포에 대한 내용이며, 바로 뒤에 '매우 깊어서'라는 말이 나오므로 '수심'은 '물의 깊이'라는 뜻임을 짐작할 수 있습니다.

**02** 낱말의 뜻이 알맞게 들어갈 수 있는 곳을 글에서 찾아보면 '발생'이라는 낱말임을 알 수 있습니다.

**03** 글 속에 ⓒ 대신 들어갈 수 있는 뜻을 찾아봅니다.

**04** 다람쥐는 겨울에 겨울잠을 자다가 배가 고프면 가을에 감춰 둔 먹이를 먹이 창고에서 꺼내 먹습니다.

**05** 이빨을 닳게 하려고 딱딱한 열매를 먹는 것이므로 '문질러서 닳게 하거나'가 어울립니다.

**06** '감추다'는 '남이 찾아내지 못하도록 가리거나 숨기다.'라는 뜻이므로, '숨겨' 또는 '가려'로 바꾸어 쓸 수 있습니다.

**07** 첫 번째 문단에서 다람쥐의 이빨은 계속 자라며, 이빨을 닳게 하려고 딱딱한 열매를 갉아 먹는다는 것을 알 수 있습니다.

> **채점 기준**
> 이빨을 계속 닳게 하기 위해서라는 내용을 썼으면 정답으로 인정합니다.

**08** 아주머니는 친구들이 계속 '프린들'이란 낱말을 사용하는 것을 통해 뜻을 짐작했으므로 닉이 직접 말해 준 것은 아닙니다.

**09** 이야기 속 닉의 말과 행동을 통해 성격을 짐작하고 까닭을 써 봅시다.

> **채점 기준**
> 닉의 말과 행동을 까닭으로 들어 성격을 짐작했다면 정답으로 인정합니다.

**10** 아주머니가 어떤 행동을 했을지 생각해 보면 '비스듬하게 한쪽을 낮췄다'가 알맞습니다.

**11** 친구들이 회의를 하고 있다는 점, '비밀 요원'이라는 낱말을 사용했다는 점을 생각해 보면 '진지한'으로 바꾸어 쓸 수 있습니다.

**12** 글의 문장을 세어 보는 것은 낱말의 뜻을 짐작하는 것과 거리가 멉니다.

**13** 이 글은 반딧불이가 왜 빛을 내는지, 또 반딧불이의 먹이는 무엇인지에 대해 설명한 글입니다.

**14** 반딧불이는 빛을 내는 것을 관찰해야 하므로 빛이 거의 없는 어두운 밤에 관찰하는 것이 좋습니다.

**15** 반딧불이는 물이 깨끗한 곳에 사는데, 서식지가 사라진다는 것은 물이 깨끗한 곳이 줄어들고 있다는 것을 의미합니다.

**16** 주어진 뜻을 보기의 낱말 대신 넣어 보면 '차단'이라는 낱말이 가장 알맞습니다.

**17** '집 밖에 있을 경우'를 살펴보면 물건이 떨어질 것에 대비해 가방이나 손으로 머리를 보호하라고 했는데, 집 안에서 탁자 아래로 들어가는 것도 이와 비슷한 목적임을 알 수 있습니다.

**18** 글의 마지막 문단에서 담쟁이덩굴과 송악 모두 혼자 서는 똑바로 서지 못하므로 부착 뿌리를 가지고 있다는 것을 알 수 있습니다.

**19** 앞뒤 문장과 낱말, 내용을 살펴보며 '흡반'의 뜻을 짐작하여 써 봅니다.

**20** '부착 뿌리'의 기능을 생각해 보면 '떨어지지 않게 붙음.'이라는 뜻이 가장 알맞습니다.

## 서술형 문제  151쪽

**01** 예 지진이 일어나면 정전이 될 수도 있는데, 정전이 되었을 때 승강기에 타고 있다면 승강기의 전원이 꺼져서 안에 갇히게 될 수도 있어 위험하다.
**02** 예 (1) 끈끈이 (2) 끈적끈적해서 잘 달라붙는 것 (3) 테이프

**01** 글의 내용 중 '집 안에 있을 경우'에서 전기에 대한 내용을 바탕으로 승강기 안에서 정전이 될 경우를 생각하여 쓰거나, '집 밖에 있을 경우'에서 물건이 추락한다는 내용을 바탕으로 승강기가 추락할 수도 있다는 점을 생각하여 써 봅니다.

**02** 낱말의 뜻은 그 낱말이 쓰인 문장의 앞뒤 내용을 읽어 보면 짐작할 수 있습니다.

## 수행 평가  152쪽

**1** 예 '아주 흔하게'라는 뜻인 것 같다. 반딧불이가 너무 많다는 내용이 앞에 나오기 때문이다.
**2** 예 많았을 것 같다. 왜냐하면 이름에 '개똥'이라는 말을 붙여서 부를 정도라고 했기 때문이다.

**1** 낱말의 뜻은 그 낱말이 쓰인 문장의 앞뒤 내용을 읽어 보면 짐작할 수 있습니다. 자신이 짐작한 뜻을 쓰고, 어떤 내용에서 그렇게 짐작할 수 있었는지 간단히 정리합니다.

**2** 반딧불이의 이름에 '개똥'이라는 낱말이 들어간 까닭을 떠올리며 자신의 생각을 정리해 씁니다.

# 10. 문학의 향기

## 교과서 지문 학습 · 153~161쪽

**01** ⑤　**02** (1)-㉠ (2)-㉡　**03** ②　**04** ④　**05** ③
**06** ③　**07** (1) ○　**08** ②　**09** ③　**10** 예 저절로 재
미있는 이야기들이 머릿속에 떠올랐다.　**11** ④　**12** 예
강아지가 불쌍한 마음에 빵을 던져 주었다.　**13** (1) ○
**14** ④　**15** ①　**16** 해인　**17** 예 예전에는 만복이가 못
된 행동을 했는데, 요즘에는 착한 행동을 하기 때문이다.
**18** ⑤　**19** 예 나 같으면 맞은 것이 화가 나서 때리고 싶
었을 텐데, 만복이가 장군이를 용서해 주는 것이 감동적이
었다.　**20** 혜원　**21** ②　**22** ③　**23** ①　**24** ①
**25** ㉢　**26** 예 바위나리가 안쓰럽게 느껴졌다.　**27** ④
**28** (1)-(나) (2)-(가)　**29** 예 슬픈 울음소리를 듣고 가서
달래 주어야겠다는 아기별의 마음이 감동적이었다. / 혼자
외로워하던 바위나리가 아기별을 만나 좋아하고 같이 노
는 것이 재미있었다. / 바위나리와 아기별이 밤이 되기만
을 기다리는 장면이 감동적이었다.　**30** 돼서

**01** 2에서 덕무는 "기웃기웃 살핀다", "콕 집어 먹는
다."라는 말을 소리 내어 읽어 보면 더 재미있다고
하였습니다.

**02** 3에서 초희는 개구리가 편지를 쓰는 장면에서, 덕
무는 두꺼비가 편지를 받는 장면에서 감동을 받았다
는 것을 알 수 있습니다.

**03** 4에서 덕무의 말을 살펴보면 알 수 있습니다.

**04** ㉠의 앞부분을 살펴보면 '미안해서 / 내가 비를 더
맞으려고'라는 부분에서 알 수 있습니다.

**06** 처음 보는 낱말의 뜻을 찾아보는 것은 시에서 감동
을 느낀 부분을 찾는 방법과 관련이 없습니다.

**09** '구수한'은 '말, 이야기 등이 꾸밈이 없고 마음을 끄
는 맛이 있는.'이라는 뜻을 지닌 낱말로 흉내 내는
말이나 반복되는 말이 아닙니다.

**10** 무지개떡을 먹은 만복이는 머릿속에 재미있는 이야

기들이 저절로 떠올랐습니다.

> **채점 기준**
> 재미있는 이야기가 떠올랐다는 내용으로 썼으면 정답으로 인
> 정합니다.

**11** 쑥떡을 먹은 만복이는 다른 사람들이나 동물의 생각
을 들을 수 있게 되었습니다.

**12** '강아지가 배고픈 걸 알고 그냥 지나칠 수가 없었거
든.'이라는 부분에서 강아지에 대한 마음을 알 수 있
습니다.

> **채점 기준**
> 강아지에 대한 마음으로 안타까워하는 마음, 안쓰러운 마음,
> 딱하게 여기는 마음 등 글의 맥락에 맞게 쓰면 정답으로 인
> 정합니다.

**13** 평소에 착하지 않던 만복이가 착한 행동을 하려고
노력하는 부분에서 감동을 느낄 수 있습니다.

**15** 외로워하는 은지에게 먼저 다가가서 말을 걸어 주
고, 저녁의 데이트를 걱정하는 선생님께 예쁘다고
이야기하는 것은 상대의 마음을 헤아려서 배려하는
말과 행동입니다.

**17** '예전에는 만복이가 정말 싫었는데, 요즘에는 만복
이가 좋아진단 말이야.'라는 부분에서 만복이가 달
라졌기 때문에 초연이가 만복이를 좋아하게 되었다
는 것을 짐작할 수 있습니다.

> **채점 기준**
> 달라진 만복이의 말과 행동에 초점을 맞추어 쓰면 정답으로
> 인정합니다.

**18** '장군이의 마음을 알자 미운 마음이 눈 녹듯 사라져
버렸거든.'을 통해 미운 마음이 사라져서 장군이와
싸우지 않았음을 알 수 있습니다.

**19** ㉠은 만복이가 장군이를 용서하는 장면입니다.

> **채점 기준**
> 만복이가 장군이를 용서해 주는 내용에 어울리게 감동적인
> 까닭을 알맞게 썼으면 정답으로 인정합니다.

**20** 만복이는 장군이의 속마음을 듣고 먼저 도와주겠다
고 물어보았습니다. 만복이의 경험과 비슷한 경험을
한 사람은 혜원이입니다.

**21** '친구에게 책 읽어 주기'는 책 전체가 아니라 재미있게 읽었거나 감동받은 부분을 낭독하는 활동입니다.

**22** 그림에서 두 아이는 책의 내용을 시와 그림으로 나타내 교실에 전시하였습니다.

**25** ㉠ '훌쩍훌쩍'은 우는 소리를 흉내 내는 말입니다. ㉢ '불끈'은 물체 등이 두드러지게 치밀거나 솟아오르거나 떠오르는 모양을 나타내는 말입니다. ㉣ '글썽글썽'은 눈에 눈물이 곧 흘러내릴 것처럼 자꾸 가득 고이는 모양을 나타내는 말입니다.

**26** 날마다 혼자서 노래를 부르며 친구를 기다리는 바위나리를 보고 느껴지는 감정은 안쓰러움, 안타까움, 불쌍함 등이 있습니다.

> **채점 기준**
> 상황에 맞게 안쓰러움, 불쌍함 등이 드러나게 쓰면 정답으로 인정합니다.

**29** 이야기에서 감동을 찾으려면 주인공의 특이한 말이나 행동을 주의 깊게 살펴보거나 자신의 경험과 비교하여 생각해 봅니다.

> **채점 기준**
> 글의 내용에 대해 어떤 느낌을 받았는지 어울리게 썼으면 정답으로 인정합니다.

**30** '되어서'의 준말인 '돼서'를 써야 합니다.

---

### 단원 정리 평가    163~166쪽

**01** ②    **02** (2) ○    **03** ④, ⑤    **04** ①    **05** 배려하는
**06** ②    **07** ①    **08** ④    **09** 예 만복아, 고마워! / 아, 맛있다. 정말 고마운 아이야.    **10** 건우    **11** ⑤    **12** 예 기분이 좋았을 것이다.    **13** ⑤    **14** ③    **15** (2) ○    **16** 해설 참고    **17** 혜식    **18** ②    **19** ⑤    **20** 됐다고

---

**02** 사람마다 생각과 경험이 다르기 때문에 같은 책을 읽어도 느낌이 서로 다릅니다.

**04** 좁은 길에서는 피할 곳이 없기 때문에, 친구가 빗물고인 자리를 밟지 않게 하려고 '내'가 일부러 빗물 고인 자리를 밟았습니다.

**05** 일부러 빗물 고인 자리를 밟는 장면에서 서로를 배려하는 마음을 느낄 수 있습니다.

**06** 시에서 처음, 중간, 끝 어느 부분인지에 따라 재미있거나 감동을 받는 부분이 정해지는 것은 아닙니다.

**09** 앞부분에서 배가 고파 쓰레기를 뒤지고 있던 강아지의 모습과, 뒷부분에서 만복이가 강아지의 생각을 듣고 신이 나서 헤벌쭉 웃는 모습을 생각하면 강아지가 어떤 생각을 했을지 짐작할 수 있습니다.

> **채점 기준**
> 만복이에게 고마워하는 강아지의 마음이 드러나게 썼으면 정답으로 인정합니다.

**11** ㉠은 선생님께서 걱정하시는 것을 듣고 선생님을 안심시켜 드리기 위해 한 말입니다.

**12** 지난번에 만복이의 부모님께 오시라고 했는데, 오시지 않아도 된다고 해야겠다는 말을 듣고 만복이는 기뻤을 것입니다.

> **채점 기준**
> '기쁘다, 안심하다, 신나다' 등 상황에 알맞은 긍정적인 기분을 썼으면 정답으로 인정합니다.

**14** '만복이는 쥐고 있던 주먹을 풀었어.'라는 부분에서 만복이가 화가 나서 장군이를 때리려다가 용서하였다는 것을 알 수 있습니다.

**15** 장군이는 마음과 달리 만복이를 때리고 후회했습니다. 이와 비슷한 경험을 말한 것은 (2)입니다.

**16** 감동을 느낀 부분을 찾는 방법을 생각해 감동을 느낀 부분을 찾아봅니다.

| 재미나 감동을 느낀 부분 | 예 장군이의 마음을 알자 미운 마음이 눈 녹듯 사라져 버렸거든. |
|---|---|
| 그 까닭 | 예 코피가 날 정도로 세게 맞았지만 친구의 마음을 듣고 친구를 용서하는 만복이의 넓은 마음에 감동을 받았습니다. |

**17** 외로워하는 바위나리에게 다가가는 아기별의 모습
에 화를 느끼는 것은 흐름상 맞지 않습니다.

**18** 글 **가**에서는 친구를 기다리다가 친구가 오자 기뻐
하는 바위나리의 마음을 알 수 있습니다.

 **서술형 문제**   167쪽

**01** ⑩ 친구가 우산을 내 쪽으로 더 기울여 주었다.

**02** ⑩ 일부러 내가 빗물 고인 자리를 디뎠다.

**03** ⑩ 친구들이 서로를 배려하는 모습에서 감동을 느낄
수 있다.

**04** ⑩ 부끄러워하는 동환이의 마음을 알고 동환이를 배려
했기 때문이다.

**05** ⑩ 외로워하는 은지를 배려했기 때문이다.

**01** 서로를 배려하기 위해 한 행동을 생각해 봅니다.

**02** 좁은 길에서 친구를 배려해서 한 행동을 찾아봅니다.

**03** 시의 내용을 생각해 보고 자신의 경험을 떠올려서
감동을 느낀 까닭을 생각해 봅니다.

**04** 만복이가 동환이를 배려하는 행동입니다.

**05** 만복이가 은지를 배려하는 행동입니다.

 **수행 평가**   168쪽

**1** ⑩ 『만복이네 떡집』

**2** ⑩ 나쁜 말과 행동을 하던 만복이가 신기한 떡을 먹으면
서 바뀌는 모습이 재미있어서입니다.

**3** ⑩ 소개하는 까닭, 감동받은 부분

**4** ⑩ 저는 『만복이네 떡집』을 소개하고 싶습니다. 종호와
지현이가 서로 좋아하는 것도 알게 되었고, 교실 뒤에 걸
려 있는 거울을 깨뜨린 범인도 알게 되는 장면이 재미있었
습니다. 그래서 저도 이런 떡을 먹어 보고 싶다는 생각이
들었습니다. 나쁜 말과 행동을 하던 만복이가 신기한 떡을
먹으면서 착하게 바뀌는 모습이 감동적이기 때문에 친구
들도 꼭 읽어 보았으면 좋겠습니다.

**1** 소개하고 싶은 책을 생각해 봅니다.

**2** 소개하고 싶은 까닭을 생각해 봅니다.

**3** 소개하고 싶은 내용을 생각해 봅니다.

**4** 앞에서 정리한 내용을 바탕으로 하여 책을 소개하는
글을 써 봅니다.

## ❶ 우리가 생각하는 고장의 모습

### 개념 확인 문제　　　　　　　　　　4~7쪽

**1** 고장　**2** 장소　**3** (1) ○ (2) ×　**4** 심상 지도　**5** (1)-ⓒ
(2)-㉠ (3)-ⓒ　**6** 비교　**7** (1) × (2) × (3) ○　**8** (1) ○
(2) ○　**9** 존중

### 실전 문제　　　　　　　　　　8~9쪽

**01** ③　**02** ①　**03** ㉠, ⓒ, ⓒ　**04** (2) ○　**05** ①
**06** ①　**07** ⑤　**08** ㉠, ⓒ　**09** 수연　**10** ①　**11** ④
**12** ②

**01** 우리 고장의 장소를 떠올리기 위해서는 일기장, 체험 학습 보고서, 사진, 지도 등을 이용할 수 있습니다. 제시된 그림은 사진첩에 있는 사진을 보고 고장의 장소를 떠올리는 모습입니다.

**02** 고장에는 다양한 장소가 있습니다. 아플 때 치료해 주며 예방 접종을 하는 장소는 병원입니다.

**03** 집에서 학교까지 가는 길을 심상 지도로 그리는 순서는 '집과 학교를 먼저 그린다. → 집에서 학교까지 가는 길에 있는 장소들을 그린다. → 우리 고장의 다른 장소들을 그린다.'입니다.

**04** 책을 빌리거나 읽을 수 있으며, 책과 관련된 다양한 행사를 하는 곳은 도서관입니다.

**05** 우리 고장의 모습을 그릴 때 학교, 도서관, 우리 집 등 자주 찾는 장소를 그릴 수 있습니다.

**06** 우리 고장의 모습을 그릴 때에는 상상 속의 장소가 아니라 실제로 있는 장소를 그려야 합니다.

**07** (가), (나) 그림에 공통적으로 있는 장소는 학교, 초록산, 공원, 우체국, 소방서입니다. 행정 복지 센터는 (나)에만 그려져 있습니다.

**08** (가)에만 있고, (나)에는 없는 자연의 모습은 ㉠ 연두산, ⓒ 파랑천입니다. ⓒ 초록산은 (가), (나) 그림에 모두 그려져 있습니다.

〈우리 고장의 모습을 그린 그림 비교하기〉

| 공통점 찾기 | 차이점 찾기 |
|---|---|
| • 같은 장소 찾기<br>• 모양과 위치가 비슷한 장소 찾기 | • 어느 한 그림에만 있는 장소 찾기<br>• 같은 곳이지만 모양과 위치가 다른 장소 찾기 |

**09** 고장에 대한 생각이나 느낌을 이야기할 때 서로 다른 생각과 느낌을 존중해야 합니다. 선영이와 문수는 자신의 주장만 옳다고 이야기하고 있습니다.

**10** 우리 고장의 모습을 그린 심상 지도를 통해 사람마다 생각하는 고장의 모습이 다양하며, 같은 장소라도 저마다 다르게 표현할 수 있음을 알 수 있습니다. 사람마다 경험이 달라서 각자 그린 고장의 모습은 공통점도 있고 차이점도 있습니다.

**11** 고장의 모습을 그린 그림을 보고 친구들과 이야기할 때에는 고장에 대한 서로 다른 생각과 느낌을 존중해야 합니다.

**12** 초록산에 대한 생각과 느낌이 학생들마다 다른 것을 알 수 있습니다. 같은 장소이지만 사람마다 경험이 달라서 서로 느끼는 감정과 생각이 다릅니다.

## ❷ 하늘에서 내려다본 고장의 모습

### 개념 확인 문제　　　　　　　　　10~13쪽

**1** 디지털 영상 지도　**2** 항공 사진　**3** (1) ○ (2) ×
**4** (1)-ⓒ (2)-ⓒ (3)-㉠　**5** 전체　**6** 장소　**7** 편리
**8** 백지도　**9** (1)-ⓒ (2)-㉠ (3)-ⓒ　**10** 답사

### 실전 문제　　　　　　　　　　14~15쪽

**01** ⑤　**02** ⓒ　**03** ㉠, ⓒ　**04** ④　**05** ①　**06** ⑤
**07** ⑤　**08** ②　**09** 백지도　**10** ⓒ → ⓒ → ㉠ → ㉣
**11** ㉠, ⓒ　**12** ①

**01** 제시된 그림은 높은 곳에 올라가서 고장의 모습을 살펴보는 모습입니다.

**02** 디지털 영상 지도는 비행기나 인공위성에서 찍은 사진을 이용해서 만든 지도입니다. ㉠ 고장은 사람들이 모여 사는 곳을 의미하고, ㉡ 안내도는 고장을 소개하는 내용이 담긴 지도입니다.

**03** 디지털 영상 지도를 이용하면 고장의 위치를 쉽게 알 수 있으며, 고장의 전체적인 모습을 알 수 있습니다. 항공 사진이나 인공위성 사진을 이용해서 만들기 때문에 하늘에서 내려다본 고장의 모습을 생생하게 살펴볼 수 있습니다.

**04** 디지털 영상 지도의 좋은 점은 우리 고장의 실제 모습을 생생하게 볼 수 있고 우리 고장의 전체적인 모습과 여러 장소를 살펴보면서 고장의 특징을 파악할 수 있습니다. ① 디지털 영상 지도는 디지털 기기를 통해 손쉽게 사용이 가능하고, ② 살고 있는 사람의 수를 한눈에 알기는 어렵습니다.

**05** 많은 사람들이 물건을 사고파는 곳은 고장의 장소 중에 '시장'에 해당합니다. 따라서 검색창에 '시장'을 입력해야 합니다.

**06** 교통이 혼잡한 버스 터미널 근처는 우리 고장의 자랑할 만한 장소로 알맞지 않습니다.

**07** 주요 장소는 눈에 잘 띄거나 사람들이 자주 찾는 곳을 말합니다. 산, 강, 학교, 시장 등은 주요 장소라고 볼 수 있지만 우리 집은 가족들이 생활하는 공간이므로 눈에 띄거나 사람들이 자주 찾을 수 있는 장소가 아닙니다.

**08** 산, 하천, 바다 등 땅의 생김새와 도로, 건물 등 땅 위에 있는 모든 물체를 지형지물이라고 합니다. 고장의 여러 가지 지형지물 중에서 대표적인 것을 랜드마크라고 합니다.

**09** 백지도는 산, 강, 철길, 큰길 등의 밑그림만 그려져 있는 지도입니다.

**10** 고장의 주요 장소를 백지도에 나타내는 방법은 다음과 같습니다.

① 백지도에 나타내고 싶은 장소 정하기
② 선택한 장소의 위치를 디지털 영상 지도에서 찾아보기
③ 찾은 장소를 백지도에 표시하기
④ 주요 장소에 대한 생각과 느낌을 표현하여 백지도 완성하기
⑤ 완성한 백지도를 반 친구들과 공유하기

**11** 우리 고장에 대한 정보를 수집하는 방법으로는 고장의 안내 책자 살펴보기, 고장의 누리집 찾아보기, 고장을 잘 알고 있는 어른과 면담하기, 직접 답사하기 등이 있습니다. ㉢ 우리 고장에 대하여 정보를 수집할 때에는 우리 고장을 잘 알고 있는 사람에게 물어봐야 합니다.

**12** ① 디지털 영상 지도는 비행기나 인공위성에서 찍은 고장 사진을 이용하여 만든 지도입니다.

**단원 정리 평가**　　　　17~19쪽

**01** ②　**02** ③　**03** ③　**04** ⑤　**05** ①　**06** ⑤
**07** (1) ○ (3) ○　**08** ③　**09** 성균　**10** 존중　**11** ②
**12** 디지털 영상 지도　**13** 항공 사진　**14** ㉠ 확대 ㉡ 축소　**15** ㉡ → ㉠ → ㉣ → ㉢　**16** ④　**17** (3) ○　**18** ③　**19** ③

**01** 사람의 감각 중에는 눈, 코, 입, 귀, 피부가 있습니다. 어떤 향기나 냄새가 떠오르는 것은 감각 기관 중 코를 이용한 것입니다.

**02** 우리 고장에 대한 생각과 느낌이 서로 다른 까닭은 경험하는 것이 다르기 때문입니다.

**03** 머릿속에 있는 고장의 모습을 지도처럼 그려서 나타낸 것을 심상 지도라고 합니다.

**04** 민주가 모든 장소를 그려야 하는지 물었기 때문에 모든 장소를 다 그릴 필요는 없으며 떠오르는 장소를 중심으로 그리면 된다고 조언해 주면 됩니다.

〈고장의 모습을 그릴 때 주의할 점〉
- 건물 모습까지 자세히 그릴 필요는 없습니다.
- 여러 장소를 그려도 되고, 한 곳을 중심으로 그려도 됩니다.
- 위치는 정확하지 않아도 됩니다. 장소의 대략적인 방향과 위치를 생각하며 그립니다.
- 상상 속의 장소가 아닌 고장의 실제 있는 장소들을 중심으로 그립니다.

**05** (가)에는 시장이 그려져 있지만 (나)에는 시장이 그려져 있지 않습니다. (가), (나) 모두 소망초가 그려져 있으며 도로와 길을 그렸습니다. 이를 통해 같은 고장이지만 사람마다 생각하는 고장의 모습이 다르다는 것을 알 수 있습니다. ① (가)에는 하늘천이 있지만 (나)에는 하늘천이 없습니다.

**06** (가), (나) 그림의 공통점과 차이점을 살펴볼 때에는 위치, 크기, 모양, 색깔 등을 확인해야 합니다.

**07** 같은 고장에 살고 있지만 우리 고장을 그린 그림을 보면 공통점도 있고 차이점도 있음을 알 수 있습니다. ② 같은 고장에 산다고 해서 자연의 위치를 똑같이 그리진 않습니다.

**08** 다양한 독서 프로그램을 진행하는 고장의 주요 장소는 도서관인 것을 알 수 있습니다.

**09** 같은 장소라도 각자 경험에 따라 생각과 느낌이 다릅니다. 따라서 서로 다른 생각과 느낌을 존중하는 태도를 가져야 합니다. 연수의 경우 친구들의 다른 의견에 대해 거부감을 나타내고 있습니다.

**10** 사람마다 경험하는 것과 관심 있는 것이 다르기 때문에 고장에 대한 생각과 느낌이 다를 수 있습니다. 따라서 고장에 대한 서로의 생각과 느낌을 존중하고 이해해야 합니다.

**11** 낮은 곳에서 살펴보면 고장의 모습을 전체적으로 알 수 없으므로 높은 곳, 높은 건물 또는 산 위에 올라가서 살펴봐야 합니다.

〈고장의 실제 모습을 살펴보는 방법〉
- 높은 곳에 올라가서 살펴보기
- 우리나라의 지도 살펴보기
- 우리 고장의 안내도 살펴보기
- 드론을 이용하여 살펴보기
- 디지털 영상 지도로 살펴보기

**12** 디지털 영상 지도는 항공 사진과 위성 영상 정보를 이용해 만들었습니다.

**13** 수정이가 설명하는 낱말은 항공 사진입니다. 항공 사진은 땅 위의 모습을 찍은 사진이며, 비행기를 타고 하늘 위에서 촬영한 사진입니다.

▲ 항공 사진

**14** 디지털 영상 지도의 확대 · 축소 기능에 대한 설명입니다. ＋ 단추를 누르면 확대 기능을, － 단추를 누르면 축소 기능을 이용할 수 있습니다.

**15** 디지털 영상 지도를 이용하는 순서는 다음과 같습니다. ⓒ 국토 지리 정보원 누리집에 접속합니다. → ㉠ [국토 정보 플랫폼]을 누릅니다. → ㉣ [국토 정보 맵] → [통합 지도 검색]을 차례로 누릅니다 → ⓒ 오른쪽 [지도 선택]에서 [영상 지도]를 누릅니다.

**16** 디지털 영상 지도의 좋은 점은 컴퓨터, 스마트폰 등의 디지털 기기에서 쉽게 이용할 수 있습니다.

**17** 시청과 소방서는 사람들의 생활을 편리하게 도와주는 고장의 주요 장소입니다.

**18** 땅의 생김새와 도로, 건물, 다리 등 땅 위에 있는 모든 물체를 지형지물이라고 합니다. 산, 강, 철길, 큰 길 등 밑그림만 그려져 있는 지도는 백지도입니다.

**19** 우리 고장을 다른 사람에게 소개하기 위해서 고장에 대한 정보를 수집하는 방법에는 답사하기, 고장 안내 책자 살펴보기, 고장 어른과 면담하기, 시·군·구청 누리집에서 찾아보기 등이 있습니다. ③ 친한 친구보다는 고장을 잘 아는 어른께 여쭤보는 것이 바람직합니다.

〈우리 고장에 대한 정보를 수집하는 방법〉
- 시·군·구청 누리집에서 찾아보기
- 고장 안내 책자 살펴보기
- 고장 어른과 면담하기
- 답사하기

## 서술형 문제 　　20~21쪽

**01** (1) 소망산 (2) ⑳ 같은 고장에 살고 있지만 서로 경험하는 것이 다르기 때문이다. / 사람들마다 보고 듣는 것의 차이도 있을 뿐만 아니라 표현하는 방법도 다르기 때문이다. 등 　**02** (1) 심상 지도 (2) ⑳ 사람마다 생각하는 고장의 모습이 다양하기 때문이다. 등 　**03** (1) ⑤ (2) ⑳ 일기장, 체험 학습 보고서, 사진, 지도 등을 활용하여 고장의 여러 장소와 관련된 경험을 떠올려 본다. 등 　**04** (1) 인공위성 (2) ⓒ, ② (3) ⑳ 고장의 전체적인 모습과 자세한 모습을 비교해 볼 수 있다. / 고장의 여러 장소의 위치를 파악할 수 있으며 생생하게 볼 수 있다. 등 (4) ⑳ 스마트폰 지도에서 위치 찾기, 인터넷 지도에서 길 찾기, 길도우미(내비게이션) 　**05** (1) 안내도 (2) ⑳ 신문 만들기, 안내 책자 만들기 등

**01** (1) 두 그림에서 공통적으로 볼 수 있는 자연의 모습은 소망산입니다.
(2) 같은 고장에 살고 있지만 서로 경험하는 것이 다르기 때문입니다. 사람들마다 보고 듣는 것의 차이가 있을 뿐만 아니라 표현하는 방법도 다르기 때문에 머릿속에 떠오르는 고장의 모습을 그렸을 때 차이점이 생깁니다.

**02** (1) 머릿속에 있는 고장의 모습을 지도처럼 그려서 나타낸 지도를 심상 지도라고 합니다.
(2) 우리 고장에는 다양한 장소들이 많이 있고 장소가 다양한 만큼 사람들마다 떠올리는 장소가 다르기 때문입니다.

**03** (1) 우리 고장의 다양한 장소 중에서 물건을 사고파는 곳은 시장입니다.
(2) 일기장, 체험 학습 보고서, 사진, 지도 등을 활용하여 고장의 여러 장소와 관련된 자신의 경험을 떠올릴 수 있으며 감각 기관을 이용해서 자신의 경험을 떠올려 볼 수도 있습니다.

△ 사진첩 살펴보기 　　　△ 일기장 찾아보기

**04** (1) 인공위성은 사람들이 만들어 우주로 쏘아 올린 비행 물체입니다. 인공위성에서 찍은 사진을 활용해서 디지털 영상 지도를 만듭니다.
(2) 디지털 영상 지도로 날씨나 고장에서 일하는 사람의 모습은 파악할 수 없습니다.
(3) 디지털 영상 지도를 활용했을 때 좋은 점은 다음과 같습니다.

〈디지털 영상 지도를 활용하면 좋은 점〉
- 디지털 기기에서 쉽게 이용할 수 있습니다.
- 우리 고장의 위치를 쉽게 알 수 있습니다.
- 우리 고장의 모습을 생생하게 볼 수 있습니다.
- 우리 고장의 전체적인 모습과 자세한 모습을 비교해 볼 수 있습니다.

05 (1) 우리 고장의 안내도를 보고 우리 고장의 위치와 모습을 찾아볼 수 있습니다.

(2) 고장을 소개하는 방법

- 우리 고장을 소개하는 신문 만들기
- 우리 고장의 안내도 만들기
- 우리 고장의 안내 책자 만들기

06 (1) 디지털 영상 지도는 컴퓨터, 스마트폰과 같은 디지털 기기를 통해 편리하게 이용할 수 있습니다.

(2) 스마트폰 지도에서 위치 찾기, 인터넷 지도에서 길 찾기, 길 도우미(내비게이션) 등이 있습니다.

 **수행 평가** 22쪽

1 ㉠, ㉡

2 (1) ㉠, 예 장소의 대략적인 위치를 그려도 된다.

(2) ㉠, 예 공통으로 그려진 장소의 위치, 색깔, 크기를 살펴본다.

1 지형지물은 산, 하천, 바다 등 땅의 생김새와 도로, 건물 등 땅 위에 있는 모든 물체를 말합니다. (가)와 (나) 모두 소망산이 그려져 있으며, (가)에는 시장이 있고, (나)에는 시장이 없습니다. 이와 같이 (가)와 (나)에 그려진 지형지물은 공통점이 있지만 차이점도 있습니다.

2 (1) 고장의 떠오르는 장소를 자유롭게 그리며, 위치는 정확하지 않아도 됩니다.

(2) 두 그림을 비교할 때에는 공통점과 차이점을 살펴봅니다. 공통적으로 있는 건물이나 자연의 모습을 찾아 그 위치나 모양, 색깔, 크기 등을 어떻게 표현하였는지 비교할 수 있습니다.

 **수행 평가** 23쪽

1 ㉡ → ㉢ → ㉠ → ㉣

2 (가) 우리 학교 (나) 놀이터 (다) 도서관 (라) 호수 공원

3 (1) 수연 (2) 예 백지도는 산, 하천, 철길 등의 밑그림만 그려져 있어서 복잡하지 않다.

1 고장의 주요 장소를 백지도에 나타내는 순서는 다음과 같습니다.

① 백지도에 나타내고 싶은 장소 정하기
② 선택한 장소의 위치를 디지털 영상 지도에서 찾아보기
③ 찾은 장소를 백지도에 표시하기
④ 주요 장소에 대한 생각과 느낌을 표현하여 백지도 완성하기

2 선택한 장소의 위치를 디지털 영상 지도에서 찾고, 찾은 장소를 백지도에 표시하는 과정입니다. 따라서 디지털 영상 지도에 있는 장소를 백지도에 표시하면 됩니다.

3 백지도는 지도가 복잡하지 않아서 고장의 지형지물을 표현하기가 적합합니다.

# ① 우리 고장의 옛이야기

| 개념 확인 문제 | 24~27쪽 |
|---|---|

**1** 지명　**2** (1) ○ (2) × (3) ○　**3** (1)-㉠ (2)-㉢
(3)-㉡　**4** 안성맞춤　**5** (1) ○ (2) ○ (3) ×　**6** (1)-㉢
(2)-㉠ (3)-㉡

| 실전 문제 | 28~29쪽 |
|---|---|

**01** ④　**02** ①　**03** 지명　**04** ①　**05** ①　**06** ③
**07** 안성맞춤　**08** 조사　**09** ⑤　**10** ④　**11** ④　**12** ㉢

**01** 우리 고장에 전해 내려오는 옛이야기로 고장의 이름이나 고장에서 자주 사용되는 이름의 유래를 알 수 있습니다.

**02** 우리 고장의 옛이야기를 통해 고장의 특징, 고장의 옛 모습을 알 수 있습니다.

**03** 지명은 땅의 이름으로, 지명을 통해 고장의 자연환경이나 옛날 고장 사람들의 생활 모습을 알 수 있습니다.

**04** 제시된 사진은 마이산의 모습으로 말의 귀를 닮았다 하여 마이산이라고 이름 붙여졌습니다.

**05** 비단을 얻기 위해 누에를 기르는 방이 있던 곳이라 하여 '잠실'이라 이름 붙여 오늘날까지 지명으로 쓰고 있습니다.

**06** 고장의 옛이야기로 고장의 특징, 고장의 유래, 옛날 사람들의 지혜, 옛날 사람들의 생활 모습, 옛날의 자연환경 등을 알 수 있습니다.

**07** 어떤 일이나 물건이 마음에 쏙 들거나 들어맞을 때 쓰는 고사성어는 '안성맞춤'입니다.

▲ 안성 유기

**08** 조사는 고장의 옛이야기를 알기 위한 방법으로 사물의 내용을 명확히 알기 위해 자세히 살펴보거나 찾아보는 것을 말합니다.

**09** 남원 춘향제, 영산포 홍어 축제, 단양 온달 문화 축제, 예산 의좋은 형제 축제는 지역의 특산물, 옛이야기, 지명 등과 관련 있는 축제입니다. ⑤ 원주 다이내믹 댄싱 축제는 고장의 옛이야기나 지명과는 연관성이 없습니다.

〈옛이야기와 관련된 축제〉

▲ 남원 춘향제

▲ 단양 온달 문화 축제

**10** 고장의 문화원 누리집을 통해 옛이야기를 살펴볼 수 있습니다.

**11** 옛이야기 소개 방법 중 옛이야기를 글로 쓰고 그림이나 사진을 담아 책을 만드는 것은 ④ 이야기책 만들기입니다.

**12** 독도의 '코끼리 바위'는 바위 모양이 코끼리 형상과 닮아서 붙여진 이름으로 ㉢ 땅의 생김새와 관련된 이름입니다.

▲ 독도

〈독도의 여러 가지 이름과 이름에 담긴 이야기〉
• 삼봉도: 봉우리가 세 개 있다고 하여 붙여진 이름임.
• 가지도: '가지어'가 많이 사는 곳임.
• 돌섬: 섬 전체가 바위로 되어 있다는 뜻임.
• 독섬: 돌로 된 섬이라는 뜻의 '돌섬'을 경상도 지역 말로 부른 것
• 독도: 한없이 넓은 바다에 홀로 외롭게 서 있다는 뜻임.

## ❷ 우리 고장의 문화유산

### 개념 확인 문제     30~33쪽

**1** 문화유산    **2** (1) ◯ (2) ◯ (3) ×    **3** (1)-ⓛ (2)-⊙
(3)-ⓒ    **4** 문화유산 안내도    **5** (1) ◯ (2) ◯ (3) ×
**6** (1) ⊙ (2) ⓛ    **7** (1) × (2) ◯

### 실전 문제     34~35쪽

**01** 문화유산   **02** ①   **03** (1)-⊙ (2)-⊙ (3)-ⓛ   **04** ③,
④   **05** ①   **06** ①   **07** ④   **08** 판소리   **09** ①   **10** 면담
**11** 답사    **12** 문화유산 안내도

**01** 조상이 남겨 놓은 훌륭한 문화 중에서 후손에게 물려
줄 만한 가치가 있는 것을 문화유산이라고 합니다.

**02** 문화유산은 왕, 왕비, 선비 등 일부의 조상들만 사용
하던 것이 아니라 신분에 상관없이 모든 조상이 남
긴 것 중 후손에게 물려줄 만한 가치가 있는 것을 말
합니다.

**03** (1) 경복궁과 (2) 고려청자는 유형 문화유산이고, (3)
탈춤은 무형 문화유산입니다.

〈유형 문화유산〉

⬆ 다보탑

⬆ 금동미륵보살반가상

〈무형 문화유산〉

⬆ 종묘 제례악

⬆ 가야금 병창

**04** 조상이 남긴 다양한 흔적 중 후손에게 물려줄 만한
가치가 있는 것을 문화유산이라고 합니다. 문화유산
은 건축물, 도구, 예술 활동, 도자기 등이 있습니다.
문화유산에는 유형 문화유산과 무형 문화유산이 있
습니다. ③은 유형 문화유산, ④는 무형 문화유산입
니다. ① 버스 터미널과 ② 스마트폰은 문화유산이
아닙니다.

**05** 단단한 돌을 사람이 조각해 지금까지 보존된 문화유
산인 석굴암은 조상들의 슬기를 보여 줍니다.

**06** '모시'는 우리 조상들이 여름
철에 바람이 시원하게 통하도
록 입었던 옷을 말합니다.

⬆ 한산 모시

**07** 농요는 농촌에서 농사를 지을 때 부르던 농민들의
음악으로, 노동의 힘듦을 잊게 해 주던 음악입니다.

⬆ 농요와 농악

**08** 판소리는 사람과 사람 사이에서 가르침과 배움을 통
해 지금까지 전해 내려오고 있습니다.

**09** 우리 고장의 문화유산을 조사하기 위해서는 우리 학
교 누리집이 아니라 문화재청 또는 시·군·구청 누
리집을 방문해야 합니다.

**10** '면담'은 문화유산에 대해 잘 아는 분이나 문화 관광
해설사를 직접 만나 이야기하거나 의견을 나누는 방
법입니다.

〈면담할 때 주의할 점〉
• 예절을 갖춰 질문합니다.
• 미리 질문을 준비합니다.
• 궁금한 점을 생각합니다.
• 미리 면담 대상자에게 면담을 요청합니다.

11 '답사'란 문화유산을 조사할 때 조사할 대상이 있는 현장에 직접 가서 조사하는 방법을 말합니다.

12 고장의 문화유산 안내도는 우리 고장의 문화유산을 알리기 위해 지도 위에 문화유산의 위치 및 그림, 사진, 설명 등을 넣은 안내 지도입니다.

## 단원 정리 평가　　37~39쪽

**01** 지명　**02** ④　**03** ③　**04** ⑤　**05** (나)　**06** 안나, 나진　**07** ②　**08** 피맛골　**09** ⑤　**10** ②　**11** ④　**12** ③　**13** ①　**14.** 예 예로부터 전해 오는 우리 전통 문화유산을 이어지게 해 준다. / 우리의 전통을 계승하여 발전시킨다. / 옛날 문화를 오늘날에도 누릴 수 있게 해 준다. 등　**15** ②　**16** ④　**17** ④　**18** ㉣ → ㉻ → ㉤ → ㉢ → ㉠ → ㉡　**19** ⑤　**20** ⑤

01 지명은 땅에 붙여진 이름으로 지명에는 우리 고장의 특징이 담깁니다.

02 지명, 전해 내려오는 노래와 이야기, 문화유산 등으로 고장의 옛날 모습을 알 수 있습니다.

03 섬진강은 왜적들이 나타났을 때 두꺼비가 울어 왜적들이 도망갔다는 이야기가 전해지는 강입니다.

04 고장의 옛이야기를 조사하면 고장의 자연환경, 고장과 관련된 인물, 고장의 지명이 생겨난 까닭, 고장의 전설 등을 알 수 있습니다. ⑤ 고장의 옛이야기로 미래의 생활 모습은 알기 어렵습니다.

05 서빙고동에는 얼음을 저장하는 창고가 있었습니다.

06 (가) 이야기에서 고장의 특징을 알 수 있고, (나) 이야기에서 옛날의 생활 모습을 알 수 있습니다.

07 제주도 땅에 난 세 개의 큰 구멍은 삼성혈(三 석 삼, 姓 성씨 성, 穴 구멍 혈)입니다.

08 말을 탄 양반이 지나갈 때까지 기다리는 것을 피하고자 백성들이 돌아가던 것에서 유래한 지명은 '피맛골'입니다.

09 옛이야기 조사 보고서에 고장의 미래의 모습은 들어가지 않습니다.

10 역할을 정해 연기를 하며 옛이야기를 소개하는 방법은 역할극입니다.

〈옛이야기 소개 방법〉
• 역할극: 역할을 정해 연기를 하며 이야기를 소개합니다.
• 구연동화: 옛이야기를 동화처럼 실감 나게 구성하여 들려 줍니다.
• 이야기책 만들기: 옛이야기를 글로 쓰고 그림이나 사진을 담아 책을 만듭니다.
• 동영상 만들기: 옛이야기와 관련된 장소를 동영상으로 찍어 소개합니다.
• 안내 책자 만들기: 옛이야기를 안내하는 책자를 그림과 글을 넣어 만들어 소개합니다.
• 노래 가사 바꿔 부르기: 옛이야기를 담아 노래의 가사를 바꾸어 봅니다.

11 가야금 병창, 판소리와 같은 문화유산을 무형 문화유산이라고 부릅니다. ①, ②, ③은 유형 문화유산입니다.

12 석굴암은 옛 건축 기술로 옛날의 조상들이 만든 건축물입니다.

13 (나)는 탈을 쓰고 춤추며 노래하는 탈춤입니다. ②는 누비, ③은 농요(농사 노동요), ④는 한산 모시, ⑤는 해녀에 대한 설명입니다.

14 탈춤과 같은 무형 문화유산이 중요한 까닭은 예로부터 전해 오는 기술을 이어지게 해 전통을 계승하고 발전시켜 오늘날에도 옛날 문화를 누릴 수 있게 해 주기 때문입니다.

🔺 양주 별산대 놀이　　🔺 송파 산대놀이

**채점 기준**

전통을 계승한다는 말이 있으면 정답으로 합니다.

**15** 김장은 지역마다 많이 나는 채소를 활용하여 지역의 기후나 특산물에 따라 다양하게 발전했습니다.

**16** 조상이 우리에게 남겨준 문화유산은 값을 매길 수 없는 소중한 유산입니다.

**17** 답사를 하기 전에 답사할 문화유산의 생김새나 특징 등을 찾아보고 답사할 때 살펴보고 싶은 점을 생각합니다.

**18** 답사는 '답사할 문화유산 정하기 → 조사할 내용 정하고 자료 찾기 → 각자 역할과 준비물 정하기 → 답사 계획서 작성하기 → 답사하기 → 답사 보고서 작성하기'의 순서로 합니다.

**19** 제시된 그림은 문화 관광 해설사를 만나 해설을 듣는 모습입니다.

**20** 우리 고장의 문화유산으로부터 조상의 슬기와 문화 예절을 배울 수 있습니다.

## 서술형 문제    40~41쪽

**01** (1) ㉠ 돌섬 ㉡ 독섬 ㉢ 독도 (2) 예 독도는 가지어가 많이 잡히는 봉우리가 세 개인 섬이었다는 것을 알 수 있다.
**02** 예 명량 해협 울돌목은 좁은 지형에 거센 물살이 일고 바위가 많다.    **03** 예 흔들바위는 강원특별자치도 설악산에 있는 바위인데, 밀면 흔들리지만 떨어지지 않는 바위입니다. 국가에 어려운 일이 있을 때마다 흔들렸지만, 아무리 흔들려도 다시 제자리로 돌아오는 바위는 우리 민족의 굳건함을 상징합니다.    **04** (1) 문화유산 (2) 예 조상들의 삶과 지혜를 배울 수 있다. / 조상들의 학문에 대한 열정을 배울 수 있다. / 우리 문화의 우수함을 배울 수 있다. / 우리 문화의 다양함을 배울 수 있다. 등    **05** (1) 승훈 (2) 예 시간이 적게 걸린다. / 집에서 편하게 조사할 수 있다. / 멀리 나가지 않아도 된다. / 비용이 절약된다. 등 (3) 예 중요한 내용을 미리 알 수 있다. / 조사 계획을 세우는 데 도움이 된다 / 효율적으로 답사를 할 수 있다. 등

**01** (1) 독도는 섬 전체가 바위로 되어 있다고 해서 '돌섬', 경상도와 전라도 사람들이 돌섬인 독도를 지역 말로 불러 '독섬', 한없이 넓은 바다에 홀로 외롭게 서 있다 하여 '독도'라고 불렀다는 이야기가 있습니다.
(2) '삼봉도'를 통해 독도에 세 개의 봉우리가 있다는 것을 알 수 있고, '가지도' 이름을 통해 가지어가 많이 잡히는 섬이었다는 것을 알 수 있습니다.

> **채점 기준**
> 삼봉도와 가지도가 붙여진 까닭에 대한 내용이 들어가면 정답으로 합니다.

**02** 명량 해협 울돌목은 좁은 지형에 거센 물살이 일고 바위가 많은 것이 특징입니다. 물살이 세서 돌이 우는 것처럼 소리가 들려 '울돌목'이라 불렸고, 한자로 '명량(鳴梁)'이라 하였습니다.

> **채점 기준**
> 지형적 특징을 설명하였으면 정답으로 합니다.

**03** 흔들바위라고 이름 붙여진 이유에 대한 자신의 생각을 자유롭게 상상하여 씁니다.

> **채점 기준**
> 흔들바위라는 이름을 통해 자유롭게 상상하면 정답으로 합니다.

**04** (1) 제시된 자료는 향교 유생 문화 체험과 전통 굿 공연입니다. 두 행사 모두 우리 조상들이 물려준 소중한 문화유산을 체험해 보기 위한 행사들입니다. 이를 통해 조상들의 삶을 알고, 슬기와 지혜를 배울 수 있습니다.
(2) 고장에는 다양한 행사가 있지만 제시된 자료들은 모두 문화유산과 관련된 행사입니다. 따라서 조상들이 물려준 문화유산을 통해 우리가 배울 점이 무엇인가를 생각해 보고 답을 작성해야 합니다.

> **채점 기준**
> 문화유산을 통해 조상의 슬기, 삶의 지혜를 느낄 수 있다고 작성하거나 조상들의 문화유산의 우수성에 대해 알 수 있었다고 서술하면 정답으로 합니다.

**05** (1) 답사란 문화유산이 있는 곳에 직접 가서 조사하는 것을 말합니다. 이와 관련된 말을 하는 사람을 찾아봅니다.

(2) 누리집을 방문하면 직접 가지 않아도 좋은 정보를 얻을 수 있으며 시간도 절약할 수 있습니다.

> **채점 기준**
> 시간과 장소의 제약을 받지 않는 점과 비용이 절약되는 점이 제시되면 정답으로 합니다.

(3) 답사를 가기 전에 미리 조사할 것에 대해 알아보는 것을 사전 조사라고 합니다. 사전 조사를 하면 중요한 내용이 무엇인지 미리 알게 되는 장점이 있습니다.

> **채점 기준**
> 정보를 많이 얻을 수 있다거나 실제 조사에 도움이 된다는 내용을 서술했다면 정답으로 합니다.

 **수행 평가**   42쪽

**1~2 풀이 참고**

**1**

| 소개할 고장 | 인천시 계양구 효성동 |
|---|---|
| 우리 고장의 옛이야기 | 효성동은 예로부터 갈대가 많았던 동네로 물이 적어 논이 없고 땅에 씨앗이 싹트지 않았다. 그래서 땅은 곳곳이 밭으로 새풀이 무성하여 농토를 일구어도 논두렁이 온통 억새 벌판이어서 새벌로 불리던 것이 새별로 불리게 되었다. 이 새별를 한자로 적을 때 샛별로 잘못 적어 효성리로 이름이 바뀌었다. |
| 위 이야기를 통해 알 수 있는 점 | • 효성동에 물이 부족했다.<br>• 효성동에 억새가 많았다.<br>• 새벌에서 샛별로 이름이 유래되었다. |

**2** 조사한 자료를 넣어 소개 자료를 만들었으면 정답으로 합니다.

> **채점 기준**
>
> | 상 | 우리 고장의 지명이나 지형 등과 관련된 옛이야기를 찾아 특징을 정리하였고, 어울리는 소개 자료를 정확한 정보를 담아 제작하였다. |
> |---|---|
> | 중 | 우리 고장의 지명이나 지형 등과 관련된 옛이야기를 찾고, 소개 자료를 제작하였다. |
> | 하 | 우리 고장의 지명이나 지형 등과 관련된 옛이야기를 찾아 특징을 정리하고 소개 자료를 제작하지 못하였다. |

 **수행 평가**   43쪽

**1 풀이 참고**   **2 ⓔ** 수원 화성의 곳곳에 대한 사진과 설명을 넣은 관광 안내 책자를 만들어 소개한다.   **3 ⓔ** 수원 화성을 훼손하지 않는다. / 수원 화성의 우수성에 대해 널리 알린다. 등

**1**

| 문화유산 이름 | 수원 화성 |
|---|---|
| 유형/무형 문화유산 | 유형 문화유산 |
| 소재지 | 경기 수원시 장안구 연무동 190 |
| 시대 | 조선 시대 |
| 특징 | 정조가 만든 성으로 다산 정약용이 성을 설계하고, 거중기 등의 새로운 도구를 이용하여 과학적이고 튼튼하게 쌓았다. 왕의 힘을 키우고, 나라를 지키기 위한 중요한 곳으로 활용하기 위해 쌓은 수원 화성은 과학적이고 쓰임새가 많은 구조를 갖추고 있어, 1997년 유네스코 세계 문화유산으로 등재되었다. |

**2** 사진 전시하기, 모형 만들기, 동영상 만들기, 신문 만들기 등을 통해서도 문화유산을 소개할 수 있습니다.

**3** 우리 지역의 문화유산에 관심을 가지고 문화유산을 널리 알립니다.

> **채점 기준**
>
> | 상 | 고장에 있는 문화유산을 정확하게 찾아 특징을 정리하였고, 문화유산에 어울리는 소개 방법과 문화유산을 지켜나갈 방법까지 잘 설명하였다. |
> |---|---|
> | 중 | 고장에 있는 문화유산의 특징을 정리하였고, 문화유산을 소개할 방법 또는 문화유산을 지켜나갈 수 있는 방법을 설명하였다. |
> | 하 | 고장에 위치한 문화유산의 이름 정도만 찾아 썼으며, 문화유산을 소개할 방법과 문화유산을 지켜나갈 수 있는 방법에 대해 설명하지 못하였다. |

# ① 교통수단의 발달과 생활 모습의 변화

## 개념 확인 문제 44~47쪽

**1** 교통수단  **2** (1) ◯ (2) ◯  **3** (1)-ⓒ (2)-⊙ (3)-ⓒ
**4** 석유, 전기  **5** 주유소, 차량 정비소, 휴게소, 주차장,
세차장, 터널, 졸음 쉼터 등  **6** (1) ◯ (2) ◯ (3) ✕
**7** 레일 바이크  **8** 모노레일  **9** 케이블카

## 실전 문제 48~49쪽

**01** ②  **02** 우정  **03** ④  **04** ①  **05** 수증기  **06** ③
**07** 자동차  **08** ④  **09** ②  **10** ⑤  **11** ⑤  **12** 동인

**01** 돛단배는 바람의 힘으로 움직여 많은 사람이나 짐을 강 건너편으로 옮길 때 이용하던 교통수단입니다. 뗏목이나 나룻배는 사람이 노를 저어서 이동했고 당나귀, 소달구지는 동물의 힘을 이용했던 옛날의 교통 수단입니다.

**02** 옛날의 교통수단은 사람이나 동물, 자연의 힘을 이용하였으므로 오늘날 교통수단에 비해 환경을 오염시키지 않았습니다. 또한 옛날의 교통수단은 많은 사람들이 동시에 이용하기 어려웠고 날씨나 자연환경의 영향을 많이 받았습니다.

**03** 초기의 비행기는 프로펠러가 있어 프로펠러가 회전하는 힘을 이용해 앞으로 나갈 힘을 얻어 하늘을 날아다닐 수 있었습니다.

**04** 오늘날 이용하는 교통수단은 기차(고속 열차)입니다. ② 증기 기관차는 기계의 힘을 이용한 초기의 교통수단이고, ③ 말, ④ 가마는 옛날의 교통수단입니다.

**05** 증기선, 증기 기관차처럼 기계의 힘을 이용한 초기의 교통수단은 주로 석탄을 연료로 물을 끓이면 나오는 수증기의 힘을 이용해서 움직였습니다.

**06** 여러 사람이 같이 이용하기 어려운 것은 옛날 교통수단의 특징입니다.

**07** 교통수단의 발달로 교통수단을 이용하는 데 필요한 다양한 시설이 생겼습니다. 주유소, 세차장, 터널, 주차장 등의 교통시설과 모두 관련이 있는 교통수단은 자동차입니다.

**08** 해상 구조 보트는 바다에서 물에 빠지거나 어려움에 처한 사람을 구조할 때 이용하는 교통수단입니다.

〈특수한 목적과 기술에 따른 교통수단〉
• 제설차: 쌓인 눈을 치우는 교통수단
• 레일 바이크: 철로 위에서 자전거를 타며 주변 풍경을 둘러보는 관광을 목적으로 하는 교통수단
• 시내 관광버스: 도심의 풍경을 구경하는 관광객을 위한 교통수단
• 산악 구조 헬리콥터: 산에서 사고가 났을 때 다친 사람을 구조하기 위한 교통수단

**09** 오늘날은 교통수단이 발달하며 버스나 지하철 등이 언제 출발하고 도착하는지 예상이 가능해졌기 때문에 시간 약속을 지키기 쉬워졌습니다.

**10** 사륜구동 택시는 일반택시가 다니기 어려운 가파른 길이나 눈이 많이 쌓여 미끄러운 눈길을 다니기 위하여 이용하는 교통수단입니다. 울릉도나 제주도에서 많이 볼 수 있습니다.

**11** 널배는 갯벌에 빠지지 않고 조개 등을 운반할 때 이용합니다.

〈고장의 환경에 따른 교통수단〉
• 갯배: 바다를 사이에 둔 마을을 오갈 때 이용
• 카페리: 사람과 자동차를 함께 배에 실어서 운반
• 모노레일: 가파른 길을 이동하거나 농작물을 운반할 때 이용
• 사륜구동 택시: 가파른 길이나 눈길을 안전하게 다니기 위해 이용

**12** 미래에는 지금보다 더 안전하고 친환경적인 교통수단이 개발될 것입니다. 또한 이동 시간이 더 짧아지고, 몸이 불편한 사람이 쉽고 편리하게 이용할 수 있는 교통수단이 개발될 것입니다.

## ② 통신 수단의 발달과 생활 모습의 변화

### 개념 확인 문제 50~53쪽

**1.** 통신 수단 **2** 파발 **3** (1) ○ (2) × (3) ○ **4** (1) × (2) ○ (3) ○ **5** 방 **6** 스마트폰 **7** (1) ○ (2) × **8** 수신호 **9** 무전기 **10** 전시 해설자

### 실전 문제 54~55쪽

**01** (1)-ⓒ (2)-㉠ (3)-ⓒ **02** 봉수 **03** ⑤ **04** ①
**05** ④ **06** ⑤ **07** (3) ○ **08** ⑤ **09** ③ **10** ⑤
**11** ② **12** ④

**01** 서찰은 안부나 소식을 전하기 위한 글을 말합니다. 북은 큰 소리를 내어 작전을 지시하거나 전쟁이 일어났음을 알리는 역할을 하였습니다. 신호 연은 적이 알아차리지 못하게 문양과 색깔 암호를 미리 정하여 작전을 지시할 때 이용했습니다.

**02** 봉수는 전쟁과 같은 위급한 상황에서 빠르게 소식을 전달할 때 사용했습니다. 낮에는 연기, 밤에는 횃불(불빛)을 이용하여 소식을 전했고, 개수가 많을수록 위급한 상황을 의미했습니다. 비가 오는 날에는 봉수를 사용하기 어려워 사람이 직접 말을 타거나 달려가서 소식을 전했습니다.

**03** 파발은 나라의 중요한 일이나 위급한 일이 있을 때, 말을 타고 가거나 직접 걸어가 소식을 전했습니다.

**04** 오늘날 사람들은 새를 이용하여 소식을 전하기보다는 신문, 인터넷, 컴퓨터, 휴대 전화 등의 새로운 통신 수단을 이용하여 소식을 전합니다.

**05** 전화기는 '전화 교환원이 필요하던 수동식 전화기 → 다이얼을 사용하던 유선 전화 → 선 없이 휴대할 수 있는 휴대 전화(무선 전화) → 스마트폰'으로 발달하였습니다.

**06** 스마트폰은 통신 기계 하나로 다양한 통신 방법을 이용할 수 있습니다. 스마트폰으로 은행 업무, 전화, 문자 메시지, 음식 주문 등 많은 일이 가능합니다.

**07** 오늘날 통신 수단은 옛날의 통신 수단에 비해 전달하는 속도도 빨라지고, 한번에 많은 정보를 보내는 것이 가능해졌습니다. 예전과 달리 요즘은 직접 가지 않아도 통신할 수 있게 되었습니다.

**08** 회사에서 화면을 통해 얼굴을 직접 보며 멀리 떨어진 사람들과 함께 회의하는 것을 '화상 회의'라고 합니다. 재택근무를 할 경우에도 사용할 수 있습니다.

**09** 통신 수단은 게임 중독, 개인 정보 유출, 인터넷 예절 문제, 통신 비용 상승 등 여러 문제점이 있습니다. 편리한 은행 업무는 통신 수단으로 인한 장점에 해당합니다.

**10** 한 건물에 여러 집이 있는 공동 주택에서는 인터폰으로 편리하게 경비실과 연락합니다.

△ 아파트 안내 방송

**11** 경매사, 잠수부, 항공기 유도원은 수신호를 사용하는 직업입니다. ② 전시 해설자는 박물관이나 미술관에서 전시된 작품을 설명할 때 무선 마이크를 사용합니다.

**12** 미래에는 이전에 비해 통신 기술이 발달하면서 소식을 더 빠르게 전달할 수 있고, 사람들의 생활이 더 편리해질 것입니다. 또한 생활 곳곳에서 사물 인터넷이 연결된 가전제품을 볼 수 있게 될 것입니다. 몸이 불편한 사람들도 쉽게 이용할 수 있을 것입니다.

### 단원 정리 평가 57~59쪽

**01** ② **02** ② **03** 수증기(증기) **04** 전차 **05** ⑤
**06** ① **07** ② **08** 카페리 **09** ② **10** ④ **11** ②, ③
**12** ④ **13** 신호 연 **14** ⑤ **15** ③ **16** ④ **17** ③
**18** ⑤ **19** 개인 정보 유출 **20** ①, ⑤

**01** 전통 결혼식에서 신부가 타는 작은 집 모양의 교통수단은 '가마'입니다. 가마에 사람이 타면 가마꾼들이 가마를 들어서 이동하였습니다. 뗏목, 돛단배, 나룻배는 모두 물에서 이용하던 교통수단입니다. 소달구지는 짐을 실어서 이동하던 교통수단입니다.

**02** 옛날 교통수단은 날씨와 같은 환경의 영향을 많이 받아 눈이나 비가 올 때는 이용이 어려웠습니다. 또한 한 번에 많은 사람을 동시에 옮기기 어려웠습니다.

**03** 증기선과 증기 기관차 모두 석탄을 연료로 하여 물을 끓이면 나오는 수증기의 힘을 이용한 교통수단입니다. 이전에 비해 크기도 커지고 힘도 좋아져서 많은 짐과 사람들을 싣고 이동할 수 있었습니다.

**04** 과학 기술이 발달하면서 이전과는 달리 기계의 힘을 이용하는 교통수단이 등장하였습니다. 전기의 힘을 이용하고, 여러 사람들이 함께 탈 수 있는 그림의 교통수단은 전차입니다.

**05** 바다를 건너서 이용하거나 먼 곳으로 해외여행을 할 때에는 비행기가 가장 빠릅니다. 배, 버스, 승용차도 외국으로 여행을 갈 때 이용할 수 있지만, 비행기에 비하면 시간이 훨씬 오래 걸립니다. 증기선은 요즘은 잘 사용하지 않습니다.

**06** 기차역, 철길과 같은 교통 시설과 관련이 있는 교통수단은 '기차'입니다.

**07** 지하철은 정해진 시간에 출발하고 도착하기 때문에 비교적 시간 약속을 지키기 쉽습니다. 여러 차량이 연결되어 있는 지하철은 한 번에 많은 사람들이 탈 수 있어 출퇴근 시간에 많이 이용됩니다.

**08** 카페리는 자동차와 사람을 한 번에 배에 싣고 갈 수 있습니다. 주로 제주도나 울릉도와 같은 섬으로 여행을 갈 때, 자동차도 함께 운반하기 위해 이용하는 교통수단입니다.

**09** 제설차는 계절에 따라 이용하는 교통수단 중 하나입니다. 주로 겨울에 도로 등에 눈이 많이 쌓였을 때 쌓인 눈을 치우는 교통수단입니다.

**10** 음식을 배달하거나 가까운 거리로 물건을 배달할 때는 오토바이를 이용합니다. 오토바이는 좁은 골목길도 지나다닐 수 있어 배달에 적합합니다.

**11** 영상 통화, 휴대 전화로 문자 메시지 보내기, 누리소통망 서비스(SNS)는 모두 오늘날 이용하는 통신 수단입니다.

**12** 제시된 그림 속 통신 수단은 옛날에 전쟁 상황에서 주로 사용하던 봉수입니다. 봉수는 낮에는 연기, 밤에는 횃불을 사용하여 소식을 전하였습니다.

**13** 옛날 전쟁 중에 사용했던 '신호 연'은 연의 문양이나 색깔로 암호를 정해서 적군이 작전을 알아보지 못하도록 하였습니다.

**14** 1990년대 많이 사용했던 무선 호출기는 '삐삐'라고 불리기도 하였습니다. 호출을 전용으로 하였으며 크기가 작아 휴대할 수 있었습니다.

**15** 방, 서찰은 옛날에 이용하던 통신 수단이고, 인터넷, 컴퓨터, 휴대 전화는 오늘날 이용하는 통신 수단입니다.

**16** 농촌에서 멀리 떨어져 일하고 있는 사람들에게 소식을 빠르게 전달하기 위해 '마을 방송'을 이용합니다.

**17** 오늘날에는 통신 기술의 발달로 축구나 스포츠 경기를 보러 직접 경기장에 가지 않아도 스마트폰이나 텔레비전 등을 통해 실시간으로 경기를 볼 수 있습니다.

**18** 하나의 기계에서 알람도 맞추고, 게임도 하고, 문자 메시지도 보내는 등 여러 통신 방법을 이용할 수 있는 것은 스마트폰입니다. 뉴스를 보고, 만화 영화를 볼 수 있는 것은 '텔레비전'입니다.

**19** 생활에 편리함을 주는 통신 수단도 개인 정보 유출, 게임 중독, 인터넷 예절 부족 등의 문제점이 있습니다.

**20** 잠수부는 물속에서는 대화하기 어렵기 때문에 주로 수신호를 사용합니다. 경매사나 항공기 유도원도 수신호를 사용합니다. 배달 기사와 택시 기사는 주로 휴대 전화로 손님의 부름 요청을 받고, 마트 판매원은 무선 마이크를 사용합니다.

사회

## 서술형 문제 60~61쪽

**01** (1) ① ㉡, ㉣ ② ㉢, ㉥ ③ ㉠, ㉢ (2) ⓓ 힘이 많이 들고 시간이 오래 걸렸다. / 여러 사람이 같이 사용하기 어려웠다. / 날씨와 같은 자연환경의 영향을 많이 받았다. / 많은 양의 물건을 한 번에 옮기기 어려웠다. 등 **02** (1) ⓓ 카페리, 비행기, 배(여객선, 유람선) (2) ⓓ 카페리는 승용차와 사람을 함께 운반할 수 있기 때문이다. / 비행기를 이용하면 빠르고 편리하게 이동할 수 있기 때문이다. / 부산에서 배를 타고 제주도를 갈 수 있기 때문이다. 등 **03** (1) ① 소방 헬리콥터 ② 레일 바이크 (2) ⓓ 겨울에 눈이 많이 오면 쌓인 눈을 치우는 교통수단이다. **04** (1) ㉠ 경운기 ㉡ 케이블카 (2) ⓓ 교통수단은 고장의 환경에 영향을 받기 때문이다. 등 **05** (1) ㉠, 방 (2) ① 봉수 ② ⓓ 위급한 상황이나 전쟁 상황에서 사용하였다. **06** (1) ㉡ (2) ⓓ 한 번에 정보를 많이 주고받을 수 있다. / 정보를 실시간으로 빠르게 전달 가능하다. / 통신 기계 하나만 있으면 여러 가지 통신 방법을 이용할 수 있다. / 여러 사람과 동시에 정보를 주고받을 수 있다. 등 **07** (1) 스마트폰 (2) ⓓ 스마트폰으로 은행 업무를 볼 수 있다. / 음식을 주문할 수 있다. / 문자 메시지를 보낼 수 있다. 등 **08** (1) 무선 마이크 (2) ⓓ 물속에서는 대화하기 어렵기 때문이다. 등

**01** (1) 옛날 교통수단에는 당나귀, 돛단배 등이 있었고, 초기의 교통수단은 증기선, 전차 등이 있었습니다. 오늘날은 비행기, 버스 등의 교통수단이 있습니다.

(2) 옛날 교통수단은 많은 양의 물건을 운반하거나 여러 사람이 함께 이용하기 어려웠고, 날씨와 같은 자연환경의 영향도 크게 받았습니다.

**채점 기준**
예시 답안과 의미가 통하면 정답으로 합니다.

**02** (1) 부산에서 제주도로 이동할 때 이용하는 교통수단에는 카페리, 비행기, 배(여객선, 유람선)입니다.

**채점 기준**
예시 답안 중 하나를 쓰거나 부산에서 제주도로 갈 때 이용할 수 있는 교통수단이면 정답으로 합니다.

(2) (1)에서 쓴 교통수단의 종류에 따라 편리함, 빠름, 사람과 차를 함께 운반할 수 있음 등의 이유를 들 수 있습니다.

**채점 기준**
(1)에서 쓴 교통수단의 선택 이유에 대하여 답안과 의미가 통하게 썼으면 정답으로 합니다.

**03** (1) 구조를 목적으로 하는 것은 소방 헬리콥터, 관광을 목적으로 하는 것은 레일 바이크입니다. 제설차는 계절에 따라 사용하는 교통수단입니다.

(2) 제설차는 계절에 따라 사용되는 교통수단으로 겨울에 쌓인 눈을 치우기 위해 사용됩니다.

**채점 기준**
보기에 제시된 눈, 겨울, 교통수단이 모두 들어가 있고, 예시 답안과 의미가 통하면 정답으로 합니다.

**04** (1) 무거운 농기구나 농산물을 옮길 때 사용하는 것은 경운기입니다. 산과 같이 높은 곳을 올라갈 때 이용하는 것은 케이블카입니다.

(2) 사람들이 살아가는 고장의 환경에 따라 사용하는 교통수단에도 차이가 있습니다.

**채점 기준**
'환경'이나 '환경'과 비슷한 의미의 단어가 있고, 예시 답안과 의미가 통하면 정답으로 합니다.

**05** (1) '방'은 사람들이 많이 지나다니는 길목이나 장소에 써 붙인 글로, 과거 시험 합격자를 널리 알리는 상황에 사용하기 좋은 것은 '방'입니다.

(2) 봉수는 연기나 횃불을 이용해 멀리까지 소식을 빠르게 전달할 수 있었습니다.

**채점 기준**
예시 답안과 의미가 통하면 정답으로 합니다.

**06** (1) 새, 신호 연, 파발 등은 옛날에 사용하던 통신 수단입니다.

(2) 오늘날 통신 수단은 한 번에 정보를 많이 주고받을 수 있고, 정보를 실시간으로 빠르게 전달할 수 있습니다.

**채점 기준**
예시 답안 중 하나와 의미가 통하면 정답으로 합니다.

**07** (1) 스마트폰은 오늘날 많이 사용되는 통신수단으로 기계 하나로 여러 통신 방법을 이용할 수 있습니다.

(2) 스마트폰을 이용하여 은행 업무 보기, 물건 주문하기, 문자 메시지 보내기, 전화하기, 여러 사람과 동시에 연락하기, 표 예매하기 등을 할 수 있습니다.

**채점 기준**
예시 답안과 의미가 통하거나 스마트폰으로 할 수 있는 통신 방법이면 정답으로 합니다.

**08** (1) 전시 해설자와 마트 판매원은 일할 때 무선 마이크를 이용합니다.

(2) 잠수부는 산소통 등을 메고 깊은 물속으로 잠수해 들어가기 때문에 대화하기 어렵습니다.

**채점 기준**
예시 답안과 의미가 통하면 정답으로 합니다.

### 수행 평가
62쪽

**1** 방울: 가마, 뗏목 / 지현: 지하철, 비행기, 고속 열차, 자동차
**2** 예 말, 소, 당나귀 등
**3** 예 다른 지역으로 이동하는 방법이 다양해졌다.

**1** 방울이의 생활 모습에 나타난 교통수단에는 가마, 뗏목이 있고, 지현이의 생활 모습에 나타난 교통수단에는 지하철, 비행기, 고속 열차, 자동차가 있습니다.

**2** 옛날에 먼 거리를 이동할 때는 걸어가거나 말, 소, 당나귀 등을 타고 갔습니다.

**3** 지현이의 생활 모습을 보면 다른 지역으로 이동할 수 있는 교통수단의 종류가 다양해졌음을 알 수 있습니다.

**채점 기준**

| | |
|---|---|
| 상 | 옛날과 오늘날 교통수단의 종류를 잘 알고 있으며, 교통수단의 발달에 따른 생활 모습의 변화를 비교해서 설명할 수 있다. |
| 중 | 옛날과 오늘날 교통수단의 종류를 알고 있으며, 교통수단의 발달에 따른 생활 모습의 변화를 설명할 수 있다. |
| 하 | 교통수단에 관한 자료를 바탕으로 옛날과 오늘날 교통수단의 종류를 구분할 수 있다. |

### 수행 평가
63쪽

**1** 예 ㉠ 봉수: 낮에는 연기를, 밤에는 횃불(불빛)을 이용해서 전쟁 상황을 알렸다. / ㉣ 방: 사람들이 많이 다니는 길목이나 장소에 글을 붙여 소식을 알렸다. / ㉢ 파발: 나라의 중요한 일을 적은 문서를 사람이 직접 달려가거나 말을 타고 가서 전했다. 등
**2** 예 한 번에 정보를 많이 주고받을 수 있다. / 정보를 실시간으로 빠르게 전달할 수 있다. / 통신 기계 하나만 있으면 여러 가지 통신 방법을 이용할 수 있다. / 여러 사람과 동시에 정보를 주고받을 수 있다.
**3** 예 길 도우미, 길을 쉽게 찾을 수 있어 잘 모르는 곳에 갔을 때 편리하게 이용할 수 있다.

**1** 옛날에 이용했던 통신 수단에는 봉수, 북, 방, 파발 등이 있습니다.

**2** 오늘날 통신 수단은 옛날에 비해서 한 번에 많은 정보를 주고받을 수 있고, 속도도 빨라졌습니다.

**3** 오늘날 통신 수단에는 스마트폰, 텔레비전, 신문, 컴퓨터, 길 도우미, 휴대 전화 등이 있습니다.

**채점 기준**

| | |
|---|---|
| 상 | 통신 수단에 관한 자료를 바탕으로 옛날과 오늘날 통신 수단의 종류를 잘 알고 있으며, 통신 수단의 발달에 따른 생활 모습의 변화를 비교해서 설명할 수 있다. |
| 중 | 통신 수단에 관한 자료를 바탕으로 옛날과 오늘날 통신 수단의 종류를 알고 있으며, 교통수단의 발달에 따른 생활 모습의 변화를 설명할 수 있다. |
| 하 | 통신 수단에 관한 자료를 바탕으로 옛날과 오늘날 통신 수단의 종류를 구분할 수 있다. |

# 4주 완성 독해력

공부의 핵심, 이제는 독해력이다!
눈높이에 맞는 초등 독해 훈련서

# 1. 과학자는 어떻게 탐구할까요?

**개념 확인 문제**      4~7쪽

**1** 관찰    **2** (1) ○ (2) × (3) × (4) ○    **3** 측정
**4** (1) ㉠ (2) ㉢ (3) ㉡ (4) ㉣    **5** 예상    **6** 분류
**7** (1) ○ (2) ○ (3) ×    **8** 추리    **9** 설명
**10** 정보

# ❶ 물체와 물질 ~ ❷ 물질의 성질(1)

**개념 확인 문제**      8~11쪽

**1** 물체    **2** (1) × (2) ○ (3) ×    **3** 물질    **4** (1) ㉢
(2) ㉠ (3) ㉡ (4) ㉣    **5** 물질    **6** 단단하기    **7** 금속
막대    **8** 금속, 고무    **9** 플라스틱 막대, 나무 막대
**10** 금속, 고무

**실전 문제**      12~13쪽

**01** ③    **02** ④    **03** ①    **04** 물질    **05** (1) ㉠ (2) ㉣
(3) ㉢ (4) ㉢    **06** ⑤    **07** ②    **08** ③    **09** ㉠, ㉣
**10** ②    **11** (1) ㉡, ㉢ (2) ㉠, ㉣    **12** ⑤

**01** 모양이 있고 공간을 차지하고 있는 것을 '물체'라고
합니다. 고무는 고무나무 껍질에서 나오는 것으로,
지우개를 만드는 재료가 되는 물질입니다.

**02** 비밀 상자 속 물체가 어떤 물체인지 알 수 없으므로
맛을 보지 않습니다.

**03** 네모 모양이고, 한 손에 들어오는 정도이며, 딱딱하
지만 살짝 구부러지는 것은 지우개입니다.

**04** 물체를 만드는 재료를 '물질'이라고 하며, 물질에는
금속, 플라스틱, 유리, 나무, 고무, 밀가루 등이 있
습니다.

**05** 못은 금속, 과자는 밀가루, 의자는 나무, 풍선은 고
무로 만들어졌습니다.

**07** 물질의 고유한 성질에는 색깔, 손으로 만졌을 때의
느낌, 단단한 정도, 휘는 정도, 물에 뜨는 정도 등이
있습니다.

**08** • 여러가지 물질로 만든 막대를 서로 긁어보면 단단
한 정도를 알 수 있습니다.
• 두 물질을 서로 긁었을 때, 잘 긁히는 물질일수록
덜 단단합니다.

**09** ㉡ 가장 단단한 물질은 금속입니다.
㉢ 금속은 나무보다 잘 긁히지 않는 물질입니다.
㉣ 금속＞플라스틱＞나무＞고무 순으로 단단합니다.

**11** 나무와 플라스틱은 물에 뜨고, 금속과 고무는 물에
가라 앉습니다.

# ❷ 물질의 성질(2)

**개념 확인 문제**      14~17쪽

**1** 단단합니다    **2** 가볍습니다    **3** (1) ○ (2) × (3) ○
**4** 고무    **5** (1) ㉡ (2) ㉠ (3) ㉢    **6** 고무    **7** (1) ○
(2) ×    **8** 플라스틱    **9** (1) ㉡ (2) ㉠ (3) ㉢

**실전 문제**      18~19쪽

**01** ④    **02** ⑤    **03** ⑤    **04** ⑤    **05** ④    **06** ②    **07**
②    **08** ③    **09** ①    **10** ④    **11** ⑤    **12** 금속

**01** 금속은 광택이 있고, 다른 물질보다 단단하며, 딱딱
합니다.

**03** • 플라스틱은 금속보다 가볍고 광택이 있습니다.
• 딱딱하고 부드럽습니다.
• 금속이 플라스틱보다 단단합니다.

**04** 플라스틱은 일정한 온도를 가하면 물렁물렁해지므로, 다양한 모양으로 쉽게 만들 수 있습니다.

**05** ① 유리는 투명하고 다른 물체와 부딪치면 잘 깨집니다.

② 섬유는 손으로 만지면 부드럽고, 접을 수 있습니다. 또 잘 찢어지지 않고, 질깁니다.

③ 종이는 잘 찢어지고, 접을 수 있으며, 물에 잘 젖습니다.

⑤ 가죽은 잘 찢어지지 않고, 질깁니다.

**06** 뗏목은 강물에 띄워 나르기 위해 여러 개의 통나무를 엮어 놓은 것으로, 나무가 물에 뜨는 성질을 이용한 것입니다.

**07** 고무는 쉽게 구부러지고, 당기면 늘어났다가 놓으면 다시 돌아오는 성질이 있습니다. 또, 잘 미끄러지지 않으며, 물에 젖지 않습니다.

**08** ① 유리는 물에 잘 젖지 않습니다.

② 나무는 금속보다 가볍습니다.

④ 섬유는 손으로 만지면 부드럽습니다.

⑤ 종이는 잘 찢어지고, 접을 수 있습니다.

**11** 쓰레받기의 입구는 고무로, 몸체는 플라스틱으로 만들어졌습니다. 입구는 고무로 만들어져서 바닥에 잘 달라붙어 작은 먼지를 쓸어 담기 좋습니다. 몸체는 플라스틱으로 만들어져 가볍고 단단합니다.

**12** 자전거의 몸체는 금속으로 만들어져서 잘 부러지지 않고 튼튼합니다. 체인도 금속으로 만들어져서 튼튼하고 큰 힘에도 잘 견딥니다.

# ❸ 물질의 좋은 점과 성질 변화

**개념 확인 문제**　　　　　　20~23쪽

**1** 짚 **2** (1) ㉠ (2) ㉢ (3) ㉡ **3** (1) × (2) ○ (3) ×
**4** 다릅니다 **5** (1) × (2) ○ (3) ○ **6** 따뜻한 **7** 엉깁니다 **8** 변합니다 **9** (1) ㉢ (2) ㉠ (3) ㉡

**실전 문제**　　　　　　24~25쪽

**01** (1) ㉢ (2) ㉠ (3) ㉡ **02** ④ **03** ⑤ **04** ②
**05** 지섭 **06** ② **07** ① **08** 붕사 **09** ② **10** ③
**11** ② **12** ②

**02** 도자기 컵은 흙을 구워 만들어 음식을 오랫동안 따뜻하게 보관할 수 있습니다.

**03** 유리컵은 투명하여 무엇이 들어 있는지 쉽게 알 수 있습니다. 하지만 유리는 다른 물체와 부딪치면 잘 깨지므로 사용할 때 주의해야 합니다.

**04** ① 비닐장갑은 물이 들어오지 않으나 얇아서 잘 찢어져 그릇을 씻을 때 사용하기 적당하지 않습니다.

② 고무장갑은 질기고 미끄러지지 않으며, 물이 들어오지 않아 그릇을 씻을 때 사용하면 좋습니다.

**05** 금속은 매우 단단하고 튼튼하여 금속으로 신발을 만들면 신고 벗을 때나 걸어 다닐 때 구부러지지 않아 불편할 것입니다.

**06** 종류가 같은 물체라도 그 물체를 이루고 있는 물질에 따라 좋은 점이 서로 다릅니다. 물질의 성질에 따라 물체의 기능이 다르고, 서로 다른 좋은 점이 있습니다. 생활 속에서는 물체의 기능을 고려하여 상황에 알맞은 것을 골라 사용할 수 있습니다.

**07** 생활하면서 서로 다른 물질을 섞어 사용하기도 합니다. 예를 들어, 요리를 할 때 여러 가지 가루 물질을 섞거나 물에 초콜릿 가루나 미숫가루를 타서 먹을 때입니다. 필통에 연필과 지우개를 넣는 것은 서로 다른 물질을 섞는 경우가 아닙니다.

**08** • 붕사는 하얀색이고, 광택이 없습니다. 손으로 만지면 깔깔하고 알갱이의 크기가 매우 작습니다.

• 폴리비닐 알코올은 하얀색이지만, 광택이 있습니다.

**09** 따뜻한 물이 반쯤 담긴 투명한 플라스틱 컵에 붕사를 넣고 유리 막대로 저으면 물이 뿌옇게 흐려집니다.

**10** 탱탱볼은 만지면 말랑말랑하고, 바닥에 튕기면 튀어 오릅니다. 탱탱볼의 성질은 붕사나 폴리비닐 알코올

과는 다릅니다.

11 물질의 성질을 이용하여 창의적인 연필꽂이를 설계할 때 고려할 점은 다음과 같습니다.
 • 어떤 물질을 사용할까?
 • 어떤 모양으로 만들까?
 • 어느 정도의 크기가 적당할까?
 • 물질의 어떤 성질을 이용할까?

12 연필꽂이의 바닥에 스펀지를 넣음으로써 연필을 꽂을 때의 충격을 줄여 줄 수 있습니다.

### 단원 정리 평가  27~29쪽

01 ⑤  02 ③  03 (1) ⓒ (2) ⓛ (3) ⓒ (4) ㉠  04 ③
05 플라스틱  06 ④  07 ㉠, ⓛ (나) ⓒ, ⓔ  08 ④
09 ②  10 ③  11 ①  12 ②  13 (1) ⓒ (2) ⓛ (3) ㉠
14 ②  15 ④  16 ⓔ  17 변한다  18 ②

02 야구 배트, 의자, 책상은 나무로 만들어졌습니다. 이때, 야구 배트, 의자, 책상은 '물체'라고 하고, 나무는 '물질'이라고 합니다.

05 여러 가지 물질로 만든 막대를 서로 긁어 보면 물질의 단단한 정도를 비교할 수 있습니다. 두 물질을 서로 긁었을 때 잘 긁히는 물질일수록 덜 단단합니다. 나무 막대에 긁힌 흔적이 생겼으므로, 나무가 덜 단단하고 플라스틱이 더 단단합니다.

06 여러 가지 물질로 만든 막대를 구부려 보면 물질의 휘는 정도를 알 수 있습니다. 고무와 같이 구부러지는 물질이 있고, 금속, 플라스틱, 나무와 같이 잘 구부러지지 않는 물질이 있습니다.

07 물에 뜨는 것은 플라스틱 막대와 나무 막대이고, 물에 가라앉는 것은 금속 막대와 고무 막대입니다. 따라서 물에 뜨는 물질은 플라스틱과 나무이고, 물에 뜨지 않는 물질은 금속과 고무입니다.

09 플라스틱은 금속보다 가볍고 광택이 있습니다. 딱딱하고 부드러우며, 다양한 색깔과 모양의 물체를 쉽게 만들 수 있습니다.

11 제시된 책상의 상판은 나무로 만들어져 가볍고 단단합니다. 책상의 몸체는 튼튼한 금속으로, 받침은 바닥에 긁히는 것을 줄여 주는 플라스틱으로 만들어졌습니다.

12 • 자전거의 안장은 가죽으로 만들어져서 질기고 부드럽습니다.
 • 손잡이는 고무나 플라스틱으로 만들어져서 부드럽고 미끄러지지 않습니다.
 • 타이어는 고무로 만들어져서 충격을 잘 흡수하고, 탄력이 있습니다.

13 • 금속 컵은 잘 깨지지 않고, 튼튼합니다.
 • 유리컵은 투명하여 무엇이 들어 있는지 쉽게 알 수 있습니다.
 • 플라스틱 컵은 가볍고 단단하며, 모양과 색깔이 다양합니다.

14 잘 찢어지고 가벼운 것은 종이의 성질입니다. 종이 컵은 잘 찢어져 음료를 오랫동안 보관하기 어려우나 싸고 가벼워서 손쉽게 사용할 수 있습니다.

16 붕사를 녹인 물에 폴리비닐 알코올을 넣고 유리 막대로 저은 뒤 3분 정도 기다리면 서로 엉깁니다. 엉긴 물질을 꺼내 손으로 탱탱볼을 만듭니다.

### 서술형 문제  30~31쪽

01 (1) 물체 (2) 금속 : ㉠, ⓔ, ⓜ / 나무 : ⓒ, ⓜ / 플라스틱 : ⓛ, ⓗ, ⓢ  02 (1) 물질의 단단한 정도 (2) 금속이 플라스틱보다 더 단단하다.  03 (1) 금속 (2) 광택이 있다, 단단하다, 딱딱하다, 다른 물질보다 무거운 편이다 등  04 예 물이 담긴 수조에 여러 종류의 막대를 넣어보면서 물에 뜨는 막대와 물에 가라앉는 막대는 어떤 물질로 이루어졌는지 알아본다.  05 (1) 상판 : 나무, 몸체 : 금속, 받침 : 플라스틱 (2) 예 몸체 : 금속으로 만들어져서 잘 부러지지 않고 튼튼하다. 받침 : 플라스틱으로 만들어져서 바닥이 긁히는 것을 줄여 준다.  06 희주 : 도자기 컵, 도자기 컵은 음식을 오랫동안 따뜻하게 보관해 줄 수 있다. 유

나 : 플라스틱 컵, 플라스틱 컵은 가볍고 단단하여 가지고 다니기 좋다.   지수 : 유리컵, 유리컵은 투명하여 무엇이 들어 있는지 쉽게 알 수 있다.   **07** (1) (가): 면(섬유), (나): 고무, (다): 가죽   (2) 예 물체의 기능을 고려하여 상황에 알맞은 것을 골라 사용할 수 있다.   **08** (1) 고무   (2) 잘 미끄러지지 않는 성질   (3) 스펀지   (4) 충격을 줄여 주는 성질

**01**

| 채점 기준 | |
| --- | --- |
| 상 | 물질과 물체를 모두 바르게 분류한 경우 |
| 중 | 분류는 정확한데, 물체를 모두 분류하지 않은 경우 |
| 하 | 답을 틀리게 쓴 경우 |

**02** (2) 두 물질을 서로 긁었을 때 잘 긁히는 물질일수록 덜 단단합니다. (나)에서 금속 막대로 플라스틱 막대를 긁었을 때, 플라스틱 막대에 긁힌 흔적이 생긴 것으로 보아 금속이 플라스틱보다 더 단단합니다.

| 채점 기준 | |
| --- | --- |
| 상 | 두 물질을 비교하면서 옳게 쓴 경우 |
| 중 | 두 물질을 비교하면서 쓰지 못한 경우(예 금속이 단단하다.) |
| 하 | 답을 틀리게 쓴 경우 |

**03** (1) (가)는 미끄럼틀, (나)는 나무 자르는 데 쓰이는 톱입니다. (가)와 (나) 물체의 공통적인 물질은 금속입니다. (2) 금속은 광택이 있고, 다른 물질보다 단단합니다. 또, 딱딱하고 들어 보면 다른 물질보다 무거운 편입니다.

| 채점 기준 | |
| --- | --- |
| 상 | 금속이라고 쓰고, 금속의 2가지 성질을 모두 옳게 쓴 경우 |
| 중 | 금속이라고 쓰고, 금속의 1가지 성질만 옳게 쓴 경우 |
| 하 | 답을 틀리게 쓴 경우 |

**04** 물이 담긴 수조에 네 가지 막대를 천천히 넣어 보면서 물에 뜨는 막대와 물에 가라앉는 막대는 어떤 물질로 이루어졌는지 알아봅니다. 물에 넣었을 때 가라앉지 않고 뜨면, 그 물질은 물에 뜨는 성질이 있음을 알 수 있습니다.

| 채점 기준 | |
| --- | --- |
| 물에 뜨는 성질을 알 수 있는 방법을 썼으면 정답 | |

**05** (2) • 책상의 몸체는 금속으로 만들어져서 잘 부러지지 않고 튼튼합니다.
• 받침은 플라스틱으로 만들어져서 바닥이 긁히는 것을 줄여 줍니다.

| 채점 기준 | |
| --- | --- |
| 상 | 2가지를 모두 옳게 쓴 경우 |
| 중 | 1가지만 옳게 쓴 경우 |
| 하 | 답을 틀리게 쓴 경우 |

**06** • 도자기 컵은 음식을 오랫동안 따뜻하게 보관해 줄 수 있습니다.
• 플라스틱 컵은 가볍고 단단하여 가지고 다니기 좋습니다.
• 유리컵은 투명하여 무엇이 들어 있는지 쉽게 알 수 있습니다.

| 채점 기준 | |
| --- | --- |
| 상 | 3가지 컵의 종류와 까닭을 모두 옳게 쓴 경우 |
| 중 | 2가지 컵의 종류와 까닭만 옳게 쓴 경우 |
| 하 | 답을 틀리게 쓴 경우 |

**07** (2) 종류가 같은 물체라도 그 물체를 이루고 있는 물질에 따라 좋은 점이 서로 다릅니다. 물질의 성질에 따라 물체의 기능이 다르고, 서로 다른 좋은 점이 있습니다. 생활 속에서는 물체의 기능을 고려하여 상황에 알맞은 것을 골라 사용합니다.

| 채점 기준 | |
| --- | --- |
| 상황에 맞게 알맞은 것을 골라 사용한다는 의미로 썼으면 정답 | |

**08** 고무의 잘 미끄러지지 않는 성질과 스펀지의 충격을 줄여 주는 성질을 이용하여 연필꽂이를 설계하였습니다.

| 채점 기준 | |
| --- | --- |
| 상 | 2가지 물질과 그 물질의 성질을 모두 옳게 쓴 경우 |
| 중 | 2가지 물질과 그 물질의 성질을 일부만 옳게 쓴 경우 |
| 하 | 답을 틀리게 쓴 경우 |

**1** 예 바닥에 잘 달라붙어 작은 먼지도 쓸어 담기 좋다.

**2** ㉠ 가죽 또는 플라스틱 ㉡ 튼튼하다, 단단하다. ㉢ 고무 ㉣ 충격을 잘 흡수한다, 탄력이 있다. ㉤ 금속

**3** (1) ❷ 물이 뿌옇게 흐려진다. ❸ 서로 엉기고, 알갱이가 점점 커진다. (2) 알갱이가 투명하고, 광택이 있다. 말랑말 랑하고, 고무 같은 느낌이 든다. 바닥에 떨어뜨리면 잘 튀 어 오른다. (3) 서로 다른 물질을 섞으면 섞기 전에 각 물 질이 가지고 있던 색깔, 손으로 만졌을 때의 느낌 등의 성 질이 변한다.

**1** **채점 기준**

고무로 만들어서 좋은 점을 옳게 썼으면 정답

**2**
• 자전거의 안장은 가죽 또는 플라스틱으로 만들어 졌으며, 질기고 부드럽습니다.
• 몸체와 체인은 튼튼하고 잘 부러지지 않는 금속으 로 만들어졌습니다.
• 타이어는 충격을 잘 흡수하고 탄력이 있는 고무로 만들어졌습니다.

**채점 기준**

| 상 | 5칸을 모두 옳게 쓴 경우 |
| --- | --- |
| 중 | 2~4칸을 옳게 쓴 경우 |
| 하 | 모두 틀리게 썼거나 1개만 옳게 쓴 경우 |

**3** **채점 기준**

관찰한 내용을 모두 옳게 썼으면 정답

(2) 물기가 완전히 말랐을 때의 탱탱볼은 알갱이가 투명하고, 광택이 있습니다. 또한 말랑말랑하고, 바 닥에 떨어뜨리면 잘 튀어 오릅니다.

**채점 기준**

| 상 | 2가지를 모두 옳게 쓴 경우 |
| --- | --- |
| 중 | 1가지만 옳게 쓴 경우 |
| 하 | 모두 틀리게 쓴 경우 |

(3) 탱탱볼을 만들 때, 물질을 섞기 전 가루 물질은 하얀색이고, 손으로 만지면 깔깔합니다.

**채점 기준**

서로 다른 물질을 섞었을 때 섞기 전과 후의 변화를 옳게 썼 으면 정답

# ❶ 동물의 암수~
# ❷ 배추흰나비의 한살이

**1** 있고, 없습니다 **2** 어렵습니다 **3** (1) ○ (2) ○ (3) × **4** (1) ㉡ (2) ㉢ (3) ㉠ **5** 한살이 **6** 크기 **7** (1) × (2) ○ (3) ○ **8** 알 **9** (1) ○ (2) × (3) ○ **10** 4 **11** (1) ○ (2) × (3) × **12** 날개돋이 **13** 두, 한, 세, 한 **14** 머리, 가슴, 배

**01** ③, ④ **02** (1) 수 (2) 암 **03** ② **04** ⑤ **05** ② **06** ⑤ **07** ③ **08** ③ **09** ④ **10** ④ **11** ㉢ → ㉠ → ㉣ → ㉡ **12** ⑤

**01**
• 무당벌레는 암수가 모두 몸 모양이 둥글고, 겉날 개의 색깔과 무늬가 비슷합니다.
• 붕어는 암수가 모두 길쭉한 몸에 지느러미가 똑같 이 있고, 몸의 색깔도 비슷합니다.

**02** 꿩의 수컷은 깃털의 색깔이 선명하고 화려하지만, 암컷은 깃털의 색깔이 수수하고 황갈색에 검은색 무 늬가 있습니다.

**03**
• 제비, 두루미, 황제펭귄, 찌르레기는 암수가 함께 알과 새끼를 돌봅니다.
• 곰은 암컷이 새끼를 돌봅니다.

**04** 거북, 노린재, 개구리, 자라는 암수 모두 적당한 곳 에 알을 낳은 뒤 돌보지 않고 떠납니다.

**06** 배추흰나비 애벌레의 색깔과 모양, 크기, 움직이는 모습, 먹이를 먹는 모습, 똥을 누는 모습, 허물을 벗 는 모습 등을 관찰합니다. 배추흰나비 애벌레에 해 충제를 뿌리면 애벌레가 죽을 수 있습니다.

**08** 애벌레는 알에서 나오자마자 자신이 나온 알껍데기 를 갉아 먹습니다. 알껍데기에 영양분이 풍부하게 들어 있기 때문입니다. 그리고, 애벌레가 알에서 완 전히 기어 나오기까지는 약 10분이 걸리며, 갓 나온 애벌레는 몸이 연한 노란색입니다.

**09**
- 배추흰나비 번데기는 여러 개의 마디가 있고, 색깔은 주변 환경의 색깔과 비슷하며, 움직이지 않고 먹이도 먹지 않습니다.
- 배추흰나비 어른벌레는 가슴에 다리가 세 쌍이 있고, 긴 대롱 모양의 입이 있습니다.

**10**
- 배추흰나비 애벌레는 털이 있고, 긴 원통 모양이며, 초록색입니다. 가슴에 가슴발이 세 쌍이 있으며, 허물을 벗으며 자랍니다.
- 배추흰나비 어른벌레는 날개 두 쌍과 다리 세 쌍, 더듬이 한 쌍이 있으며, 날개를 이용하여 날아다닙니다.
- 배추흰나비 애벌레와 어른벌레는 모두 머리, 가슴, 배로 구분됩니다.

**11** ㉠은 애벌레, ㉡은 어른벌레, ㉢은 알, ㉣은 번데기입니다.
- 배추흰나비는 알 → 애벌레 → 번데기 → 어른벌레 단계를 거치며 자랍니다.
- 알에서 애벌레가 나오고, 애벌레는 허물을 4번 벗으며 자랍니다.
- 애벌레가 먹기를 중단하고 번데기가 되면 시간이 흐른 뒤에 번데기에서 어른벌레가 나옵니다.

## ❸ 여러 가지 동물의 한살이 과정

**개념 확인 문제**                              42~45쪽

**1** 번데기  **2** 물속  **3** (1) ○ (2) ○  **4** (1) ㉠ (2) ㉡
(3) ㉠, ㉡  **5** 완전  **6** 병아리  **7** (1) ○ (2) × (3) ○
**8** 올챙이  **9** (1) ○ (2) × (3) × (4) × (5) ○
**10** 암컷

**실전 문제**                                   46~47쪽

**01** ㉠ → ㉣ → ㉢ → ㉡  **02** ④  **03** 번데기  **04** (1)
완전 탈바꿈  (2) 불완전 탈바꿈  **05** ①  **06** ④  **07**
병아리  **08** ⑤  **09** 알  **10** ⑤  **11** ④  **12** ㉢

**01** 사슴벌레의 한살이는 '알 → 애벌레 → 번데기 → 어른벌레'의 단계를 거칩니다.

**02** ① 사슴벌레는 땅에 있는 썩은 나무나 습기가 있는 나무에 알을 낳고, 잠자리는 물에 알을 낳습니다.
② 사슴벌레는 번데기 단계가 있고, 잠자리는 번데기 단계가 없습니다.
③ 사슴벌레 애벌레는 물 밖에서 살고, 잠자리 애벌레는 물속에서 삽니다.
④ 사슴벌레와 잠자리의 어른벌레는 모두 땅에서 생활합니다.
⑤ 사슴벌레는 번데기에서 어른벌레가 나오고, 잠자리는 애벌레에서 어른벌레가 나옵니다.

**04** 무당벌레는 번데기 단계가 있으므로 완전 탈바꿈을 하는 곤충이고, 노린재는 번데기 단계가 없어 불완전 탈바꿈을 하는 곤충입니다.

**05** 완전 탈바꿈을 하는 곤충에는 사슴벌레, 나비, 벌, 파리, 풍뎅이, 나방, 개미, 무당벌레 등이 있습니다.

**06**
- 알을 낳는 동물은 닭, 연어, 개구리 등이 있습니다.
- 애벌레 단계가 있으며, 허물을 벗으며 자라는 것은 곤충입니다.
- 알에서 깨어난 새끼는 다 자라면 그중 암컷이 알을 낳을 수 있습니다.
- 닭처럼 단단한 껍데기에 싸여 있는 단단한 알도 있지만, 개구리처럼 연한 알도 있습니다.

**07** 닭의 한살이는 알 → 병아리 → 큰 병아리 → 다 자란 닭입니다.

**08**
- 병아리는 온몸이 솜털로 덮여 있는데, 솜털의 색깔은 닭의 종류에 따라 다양하며 암수를 구별하기 쉽지 않습니다.
- 다 자란 닭은 암수의 구별이 뚜렷해지며 암컷이 알을 낳을 수 있습니다. 다 자란 수컷은 볏이 암컷보다 크고, 꽁지깃이 길어서 휘어집니다.

**10**
- 갓 태어난 강아지는 귀가 닫혀 있고, 다 자란 개는 귀로 작은 소리를 들을 수 있습니다.

**11**
- 새끼를 낳는 동물은 새끼가 어미와 모습이 비슷하고, 어미젖을 먹고 자라다가 점차 다른 먹이를 먹

습니다. 다 자란 동물은 암수가 짝짓기를 하여 암
컷이 새끼를 낳습니다.

- 허물을 벗으며 자라고, 번데기를 만드는 것은 알을 낳는 동물 중 일부 곤충의 특징입니다.

**12** 연어의 한살이는 알, 새끼 연어, 다 자란 연어입니다. ⓒ 연어는 뒷다리가 나오지 않습니다.

## 단원 정리 평가  49~51쪽

| 01 | ④ | 02 | ② | 03 | ⑤ | 04 | ④ | 05 | ③ | 06 | ⑤ | 07 |
| ④ | 08 | 날개돋이 | 09 | ⓛ, ⓜ, ⓒ, ㉠, ㉣ | 10 | ① | 11 |
| ② | 12 | ③ | 13 | ① | 14 | ④ | 15 | ⑤ | 16 (1) ⓒ (2) |
| ⓛ (3) ㉠ | 17 | 유주 | 18 | ② |

**01** ① 꿩의 수컷을 '장끼'라고 합니다.
② 사자는 암수가 같이 새끼를 돌봅니다.
③ 사자는 새끼를 낳는 동물입니다.
④ 사자의 수컷은 머리와 목둘레에 갈기가 있는데, 암컷은 갈기가 없습니다.
⑤ 갈기가 있고 없음으로 수컷과 암컷을 쉽게 구별할 수 있습니다.

**02** 붕어, 무당벌레, 참새, 돼지는 암수의 생김새가 모두 비슷하여 암수 구별이 어렵습니다.

**04** 알이나 애벌레를 손으로 만지면 알이나 애벌레가 죽을 수 있습니다. 알이나 애벌레를 옮길 때에도 알이나 애벌레가 붙은 잎을 함께 옮기고 손으로 직접 만지지 않습니다.

**06** 배추흰나비알은 자라지 않고 움직이지도 않으나 제시된 자료를 통하여 알 수는 없습니다. 배추흰나비 애벌레는 부화한 뒤 크기가 4번 변화한 것으로 보아 허물을 4번 벗었음을 알 수 있습니다.

**07** 배추흰나비 번데기는 마디가 있고, 가운데가 볼록하며, 양쪽 끝은 뾰족합니다. 또 주변의 색깔과 비슷하고 움직이지 않습니다. 크기가 변하지 않고, 자라지 않습니다.

**08** 번데기에서 날개가 있는 어른벌레가 나오는 과정을 '날개돋이'라고 합니다. 날개돋이 과정에서 번데기의 등 부분이 갈라지고 어른벌레의 머리가 나온 다음 몸 전체가 빠져나옵니다.

**10** 잠자리는 물속에 알을 낳고, 애벌레는 물속에서 자랍니다. 번데기 단계가 없는 '불완전 탈바꿈'을 하는 곤충입니다.

**11** 곤충의 한살이에 번데기 단계가 없는 것을 '불완전 탈바꿈'이라고 합니다. 불완전 탈바꿈을 하는 곤충에는 사마귀, 메뚜기, 방아깨비, 노린재 등이 있습니다.

**13** 연어, 굴뚝새, 개구리는 모두 알을 낳는 동물입니다.

**14** • 병아리는 몸이 솜털로 덮여 있고, 볏과 꽁지깃이 없으며, 암수 구별이 어렵습니다.
• 다 자란 닭은 이마와 턱에 볏이 있고, 꽁지깃이 길게 자라 있습니다.

**15** • 알을 낳는 동물 중에는 땅 위나 땅속에 알을 낳는 동물도 있고, 물에 알을 낳는 동물도 있습니다.
• 동물에 따라 알의 수, 크기, 모양이 다릅니다.
• 알에서 새끼가 깨어날 때까지 걸리는 기간, 다 자랄 때까지의 기간도 다릅니다.

**16** 갓 태어난 강아지는 어미젖을 먹으며 자라고, 6~8주가 지나면 젖니가 다 나오고 먹이를 씹어 먹을 수 있습니다. 9~12개월이 지나면 다 자란 개가 되고, 짝짓기를 하여 암컷이 새끼를 낳습니다.

**18** • 소는 보통 한 번에 한 마리의 새끼를 낳지만, 개는 한 번에 4~6마리의 새끼를 낳습니다.
• 송아지는 태어나자마자 걸을 수 있지만, 강아지는 그렇지 않습니다.
• 개와 소처럼 새끼를 낳는 동물은 다 자랄 때까지 어미의 보살핌을 받습니다.
• 다 자란 암수가 짝짓기를 하여 암컷이 새끼를 낳습니다.

**01** 예 암컷 : 몸 색깔이 갈색이고, 화려하지 않다. / 수컷 : 몸 색깔이 화려하다.　　**02** 예 제비 : 암수가 함께 알과 새끼를 돌본다. / 곰 : 암컷이 새끼를 돌본다. / 물자라 : 수컷이 알을 돌본다.　　**03** (1) 약 1 mm 정도로 작다, 연한 노란색이다, 옥수수 열매처럼 생겼다, 주름져 있다 등　(2) 알껍데기에 영양분이 풍부하게 들어 있기 때문이다.　　**04** (1) 날개돋이　(2) 예 등 부분이 갈라지고 머리가 보인다.　　**05** 예 생김새 : 마디가 있고 가운데가 볼록하며 양쪽 끝은 뾰족하다. 주변의 색깔과 비슷하다. / 움직임 : 움직이지 않는다.　　**06** (1) 예 애벌레는 허물을 벗으며 점점 자라고, 어른벌레는 자라지 않는다.　(2) 예 애벌레는 자유롭게 기어서 움직이고, 어른벌레는 날개를 이용하여 날아다닌다.　　**07** (1) 사슴벌레　(2) 예 곤충의 한살이에서 완전 탈바꿈은 번데기 단계가 있고, 불완전 탈바꿈은 번데기 단계가 없다. / 완전 탈바꿈은 알 → 애벌레 → 번데기 → 어른벌레의 과정을 거치고, 불완전 탈바꿈은 알 → 애벌레 → 어른벌레의 과정을 거친다.　　**08** 예 젖을 먹여 새끼를 기른다. 새끼와 어미의 모습이 많이 닮았다. 다 자랄 때까지 어미의 보살핌을 받는다 등

**01** 원앙은 생김새에서 암수가 쉽게 구별됩니다.

| 채점 기준 |
|---|
| 원앙의 암컷과 수컷의 특징을 잘 썼으면 정답 |

**02** 동물에 따라 알이나 새끼를 돌보는 과정에서 암수가 하는 역할이 다릅니다.

| 채점 기준 | |
|---|---|
| 상 | 3가지 동물의 암수가 하는 역할을 모두 옳게 쓴 경우 |
| 중 | 2가지 동물의 암수가 하는 역할을 옳게 쓴 경우 |
| 하 | 1가지 동물만 옳게 썼거나 답을 틀리게 쓴 경우 |

**03** (1) 배추흰나비알은 연한 노란색이며, 옥수수 열매처럼 생겼습니다. 1 mm 정도로 작으며, 자라지 않습니다.

| 채점 기준 |
|---|
| 알껍데기에 영양이 있다는 내용을 잘 썼으면 정답 |

**04** (2) 번데기의 등 부분이 갈라지고 어른벌레의 머리가 나온 다음 몸 전체가 빠져나옵니다.

| 채점 기준 |
|---|
| '등 부분이 갈라지고 머리가 보인다.'는 내용을 잘 썼으면 정답 |

**05** 배추흰나비 번데기는 마디가 있고 가운데가 볼록하며 양쪽 끝은 뾰족합니다. 주변의 색깔과 비슷하게 변합니다. 크기가 변하지 않고, 자라지 않으며, 움직이지 않습니다.

| 채점 기준 | |
|---|---|
| 상 | 생김새와 움직임을 모두 옳게 쓴 경우 |
| 중 | 생김새와 움직임 중 한 가지만 옳게 쓴 경우 |
| 하 | 답을 틀리게 쓴 경우 |

**06** (1) 배추흰나비 애벌레는 허물을 4번 벗으며, 30 mm 정도까지 자랍니다.

| 채점 기준 |
|---|
| 애벌레와 어른벌레의 자람을 잘 썼으면 정답 |

(2) 애벌레는 다리로 기어서 움직이고, 어른벌레는 날개로 날아다닙니다.

| 채점 기준 |
|---|
| 애벌레와 어른벌레의 움직임을 잘 썼으면 정답 |

**07**

| 채점 기준 | |
|---|---|
| 상 | 완전 탈바꿈과 불완전 탈바꿈의 차이점을 모두 옳게 쓴 경우 |
| 중 | 완전 탈바꿈과 불완전 탈바꿈을 한 가지만 옳게 쓴 경우 |
| 하 | 답을 틀리게 쓴 경우 |

**08** 새끼를 낳는 동물의 새끼는 어미와 모습이 비슷하고, 어미젖을 먹고 자라다가 점차 다른 먹이를 먹습니다. 다 자란 동물은 암수가 짝짓기를 하여 암컷이 새끼를 낳습니다.

| 채점 기준 | |
|---|---|
| 상 | 공통점을 3가지 모두 옳게 쓴 경우 |
| 중 | 공통점을 1~2가지만 옳게 쓴 경우 |
| 하 | 답을 틀리게 쓴 경우 |

과학

### 수행 평가
54~55쪽

**1** ㉠ 돋보기 ㉡ 자 **2** 움직이는 모습, 똥 누는 모습, 먹이를 먹는 모습 등 **3** 알이나 애벌레를 손으로 만졌을 때에는 비누로 손을 씻는다. 알이나 애벌레를 옮길 때에는 알이나 애벌레가 붙은 잎을 함께 옮기고 손으로 직접 만지지 않는다. 애벌레가 바닥에 떨어졌을 때에는 배춧잎 등을 애벌레 앞에 놓아 애벌레가 스스로 기어오르도록 한다. 사육 상자 주변에서 모기약이나 해충제를 사용하지 않는다. 등 **4** (1) ㈎ ㉠, ㉡, ㉢ ㈏ ㉣ (2) ㉠, ㉡ / ㉠ 사슴벌레는 알에서 애벌레가 깨어나고 애벌레가 자라서 번데기가 되고 번데기에서 어른벌레가 나오는 완전 탈바꿈을 한다. 또는 ㉠ 사슴벌레는 알 → 애벌레 → 번데기 → 어른벌레를 거치는 완전 탈바꿈을 한다. ㉡ 잠자리는 알에서 애벌레가 깨어나 애벌레가 자라서 어른벌레가 되는 불완전 탈바꿈을 한다. 또는 ㉡ 잠자리는 알 → 애벌레 → 어른벌레를 거치는 불완전 탈바꿈을 한다. **5** 알을 낳는 장소, 알의 수, 알의 크기, 알의 모양, 알에서 새끼가 깨어날 때까지 걸리는 기간, 다 자랄 때까지의 기간이 다르다.

**1** 알이나 애벌레, 번데기 등을 관찰할 때 맨눈이나 돋보기로 관찰하고, 자를 사용하여 길이나 크기를 측정합니다.

**2** 애벌레의 색깔, 생김새와 크기, 움직임, 먹이를 먹는 모습, 똥을 누는 모습 등을 관찰합니다.

**3** 알이나 애벌레일 때는 특히 손으로 만지지 않도록 조심해야 합니다.

| 채점 기준 | |
| --- | --- |
| 상 | 주의할 점을 2가지 모두 옳게 쓴 경우 |
| 중 | 주의할 점을 1가지만 옳게 쓴 경우 |
| 하 | 답을 틀리게 쓴 경우 |

**4** (1) 사슴벌레·잠자리·닭은 알을 낳고, 개는 새끼를 낳습니다.

(2) • 곤충은 몸이 머리, 가슴, 배 세 부분으로 되어 있고, 다리가 세 쌍인 동물입니다. 한살이에서 번데기 단계를 거치는 '완전 탈바꿈'을 하는 곤충도 있고, 번데기 단계를 거치지 않는 '불완전 탈바꿈'을 하는 곤충도 있습니다.

• 사슴벌레와 잠자리는 곤충이고, 사슴벌레는 완전 탈바꿈, 잠자리는 불완전탈바꿈을 합니다.

| 채점 기준 | |
| --- | --- |
| 상 | 곤충을 모두 찾고, 완전 탈바꿈과 불완전 탈바꿈에 대한 내용을 옳게 쓴 경우 |
| 중 | 곤충을 모두 찾고, 완전 탈바꿈과 불완전 탈바꿈 중 일부 내용만 옳게 쓴 경우 |
| 하 | 답을 틀리게 쓴 경우 |

**5** 알을 낳는 동물 중에는 땅 위나 땅속에 알을 낳는 동물도 있고, 물에 알을 낳는 동물도 있습니다. 알에서 새끼가 깨어날 때까지 걸리는 시간, 다 자랄 때까지의 기간, 동물에 따라 알의 수, 알의 크기, 알의 모양이 다릅니다.

| 채점 기준 | |
| --- | --- |
| 상 | 차이점을 3가지 모두 옳게 쓴 경우 |
| 중 | 차이점을 1~2가지만 옳게 쓴 경우 |
| 하 | 답을 틀리게 쓴 경우 |

# ❶ 자석 사이에 작용하는 힘

### 개념 확인 문제
56~57쪽

**1** 철 **2** 2 또는 두 **3** (1) ✕ (2) ○ (3) ✕ **4** 끌어당기는 **5** 북, 남 또는 남, 북 **6** 나침반 **7** 자석

### 실전 문제
58~59쪽

**01** ① **02** ② **03** ④ **04** 극 **05** ③ **06** ① **07** ③ **08** ② **09** 멀어질수록 **10** ⑤ **11** ① **12** ④

**01** 클립만 철로 이루어져 있습니다. 나머지 물체는 유리나 고무, 알루미늄으로 이루어져 있습니다.

**02** 철로 된 물체는 자석에 붙고, 고무로 된 물체는 자석에 붙지 않습니다.

**03** 고무줄은 고무로 이루어진 물체입니다. 고무로 이루어진 물체는 자석에 붙지 않습니다. 나머지 물체는 모두 철로 이루어져 자석에 붙습니다.

**04** 자석의 극에는 철로 된 물체가 잘 붙습니다. 클립이 많이 붙은 부분이 자석의 극입니다.

**05** 막대자석의 극은 양쪽 끝에 위치합니다.

**06** 자석의 극은 N극과 S극 두 개이며, 극에는 철로 된 물체가 잘 붙습니다.

**07** 막대자석은 철로 된 물체를 끌어당깁니다. 빵 끈 조각에는 철이 있어 자석을 가까이 가져가면 자석이 있는 쪽으로 빵 끈 조각이 끌려옵니다.

**08** 자석을 철로 된 물체로부터 점점 떨어뜨리면 끌어당기는 힘도 점점 약해집니다.

**09** 자석과 철로 된 물체 사이의 거리가 멀어질수록 끌어당기는 힘이 약해집니다.

**10** 나침반은 항상 북쪽과 남쪽을 가리키기 때문에 사람들은 나침반을 이용하여 방향을 알 수 있습니다.

**11** 막대자석을 물에 띄운 상태로 두면, N극은 북쪽을 S극은 남쪽을 가리킵니다.

**12** 나침반에서 자석의 성질을 가지는 부분은 나침반 바늘입니다. 나침반의 몸통은 나침반의 종류에 따라 나무나 플라스틱 등 다양한 종류의 물질로 만들어져 있습니다.

## ❷ 자석의 성질

**개념 확인 문제**      60~61쪽

**1** 자석    **2** 붙습니다    **3** (1) ○ (2) × (3) ○    **4** 극
**5** 자석    **6** (1) ㉤ (2) ㉠ (3) ㉢

**실전 문제**      62~63쪽

**01** ①    **02** ㉠    **03** ④    **04** ①    **05** ①    **06** ⑤    **07** ③    **08** ④    **09** 정윤    **10** ②    **11** ㉠    **12** ⑤

**01** 플라스틱으로 된 물체는 자석의 성질을 가질 수 없습니다.

**02** 머리핀으로 만든 나침반도 나침반과 같은 방향을 가리킵니다. 나침반의 빨간색이 N극으로 북쪽이고, 파란색이 S극으로 남쪽입니다. 따라서 ㉠ 쪽이 N극이고, ㉡쪽이 S극입니다.

**03** 수수깡은 머리핀을 물에 띄우는 역할을 하며, 자석의 성질을 띤 머리핀은 나침반 바늘의 역할을 합니다. 물에 뜬 머리핀은 북쪽과 남쪽을 가리킵니다. 물에 띄우지 않으면 방향을 가리키기 어렵습니다.

**04** 두 자석을 서로 가까이 가져갔을 때 같은 극끼리는 서로 밀어내고, 다른 극끼리는 서로 끌어당깁니다.

**05** 그림과 같이 같은 극끼리 가깝게 하면 서로 밀어냅니다.

**06** 서로 다른 극끼리 가깝게 가져가면 서로 끌어당기는 힘이 작용합니다.

**07** 나침반에 막대자석을 가까이 가져가면 나침반의 바늘이 막대자석이 있는 쪽으로 끌려옵니다.

**08** 그림과 같은 위치에 놓인 나침반 바늘의 파란색은 막대자석의 N극이 있는 쪽으로 끌려옵니다. 막대자석의 N극은 서로 다른 극인 나침반 바늘의 S극(파란색)을 끌어당깁니다.

**09** 나침반 바늘도 자석이기 때문에 서로 다른 극끼리는 끌어당기는 힘이 작용합니다.

**10** 자석 클립통은 통이 넘어지더라도 안에 있는 자석이 철로 된 클립을 끌어당겨서 클립이 흩어지는 것을 막아줍니다.

**11** 자석 다트 화살의 앞부분에는 자석이 있어서 다트 과녁에 잘 붙습니다.

**12** 그림의 장난감은 나무 막대기와 자동차에 동전 모양의 자석을 각각 붙여 자석 사이에 서로 끌어당기는 힘을 이용한 장난감입니다.

## 단원 정리 평가 65~67쪽

01 ④　02 ⑤　03 ②　04 자석의 극(또는 극)　05
⑤　06 ③　07 약해진다　08 ⑤　09 ⑤　10 ①
11 ②　12 ②　13 ④　14 ④　15 ③　16 ④
17 ③　18 (개) : S　(나) : N

01　철로 이루어진 물체는 자석에 붙지만, 플라스틱으로 이루어진 물체는 자석에 붙지 않습니다.

02　자석에 붙는 물체는 철로 이루어져 있습니다.

03　철로 이루어진 부분에는 자석이 잘 붙지만, 고무나 플라스틱으로 이루어진 부분에는 자석이 잘 붙지 않습니다.

04　자석의 극에는 철로 이루어진 물체가 잘 붙습니다.

05　자석의 극은 N극과 S극으로 2개이며, 철로 이루어진 물체가 잘 붙습니다.

06　이 실험을 통해 철로 이루어진 물체와 자석 사이에는 서로 끌어당기는 힘이 존재한다는 사실을 확인할 수 있습니다.

07　자석과 철로 이루어진 물체 사이의 거리가 멀어질수록 서로 끌어당기는 힘은 점점 약해집니다.

08　나침반 바늘은 자석이기 때문에 항상 북쪽과 남쪽을 가리킵니다.

09　자석을 물에 띄우면 나침반 바늘의 역할을 합니다. 따라서 나침반과 마찬가지로 북쪽과 남쪽을 가리킵니다.

10　철로 이루어진 머리핀을 자석의 극 부분에 1분 동안 붙이면 나침반의 바늘의 역할을 합니다.

11　머리핀으로 만든 나침반에서 머리핀은 나침반 바늘의 역할을 하며, 머리핀의 양쪽 끝은 북쪽과 남쪽을 가리킵니다.

12　같은 극끼리는 서로 밀어내고, 다른 극끼리는 서로 끌어당깁니다.

13　같은 극끼리 마주 보게 나란히 놓고 밀면 서로 밀어내는 힘이 작용하고, 다른 극끼리 마주 보게 나란히 놓고 밀면 서로 끌어당기는 힘이 작용합니다.

14　지금 위치에서는 막대자석의 S극과 나침반의 N극인 빨간색 화살표 부분이 서로 끌어당깁니다.

15　나침반 바늘이 자석을 가리키는 까닭은 나침반 바늘도 자석이기 때문에 서로 다른 극끼리 끌어당기는 힘이 작용하기 때문입니다.

16　자석의 성질을 이용하여 클립이 잘 쏟아지지 않게 하는 물체는 자석 클립통입니다.

17　자석 필통은 자석을 이용하여 뚜껑을 편리하게 여닫을 수 있도록 만들었습니다. 자석은 ⓒ 위치에 있습니다.

18　그림에서는 손에 있는 자석의 N극이 장난감 쪽을 향하고 있습니다. 따라서 장난감에 붙어 있는 자석의 극 중 손에 가까운 곳이 N극이어야 서로 밀어내는 힘이 작용합니다. N극의 반대쪽에 있는 극은 S극이어야 합니다.

## 서술형 문제 68~69쪽

01 (1) ㉠　(2) 예 가위는 기능에 따라 두 가지 물질을 사용하여 만든 물체이기 때문이다. 이 중 철로 이루어진 부분이 자석에 붙고, 플라스틱으로 이루어진 부분은 자석에 붙지 않는다.　02 (1) ㉠, ㉢　(2) 자석의 극은 2개이다. 또는 자석의 극에 철로 된 물체가 많이 붙는다.　03 (1) (개), (다), (나)　(2) 자석과 철로 된 물체 사이의 거리가 멀어질수록 끌어당기는 힘은 점점 약해진다.　04 막대자석의 N극은 북쪽을 가리키고, S극은 남쪽을 가리킨다.　05 (1) ㉠　(2) 자석의 한쪽 극에 머리핀을 1분 동안 붙여 놓는다. 또는 막대자석 한쪽 극을 일정한 방향으로 문지른다.　06 같은 극끼리는 서로 밀어내고, 다른 극끼리는 서로 끌어당긴다.　07 나침반 바늘도 자석이고, 두 자석의 다른 극끼리는 서로 끌어당기기 때문이다.　08 예 자석 클립통 / 통이 바닥에 떨어져도 클립이 흩어지지 않는다.

01　(1) 가위의 날 부분은 철로 이루어져 있습니다.
　　(2) 가위는 두 가지 물질로 만들어진 물체입니다. 가위의 날부분은 물건을 자르는 부분으로 날카롭고 단

단해야 하기 때문에 철로 만들고, 손잡이 부분은 가볍고 손가락에 맞게 만들기 위해 플라스틱으로 만듭니다. 기능에 따라 물질을 다르게 사용하기 때문입니다.

| 채점 기준 | |
|---|---|
| 상 | 한 물체가 두 가지 물질로 이루어진 경우가 있음과 물체의 일부가 철로 이루어져 있음을 모두 쓴 경우 |
| 중 | 한 물체가 두 가지 물질로 이루어진 경우가 있음과 물체의 일부가 철로 이루어져 있음 중 하나만 쓴 경우 |
| 하 | 답을 틀리게 쓴 경우 |

**02** (1) 막대자석은 양쪽 끝에 자석의 극이 있습니다.
(2) 모든 자석은 N극과 S극, 두 개의 극을 가집니다. 그리고 자석의 극에 철로 된 물체가 많이 붙습니다.

| 채점 기준 | |
|---|---|
| | 자석의 극이 두 개라는 것과 자석의 극에 철로 된 물체가 많이 붙는다는 것 중 하나를 쓴 경우이면 정답 |

**03** (1) ㈎, ㈐, ㈏ 순으로 붙어 있는 빵 끈 조각의 수가 많고, ㈎의 경우가 가장 끌어당기는 힘이 크다는 것을 알 수 있습니다.
(2) 자석과 철로 이루어진 물체 사이의 거리가 멀수록 끌어당기는 힘은 약해집니다.

| 채점 기준 | |
|---|---|
| | 거리가 멀수록 힘이 약해진다고 하거나 거리가 가까울수록 힘이 강해진다고 쓴 경우로, 이처럼 거리와 힘의 크기 사이의 관계를 바르게 나타냈다면 정답 |

**04** 자석을 물에 띄우면 자석의 힘에 따라 돌아갑니다. 자석은 N극이 북쪽을 가리키고, S극이 남쪽을 가리킵니다.

| 채점 기준 | |
|---|---|
| | 북쪽이나 남쪽 등과 같이 방향을 정확하게 쓴 경우에만 정답 |

**05** (1) 철로 이루어진 머리핀만 자석의 성질을 가질 수 있습니다.
(2) 자석의 극에 철을 붙여 놓으면 철이 자석의 성질을 띱니다.

| 채점 기준 | |
|---|---|
| | "자석의 극으로 철을 일정한 방향으로 긁어준다."와 같이 다른 방법도 정답 |

**06** 자석은 같은 극끼리는 서로 밀어내고, 다른 극끼리는 서로 끌어당깁니다.

| 채점 기준 | |
|---|---|
| | 마주 보는 두 극의 종류에 따라 밀어내는 힘과 끌어당기는 힘이 다르게 나타난다는 점이 들어있다면 정답 |

**07** 나침반 바늘도 자석입니다.

| 채점 기준 | |
|---|---|
| | 나침반 바늘이 자석이라는 점을 쓴 경우 정답 |

**08** 자석을 이용한 생활용품에는 자석 클립통, 자석 필통, 자석 스마트폰 거치대, 자석 다트 화살 등 여러 가지가 있습니다.

| 채점 기준 | |
|---|---|
| 상 | 생활용품의 이름과 편리한 점을 모두 쓴 경우 |
| 중 | 생활용품의 이름만 쓴 경우 |
| 하 | 답을 틀리게 쓴 경우 |

## 수행 평가     70~71쪽

**1** 해설 참조   **2** (1) 해설 참조   (2) 철, 약해진다.
**3** 서   **4** (1) 해설 참조   (2) 나침반 바늘도 자석이기 때문에 두 자석의 극이 다를 경우 끌어당기려고 합니다.

**1** 빵 끈 조각과 같이 철로 이루어진 물체는 자석이 끌어당깁니다. 나사 역시 철로 만들어졌기 때문에 자석 드라이버를 가져가면 드라이버 끝에 나사가 붙습니다.

| 채점 기준 | |
|---|---|
| 상 | 빵 끈 조각 실험을 통해 알게 된 사실과 나사가 자석 드라이버에 붙는다는 내용을 모두 쓴 경우 |
| 중 | 빵 끈 조각 실험을 통해 알게 된 사실과 나사가 자석 드라이버에 붙는다는 내용 중 한 가지를 쓴 경우 |
| 하 | 답을 틀리게 쓴 경우 |

**2** (1) 자석이 투명한 통에서 조금 떨어져 있어도 빵 끈 조각은 계속 붙어 있습니다. 그러나 점점 멀어질수록 붙어 있던 빵 끈 조각은 조금씩 아래로 떨어집니다.

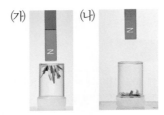

(2) 자석과 철로 된 물체 사이의 거리가 멀수록 서로 당기는 힘이 약해집니다.

| 채점 기준 | |
| --- | --- |
| 상 | 떨어지는 빵 끈 조각 모습을 바르게 그리고, 빵 끈 조각 실험을 통해 막대자석과 빵 끈 조각 사이의 거리가 멀어질수록 끌어당기는 힘도 약해진다는 내용을 모두 쓴 경우 |
| 중 | 떨어지는 빵 끈 조각 모습을 바르게 그리거나 빵 끈 조각 실험을 통해 막대자석과 빵 끈 조각 사이의 거리가 멀어질수록 끌어당기는 힘도 약해진다는 내용 중 한 가지만 맞게 쓴 경우 |
| 하 | 답을 틀리게 쓴 경우 |

**3**

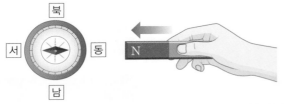

자석의 N극을 가까이 하면 나침반의 S극(나침반의 파란색)이 자석의 N극을 향해 끌려옵니다. 따라서 나침반의 붉은색은 서쪽을 가리킵니다.

| 채점 기준 | |
| --- | --- |
| | 자석이 나침반의 S극을 끌어당겨 나침반의 N극은 서쪽을 가리킨다는 내용을 쓰면 정답 |

**4** (1) 나침반의 N극과 막대자석의 S극이 서로 끌어당깁니다. 그리고 나침반의 S극은 막대자석의 N극을 서로 끌어당깁니다.

(2) 나침반 바늘도 자석이기 때문에 다른 극끼리는 끌어당기는 힘이 작용합니다.

| 채점 기준 | |
| --- | --- |
| 상 | 나침반 바늘이 자석이라는 점과 두 자석 사이에 작용하는 힘을 모두 바르게 쓴 경우 |
| 중 | 나침반 바늘이 자석이라는 점을 쓰지 않고, 두 자석 사이에서 작용하는 힘에 대한 설명만 있는 경우 |
| 하 | 답을 틀리게 쓴 경우 |

# ❶ 지구 표면의 모습

| 개념 확인 문제 | 72~73쪽 |
| --- | --- |

**1** 다양한 **2** 육지 **3** (1) ○ (2) ✕ (3) ✕ **4** 바다, 육지 **5** 짠 **6** 공기

| 실전 문제 | 74~75쪽 |
| --- | --- |

**01** ① **02** ⑤ **03** ⑤ **04** ② **05** 바다 **06** ④
**07** 14 **08** ③ **09** ② **10** ② **11** ⑤ **12** ⑤

**01** 강은 지구의 표면 중 물이 땅 위를 길게 길 모양으로 흐르는 모습입니다.

**02** 빙하는 주로 극지방과 같이 매우 추운 지역에서 볼 수 있는 모습입니다.

**03** 산은 땅이 높게 솟아 있으며, 바닷물이 있는 곳은 바다입니다. 따라서 ㉡과 ㉣은 잘못된 표현입니다.

**04** 바다에는 파도가 치는 모습을 볼 수 있고, 바닷물이 넓게 펼쳐져 있습니다. 바닷물에는 물고기 등 많은 생물이 살고 있습니다.

**05** 바다는 지구의 표면 중 육지를 제외한 부분으로 짠물이 육지를 둘러싸며 넓게 이어진 부분을 말합니다.

**06** 지구의 표면을 크게 육지와 바다로 구분하며, 바다는 육지보다 넓습니다. 바닷물은 육지의 물보다 양이 많으며 짠맛이 납니다.

**07** 세계 지도를 50칸으로 나누었을 때 바다는 36칸이고, 육지는 14칸입니다.

**08** 육지의 물은 짜지 않아 깨끗한 물은 사람이 마실 수 있습니다. 반면에 바닷물에는 소금 등 여러 가지 물질이 녹아 있어 짠맛이 납니다.

**09** 육지의 물은 짜지 않고, 바다의 물은 짭니다. 따라서 육지와 바다의 물맛은 다릅니다.

**10** 비눗방울 안에는 공기가 채워져 있습니다.

**11** 바람 등을 통해 피부로 공기를 느낄 수 있지만, 공기를 맛 볼 수 없습니다.

**12** 지구를 둘러싼 공기는 생물이 숨을 쉬게 하거나 비가 내리거나 바람이 불게 합니다.

## ❷ 지구와 달의 모습

### 개념 확인 문제　76~77쪽

**1** 둥글다　**2** 한　**3** 크기　**4** (1) ×　(2) ○　(3) ○
**5** 생물　**6** 큽니다

### 실전 문제　78~79쪽

**01** ②　**02** ④　**03** ③　**04** ⑤　**05** ①　**06** ⑤
**07** ⑤　**08** 달　**09** ②　**10** 지구　**11** ③　**12** ②

**01** 마젤란 탐험대는 한 방향으로 계속 이동하여 대서양, 태평양, 인도양 순으로 지난 후에 처음 출발했던 곳으로 다시 돌아왔습니다. 이를 통해서 지구가 둥글다는 사실을 알 수 있습니다.

**02** 우주에서 본 지구의 모양은 둥근 공 모양입니다.

**03** 지구가 둥근 공 모양이지만 우리에게 편평하게 보이는 까닭은 사람의 크기에 비해 지구의 크기가 매우 크기 때문입니다.

**05** 사진은 충돌 구덩이로, 움푹 파인 모습입니다.

**06** 사진은 달의 바다로 주변보다 낮고, 주변보다 어두운 색을 띱니다. 달에는 물이 없고, 생물이 살지 못합니다.

**07** 달에는 공기가 없어 생물이 살 수 없습니다.

**08** 사진은 달의 하늘 사진입니다. 달의 하늘은 검은색이고, 생물이 살지 못합니다.

**09** 지구의 바다에는 물이 있고 생물이 살고 있지만, 달의 바다에는 물이 없고 생물도 살지 않습니다.

**10** 바닷물과 파도, 다양한 생물을 볼 수 있는 바다는 지구의 바다입니다.

**11** 지구는 달보다 큽니다. 지구를 야구공의 크기로 보면, 달은 유리구슬 정도의 크기가 됩니다.

**12** 지구와 달의 모형을 만들 때 지구를 달보다 크게 만들어야 하며, 지구에는 육지와 바다 등을 표현하기 위해 파란색, 초록색, 갈색, 흰색을 주로 색칠합니다. 달에는 회색을 주로 색칠하고, 충돌 구덩이를 표현합니다.

### 단원 정리 평가　81~83쪽

**01** ④　**02** ④　**03** ④　**04** ⑤　**05** 물　**06** 22
**07** ①　**08** ⑤　**09** ③　**10** ②　**11** ④　**12** ④
**13** ①　**14** ⑤　**15** ⑤　**16** ④　**17** ③　**18** ⑤

**01** 돌고래는 바다에서 볼 수 있습니다.

**02** 빙하는 남극이나 북극에 가까운 추운 곳에서 관찰할 수 있는 모습입니다. 우리나라에서는 관찰하기 어렵습니다.

**03** 산에는 나무와 풀로 인해 초록색 빛을 띠고 있으며, 날이 좋으면 파란색 하늘과 하얀색 구름도 관찰할 수 있습니다. 파도는 바다에서 관찰할 수 있는 것입니다.

**04** 넓게 모래가 펼쳐져 있고, 낙타와 선인장을 볼 수 있는 곳은 사막입니다.

**05** 육지는 지구의 표면 중 강이나 바다와 같이 물이 있는 곳을 뺀 부분입니다.

**06** 세계 지도를 50칸으로 나누었을 때, 바다는 36칸이며, 육지는 14칸입니다. 바다가 육지보다 22칸 더 많습니다.

**07** 지구 표면을 크게 육지와 바다로 나누며, 바다가 육지보다 더 넓습니다. 바다에는 많은 물이 있으며, 육지에서는 산과 강, 호수 등을 관찰 수 있습니다.

**08** 육지의 물은 짜지 않아서 깨끗한 물은 생물이 마실 수 있습니다. 바닷물은 소금 등 여러 가지 물질이 녹아 있어 짠맛이 납니다.

**09** 비눗방울과 풍선 안에는 공기로 채워져 있습니다.

**10** 공기는 바람이나 튜브 등을 통해 느낄 수 있지만, 눈으로 볼 수 없습니다.

**11** 지구의 공기는 바람을 불게 하거나 비를 내리게 합니다. 공기나 물이 없다면 생물은 살 수 없습니다.

**12** 지구의 모양은 둥근 공 모양입니다.

**13** 지구의 바다는 파란색을 띠고, 육지는 초록색이나 갈색 등의 색깔을 띱니다. 구름이나 눈이 쌓인 곳은 하얗게 보입니다.

**14** 달의 움푹 파인 곳은 우주 공간을 떠돌던 돌덩이가 충돌하여 만든 충돌 구덩이지만 물이 없습니다.

**15** 사진은 충돌 구덩이 사진입니다. 달에는 생물이 살지 않으며, 회색빛을 띱니다. ③번과 ④번은 달의 바다에 대한 설명입니다.

**16** 달의 바다는 지구의 바다와 달리 물이 없습니다.

**17** 지구의 바다와 달의 바다 모두 편평한 모습을 하고 있지만, 달의 바다에는 물이 없습니다.

**18** 지구와 달의 모형을 만들 때에는 지구를 달보다 크게 만들어야 하며, 모두 공 모양으로 만들어야 합니다. 지구에는 나무와 바다를 표현하기 위해 초록색과 파란색 등의 물감을 주로 사용하고, 달은 주로 회색을 사용합니다. 충돌 구덩이는 달의 모형에 많이 그려줍니다.

---

 **서술형 문제** 84~85쪽

**01** (1) ㉠ 흰색 ㉡ 파란색 ㉢ 초록색 (2) ⑩ 지구의 산은 나무와 풀이 있어 초록색입니다. 하늘은 파란색이며, 구름은 흰색이기 때문이다. **02** ⑩ 육지와 바다에 사는 동물의 종류가 다르다. **03** 바닷물에는 소금 등 여러 가지 물질이 녹아 있기 때문이다. **04** (1) ⑩ 나뭇잎이 흔들린다. 선풍기에서 바람이 나온다. 바람에 깃발이 휘날린다. 풍력 발전소의 날개가 돌아간다. 튜브에 공기를 넣고 만져 본다 등 (2) ⑩ 동물들이 숨을 쉴 수 없다. 바람이 불지 않는다. 구름이 없고 비가 오지 않는다 등 **05** (1) ① 한 방향으로 이동했다. ② 처음 출발했던 곳으로 다시 돌아왔다. (2) 한 방향으로 계속 이동했을 때 제자리에 오는 것을 보고 지구가 둥글다는 것을 알 수 있다. **06** ⑩ 색깔 : 회색빛을 띠고, 밝은 부분과 어두운 부분이 있다. / 모양 : 둥근 공 모양이다. **07** (1) (가) (2) ⑩ ① 지구의 바다와 달리 물이 없다. 생물이 살지 않는다. 공기가 없다 등 **08** (1) ⑩ 생물이 살 수 있는 터전이기 때문이다. 마실 물이 없다면 생물이 살 수 없기 때문이다. 깨끗한 공기가 없다면 숨 쉬기 어렵기 때문이다 등 (2) ⑩ 양치질을 할 때에 컵을 사용하면 물을 아낄 수 있다. 대중 교통을 이용한다. 나무를 심는다. 산불을 내지 않는다. 쓰레기를 줄인다. 재활용품을 분리 배출한다 등

**01** (1) 산은 초록색으로, 하늘은 파란색으로, 구름은 흰색으로 표현할 수 있습니다.

| 채점 기준 |
| --- |
| 답에 제시한 색깔이 아니더라도 실제 우리가 볼 수 있는 산, 하늘, 구름의 색깔이라면 정답 |

(2) 산에는 나무와 풀, 하늘과 구름 등을 볼 수 있습니다. 나무와 풀은 초록색, 하늘은 파란색, 구름은 흰색입니다.

| 채점 기준 | |
| --- | --- |
| 상 | 세 가지 색과 대상을 모두 바르게 연결하여 쓴 경우 |
| 중 | 일부 대상에 대해 바르게 색깔을 연결하여 쓴 경우 |
| 하 | 답을 틀리게 쓴 경우 |

**02** 사진에는 육지와 바다의 물과 동물의 모습이 나옵니다. 육지와 바다의 차이점을 그곳에 사는 생물의 종류나 물맛 등에 대해 설명할 수 있습니다. 따라서 제시된 예시 답안 이외에도 "육지의 물은 마실 수 있지만 바닷물은 마실 수 없다."와 비슷한 답안도 정답입니다.

| 채점 기준 | |
| --- | --- |
| 상 | 사진에 등장하는 물이나 동물을 차이점으로 쓴 경우 |
| 중 | 사진과 관련이 부족한 차이점을 쓴 경우 |
| 하 | 답을 틀리게 쓴 경우 |

**03** 우리가 바다에서 소금을 얻을 수 있는 까닭은 바닷물에는 소금 등 여러 물질이 녹아 있기 때문입니다.

| 채점 기준 | |
| --- | --- |
| 상 | 소금이 바닷물에 녹아 있다는 점을 쓴 경우 |
| 중 | 소금을 정확히 제시하지 않았지만, '여러 물질이 녹아 있다'고 쓴 경우 |
| 하 | 답을 틀리게 쓴 경우 |

**04** (1) 공기는 다양한 방법으로 느낄 수 있습니다. 연을 날려보거나 부채질로 바람을 일으켜서 느낄 수 있습니다. 또 풍선이나 과자 봉지, 튜브와 같이 안에 공기가 들어가는 물체를 손으로 만져보면 공기가 있다는 것을 알 수 있습니다.
(2) 공기는 생물이 숨을 쉴 수 있게 해 주고, 비를 내리게 하거나 바람이 불게 합니다. 따라서 공기가 없다면 생물이 숨 쉴 수 없고, 비와 바람이 사라지게 됩니다.

| 채점 기준 |
| --- |
| 위에 제시된 예시 답안 중 한 가지 이상만 쓰면 정답 |

**05** (1) 마젤란 탐험대는 한 방향으로 계속 이동하여 출발했던 곳으로 돌아왔습니다.

| 채점 기준 | |
| --- | --- |
| 상 | 뱃길의 특징을 두 가지 모두 쓴 경우 |
| 중 | 뱃길의 특징을 한 가지만 쓴 경우 |
| 하 | 답을 틀리게 쓴 경우 |

(2) 지구가 둥근 모양이기 때문에 한 방향으로 돌면

처음 위치로 돌아올 수 있습니다.

| 채점 기준 |
| --- |
| 지구가 둥근 모양이어야 가능하다는 점을 쓴 설명이면 정답 |

**06** 달의 전체적인 모습은 둥근 공 모양입니다. 회색빛을 띠고, 밝은 부분과 어두운 부분이 있습니다.

| 채점 기준 |
| --- |
| 자세히 관찰해야 볼 수 있는 충돌 구덩이나 달의 바다 등에 대해 특징을 쓴 경우도 정답 |

**07** (1) ㈎는 달의 바다이고, ㈏는 충돌 구덩이입니다.
(2) 지구의 바다와 달리 달의 바다는 물이 없고, 생물도 살지 않습니다. 우주에서 보면 지구의 바다는 파란색이지만, 달의 바다는 어두운 색입니다.

| 채점 기준 | |
| --- | --- |
| 상 | 다른 점을 두 가지 쓴 경우 |
| 중 | 다른 점을 한 가지 쓴 경우 |
| 하 | 답을 틀리게 쓴 경우 |

**08** (1) 땅은 생물이 사는 곳을 제공하며, 물과 공기가 없다면 생물은 살 수 없습니다.
(2) 강이나 바다에 쓰레기를 버리지 않기, 나무 심기, 대중 교통 이용하기 등은 땅, 물, 공기를 보존하는 방법입니다.

| 채점 기준 |
| --- |
| 답으로 제시된 방법 이외에도 땅, 물, 공기를 보존하는 방법이라면 정답 |

**수행 평가** 86~87쪽

**1** 해설 참조  **2** 14, 36  **3** 14, 36, 바다, 22, 바다, 육지
**4** (1) ㈎ ㉠, ㉢  ㈏ ㉡, ㉣  (2) 예 지구의 하늘은 파란색이지만, 달의 하늘은 검은색이다. 지구의 바다에는 물이 있지만 달의 바다에는 물이 없다. 지구에는 생물이 살지만 달에는 살지 않는다 등  **5** (1) ㈎ 예 ㉠  ㈏ 예 물, 공기
(2) 예 물이 없다면 생물이 살기 어려우며, 물속에서 사는 생물들은 사는 곳을 잃게 된다. 공기가 없으면 숨을 쉴 수 없다.

**1** 한 칸의 반 이상이 육지이면 육지로 세고, 반 이상이 바다이면 바다로 셉니다.

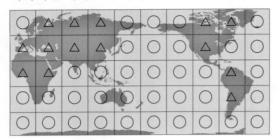

**2** 전체 칸은 총 50칸이고, 그중에서 △로 표시한 육지의 칸은 14칸입니다. 바다의 칸은 ○로 표시했고 36칸입니다.

**3** 육지 칸의 수는 14칸이고, 바다 칸의 수는 36칸입니다. 즉, 바다가 22칸 더 많으며 이는 바다가 육지보다 넓음을 말합니다.

| 채점 기준 |
| --- |
| 답으로 제시된 것만 정답 |

**4** (1) ㉠은 지구의 하늘이고, ㉢은 지구의 바다입니다. ㉡은 달의 하늘이고, ㉣은 달의 바다입니다.

(2) 사진은 지구와 달의 하늘과 바다의 모습입니다. 지구의 하늘은 파란색이고 새들이 날아다니지만, 달의 하늘은 검고 날아다니는 생물을 볼 수 없습니다. 지구의 바다에는 바닷물, 파도와 생물들을 볼 수 있지만, 달의 바다는 어두운 회색빛만 띠고 있습니다.

| 채점 기준 | |
| --- | --- |
| 상 | 다른 점을 두 가지 쓴 경우 |
| 중 | 다른 점을 한 가지 쓴 경우 |
| 하 | 답을 틀리게 쓴 경우 |

**5** (1) 사진 속에서는 공기와 물의 모습이 담겨 있습니다.

| 채점 기준 |
| --- |
| (개)의 사진을 보고, 찾을 수 있는 것만 (내)에 적었을 경우 정답 |

(2) 물이 없다면 식물은 말라버리고, 동물들도 마실 물이 없어서 살기 어렵습니다. 또 공기가 없다면 생물은 숨을 쉴 수 없습니다.

| 채점 기준 | |
| --- | --- |
| 상 | (내)에 쓴 물질과 관련하여 까닭을 설명한 경우 |
| 중 | (내)에 쓴 것과 관련이 적은 까닭으로 설명한 경우 |
| 하 | 답을 틀리게 쓴 경우 |

만점왕 통합본 정답과 해설 3-1

바쁜 초등학생을 위한
국·사·과 교과서 완전 학습서

# 만점왕 통합본

단원 평가
3-1

만점왕 통합본

국어 · 사회 · 과학

단원 평가
3-1

# 구성과 특징

**개념책**

교과서 개념을 충실하게 반영하였으며 실전 문제로 교과 학습을 완벽하게 이해할 수 있도록 내용을 구성하였습니다.

**단원 평가**

다양한 문제를 풀어 보며 자신의 학습 상태를 점검하고 학교 단원 평가에 대비할 수 있도록 내용을 구성하였습니다.

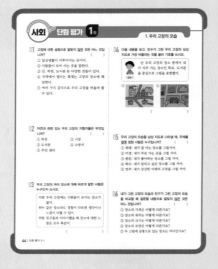

과목별 문제 풀이를 통해 자신의 학습 상태를 점검하고, 학교 단원 평가에 대비할 수 있습니다. 부족한 부분은 해설을 꼼꼼하게 읽어 주세요.

## 차례

국어 ──────────────────────── 4

사회 ──────────────────────── 44

과학 ──────────────────────── 56

◉ 정답과 해설 ──────────────── 72

**01** 다음 그림에 대해 알맞게 말한 것은 무엇입니까?
( )

① 진수는 개나리를 '폭' 터뜨려 보았다.
② 진희는 진달래가 지는 모습을 표현했다.
③ 진수는 봄이 오는 소리를 감각적으로 잘 표현했다.
④ 진수와 진희는 여름에 볼 수 있는 꽃들을 말하고 있다.
⑤ 진희는 개나리 모양 전구가 불을 켠 모습을 보고 있다.

서술형
**02** 다음 그림에 어울리는 감각적 표현을 쓰시오.

_____

_____

_____

[03~05] 다음 시를 읽고, 물음에 답하시오.

> (가) 이틀째 앓아누워
> 학교에 못 갔는데, 누가 벌써
> 학교 갔다 돌아왔는지
> 골목에서 공 튀는 소리 들린다.
>
> (나) 내 방 안까지 들어와
> 이리 튕기고 저리 튕겨 다닌다.
>
> 까무룩 또 잠들려는 나를
> 뒤흔들어 깨우고는, 내 몸속까지
> 튀어 들어와 탕탕탕—
> ㉠ 내 맥박을 두들긴다.

**03** 말하는 이는 무엇을 하고 있는지 빈칸에 알맞은 말을 쓰시오.

> 앓아누워 ( )에 못 가고 있다.

**04** ㉠과 같이 표현한 까닭에 ○표 하시오.
(1) 공 튀는 소리가 듣기 싫어서 심장 박동수가 빨라진 거야. ( )
(2) 밖에 나가 친구들과 공을 튀기며 놀고 싶은 마음을 표현한 거야. ( )

**05** 이 시를 읽고 떠오른 생각이나 느낌을 알맞게 말하지 **못한** 친구는 누구인지 쓰시오.

> 하루: 공 튀는 소리가 귀에 들리는 듯 생생하게 느껴져.
> 혜진: 친구들이 튕긴 공이 창문을 깨고 방까지 들어왔나 봐.
> 연수: 아파서 학교를 못 갔는데 친구들과 같이 놀고 싶었던 비슷한 경험이 떠올랐어.

( )

[06~10] 다음 글을 읽고, 물음에 답하시오.

골목 모퉁이를 돌아 바삭바삭을 물어뜯으려는데,
"바삭! 바삭!"
소리가 들렸어.
어? 얘들은 누구지?
어째서 이런 곳에…….
털도 빠져 있고, 똥에다가 쓰레기…….
얘네 날 수는 있을까?
그때였어!
"야아아아아옹!"
난 깜짝 놀라서 튀어 올랐어.
웬일인지 잘 날 수가 없었어.
숨이 가쁘고 목이 말랐어.
㉠ 쿵쾅쿵쾅 심장이 뛰더니 점점 작아져서 좁쌀만 하게 되는 것 같았어.
더 숨이 가빠 왔어.
나는 날개를 젓고 또 저었어.
겨우 날아오른 곳은 어느 빨간 지붕 위였지.
아침 해가 뜨고 있었어.
㉡ "뿌우우우웅."
친구들은 여전히 큰 배 주위에 몰려 있었어.
먼바다에서 따뜻한 바람이 불어왔어.
부둣가의 비릿한 냄새도 사람들의 복잡한 냄새도 나지 않았지.
오랜만에 멀리 날았어.

**06** 바삭바삭을 물어뜯으려는 '나'가 보게 된 장면은 무엇입니까? ( )
① 친구들이 고양이와 노는 장면
② 고양이가 '바삭바삭'을 먹는 장면
③ 사람들이 '바삭바삭'을 먹고 있는 장면
④ 털도 빠져 있고 더러운 쓰레기가 묻은 친구들
⑤ 사람들이 '바삭바삭'을 쓰레기통에 버리는 장면

**07** '나'가 ㉠과 같이 느낀 까닭을 알맞게 말한 친구는 누구인지 쓰시오.

> 정균: '바삭바삭'이 너무 맛있어서 심장이 쿵쾅댔나 봐.
> 지민: 고양이 때문에 너무 깜짝 놀라서 심장이 좁쌀만 해질 정도라고 표현했어.

( )

**08** ㉡은 무엇을 감각적으로 표현한 것입니까?
( )
① 뱃고동 소리
② 심장이 뛰는 소리
③ 고양이가 우는 소리
④ '바삭바삭'을 씹는 소리
⑤ 부둣가 사람들이 대화하는 소리

**09** 오른쪽 그림에 어울리게 ㉡과 같은 종류의 감각적 표현이 사용된 문장에 ○표 하시오.

(1) 짭조름한 바다 냄새 ( )
(2) 쉬이익쉬이익 파도치는 소리 ( )
(3) 푸른 에메랄드빛 반짝이는 물결 ( )

서술형
**10** 만약 '나'가 계속 '바삭바삭'을 찾아다녔다면 어떻게 되었을지 상상하여 쓰시오.

_____

_____

[01~03] 다음 시를 읽고, 물음에 답하시오.

> 누가 잘 익은 콩을
> 저렇게 쏟고 있나
>
> 또로록 마당 가득
> 실로폰 소리 난다
>
> ㉠ 소나기 그치고 나면
> 하늘빛이 더 맑다

**01** 이 시를 읽고 떠오르는 생각이나 느낌을 알맞게 말하지 <u>못한</u> 것은 어느 것입니까? ( )

① 소나기 내리는 소리가 실감 나게 느껴져.

② 소나기가 그치고 나서 맑게 갠 하늘도 떠올라.

③ 빗소리를 콩을 쏟는 소리에 빗댄 점이 재미있어.

④ 친구와 마당에서 실로폰을 연주하는 장면이 떠올라.

⑤ '또로록'이라는 소리가 있으니 빗소리가 더 생생하게 느껴져.

**02** ㉠과 같이 표현한 알맞은 까닭에 ○표 하시오.

(1) 소나기가 내리고 나면 마음이 개운해지기 때문이다. ( )

(2) 소나기가 내리고 나면 맑고 깨끗한 하늘이 되기 때문이다. ( )

**03** 다음 문장을 읽고 빈칸에 알맞은 말을 쓰시오.

> 이 시는 빗소리를 (1) ☐ 쏟는 소리, (2) ☐☐ ☐ 소리와 같다고 감각적으로 표현한 시입니다.

[04~05] 다음 글을 읽고, 물음에 답하시오.

> 큰 배 뒤쪽에서는 아이들이 무언가를 던지고 있었어.
> 툭툭! 바스락!
> 어, 이게 뭐지?
> 콕콕 쪼아 봤어.
> 짭조름하고 고소한 냄새에 코끝이 찡했어.
> 조심스럽게 한 입 깨물어 보았지.
> 와그작.
> 바삭! 바삭!
> "꺄아악!"
> 이…… 이 맛은 뭐지?
> 그건 마치 훌쩍 날아오른 뒤에 바다 한쪽이 "쿵!" 무너져 내린 거대한 구멍 속으로 바닷물과 함께 빨려 드는 느낌이었어.

**04** 이 글에 나타난 '바삭바삭'에 대한 설명이 알맞도록 선으로 이으시오.

(1) 냄새 •     • ① 바삭바삭함.

(2) 촉감 •     • ② 짭조름하고 고소함.

**05** 이 글에 나타난 '나'가 '바삭바삭'을 맛 본 후 느낀 점을 감각적으로 표현한 문장을 이 글에서 찾아 쓰시오.

_____

_____

## [06~08] 다음 글을 읽고, 물음에 답하시오.

(가) 하지만 밤이 되면 장승 친구들은 신바람이 나요. 팔다리가 생겨 마음껏 뛰어놀 수 있거든요. 날아서 훨훨, 헤엄치며 첨벙첨벙.

그렇지만 날이 밝기 전에 꼭 제자리로 돌아와야 해요. 그 약속을 어기면 다시는 움직일 수 없게 되니까요.

(나) "벌써 아침이야! 빨리 돌아가지 않으면 여기서 꼼짝 못 하게 돼!"

모두들 정신없이 달렸어요.

그런데 멋쟁이가 보이지 않아요. 어디에 있는 걸까요?

멋쟁이는 잘난 척하고 꼭꼭 숨어 있다가 그만 날이 밝은 줄도 모른 거예요.

멋쟁이는 이제 밤이 되어도 움직일 수 없게 되었어요.

(다) 장승 친구들은 옹기랑 멋쟁이를 싣고 가는 도둑들을 놀래 주기로 했어요.

크아악! / 가르르륵

"으악, 도깨비다!"

도둑들은 도깨비처럼 살아 움직이는 장승들을 보고 너무 놀라 도망쳤어요.

장승 친구들은 도둑들을 물리치고 멋쟁이를 구해 냈어요.

## 06 이 글의 내용으로 알맞지 <u>않은</u> 것은 어느 것입니까? ( )

① 장승 친구들은 멋쟁이를 구해 냈다.
② 밤이 되면 장승들은 움직일 수 있다.
③ 멋쟁이는 숨어 있다가 제자리로 돌아왔다.
④ 멋쟁이는 밤이 되어도 움직일 수 없게 되었다.
⑤ 날이 밝기 전에 장승들은 제자리로 돌아오지 않으면 움직일 수 없게 된다.

## 07 글 (다)에서 장승 친구들이 도둑들을 놀래 주기 위해 낸 소리를 감각적으로 표현한 것을 모두 찾아 쓰시오.

( )

## 08 다음은 글 (나)를 읽고 이야기 나누기 놀이를 할 때의 질문입니다. 질문 한 가지를 골라 답을 쓰시오.

① 멋쟁이가 없는 걸 알게 된 친구들의 마음은 어땠을까요?
② 움직일 수 없게 된 멋쟁이는 어떤 마음이 들었을까요?
③ 멋쟁이를 움직이게 할 방법은 무엇일까요?

_____

_____

## [09~10] 다음 시를 읽고, 물음에 답하시오.

| 풀숲에서<br>귀여운 강아지를 만났<br>다.<br><br>솜털같이 ⊙ 한<br>꼬리를 ⓒ<br><br>요요요<br>요요요요<br>정답게 부르면 | 우리 집까지<br>따라올 것 같아<br>자꾸만 숲길을 뒤돌아<br>보았다. |
|---|---|

## 09 이 시에 대해 알맞게 말한 것에 ○표 하시오.

(1) 숲에서 강아지를 만났다. ( )
(2) 강아지풀의 모습을 귀여운 강아지로 표현했다.
( )

## 10 ⊙과 ⓒ에 들어갈 표현이 알맞게 짝 지어진 것은 어느 것입니까? ( )

① 살랑살랑, 푸석푸석 ② 야실야실, 보송보송
③ 복슬복슬, 살랑살랑 ④ 달랑달랑, 대롱대롱
⑤ 복슬복슬, 말랑말랑

**01** 문단에 대한 설명으로 알맞은 것은 무엇입니까?
( )

① 문단이 모여서 한 편의 글이 된다.
② 문단이 바뀌어도 줄을 바꾸지 않는다.
③ 문단은 글 전체의 내용을 대표하는 문장이다.
④ 문단은 한 문장으로 한 가지 생각을 나타내는 것이다.
⑤ 문단은 중요한 문장을 덧붙여 설명하거나 예를 드는 방법으로 도와주는 문장이다.

**[02~03] 다음 글을 읽고, 물음에 답하시오.**

(가) 장승은 여러 가지 구실을 했습니다. 우리 조상은 장승이 나쁜 병이나 기운이 마을로 들어오는 것을 막아 준다고 믿었습니다. 장승은 나그네에게 길을 알려 주기도 했습니다. 또 장승은 마을과 마을 사이를 나누는 구실도 했습니다.

(나) ㉠ 장승은 나무나 돌에 사람의 얼굴 모습을 조각해 만들었습니다. ㉡ 할아버지처럼 친근한 얼굴도 있고, 도깨비처럼 무서운 얼굴도 있습니다. ㉢ 우스꽝스러운 장난꾸러기 얼굴을 한 장승도 있습니다.

**02** 글 (가)를 통해 알 수 있는 중요한 내용은 무엇입니까?
( )

① 장승의 크기       ② 장승의 구실
③ 장승의 생김새      ④ 장승을 만든 재료
⑤ 장승이 만들어지기 시작한 때

**03** ㉠~㉢에 대한 설명으로 알맞지 <u>않은</u> 것은 무엇입니까?
( )

① ㉠은 문단의 중심 문장이다.
② ㉡은 ㉠을 뒷받침하는 문장이다.
③ ㉢은 ㉡을 뒷받침하는 문장이다.
④ ㉡은 중요한 문장을 덧붙여 설명하는 문장이다.
⑤ ㉢은 중요한 문장을 덧붙여 설명하는 문장이다.

**[04~05] 다음 글을 읽고, 물음에 답하시오.**

(가) 강정은 찹쌀가루를 반죽해 기름에 튀긴 뒤에 고물을 묻힌 과자입니다. 찹쌀가루를 반죽할 때에는 꿀과 술을 넣습니다. 그런 다음에 끈기가 생길 때까지 반죽을 쳐서 갸름하게 썰어 말린 뒤 기름에 튀깁니다. 깨, 잣가루, 콩가루와 같은 고물을 묻혀 먹습니다.

(나) 엿은 곡식이나 고구마 녹말에 엿기름을 넣어 달게 졸인 과자입니다. 엿을 만드는 데 쓰이는 곡식으로는 쌀, 찹쌀, 옥수수, 조 따위가 있습니다. 엿을 만들 때 호두나 깨, 콩 따위를 섞으면 더욱 맛있습니다. 옛날에는 가락엿을 부러뜨려, 그 속의 구멍이 더 많고 더 큰 쪽이 이기는 엿치기를 하기도 했습니다.

**04** 각 문단의 중심 문장을 찾아 알맞게 선으로 이으시오.

(1) 글 (가)•        •㉠   엿은 곡식이나 고구마 녹말에 엿기름을 넣어 달게 졸인 과자입니다.

(2) 글 (나)•        •㉡   강정은 찹쌀가루를 반죽해 기름에 튀긴 뒤에 고물을 묻힌 과자입니다.

**05** 다음 문장은 어떤 과자를 자세히 설명하는 문장입니까?
( )

이 과자를 만드는 데 쓰이는 곡식으로는 쌀, 찹쌀, 옥수수, 조 따위가 있습니다.

① 엿          ② 콩떡
③ 강정        ④ 약과
⑤ 유과

**[06~07]** 다음 글을 읽고, 물음에 답하시오.

> 설날에는 연날리기나 제기차기를 합니다. 정월 대보름에는 쥐불놀이를 합니다. 단오에는 씨름이나 그네뛰기를 합니다. 이처럼 우리나라에는 명절마다 하는 놀이가 있습니다.

**06** 이 글에서 말한 내용은 무엇입니까?? ( )
① 명절의 뜻
② 세계 여러 나라의 명절
③ 우리나라 명절에 먹는 음식
④ 우리나라 명절이 생긴 유래
⑤ 우리나라 명절마다 하는 놀이

**07** 이 글을 읽고, 중심 문장에는 ○표를, 뒷받침 문장에는 △표를 하시오.
(1) 설날에는 연날리기나 제기차기를 합니다.
( )
(2) 정월 대보름에는 쥐불놀이를 합니다.
( )
(3) 단오에는 씨름이나 그네뛰기를 합니다.
( )
(4) 우리나라에는 명절마다 하는 놀이가 있습니다.
( )

서술형
**08** 보기 를 참고해 빈칸에 알맞은 문장을 쓰시오.

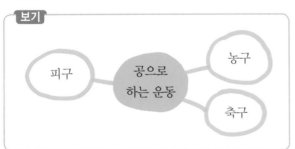

> 공으로 하는 운동에는 여러 가지가 있습니다. 농구는 공을 던져 골대에 넣는 운동입니다. _____
> _____
> 피구는 공을 던져 상대를 맞히는 운동입니다.

국어 활동
**[09~10]** 다음 글을 읽고, 물음에 답하시오.

> 동물들은 보호색으로 자신의 몸을 지킵니다. 나뭇잎을 기어 다니는 애벌레는 초록색이어서 눈에 잘 띄지 않습니다. 나방은 나무껍질과 비슷한 보호색으로 천적을 속입니다. 개구리도 사는 곳에 따라 녹색이나 갈색으로 색깔을 바꾸어 자신을 보호합니다. 카멜레온은 주변 환경에 따라 색깔을 바꾸는 대표 동물입니다.

**09** 이 글을 쓰기 위해 생각그물을 만들었습니다. 빈칸에 들어갈 알맞은 낱말을 찾아 쓰시오.

애벌레 / 보호색으로 몸을 지키는 동물

**10** 이 글에서 중심 문장을 찾아 쓰시오.

_____
_____

[01~02] 다음 글을 읽고, 물음에 답하시오.

> ⊙ 로봇은 여러 가지 일을 합니다. ⓛ 감시용 로봇은 도둑이 집에 들어오는지 살피는 일을 합니다. ⓒ 해양 탐사 로봇은 바다 깊은 곳에 가서 그곳 상태를 조사합니다. _____

**01** ⊙~ⓒ 중에서 중심 문장의 기호를 쓰시오.

( )

**02** 이 글의 마지막에 뒷받침 문장을 덧붙이려고 할 때 가장 알맞은 문장은 무엇입니까? ( )

① 감시용 로봇은 매우 비쌉니다.
② 귀엽게 생긴 로봇을 만들고 싶습니다.
③ 로봇을 만드는 데 돈이 많이 들어갑니다.
④ 로봇을 만드는 기술을 개발하고 있습니다.
⑤ 정확하게 수술할 수 있도록 도와주는 의료용 로봇도 있습니다.

**03** 다음 글에 대한 설명으로 알맞지 <u>않은</u> 것은 무엇입니까? ( )

> ⊙ 불은 원시인의 삶을 크게 바꾸어 놓았습니다. ⓛ 원시인들은 불을 피워 추위를 이겨 냈습니다. ⓒ 불을 피워 사나운 동물의 공격도 피할 수 있었습니다. ⓔ 원시인들은 불로 음식을 익혀 먹기도 했습니다.

① ⊙은 이 글을 대표하는 문장이다.
② ⓛ은 뒷받침 문장이다.
③ ⓒ은 덧붙여서 설명하는 문장이다.
④ ⓔ은 중심 문장이다.
⑤ 이 글에는 하나의 중심 문장이 있다.

[04~05] 다음 글을 읽고, 물음에 답하시오.

> (가) 우리 조상은 여러 가지 한과를 만들어 먹었습니다. 한과는 전통 과자를 말합니다. 한과에는 약과, 강정, 엿처럼 여러 가지가 있습니다. 요즘에는 한과를 주로 시장에서 사 먹지만, 옛날에는 한과를 집에서 만들어 먹었습니다.
>
> (나) 약과는 밀가루를 꿀과 기름 따위로 반죽해 기름에 지진 과자입니다. 꿀물이나 조청에 넣어 두어 속까지 맛이 배면 꺼내어 먹습니다. 지금은 국화 모양을 본떠서 많이 만들지만, 옛날에는 새, 물고기 같은 모양으로 만들었다고 합니다. 약과를 만들 때에는 만들고 싶은 모양으로 나무를 파서, 반죽한 것을 그 속에 넣어 찍어 냅니다.

**04** 글 (가)의 내용으로 알맞지 <u>않은</u> 것은 무엇입니까?

( )

① 한과의 종류는 두 가지가 있다.
② 우리의 전통 과자를 '한과'라고 한다.
③ 요즘에는 한과를 시장에서 사 먹는다.
④ 옛날에는 한과를 집에서 만들어 먹었다.
⑤ 우리 조상은 여러 가지 한과를 만들어서 먹었다.

**05** 글 (나)를 대표하는 문장에 ○표 하시오.

(1) 약과는 밀가루를 꿀과 기름 따위로 반죽해 기름에 지진 과자입니다. ( )
(2) 꿀물이나 조청에 넣어 두어 속까지 맛이 배면 꺼내어 먹습니다. ( )
(3) 지금은 국화 모양을 본떠서 많이 만들지만, 옛날에는 새, 물고기 같은 모양으로 만들었다고 합니다. ( )
(4) 약과를 만들 때에는 만들고 싶은 모양으로 나무를 파서, 반죽한 것을 그 속에 넣어 찍어 냅니다. ( )

**06** 다음 생각그물을 보고, ㉠에 들어갈 문장으로 가장 알맞은 것에 ○표 하시오.

우리는 바다에서 많은 것을 얻습니다. 바닷물로 소금을 만들 수 있습니다. 바다에서 석유도 얻을 수 있습니다. _____ ㉠

(1) 물고기는 제가 가장 좋아하는 음식입니다.

(      )

(2) 바다에서 물고기를 잡을 수 있습니다.

(      )

(3) 바다에서 얻을 수 있는 것은 매우 많습니다.

(      )

[07~08] 윤하가 자신이 좋아하는 놀이에 대해 정리한 내용을 보고, 물음에 답하시오.

| 좋아하는 놀이 | 참여하는 사람의 수 |
|---|---|
| 딱지치기 | 두 명 |
| ㉠ | 놀이 방법 |
| 딱지를 접을 수 있는 신문지나 두꺼운 종이 | 종이 두 개를 엇갈리게 접어 네모 모양으로 만든 뒤 바닥에 있는 상대의 딱지를 쳐서 넘긴다. |

**07** ㉠에 들어갈 알맞은 내용은 무엇입니까? (      )

① 놀이 장소      ② 놀이 시간
③ 놀이 준비물      ④ 놀이의 유래
⑤ 놀이할 때 주의할 점

**08** 중심 문장과 뒷받침 문장을 갖추어 윤하가 가장 좋아하는 놀이에 대한 글을 쓰려고 합니다. 빈칸에 들어갈 문장을 쓰시오.

| 중심 문장 | |
|---|---|
| 뒷받침 문장 | 딱지치기에 참여하는 사람은 두 명입니다. |
| | 종이 두 개를 엇갈리게 접어 네모 모양으로 만든 뒤 바닥에 있는 상대의 딱지를 쳐서 넘기는 방법으로 놀이를 합니다. |

국어 활동

[09~10] 다음 글을 읽고, 물음에 답하시오.

㉠나는 햄스터를 좋아합니다. 햄스터는 작고 귀엽게 생겼습니다. 햄스터는 영리해서 똥오줌도 스스로 가립니다. ㉡또 햄스터는 자기 집을 늘 깨끗하게 청소합니다. 햄스터는 종류도 다양합니다. ㉢그래서 내가 키우고 싶은 종류를 선택해서 기를 수 있습니다.

**09** 이 글의 제목으로 가장 알맞은 것은 무엇입니까?

(      )

① 영리한 햄스터
② 내가 좋아하는 동물, 햄스터
③ 종류가 다양한 햄스터 기르기
④ 햄스터를 기르기 어려운 까닭
⑤ 햄스터를 괴롭히면 안 되는 까닭

**10** ㉠~㉢ 중 중심 문장을 찾아 기호를 쓰시오.

(      )

01 다음 중 높임 표현을 사용하는 경우로 알맞지 <u>않은</u> 것은 어느 것입니까? ( )

① 할머니께 선물을 드릴 때
② 삼촌께 안부 전화를 드릴 때
③ 친구와 주말에 뭐하고 놀지 정할 때
④ 선생님께 어제 있었던 일을 말씀드릴 때
⑤ 아버지께 동생과 있었던 일을 말씀드릴 때

[02~05] 다음 그림을 보고, 물음에 답하시오.

02 그림 ❶의 ㉠에 대한 설명으로 알맞은 것은 어느 것입니까? ( )

① '께서'를 사용해야 한다.
② 높임 표현에 '-시-'를 넣으면 된다.
③ 높임을 뜻하는 특별한 낱말을 사용해야 한다.
④ 친구들 앞에서 발표하니까 높임 표현을 쓰지 않아도 된다.
⑤ 여러 친구들과 선생님 앞에서 발표하는 것이므로 높임 표현을 써야 한다.

03 그림 ❷의 ㉡에 들어갈 말로 알맞은 것은 어느 것입니까? ( )

① 있어.        ② 계셔.
③ 있어요.      ④ 계세요.
⑤ 있습니다.

서술형
04 그림 ❸의 남자아이가 하는 말을 알맞은 높임 표현으로 고쳐 쓰시오.

> 선생님, 할 말 있어요.

→ _____

서술형
05 ㉢에서 잘못된 표현을 찾아 밑줄을 긋고, 바르게 고쳐 쓰시오.

(1) 잘못된 표현:

> 이 신발이 요즘 인기 있는 신발이세요.

(2) 바르게 고친 표현: _____

_____

[06~07] 다음 글을 읽고, 물음에 답하시오.

> 선생님: 종이접기를 하고 남은 색종이를 사물함에 넣어 두세요.
> 정음: 네.
> 훈민: 정음아, ㉠ 선생님께서 뭐라고 하셨어?
> 정음: 남은 색종이를 사물함에 넣어 두라고 ( ㉡ ).

**06** ㉠에 나타나 있는 높임 표현 방법을 사용한 문장을 두 가지 고르시오. ( , )

① 밥은 먹었니?
② 아버지께서 오셨어.
③ 여쭈어볼 게 있어요.
④ 이거 좀 갖다드리고 오렴.
⑤ 삼촌께서 제게 주신 거예요.

**07** ㉡에 들어갈 말로 알맞은 것은 무엇입니까?

( )

① 하네                    ② 했어
③ 하셨어                 ④ 하십니다
⑤ 했습니다

[08~10] 다음 그림을 보고, 물음에 답하시오.

**서술형**

**08** 그림 ❶의 남자아이의 말을 알맞은 높임 표현으로 고쳐 쓰시오.

> 옆집 어른이 집에 있으실까요?

──────────────────────

**09** 문제 **08**번에서 고친 높임 표현에 쓰인 높임 표현 방법이 <u>아닌</u> 것을 골라 기호를 쓰시오.

> ㉮ '-습니다' 또는 '요'를 써서 문장을 끝맺는다.
> ㉯ 높임을 나타내는 '-시-'를 넣는다.
> ㉰ 높임의 대상에게 '께서'나 '께'를 사용한다.
> ㉱ 높임의 뜻이 있는 특별한 낱말을 사용한다.

( )

**10** 그림 ❸의 여자아이의 표현이 잘못된 까닭을 알맞게 말한 것에 ○표 하시오.

(1) 물건을 높였기 때문이다. ( )
(2) 높임을 나타내는 '-시-'를 넣지 않아서이다.
( )
(3) 높임을 뜻하는 특별한 낱말을 사용하지 않았기 때문이다. ( )
(4) 높여야 할 대상에게 '께서'를 사용하지 않았기 때문이다. ( )

[01~03] 다음 그림을 보고, 물음에 답하시오.

**01** 그림 **가**와 **나**의 대화에서 공통으로 사용한 높임 표현 방법을 골라 기호를 쓰시오.

> ㉮ '-습니다' 또는 '요'를 써서 문장을 끝맺는다.
> ㉯ 높임을 나타내는 '-시-'를 넣는다.
> ㉰ 높임의 대상에게 '께서'나 '께'를 사용한다.
> ㉱ 높임의 뜻이 있는 특별한 낱말을 사용한다.

( )

**02** ㉠과 ㉡에 들어갈 알맞은 높임 표현에 ○표 하시오.
(1) 할아버지 ( 밥, 진지 ) 잡수세요.
(2) 할머니 ( 여쭈어볼, 물어볼 ) 것이 있어요.

**03** 문제 02번과 같은 높임 표현 방법을 사용한 문장이 아닌 것은 무엇입니까? ( )
① 생신 축하드려요.
② 이거 갖다드리래요.
③ 드릴 말씀이 있어요.
④ 할머니, 보고 싶어요.
⑤ 할머니 모셔다드리고 오자.

[04~05] 다음 그림을 보고, 물음에 답하시오.

**04** ㉠에 대한 설명으로 알맞은 것은 어느 것입니까?
( )
① 여자아이가 높여야 할 대상은 동생이다.
② 여자아이는 아버지와 사이가 좋지 않다.
③ 여자아이는 알맞은 높임 표현을 사용하고 있다.
④ '아버지가 뭐라고 하셔?'라고 고쳐 말해야 한다.
⑤ 아버지를 높여야 하므로 '께서'를 사용해야 한다.

**05** 남동생이 해야 할 말을 알맞은 높임 표현으로 나타낸 문장은 어느 것입니까? ( )
① 아버지가 장바구니 좀 챙기래.
② 아버지께서 장바구니를 챙기래요.
③ 아버지가 장바구니 챙기라고 했어.
④ 아버지가 장바구니 챙기라고 하시네.
⑤ 아버지께서 장바구니 좀 챙기라고 하셨어.

[06~08] 다음 그림을 보고, 물음에 답하시오.

**06** ㉠이 잘못된 높임 표현인 까닭에 대해서 바르게 말하지 <u>못한</u> 친구의 이름을 쓰시오.

> 형돈: '께서'라는 표현도 들어가야 해.
> 구모: '-습니다'를 넣어 '있으십니까?'라고 해야 돼.
> 노영: 집이 아니라 '댁'이라는 높임을 뜻하는 특별한 낱말을 쓰는 게 맞아.

( )

**07** 그림 ②를 보고 어머니와 옆집 어른께서 다음과 같이 말씀하셨습니다. 빈칸에 들어갈 알맞은 말을 두 가지 고르시오. ( , )

> 훈민이가 높임 표현을 알맞게 사용하니

① 어색하구나.
② 기분이 별로구나.
③ 공경하는 마음이 느껴져 기분이 좋구나.
④ 예의 바른 마음이 느껴져 기분이 좋구나.
⑤ 너무 딱딱하게 느껴져 거리감이 생기는구나.

**08** 그림 ❸의 여자아이가 한 말이 잘못된 높임 표현인 까닭은 무엇인지 쓰시오.

_____

_____

[09~10] 다음 그림을 보고, 물음에 답하시오.

**09** 이 그림을 보고 알맞은 높임 표현을 사용하여 역할 놀이 대본을 만들려고 합니다. 빈칸에 들어갈 알맞은 말을 보기 에서 골라 기호를 쓰시오.

> 여자아이: ☐☐☐☐☐
> 할머니: 응. 그래. 나는 잘 지내고 있단다.

> 보기
> ㉮ 할머니, 안녕?
> ㉯ 할머니, 그동안 안녕하셨어요?

( )

**10** 할머니와 대화를 나누는 말로 알맞지 <u>않은</u> 것은 무엇입니까? ( )
① 할머니, 많이 아프지?
② 할머니, 무척 뵙고 싶어요.
③ 할머니, 제가 놀러 갈게요.
④ 할머니, 진지 잘 잡수셨어요?
⑤ 할머니, 언제 올라오실 거예요?

[01~03] 다음 그림을 보고, 물음에 답하시오.

01 그림 ㉠에서 남자아이가 여자아이에게 전하고 싶은 마음은 무엇입니까? ( )
① 고마운 마음
② 부러운 마음
③ 미안한 마음
④ 슬퍼하는 마음
⑤ 격려하는 마음

02 그림 ㉠에서 남자아이가 여자아이에게 마음을 전하기 위해 할 수 있는 말로 알맞지 않은 것은 어느 것입니까? ( )
① 미안해.
② 내 잘못이야.
③ 많이 속상하지?
④ 너도 조심했어야지.
⑤ 앞으로는 이런 실수 안 하도록 노력할게.

서술형
03 그림 ㉡에서 달리고 있는 아이가 넘어진 친구에게 마음을 전하기 위해 어떤 말을 하면 좋을지 쓰시오.

_____

_____

[04~05] 다음 글을 읽고, 물음에 답하시오.

할아버지, 그동안 안녕하셨어요?
할아버지, ㉠ 생신 축하드려요.
할아버지 댁에 가면 ㉡ 항상 반갑게 맞아 주시고, 재미있는 이야기도 많이 들려주셔서 ㉢ 감사합니다.
작년 할아버지 생신에는 제가 다리를 다쳐서 찾아뵙지 못해 많이 ㉣ 아쉬웠어요. 그런데 이번 생신에는 가족 모두 모여서 즐거운 시간을 보낼 수 있어서 ㉤ 정말 기뻐요.
할아버지, 다시 한번 생신 축하드려요. 항상 건강하시길 바랄게요.

20○○년 4월 14일
손자 정혁 올림

04 정혁이가 할아버지께 편지를 쓴 까닭은 무엇입니까? ( )
① 생신을 축하드리기 위해
② 생신 날짜를 여쭈어보려고
③ 정혁이 생일 잔치에 초대하려고
④ 다리를 다쳤다는 소식을 전하기 위해
⑤ 생신날, 좋은 선물을 준비했다고 말씀드리려고

05 ㉠~㉤ 중 정혁이의 마음을 나타내는 표현이 아닌 것은 무엇인지 기호를 쓰시오.
( )

**[06~10]** 다음 글을 읽고, 물음에 답하시오.

(가) 제 머리핀인데 왜 민주가 꽂고 갔어요?"

"네가 일찍 일어나서 챙기지 않으니 그런 일이 생기지. 오늘은 그냥 다른 것으로 하고 가. 그러다 지각하겠다."

민주가 내 물건을 마음대로 가져간 건데 어머니께서는 내 탓이라고 하신다.

어머니께서는 늘 동생 편만 드신다.

"오늘 물감 가져가야 한다고 하지 않았니? 가방에 잘 넣었어?"

가방을 메고 방을 나서는데 어머니께서 또 말씀하셨다. 나는 ㉠ <u>어머니 말씀에 대꾸도 하지 않고 집을 나섰다.</u>

(나) 그때 단짝 친구 소은이가 나를 불렀다.

"민서야, 너희 어머니께서 이거 너 주라고 하셨어."

내 물감이었다.

"우리 어머니 만났어?"

"교문 앞에서 만났는데, 시간이 없어서 그러신다며 나한테 대신 전해 달라고 하셨어."

나는 어머니 말씀에 대꾸도 하지 않고 학교에 왔는데, 어머니께서는 출근하느라 바쁘신데도 학교까지 오셔서 물감을 주고 가셨나 보다. 집에 가서 어머니께 죄송하다고 말씀드려야겠다.

**06** 이 글에 대해 알맞게 말한 친구는 누구인지 쓰시오.

> 은진: 민서는 나중에 어머니께 죄송한 마음이 들었어.
> 소현: 민서는 어머니께서 새 물감을 사 주지 않으셨다고 화가 났어.
> 지민: 소은이가 물감을 빌려주어서 민서가 선생님께 혼나지 않을 수 있었어.

(       )

**07** 글 (가)에 드러난 어머니에 대한 민서의 마음은 어떠합니까? (    )

① 서운한 마음      ② 죄송한 마음
③ 고마운 마음      ④ 위로하는 마음
⑤ 안타까운 마음

**서술형**

**08** 다음은 민서가 어머니께 쓴 편지입니다. 빈칸에 편지의 형식을 생각하며 알맞은 말을 쓰시오.

> 어머니께
> 어머니, 저 민서예요.
> 아침에 어머니께 짜증 부린 것 죄송해요. 어머니께서 동생 편만 드신다고 생각해서 속상했는데 _____
>
> _____
>
> 이젠 짜증 내지 않고 동생과도 사이좋게 지낼게요. 사랑하고 감사합니다. 어머니.
>
> 어머니의 딸 민서가

**09** 문제 **08**번의 편지에서, 편지에 들어갈 내용 중 빠진 것은 무엇입니까? (    )

① 쓴 날짜      ② 첫인사
③ 받을 사람      ④ 쓴 사람
⑤ 전하고 싶은 말

**10** 다음 빈칸에 알맞은 말을 쓰시오.

> 민서의 마음을 짐작하려면 민서가 한 (1) (      )과/와 (2) (      )을/를 찾아보고, 그에 대한 나의 생각이나 느낌을 떠올려 봐야 해.

(1) (        )    (2) (        )

[01~03] 다음 글을 읽고, 물음에 답하시오.

나리야, 안녕? 나 민경이야.

나리야, 어제 네가 내 가방을 들어 주어서 고마웠어. 내가 팔을 다쳐서 가방을 어떻게 들까 걱정했는데 네가 와서 도와준다고 했을 때 정말 기뻤어. 그런데 어제는 고맙다는 말을 제대로 하지 못해서 이렇게 편지를 써.

지난 체육 시간에 너와 달리기 경주를 해서 내가 졌잖아. 달리기만큼은 자신 있었는데 내가 지니까 많이 속상했어. 그래서 그동안 너한테 말도 제대로 하지 않았어. 그런데 너는 오히려 나를 걱정해 주고 가방도 들어 주어서 미안했어.

**01** 이 편지에 대한 설명으로 알맞지 <u>않은</u> 것의 기호를 쓰시오.

㉮ 민경이는 나리에게 달리기 경주에서 이겼다.
㉯ 민경이는 나리에게 속상한 마음을 가졌다가 고마운 마음을 가지게 되었다.
㉰ 민경이가 나리에게 고맙다는 마음을 전하고 싶어 편지를 썼다.

( )

**02** 이 글에서 마음을 나타내는 말을 두 가지 찾아 쓰시오.

_____

_____

☆☆☆
**03** 민경이가 나리에게 전하고 싶은 마음과 비슷한 표현이 <u>아닌</u> 것을 두 가지 고르시오. ( , )
① 힘내.
② 고마워.
③ 너밖에 없어.
④ 잊지 않을게.
⑤ 뭐라고 할 말이 없다.

[04~08] 다음 글을 읽고 물음에 답하시오.

엄마, 아빠, 할머니께

㉠ 가슴이 너무 쿵쿵거려서 아래층 손님들한테까지 제 심장 뛰는 소리가 들릴 것만 같아요.

오늘 점심때 짐 외삼촌이 가게 문에 '휴업'이라는 팻말을 걸고는 에드 아저씨와 엠마 아줌마와 저에게 위층으로 올라가서 기다리라고 하셨어요. 외삼촌은 제가 지금까지 한 번도 보지 못한 ㉡ 굉장한 케이크를 들고 나타나셨어요. 꽃으로 뒤덮인 케이크였어요. 저한테는 그 케이크 한 개가 외삼촌이 천 번 웃으신 것만큼이나 의미 있었어요.

그리고…… 그리고 외삼촌이 주머니에서 편지를 꺼내셨어요. 아빠가 취직을 하셨다는 소식이 담긴 편지였어요. 저, 이제 집으로 돌아가요.

1936년 7월 11일
모두에게 사랑을 담아서, 그리고 곧
만날 날을 기다리며 리디아 그레이스

**04** 리디아가 이 편지를 통해 전하고 싶은 마음은 무엇입니까? ( )
① 슬픈 마음
② 기쁜 마음
③ 쓸쓸한 마음
④ 우울한 마음
⑤ 안타까운 마음

**05** 외삼촌이 케이크를 그레이스에게 준 까닭은 무엇입니까? ( )
① 가게 휴업을 기리기 위해
② 외삼촌의 합격 소식을 전하기 위해
③ 할머니께서 주신 꽃씨에 보답하려고
④ 그레이스의 정원 완성을 기념하기 위해
⑤ 그레이스 아빠의 취직을 축하하기 위해

**06** ⊙과 바꾸어 쓸 수 있는 말로 알맞지 <u>않은</u> 것은 무엇입니까? ( )

① 뛸 듯이 기뻤어요.

② 가슴이 너무 벅찼어요.

③ 하루 종일 어지러웠어요.

④ 세상을 다 가진 것처럼 기뻤어요.

⑤ 하늘을 나는 것 같은 기분이었어요.

**07** ⓒ과 바꾸어 쓸 수 있는 낱말로 알맞지 <u>않은</u> 것은 무엇입니까? ( )

① 대단한

② 훌륭한

③ 근사한

④ 엄청난

⑤ 진지한

**서술형**

**08** 리디아에게 축하하는 마음을 전하는 말을 빈칸에 쓰시오.

> 리디아에게
>
> 리디아, 안녕?
>
> 나는 ○○초등학교 ○학년 ○반 ○○○야. 네 편지를 읽고 너에게 편지를 쓰고 싶었어.
>
> _____
>
> _____
>
> _____
>
> 그럼 안녕!
>
> 20○○년 ○월 ○일
>
> ○○○(이)가

**국어 활동**

**[09~10]** 다음 글을 읽고, 물음에 답하시오.

> 영주에게
>
> 안녕! 나, 지수야.
>
> 네가 다리를 다쳐서 병원에 입원했다는 소식을 들었어.
>
> 그럼 안녕!
>
> 20○○년 4월 17일
>
> 지수가

**09** 이 편지에서 부족한 점을 알맞게 말한 친구를 모두 찾아 쓰시오.

> 현중: 누가 누구에게 쓴 편지인지 알 수 없어.
>
> 재성: 영주가 이 편지를 받는다면 지수의 마음이 잘 전달되지 못할 것 같아.
>
> 정화: 이 편지에는 지수가 영주를 걱정하거나 위로하는 마음이 잘 드러나지 않는 것 같아.

( )

**10** 이 편지에 더 넣어야 할 말로 알맞지 <u>않은</u> 것은 무엇입니까? ( )

① 힘내. 금방 나을 거야.

② 영주야, 얼른 낫길 바랄게.

③ 그러게. 조심 좀 하지 그랬니?

④ 나도 다친 적이 있는데 영주야, 많이 속상했지?

⑤ 얼른 나아서 빨리 같이 놀러 갔으면 좋겠다.

**01** 다음 중 메모가 필요한 상황은 언제입니까?

( )

① 공원에 축구를 하러 갈 때
② 글씨를 예쁘게 쓰고 싶을 때
③ 부모님과 주말에 볼 영화를 정할 때
④ 친구와 어제 했던 놀이에 대해 이야기할 때
⑤ 선생님께서 꼭 기억해야 할 중요한 내용을 알려 주셨을 때

**02** 다음 글을 읽고 간단히 메모를 했습니다. 빈칸에 들어갈 알맞은 낱말을 쓰시오.

---

**복을 물어다 주는 제비**

우리 조상은 제비를 복과 재물을 가져다주는 좋은 새라고 여겼습니다. 제비는 주로 음력 9월 9일 즈음 강남에 갔다가 3월 3일 즈음에 돌아오는데, 우리 조상은 이처럼 홀수가 겹치는 날을 운이 좋은 날이라 하여 길일이라고 불렀습니다. 따라서 좋은 날에 떠나 좋은 날에 돌아오는 제비는 그만큼 영리하고 행운을 가져다주는 동물일 것이라고 생각했던 것입니다. 그래서 집에 제비가 들어와 둥지를 틀면 좋은 일이 생길 것이라고 믿고 반겼습니다.

▼

| **복을 물어다 주는 제비** | |
|---|---|
| 우리 조상이 생각한 제비 | 복과 (1) ( )을/를 가져다줌. |
| 그렇게 생각한 까닭 | 좋은 날에 떠나고 돌아오므로 영리하고 (2) ( )을/를 가져다줄 것이라고 생각함. |

---

**[03~05] 다음 글을 읽고, 물음에 답하시오.**

---

(가) 악기는 타악기, 현악기, 관악기로 나눌 수 있어요. 타악기는 두드리거나 때려서 소리를 내는 악기로 타악기에는 장구나 큰북 등이 있으며, 현악기는 줄을 사용하는 악기로 현악기에는 가야금이나 바이올린 등이 있어요. ⊙ 관악기는 입으로 불어서 소리를 내는 악기로 관악기에는 단소나 트럼펫 등이 있어요.

(나) 악기는 타악기, 현악기, 관악기로 나눌 수 있다.

(다)

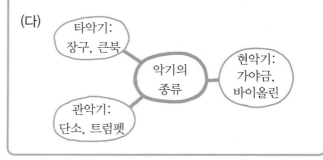

---

**03** 악기에 대해 설명한 내용 중 알맞은 것은 무엇입니까?

( )

① 타악기는 줄을 사용하는 악기이다.
② 관악기에는 장구나 큰북 등이 있다.
③ 현악기에는 단소나 트럼펫 등이 있다.
④ 타악기에는 가야금이나 바이올린 등이 있다.
⑤ 관악기는 입으로 불어서 소리를 내는 악기이다.

**04** ⊙에 들어갈 알맞은 이어 주는 말은 무엇입니까?

( )

① 또는       ② 그리고
③ 그러나      ④ 그래서
⑤ 그렇지만

**05** 다음과 같은 상황일 때 어떤 쓰기 방식이 필요한지 글 (가), (나), (다)에서 골라 글의 기호를 쓰시오.

> 전체 내용을 간단하게 정리할 때 필요하다.

(        )

**06** 다음 중 글을 간추리는 방법으로 알맞지 <u>않은</u> 것은 무엇입니까? (    )

① 글에서 반복되는 내용은 줄이지 않는다.
② 문단의 중요한 내용을 간단하게 정리한다.
③ 문장을 이을 때 이어 주는 말을 사용한다.
④ 다양한 예시는 묶을 수 있는 낱말로 묶는다.
⑤ 각 문단의 중심 내용을 이어서 하나로 묶는다.

**07** 다음 글을 간추릴 때 ㉠을 묶을 수 있는 낱말을 글에서 찾아 쓰시오.

> 동물 병원에서 동물의 병을 치료해 주는 직업을 '수의사'라고 합니다. 수의사는 ㉠ 애완 동물부터 가축, 야생 동물, 희귀 동물까지 모든 동물을 진료하는 의사입니다.
> 여러분도 수의사가 되고 싶다고요? 수의사가 되려면 질병이나 동물에 대한 전문적인 지식이 필요하기 때문에 공부를 많이 해야 합니다.

(        )

**서술형**

**08** 다음 글을 한 문장으로 간추려 쓰시오.

> 민화의 쓰임새는 여러 가지였어요. 혼례식이나 잔치를 치를 때 장식용으로 쓰던 병풍 그림도 민화였고, 대문이나 벽에 부적처럼 걸어 둔 것도 민화였고, 자신의 소망을 빌거나 누군가를 축하하는 그림도 민화였어요.

_____

_____

**[09~10]** 다음 글을 읽고, 물음에 답하시오.

> (가) 빗물이 고인 작은 병 속에는 아무 생물도 없다고요? 혹시 너무 작아서 안 보이는 건 아닐까요? 맨눈으로는 볼 수 없는 작은 생물까지 포함하면 자연적인 상태의 물이 있는 곳에는 어떤 형태로든 생물이 산다고 보아도 좋을 것입니다.
>
> (나) 물에 사는 생물들은 살아가는 모습에 따라서 크게 세 가지로 나뉩니다. 바닥 생활을 하는 생물, 헤엄을 치는 생물, 그리고 떠다니는 생물이 있습니다. 이 가운데 물에 둥둥 떠다니는 생물을 통틀어서 '플랑크톤'이라고 합니다.
>
> (다) 플랑크톤이라고 해서 모두 물에 가만히 떠 있기만 하는 것은 아니며, 어떤 종류는 스스로 헤엄치기도 합니다. 그러나 운동 능력이 워낙 약해서 물의 흐름을 거슬러 이동할 수는 없습니다. 그러므로 물속에 사는 아주 작은 생물들은 모두 플랑크톤이라고 생각할 수 있습니다. 해파리처럼 제법 큰 생물이라도 물의 흐름을 거슬러 헤엄칠 수 없다면 모두 플랑크톤으로 분류합니다.

**09** 어떤 생물을 '플랑크톤'이라고 부릅니까?

(    )

① 스스로 헤엄치는 생물
② 바닥 생활을 하는 생물
③ 바다에 사는 모든 생물
④ 물에 둥둥 떠다니는 생물
⑤ 물의 흐름을 거슬러 이동하는 생물

**10** 문단 (가)를 가장 잘 간추린 문장은 어느 것입니까?

(    )

① 맨눈으로 볼 수 없는 생물이 많다.
② 너무 작은 생물은 눈에 보이지 않는다.
③ 물은 생명을 유지하는 데 꼭 필요하다.
④ 빗물이 고인 병에는 생물이 살지 못한다.
⑤ 물이 있는 곳에는 어떤 형태로든 생물이 산다.

01 메모에 대해 알맞게 설명한 것은 무엇입니까?
( )

① 일상생활에서는 쓰이지 않는다.
② 다른 사람에게 들은 말을 모두 적은 글이다.
③ 중요하지 않다고 생각하는 것도 일단 적어 두어야 한다.
④ 생각한 것을 시간이 많이 흐른 뒤 다시 떠올리는 데 도움이 된다.
⑤ 메모를 하는 것보다는 머릿속으로 기억하려고 노력하는 것이 더 도움이 된다.

02 다음 글을 읽고 간단히 메모를 했습니다. 잘못 메모한 내용은 무엇입니까? ( )

> 흥부는 제비의 다리를 치료해 주고 복이 담긴 박씨를 얻었습니다. 요즘이라면 제비의 다리를 고치기 위해 동물 병원에 갔겠죠. 이렇게 동물 병원에서 동물의 병을 치료해 주는 직업을 '수의사'라고 합니다. 수의사는 애완 동물부터 가축, 야생 동물, 희귀 동물까지 모든 동물을 진료하는 의사입니다.
> 여러분도 수의사가 되고 싶다고요? 수의사가 되려면 질병이나 동물에 대한 전문적인 지식이 필요하기 때문에 공부를 많이 해야 합니다. 또 흥부처럼 동물을 사랑하는 마음과 생명을 소중하게 여기는 마음을 지녀야 합니다.

▼

> • 수의사: 동물 병원에서 ① 동물의 병을 치료해 주는 직업
> • ② 가축이나 야생 동물도 치료한다.
> • 수의사가 되기 위한 방법
> – ③ 공부를 많이 해야 함.
> – ④ 동물을 사랑하지 않아도 괜찮음.
> – ⑤ 질병이나 동물에 대한 전문적인 지식이 필요함.

[03~05] 다음 글을 읽고, 물음에 답하시오.

> 민화는 옛날 사람들이 널리 사용하던 그림이에요. 따라서 민화 속에는 우리 조상의 삶과 신앙, 멋이 깃들어 있어요. 민화가 여느 그림과 다른 점은 생활에 필요한 실용적인 그림이라는 것이에요. 다시 말해, 선비들이 그린 격조 높은 산수화나 솜씨 좋은 화원이 그린 작품들은 오래 두고 감상하는 그림이지만, 민화는 어떤 특별한 목적을 위해 사용한 그림이지요.
> 민화의 쓰임새는 여러 가지였어요. 혼례식이나 잔치를 치를 때 장식용으로 쓰던 병풍 그림도 민화였고, 대문이나 벽에 부적처럼 걸어 둔 것도 민화였고, 자신의 소망을 빌거나 누군가를 축하하는 그림도 민화였어요.
> 민화는 호랑이, 까치, 물고기, 사슴, 학, 거북, 토끼, 매와 같은 동물이나 소나무와 대나무, 모란, 불로초, 연꽃, 석류 같은 식물 등의 다양한 소재를 사용했어요. 해태나 용 같은 상상의 동물도 있지요. 우리 조상은 민화에 복을 기원하고, 악귀나 나쁜 것을 몰아내는 힘이 있다고 믿었던 거예요.

03 민화에 대해 잘못 설명한 것은 무엇입니까?
( )

① 여러 가지 쓰임새를 가지고 있다.
② 우리 조상의 삶과 신앙이 깃들어 있다.
③ 나쁜 것을 몰아내는 힘이 있다고 믿었다.
④ 선비들이 오래 두고 감상하기 위해 그렸다.
⑤ 동물과 식물, 상상의 동물 등 다양한 소재를 썼다.

04 이 글을 간추릴 때 빈칸에 알맞은 말을 쓰시오.

> 민화는 (1) ( )이/가 널리 사용하던 그림이다. 민화의 쓰임새는 여러 가지였고 다양한 (2) ( )을/를 사용했다.

**05** 민화의 여러 소재를 묶을 수 있는 낱말을 이용해 묶어 보았습니다. 잘못 묶은 것은 무엇입니까?

( )

① 동물 – 사슴, 학, 거북
② 동물 – 호랑이, 까치, 매
③ 식물 – 소나무, 대나무
④ 식물 – 연꽃, 석류
⑤ 상상의 동물 – 모란, 불로초

**06** 글의 내용을 간추리는 방법을 정리할 때 빈칸에 들어갈 알맞은 말을 보기 에서 찾아 기호를 쓰시오.

보기
㉠ 중심 내용          ㉡ 묶을 수 있는 낱말
㉢ 전체 내용

(1) 각 문단의 (        )을/를 찾아 정리한다.
(2) (        )을/를 이용해서 간단하게 정리한다.
(3) 중요한 내용을 이어서 (        )을/를 하나로 묶는다.

[07~08] 다음 글을 읽고, 물음에 답하시오.

최근에 『세상을 돌고 도는 놀라운 물의 여행』을 읽고 물에 대한 정보를 알게 되었습니다. 그 책에 나온 물에 대한 정보를 소개하겠습니다.
우리가 사는 지구에는 몇십억 년 전부터 물이 있었습니다. 그리고 그 물은 모양을 바꾸며 세상 곳곳을 끊임없이 돌아다니며 여행합니다. 물은 하늘에서 땅과 바다로, 그리고 우리 몸속이나 동물들 몸속으로 끊임없이 돌고 돕니다.

**07** 이와 같은 글을 쓴 까닭은 무엇입니까? ( )
① 책 속 등장인물을 소개하기 위해
② 책을 읽고 느낀 점을 전하기 위해
③ 자신이 느꼈던 생각이나 느낌을 전하기 위해
④ 책을 읽고 새롭게 알게 된 정보를 소개하기 위해
⑤ 여행을 다녀온 후 본 것과 느낀 것을 정리하기 위해

**08** 책을 읽고 이와 같은 글을 쓰려고 할 때 필요하지 않은 것은 무엇입니까? ( )
① 책 제목
② 책을 읽은 날짜
③ 그 책을 고른 까닭
④ 책에서 알게 된 새로운 정보
⑤ 책에서 알게 된 정보의 좋은 점

국어 활동
[09~10] 다음 글을 읽고, 물음에 답하시오.

(가) 새로 만든 운동으로 스포츠 스태킹이 있습니다. 스포츠 스태킹은 1980년대에 미국 어린이들이 종이컵으로 하던 놀이에서 생겨난 운동입니다. 이 운동을 할 때에는 컵 열두 개를 다양한 방법으로 쌓고 허무는 기술과 속도가 중요합니다. 이 운동을 하면 근육을 사용하는 능력과 집중력을 높일 수 있습니다.
(나) 외국에서는 예전부터 즐기던 것인데 최근에 우리나라에 들어온 운동으로 슐런이 있습니다. 슐런은 네덜란드에서 즐기던 것인데, 슐박이라는 놀이판 끝에 있는 관문 네 곳에 나무 원반 30개를 밀어서 넣는 운동입니다. 관문마다 점수가 다르지만, 원반을 네 곳에 골고루 넣으면 추가 점수가 있으므로 한 곳에 몰아넣는 것보다 높은 점수를 얻을 수 있습니다. 점수가 높은 사람이 이깁니다.

**09** 이 글에서 설명한 운동 중, 외국에서 예전부터 즐기던 운동인데 최근에 우리나라에 들어온 운동은 무엇인지 쓰시오.

( )

서술형
**10** 글 (가)의 중심 내용을 정리해 쓰시오.

_____

_____

[01~03] 다음 글을 읽고, 물음에 답하시오

쓰레기를 종류별로 나눠서 버릴 수 있으면 좋을 텐데.

좁은 장소에 한꺼번에 쓰레기를 버리니까 몹시 지저분하고 다니기도 불편해. 게다가 밤이 되면 으스스하기까지 해.

지저분해. 뒤죽박죽이야.

짜잔! 그래서 마련했어. 쓰레기를 깔끔하게 버릴 수 있는 쓰레기 정거장! 재활용품, 음식물 쓰레기, 일반 쓰레기로 나눠서 버릴 수 있지. 밤에는 환하게 불도 밝혀 놓았어.

우아! 이런 곳이 있다니!

쓰레기를 깔끔하게 종류별로 나눠서 버릴 수 있잖아!

**01** 이 글에서 아이들은 어떤 상황에서 불편함을 겪었는지 빈칸에 알맞은 말을 쓰시오.

( )을/를 버리러 갈 때 불편함이 많았다.

**02** 불편함을 해결하기 위해 생긴 것은 무엇인지 쓰시오.

( )

**03** 원인과 결과를 알맞게 선으로 이으시오.

(1) 원인 ·

· ㉠ 좁은 장소에 쓰레기를 한꺼번에 버려 지저분하고 다니기 불편하다.

(2) 결과 ·

· ㉡ 쓰레기 정거장이 생겼다.

[04~05] 다음 글을 읽고, 물음에 답하시오.

승호는 야구공을 장미꽃 속에서 찾아 던졌습니다. 그리고 조심스럽게 참새를 잡았습니다. 야구를 하던 아이들이 우르르 몰려왔습니다.
"아기 참새구나."
"엄마를 잃어버렸나 봐."
"날려 줄 거야."
승호는 아기 참새를 쥔 두 손을 높이 들고 깡충 뛰며 놓아주었습니다. 그러나 아기 참새는 길에서 깡충깡충 뛰어다니기만 했습니다. 승호는 파닥거리는 아기 참새를 두 손으로 감싸 쥐었습니다.
"참새를 어떻게 하지?"
승호가 걱정스럽게 물었습니다.
"선생님께 가져다드리자."
"그래, 그게 좋겠다."
㉠ 승호는 참새를 안고 교실로 갔습니다.

**04** 날지 못하고 깡충깡충 뛰어다니기만 하는 아기 참새를 보고 승호는 어떤 마음이 들었습니까?

( )

① 기쁜 마음 　② 행복한 마음
③ 짜증 나는 마음 　④ 화가 나는 마음
⑤ 걱정스러운 마음

**05** ⊙의 까닭은 무엇입니까?                    (       )

① 다친 아기 참새를 치료하려고
② 선생님께 참새를 잡은 것을 자랑하려고
③ 잘 날지 못하는 아기 참새가 걱정되어서
④ 어미 참새가 승호를 공격해서 도망치려고
⑤ 아기 참새를 교실 친구들에게 보여 주려고

**[06~07]** 다음 글을 읽고, 물음에 답하시오.

> 그날 저녁이었습니다. 승호는 교실에 혼자 남겨 두고 온 짹짹콩콩이가 걱정되어 잠을 이룰 수가 없었습니다. 걱정을 하던 승호는 살그머니 밖으로 나왔습니다. 그리고 학교를 향해 달렸습니다. 승호는 조금 무서웠지만 조심조심 복도를 걸어 교실로 갔습니다.
> "어?"
> 승호는 두 눈을 동그랗게 떴습니다. 교실에는 선생님과 여러 명의 아이가 와 있었습니다.
> "너도 짹짹콩콩이가 걱정돼서 왔구나."
> 선생님께서 아기 참새를 두 손으로 감싸 쥐고 계셨습니다.
> "짹짹콩콩이를 사랑하는 친구가 이렇게 많으니까 아무 탈 없이 자랄 거야."

**서술형**

**06** 다음의 결과에 알맞은 원인을 쓰시오.

| 원인 | |
|---|---|
| 결과 | 승호는 저녁에 다시 교실에 갔다. |

**07** 이 글을 원인과 결과가 드러나게 알맞게 말한 친구는 누구인지 쓰시오.

> 윤서: 교실에 도착한 승호가 깜짝 놀란 까닭은 교실에 선생님과 여러 명의 친구들이 와 있었기 때문이야.
> 고은: 짹짹콩콩이가 아무 탈 없이 자라서 친구들이 짹짹콩콩이를 사랑했어.

(                    )

**08** 빈칸에 들어갈 이어 주는 말로 알맞은 것은 무엇입니까?                    (       )

> 어제 생일 선물로 자전거를 받았어요. 공원으로 자전거를 타러 가고 싶었는데, 부모님께서 혼자 가는 것은 위험하다고 하셨어요. (       ) 주말에 가족과 함께 자전거를 타고 공원에 놀러 갔어요.

① 그래도            ② 그러나
③ 그런데            ④ 그래서
⑤ 하지만

**09** 보기의 결과가 나타나게 된 원인으로 가장 알맞은 것은 무엇입니까?                    (       )

> **보기**
> 배탈이 났다.

① 어젯밤에 상한 음식을 먹었다.
② 치과에 가서 충치 치료를 받았다.
③ 음식을 먹고 양치질을 잘 하지 않았다.
④ 물통을 챙기지 않아 물을 거의 마시지 못했다.
⑤ 텃밭에서 가꾼 상추를 깨끗하게 씻어 먹었다.

**10** 보기의 결과로 알맞은 것은 무엇입니까?                    (       )

> **보기**
> 매일 줄넘기 연습을 꾸준히 했다.

① 줄넘기를 잘할 수 있게 되었다.
② 도서관에 가는 길을 찾지 못했다.
③ 학교 숙제로 멋진 그림을 그렸다.
④ 어려운 낱말을 많이 알게 되었다.
⑤ 친구의 생일 선물로 책을 사 주었다.

**01** 원인 때문에 일어난 일을 무엇이라고 하는지 쓰시오.
( )

[02~04] 다음 글을 읽고, 물음에 답하시오.

> "선생님, 참새 잡았어요."
> 승호를 뒤따라온 아이들이 승호보다 먼저 소란스럽게 말했습니다.
> "참새를 어떻게 잡았니?"
> "잘 날지 못하는 아기 참새예요."
> 선생님께서는 승호가 내미는 참새를 받아 손바닥에 올려놓으셨습니다.
> "선생님, 교실에서 키워요."
> "그래야겠구나. 날 수가 없으니 잘 날 수 있을 때까지만 키우자."
> "그럼 아기 참새도 우리 반이네요?"
> "참새 이름을 정해요."
> 아이들은 앞다투어 그럴듯한 이름들을 말했습니다. 선생님께서는 아이들이 말한 이름들을 모두 칠판에 쓰셨습니다. 많은 이름 가운데에서 '짹짹콩콩'으로 부르자는 아이가 가장 많았습니다.
> 아기 참새는 자기 이름에 맞게 짹짹거리며 콩콩 뛰어다녔습니다.
> "짹짹!"
> "콩콩!"
> 아이들은 아기 참새를 따라다니며 번갈아 이름을 불렀습니다.

**02** 승호가 참새를 잡을 수 있었던 까닭은 무엇입니까?
( )

① 아기 참새가 다쳐서
② 아기 참새가 잘 날지 못해서
③ 승호가 어미 참새를 데리고 있어서
④ 승호의 행동이 무척 재빨랐기 때문에
⑤ 아기 참새가 승호를 어미라고 착각해서

**03** 승호네 반 친구들은 참새를 어떻게 하기로 하였는지 쓰시오.

_____

_____

**04** 이 글에서 일어난 일의 원인과 결과를 생각할 때 빈칸에 들어갈 말로 알맞은 것은 무엇입니까?
( )

| 원인 | 결과 |
|---|---|
| | 아기 참새의 이름을 '짹짹콩콩'으로 지었다. |

① 승호의 의견을 따라서
② 아기 참새가 콩알처럼 작아서
③ 선생님께서 이름을 정해 주셔서
④ 아이가 아기 참새를 따라다녀서
⑤ '짹짹콩콩'으로 부르자는 아이가 많아서

**05** 다음 중 빈칸에 알맞은 말을 보기 에서 찾아 쓰시오.

> 보기
> 원인  느낌  결과  의견

> 일어난 일을 다른 사람에게 말하거나 그 일이 일어난 까닭을 알아야 할 때에는 일이 일어난 ( ㉠ )과/와 그로 인한 ( ㉡ )을/를 살펴보아야 합니다.

(1) ㉠ ( )
(2) ㉡ ( )

**06** 다음 일이 일어난 원인으로 가장 알맞은 것을 찾아 ○표 하시오.

> 나는 학예회에서 음악에 맞추어 춤을 멋지게 출 수 있었다.

(1) 춤 연습을 열심히 했다. ( )
(2) 노래 연습을 열심히 했다. ( )
(3) 학예회 사회를 맡게 되었다. ( )

**07** 원인과 결과가 잘 드러나게 경험한 일을 말한 것은 무엇입니까? ( )

① 자전거를 선물로 받았어.
② 자전거 배우기는 힘들었어.
③ 자전거를 탈 때 안전하게 타야 해.
④ 엄마가 자전거 타는 방법을 가르쳐 주셨어.
⑤ 열심히 자전거 타는 연습을 해서 자전거를 잘 탈 수 있게 되었어.

**서술형**

**08** 원인과 결과를 생각하며 다음과 같은 이야기를 꾸몄습니다. 빈칸에 들어갈 알맞은 말을 쓰시오.

> **행복한 성을 찾아서**
>
> 어느 날, 남매에게 동화 속 임금님이 나타나 초대장을 준다. 남매는 초대장 속 지도를 따라 가서 항구에 도착했다. 항구에서 초대장을 보여 주었더니 남매는 배에 탈 수 있었다. 이 배는 동화 속 세상으로 남매를 데려다주었다.

| 원인 | 항구에서 초대장을 보여 주고 배를 탔다. |
|---|---|
| 결과 | |

**국어 활동**

**[09~10]** 다음 글을 읽고, 물음에 답하시오.

**09** 선생님께서 아이들의 말을 못 알아들으신 까닭은 무엇입니까? ( )

① 선생님의 표정이 재미있어서
② 선생님께서 웃긴 동화를 들려주셔서
③ 선생님께서 새로운 말을 사용하셔서
④ 선생님께서 어려운 문제를 쉽게 풀어 주셔서
⑤ 선생님께서 아이들이 사용하는 말과 다른 뜻으로 낱말을 사용하셔서

**10** 이 글을 읽고 원인과 결과가 드러나게 정리할 때 다음 빈칸에 들어갈 알맞은 말은 무엇입니까?
( )

> 선생님께서 아이들에게 진주네 집에 가서 요리를 하는지 물어보셨다. ( ) 선생님께서는 아이들이 말한 '생파'와 '생선'의 뜻을 '익지 않은 파', '물고기'로 이해하셨기 때문이다.

① 어떻게  ② 그래서  ③ 따라서
④ 왜냐하면  ⑤ 그러므로

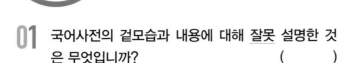
**01** 국어사전의 겉모습과 내용에 대해 잘못 설명한 것은 무엇입니까? ( )

① 앞표지에는 사전 이름이 있다.

② 낱말이 사용된 예시도 들어 있다.

③ 부록에는 우리말에 대한 유용한 내용을 싣는다.

④ 국어사전의 옆쪽에는 아무 표시도 되어 있지 않다.

⑤ 약호나 기호를 사용해 뜻을 더 자세히 설명하였다.

**02** 국어사전에 사진이나 그림을 싣는 경우는 무엇입니까? ( )

① 사진이 너무 보기 좋은 경우

② 낱말 뜻풀이만으로 부족한 경우

③ 낱말의 띄어쓰기를 알려 주는 경우

④ 낱말과 비슷한 말을 알려 주는 경우

⑤ 낱말을 발음하는 법을 알려 주어야 하는 경우

**03** 자음자를 사전에 실리는 순서대로 늘어놓았습니다. 빈칸에 알맞은 자음자를 쓰시오.

| ㄱ − ㄲ − ㄴ − ㄷ − (1)( ) − ㄹ − ㅁ − |
| ㅂ − ㅃ − ㅅ − ㅆ − (2)( ) − ㅈ − ㅉ − |
| ㅊ − ㅋ − ㅌ − ㅍ − (3)( ) |

(1) ( )

(2) ( )

(3) ( )

**[04~05]** 다음 글을 읽고, 물음에 답하시오.

기후에 따라 사람들이 생활하는 모습이 다릅니다. 입는 옷, 먹는 음식, 사는 집도 기후와 깊은 관련이 있습니다. 기후에 따라 생활 모습이 어떻게 다른지 알아봅시다.

기후에 따라 입는 옷이 다릅니다. 추운 겨울에는 몸의 열을 빼앗기지 않으려고 가죽옷이나 두꺼운 털옷을 입습니다. 그러나 무더운 여름에는 몸에서 생기는 열을 내보내려고 얇고 성긴 옷을 입습니다.

한복도 여름에는 몸에 잘 ㉠붙지 않도록 까슬까슬한 옷감으로 만들었습니다. 그리고 바람이 잘 통하도록 등나무로 만든 기구를 먼저 걸치고 저고리를 ㉡입기도 했습니다. 겨울에는 추위를 견딜 수 있도록 옷감 사이에 솜을 넣은 한복을 입었습니다. 차가운 공기가 스며들지 않도록 목둘레나 소매 끝을 좁게 만들기도 했습니다.

**04** 다음 낱말 중 국어사전에 가장 나중에 실리는 낱말은 무엇입니까? ( )

① 기후 ② 모습

③ 겨울 ④ 한복

⑤ 옷감

**05** 다음 낱말의 기본형을 쓰시오.

(1) ㉠ 붙지 → ( )

(2) ㉡ 입기도 → ( )

**06** 글을 읽을 때 국어사전을 활용하여 읽으면 좋은 점은 무엇입니까? ( )

① 글을 천천히 읽을 수 있다.

② 글을 더 빨리 읽을 수 있다.

③ 글의 제목을 더 잘 기억할 수 있다.

④ 글의 내용을 더 잘 이해할 수 있다.

⑤ 글에 나온 그림을 잘 기억할 수 있다.

**[07~08]** 다음 글을 읽고, 물음에 답하시오.

우리 조상은 꽃을 눈으로도 즐기고 입으로도 즐겼습니다. 삼짇날이 되면 진달래 꽃잎을 넣고 찹쌀가루를 둥글납작하게 부쳐서 만든 진달래화전을 먹었습니다. 오늘날의 프라이팬이라고도 할 수 있는 번철을 돌 위에 올리고 그 아래에 불을 피워 화전을 부쳤습니다. 번철 대신 솥뚜껑을 쓰기도 했습니다.

삼짇날에는 진달래화채도 만들어 먹었습니다. 진달래 꽃잎을 녹말가루에 묻혀 살짝 튀긴 뒤, 설탕이나 꿀을 넣어 달게 담근 오미자즙에 띄워 먹었습니다.

진달래와 비슷한 철쭉꽃은 먹을 수 없는 꽃이라서 '개꽃'이라고 했지만, 진달래는 먹을 수 있는 꽃이라서 '참꽃'이라고 했습니다. 진달래뿐만 아니라 벚꽃, 배꽃, 매화로도 화전을 만들어 먹었습니다.

꽃으로 만든 음식은 보는 것만으로도 기분이 좋습니다. 그뿐만 아니라 꽃잎에 묻어 있는 꽃가루에는 여러 가지 몸에 좋은 물질이 들어 있습니다.

**07** 진달래에 대해 알맞게 설명한 것은 무엇입니까?
( )

① '개꽃'이라고 부르기도 했다.
② 화전을 부쳐서 동짓날에 먹었다.
③ 먹을 수 없는 꽃 중의 하나이다.
④ 철쭉꽃과는 생김새가 많이 다르다.
⑤ 꽃잎을 튀겨 화채로도 만들어 먹었다.

**08** '꽃잎'이라는 낱말의 글자의 짜임을 알맞게 쓰시오.

| (1) 꽃 | |
| --- | --- |
| 첫 자음자 | |
| 모음자 | |
| 받침 | |

| (2) 잎 | |
| --- | --- |
| 첫 자음자 | |
| 모음자 | |
| 받침 | |

**[09~10]** 다음 글을 읽고, 물음에 답하시오.

진달래, 국화, 장미, 금잔화, 삼색제비꽃, 제비꽃처럼 먹을 수 있는 꽃을 골라 먹어야 합니다. 그리고 먹을 수 있는 꽃이라고 하더라도 꽃가루 등에 의한 알레르기를 ㉠일으킬 수 있으므로 암술, 수술, 꽃받침을 제거하고 ㉡먹어야 합니다. 특히 진달래는 수술에 약한 독성이 있으므로 반드시 꽃술을 제거하고 꽃잎만 깨끗한 물에 씻은 뒤에 먹어야 합니다.

꽃집에서 파는 꽃이나 정원의 꽃은 함부로 먹으면 안 됩니다. 농약을 친 꽃에는 독성이 있기 때문입니다. 이런 꽃을 먹었다가는 배탈이 나고 속이 ㉢나빠져서 크게 고생할 수 있습니다. 반드시 식용을 목적으로 따로 안전하게 재배되는 꽃만 먹어야 합니다.

우리 조상은 자연에서 나오는 순수한 　　　　로 찹쌀가루에 물을 ㉣들여 화전을 ㉤만들기도 했습니다. 쑥·시금치·신감채·녹찻잎 등으로는 초록색 물을 들였고, 단호박·치자 등으로는 노란색 물을 들였습니다. 오미자·복분자로는 빨간색 물을, 보라색 고구마로는 보라색 물을, 당근으로는 주황색 물을 들였습니다. 검은깨나 검은콩으로는 검은색 물을 들였습니다.

**09** ㉠~㉤의 기본형을 알맞게 쓴 것은 어느 것입니까?
( )

① ㉠ 일으다
② ㉡ 먹다
③ ㉢ 나빠지니
④ ㉣ 들여서
⑤ ㉤ 만들었다

**10** 보기 는 빈칸에 들어갈 낱말의 뜻을 국어사전에서 찾아 쓴 것입니다. 빈칸에 들어갈 알맞은 낱말은 무엇입니까?
( )

보기

물체의 색깔이 나타나도록 해 주는 성분.

① 세포
② 빛깔
③ 물감
④ 색소
⑤ 농약

**01** 다음 중 국어사전에 실린 내용에 대해 알맞게 설명한 것은 무엇입니까? ( )

① 한글 모음 차례대로 낱말을 싣는다.
② 비슷한 뜻을 가진 낱말끼리 실려 있다.
③ 낱말이 사용되는 예는 너무 많으므로 실려 있지 않다.
④ 부록에는 우리나라의 역사에 대한 내용이 주로 실린다.
⑤ 낱말 뜻풀이만으로 부족한 경우 그림이나 사진을 함께 싣기도 한다.

**02** 국어사전에서 찾은 '다듬잇돌'의 뜻을 보고 잘못 말한 친구는 누구인지 쓰시오.

> **다듬잇돌**[다드미똘/다드민똘] 「명사」 다듬이질을 할 때 밑에 받치는 돌. 「비」 다듬돌.
> 〈예〉 이 돌이면 매끄러운 다듬잇돌이 되겠구나.

> 지민: [ ] 안에는 낱말의 발음이 나와 있어.
> 호석: 「비」는 '비교해 보세요'라는 뜻이야.
> 태형: 〈예〉라는 약호 다음에 나온 문장은 이 낱말이 어떻게 쓰이는지를 보여 주는 예시 문장이야.

( )

**서술형**

**03** 다음 두 낱말 중 국어사전에 먼저 싣는 낱말을 쓰고, 그렇게 생각한 까닭을 간단히 쓰시오.

> 하늘    학교

(1) 먼저 실리는 낱말: ( )
(2) 그렇게 생각한 까닭: _____

_____

_____

**04** 다음 중 상황에 따라 형태가 바뀌는 낱말은 어느 것입니까? ( )

① 간식
② 구름
③ 바다
④ 먹다
⑤ 도서관

**05** 다음 밑줄 친 낱말의 기본형을 쓰시오.

> • 산은 <u>높은데</u> 언덕은 낮다.
> • 산은 <u>높고</u> 바다는 넓다.
> • 우리 마을에 <u>높은</u> 산이 있다.
> • 산이 <u>높아서</u> 올라가기가 힘들다.

( )

[06~08] 다음 글을 읽고, 물음에 답하시오.

기후에 따라 사람들이 생활하는 모습이 다릅니다. 입는 옷, 먹는 음식, 사는 집도 기후와 깊은 관련이 있습니다. 기후에 따라 생활 모습이 어떻게 다른지 알아봅시다.

기후에 따라 입는 옷이 다릅니다. 추운 ㉠겨울에는 몸의 열을 빼앗기지 않으려고 가죽옷이나 두꺼운 털옷을 입습니다. 그러나 무더운 여름에는 몸에서 생기는 열을 내보내려고 얇고 성긴 옷을 입습니다.

한복도 여름에는 몸에 잘 붙지 않도록 까슬까슬한 옷감으로 만들었습니다. 그리고 바람이 잘 통하도록 등나무로 만든 기구를 먼저 걸치고 저고리를 입기도 했습니다. 겨울에는 추위를 견딜 수 있도록 옷감 사이에 솜을 넣은 한복을 입었습니다. 차가운 공기가 스며들지 않도록 목둘레나 소매 끝을 좁게 만들기도 했습니다.

**06** 기후에 따라 입는 옷이 어떻게 달라지는지 알맞게 말한 것은 무엇입니까? ( )

① 여름에는 두꺼운 털옷을 입었다.
② 겨울에는 얇고 성긴 옷을 입었다.
③ 여름에는 까슬까슬한 옷감으로 옷을 만들었다.
④ 여름에는 목둘레나 소매 끝이 좁은 옷을 만들었다.
⑤ 겨울에는 등나무로 만든 기구를 먼저 걸치고 저고리를 입었다.

**07** ㉠과 첫 자음자가 같은 낱말을 생각하여 두 가지 쓰시오.

( , )

**08** 다음 낱말을 국어사전에 싣는 차례대로 쓰시오.

| 사람 솜 소매 |
| --- |

( ) → ( ) → ( )

[09~10] 다음 글을 읽고, 물음에 답하시오.

꽃집에서 파는 꽃이나 ㉠정원의 꽃은 함부로 먹으면 안 됩니다. 농약을 친 꽃에는 독성이 있기 때문입니다. 이런 꽃을 먹었다가는 배탈이 나고 속이 나빠져서 크게 고생할 수 있습니다. 반드시 식용을 목적으로 따로 안전하게 ㉡재배되는 꽃만 먹어야 합니다.

우리 조상은 자연에서 나오는 순수한 색소로 찹쌀가루에 물을 들여 화전을 만들기도 했습니다. 쑥·시금치·신감채·녹찻잎 등으로는 초록색 물을 들였고, 단호박·치자 등으로는 노란색 물을 들였습니다. 오미자·복분자로는 빨간색 물을, 보라색 ㉢고구마로는 보라색 물을, ㉣당근으로는 주황색 물을 들였습니다. 검은깨나 검은콩으로는 검은색 물을 들였습니다.

자연에서 얻은 천연 색소는 ㉤음식을 돋보이게 할 뿐만 아니라 재료의 영양이 그대로 살아 있어 건강에도 무척 좋습니다. 이렇듯 화전에는 자연이 준 선물을 음식에 이용한 조상의 지혜가 담겨 있습니다.

**09** 자연에서 얻은 천연 색소의 좋은 점을 알맞게 설명한 것은 무엇입니까? ( )

① 만들기 쉽다.
② 가격이 저렴하다.
③ 독성이 없어 안전하다.
④ 재료의 영양이 살아 있어 건강에 좋다.
⑤ 원하는 색은 무엇이든지 만들 수 있다.

**10** ㉠~㉤ 중 국어사전에서 '나비'보다 먼저 실리는 낱말은 무엇입니까? ( )

① ㉠ ② ㉡
③ ㉢ ④ ㉣
⑤ ㉤

[01~02] 다음 글을 읽고, 물음에 답하시오.

어느 날 아침, 한음이 오성의 집에 놀러 왔습니다. 오성의 집 마당에 있는 큰 감나무에는 빨간 감들이 탐스럽게 열려 있었습니다. 이 감나무 가지는 담 너머 옆집인 권 판서 댁까지 뻗어 있었습니다.

"야, 저 감 참 맛있겠다!"

한음이 담 너머에 있는 감을 가리키며 말했습니다. 오성은 한음의 마음을 알아채고 감을 따려고 했습니다.

"우리 집 감을 왜 허락도 없이 따려고 하시오?"

옆집 하인이 말했습니다.

"무슨 말인가? 우리 감나무에 달린 감이야."

"도련님 댁 감이라고요? 그건 우리 감이에요. 보시다시피 우리 집으로 가지가 넘어왔잖아요."

옆집 하인이 그쪽으로 넘어간 감나무 가지를 자기네 것이라고 우기며 감을 따지 못하게 했습니다.

"그런 경우가 어디 있나? 그 감은 우리 것이네. 아무리 담 너머로 가지가 넘어갔어도 감나무는 우리 집에서 심고 가꾸었기 때문이야."

오성은 어이없다는 듯이 옆집 하인에게 말했습니다.

**01** 다음은 누구의 의견입니까? ( )

우리 집으로 가지가 넘어왔으니 우리 감이다.

① 한음 ② 오성
③ 권 판서 ④ 옆집 하인
⑤ 오성의 아버지

서술형

**02** 오성이 감나무 가지에 달린 감이 자기 것이라고 이야기하는 까닭을 쓰시오.

_____

_____

**03** 글쓴이나 인물이 어떤 대상에게 지니는 생각을 무엇이라고 하는지 쓰시오.

( . )

[04~05] 다음 글을 읽고, 물음에 답하시오.

우리는 지구를 깨끗이 하려고 노력해야 합니다. 왜냐하면 지구는 앞으로도 우리가 살아갈 터전이기 때문입니다. 그런데 우리가 한 번 쓰고 난 뒤에 무심코 버리는 일회용품은 지구를 병들게 합니다. 일회용품은 평소에 사람들이 자주 쓰는 비닐봉지, 일회용 컵, 일회용 나무젓가락 따위를 말합니다. 그러므로 일회용품을 덜 쓰려면 다음과 같은 일을 실천해야 합니다.

**04** 일회용품을 많이 쓰면 어떻게 된다고 하였습니까?

( )

① 행복해진다.
② 건강해진다.
③ 지구가 병들게 된다.
④ 지구가 점점 깨끗해진다.
⑤ 우리가 살아가는 터전이 넓어진다.

☆☆☆
**05** 이 글에서 글쓴이가 하고자 하는 말은 무엇입니까?

( )

① 일회용품을 사용하면 편리하다.
② 일회용품은 한 번 쓰고 버려야 한다.
③ 일회용품이란 비닐봉지, 일회용 컵을 말한다.
④ 우리는 지구를 깨끗이 하려고 노력해야 한다.
⑤ 일회용품을 사용하는 것은 지구를 아끼는 방법이다.

[06~08] 다음 글을 읽고, 물음에 답하시오.

### 좋은 습관을 기르자

(가) 약속을 잘 지키는 습관을 기릅시다. 약속은 자신이나 다른 사람과 어떤 일을 지키기로 다짐한 것으로 신뢰를 줄 수 있기 때문입니다. 우리는 살면서 약속을 자주 합니다. 약속을 잘 지키면 주변 사람들에게 믿음을 줄 수 있습니다. 그리고 사람들과 사이도 좋아집니다. 약속을 잘 지키는 것은 지켜야 할 기본예절입니다. 그러므로 약속을 잘 지킬 수 있도록 노력해야 합니다.

(나) 고마워하는 마음을 표현하는 습관을 기릅시다. 작은 일에도 고마워하는 마음을 표현하면 주변 사람과 자기 자신 모두를 행복하게 만들 수 있기 때문입니다. 맛있는 음식을 먹을 수 있고, 안전한 곳에서 잠잘 수 있는 것처럼 우리에게는 고마워할 일이 참 많습니다. 작은 일에도 고마워하는 마음을 표현하는 습관을 길러 봅시다.

**06** (가)와 (나)의 중심 문장을 쓰시오.

| (가) | |
|---|---|
| (나) | |

**07** 글쓴이가 제목을 「좋은 습관을 기르자」로 정한 까닭을 짐작한 것으로 가장 알맞은 것은 무엇입니까?
( )

① 좋은 습관을 기르면 칭찬을 받기 때문에
② 나쁜 습관이 가져오는 단점을 알리기 위해서
③ 도움이 되는 습관을 기르자고 말하기 위해서
④ 어렸을 때 기른 습관이 지속되는 것을 알리려고
⑤ 나쁜 습관을 기른 사람의 예를 소개하기 위해서

**08** 이 글에서 글쓴이의 의견은 무엇입니까?
( )

① 건강을 위해 운동하자.
② 좋은 습관을 길러야 한다.
③ 약속을 지켜야 믿음을 줄 수 있다.
④ 작은 일에도 고마워하는 표현을 하자.
⑤ 맛있는 음식을 먹는 것은 행복한 일이다.

**09** 다음 의견에 대한 까닭으로 알맞은 것에 ○표, 알맞지 <u>않은</u> 것에 ×표를 하시오.

| 의견 | 복도에서는 오른쪽으로 걸어다녀야 한다. |
|---|---|

(1) 다니는 방향이 정해져 있지 않으면 오고 가는 사람들이 부딪칠 수 있다. ( )
(2) 복도에서 뛰어다니면 화장실에 다녀오는 시간이 절약된다. ( )
(3) 한 방향으로 천천히 다니면 사고를 예방할 수 있다. ( )
(4) 복도에서 즐겁게 뛰어다니면 기분이 좋아진다. ( )

**서술형**

**10** 다음 문제점을 보고, 아름답고 즐거운 학교를 가꾸기 위한 알림 활동에 쓸 손 팻말에 들어갈 말을 쓰시오.

| 문제점 | 운동장에 쓰레기가 떨어져 있다. |
|---|---|

**[01~03] 다음 글을 읽고, 물음에 답하시오.**

오성은 창호지를 바른 방문 안으로 팔을 쑥 들이밀었습니다. 책을 읽고 있던 권 판서는 방문을 뚫고 들어온 팔을 보고 깜짝 놀랐습니다.

"이웃에 사는 오성입니다."

오성은 손을 들이민 채 권 판서에게 정중하게 말했습니다.

"대감님, 지금 이 팔이 누구 팔입니까?"

"그야 네 팔이지, 누구 팔이겠느냐?"

"지금 이 팔은 방 안에 들어가 있지 않습니까?"

"방 안에 있다 해도 네 몸에 붙었으니까 네 팔이지."

권 판서는 오성의 당돌한 질문에 호기심을 느꼈습니다.

"그렇다면 한 말씀 더 여쭙겠습니다. 저 담 너머 감나무에서 뻗어 나와 이 댁에 넘어온 가지는 누구네 것입니까?"

권 판서는 오성이 무엇 때문에 방문을 뚫고 팔을 들이밀었는지 그 뜻을 금방 깨달았습니다.

㉠"음, 그야 너희 것이지. 우리 집에 가지가 일부분 넘어왔어도 나무의 뿌리는 너희 집에 있지 않느냐?"

㉡"그렇다면 왜 이 댁 하인들이 저희에게 감을 못 따게 합니까?"

"우리 집 하인들이 생각이 모자랐던 것 같구나. 다시는 그런 일이 없도록 하마."

**01** 오성이 권 판서 대감 방에 팔을 들이민 까닭은 무엇인지 ○표 하시오.

(1) 팔이 권 판서 대감 방으로 넘어가면 권 판서 대감 것이 된다는 것을 알리려고 ( )

(2) 팔이 방 안에 있어도 오성의 팔인 것처럼 담을 넘어가도 오성의 감나무라는 것을 말하기 위해서 ( )

**02** 권 판서 대감은 담을 넘어온 감나무 가지에 대해 어떻게 생각하고 있습니까? ( )

① 우리 집 하인들이 올바른 행동을 했다.
② 우리 집 하인들이 감을 따게 해야 한다.
③ 우리 집에 가지가 넘어왔으니 우리 것이다.
④ 가지가 있는 장소의 주인이 감의 주인이다.
⑤ 감나무의 뿌리가 있는 곳을 보면 감나무의 주인을 알 수 있다.

**03** ㉠과 ㉡ 중에서 권 판서 대감의 의견이 잘 나타난 말의 기호를 쓰시오.

( )

**04** 이야기를 읽고 인물의 의견을 찾는 방법으로 알맞은 것의 기호를 두 가지 쓰시오.

㉠ 인물의 이름을 알아본다.
㉡ 인물의 생각을 나타낸 부분을 찾는다.
㉢ 인물의 말이나 행동을 주의 깊게 살펴본다.

( , )

**국어 활동**

**05** 다음 의견에 어울리지 <u>않는</u> 까닭은 무엇입니까?

( )

의견: 전기를 아껴 써야 한다.

① 무심코 낭비하는 전기가 많기 때문이다.
② 전기를 만들려면 돈이 많이 들기 때문이다.
③ 전기는 얼마든지 만들어 낼 수 있기 때문이다.
④ 전기를 만들 때 환경이 오염될 수 있기 때문이다.
⑤ 전기를 낭비하면 꼭 필요한 곳에 쓰지 못하기 때문이다.

**[06~08]** 다음 글을 읽고, 물음에 답하시오.

(가) 첫째, ㉮ . 왜냐하면 전 세계에서 매년 사용하고 버리는 비닐봉지 양이 매우 많기 때문입니다. 이것을 처리하려면 돈이 많이 듭니다. 그냥 두면 없어지는 데 500년이 넘게 걸립니다.

(나) 둘째, ㉠일회용 컵을 적게 써야 합니다. ㉡왜냐하면 일회용 컵은 쓰기는 간편하지만 낭비하기 쉽기 때문입니다. ㉢이렇게 낭비하면 일회용 컵 재료가 되는 나무나 플라스틱이 많이 필요하기 때문에 환경을 더 파괴할 수 있습니다.

(다) 우리는 일회용품을 덜 써서 깨끗한 지구를 만들어야 합니다. 지금까지 살펴본 것은 우리가 생활 속에서 실천할 수 있는 일입니다. 이 밖에도 우리가 할 수 있는 일을 찾아보면 여러 가지가 있습니다.

**06** ㉮에 들어갈 내용으로 가장 알맞은 것은 무엇입니까? ( )

① 물을 깨끗하게 사용합시다.
② 비닐봉지를 적게 써야 합니다.
③ 나무는 썩는 데 오래 걸립니다.
④ 땅 속에 묻힌 가방은 환경을 파괴합니다.
⑤ 비닐봉지는 환경에 피해를 주지 않습니다.

**07** ㉠~㉢ 중 (나) 문단의 중심 문장의 기호를 쓰시오.

( )

**08** 이 글에서 글쓴이가 내세우고자 하는 의견으로 가장 알맞은 것은 무엇입니까? ( )

① 일회용품은 쓰기 간편하다.
② 일회용품 사용을 줄여야 한다.
③ 플라스틱 사용이 환경에 도움이 된다.
④ 지구를 깨끗하게 가꾸는 데 시간이 오래 걸린다.
⑤ 생활 속에서 실천하는 일은 지구를 깨끗이 가꾸는 데 도움이 되지 않는다.

국어 활동

**[09~10]** 다음 글을 읽고, 물음에 답하시오.

(가) 자전거를 탈 때에는 안전 수칙을 잘 지켜야 합니다. 한국교통연구원이 2017년에 발표한 자료에 따르면, 자전거를 타는 사람이 1340만 명을 넘었다고 합니다. 자전거를 타면 건강에도 도움이 되고, 환경도 지킬 수 있기 때문일 것입니다. 그런데 이와 함께 자전거를 타다가 일어나는 사고도 빠르게 늘고 있다고 합니다. 그렇다면 자전거를 안전하게 타는 방법은 무엇일까요?

(나) 첫째, 안전 장비를 갖추고 타야 합니다. 만약 사고가 나더라도 안전 장비는 소중한 우리 몸을 지켜 줄 수 있기 때문입니다. 자전거를 탈 때 필요한 안전 장비에는 안전모, 장갑, 팔꿈치와 무릎 보호대 따위가 있습니다. 안전 장비를 갖추는 것은 선택이 아니라 필수입니다. 그러므로 자전거를 탈 때에는 반드시 안전 장비를 착용합시다.

(다) 둘째, 위험한 행동을 하지 않아야 합니다. 위험한 행동을 하면 자칫 큰 사고가 날 수 있기 때문입니다. 자전거를 탈 때 무리하게 속도 내기, 짐받이에 올라타기, 손 놓고 타기는 매우 위험한 행동입니다. 사고는 한순간에 일어날 수 있습니다. 그러므로 자전거를 안전하게 탑시다.

**09** (나)와 (다) 문단의 중심 문장을 쓰시오.

| (나) | |
|------|---|
| (다) | |

서술형

**10** 이 글 전체에 나타난 글쓴이의 의견을 쓰시오.

_____

_____

**[01~02]** 다음 글을 읽고, 물음에 답하시오.

다람쥐처럼 쥐 무리에 속하는 동물들은 이빨이 계속해서 자란다고 해요. 그렇기 때문에 이빨을 닳게 하려고 쉬지 않고 나무를 ⊙쏠거나 딱딱한 열매를 갉아 먹는 것이죠.

그래서 다람쥐가 좋아하는 먹이는 도토리, 밤, 땅콩, 호두, 잣과 같이 대부분 껍질이 딱딱한 열매예요. 하지만 가끔은 채소의 싹을 잘라 먹기도 하고 곤충을 잡아먹기도 한대요.

가을이 되면 다람쥐는 겨울잠을 자려고 먹이를 많이 먹어 두어요. 남은 먹이는 땅속에 먹이 창고를 만들어 감춰 두지요. 그리고 배고플 때마다 겨울잠에서 깨어나 먹이를 먹으며 겨울을 나지요.

**01** 다람쥐가 가을에 먹이를 많이 먹는 까닭은 무엇입니까?　(　　　)

① 겨울잠을 자려고
② 배가 많이 고파서
③ 이빨이 많이 자라서
④ 가을에는 곤충이 많아서
⑤ 먹이 창고에 먹이를 감춰 두려고

**02** ⊙과 바꾸어 쓸 수 있는 낱말은 무엇입니까?　(　　　)

① 숨기거나　　　② 감추거나
③ 잠들거나　　　④ 물어뜯거나
⑤ 잡아먹거나

**서술형**

**03** 글 속에 나오는 모르는 낱말의 뜻을 알 수 있는 방법을 한 가지 쓰시오.

_____

_____

**[04~05]** 다음 글을 읽고, 물음에 답하시오.

'프린들'은 이제 펜을 가리키는 어엿한 낱말이다. 누가 펜을 프린들이라고 했을까?

"네가 그런 거야, 닉."

30분 뒤, 5학년 아이들이 심각한 ⊙표정을 지으며 닉의 방에서 ⓛ회의를 했다. 존, 피트, 데이브, 크리스, 재닛이었다. 닉까지 합하면 여섯 명. 여섯 명의 비밀 요원이었다!

아이들은 오른손을 들고 닉이 쓴 서약서를 읽었다.

> 나는 오늘부터 영원히 펜이라는 말을 쓰지 않겠다. 그 대신 프린들이란 말을 쓸 것이며, 다른 ⓒ사람들도 그렇게 하도록 최선을 다할 것을 ⓔ맹세한다.

여섯 명 모두 서약서에 서명을 했다. 닉의 프린들로. 이 계획은 꼭 ⓜ성공할 것이다.

**04** 이 글의 내용으로 알맞은 것은 무엇입니까?　(　　　)

① 닉은 4학년이다.
② 닉의 친구들은 닉의 계획을 반대했다.
③ 닉과 친구들은 크레파스로 서약서에 서명했다.
④ 닉은 혼자서만 펜을 프린들이라고 부르기로 했다.
⑤ 펜을 프린들이라고 부르기로 정한 사람은 닉이다.

**05** 다음은 ⊙~ⓜ 중 어떤 낱말의 뜻을 짐작한 것인지 기호를 쓰시오.

이 낱말 대신 '약속'이란 낱말을 넣어서 문장을 다시 읽어 보니 뜻이 잘 통하는 것 같아. 그래서 이 낱말은 '약속'과 비슷한 의미를 가지고 있는 낱말이라고 생각해.

(　　　　　)

**[06~07]** 다음 글을 읽고, 물음에 답하시오.

석주명이 나비를 채집하려고 지리산에 갔을 때의 일입니다. 저만치 흑갈색 바탕 위에 흰무늬가 있는 날개를 단 나비가 눈에 띄었습니다.

'처음 보는 나비인데……..'

석주명은 숨을 죽인 채 살금살금 다가갔습니다. 그 순간 나비는 팔랑거리며 날아가 버렸습니다.

'저것은 지금까지 발견하지 못한 나비야.'

나비가 나는 모습만 보아도 암컷인지 수컷인지 알 수 있는 석주명이었습니다. 그는 가슴이 두근거렸습니다.

나비는 잡힐 듯 잡힐 듯 하면서도 계속 날아갔습니다. 석주명은 있는 힘을 다해 나비를 뒤쫓았으나 나비는 어디론가 사라져 버렸습니다.

'어떻게 해서든지 저 나비를 꼭 잡아야 해.'

석주명은 나비를 찾으려고 풀숲도 헤쳐 보고 나뭇가지도 흔들어 보며 온 산을 헤매고 다녔습니다. 여기저기 부딪쳐 멍이 들고 나뭇가지에 살갗이 긁혀 피가 흘렀습니다.

그러기를 여러 시간, 그는 마침내 나비를 잡을 수 있었습니다. 우리나라에서는 처음 발견한 나비였습니다. 석주명은 이 나비한테 '지리산팔랑나비'라는 이름을 붙였습니다.

**06** 석주명이 처음 보는 나비한테 붙인 이름은 무엇인지 쓰시오.

( )

**07** 이 글을 읽고 석주명에 대해 잘못 짐작한 것은 어느 것입니까? ( )

① 끈기 있는 성격이다.

② 나비에 대해서 잘 알고 있다.

③ 나비 연구를 위해 직접 나비를 채집한다.

④ 높은 산의 정상에 오르는 것을 좋아한다.

⑤ 새로운 나비를 찾는 것을 중요하게 생각한다.

**[08~10]** 다음 글을 읽고, 물음에 답하시오.

우리나라로 돌아온 석주명은 마음을 굳게 먹고 나비 ㉠<u>연구</u>를 시작했습니다. 밥 먹는 시간도 아까워서 길을 걸으며 땅콩을 먹었고, 새벽 두 시 전에는 결코 잠자리에 들지 않았습니다. 언제 어디에서나 오직 나비만을 생각하며 연구에 몰두했습니다.

십 년이라는 세월이 흘렀습니다. 그러던 어느 날, 석주명은 편지 한 통을 받았습니다.

> 석주명 선생님께
> 조선에 있는 모든 나비를 연구해 책으로 써 주십시오.
> 영국왕립아시아학회

석주명은 책을 쓰기로 했습니다. 그는 이 책을 쓰려고 나비를 수만 마리나 모으며 온갖 정성을 쏟았습니다. 그리고 일본 학자들이 우리나라 나비에 대해 잘못 쓴 부분들을 찾아내 바로잡았습니다. 이렇게 하여 석주명은 우리나라에 사는 나비에 대한 책을 완성해 영국왕립도서관으로 보냈습니다.

이렇듯 석주명은 나비를 연구하는 데 온 힘을 다했습니다. 그는 무려 나비 75만여 마리를 모았습니다. 그리고 일본어로 된 나비 이름을 '수노랑나비', '유리창나비'와 같은 우리말 이름으로 바꾸어 붙였습니다.

**08** ㉠의 뜻으로 알맞은 것에 ○표 하시오.

(1) 어떤 일이나 사람을 기억함. ( )

(2) 어떤 일을 깊이 있게 조사하고 생각함. ( )

**09** 석주명이 한 훌륭한 일을 한 가지 쓰시오.

( )

**서술형**

**10** 우리나라에 사는 나비에 대한 책을 완성했을 때 석주명은 어떤 마음이었을지 짐작해 쓰시오.

**01** 다음 안내문에 있는 낱말을 국어사전에서 찾아보았습니다. 뜻에 알맞은 낱말을 찾아 쓰시오.

> **수영 금지 안내문**
> ○○ 폭포는 수심이 매우 깊어서 물에 빠질 경우 사고가 발생할 수 있는 장소이므로 수영이나 물놀이를 삼가 주시기 바랍니다.

> 어떤 일이나 물건이 생겨남.

(         )

**02** 다음 글의 밑줄 친 낱말과 바꾸어 쓸 수 있는 낱말이 <u>아닌</u> 것은 무엇입니까? (    )

> 다람쥐처럼 쥐 무리에 속하는 동물들은 이빨이 계속해서 자란다고 해요. 그렇기 때문에 이빨을 <u>닳게</u> 하려고 쉬지 않고 나무를 쏠거나 딱딱한 열매를 갉아 먹는 것이죠.

① 빛나게     ② 짧아지게     ③ 줄어들게
④ 작아지게     ⑤ 길어지지 않게

**[03~04]** 다음 글을 읽고 물음에 답하시오.

> "뭘 달라고?" / "프린들요."
> 닉은 아주머니 뒤쪽 ㉠ <u>선반</u>에 있는 볼펜을 가리켰다.
> "까만색으로요."
> 아주머니는 닉에게 볼펜을 주었다. 닉은 아주머니에게 45센트를 건네주고는 "안녕히 계세요." 하고 인사한 뒤 가게를 나섰다.
> 엿새 뒤, 재닛이 그 계산대 앞에 서 있었다. 똑같은 가게, 똑같은 아주머니였다. 그 전날은 존이 다녀갔고, 그 전날은 피트가, 그 전날은 크리스가, 그 전날은 데이브가 다녀갔다. 재닛은 닉의 부탁을 받고 프린들을 사러 온 다섯 번째 아이였다.

**03** 이 글을 읽고 짐작할 수 있는 내용은 무엇입니까?
(      )

① 프린들은 볼펜을 의미한다.
② 닉의 친구들은 닉을 도와주지 않았다.
③ 아주머니는 닉에게 볼펜을 공짜로 주었다.
④ 닉은 아주머니에게 프린들의 뜻을 말해 주었다.
⑤ 닉의 친구들은 여러 가게로 가서 펜을 프린들이라고 말했다.

**04** ㉠의 뜻으로 알맞은 것은 무엇입니까? (      )

① 뜻밖에 일어난 불행한 일.
② 동글납작하거나 네모난 넓은 그릇.
③ 물건을 얹어 두기 위해 벽에 단 나무판.
④ 상점 등에서 계산을 하기 위해 마련한 대.
⑤ 차나 커피 따위의 음료를 따라 마시는 데 쓰는 작은 그릇.

**05** 다음은 글을 읽으며 생략된 내용을 짐작하는 방법을 설명한 내용입니다. ㉠과 ㉡에 들어갈 알맞은 낱말은 무엇입니까? (      )

> • 글에서 찾을 수 있는  ㉠  를/을 확인한다.
> • 자신의  ㉡  를/을 떠올린다.

① ㉠: 단서, ㉡: 문제
② ㉠: 문제, ㉡: 경험
③ ㉠: 단서, ㉡: 경험
④ ㉠: 경험, ㉡: 단서
⑤ ㉠: 문제, ㉡: 정보

**[06~07]** 다음 글을 읽고, 물음에 답하시오.

그런데 그때는 우리나라가 일본에 나라를 빼앗긴 시대였습니다. 석주명은 독립운동가들을 도와주시는 아버지의 모습을 보며 자랐습니다. 어린 나이에 석주명은 3·1 운동에도 참가했습니다.

석주명이 나비를 연구하기로 마음먹은 것은 일본에서 공부하던 스물한 살 때였습니다. 석주명에게 일본인 선생님이 말했습니다.

"조선에서는 아직 나비에 대한 연구가 제대로 되어 있지 않아. 나비를 연구해 보게. 자네가 십 년 동안 끊임없이 연구한다면 세계에서 알아주는 나비 박사가 될 수 있을 걸세."

석주명은 선생님 말씀을 듣고 결심했습니다.

'그렇다. 나도 무엇인가를 해야 한다. 먼저 나는 우리나라 나비를 연구할 것이다. 아무도 하지 않은 이 일을 내가 반드시 해내고야 말리라.'

우리나라로 돌아온 석주명은 마음을 굳게 먹고 나비 연구를 시작했습니다. 밥 먹는 시간도 아까워서 길을 걸으며 땅콩을 먹었고, 새벽 두 시 전에는 결코 잠자리에 들지 않았습니다. 언제 어디에서나 오직 나비만을 생각하며 연구에 몰두했습니다.

**06** 이 글에서 짐작할 수 있는 우리나라의 상황은 무엇입니까? ( )

① 일본이 우리나라를 빼앗았다.
② 아무도 독립운동가를 도와주지 않았다.
③ 어린이는 3·1 운동에 참여하지 못했다.
④ 어린이가 뛰어놀지 못하는 상황이었다.
⑤ 우리나라에 나비를 제대로 연구하는 사람이 많았다.

**서술형**
**07** 이 글에서 짐작할 수 있는 석주명의 성격을 쓰시오.

_____

**국어 활동**

**[08~10]** 다음 글을 읽고, 물음에 답하시오.

어떻게 그렇게 튼튼하게 붙어 있는지 담쟁이덩굴의 줄기를 들여다볼까요? 아니! 그런데 줄기에 돋아난 짧은 것이 줄기에서 나와 벽에 착 달라붙어 있네요. 마치 문어 다리에 있는 흡반처럼 생긴 것이 담쟁이덩굴을 착 붙어 있게 해 주네요. 흡반처럼 생긴 이것은 놀랍게도 담쟁이덩굴 ㉠ 뿌리랍니다.

담쟁이덩굴 뿌리는 줄기에서 나와 벽에 달라붙어 있어요. 벽에 착 달라붙는 뿌리 덕분에 담쟁이덩굴은 아무리 높은 벽도 쉽게 올라갈 수 있지요. 높은 벽을 타고 척척 뻗어 나가는 모습은 ㉡ 감탄 그 자체지요. 스파이더맨 따위는 부럽지 않을 정도랍니다.

이처럼 다른 것에 달라붙기 위해 ㉢ 줄기의 군데군데에서 나오는 뿌리를 부착 뿌리라고 해요. 다른 ㉣ 나무를 타고 올라가 사는 송악도 부착 뿌리를 가지고 있답니다. 부착 뿌리는 줄기에 힘이 없어서 혼자서는 똑바로 서지 못하는 식물들에 꼭 필요한 강력 ㉤ 접착제예요.

**08** 빈칸에 알맞은 낱말을 넣어 문장을 완성하시오.

담쟁이덩굴은 ( ) 덕분에 벽에 달라붙을 수 있다.

**09** 송악에 대해 알맞게 말한 것은 무엇입니까? ( )

① 잎에 흡반이 있다.
② 땅에 달라붙어서 자란다.
③ 부착 뿌리를 가지고 있다.
④ 혼자서 똑바로 설 수 있다.
⑤ 나뭇잎에서 접착제가 나온다.

**10** ㉠~㉤ 중 다음 낱말 뜻을 가진 것의 기호를 쓰시오.

두 물체를 서로 붙이는 데 쓰는 물질.

( )

**[01~02]** 다음 글을 읽고, 물음에 답하시오.

> 초희: 덕무야, 이 책 읽어 봤니? 진짜 재미있던데.
> 덕무: 그럼! 두 권 다 감동을 받은 책이지.
> 초희: 『훨훨 간다』에서 농부가 황새를 보고 이야기를 만드는 장면을 생각하니 웃음이 나왔어.
> 덕무: 맞아. "기웃기웃 살핀다.", "콕 집어 먹는다." 라는 말을 소리 내어 읽어 보면 더 ⬚ ㉠ ⬚.

**01** ㉠에 알맞은 내용을 골라 ○표 하시오.

> 슬퍼    재미있어    화나

**02** 책을 소개할 때 들어가면 좋은 내용이 <u>아닌</u> 것은 무엇입니까? ( )

① 줄거리
② 책의 제목
③ 책을 산 날짜
④ 책을 소개하는 까닭
⑤ 책에서 재미있었던 부분

**03** 책을 소개할 때 주의할 점으로 가장 알맞은 것은 무엇입니까? ( )

① 최대한 자세하게 모든 내용을 소개한다.
② 출판사, 책 분량은 반드시 소개해야 한다.
③ 자신이 혼자 이해할 수 있는 말로 이야기한다.
④ 책에서 재미나 감동을 느낀 까닭을 함께 이야기한다.
⑤ 듣는 사람이 흥미를 느낄 수 있도록 책의 제목은 비밀로 한다.

**[04~05]** 다음 시를 읽고, 물음에 답하시오.

> 친구의 우산을 함께 쓰고 왔다.
>
> 미안해서
> ㉠ 내가 비를 더 맞으려고
> 어깨를 우산 밖으로 내놓으면
> ㉡ 친구가 우산을 내 쪽으로
> 더 기울여 주었다.
>
> 빗속을
> 우리는 나란히 걸었다.
>
> 좁은 길에선 일부러
> 내가 빗물 고인 자리를 디뎠다.
> 그걸 알았는지 친구는 나를
> 제 쪽으로 가만히 당겨 주는 것이었다.

**04** ㉠과 ㉡에서 공통으로 느껴지는 인물의 마음은 무엇입니까? ( )

① 화나는 마음
② 기뻐하는 마음
③ 배려하는 마음
④ 슬퍼하는 마음
⑤ 불쌍히 여기는 마음

**05** 이 시에 등장하는 인물의 마음과 비슷한 자신의 경험을 떠올려 말한 친구는 누구인지 쓰시오.

나는 언니와 함께 우산을 쓴 적이 있어. 팔이 아플까 봐 서로 번갈아서 우산을 들었어.

행화

나는 비 오는 날에 장화를 신고 물웅덩이를 밟으며 신나게 논 적이 있어.

지영

( )

**[06~08]** 다음 글을 읽고, 물음에 답하시오.

은지 옆을 지나자 은지의 생각이 쑥덕쑥덕 들렸어.

'애들이 날 싫어하나 봐. 나한테 말도 잘 안 걸고…… . 친구들이 함께 놀자고 하면 얼마나 좋을까?'

㉠ 은지의 고민을 알자 만복이는 그냥 지나칠 수가 없었어. 만복이는 은지한테 먼저 다가가서 말을 걸어 주었어.

선생님 곁을 지날 때도 선생님의 고민이 쑥덕쑥덕 들렸어.

'평소처럼 바지를 입고 올걸, 괜히 치마를 입었나? 오늘따라 화장도 이상한 것 같고…… . 저녁에 데이트가 있는데 어쩌지?'

만복이는 선생님한테 조용히 다가가서 말했어.

"선생님은 [ ㉡ ]"

선생님은 기분이 좋은지 싱글벙글 웃었어.

**06** ㉠처럼 행동한 까닭은 무엇입니까? ( )

① 은지를 놀리고 싶어서
② 은지를 좋아하기 때문에
③ 은지를 도와주고 싶어서
④ 은지가 평소에 인기가 많아서
⑤ 은지에게 어려운 부탁을 하려고

**07** ㉡에 들어갈 만복이의 말로 가장 알맞은 것에 ○표 하시오.

(1) 평소보다 얼굴이 어두워 보여요. ( )
(2) 바지도 잘 어울리지만, 치마도 잘 어울려요. ( )

서술형

**08** 이 글에서 재미있거나 감동을 받은 부분과 그 까닭을 쓰시오.

| 재미있거나 감동받은 부분 | |
|---|---|
| 까닭 | |

국어 활동

**[09~10]** 다음 글을 읽고, 물음에 답하시오.

(가) 이튿날 아침에 해가 동녘에서 불끈 솟아오르면 또

'그래, 오늘은 누가 꼭 와 주겠지!'

라고 생각했습니다. ㉠ 바위나리는 이렇게 며칠 동안 날마다 노래를 부르면서 친구가 오기를 기다렸지만, 찾아오는 친구는 아무도 없었습니다. 바위나리는 큰 소리로 울었습니다.

그런데 이상하게도 이 울음소리가 밤이면 남쪽 하늘에 맨 먼저 뜨는 아기별의 귀에 들렸습니다. 아기별은 이 울음소리를 듣고 깜짝 놀랐습니다.

'누가 이렇게 슬프게 울까? 내가 가서 달래 주어야겠다.'

(나) "왜 울어요?"

바위나리는 깜짝 놀랐습니다. 돌아다보니 아름다운 별님이 아니겠습니까? ㉡ 바위나리는 어찌나 좋은지 어쩔 줄을 모르고 이리저리 몸을 흔들며 외쳤습니다.

"별님! 별님!"

잠깐 동안만 달래 주고 돌아가려던 아기별은 바위나리를 보자 더 오래 같이 놀고 싶었습니다.

**09** ㉠과 ㉡에서 짐작할 수 있는 인물의 마음으로 알맞은 것을 선으로 이으시오.

(1) ㉠ •        • ㉮ 신남

(2) ㉡ •        • ㉯ 외로움

서술형

**10** 이 글에서 재미있거나 감동을 느낀 부분을 찾아 쓰시오.

_____

_____

**01** 친구들과 읽은 책을 서로 소개할 때 좋은 점이 아닌 것은 무엇입니까? ( )
① 친구들이 소개한 책을 반드시 읽어야 한다.
② 친구들이 소개한 책을 찾아서 읽을 수 있다.
③ 책을 읽었을 때의 감동을 다시 느낄 수 있다.
④ 책을 소개하며 읽은 내용을 다시 떠올릴 수 있다.
⑤ 혼자 읽었을 때 이해가 되지 않는 부분도 이해할 수 있다.

[02~03] 다음 시를 읽고, 물음에 답하시오.

> ㉠ 빗속을
> 우리는 나란히 걸었다.
>
> ㉡ 좁은 길에선 일부러
> 내가 빗물 고인 자리를 디뎠다.
> 그걸 알았는지 친구는 나를
> 제 쪽으로 가만히 당겨 주는 것이었다.

**02** 이 시를 읽은 생각이나 느낌을 알맞게 말한 친구는 누구인지 쓰시오.

> 예빈: '내'가 친구와 물을 튀기며 장난치는 장면이 재미있었어.
> 규리: '나'와 친구가 서로를 위해 배려해 주는 모습이 감동적이야.
> 나단: 좁은 길에서 일부러 빗물 고인 자리를 피하는 '나'의 모습이 감동적이야.

( )

**03** 다음 감동을 느낀 까닭을 보고, ㉠과 ㉡ 중 감동을 느낀 부분은 무엇인지 기호를 쓰시오.

> 친구의 발이 젖을까 봐 배려하는 행동을 한 글쓴이의 모습이 멋있게 느껴졌다.

( )

[04~05] 다음 글을 읽고, 물음에 답하시오.

(가) 걸핏하면 친구들과 싸워서 욕쟁이, 깡패, 심술쟁이로 이름난 만복이. 어느 날, 만복이는 하굣길에 '만복이네 떡집'이라는 신기한 떡집을 발견한다. 주인이 없는 떡집에서 '입에 척 들러붙어 말을 못 하게 되는 찹쌀떡'을 먹은 만복이는 온종일 나쁜 말을 안 해서 주변 사람들한테 칭찬을 받는다.

(나) 만복이는 학교가 끝나자마자 또다시 '만복이네 떡집'으로 달려갔어. 그러고는 무지개떡을 한입에 꿀꺽 삼켰지. 무지개떡은 아주 구수하고 신비롭고 독특한 맛이었어. 지금까지 먹어 본 떡하고는 많이 달랐어. 무지개떡을 먹자 저절로 재미있는 이야기들이 머릿속에 몽실몽실 떠올랐어. ㉠만복이는 자꾸 이야기를 하고 싶어서 입이 간질간질했어.

**04** ㉠에서 만복이의 입이 간질간질했던 까닭은 무엇입니까? ( )
① 입에 모기가 물려 간지러워서
② 온종일 나쁜 말을 하지 않아서
③ 주변 사람들에게 칭찬을 해 주고 싶어서
④ 맛있는 무지개떡을 먹은 것을 자랑하고 싶어서
⑤ 재미있는 이야기를 친구들에게 들려주고 싶어서

**서술형**

**05** '만복이네 떡집'에 있는 떡 중에 자신이 먹고 싶은 신기한 떡을 골라 ○표 하고, 그 까닭을 쓰시오.

| 먹고 싶은 신기한 떡 | ( 찹쌀떡 / 무지개떡 ) |
|---|---|
| 까닭 | |

## [06~09] 다음 글을 읽고, 물음에 답하시오.

(가) 다음 날은 친구들의 생각을 엿들을 수 있었어. 동환이 옆을 지나자 동환이의 생각이 쑥덕쑥덕 들렸어.
'아이참, 왜 자꾸 방귀가 나오지? 아침에 고구마를 너무 많이 먹었나? 앗! 또 나오려고 한다. 이키.'
만복이는 코를 막고 키득키득 웃었어. 그러자 동환이가 만복이의 눈치를 살폈어.
㉠ '어, 만복이가 눈치챘나? 분명히 친구들한테 다 소문낼 거야. 어떻게 하지?'
㉡ 만복이는 입이 간질간질한 걸 꾹 참았어. 다른 때 같으면 방귀쟁이라고 여기저기 떠벌리고 다녔을 거야. 하지만 부끄러워하는 동환이의 마음을 알자 그러고 싶은 마음이 싹 사라졌어.

(나) 초연이 옆을 지날 때는
'예전에는 만복이가 정말 싫었는데, 요즘에는 만복이가 좋아진단 말이야. 만복이도 나를 좋아할까?'
하는 소리가 들렸어. 만복이는 기분이 좋아서 하늘로 붕붕 날아오를 것 같았어.
"초연아, 나도 네가 좋아."
만복이는 다른 친구들한테 들리지 않게 작은 소리로 말했어. 만복이의 이야기를 들은 초연이의 얼굴이 사과처럼 아주 빨개졌지 뭐야.

### 06 만복이에게 생긴 일은 무엇입니까? ( )
① 다른 사람의 생각이 들렸다.
② 다른 사람이 보이지 않았다.
③ 재미있는 이야기가 생각났다.
④ 다른 사람과 말을 하지 못했다.
⑤ 다른 사람의 생각을 알지 못했다.

### 07 ㉠에서 느낄 수 있는 마음은 무엇입니까?
( )
① 기쁨                  ② 즐거움
③ 샘이 남              ④ 약이 오름
⑤ 걱정스러움

### 08 ㉡에서 만복이가 입이 간질간질한 것을 꾹 참은 까닭은 무엇입니까? ( )
① 만복이도 방귀를 뀌고 싶어서
② 코를 막고 웃는 데 집중하느라
③ 동환이가 또 방귀를 뀌면 놀리려고
④ 부끄러워하는 동환이의 마음을 알아차려서
⑤ 동환이에게 귓속말로 부끄럼쟁이라고 부르려고

### ☆☆☆ 09 이 이야기를 읽고 재미나 감동을 느낀 부분을 알맞게 이야기한 친구는 누구인지 쓰시오.

> 고은: 만복이가 동환이의 생각을 듣고 '방귀쟁이'라고 놀린 모습이 재미있었어.
> 정호: 초연이가 만복이를 좋아하는 마음을 배려해서 초연이에게 작은 소리로 이야기하는 만복이의 모습이 감동적이었어.

( )

### 10 다음 그림은 어떤 방법으로 독서 잔치 활동을 하는 모습입니까? ( )

① 책 표지 꾸미기
② 책 속 인물 초청하기
③ 친구에게 책 읽어 주기
④ 시와 그림으로 표현하기
⑤ 책을 읽고 문제 알아맞히기

**01** 고장에 대한 설명으로 알맞지 <u>않은</u> 것은 어느 것입니까? ( )

① 일상생활이 이루어지는 곳이다.
② 사람들이 모여 사는 곳을 말한다.
③ 산, 하천, 도서관 등 다양한 것들이 있다.
④ 지역에서 열리는 축제는 고장의 장소에 해당한다.
⑤ 여러 가지 감각으로 우리 고장을 떠올려 볼 수 있다.

**02** 자연과 관련 있는 우리 고장의 지형지물은 무엇입니까? ( )

① 하천　　　　　② 시장
③ 도서관　　　　④ 소방서
⑤ 주민 센터

**03** 우리 고장의 여러 장소에 대해 바르게 말한 사람은 누구인지 쓰시오.

> 미영: 우리 고장에는 사람들이 모이는 장소가 없어.
> 한수: 같은 장소라도 경험이 다르면 생각이나 느낌이 다를 수 있어.
> 주영: 친구들과 이야기했을 때 장소에 대한 느낌은 모두 똑같아.

( )

**04** 다음 내용을 보고, 민수가 그린 우리 고장의 심상 지도로 가장 어울리는 것을 골라 기호를 쓰시오.

난 우리 고장의 장소 중에서 내가 자주 가는 장소인 학교, 도서관을 중심으로 그림을 표현했어.
민수

ㄱ

ㄴ

( )

**05** 우리 고장의 모습을 심상 지도로 나타낼 때, 주제를 잘못 정한 사람은 누구입니까? ( )

① 희태: 내가 잘 아는 장소를 그릴거야.
② 미정: 내가 주로 가는 곳을 그릴 거야.
③ 종문: 내가 좋아하는 장소를 그릴 거야.
④ 희수: 내가 알리고 싶은 장소를 그릴 거야.
⑤ 연주: 내가 상상한 미래의 고장을 그릴 거야.

**06** 내가 그린 고장의 모습과 친구가 그린 고장의 모습을 비교할 때 질문할 내용으로 알맞지 <u>않은</u> 것은 어느 것입니까? ( )

① 장소의 가격은 어떻게 다른가요?
② 장소의 위치는 어떻게 다른가요?
③ 장소의 크기는 어떻게 다른가요?
④ 장소의 모양은 어떻게 다른가요?
⑤ 두 그림에 공통으로 있는 장소는 어디인가요?

[07~09] 다음은 디지털 영상 지도와 주요 장소가 표시된 지도입니다. 물음에 답하시오.

(가)

(나)

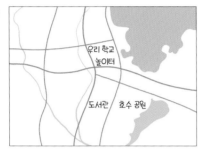

**07** (가), (나)를 통해 알 수 있는 이 고장의 특징으로 알맞은 것은 어느 것입니까? (　　)

① 교통이 불편한 지역이다.
② 산으로 둘러싸인 지역이다.
③ 사람이 살지 않는 지역이다.
④ 도서관은 호수 공원 옆에 있다.
⑤ 놀이터는 우리 학교 위쪽에 있다.

**08** (나)와 같은 지도를 무엇이라고 합니까? (　　)

① 백지도　　　　② 지형지물
③ 심상 지도　　　④ 고장의 안내도
⑤ 디지털 영상 지도

**서술형**

**09** (가), (나) 지도의 차이점은 무엇인지 쓰시오.

_____

_____

☆☆☆
**10** 디지털 영상 지도에 대한 설명으로 알맞은 것은 어느 것입니까? (　　)

① 확대와 축소 기능이 없다.
② 컴퓨터로 편리하게 이용할 수 있다.
③ 고장의 실제 모습을 살펴보기 어렵다.
④ 산, 하천, 철길 등 밑그림만 그려져 있다.
⑤ 우리 고장의 역사를 생생하게 볼 수 있다.

[11~12] 다음은 우리 고장을 다른 사람에게 소개하는 안내 지도를 만드는 과정에서 나눈 대화입니다. 물음에 답하시오.

> 민주: 우리 고장을 대표할 수 있는 자랑거리를 소개하려고 해. 우리 고장의 유명한 관광지를 백지도에 표시하고 사진을 넣을 거야.
> 지성: 아니야, 틀렸어. 안내 지도에는 우리 고장의 산, 하천, 주요 건물들을 소개해야지.

**서술형**

**11** 고장의 안내 지도를 만들면서 친구들과 이야기할 때 가져야 할 바람직한 태도는 무엇인지 쓰시오.

_____

_____

☆☆☆
**12** 우리 고장의 안내 지도를 만들기 위해 정보를 수집하는 방법으로 알맞지 <u>않은</u> 것은 어느 것입니까? (　　)

① 답사하기
② 고장 어른과 면담하기
③ 고장 안내 책자 살펴보기
④ 다른 고장의 주요 장소 살펴보기
⑤ 시 · 군 · 구청 누리집에서 찾아보기

**01** 다음 설명에 해당하는 우리 고장의 장소는 어디입니까? ( )

> 먹을거리와 볼거리가 많고 물건을 사고파는 곳

① 학교     ② 시장     ③ 소방서
④ 경찰서     ⑤ 주민 센터

**[02~03]** 다음은 고장의 모습을 그린 것입니다. 그림을 보고 물음에 답하시오.

△ 석희의 그림       △ 민재의 그림

**02** 다음에서 설명하는 장소를 찾아 쓰시오.

> 석희와 민재의 그림을 보고 아래 글을 읽어 보면 내가 어디에 있는지 알 수 있을 거야.
> • 석희와 민재 모두 이 장소를 그렸어.
> • 석희의 그림에서 이곳은 학교와 가까워.
> • 이곳은 책을 빌릴 수 있고, 주로 책과 관련된 행사를 진행하는 곳이야.

( )

**03** 석희와 민재의 그림을 비교하는 방법으로 알맞지 않은 것은 어느 것입니까? ( )

① 한 친구의 그림에만 있는 것은 무엇인가요?
② 두 친구가 그린 장소의 가격은 어떠한가요?
③ 두 친구가 그린 장소의 모양은 어떠한가요?
④ 두 친구가 그린 장소의 위치는 어떠한가요?
⑤ 두 친구의 그림에 모두 있는 장소는 어디인가요?

**04** 다음 빈칸에 들어갈 알맞은 말은 어느 것입니까? ( )

> 고장에 대한 생각과 느낌은 각자의 경험에 따라 다를 수 있다. 따라서 고장에 대한 서로 다른 생각과 느낌을 ( )하는 태도가 중요하다.

① 무시     ② 존중     ③ 차별
④ 통제     ⑤ 강요

**05** 심상 지도를 그리려고 할 때 알맞지 않은 것은 어느 것입니까? ( )

① 자주 찾는 장소를 그린다.
② 알리고 싶은 장소를 그린다.
③ 새롭게 달라진 장소를 그린다.
④ 자신이 잘 아는 장소를 그린다.
⑤ 모르는 장소를 상상해서 그린다.

**06** 우리 고장의 장소에 관한 설명으로 알맞지 않은 것은 어느 것입니까? ( )

① 우리 고장에는 여러 장소가 있다.
② 고장이란 사람들이 모여 사는 곳을 말한다.
③ 내가 가 보지 못한 곳은 장소라고 할 수 없다.
④ 우리 고장에는 내가 가 보지 못한 장소도 있다.
⑤ 친구들이 장소에 대해 가지고 있는 기억은 다양하다.

[07~08] 다음을 보고, 물음에 답하시오.

(가)                    (나)

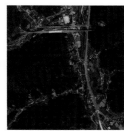
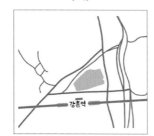

🔺 강촌역 디지털 영상 지도

**07** 위의 (가)와 같은 디지털 영상 지도로 알 수 있는 것을 두 가지 고르시오. ( ， )
① 날씨
② 시간
③ 고장의 역사
④ 고장의 모습
⑤ 산, 강, 하천의 위치

**08** 위의 (나)와 같은 지도를 무엇이라고 하는지 쓰시오.
( )

[09~10] 다음은 수정이네 모둠이 주제에 따라 떠올린 고장의 지형지물입니다. 물음에 답하시오.

버스 터미널, 기차역, 여객선 터미널

**서술형**

**09** 수정이네 모둠이 찾은 지형지물로 보아, 수정이네 모둠이 정한 주제가 무엇인지 쓰시오.

_____

_____

**10** 수정이네 모둠은 주제에 맞는 지형지물을 더 찾으려고 합니다. 알맞은 것은 무엇입니까? ( )
① 병원          ② 시장
③ 학교          ④ 공항
⑤ 하천

**11** 백지도에 우리 고장의 주요 장소를 나타내는 방법으로 알맞은 것은 어느 것입니까? ( )
① 자연의 모습만 나타낸다.
② 장소의 이름은 쓰지 않는다.
③ 우리 고장의 모든 장소를 나타낸다.
④ 고장의 주요 장소를 다양하게 표시한다.
⑤ 건물 모습을 실제와 동일하게 그려야 한다.

**서술형**

**12** 고장에서 소개할 만한 장소를 찾기 위해 정보를 수집하는 방법을 한 가지 이상 쓰시오.

_____

_____

사
회

**[01~02]** 지아는 학급 친구들과 함께 고장의 지도를 보며 조사 계획을 세우려고 합니다. 물음에 답하시오.

▲ 서울특별시 강서구

**01** 지아가 고장의 옛이야기를 조사하는 과정을 순서대로 기호를 쓰시오.

> ㉠ 조사할 주제를 정한다.
> ㉡ 조사할 내용과 방법을 정한다.
> ㉢ 조사한 것을 보고서로 정리한다.
> ㉣ 고장의 장소를 방문하여 옛이야기를 조사한다.

( → → → )

**02** 위 지도에서 고장의 인물과 관련된 옛이야기를 알기 위해 적절한 장소를 골라 기호를 쓰시오.

( )

**03** 고장의 옛이야기를 조사하는 방법을 알맞게 말한 사람을 두 명 고르시오. ( , )
① 민재: 옆반 친구들에게 물어보자.
② 재민: 외국의 박물관에 가서 알아보자.
③ 주하: 구청 누리집에 들어가서 찾아보자.
④ 인호: 옛이야기와 관련된 장소에 직접 가 보자.
⑤ 승아: 높은 곳에 올라가서 고장을 내려다보면 돼.

**서술형**

**04** 다음과 같은 조사 방법의 장점은 무엇인지 쓰시오.

> 우리 고장의 옛이야기를 조사하기 위해 고장에 오래 사신 분이나 고장에 대해 잘 알고 있는 분을 찾아가서 여쭈어본다.

_____

_____

**05** 다음 옛이야기를 통해 알 수 있는 것은 무엇입니까? ( )

> 아주 먼 옛날 금강산에서 바위 경연 대회가 있었습니다. 울산바위가 울산에서부터 걸어 올라오다가 설악산에서 잠시 쉬어 가게 되었습니다. 그런데 바위 경연 대회가 열리는 날까지도 설악산에서 금강산으로 가지 못하였고, 이렇게 해서 울산바위는 오도 가도 못하고 설악산에 눌러앉게 되었습니다.

① 고사성어 ② 고장의 날씨
③ 고장의 위치 ④ 지명의 유래
⑤ 고장 사람들의 취미

**06** 다음 ( ) 안에 들어갈 알맞은 말은 무엇입니까? ( )

> 경기도 남양주시에는 '다산'이라는 이름의 건물, 도로 등이 눈에 띄게 많다. '다산'은 이곳에서 태어난 조선의 뛰어난 학자인 정약용의 호이다. 이처럼 지명이나 명칭의 ( )은(는) 그 지역과 관련된 사람의 이름과 관련이 있다.

① 속담 ② 노래 ③ 유래
④ 교통 ⑤ 고사성어

**[07~08]** 다음은 우리나라의 만 원권 화폐와 화폐에 새겨진 문화유산입니다.

⬥ 만 원 지폐 앞뒤

보기

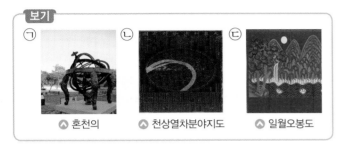

ⓐ 혼천의    ⓐ 천상열차분야지도    ⓐ 일월오봉도

**07** 위 보기의 문화유산 중 다음 설명과 관련이 있는 것을 골라 기호를 쓰시오.

• 별자리의 각도를 측정하는 기계로, 천체의 위치를 관측할 때 이용하였다.
• 세종 15년(1433)에 이천, 장영실, 김빈 같은 과학자들이 만들었다는 기록이 전해진다.

(                    )

☆☆☆
서술형
**08** 위 자료를 문화유산이라고 부를 수 있는 이유는 무엇인지 간단히 쓰시오.

_____

_____

**09** 오른쪽 그림과 관련된 문화유산 소개 방법은 무엇인지 쓰시오.

(            )

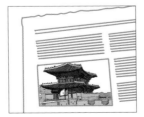

**10** 다음 (    ) 안에 공통으로 들어갈 문화유산은 어느 것입니까?                    (            )

(    )에는 가난한 백성이 못된 양반을 혼내거나 비웃는 내용이 많이 나온다. 백성들은 이런 (    )을(를) 보면서 가슴속에 맺힌 불만이나 한을 시원하게 풀어냈다.

① 탈춤          ② 판소리
③ 숭례문        ④ 석굴암
⑤ 남한산성

**11** 다음 문화유산에 대한 설명으로 알맞지 <u>않은</u> 것은 어느 것입니까?                    (            )

ⓐ 농요와 농악

① 농촌에서 부르던 노래이다.
② 농사일의 힘듦을 잊을 수 있었다.
③ 왕이 행차할 때 부르거나 연주하였다.
④ 농사를 지을 때 흥을 돋우기 위해 연주하였다.
⑤ 꽹과리, 북, 장구 등의 악기를 연주하기도 했다.

**12** 다음 중 답사의 방법으로 문화유산을 조사한 사람은 누구입니까?                    (            )
① 승아: 고궁을 찾아갔어.
② 인호: 부모님께 여쭈어보았어.
③ 라임: 박물관 누리집을 방문했어.
④ 지아: 문화유산 안내도를 살펴봤어.
⑤ 재민: 문화재청 누리집을 방문했어.

사
회

**01** 우리 고장의 지명에 얽힌 이야기를 알 수 있는 자료로 알맞지 <u>않은</u> 것은 어느 것입니까? (        )

① 속담
② 도로명
③ 옛이야기
④ 아파트 동 수
⑤ 전해 내려오는 노래

**02** 우리 고장의 옛이야기를 조사하는 방법으로 알맞지 <u>않은</u> 것은 어느 것입니까? (        )

① 도로명의 유래를 찾아본다.
② 최근에 지어진 건물을 방문한다.
③ 고장의 역사가 담긴 공원을 찾아본다.
④ 고장의 산이나 강 등의 이름이 생겨난 유래를 찾아본다.
⑤ 시청이나 구청, 군청 등의 누리집을 통해 필요한 정보를 찾아본다.

**03** 고장의 옛이야기를 조사한 후 작성하는 조사 보고서에 들어갈 내용으로 알맞지 <u>않은</u> 것은 어느 것입니까? (        )

① 옆 고장의 발전 계획
② 고장에서 오래된 곳에 얽힌 이야기
③ 고장의 하천이나 산과 관련된 노래
④ 고장의 하천이나 산과 관련된 이야기
⑤ 지하철역이나 기차역 이름에 얽힌 이야기

[04~06] 다음은 우리 고장의 옛이야기를 소개하기 위해 효담이네 모둠 친구들이 작성한 계획서입니다. 물음에 답하시오.

| 조사 주제 | ㉠ |
|---|---|
| 조사 기간 | 202○년 ○○월 ○○일~△△월 △△일 |
| 조사 장소 | • 우리 고장의 여러 장소<br>• 시·군·구청 누리집 |
| 조사 내용 | • 우리 고장에는 어떤 지명들이 있을까?<br>• 우리 고장의 지명은 어떤 유래를 가지고 있을까? |
| 조사 방법 | 모둠 친구들과 역할을 나누어 장소 방문, 누리집 검색, 어른들께 여쭈어보기 등 |
| 준비물 | 스마트폰, 지도 앱, 필기도구, 메모지 등 |
| 조사할 때 주의할 점 | ㉡ |

**04** 다음 (        ) 안에 들어갈 알맞은 말을 위의 표에서 찾아 한 가지를 쓰시오.

> • 효담이네 모둠은 고장의 지명과 유래에 대해 조사하려고 한다.
> • 효담이네 모둠은 역할을 나누어 (        ) 등 다양한 방법으로 조사합니다.

(                    )

**05** 위의 ㉠에 들어갈 조사 계획서의 주제로 알맞은 것은 무엇인지 쓰시오.

(                    )

서술형
**06** 위와 같이 조사 계획서를 작성할 때 ㉡에 들어갈 내용을 한 가지만 쓰시오.

_____

_____

**07** 다음 문화유산 중 유형 문화유산끼리 바르게 짝지어진 것은 무엇입니까? ( )

① 농악, 판소리

② 판소리, 탈춤

③ 경복궁, 다보탑

④ 종묘제례악, 불국사

⑤ 농요와 농악, 가야금 병창

**08** 다음 중 무형 문화유산은 어느 것입니까? ( )

①
⬆ 고려청자

②
⬆ 경복궁

③
⬆ 석굴암

④
⬆ 가야금 병창

**09** 조상들의 생활 모습을 알 수 있는 다음 문화유산은 무엇입니까? ( )

> 튼튼하고 따뜻한 옷을 만들어 입기 위해 두 겹의 천 사이에 솜을 넣어 꿰매는 손바느질이다.

① 김장

② 누비

③ 해녀

④ 한산모시

⑤ 만파식적

**[10~12]** 다음은 우리 고장의 문화유산인 강화도 전등사를 소개하기 위해 작성한 계획서입니다. 전등사의 문화유산으로서의 가치를 생각하며 물음에 답하시오.

| 소개할 문화유산 | 강화 전등사 |
|---|---|
| 소개할 내용 | ㉠ |
| 소개 방법 | 신문 만들기 |
| 준비물 | 도화지, 색연필, 그림, 사진 등 |
| 역할 나누기 | • 승아: 문화 관광 해설사님께 들은 내용을 기사로 쓰고 소개하기<br>• 나진: 전등사 광고 그려 넣기<br>• 승효: 전등사의 아름다움과 우수성을 알리는 기사 쓰기 |

**10** 위의 계획서를 보고 다음과 같이 정리하였습니다. ( ) 안에 알맞은 말을 쓰시오.

(1) 승아네 모둠이 소개할 문화유산은 ( ) 입니다.

(2) 승아네 모둠은 ( ) 만들기의 방법으로 고장의 문화유산을 소개하려 합니다.

**11** 위의 ㉠에 들어갈 알맞은 내용을 간단히 쓰시오.

( )

서술형

**12** 위와 같이 문화유산 소개 계획서를 작성할 때 주의할 점을 한 가지만 쓰시오.

_____

_____

**01** 옛날에 이용하였던 다음 교통수단은 무엇인지 쓰시오.

( )

**02** 옛날 교통수단의 특징에 대해 바르게 말한 사람을 두 명 고르시오. ( , )

① 하람: 환경 오염이 적었어.
② 동일: 사람이나 동물의 힘을 이용했어.
③ 진우: 많은 물건을 한 번에 옮길 수 있었어.
④ 성준: 자연에서 구할 수 없는 재료를 이용했어.
⑤ 나현: 힘이 적게 들고 여러 사람이 같이 이용할 수 있었어.

**03** 다음과 같은 교통수단을 이용하는 때는 언제입니까? ( )

△ 트럭(화물차)

△ 화물 열차

① 섬으로 이동할 때
② 사람을 구조할 때
③ 해외여행을 갈 때
④ 물건을 실어 나를 때
⑤ 높은 곳에 올라 갈 때

**서술형**

**04** 옛날과 비교했을 때 오늘날 교통수단은 어떤 특징이 있는지 한 가지만 쓰시오.

_____

_____

**05** 물에서 이용하는 옛날과 오늘날의 교통수단을 바르게 짝지은 것은 어느 것입니까? ( )

| | 옛날 | 오늘날 |
|---|---|---|
| ① | 가마 | 버스 |
| ② | 가마 | 자동차 |
| ③ | 뗏목 | 유람선 |
| ④ | 뗏목 | 자동차 |
| ⑤ | 뗏목 | 고속 열차 |

**06** 다음과 같은 상황에서 필요한 교통수단은 무엇입니까? ( )

> 농부1: 올해 과일 농사는 아주 성공했네.
> 농부2: 그런데 길이 매우 가파른데 이 많은 사과를 어떻게 옮기면 좋겠나?

① 널배      ② 갯배
③ 카페리      ④ 모노레일
⑤ 사륜구동 택시

**07** 다음 (　　) 안에 들어갈 알맞은 말은 무엇입니까?
( 　　 )

> 옛날에 전쟁을 할 때는 색깔이나 문양으로 암호를 만든 (　　)을/를 하늘에 띄워서 멀리 있는 우리 편 군대에 작전을 알렸다.

① 배 　　　② 풍선 　　　③ 파발
④ 서찰 　　　⑤ 신호 연

**08** 다음 그림을 보고 ㉠, ㉡에 들어갈 알맞은 말을 쓰시오.

> 봉수는 낮에는 (　㉠　)(으)로, 밤에는 (　㉡　)(으)로 소식을 전했다.

㉠: (　　　　　　) ㉡: (　　　　　　　)

**09** 다음 내용과 같은 상황에서 할 수 있는 일로 알맞지 않은 것은 어느 것입니까? ( 　　 )

> 학교에서 조사 숙제를 내주셨다. 그런데 무엇에 대하여 조사해 오라고 했는지 기억이 나지 않았다.

① 친구네 집으로 전화해서 물어본다.
② 파발을 보내 어떤 내용인지 확인한다.
③ 담임 선생님께 문자 메시지를 보내 여쭈어본다.
④ 친구에게 누리 소통망 서비스(SNS)를 이용해 물어본다.
⑤ 인터넷 학급 알림장에 선생님께서 올려 주신 내용을 확인해 본다.

[10~12] 다음 준서네 가족의 생활 모습을 보고, 물음에 답하시오.

> 일요일 저녁, 준서네 가족은 (　㉠　)(으)로 올림픽 경기를 함께 보았다.
>
> 준서: 시청자 응원 시간이 있네. (　㉡　)(으)로 문자 메시지를 보내 참여해 보아야겠어요.
>
> 동생: 아빠! 그런데 저기는 우리나라가 아닌가 봐요.
>
> 아빠: 맞아. 한국에서 열리는 경기가 아니란다. 이 경기는 지금 외국에서 열리고 있지. (　㉢　)에서 실시간으로 보여 주고 있단다.

**10** 위의 ㉠과 ㉡에 들어갈 알맞은 통신수단을 바르게 짝지은 것은 어느 것입니까? ( 　　 )

| | ㉠ | ㉡ |
|---|---|---|
| ① | 컴퓨터 | 텔레비전 |
| ② | 컴퓨터 | 유선 전화 |
| ③ | 텔레비전 | 라디오 |
| ④ | 휴대 전화 | 라디오 |
| ⑤ | 텔레비전 | 휴대 전화 |

**11** 위의 ㉢에 들어갈 통신수단 관련 시설은 무엇입니까? ( 　　 )

① 관제탑 　　　② 기차역
③ 방송국 　　　④ 세차장
⑤ 주차장

☆☆☆ 서술형
**12** 통신수단의 발달로 달라질 미래의 생활 모습을 예상해서 한 가지 쓰시오.

_____

_____

사
회

01 다음과 같이 옛날 사람들이 물건을 옮길 때 쓴 교통수단은 무엇입니까? ( )

① 말 ② 뗏목
③ 수레 ④ 당나귀
⑤ 소달구지

02 다음에서 설명하는 교통수단은 무엇입니까? ( )

• 수증기의 힘을 이용하였다.
• 주로 바다에서 이용하였다.
• 바람이 불지 않아도 움직였다.

① 전차 ② 증기선
③ 돛단배 ④ 비행기
⑤ 증기 기관차

03 다음은 오늘날 교통수단의 특징에 대한 설명입니다. ㉠, ㉡에 들어갈 말을 바르게 짝지은 것은 어느 것입니까? ( )

• 연료로 ( ㉠ ), 가스, 전기 등을 이용한다.
• 종류가 예전에 비해 다양해졌고, ( ㉡ )의 힘을 이용한다.

| ㉠ | ㉡ |
|---|---|
| ① 석유 | 사람 |
| ② 석유 | 동물 |
| ③ 석유 | 기계 |
| ④ 나무 | 사람 |
| ⑤ 나무 | 동물 |

서술형
04 다음을 보고 교통수단의 발달로 사람들의 생활 모습이 어떻게 달라졌는지 쓰시오.

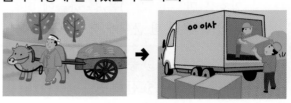

_____

_____

05 다음 사람들에게 공통적으로 필요한 교통수단은 무엇입니까? ( )

경수: 강을 건너려고 하는데 다리가 안 보이네.
민정: 포항에 여행을 와서 근처에 있는 섬에 가려고 해.
현아: 우리 회사가 이번에 만든 자동차를 미국으로 보내려고 해.

① 배 ② 버스 ③ 택시
④ 지하철 ⑤ 오토바이

06 오른쪽 교통수단과 관련 있는 시설을 한 가지 쓰시오.

( )

**07** 다음 물음표에 들어갈 교통수단은 무엇입니까?
( )

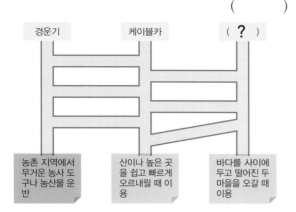

① 널배
② 갯배
③ 지하철
④ 모노레일
⑤ 사륜구동 택시

**08** 다음과 같은 통신 수단을 사용했던 때는 언제입니까? ( )

△ 방

① 전쟁이 갑자기 일어났을 때
② 과거 시험 합격자를 알릴 때
③ 친척에게 결혼 소식을 전할 때
④ 먼 곳에 사는 친구에게 서찰을 보낼 때
⑤ 적이 알아차리지 못하도록 비밀 신호를 보낼 때

**09** 다음 내용과 같은 일을 모두 할 수 있는 오늘날의 통신 수단은 무엇입니까? ( )

- 쇼핑하기
- 축구 경기 보기
- 기차표 예매하기
- 전자 우편 보내기

① 무전기
② 신호 연
③ 수신호
④ 스마트폰
⑤ 무선 호출기

서술형

**10** 다음 내용을 통해 알 수 있는 오늘날 통신 수단의 특징을 한 가지 쓰시오.

| 훈이네 가족의 통신 수단 이용 모습 | |
| --- | --- |
| 아침에 일찍 일어나신 아빠는 컴퓨터로 뉴스를 보고 계셨다. | 엄마는 텔레비전 홈쇼핑을 보고 전화로 물건을 주문하셨다. |
| 형은 친구들과 함께 인터넷으로 예매한 영화를 보러 갔다. | 나는 친구의 안부가 궁금하여 스마트폰으로 영상 통화를 하였다. |

**11** 오늘날 통신 수단의 발달로 새롭게 나타난 학교 생활의 변화로 알맞지 않은 것은 어느 것입니까?
( )

① 학생들은 화상 수업에 참여한다.
② 방송 스피커를 통해 수업 시간 종소리가 울린다.
③ 교실 텔레비전으로 아침 방송 조회를 시청한다.
④ 인터넷에서 학교 누리집에 들어가 공지 사항을 확인한다.
⑤ 과학 수업 시간에 배운 식물을 관찰하러 학교 화단으로 나갔다.

**12** 다음 그림에서 사용한 통신 수단은 무엇입니까?
( )

경비실입니다. 택배가 도착해 있으니 와서 가져가시기 바랍니다.

① 수신호
② 무전기
③ 인터폰
④ 마을 방송
⑤ 무선 마이크

사
회

01 비밀 상자 속 물체를 알아맞힐 때 다음에서 사용한 우리 몸의 부분은 어느 부분입니까? ( )

> • 어떤 모양일지 생각하며 만져 보았다.
> • 어떤 재료로 만들어졌는지 생각하며 만져 보았다.

① 눈 　　② 귀 　　③ 입
④ 코 　　⑤ 손

02 다음 물체를 이루는 공통적인 물질은 무엇인지 쓰시오.

◈ 장난감 블록 　　◈ 자 　　◈ 탁구공

( )

☆☆☆
03 다음 물체를 이루고 있는 물질은 어느 것입니까?

( )

◈ 인형 　　◈ 옷

① 섬유 　　② 유리 　　③ 나무
④ 고무 　　⑤ 종이

04 다음 중 물질의 단단한 정도를 알아보는 방법으로 알맞은 것은 어느 것입니까? ( )

① 깨물어보기
② 구부려 보기
③ 서로 긁어 보기
④ 서로 부딪쳐보기
⑤ 책상에 두드려보기

05 다음은 플라스틱 막대와 고무 막대를 구부린 실험 결과입니다. 이 실험을 통해 알 수 있는 사실은 어느 것입니까? ( )

◈ 플라스틱 막대를 구부릴 때 　　◈ 고무 막대를 구부릴 때

① 고무는 잘 휜다.
② 고무는 물렁하다.
③ 고무는 물에 뜬다.
④ 플라스틱은 가볍다.
⑤ 플라스틱은 잘 부러진다.

06 다음 중 금속의 성질로 옳지 않은 것은 어느 것입니까? ( )

① 딱딱하다.
② 광택이 있다.
③ 물에 가라앉는다.
④ 유리처럼 투명하다.
⑤ 다른 물질보다 단단하다.

**07** 다음은 밑창을 고무로 만든 운동화입니다. 이 운동화를 만들 때 이용된 고무의 성질은 어느 것입니까? ( )

① 쉽게 구부러진다.
② 물에 가라앉는다.
③ 물에 젖지 않는다.
④ 잘 미끄러지지 않는다.
⑤ 당기면 늘어났다가 놓으면 다시 돌아온다.

**08** 다음과 같은 성질이 있는 물질은 어느 것입니까? ( )

- 물에 잘 젖는다.
- 잘 찢어지지 않고 질기다.
- 손으로 만지면 부드럽고, 접을 수 있다.

① 유리 　　② 종이 　　③ 섬유
④ 나무 　　⑤ 플라스틱

**09**  다음과 같이 플라스틱으로 바구니를 만들면 좋은 점을 두 가지 고르시오.
( , )

① 가벼우면서도 튼튼하다.
② 벽과 바닥에 고정하기 좋다.
③ 다양한 색깔로 만들어 사용할 수 있다.
④ 잘 늘어나서 물체를 많이 넣을 수 있다.
⑤ 단단하여 높은 곳에서 떨어뜨려도 깨지지 않는다.

**10** 다음 자전거의 각 부분과 각 부분을 이루고 있는 물질을 바르게 짝지은 것은 어느 것입니까? ( )

① 안장 – 금속
② 체인 – 가죽
③ 타이어 – 고무
④ 손잡이 – 금속
⑤ 몸체 – 플라스틱

**11** 다음은 여러 가지 컵의 좋은 점입니다. 옳은 것에 ○표, 옳지 않은 것에 ×를 표시하시오.

(1) 금속 컵은 잘 깨지지 않고 튼튼하다. ( )
(2) 플라스틱 컵은 가볍고, 모양과 색깔이 다양하다. ( )
(3) 유리컵은 음식을 오랫동안 따뜻하게 보관할 수 있어 좋다. ( )

**12** 다음 중 탱탱볼을 관찰한 내용으로 옳은 것은 어느 것입니까? ( )

① 깔깔하다.
② 흘러내린다.
③ 불투명하다.
④ 하얀색이다.
⑤ 말랑말랑하다.

01 다음 ㉠, ㉡에 들어갈 알맞은 말끼리 바르게 짝지은 것은 어느 것입니까? ( )

> 모양이 있고 공간을 차지하고 있는 것을 ( ㉠ )(이)라고 하고, ( ㉠ )을/를 만드는 재료를 ( ㉡ )(이)라고 한다.

|  | ㉠ | ㉡ |
|---|---|---|
| ① | 물체 | 물질 |
| ② | 물체 | 재료 |
| ③ | 물질 | 물체 |
| ④ | 물질 | 재료 |
| ⑤ | 물건 | 물질 |

☆☆☆
02 다음 물체를 이루고 있는 공통 물질은 어느 것입니까? ( )

⚠ 고무풍선    ⚠ 지우개    ⚠ 고무줄    ⚠ 고무장갑

① 금속    ② 유리    ③ 나무
④ 고무    ⑤ 플라스틱

03 다음 물체를 이루는 물질을 보기 에서 골라 쓰시오.

보기
금속, 플라스틱, 나무, 고무, 밀가루, 가죽

(1)
⚠ 의자
( )

(2)
⚠ 축구공
( )

04 다음 중 여러 가지 물질의 휘는 정도를 알아보기 위한 방법은 어느 것입니까? ( )
① 긁어 보기
② 부딪쳐보기
③ 구부려 보기
④ 흔들어 보기
⑤ 높은 곳에서 떨어뜨려 보기

05 금속, 플라스틱, 나무, 고무로 된 막대를 다음과 같이 서로 긁어 보았습니다. 가장 단단한 물질의 막대는 어느 것입니까? ( )

> • 고무 막대로 나무 막대를 긁으면, 나무 막대는 긁힌 흔적이 없다.
> • 나무 막대로 플라스틱 막대를 긁으면, 플라스틱 막대는 긁힌 흔적이 없다.
> • 금속 막대로 플라스틱 막대를 긁으면, 플라스틱 막대에 긁힌 흔적이 있다.

① 고무 막대
② 나무 막대
③ 금속 막대
④ 플라스틱 막대
⑤ 가장 단단한 물질의 막대는 알 수 없다.

06 금속의 성질을 잘 설명한 사람의 이름을 모두 쓰시오.

> • 소희: 모양과 크기가 같을 때, 다른 물질보다 들어 보면 무거워.
> • 민선: 금속은 쉽게 구부러져.
> • 지현: 다른 물질보다 단단해.
> • 설아: 당기면 늘어났다가 놓으면 다시 돌아오기도 해.

( , )

**07** 다음 보기 에서 나무의 성질로 옳은 것을 모두 고른 것은 어느 것입니까? ( )

보기
㉠ 투명하다.
㉡ 금속보다 가볍다.
㉢ 잘 미끄러지지 않는다.
㉣ 고유한 향과 무늬가 있다.

① ㉠, ㉡   ② ㉠, ㉢
③ ㉡, ㉢   ④ ㉡, ㉣
⑤ ㉢, ㉣

**08** 오른쪽 고무줄에 이용된 물질의 성질은 어느 것입니까? ( )
① 단단한 성질
② 물에 뜨는 성질
③ 광택이 있는 성질
④ 당기면 늘어나는 성질
⑤ 다양한 색깔로 만들 수 있는 성질

**09** 오른쪽 책상의 받침을 플라스틱으로 만들었을 때 좋은 점으로 가장 알맞은 것은 어느 것입니까? ( )
① 충격을 잘 흡수한다.
② 먼지가 잘 붙지 않는다.
③ 잘 부러지지 않고 튼튼하다.
④ 바닥이 긁히는 것을 줄여 준다.
⑤ 바닥에 달라붙어 미끄러지지 않는다.

플라스틱

**10** 다음 중 여러 가지 물질로 된 장갑과 그 물질로 만들었을 때 좋은 점을 바르게 짝지은 것은 어느 것입니까? ( )
① 가죽 장갑 – 투명하고 얇다.
② 고무장갑 – 부드럽고 따뜻하다.
③ 면장갑 – 바람이 들어오지 않는다.
④ 비닐장갑 – 물이 들어오지 않는다.
⑤ 섬유 장갑 – 잘 미끄러지지 않는다.

**11** 따뜻한 우유를 천천히 마시려고 할 때, 사용하면 좋은 컵은 어느 것입니까? ( )

① 금속 컵   ② 유리컵   ③ 종이컵
④ 플라스틱 컵   ⑤ 도자기 컵

서술형
**12** 다음은 탱탱볼을 만들기 전 재료와 그 재료로 만들어진 탱탱볼을 만진 느낌입니다. 이를 통하여 알 수 있는 사실을 쓰시오.

| 만들기 전 재료를 만진 느낌 | 만들어진 탱탱볼을 만진 느낌 |
| --- | --- |
| • 물은 흘러내린다.<br>• 붕사와 폴리비닐 알코올은 깔깔하다. | • 말랑말랑하다. |

01 암수의 구별이 쉬운 동물은 어느 것입니까? ( )

①
⚠ 사슴

②
⚠ 돼지

③
⚠ 무당벌레

④
⚠ 붕어

⑤
⚠ 참새

02 다음 중 암수가 함께 알이나 새끼를 돌보는 동물로만 바르게 짝지어진 것은 어느 것입니까? ( )
① 제비, 곰
② 곰, 물자라
③ 찌르레기, 거북
④ 거북, 황제펭귄
⑤ 황제펭귄, 제비

03 배추흰나비를 기를 때 주의할 점으로 옳은 것은 어느 것입니까? ( )
① 알은 손가락으로 살짝 눌러 본다.
② 애벌레는 움직이지 않게 칸막이를 한다.
③ 사육 상자 주변에 모기약을 가끔 뿌린다.
④ 나비가 되기 전까지는 방충망을 거둬 둔다.
⑤ 먹이가 되는 식물이 잘 자라도록 물을 준다.

04 배추흰나비알에 대한 설명으로 옳지 <u>않은</u> 것은 어느 것입니까? ( )
① 연한 노란색이다.
② 자라지 않는다.
③ 허물을 벗는다.
④ 움직이지 않는다.
⑤ 길쭉한 옥수수 모양이다.

05 보기 는 배추흰나비 애벌레가 번데기로 변하는 과정입니다. 순서대로 기호를 쓰시오.

보기
㉠ 번데기 모습이 된다.
㉡ 번데기의 색깔이 변한다.
㉢ 입에서 실을 뽑아 몸을 묶는다.
㉣ 머리부터 껍질이 벗어지며 허물을 벗는다.

( ) → ( ) → ( ) → ( )

06 배추흰나비 어른벌레에 대한 설명으로 옳은 것에 ○표, 옳지 <u>않은</u> 것에 ✕표 하시오.
(1) 배추흰나비 어른벌레는 날개가 한 쌍 있다.
( )
(2) 배추흰나비 어른벌레의 몸은 머리, 가슴, 배세 부분으로 구분된다. ( )
(3) 입은 도르르 말려 있다가 먹이를 먹을 때는 긴 대롱 모양으로 펴진다. ( )

**07** 다음은 사슴벌레의 한살이입니다. ( ) 안에 들어갈 알맞은 말을 각각 쓰시오.

> 알에서 ( ㉠ )이/가 나오고 ( ㉡ )이/가 다 자라면 ( ㉢ )이/가 되어 움직이지 않는다. 시간이 지나면 ( ㉣ )에서 어른벌레가 나온다.

㉠ ( )

㉡ ( )

㉢ ( )

㉣ ( )

**08** 다음 곤충 중 한살이가 <u>다른</u> 하나는 어느 것입니까?
( )

① 벌
② 나비
③ 개미
④ 사마귀
⑤ 무당벌레

**09** 병아리와 다 자란 닭의 공통점으로 옳은 것은 어느 것입니까? ( )

① 울음소리가 같다.
② 암수의 구별이 쉽다.
③ 머리에 볏이 나 있다.
④ 몸에 솜털과 깃털이 있다.
⑤ 다리와 날개가 두 개씩 있다.

**10** 다음 중 한살이가 닭의 한살이와 비슷한 동물은 어느 것입니까? ( )

① 개
② 소
③ 개구리
④ 다람쥐
⑤ 고양이

**11** 갓 태어난 강아지와 다 자란 개의 공통점으로 옳지 않은 것은 어느 것입니까? ( )

① 다리가 네 개다.
② 걷거나 달릴 수 있다.
③ 몸이 털로 덮여 있다.
④ 코는 털이 없고 촉촉하다.
⑤ 주둥이가 길쭉하게 튀어나온 모양이다.

**12** 새끼를 낳는 동물의 한살이에 대한 설명으로 옳은 것의 기호를 모두 쓰시오.

> ㉠ 어미젖을 먹여 새끼를 기른다.
> ㉡ 자라는 과정에서 번데기를 만든다.
> ㉢ 허물을 벗으며 죽을 때까지 자란다.
> ㉣ 다 자라면 암수가 만나 짝짓기를 하고, 암컷이 새끼를 낳아 번식한다.

( , )

## 과학 단원 평가 2회

**01** 다음은 동물의 암수 구별법에 대하여 대화하는 내용입니다. 잘못 알고 있는 사람의 이름을 쓰시오.

> • 은경: 사슴의 수컷은 뿔이 있고, 암컷은 뿔이 없어.
> • 승석: 사자의 수컷은 갈기가 있고, 암컷은 갈기가 없어.
> • 기철: 꿩의 수컷은 꽁지깃이 있고, 암컷은 꽁지깃이 없어.
> • 미래: 원앙의 수컷은 몸 색깔이 화려하고, 암컷은 화려하지 않아.

(        )

**02** 다음 중 암컷이나 수컷 혼자서 알이나 새끼를 돌보는 동물은 어느 것입니까? (    )

 ① ▲ 참새
 ② ▲ 제비
 ③ ▲ 가시고기
 ④ ▲ 거북
⑤ ▲ 황제펭귄

**03** 배추흰나비알을 관찰하고 기록장에 적는 내용으로 옳지 않은 것은 어느 것입니까? (    )
① 색깔
② 크기
③ 움직임
④ 생김새
⑤ 딱딱한 정도

**04** 배추흰나비 애벌레에 대한 설명으로 옳지 않은 것은 어느 것입니까? (    )
① 몸에 털이 많이 나 있다.
② 가슴에는 다리가 세 쌍 있다.
③ 허물을 4번 벗으면서 자란다.
④ 고리 모양의 마디가 있고, 초록색이다.
⑤ 애벌레 상태로 약 15~20일이 지나면 먹는 것을 중단하고 안전한 곳을 찾는다.

**05** 다음 ( ) 안에 공통으로 들어갈 알맞은 말을 쓰시오.

> 배추흰나비는 ( )의 등 부분이 갈라지고 어른벌레의 머리가 나온 다음, 몸 전체가 빠져나온다. 이처럼 ( )에서 날개가 있는 어른벌레가 나오는 과정을 '날개돋이'라고 한다.

(        )

**06** 배추흰나비 번데기와 어른벌레의 공통점은 어느 것입니까? (    )
① 자라지 않는다.
② 움직이지 않는다.
③ 먹이를 조금씩 먹는다.
④ 머리, 가슴, 배로 구분된다.
⑤ 주변 환경의 색깔과 비슷하다.

**07** 사슴벌레와 잠자리의 한살이에서 공통점으로 옳지 않은 것은 어느 것입니까? ( )

① 날개돋이 과정이 있다.

② 알에서 애벌레가 나온다.

③ 애벌레는 허물을 벗으며 자란다.

④ 어른벌레는 모두 땅에서 생활한다.

⑤ 어른벌레는 날개 두 쌍과 다리 세 쌍이 있다.

**08** 다음 보기 에서 완전 탈바꿈을 하는 곤충을 모두 고른 것은 어느 것입니까? ( )

보기
| ㉠ 개미 | ㉡ 사마귀 |
|---|---|
| ㉢ 노린재 | ㉣ 무당벌레 |

① ㉠, ㉡   ② ㉠, ㉢

③ ㉠, ㉣   ④ ㉡, ㉢

⑤ ㉡, ㉣

**09** 병아리에 대한 설명으로 옳은 것은 어느 것입니까? ( )

① 꽁지깃이 길다.

② 몸에 깃털로 덮여 있다.

③ 암수를 구별하기 어렵다.

④ 다리와 날개가 두 쌍씩 있다.

⑤ 한쪽 끝이 뾰족한 공모양이다.

**서술형**

**10** 다음 동물들의 한살이에서 공통점을 쓰시오.

⌃ 연어          ⌃ 도롱뇽          ⌃ 굴뚝새

_____

_____

**11** 오른쪽 사진을 보고, 갓 태어난 강아지에 대한 설명으로 옳지 않은 것은 어느 것입니까? ( )

① 이빨이 있다.

② 눈이 감겨 있다.

③ 귀가 막혀 있다.

④ 어미젖을 먹는다.

⑤ 어미와 비슷하게 생겼다.

**12** 새끼를 낳는 동물의 한살이에 대한 설명으로 옳은 것은 어느 것입니까? ( )

① 새끼가 자라는 기간이 같다.

② 임신 기간이 모두 10개월이다.

③ 태어나자마자 일어서서 걷는다.

④ 한 번에 낳는 새끼의 수가 정해져 있다.

⑤ 다 자랄 때까지 어미의 보살핌을 받는다.

**01** 다음 중 자석에 붙는 물체는 어느 것입니까?
( )

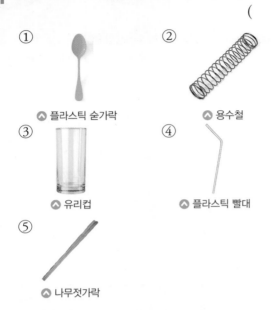

① ⚠ 플라스틱 숟가락
② ⚠ 용수철
③ ⚠ 유리컵
④ ⚠ 플라스틱 빨대
⑤ ⚠ 나무젓가락

**02** 자석에 붙는 물체의 특징에 대한 설명으로 옳은 어느 것입니까? ( )
① 무거운 물체만 자석에 붙는다.
② 투명한 물체는 자석에 붙는다.
③ 철로 된 물체는 자석에 붙는다.
④ 고무로 된 물체는 자석에 붙는다.
⑤ 길쭉한 모양의 물체는 자석에 붙는다.

**03** 다음과 같이 자석의 클립이 많이 붙는 곳에 대한 설명으로 옳은 것은 어느 것입니까? ( )

① 자석의 극이라고 한다.
② 플라스틱으로 된 물체도 잘 붙는다.
③ 동전 모양의 자석은 극이 한 개 이다.
④ 끈적거리는 것이 있어 물체가 붙는다.
⑤ 자석마다 클립이 많이 붙은 곳의 개수가 다르다.

**04** 자석을 투명한 통에 가까이 가져갔을 때 일어나는 일을 바르게 설명한 것은 어느 것입니까? ( )

① 빵 끈 조각이 그대로 있다.
② 빵 끈 조각이 사방으로 흩어진다.
③ 빵 끈 조각이 통의 위쪽으로 붙는다.
④ 빵 끈 조각이 자석으로 끌려와 붙는다.
⑤ 빵 끈 조각이 통의 한 가운데로 떠 오른다.

**05** 다음 ( ) 안에 들어갈 말을 바르게 짝지은 것은 어느 것입니까? ( )

> 자석과 ( ㉠ )로 된 물체 사이의 거리가 멀어질수록 끌어당기는 힘이 ( ㉡ ).

| | ㉠ | ㉡ |
|---|---|---|
| ① | 철 | 강해진다 |
| ② | 철 | 약해진다 |
| ③ | 유리 | 강해진다 |
| ④ | 유리 | 약해진다 |
| ⑤ | 나무 | 약해진다 |

**06** 다음 중 방향을 알려주는 도구로 알맞은 것은 어느 것입니까? ( )

① ⚠ 나침반
② ⚠ 체중계
③ ⚠ 시계

④ ⚠ 소화기
⑤ ⚠ 돋보기

**07** 머리핀을 자석으로 만드는 방법입니다. 다음 설명 중 옳은 것은 어느 것입니까? ( )

머리핀

① 철로 만든 머리핀을 사용해야 한다.
② 머리핀에 끈적거리는 물질이 생긴다.
③ 나중에 머리핀이 붉은색으로 변한다.
④ 자석의 극에 머리핀을 1초만 붙여 놓는다.
⑤ 머리핀에 철 가루를 뿌리면 더 빨리 변한다.

**08** 다음 자석의 성질을 띤 머리핀의 두 극이 가리키는 방향으로 바르게 짝지은 것은 어느 것입니까?
( )

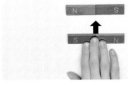
자석에 붙인
머리핀을
꽂은 수수깡
조각

|  | N극 | S극 |
|---|---|---|
| ① | 북쪽 | 동쪽 |
| ② | 동쪽 | 서쪽 |
| ③ | 서쪽 | 동쪽 |
| ④ | 남쪽 | 서쪽 |
| ⑤ | 북쪽 | 남쪽 |

**09** 다음과 같이 두 자석을 가깝게 했을 때 일어나는 일로 알맞은 것은 어느 것입니까? ( )

① 자석이 통통 뛴다.
② 자석이 빙글 돌아서 같은 극끼리 붙는다.
③ 두 자석 사이에 어떤 힘도 작용하지 않는다.
④ 두 자석을 가까이하면 서로 밀어낸다.
⑤ 두 자석을 가까이하면 서로 끌어당긴다.

**10** 나침반에 막대자석의 S극을 가까이 가져가면 나침반 바늘은 어떻게 됩니까? ( )

① 빙글빙글 계속 돈다.
② 아무런 움직임이 없다.
③ 나침반 바늘이 90°회전한다.
④ 나침반 바늘의 파란색 부분이 끌려온다.
⑤ 나침반 바늘의 빨간색 부분이 끌려온다.

**11** 다음 중 자석을 이용한 물건이 <u>아닌</u> 것은 어느것입니까? ( )

①
△ 적외선 온도계

②
△ 클립통

③
△ 자석 다트

④
△ 자석 필통

⑤
△ 자석 스마트폰 거치대

**12** 다음 장난감에 대한 설명은 알맞지 <u>않은</u> 것은 어느 것입니까? ( )

① 접시는 철로 된 것을 사용해도 된다.
② 자석이 서로 끌어당기는 힘을 이용한다.
③ 동전 모양의 자석을 이용한 장난감이다.
④ 손을 대지 않고 자동차를 움직일 수 있다.
⑤ 자석이 붙은 나무 막대기로 자동차를 움직이게 한다.

과학

01 다음 중 자석에 붙지 <u>않는</u> 물체는 어느 것입니까?
( )

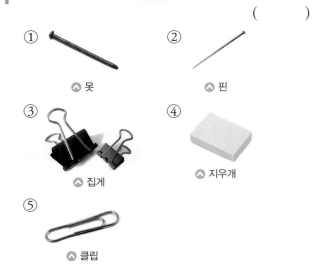

① 못

② 핀

③ 집게

④ 지우개

⑤ 클립

02 다음과 같이 자석에서 클립이 많이 붙은 곳을 무엇이라 하는지 쓰시오.

( )

03 자석의 극에 대한 설명으로 옳은 것은 어느 것입니까? ( )
① 막대자석의 극은 두 개이다.
② 자석마다 극의 개수는 다르다.
③ 클립이 가장 적게 붙은 부분이 극이다.
④ 자석의 극은 항상 가운데 부분에 있다.
⑤ 극에는 플라스틱으로 된 물체가 잘 붙는다.

04 다음과 같이 자석을 점점 더 멀리할 때 빵 끈 조각의 모습을 바르게 설명한 것은 어느 것입니까?
( )

① 그대로 위쪽에 붙어 있다.
② 옆쪽으로 옮겨진 후에 붙어 있다.
③ 멀어질수록 조금씩 아래로 떨어진다.
④ 완전히 멀어져도 몇 개는 그대로 남아있다.
⑤ 빵 끈 조각이 서로 엉겨 붙어 공 모양처럼 된다.

05 나침반에 대한 설명으로 알맞은 어느 것입니까?
( )
① 자석의 성질을 이용한 도구이다.
② 빨간색 바늘은 남쪽을 가리킨다.
③ 나침반의 바늘은 유리로 만들었다.
④ 나침반의 바늘은 항상 뱅글뱅글 돈다.
⑤ 나침반의 통은 자석의 성질을 가진다.

06 다음과 같이 물에 띄운 자석에 대한 설명으로 옳지 <u>않은</u> 것은 어느 것입니까? ( )

자석　수조
플라스틱 접시　물

① 자석의 N극은 북쪽을 가리킨다.
② 자석의 S극은 남쪽을 가리킨다.
③ 나침반 바늘과 같은 방향을 가리킨다.
④ 자석을 돌리면 계속 돌고 멈추지 않는다.
⑤ 살짝 돌려도 다시 원래 방향으로 돌아온다.

07 다음 그림에 대한 설명으로 알맞지 <u>않은</u> 것은 어느 것입니까? ( )

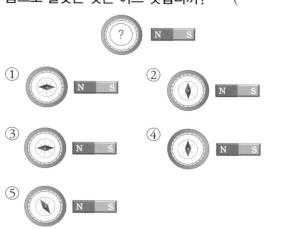

머리핀

자석에 붙인 머리핀을 꽂은 수수깡 조각(㉠)

① 머리핀은 자석의 성질을 가진다.
② 머리핀은 동쪽과 서쪽을 가리킨다.
③ 수수깡은 머리핀을 물에 뜨게 한다.
④ ㉠이 멈추면 일정한 방향을 가리킨다.
⑤ ㉠이 나침반 바늘과 같은 역할을 한다.

08 두 자석을 서로 가까이 가져갔을 때 작용하는 힘에 대한 설명으로 알맞은 것은 어느 것입니까?
( )

① 같은 S극끼리는 서로 밀어낸다.
② 같은 N극끼리는 서로 끌어당긴다.
③ N극은 N극과 S극을 모두 밀어낸다.
④ S극은 N극과 S극을 모두 끌어당긴다.
⑤ 서로 가까이 있으면 밀고, 멀리 있으면 끌어당긴다.

09 다음 보기 에서 밀어내는 힘이 작용하는 것을 바르게 짝지은 것은 어느 것입니까? ( )

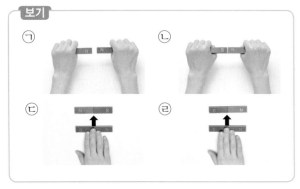

보기

① ㉠, ㉡    ② ㉠, ㉢    ③ ㉡, ㉢
④ ㉡, ㉣    ⑤ ㉠, ㉣

10 다음 위치에 나침반을 놓았을 때 나침반 바늘의 모습으로 알맞은 것은 어느 것입니까? ( )

①
②
③
④
⑤

11 나침반 바늘이 자석을 가리키는 까닭으로 가장 알맞은 것은 어느 것입니까? ( )
① 나침반 통이 자석이기 때문이다.
② 나침반 바늘이 자석이기 때문이다.
③ 나침반 바늘이 단단하기 때문이다.
④ 나침반 통이 둥근 모양이기 때문이다.
⑤ 나침반 바늘이 계속 움직이기 때문이다.

12 다음 중 자석이 있는 부분을 바르게 짝지은 것은 어느 것입니까? ( )

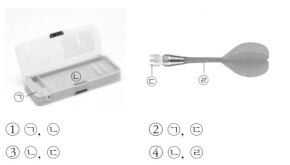

① ㉠, ㉡    ② ㉠, ㉢
③ ㉡, ㉢    ④ ㉡, ㉣
⑤ ㉠, ㉣

과학

**01** 다음은 지구 표면의 모습 중 어느 것의 모습입니까? ( )

① 호수  ② 사막  ③ 빙하
④ 갯벌  ⑤ 화산

**02** 다음 친구의 설명 중 어색한 부분끼리 바르게 짝지은 것은 어느 것입니까? ( )

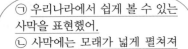

㉠ 우리나라에서 쉽게 볼 수 있는 사막을 표현했어.
㉡ 사막에는 모래가 넓게 펼쳐져 있어.
㉢ 모래를 파란색으로 표현했어.
㉣ 사막에 사는 낙타도 그렸어.

① ㉠, ㉡  ② ㉡, ㉢  ③ ㉢, ㉣
④ ㉠, ㉢  ⑤ ㉡, ㉣

**03** 다음 중 육지에 대한 설명으로 알맞은 것은 어느 것입니까? ( )

① 생물이 살지 않는다.
② 육지가 바다보다 넓다.
③ 육지는 바다보다 땅의 높이가 낮다.
④ 육지의 물에는 소금 등이 녹아 있다.
⑤ 산과 들 등 다양한 모습을 볼 수 있다.

**04** 육지의 물에 대한 설명으로 알맞은 것은 어느 것입니까? ( )

① 물맛은 짜다.
② 생물이 살지 못한다.
③ 바닷물보다 많은 양이 있다.
④ 물에서 소금을 얻을 수 있다.
⑤ 깨끗한 물은 동물이 마실 수 있다.

**05** 다음 그림과 관련된 육지와 바다의 차이점을 가장 잘 설명한 것은 어느 것입니까? ( )

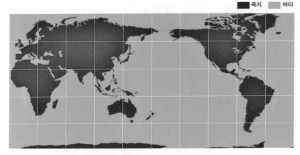

① 육지와 바다의 물맛이 다르다.
② 육지와 바다의 땅의 높이가 다르다.
③ 지구 표면을 차지하는 넓이가 다르다.
④ 육지의 물과 바닷물의 색깔이 다르다.
⑤ 사는 곳에 따라 동물의 종류가 다르다.

**06** 다음 중 지구를 감싸고 있는 공기와 가장 관련이 적은 것은 어느 것입니까? ( )

① 비를 내리게 한다.
② 연을 날릴 수 있다.
③ 소금을 얻을 수 있다.
④ 동물이 숨을 쉬고 살 수 있다.
⑤ 바람으로 요트를 움직일 수 있다.

**07** 마젤란 탐험대의 세계 일주에 대한 설명으로 알맞은 어느 것입니까? (　　　)

① 필리핀에서 출발했다.
② 한 방향으로 계속 이동했다.
③ 태평양을 맨 마지막 순서로 지났다.
④ 도착지는 지도의 맨 왼쪽 바다에 있다.
⑤ 지구가 편평하다는 사실을 알 수 있다.

**08** 지구에 있는 사람들에게 지구가 편평하게 보이는 까닭은 어느 것입니까? (　　　)

① 지구의 크기가 작기 때문이다.
② 지구에 공기가 있기 때문이다.
③ 지구에 나무와 풀 등이 있기 때문이다.
④ 지구가 편평한 상자 모양이기 때문이다.
⑤ 사람에 비해 지구가 매우 크기 때문이다.

**09** 다음 사진에 대한 설명으로 알맞은 것은 어느 것입니까? (　　　)

① 넓고 평평하다.
② 많은 물이 있다.
③ 충돌 구덩이이다.
④ 많은 나무와 풀이 자란다.
⑤ 달의 바다라고 불리는 곳이다.

**10** 지구의 하늘과 달의 하늘을 비교한 설명 중 옳은 것은 어느 것입니까? (　　　)

① 달에는 공기가 있다.
② 지구에는 공기가 없다.
③ 달의 하늘은 파란색이다.
④ 지구의 하늘은 항상 검은색이다.
⑤ 지구의 하늘에는 새가 날아다닌다.

**11** ☆☆☆ 지구의 바다와 달의 바다에 대한 설명으로 옳지 않은 것은 어느 것입니까? (　　　)

① 달의 바다에는 물이 없다.
② 지구의 바다에는 물이 있다.
③ 지구의 바다에는 생물이 산다.
④ 달의 바다에는 생물이 살지 않는다.
⑤ 지구의 바다는 산보다 땅 높이가 더 높다.

**12** 지구와 달 모형 만들기에서 지구와 달의 크기로 알맞은 것끼리 짝지은 어느 것입니까? (　　　)

> **보기**
> ㉠ 농구공　　㉡ 야구공
> ㉢ 유리구슬　㉣ 축구공

|   | 지구 | 달 |
|---|---|---|
| ① | ㉠ | ㉣ |
| ② | ㉠ | ㉢ |
| ③ | ㉡ | ㉢ |
| ④ | ㉡ | ㉣ |
| ⑤ | ㉣ | ㉢ |

과학

01 다음 지구 표면의 모습 중에서 우리나라에서 보기 어려운 것은 어느 것입니까? ( )

①

②

③

④

⑤

☆☆☆
02 다음과 같은 모습을 볼 수 있는 곳은 어느 것입니까? ( )

• 땅이 높이 솟아 있다.
• 많은 나무와 풀을 볼 수 있다.
• 다양한 동물들이 살고 있다.

① 강          ② 산          ③ 호수
④ 갯벌        ⑤ 빙하

03 다음 열기구 안에 들어 있는 물질로 알맞은 것은 어느 것입니까? ( )

① 물          ② 흙          ③ 나무
④ 고무        ⑤ 공기

[04~05] 세계 지도 위에 검은색(바다)과 흰색(육지)의 바둑알을 놓고, 육지와 바다의 넓이를 비교하려고 합니다. 물음에 답하시오.

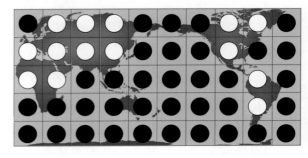

04 바다와 육지 부분의 바둑알 개수로 알맞은 것은 어느 것입니까? ( )

|   | 바다 | 육지 |
|---|------|------|
| ① | 14개 | 36개 |
| ② | 15개 | 35개 |
| ③ | 35개 | 15개 |
| ④ | 36개 | 14개 |
| ⑤ | 37개 | 13개 |

05 바다와 육지 중 넓은 곳은 어디인지 쓰시오.

( )

06 육지의 물과 바닷물에 대한 설명으로 옳은 것은 어느 것입니까? ( )

① 바닷물은 짜지 않다.
② 바닷물이 육지의 물보다 양이 적다.
③ 육지의 물에는 소금 등이 녹아 있다.
④ 깨끗한 바닷물은 동물들이 마실 수 있다.
⑤ 육지의 물과 바닷물에 다양한 생물이 산다.

**07** 다음 중 지구의 모양은 어느 것입니까?

( )

①

②

③

④

⑤

**08** 다음 중 달에 대한 설명으로 알맞은 것은 어느 것입니까?

( )

① 지구보다 크다.
② 상자 모양이다.
③ 생물이 살고 있다.
④ 움푹 파인 구덩이가 많다.
⑤ 파란색과 초록색 등의 색을 띤다.

**09** 다음 사진의 설명으로 알맞은 것은 어느 것입니까?

( )

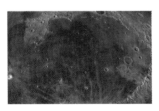

① 짠물이 많이 있다.
② 많은 식물들이 자란다.
③ 지구의 표면 모습이다.
④ '달의 바다'라고 불린다.
⑤ 땅의 높이가 주변보다 높다.

**10** 다음 지구와 달의 하늘에 대한 설명으로 옳은 것은 어느 것입니까? ( )

⚈ 지구의 하늘    ⚈ 달의 하늘

① 달의 하늘에는 구름이 있다.
② 달의 하늘은 낮에는 파란색이다.
③ 달의 하늘에는 새가 날아다닌다.
④ 지구의 하늘에서는 비가 내린다.
⑤ 지구의 하늘은 항상 검은색이다.

**11** 지구의 바다에서 볼 수 있는 것을 보기 에서 골라 바르게 짝지은 것은 어느 것입니까? ( )

보기
ㄱ 파도    ㄴ 바닷물    ㄷ 충돌 구덩이

① ㄱ          ② ㄴ          ③ ㄱ, ㄴ
④ ㄱ, ㄷ      ⑤ ㄴ, ㄷ

**12** 지구와 달 모형 만들기에 대한 설명으로 알맞지 않은 것은 어느 것입니까? ( )

① 지구보다 달을 크게 만들었다.
② 달에 움푹 파인 구덩이를 많이 그렸다.
③ 달 모형은 주로 회색 물감으로 칠했다.
④ 지구 모형에 파란색과 초록색을 칠했다.
⑤ 지구 모형은 둥근 공 모양으로 만들었다.

과학

## 국어 1회  1. 재미가 톡톡톡  4~5쪽

**01** ③   **02** 예 새싹의 초록빛 발차기   **03** 학교
**04** (2) ○   **05** 혜진   **06** ④   **07** 지민   **08** ①
**09** (2) ○   **10** 예 더러운 고양이나 큰 개들과 '바삭바삭'을 놓고 싸움을 벌였을 것이다. / '바삭바삭'도 먹지 못하고 굶주린 채 계속 '바삭바삭'을 찾다가 좋지 않은 곳을 구경하게 될 것 같다. 등

**01** 진수는 봄이 오는 소리를, 진희는 봄꽃의 모습을 감각적으로 표현했습니다.

**02** 새싹이 땅에서 나오는 모습을 감각적으로 표현하려면 소리나 모양을 흉내 낸 말이나 어떤 것에 빗대어 표현한 말을 사용할 수 있습니다.

> **채점 기준**
> 소리나 모양을 흉내 낸 말을 사용했거나 어떤 것에 빗대어 감각적으로 표현했으면 정답으로 인정합니다.

**03** 말하는 이는 이틀째 앓아누워 학교에도 못 가고 골목에서 공이 튀는 소리를 방 안에서 듣고 있습니다.

**04** 공이 내 몸속으로 들어가서 튀는 것처럼 느껴질 정도로 밖에 나가서 공놀이를 하고 싶은 마음에 심장이 두근댔다는 표현입니다.

**05** 공이 튀는 소리가 방 안까지 들려오는 것을 소리가 방 안까지 들어와 이리 튕기고 저리 튕겨 다닌다고 하며 보이는 것처럼 감각적으로 표현했습니다.

**06** 똥과 쓰레기가 널려 있는 곳에서 털이 빠져 있는 친구들을 보았습니다.

**07** ㉠은 고양이 소리에 깜짝 놀란 '나'의 마음을 생생하게 표현한 것입니다.

**08** ㉡은 '소리'를 감각적으로 표현한 것이므로 파도 '소리'와 관련된 표현을 골라야 합니다.

**10** '나'가 '바삭바삭'을 찾기 위해 만난 친구들, 고양이와 있었던 일을 떠올리며 상상할 수 있습니다.

> **채점 기준**
> 앞의 내용을 바탕으로 하여 상상하여 썼으면 정답으로 인정합니다.

## 국어 2회  1. 재미가 톡톡톡  6~7쪽

**01** ④   **02** (2) ○   **03** (1) 콩 (2) 실로폰   **04** (1)-②
(2)-①   **05** 그건 마치 훌쩍 날아오른 뒤에 바다 한쪽이 "쿵!" 무너져 내린 거대한 구멍 속으로 바닷물과 함께 빨려 드는 느낌이었어.   **06** ③   **07** 크아악! 가르르륵   **08** 예 ①, "멋쟁이가 어디에 있는지 궁금하고 걱정되었어." / ①, "일단 제자리로 돌아와야 밤에 움직여서 멋쟁이를 찾을 수 있으니 빨리 밤이 오기를 기다렸는데 애가 탔어."   **09** (2) ○   **10** ③

**01** 이 시는 소나기가 내리는 소리를 콩을 쏟는 소리와 실로폰 소리에 빗대어 감각적으로 표현한 시입니다.

**02** 소나기가 내리고 나면 깨끗한 하늘이 되기 때문에 하늘빛이 더 맑다고 표현한 것입니다.

**04** 아이들이 던진 무언가('바삭바삭')를 보면서 '툭툭! 바스락!'이라고 한 표현에서 촉감이 바삭바삭하다는 것을 알 수 있고 짭조름하고 고소한 냄새에 코끝이 찡했다고 했습니다.

**05** 과자를 먹어 본 후 너무 맛있어서 황홀한 느낌을 생생하게 표현한 부분을 찾습니다.

**06** 멋쟁이는 숨바꼭질을 하면서 잘난 척하고 꼭꼭 숨어 있다가 날이 밝은 줄 모르고 제자리로 돌아와야 한다는 약속을 어기고 말았습니다.

**07** 장승 친구들은 '크아악! / 가르르륵'이라고 소리를 질렀고 도둑들은 그 소리를 듣고 장승을 도깨비라 생각하고 도망쳤습니다.

**08** 인물의 마음이 어떠했을지 생각해 보고, 인물의 성격이나 처지에 알맞은 대답을 써 봅니다.

> **채점 기준**
> 이야기 속 장승 친구들이 처한 상황을 알맞게 파악하고 그 인물의 마음에 공감하는 대답을 썼으면 정답으로 인정합니다.

**09** 이 시는 풀숲에서 본 강아지풀을 '귀여운 강아지'라고 표현하였습니다.

**10** '복슬복슬' 털이 나 있는 강아지풀이 바람에 흔들리는 모양을 강아지 꼬리가 '살랑살랑'거린다고 표현한 시입니다.

**01** ①    **02** ②    **03** ③    **04** (1)-ⓒ (2)-ⓙ
**05** ①    **06** ⑤    **07** (1) △ (2) △ (3) △ (4) ○
**08** 예 축구는 공을 발로 차서 골대에 넣는 운동입니다.
**09** 나방, 개구리, 카멜레온
**10** 동물들은 보호색으로 자신의 몸을 지킵니다.

**01** ② 문단이 바뀌면 줄을 바꾸어야 합니다.
③, ④ 문단은 여러 문장이 모여 한 가지 생각을 나타내는 것입니다.
⑤ 뒷받침 문장은 중심 문장을 덧붙여 설명하거나 예를 드는 방법으로 도와주는 문장입니다.

**02** 글 (가)는 장승의 구실에 대해 설명하고 있습니다.

**03** ⓒ과 ⓒ은 모두 ㉠을 뒷받침하는 문장입니다.

**04** (가)와 (나)의 각 첫 문장에 중심 내용이 나타나 있습니다.

**05** 글 (나)에서 엿을 설명하는 내용을 찾을 수 있습니다.

**06** 이 글에서는 우리나라 명절마다 하는 놀이를 설명하고 있습니다.

**07** 중심 문장은 '우리나라에는 명절마다 하는 놀이가 있습니다.'이고, 나머지 세 문장은 명절마다 하는 놀이를 예를 들어 설명하는 뒷받침 문장입니다.

**08** 생각그물의 내용으로 보아 축구에 대한 내용이 빠져 있으므로 이에 대한 내용을 써야 합니다.

> **채점 기준**
> 축구에 대한 설명이 들어가면 정답으로 인정합니다.

**09** 보호색으로 몸을 지키는 동물로 애벌레, 나방, 개구리, 카멜레온을 예로 들어 설명하고 있습니다.

**10** 이 글의 내용을 대표하는 중심 문장은 '동물들은 보호색으로 자신의 몸을 지킵니다.'입니다. 나머지 문장은 예를 들어서 중심 문장을 자세히 설명하는 뒷받침 문장입니다.

**01** ㉠    **02** ⑤    **03** ④    **04** ①
**05** (1) ○    **06** (2) ○    **07** ③    **08** 예 제가 좋아하는 놀이는 딱지치기입니다.    **09** ②
**10** ㉠

**01** 로봇이 하는 여러 가지 일에 대한 글입니다.

**02** 로봇이 하는 일을 자세히 설명하는 뒷받침 문장이 들어가야 합니다.

**03** ㉠은 이 글의 내용을 대표하는 중심 문장, ⓒ~ⓔ은 중심 문장을 자세히 덧붙이거나 예를 들어 설명하는 뒷받침 문장입니다.

**04** 한과의 종류는 두 가지가 아니라 더 많습니다. (가)에서 '한과에는 약과, 강정, 엿처럼 여러 가지가 있습니다.'라는 부분에서 찾아볼 수 있습니다.

**05** (나)는 약과에 대해 설명하는 글입니다. 약과를 어떻게 만드는지 설명한 (1)이 중심 문장입니다. (2)~(4)는 약과를 만드는 방법을 자세히 덧붙여 설명한 뒷받침 문장입니다.

**06** 생각그물에 있는 것 중, '물고기'에 대한 내용이 빠져 있습니다. 바다에서 얻을 수 있는 것이 무엇인지 설명하는 문장이므로, ㉠에는 '바다에서 물고기를 잡을 수 있습니다.'가 가장 적절합니다.

**07** 신문지나 두꺼운 종이는 딱지치기 놀이를 하는 데 필요한 준비물입니다.

**08** 뒷받침 문장에 딱지치기에 대해 설명하는 내용이 나오므로 딱지치기를 좋아한다는 내용을 써야 합니다.

> **채점 기준**
> 중심 문장에는 좋아하는 놀이가 무엇인지 드러나게 쓰면 정답으로 인정합니다.

**09** 이 글의 중심 문장이 '나는 햄스터를 좋아합니다.'이므로 제목은 '내가 좋아하는 동물, 햄스터'가 가장 적절합니다.

**10** 이 글의 중심 문장은 '나는 햄스터를 좋아합니다.'입니다.

**국어 1회** 3. 알맞은 높임 표현 12~13쪽

01 ③    02 ⑤    03 ④    04 선생님, 드릴 말씀이 있어요(있습니다).    05 (1) 이 신발이 요즘 인기 있는 신발이세요. (2) 이 신발이 요즘 인기 있는 신발이에요.    06 ②, ⑤    07 ③    08 옆집 어른께서 댁에 계실까요?    09 ④    10 (1) ○

01 친구와 둘이 이야기할 때는 높임 표현을 사용하지 않습니다.

02 여러 친구들 앞에서 발표하는 공식적인 상황에서는 높임 표현을 사용합니다.

03 정음이가 높여야 할 대상은 거실에 계신 할머니이므로 '있어요'가 아닌 '계세요'라는 높임을 뜻하는 특별한 낱말을 사용해야 합니다.

04 선생님을 높여야 하는 상황이므로 '드리다, 말씀'과 같은 높임을 뜻하는 특별한 낱말을 사용하고, 문장을 '-습니다' 또는 '요'로 끝맺어야 합니다.

> **채점 기준**
> '드리다'와 '말씀'이라는 높임을 나타내는 특별한 낱말을 모두 사용하였으면 정답으로 인정합니다.

05 신발은 물건이므로 높이지 않습니다. 따라서 문장을 끝맺는 말에 '-시-'를 넣지 않아야 하므로 '신발이세요'는 잘못된 표현입니다.

> **채점 기준**
> 잘못된 표현을 찾아 알맞게 고쳐 썼으면 정답으로 인정합니다.

06 '께서'와 '-시-'를 넣은 두 개의 높임 표현 방법을 사용한 문장을 찾습니다.

07 친구에게 선생님의 말씀을 전하는 상황이므로 '-시-'를 넣고, '-습니다'로 끝내지 않습니다.

08 '어른이'를 '어른께서'로, '집'을 '댁'으로 '있으실까요?'를 '계실까요?'로 표현해야 합니다.

> **채점 기준**
> 알맞은 높임 표현 방법을 써서 고쳤으면 정답으로 인정합니다.

09 '계시다'는 '있다'를 높이는 특별한 낱말로 높임을 나타내는 '-시-'를 넣은 표현이 아닙니다.

10 쟁반은 물건이므로 높임의 대상이 되지 않습니다.

**국어 2회** 3. 알맞은 높임 표현 14~15쪽

01 ㉰    02 (1) 진지 (2) 여쭈어볼    03 ④    04 ⑤    05 ⑤    06 구모    07 ③, ④    08 에 물건인 쟁반을 높였기 때문이다.    09 ㉯    10 ①

01 각각 할아버지와 할머니를 높이면서 '께서'나 '께'를 사용했습니다.

02 '밥'의 높임 표현은 '진지', '물어보다'의 높임을 뜻하는 특별한 낱말은 '여쭈어보다' 입니다.

03 02에서 사용된 높임 표현 방법은 높임의 뜻이 있는 특별한 낱말을 사용한 것입니다. ④ '할머니, 보고 싶어요.'는 '할머니, 뵙고 싶어요.'로 바꾸어야 알맞은 높임 표현입니다.

04 ㉠은 '께서'와 '-시-'를 넣어 고쳐야 할 표현입니다.

05 아버지를 높여야 하는 상황이므로 '께서'와 '-시-'를 넣어 표현해야 하고 남동생이 누나에게 하는 말이므로 '-습니다'나 '요'로 끝내지 않습니다.

06 "어른이 집에 있으실까요?"를 높임 표현을 사용해서 바르게 고치면 '이' 대신에 '께서'를, '집' 대신에 '집'의 높임 표현인 '댁'을 사용합니다. 또 '있으실까요?'를 '계실까요?'로 표현해야 합니다.

07 알맞은 높임 표현은 상대에 대한 공경하는 마음이 담겨 있어 듣는 사람으로 하여금 예의 바르게 느끼도록 합니다.

08 쟁반은 물건이므로 '-시-' 표현을 사용하여 높이지 않습니다. 따라서 '-시-' 표현을 빼고 "쟁반이 너무 예뻐요."라고 해야 합니다.

> **채점 기준**
> 쟁반을 높여서 표현했다는 내용이 들어가게 썼으면 정답으로 인정합니다.

09 할머니께 안부 전화를 하는 상황입니다.

10 ①에서는 높여야 할 대상이 할머니이므로 '아프다'가 아니라 '편찮으시다'로 높임을 나타내는 특별한 낱말을 사용해야 합니다. '할머니, 많이 편찮으세요?'라고 말해야 합니다.

01 ③　　02 ④　　03 예 넘어져서 속상했지? / 많이 다치지 않았어?　　04 ①　　05 ㉡　　06 은진
07 ①　　08 예 오늘 바쁘신데도 학교에 물감을 갖다주셔서 너무 감사했어요.　　09 ①　　10 (1) 말 (2) 행동 / (1) 행동 (2) 말

01 그림 ㉮는 남자아이가 여자아이의 물통을 엎질러 미안해하는 장면입니다.

02 미안한 마음을 나타내는 표현이 아닌 것을 고릅니다.

03 격려하거나 위로하는 마음을 전하기 위해서 어떤 말을 하면 좋을지 생각하여 써 봅니다.

> **채점 기준**
> 달리기 경주에서 넘어진 친구에게 격려하거나 위로하는 마음이 드러나는 말을 썼으면 정답으로 인정합니다.

04 '할아버지, 생신 축하드려요.'에서 생신을 축하드리는 마음을 전하기 위해 편지를 썼다는 것을 알 수 있습니다.

05 정혁이의 편지에서 찾을 수 있는 마음을 나타내는 말은 '생신 축하드려요.', '감사합니다.', '아쉬웠어요.', '정말 기뻐요.', '다시 한번 생신 축하드려요.', '항상 건강하시길 바랄게요.' 등입니다.

07 글 (가)에서 '어머니께서는 늘 동생 편만 드신다.', '어머니 말씀에 대꾸도 하지 않고 집을 나섰다.'라는 표현으로 미루어 보아 민서의 화나고 서운한 마음을 짐작할 수 있습니다.

08 민서가 어머니께 전하고 싶은 마음이 무엇인지 생각해 봅니다.

> **채점 기준**
> 어머니께 죄송하고 고마운 마음을 나타내는 말을 썼으면 정답으로 인정합니다.

09 편지를 쓸 때에는 받을 사람, 첫인사, 전하고 싶은 말, 쓴 날짜, 쓴 사람을 갖추어 씁니다.

10 편지를 쓴 사람의 마음을 짐작하려면 글쓴이의 말과 행동, 또는 마음을 직접적으로 표현한 말을 찾아봅니다.

01 ㉮　　02 예 고마웠어. 정말 기뻤어. 미안했어. 등
03 ①, ⑤　　04 ②　　05 ⑤　　06 ③　　07 ⑤
08 예 리디아, 집으로 돌아가게 된 것을 진심으로 축하해. 네가 집으로 돌아갈 수 있다는 이야기를 읽고 나도 뛸 듯이 기뻤어. 집으로 돌아가면 할머니와 함께 꽃을 가꾸며 행복하게 지내길 바랄게. / 리디아, 부모님을 떠나서도 항상 꿋꿋하게 생활하는 네 모습이 정말 멋졌어. 집으로 돌아가게 된 것 정말 축하해.　　09 재성, 정화　　10 ③

01 민경이는 체육 시간에 나리와의 달리기 경주에서 져서 속상했다고 했습니다.

02 민경이의 편지에서 찾을 수 있는 마음을 나타낸 말은 '고마웠어, 정말 기뻤어, 속상했어, 미안했어.' 등이 있습니다.

03 고마운 마음을 드러내는 표현이 아닌 것을 찾아봅니다.

05 외삼촌이 꽃으로 뒤덮인 케이크와 함께 리디아의 아빠가 취직을 하셨다는 소식이 담긴 편지를 전해 주셨던 것으로 보아, 아빠의 취직을 축하해 주기 위해 케이크를 준비해 주셨다고 짐작할 수 있습니다.

06 리디아는 아빠의 취직 소식을 듣고 집으로 돌아갈 수 있다는 기쁜 마음을 ㉠과 같이 표현하였습니다.

07 '굉장하다'의 뜻은 '아주 크고 훌륭하다.'입니다. 비슷한 말로는 '엄청난, 놀라운, 상당한, 큰, 대단한, 근사한, 훌륭한' 등이 있습니다.

08 리디아가 그리워하던 가족에게 돌아갈 수 있게 된 것을 축하하는 말을 넣어 씁니다.

> **채점 기준**
> 가족에게 돌아갈 수 있어 기뻐하고 있는 리디아를 축하해 주는 마음이 드러나게 썼으면 정답으로 인정합니다.

09 지수의 편지에는 영주를 걱정하거나 위로하는 마음이 잘 드러나지 않습니다.

10 지수가 영주에게 전하고 싶은 마음은 위로하거나 격려하는 마음입니다.

해설

## 국어 1회    5. 중요한 내용을 적어요    20~21쪽

01 ⑤    02 (1) 재물 (2) 행운    03 ⑤    04 ②
05 (나)    06 ①    07 동물    08 예 민화의 쓰임
새는 여러 가지였다.    09 ④    10 ⑤

**01** 중요한 내용을 오래 기억해야 할 때 메모가 필요합니다.

**03** 글 (가)에서 정답을 찾을 수 있습니다.

**04** ㉠의 앞과 뒤는 내용이 나란하게 이어지고 있으므로 '그리고'라는 이어 주는 말을 사용하는 것이 적절합니다.

**05** (가)는 전달하고 싶은 내용을 자세히 써서 자세히 알려 주는 글을 쓸 때 필요합니다. (나)는 전체 내용을 한두 문장으로 짧게 간추려 써서 전체 내용을 간단하게 정리할 때 필요합니다. (다)는 중요한 내용을 낱말 중심으로 짧게 써서 읽거나 들은 내용을 빠르게 정리할 때 필요합니다.

**06** 글을 간추릴 때는 반복되는 내용은 줄여 주는 것이 좋습니다.

**07** 애완 동물, 가축, 야생 동물, 희귀 동물은 '동물'이라는 말로 묶을 수 있습니다.

**08** 첫 번째 문장이 다른 문장을 모두 포함하는 중요한 내용입니다.

> **채점 기준**
> 민화의 쓰임새는 여러 가지였다는 내용이 들어가게 썼으면 정답으로 인정합니다.

**09** 문단 (나)에서 정답을 찾을 수 있습니다. 물에 둥둥 떠다니는 생물을 '플랑크톤'이라고 했습니다.

**10** (가) 문단은 물이 있는 곳에는 생물이 산다는 내용을 담고 있습니다.

## 국어 2회    5. 중요한 내용을 적어요    22~23쪽

01 ④    02 ④    03 ④    04 (1) 옛날 사람들
(2) 소재    05 ⑤    06 (1) ㉠ (2) ㉡ (3) ㉢
07 ④    08 ②    09 슐런    10 예 새로 만든 운동으로 스포츠 스태킹이 있다.

**01** 메모를 해 두면 나중에 머릿속에서 잊어버린 후에도 내용을 떠올릴 수 있습니다.

**02** 수의사가 되기 위해서는 동물을 사랑하는 마음을 지녀야 한다고 하였습니다.

**03** 민화는 혼례식이나 잔치를 치를 때 등 여러 가지 쓰임새를 가지고 있습니다. 민화 속에는 우리 조상의 삶과 신앙, 멋이 깃들어 있습니다. 그리고 민화에는 악귀나 나쁜 것을 몰아내는 힘이 있다고 믿었습니다. 민화의 소재는 동물, 식물, 상상의 동물 등 다양합니다. 그러나 선비들이 오래 두고 감상하기 위해 그린 그림은 산수화입니다.

**05** 모란과 불로초는 상상의 동물이 아니라 식물입니다.

**07** 이 글은 『세상을 돌고 도는 놀라운 물의 여행』이라는 책을 읽고 새롭게 알게 된 정보를 소개하는 글입니다.

**08** 책을 읽은 날짜는 책을 소개하는 글에 필요하지 않은 내용입니다.

**09** 이 글에서 설명한 운동은 스포츠 스태킹과 슐런입니다. 이 중에서 외국에서 예전부터 즐기던 운동인데 최근에 우리나라에 들어온 운동은 슐런입니다.

**10** 스포츠 스태킹을 설명하는 문단의 중심 내용을 찾아 씁니다.

> **채점 기준**
> 새로 만든 운동으로 스포츠 스태킹이 있다는 내용이 들어가게 썼으면 정답으로 인정합니다.

**01** 쓰레기 **02** 쓰레기 정거장 **03** (1)—㉠ (2)—㉡
**04** ⑤ **05** ③ **06** ⓔ 저녁에 승호는 짹짹콩콩이가 걱정이 되어 잠을 이룰 수 없었다. **07** 윤서 **08** ④
**09** ① **10** ①

**01** 쓰레기를 버리는 곳이 지저분해서 불편함을 겪고 있었습니다.

**02** 쓰레기를 깔끔하게 버릴 수 있는 쓰레기 정거장이 생겼습니다.

**03** '원인'은 어떤 일이 일어난 까닭이고, '결과'는 그 때문에 일어난 일입니다. 좁은 장소에 쓰레기를 한꺼번에 버려 지저분하고 다니기 불편해서(원인) 쓰레기 정거장이 생겼습니다.(결과)

**04** 아기 참새를 날려 주려고 하였는데 날지 못해서 "참새를 어떻게 하지?"라고 이야기하며 걱정하는 모습을 찾아볼 수 있습니다.

**05** 글에서 날지 못하는 아기 참새를 어떻게 해야 할지 걱정스러워 하는 승호의 모습이 드러납니다.

**06** 저녁에 교실에 간 까닭을 떠올려 봅니다.

> **채점 기준**
> 짹짹콩콩이가 걱정되어서라는 내용이 들어가게 썼으면 정답으로 인정합니다.

**07** (원인) 교실에 선생님과 여러 명의 친구들이 와 있었기 때문입니다.
(결과) 교실에 도착한 승호가 깜짝 놀랐습니다.

**08** 원인과 결과를 알맞게 이어 주는 말로는 '그래서', '왜냐하면', '때문에' 등이 있습니다. 빈칸에 들어가서 원인과 결과가 드러나도록 자연스럽게 이어 주는 말은 '그래서'입니다.

**09** 배탈이 나게 된 원인으로 가장 알맞은 것은 '어젯밤에 상한 음식을 먹었다.'입니다.

**10** 매일 줄넘기를 열심히 한 결과로 알맞은 것은 '줄넘기를 잘할 수 있게 되었다.'입니다.

**01** 결과 **02** ② **03** ⓔ 교실에서 키우기로 하였다.
**04** ⑤ **05** (1) 원인 (2) 결과 **06** (1) ○ **07** ⑤
**08** ⓔ 남매는 동화 속 세상으로 가게 되었다. **09** ⑤
**10** ④

**01** 어떤 일이 일어난 까닭을 '원인'이라고 하고, 그 때문에 일어난 일을 '결과'라고 합니다.

**02** "참새를 어떻게 잡았니?" / "잘 날지 못하는 아기 참새예요."에서 알 수 있습니다.

**03** 참새가 잘 날 수 있을 때까지 교실에서 키우기로 하였습니다.

> **채점 기준**
> 교실에서 키운다는 내용이 들어가게 썼으면 정답으로 인정합니다.

**04** '많은 이름 가운데에서 '짹짹콩콩'으로 부르자는 아이가 가장 많았습니다.'라는 부분에서 '짹짹콩콩'이라는 이름을 지었다는 것을 짐작할 수 있습니다.

**06** 학예회에서 음악에 맞추어 춤을 멋지게 추었다는 결과에 알맞은 원인으로는 '춤 연습을 열심히 했다.'가 가장 어울립니다.

**07** 일어난 일을 다른 사람에게 말할 때에는 그 일이 일어나게 된 원인과, 그로 인해 일어난 결과가 잘 드러나게 말합니다.

**08** 일이 일어난 차례를 살펴보면 남매가 항구에서 배를 탄 다음에 일어난 일이 '이 배는 동화 속 세상으로 남매를 데려다주었다.'임을 알 수 있습니다.

> **채점 기준**
> 동화 속 세상으로 갔다는 내용이 들어가게 썼으면 정답으로 인정합니다.

**09** 선생님께서 '생파'와 '생선'의 뜻을 낱말 그대로 생각하시고 진주네 집에 요리하러 가는지 물어보셨습니다.

**10** 결과가 먼저 나오고, 그다음으로 원인이 나올 때 두 문장을 자연스럽게 이어 주는 말은 '왜냐하면'입니다.

## 국어 **1회** 7. 반갑다, 국어사전 28~29쪽

**01** ④ **02** ② **03** (1) ㄸ (2) ㅇ (3) ㅎ
**04** ④ **05** (1) 붙다 (2) 입다 **06** ④ **07** ⑤
**08** (1) ㄲ, ㅗ, ㅊ (2) ㅇ, ㅣ, ㅍ **09** ② **10** ④

**01** 국어사전의 옆쪽에는 낱말을 쉽게 찾을 수 있도록 한글 자음이 차례대로 나와 있습니다.

**02** 낱말 뜻풀이만으로 부족한 경우에는 그림이나 사진을 함께 실어 낱말의 뜻을 이해하는 것을 돕습니다.

**04** '겨울-기후-모습-옷감-한복'의 차례대로 실립니다.

**05** 낱말이 형태가 바뀔 때에는 형태가 바뀌지 않는 부분에 '-다'를 붙여 기본형을 만듭니다.

**06** 국어사전을 활용하면 낱말의 뜻을 좀 더 자세히 이해하며 읽을 수 있으므로 글의 내용도 더 잘 이해할 수 있습니다.

**07** ① '개꽃'이라고 부르기도 하는 꽃은 철쭉꽃입니다.
② 화전을 부쳐서 삼짇날에 먹었습니다.
③ 진달래는 먹을 수 있는 꽃입니다.
④ 진달래와 철쭉꽃의 생김새는 비슷합니다.
⑤ 진달래 꽃잎은 튀겨서 화채로 만들어 먹었습니다.

**08** 한글 글자는 첫 자음자, 모음자, 받침으로 이루어져 있습니다.

**09** 낱말이 형태가 바뀔 때에는 형태가 바뀌지 않는 부분에 '-다'를 붙여 기본형을 만듭니다.
㉠ '일으킬'의 기본형은 '일으키다'입니다.
㉡ '먹어야'의 기본형은 '먹다'입니다.
㉢ '나빠져서'의 기본형은 '나빠지다'입니다.
㉣ '들여'의 기본형은 '들이다'입니다.
㉤ '만들기도'의 기본형은 '만들다'입니다.

**10** '색소'는 '물체의 색깔이 나타나도록 해 주는 성분'입니다.

## 국어 **2회** 7. 반갑다, 국어사전 30~31쪽

**01** ⑤ **02** 호석 **03** (1) 하늘 (2) ⑩ 두 낱말의
첫 글자의 첫 자음자와 모음자는 같고 '하늘'은 받침이 없고 '학교'는 받침이 있다. 받침이 없는 낱말이 받침이 있는 낱말보다 먼저 실린다. **04** ④ **05** 높다
**06** ③ **07** ⑩ 가을, 공책 **08** 사람, 소매, 솜
**09** ④ **10** ③

**01** 국어사전에는 낱말 뜻풀이만으로 부족한 경우 그림이나 사진을 함께 실어 낱말의 뜻을 이해하는 것을 돕습니다.

**02** 「비」는 비슷한말을 소개하는 약호입니다.

**03** 국어사전에는 첫 자음자와 모음자가 같은 경우 받침이 없는 낱말이 받침이 있는 낱말보다 먼저 실립니다.

> **채점 기준**
> 받침이 없는 낱말이 먼저 실린다는 내용을 알맞게 썼으면 모두 정답으로 인정합니다.

**04** 움직임을 나타내는 낱말과 성질이나 상태를 나타내는 낱말은 상황에 따라 형태가 바뀝니다.

**05** 낱말이 형태가 바뀔 때에는 형태가 바뀌지 않는 부분에 '-다'를 붙여 기본형을 만듭니다.

**06** 겨울에 두꺼운 털옷과 목둘레나 소매 끝이 좁은 옷을 만들어 입습니다. 여름에는 얇고 성긴 옷을 입고 등나무로 만든 기구를 먼저 걸치고 저고리를 입기도 했습니다. 그리고 몸에 잘 붙지 않도록 까슬까슬한 옷감으로 만들었습니다.

**07** '겨울'의 첫 자음자는 'ㄱ'이므로 'ㄱ'으로 시작하는 낱말을 씁니다.

**08** 모두 첫 자음자가 'ㅅ'이므로 모음자의 차례에 따라 '사람'이 가장 먼저 실리고, '소매'는 받침이 없으므로 '솜'보다 먼저 실립니다.

**09** 자연에서 얻은 천연 색소는 음식을 돋보이게 하고 재료의 영양이 그대로 살아 있어서 건강에 좋습니다.

**10** '나비'는 첫 자음자가 'ㄴ'이므로 첫 자음자가 'ㄱ'인 '고구마'가 먼저 실립니다.

**01** ④    **02** 예 아무리 담 너머로 가지가 넘어갔어도 감나무는 우리 집에서 심고 가꾸었기 때문이다.
**03** 의견    **04** ③    **05** ④    **06** 해설 참고
**07** ③    **08** ②    **09** (1) ○ (2) × (3) ○ (4) ×
**10** 예 쓰레기는 쓰레기통에 넣자!

**01** "도련님 댁 감이라고요? 그건 우리 감이에요. 보시다시피 우리 집으로 가지가 넘어왔잖아요."라는 옆집 하인의 말에서 알 수 있습니다.

**02** "그 감은 우리 것이네. 아무리 담 너머로 가지가 넘어갔어도 감나무는 우리 집에서 심고 가꾸었기 때문이야."라는 오성의 말에 나타납니다.

> **채점 기준**
> 감나무를 오성이네 집에서 심고 가꾸었기 때문이라는 내용을 썼으면 정답으로 인정합니다.

**03** 글쓴이나 인물이 어떤 대상에게 지니는 생각을 '의견'이라고 합니다.

**04** 우리가 한 번 쓰고 무심코 버리는 일회용품이 지구를 병들게 한다고 하였습니다.

**05** 글쓴이는 지구를 깨끗이 하려는 노력으로 일회용품 사용을 줄여야 한다고 말하고 있습니다.

**06**
| (가) | 약속을 잘 지키는 습관을 기릅시다. |
|---|---|
| (나) | 고마워하는 마음을 표현하는 습관을 기릅시다. |

**07** 제목을 「좋은 습관을 기르자」로 정한 까닭을 짐작한 것으로 가장 알맞은 것은 '도움이 되는 습관을 기르자고 말하기 위해서'입니다.

**08** 글쓴이는 이 글을 통해 좋은 습관을 길러야 한다고 말하고 있습니다.

**10** 쓰레기를 버리지 말자는 내용의 짧고 인상적인 문구를 생각해 봅니다.

> **채점 기준**
> 쓰레기를 함부로 버리면 안 된다는 내용이 들어가면 정답으로 인정합니다.

**01** (2) ○   **02** ⑤   **03** ㉠   **04** ㉡, ㉢   **05** ③
**06** ②   **07** ㉠   **08** ②
**09** 해설 참고    **10** 예 자전거를 탈 때에는 안전 수칙을 잘 지켜야 합니다.

**01** 오성은 오성의 팔을 담을 넘어간 가지, 오성의 몸을 감나무에 빗대어 말했습니다. 오성은 권 판서 대감의 방에 팔을 들이밀어 담을 넘어간 가지의 주인이 누구인지 권 판서 대감에게 묻고 있습니다.

**03** "음, 그야 너희 것이지. 우리 집에 가지가 일부분 넘어왔어도 나무의 뿌리는 너희 집에 있지 않느냐?"라는 말에서 권 판서 대감의 의견을 알 수 있습니다.

**04** 의견은 글쓴이나 인물이 어떤 대상에게 지니는 생각입니다. 의견을 알기 위해서는 인물의 생각을 나타낸 부분, 인물의 말과 행동에서 찾아볼 수 있습니다.

**05** '전기는 얼마든지 만들어 낼 수 있기 때문이다.'는 전기를 아껴 써야 하는 까닭으로 타당하지 않습니다.

**06** 글 (가)에서는 비닐봉지를 적게 써야 한다는 내용이 나타납니다.

**07** 글 (나)의 중심 문장은 '일회용 컵을 적게 써야 합니다.'입니다.

**08** (가), (나)에서 일회용품의 단점과 대신 사용할 수 있는 물건을 제시하였습니다. 그리고 (다) '우리는 일회용품을 덜 써서 깨끗한 지구를 만들어야 합니다.'라는 부분을 통해 글쓴이의 의견을 알 수 있습니다.

**09**
| (나) | 안전 장비를 갖추고 타야 합니다. |
|---|---|
| (다) | 위험한 행동을 하지 않아야 합니다. |

**10** 글 전체에서 자전거를 탈 때의 안전 수칙에 대해 자세히 말하고 있습니다. 따라서 '자전거를 탈 때에는 안전 수칙을 지키자.'가 글쓴이의 의견입니다.

> **채점 기준**
> 자전거를 안전하게 타야 한다는 내용이 들어가게 썼으면 정답으로 인정합니다.

해설

## 국어 1회 · 9. 어떤 내용일까 · 36~37쪽

**01** ① **02** ④ **03** 예 국어사전을 찾아본다. / 인터넷을 검색해 본다. / 어른께 여쭈어본다. / 앞뒤 내용을 보고 짐작해 본다. **04** ⑤ **05** ㉣ **06** 지리산 팔랑나비 **07** ④ **08** (2) ○ **09** 예 일본어로 된 나비 이름을 우리말 이름으로 바꾸어 붙였다. / 우리나라에 사는 나비에 대한 책을 완성해 영국왕립도서관에 보냈다. **10** 예 자랑스럽다. / 성취감을 느꼈다.

**01** 마지막 문단의 '가을이 되면 다람쥐는 겨울잠을 자려고 먹이를 많이 먹어 두어요.'라는 문장에서 알 수 있습니다.

**02** '쏠다'는 '물건을 잘게 물어뜯다.'라는 뜻을 가진 낱말입니다.

**03** 글을 읽다가 모르는 낱말이 나오면 어떻게 했는지 자신의 경험을 떠올려 봅니다.

> **채점 기준**
> 선생님이나 주변의 어른께 여쭈어본다. / 인터넷으로 검색해 본다. 등 낱말의 뜻을 찾는 방법을 알맞게 썼다면 모두 정답으로 인정합니다.

**04** '누가 펜을 프린들이라고 했을까?' / "네가 그런 거야, 닉."이라는 내용에서 닉이 펜을 프린들이라고 부르기로 정한 사람이라는 것을 알 수 있습니다.

**05** '다른 사람들도 그렇게 하도록 최선을 다할 것을 약속한다.'라고 바꾸어 써도 문장의 뜻이 같습니다.

**07** 석주명이 높은 산의 정상에 오르는 것을 좋아한다는 내용은 글에서 찾을 수 없습니다.

**08** '연구'는 '어떤 일을 깊이 있게 조사하고 생각함.'이라는 뜻입니다.

**10** '성취감을 느낀다, 자랑스럽다' 등 글의 내용을 통해 석주명의 마음을 짐작하여 씁니다.

> **채점 기준**
> 성취감을 느낀다, 자랑스럽다 등 글의 내용을 통해 석주명의 마음을 짐작하여 썼다면 모두 정답으로 인정합니다.

## 국어 2회 · 9. 어떤 내용일까 · 38~39쪽

**01** 발생 **02** ① **03** ① **04** ③ **05** ③ **06** ① **07** 예 끈기가 있다. **08** 부착 뿌리 **09** ③ **10** ㉤

**01** 낱말의 뜻을 알기 위해 앞뒤 내용을 보고 미루어 짐작해 봅니다.

**02** '빛나게'는 다른 보기들과 의미가 크게 다르며, '닳게' 대신 쓰면 문장의 의미가 달라집니다.

**03** 닉이 프린들을 달라고 하며 볼펜을 가리킨 것으로 볼 때 프린들은 펜을 의미한다는 것을 알 수 있습니다.

**04** 선반은 '물건을 얹어 두기 위해 벽에 단 나무판.'을 의미합니다.

**05** 글의 생략된 내용을 짐작하기 위해서는 글에서 단서를 찾고, 자신의 경험을 떠올려 봅니다.

**06** 첫 번째 문단에서 우리나라가 일본에 나라를 빼앗긴 시대라는 것을 확인할 수 있습니다.

**07** 밥을 먹고 잠을 자는 시간을 줄여 가며 나비 연구를 한 것을 보면 끈기가 있고 노력을 많이 하는 성격임을 짐작할 수 있습니다.

> **채점 기준**
> '끈기가 있다. 노력을 한다.' 등의 내용이 들어가게 썼으면 정답으로 인정합니다.

**08** 담쟁이덩굴이 다른 것에 달라붙기 위해 가지고 있는 기관은 부착 뿌리입니다.

**09** 송악도 담쟁이덩굴처럼 부착 뿌리를 가지고 있습니다.

**10** '두 물체를 서로 붙이는 데 쓰는 물질.'이라는 뜻을 가진 낱말은 '접착제'입니다.

01 재미있어  02 ③  03 ④  04 ③
05 행화  06 ③  07 (2) ○  08 해설 참고
09 (1)-ⓛ (2)-ⓐ  10 ⓔ 바위나리는 어찌나 좋은지 어쩔 줄을 모르고 이리저리 몸을 흔들며 외쳤습니다. "별님! 별님!"

01 ①  02 규리  03 ⓛ  04 ⑤  05 ⓔ 찹쌀떡, 나도 모르게 나쁜 말이 나올 때가 있어서 나쁜 말을 하지 않으려고 / 무지개떡, 나도 재미있는 이야기를 친구들에게 들려주고 싶어서  06 ①  07 ⑤
08 ④  09 정호  10 ②

02 '책을 산 날짜'는 책을 소개할 때 중요하지 않은 내용입니다.

03 책을 소개할 때에는 책에서 재미나 감동을 느낀 까닭을 함께 이야기하면 좋습니다.

04 ㉠과 ㉡ 모두 서로 불편하지 않도록 하는 행동이므로, 배려하는 마음이 느껴집니다.

05 행화의 경험에서 팔이 아플까 봐 언니와 번갈아서 우산을 든 것은 서로를 배려하는 행동입니다.

06 만복이가 은지의 고민을 지나치지 않고 먼저 말을 걸어 준 것은 은지를 도와주고 싶었기 때문입니다.

07 만복이가 말한 다음에 선생님께서 기분이 좋아지셨으므로, 선생님께서 만복이의 말을 듣고 고민이 사라졌다는 것을 알 수 있습니다. 따라서 가장 알맞은 것은 '바지도 잘 어울리지만, 치마도 잘 어울려요.'입니다.

08 이 글에서 재미나 감동을 느낀 부분을 생각해 봅니다.

| 재미있거나 감동받은 부분 | ⓔ 만복이는 은지한테 먼저 다가가서 말을 걸어 주었어. |
| 까닭 | ⓔ 외로워하는 은지를 도와주려는 만복이의 마음이 감동적이었다. |

채점 기준

재미있거나 감동받은 부분과 그 까닭을 어울리게 썼으면 정답으로 인정합니다.

10 글을 읽고 재미나 감동을 느낀 부분을 생각해 봅니다.

채점 기준

제시된 글에서 찾을 수 있는 내용을 썼으면 정답으로 인정합니다.

01 친구들과 서로 소개한 책을 반드시 읽어야 하는 것은 아닙니다.

03 ㉠ '빗속을 우리는 나란히 걸었다'는 친구와 다정한 모습을 나타냈지만, 배려하는 모습이 나타난 부분은 ㉡입니다. ㉡은 친구의 발이 젖을까 봐 배려하는 행동이 나타난 부분입니다.

04 만복이가 자꾸 이야기를 하고 싶어했다는 내용이 나타나므로, '재미있는 이야기를 친구들에게 들려주고 싶어서'가 가장 적절합니다.

05 찹쌀떡과 무지개떡을 먹으면 생기는 일을 생각하여 보고 먹고 싶은 까닭을 알맞게 써 봅니다.

채점 기준

떡을 한 가지 골라서 떡에 알맞은 까닭을 썼으면 정답으로 인정합니다.

06 만복이는 친구들의 생각을 엿들을 수 있었습니다.

08 '하지만 부끄러워하는 동환이의 마음을 알자 그러고 싶은 마음이 싹 사라졌어.'라는 부분에서 만복이가 꾹 참은 까닭을 알 수 있습니다.

09 만복이는 동환이의 생각을 듣고 놀리고 싶었지만 동환이를 배려해서 놀리지 않았습니다. 따라서 고은이의 말은 맞지 않습니다.

10 가면을 쓴 인물에게 묻고 답하는 활동을 하고 있으므로, '책 속 인물 초청하기' 활동입니다.

## 사회 1회 1. 우리 고장의 모습 44~45쪽

| | | | | |
|---|---|---|---|---|
| 01 ④ | 02 ① | 03 한수 | 04 ㉠ | 05 ⑤ |
| 06 ① | 07 ④ | 08 ① | | |

09 예 (가)는 전체적인 모습을 생생히 볼 수 있으며, (나)는 밑그림만 그려져 있으므로 고장의 모습을 쉽게 알 수 있다. 10 ② 11 예 고장에 대한 서로 다른 생각과 느낌을 존중한다. 12 ④

01 ④ 축제는 고장에서 일어나는 행사에 해당합니다.

02 ① 하천은 자연과 관련 있는 지형지물입니다.

03 우리 고장에는 다양한 장소가 있고, 같은 장소라도 경험이 다르면 느낌이 다를 수 있습니다.

04 학교, 도서관이 그려져 있는 ㉠이 정답입니다.

05 ⑤ 고장의 모습을 심상 지도로 나타낼 때 미래의 고장 모습은 적합하지 않습니다.

06 ① 장소의 가격을 비교하는 것은 적절하지 않습니다.

07 도서관은 호수 공원 옆에 있습니다.

08 디지털 영상 지도에서 찾아본 장소의 위치를 백지도에 표시할 수 있습니다.

09 (가) 디지털 영상 지도는 하늘에서 내려다보는 것처럼 고장의 모습을 생생하게 볼 수 있습니다. (나) 백지도는 밑그림만 그려져 있기 때문에 고장의 모습을 쉽게 파악할 수 있습니다.

> **채점 기준**
> 디지털 영상 지도와 백지도의 특징을 나타내는 내용이 들어가면 정답으로 합니다.

10 디지털 영상 지도는 확대와 축소 기능이 있으며, 고장의 실제 모습을 살펴보기에 적합합니다.

11 고장의 모습에 대한 생각과 느낌은 다를 수 있으므로 서로를 이해하고 존중하는 태도가 필요합니다.

> **채점 기준**
> 생각과 느낌을 존중한다는 내용이 들어가면 정답으로 합니다.

12 고장의 안내 지도를 만들기 위해서 정보를 수집하는 방법에는 답사하기, 면담하기, 안내 책자 살펴보기, 시·군·구청 누리집에서 찾아보기 등이 있습니다.

## 사회 2회 1. 우리 고장의 모습 46~47쪽

| | | | | |
|---|---|---|---|---|
| 01 ② | 02 도서관 | 03 ② | 04 ② | 05 ⑤ |
| 06 ③ | 07 ④, ⑤ | 08 백지도 | | |

09 사람들이 다른 고장으로 이동할 때 이용하는 장소 10 ④ 11 ④ 12 고장의 안내 책자 살펴보기, 고장 어른과 면담하기, 답사하기 등

01 먹을거리, 볼거리가 많으며 물건을 사고파는 곳은 시장입니다.

02 학교와 가까우며 사람들에게 도움을 주는 장소는 도서관입니다.

03 장소의 가격을 살펴보는 것은 적절하지 않습니다.

04 고장의 모습에 대한 생각과 느낌은 사람마다 다르므로 서로를 이해하고 존중하는 태도가 필요합니다.

05 ⑤ 실제 고장에 대한 생각을 바탕으로 그려야 합니다.

06 고장이란 사람들이 모여 사는 곳을 말하며, 사람들이 자주 이용하지 않거나 잘 모르는 곳도 장소입니다.

07 디지털 영상 지도를 통해 고장의 모습과 지형을 알 수 있습니다.

08 (나)와 같이 호수, 철길, 큰길 등 밑그림만 그려져 있는 지도를 백지도라고 합니다.

09 수정이네 모둠이 찾은 지형지물은 모두 사람들이 다른 고장으로 이동할 때 이용하는 장소입니다.

> **채점 기준**
> 고장 또는 다른 곳으로 이동한다는 내용이 들어가면 정답으로 합니다.

10 다른 곳으로 이동할 때 이용하는 장소는 버스 터미널, 기차역, 여객선 터미널, 공항 등이 있습니다.

11 백지도에 자연의 모습뿐만 아니라 도로, 건물, 다리 등을 표현하는 것이 좋습니다.

12 고장에서 소개할 만한 장소를 찾기 위해 정보를 수집하는 방법에는 시·군·구청 누리집에서 찾아보기, 고장 안내 책자 살펴보기, 면담하기, 답사하기 등이 있습니다.

> **채점 기준**
> 고장에 대한 정보를 수집하는 방법이 들어가면 정답으로 합니다.

**01** ㉠→㉡→㉣→㉢　**02** ㉣　　**03** ③, ④　**04** (예)
궁금한 점을 질문하여 알 수 있다.　**05** ④　　**06** ③
**07** ㉠　　**08** (예) 우리 조상들이 물려준 문화 중 조상의
슬기와 지혜가 담겨 후손에게 물려줄 만한 가치가 있기 때
문이다.　**09** 신문 만들기　**10** ①　**11** ③　　**12** ①

**01** 조사를 할 때에는 먼저 조사할 주제를 정한 뒤에 조
사 내용과 조사 방법을 정합니다. 이후에 조사 내용
을 조사하고 보고서로 정리합니다.

**02** 허준 박물관은 그 이름으로 보아 '허준'과 관련된 곳
임을 알 수 있습니다.

**03** 고장의 옛이야기를 조사하기 위해서는 시청, 군청,
구청 누리집을 방문하거나 옛이야기와 관련된 장소
에 직접 찾아갑니다.

**04** 면담은 궁금한 점을 질문을 통해 빠르게 알 수 있다
는 장점이 있습니다.

**채점 기준**
질문을 할 수 있다는 내용이 들어가면 정답으로 합니다.

**05** 설악산 울산바위에 대한 옛이야기를 통해 '울산바위'
라는 지명의 유래에 대해 알 수 있습니다.

**06** 지명의 유래는 고장과 관련된 사람이나 고장의 땅의
생김새, 고장 사람들의 생활 모습과 관련이 있습니다.

**07** 별자리를 관측하는 기구는 혼천의입니다.

**08** 제시된 자료들은 우리 조상들이 물려준 문화 중 조상
의 슬기와 지혜가 담겨, 후손에게 물려줄 만한 가치가
있으므로 문화유산이라고 부를 수 있습니다.

**09** 신문 만들기는 문화유산에 관한 기사, 사진, 광고 등
이 담긴 신문을 제작하는 문화유산 소개 방법입니다.

**10** 백성들은 탈춤 공연을 보면서 가슴속에 맺힌 한을
풀어내기도 했습니다.

**11** 농악은 농촌에서 집단 노동이나 명절 때 연주한 음
악으로, 왕의 행차에 배경으로 부르지 않았습니다.

**12** 답사는 문화재를 직접 방문하여 조사하는 방법입니다.

**01** ④　　**02** ②　　**03** ①　　**04** (예) 장소 방문하
기, 누리집 검색하기, 고장 어른들께 여쭈어보기 등
**05** 우리 고장의 지명과 유래　**06** (예) 인터뷰할 때 미리
질문을 준비한다. / 고장의 여러 장소를 다닐 때 안전에 유의
한다. 등　**07** ③　　**08** ④　　**09** ②　　**10** (1)
강화 전등사 (2) 신문　**11** (예) 전등사의 모습, 전등사의
아름다움, 전등사 석등의 의미 등　　**12** (예) 소개할 문화
유산, 소개할 내용, 소개 방법, 준비물, 역할 나누기 등을 정
한다. / 소개 자료의 특징이 드러나도록 소개할 내용과 방법
을 정한다. 등

**01** ④ 아파트 동 수는 고장의 지명에 대한 이야기를 아
는데 적절하지 않습니다.

**02** ② 고장의 옛이야기를 조사하는 방법으로 최근에 지
어진 건물을 방문하는 것은 적절하지 않습니다.

**03** ① 옆 고장의 발전 계획은 우리 고장의 옛이야기를
조사하는데 불필요한 정보입니다.

**04** 효담이네 모둠은 장소 방문, 누리집 검색, 어른들께
여쭈어보기 등으로 조사하기로 계획하였습니다.

**05** 조사 내용에서 고장의 지명과 지명의 유래를 조사하
고자 하는 것을 알 수 있으므로 조사 계획서의 주제
는 우리 고장의 지명과 유래가 됩니다.

**06** 고장의 여러 장소를 다닐 때, 안전에 유의하고 반드
시 출입이 허락된 곳만 방문하도록 합니다.

**07** 경복궁, 다보탑, 불국사는 형태가 있는 유형 문화유
산입니다.

**08** ①~③은 형태가 있는 유형 문화유산입니다.

**09** 누비는 두 겹의 천 사이에 솜을 넣어 꿰매는 손바느
질을 말합니다.

**10** 승아네 모둠이 조사할 문화유산은 강화 전등사이며,
신문을 만들어 고장의 문화유산을 소개하려고 합니다.

**11** 전등사의 아름다움, 전등사의 우수성, 전등사의 위
치, 전등사의 역사 등을 적을 수 있습니다.

**12** 문화유산 소개 계획서를 작성할 때에는 소개 자료의
특징이 드러나도록 소개할 내용과 방법을 정하고,
모둠원이 모두 협력하여 자료를 만듭니다.

해설

## 사회 1회　3. 교통과 통신 수단의 변화　52~53쪽

**01** 가마　**02** ①, ②　**03** ④　**04** ⓔ 한 번에 많은 사람과 물건을 옮길 수 있다. / 먼 곳까지 쉽게 갈 수 있고, 빠르고 편하게 이동이 가능하다. 등　**05** ③　**06** ④
**07** ⑤　**08** ㉠ 연기 ㉡ 횃불(불빛/불)　**09** ②
**10** ⑤　**11** ③　**12** ⓔ 통신 기술의 발달로 사람들의 생활이 더 편리해질 것이다. / 생활 곳곳에서 사물 인터넷이 연결된 가전제품 사용이 늘어날 것이다. / 우리 몸의 건강 상태를 병원으로 바로 전달할 수 있을 것이다. 등

**01** 가마는 사람이 올라타면 가마꾼이 가마를 들고 이동했습니다.

**02** 옛날 교통수단은 힘이 많이 들고 여러 사람이 함께 이용하는 것이 어려웠습니다.

**03** 트럭(화물차)과 화물 열차는 모두 물건(짐)을 실어 나를 때 이용하는 교통수단입니다.

**04** 오늘날 교통수단은 종류가 다양해지고, 사람들의 교통수단 이용 모습도 달라졌습니다.

> **채점 기준**
> 예시 답안과 같은 내용을 한 가지 적었으면 정답으로 합니다.

**05** 가마, 버스, 자동차, 고속 열차는 모두 땅에서 이용하는 교통수단입니다.

**06** 농부가 가파른 길을 따라 무거운 농작물을 이동할 때 이용하는 교통수단은 모노레일입니다.

**07** 신호 연은 색깔이나 문양을 이용해 미리 정한 암호로 적군 모르게 작전을 지시할 수 있었습니다.

**08** 봉수는 낮에는 연기, 밤에는 횃불(불빛)로 소식을 전했습니다.

**09** 파발은 옛날에 사용하던 통신 수단입니다.

**10** 텔레비전으로 올림픽 경기를 시청하고, 휴대 전화로 문자 메시지를 보낼 수 있습니다.

**11** 외국에서 열린 경기를 실시간으로 보여 주는 통신 관련 시설은 방송국입니다.

**12** 지금보다 통신 기술이 더욱 발달한 미래에는 오늘날보다 생활이 더욱 편리해질 것입니다.

> **채점 기준**
> 예시 답안과 같은 내용을 한 가지 적었으면 정답으로 합니다.

## 사회 2회　3. 교통과 통신수단의 변화　54~55쪽

**01** ③　**02** ②　**03** ③　**04** ⓔ 무거운 짐도 먼 곳으로 쉽고 빠르게 옮길 수 있다. 등　**05** ①　**06** ⓔ 공항, 관제탑, 공항버스, 공항 철도 등　**07** ②　**08** ②　**09** ④
**10** ⓔ 한 번에 정보를 많이 주고받을 수 있다. / 정보를 실시간으로 빠르게 전달할 수 있다. / 통신 기계 하나만 있으면 여러 가지 통신 방법을 이용할 수 있다. / 여러 사람과 동시에 정보를 주고받을 수 있다. 등　**11** ⑤　**12** ③

**01** 옛날 사람들은 수레를 이용해 물건을 옮겼습니다.

**02** 수증기를 이용하고 바다에서 이용하는 교통수단은 증기선입니다.

**03** 오늘날 교통수단은 석유, 가스, 전기 등을 연료로 이용하고, 기계의 힘을 이용합니다.

**04** 교통수단의 발달로 옛날에 비해 무거운 짐을 먼 곳으로 쉽고 빠르게 옮길 수 있게 되었습니다.

> **채점 기준**
> 문제에서 제시된 그림과 관련이 있는 생활 모습의 변화를 쓰면 정답으로 합니다.

**05** 강과 바다를 건너 갈 때, 자동차와 같이 무거운 물건들을 운반할 때는 배를 이용하는 것이 편리합니다.

**06** 비행기와 관련된 교통 시설에는 공항, 공항버스, 공항 철도, 관제탑 등이 있습니다.

**07** 바다를 사이에 두고 떨어진 두 마을을 오갈 때 이용하는 교통수단은 갯배입니다.

**08** 방은 사람들에게 널리 알려야 할 것이 있을 때 사람들이 많이 다니는 곳에 붙이던 글입니다.

**09** 스마트폰은 하나의 기계에서 여러 가지 통신 방법을 이용할 수 있습니다.

**10** 오늘날 통신 수단은 한 번에 정보를 많이 주고받을 수 있고, 실시간으로 빠르게 전달할 수 있습니다.

> **채점 기준**
> 예시 답안과 같은 내용을 한 가지 적었으면 정답으로 합니다.

**11** 오늘날에는 학습 주제를 직접 관찰하러 이동하기보다는 학교 수업에서 영상 자료 등을 많이 이용합니다.

**12** 인터폰은 아파트와 같은 공동 주택에서 소식을 전달하기 위해 많이 이용합니다.

| 01 ⑤ | 02 플라스틱 | 03 ① | 04 ③ | 05 ① |
|---|---|---|---|---|
| 06 ④ | 07 ④ | 08 ③ | 09 ①, ③ | 10 ③ |
| 11 (1) ○ (2) ○ (3) × | | 12 ⑤ | | |

01 손으로 만져 보면서 모양이나 촉감을 알 수 있습니다.

02 장난감 블록, 자, 탁구공은 모두 플라스틱으로 만들어서 모양과 색깔이 다양합니다.

03 인형과 옷은 섬유로 만들어진 물체이고, 섬유는 물질입니다.

04 여러 가지 물질로 만든 막대를 서로 긁어 보면 물질의 단단한 정도를 비교할 수 있습니다. 두 물질을 서로 긁었을 때 잘 긁히는 물질일수록 덜 단단합니다.

05 여러 가지 물질로 만든 막대를 구부려 보면 물질의 휘는 정도를 알 수 있습니다. 고무 막대가 구부러지는 것으로 보아 고무는 휘는 성질이 있습니다.

06 금속은 다른 물질보다 단단하고 광택이 있으며 딱딱합니다. 무거워서 물에 가라앉으며 불투명합니다.

07 고무의 잘 미끄러지지 않는 성질을 이용하여 신발의 밑창을 고무로 만듭니다.

08 섬유는 물에 잘 젖으며, 잘 찢어지지 않고 질깁니다. 또, 손으로 만지면 부드럽고, 접을 수 있습니다.

09 바구니를 플라스틱으로 만들면 가벼우면서도 튼튼합니다. 또 다양한 색깔과 모양으로 만들어 사용할 수 있습니다.

10 제시된 자전거의 손잡이는 플라스틱으로, 몸체와 체인은 금속으로, 안장은 가죽으로, 타이어는 고무로 만들어졌습니다.

11 유리컵은 투명하여 무엇이 들어 있는지 쉽게 알 수 있습니다. 음식을 오랫동안 따뜻하게 보관할 수 있는 컵은 도자기 컵입니다.

12 물기가 완전히 마른 탱탱볼은 알갱이가 투명하고, 광택이 있습니다. 말랑말랑하고 고무 같은 느낌이 듭니다. 또 바닥에 떨어뜨리면 잘 튀어 오릅니다.

| 01 ① | 02 ④ | 03 (1) 나무 (2) 가죽 | 04 ③ |
|---|---|---|---|
| 05 ③ | 06 소희, 지현 | 07 ④ | 08 ④ |
| 09 ④ | 10 ④ | 11 ⑤ | 12 예 서로 다른 물질을 섞으면 섞기 전에 각 물질이 가지고 있던 손으로 만졌을 때의 느낌이 변한다. |

05 • 고무 막대로 나무 막대를 긁었을 때, 나무 막대는 긁힌 흔적이 없으므로 나무가 더 단단합니다. (고무 < 나무)
 • 나무 막대로 플라스틱 막대를 긁었을 때, 플라스틱 막대에 긁힌 흔적이 없으므로 플라스틱이 더 단단합니다. (나무 < 플라스틱)
 • 금속 막대로 플라스틱을 긁었을 때, 플라스틱 막대에 긁힌 흔적이 생겼으므로 금속 막대가 더 단단합니다. (플라스틱 < 금속)
 따라서 금속 < 플라스틱 < 나무 < 고무 순으로 단단합니다.

06 쉽게 구부러지고 당기면 늘어났다가 놓으면 다시 돌아오는 물질은 '고무'입니다.

07 ㉠ 투명한 것은 유리의 성질입니다.
 ㉢ 잘 미끄러지지 않는 것은 고무의 성질입니다.

08 고무줄은 고무로 만들어져 당기면 잘 늘어나서 다른 물체를 쉽게 묶을 수 있습니다.

10 • 비닐장갑은 투명하고 얇으며, 물이 들어오지 않습니다.
 • 고무장갑은 질기고 미끄러지지 않으며, 물이 들어오지 않습니다.
 • 면장갑은 부드럽고 따뜻합니다.

12 탱탱볼을 만들 때 섞기 전 재료는 흘러내리거나 깔끔하지만, 만들어진 탱탱볼은 말랑말랑합니다.

| 채점 기준 | |
|---|---|
| 상 | 섞기 전과 후, 손으로 만졌을 때의 느낌이 변함을 잘 쓴 경우 |
| 중 | 대략적인 내용은 맞으나 구체적으로 쓰지 못한 경우 |
| 하 | 답을 틀리게 쓴 경우 |

해설

## 과학 1회  3. 동물의 한살이  60~61쪽

01 ①    02 ⑤    03 ⑤    04 ③    05 ©
→ ② → ⊙ → ©    06 (1) ✕ (2) ○ (3) ○
07 ⊙ 애벌레 © 애벌레 © 번데기 ② 번데기    08 ④
09 ⑤    10 ③    11 ②    12 ⊙, ②

**01** 사슴의 암컷은 뿔이 없고 수컷에 비하여 몸이 작습니다. 수컷은 뿔이 있고 암컷보다 몸이 큽니다.

**02** • 제비, 찌르레기, 황제펭귄, 두루미는 암수가 함께 알이나 새끼를 돌봅니다.
• 곰은 암컷이 새끼를 돌보고, 물자라는 수컷이 알을 돌보며, 거북은 암수 모두 알을 돌보지 않습니다.

**05** 4번 허물을 벗은 애벌레는 먹는 것을 중단하고 번데기로 변하기 위하여 안전한 곳을 찾습니다. 입에서 실을 뽑아 몸을 묶고, 머리부터 껍질이 벌어지며 허물을 벗습니다. 번데기의 모습이 되면 주변의 색깔과 비슷한 색깔로 변합니다.

**06** 배추흰나비 어른벌레는 날개가 두 쌍, 다리가 세 쌍, 더듬이가 한 쌍 있습니다.

**07** 사슴벌레의 한살이는 알 → 애벌레 → 번데기 → 어른벌레의 단계를 거칩니다.

**08** 벌, 나비, 개미, 무당벌레는 '완전 탈바꿈'을 하는 곤충이고, 사마귀는 '불완전 탈바꿈'을 하는 곤충입니다.

**09** • 병아리는 온몸에 솜털로 덮여 있고, 암수를 구별하기 쉽지 않습니다.
• 다 자란 닭은 몸에 솜털 대신 깃털이 나고, 암수의 구별이 뚜렷합니다.

**10** • 개구리의 한살이(알 → 올챙이 → 개구리)에는 닭(알 → 병아리 → 닭)처럼 알을 낳는 단계가 있습니다.
• 개, 소, 다람쥐, 고양이는 새끼로 태어나고, 새끼는 어미의 모습과 비슷합니다.

**11** 갓 태어난 강아지는 눈이 감겨 있고, 귀도 막혀 있으며, 다리에 힘이 없어 일어서지 못합니다.

**12** 번데기를 만들고, 허물을 벗는 것은 곤충의 한살이에서 볼 수 있는 것입니다.

## 과학 2회  3. 동물의 한살이  62~63쪽

01 기철    02 ③    03 ⑤    04 ②    05 번데기
06 ①    07 ①    08 ③    09 ③    10 예 알을
낳는다, 암컷은 다 자라면 알을 낳을 수 있다 등    11 ①
12 ⑤

**01** 꿩의 수컷은 깃털의 색깔이 선명하고 꽁지깃은 암수 모두 있습니다.

**02** 가시고기는 수컷이 알을 돌봅니다. 참새, 제비, 황제펭귄은 암수가 함께 알이나 새끼를 돌봅니다. 거북은 암수 모두 알을 돌보지 않습니다.

**03** 손으로 배추흰나비알을 만지면 죽을 수도 있으므로 만지지 않습니다.

**04** 배추흰나비 애벌레의 가슴에는 가슴발이 세 쌍 있습니다.

**06** ②, ⑤은 번데기에 대한 설명이고, ③, ④은 어른벌레에 대한 설명입니다.

**07** 번데기에서 날개가 있는 어른벌레가 나오는 과정을 '날개돋이'라고 하는데, 잠자리의 한살이에는 번데기 단계가 없으므로 날개돋이 과정도 없습니다.

**08** 개미와 무당벌레는 '완전 탈바꿈'을 하는 곤충이고, 사마귀, 노린재는 '불완전 탈바꿈'을 하는 곤충입니다.

**09** 병아리는 온몸이 솜털로 덮여 있으며, 암수의 구별이 쉽지 않습니다.

**10** 연어, 도롱뇽, 굴뚝새는 알을 낳는 동물로, 새끼 중 암컷은 다 자라면 알을 낳을 수 있습니다.

> **채점 기준**
> '알을 낳는다, 알 단계가 있다, 암컷은 알을 낳는다.' 등의 내용이면 정답

**11** 갓 태어난 강아지는 어미젖을 먹으며 자라고, 2~3주가 지나면 젖니가 나오기 시작하며, 6~8주가 지나면 젖니가 다 나오고 먹이를 씹어 먹습니다.

**12** 새끼를 낳는 동물마다 임신 기간과 한 번에 낳는 새끼의 수, 새끼가 자라는 기간 등이 다릅니다. 태어나자마자 일어서서 걷는 동물도 있고, 그렇지 않은 동물도 있습니다.

| 01 ② | 02 ③ | 03 ① | 04 ④ | 05 ② |
|------|------|------|------|------|
| 06 ① | 07 ① | 08 ⑤ | 09 ⑤ | 10 ⑤ |
| 11 ① | 12 ① | | | |

**01** 철로 이루어진 물체는 자석에 붙습니다.

**02** 자석에 붙는 물체는 철로 이루어진 물체라는 공통점을 가집니다.

**03** 어떤 자석이든 자석의 극은 모두 2개이며, 자석의 극에 철로 이루어진 물체가 가장 많이 붙습니다.

**04** 빵 끈 조각에는 철이 들어 있습니다. 자석은 철로 이루어진 물체를 끌어당기기 때문에 빵 끈 조각도 자석이 있는 곳까지 끌려옵니다.

**06** ① 방향을 알려주는 나침반입니다.
② 무게를 알려주는 체중계입니다.
③ 시간을 알려주는 시계입니다.
④ 불을 끌 때 사용하는 소화기입니다.
⑤ 사물을 확대해서 보는 돋보기입니다.

**07** 철로 이루어진 물체를 자석의 한쪽 극에 1분간 붙여 놓으면 자석의 성질을 가집니다.

**08** 자석의 성질을 띤 머리핀은 나침반과 같이 N극이 북쪽을 가리키고, S극이 남쪽을 가리킵니다. ㉠이 북쪽이면 ㉡이 남쪽이 되고, ㉠이 남쪽이면 ㉡이 북쪽입니다. 나침반 바늘이 빨간색이 가리키는 쪽이 북쪽이므로, ㉠이 북쪽, ㉡이 남쪽입니다.

**09** 다른 극끼리는 서로 끌어 당깁니다.

**10** 나침반 바늘도 자석이기 때문에 다른 극끼리는 서로 끌어당기려는 성질을 가지고 있습니다. 막대자석의 S극이 가까이 오면 나침반 바늘 중 빨간색 부분(N극)이 막대자석의 S극으로 끌려 옵니다.

**11** ① 적외선 온도계는 적외선을 이용하여 온도를 측정하는 기구입니다.

**12** 그림의 장난감은 나무 막대기와 자동차 뒷면에 동전 모양 자석을 붙인 것입니다. 자석의 서로 끌어당기는 성질 때문에 나무 막대기를 움직이면 자동차도 같이 움직입니다.

| 01 ④ | 02 자석의 극 또는 극 | 03 ① | 04 ③ |
|------|------|------|------|
| 05 ① | 06 ④ | 07 ② | 08 ① | 09 ⑤ |
| 10 ③ | 11 ② | 12 ③ | | |

**01** 플라스틱이나 유리, 나무로 이루어진 물체는 자석에 붙지 않습니다.

**02** 자석에서 클립이 많이 붙은 곳은 자석의 극입니다.

**03** 모든 자석은 극을 두 개 가지며, '자석의 극'은 자석 모양에 따라 위치가 달라질 수 있습니다.

**04** 자석과 철로 이루어진 물체 사이를 멀게 할수록 서로 끌어당기는 힘이 약해집니다. 따라서 자석이 멀어질수록 빵 끈 조각이 조금씩 아래로 떨어집니다.

**05** 나침반은 자석을 이용한 도구로, 방향을 알려줍니다. 빨간색 화살표는 북쪽을 가리키고, 반대쪽 끝은 남쪽을 가리킵니다. 나침반 바늘은 철로 이루어져 있습니다.

**06** 자석을 물에 띄우면, 나침반과 같은 역할을 합니다. N극은 북쪽을 가리키고, S극은 남쪽을 가리킵니다.

**07** 수수깡은 머리핀을 물에 띄우는 역할을 합니다. 자석에 붙인 머리핀은 나침반 바늘의 역할을 하며, 북쪽과 남쪽을 가리킵니다.

**08** 같은 극끼리 가까이 가져가면 밀어내는 힘이 작용하고, 다른 극끼리는 서로 끌어당깁니다.

**09** ㉠과 ㉣은 서로 같은 극끼리 마주 대고 있습니다. 같은 극끼리는 밀어내는 힘이 작용합니다.

**10** 나침반의 N극은 막대자석의 S극을 가리키고, 나침반의 S극은 막대자석의 N극을 가리킵니다.

**11** 나침반 바늘도 자석이기 때문에 자석의 N극을 가까이하면 바늘의 S극이 끌려오고, 자석의 S극을 가까이 하면 나침반의 N극이 끌려옵니다.

**12** 필통은 열고 닫는 부분 중 필통 쪽에 자석을 붙이고, 다트 화살은 과녁에 붙는 다트 화살 끝부분에 자석을 붙입니다.

해설

## 과학 1회 5. 지구의 모습 68~69쪽

| 01 ③ | 02 ④ | 03 ⑤ | 04 ⑤ | 05 ③ |
|------|------|------|------|------|
| 06 ③ | 07 ② | 08 ⑤ | 09 ③ | 10 ⑤ |
| 11 ⑤ | 12 ③ | | | |

**02** 사막은 우리나라에서 쉽게 볼 수 없는 지구 표면의 모습이고, 모래는 주로 노란색이나 갈색으로 표현합니다.

**03** 육지에는 생물이 살고, 육지보다 바다가 더 넓습니다. 육지의 물은 짜지 않아서 깨끗한 물은 사람과 동물이 마실 수도 있습니다. 하지만 바닷물은 소금 등이 녹아 있어 짠맛이 납니다.

**04** 육지의 물은 짜지 않고, 깨끗할 경우 마실 수도 있습니다. 반면에 바닷물은 짠맛이 납니다.

**05** 그림은 세계 지도를 50개의 칸으로 나누어 육지 칸의 수와 바다 칸의 수를 비교하는 활동입니다.

**06** 공기는 비를 내리게 하고, 바람을 불게 합니다. 하늘에 떠서 날고 있는 연이나 바람으로 움직이는 요트를 보면 공기를 느낄 수 있습니다.

**07** 마젤란 탐험대의 뱃길을 보면, 한 방향으로 계속 이동하였음을 알 수 있습니다. 출발과 도착한 장소는 스페인의 세비야입니다. 대서양 → 태평양 → 인도양 순으로 지나왔습니다.

**08** 사람의 크기에 비해 지구가 매우 크기 때문에 우리에게 지구가 편평하게 보입니다.

**09** 둥근 공 모양이고, 회색빛을 띱니다. 달에는 물과 공기가 없어 생물이 살지 못합니다. 달의 표면에는 움푹 파인 구덩이가 있는데 '충돌 구덩이'라고 부릅니다.

**10** 지구에는 공기가 있고, 하늘의 색이 낮에는 파란색을 띱니다. 또 새와 같이 날 수 있는 동물들이 하늘에서 관찰되기도 합니다. 달의 하늘은 검은색이고, 달에는 공기가 없고, 생물이 살지 않습니다.

**11** 지구의 바다는 산보다 땅 높이가 더 낮습니다.

**12** 만약 달의 크기가 유리구슬 정도라면, 지구의 크기는 야구공 정도가 됩니다.

## 과학 2회 5. 지구의 모습 70~71쪽

| 01 ④ | 02 ② | 03 ⑤ | 04 ④ | 05 바다 |
|------|------|------|------|------|
| 06 ⑤ | 07 ④ | 08 ④ | 09 ④ | 10 ④ |
| 11 ③ | 12 ① | | | |

**01** 우리나라에서는 강, 산, 갯벌, 바다는 볼 수 있지만, 빙하나 화산은 보기 어렵습니다.

**02** 산은 주변보다 땅이 높이 솟아 있고 많은 나무와 풀이 자라서 여름에는 초록색을 띠며, 다양한 동물들이 사는 곳입니다.

**03** 열기구는 커다란 풍선 안에 따뜻한 공기를 넣어 하늘 높이 떠오르게 하는 탈 것입니다.

**04** 흰색 바둑알(육지)이 14개이고, 검은색 바둑알(바다)이 36개입니다.

**05** 바다에 해당하는 검은색 바둑알이 흰색 바둑알보다 22개 많습니다. 이를 통해서 바다가 육지보다 넓다는 사실을 알 수 있습니다.

**06** 육지의 물은 짜지 않아서 깨끗한 물은 동물들이 마십니다. 하지만 바닷물은 소금 등 여러 가지 물질이 녹아 있어 짠맛이 납니다. 육지의 물이나 바닷물에는 다양한 생물이 삽니다.

**07** 달은 지구보다 작고, 둥근 공 모양이며, 회색빛을 띱니다. 달에는 물과 공기가 없어 생물이 살지 못합니다. 또, 달의 표면에는 움푹 파인 구덩이가 많습니다.

**08** 사진은 달의 바다로, 어두운 회색이고, 편평합니다. 달의 바다에는 물이 없고, 생물이 살지 않습니다.

**09** 지구의 하늘에는 구름이 있고, 낮에는 파란색이며, 새가 날아다닙니다. 또 지구의 하늘에서는 비가 내립니다. 달의 하늘은 항상 검은색입니다.

**10** 파도와 바닷물은 지구의 바다에 있으며, 충돌 구덩이는 달에서 쉽게 볼 수 있습니다.

**11** 지구는 달보다 크기 때문에 모형도 달보다 크게 만들어야 합니다. 지구와 달은 모두 둥근 공 모양입니다. 지구는 파란색과 초록색을 주로 칠하고, 달은 회색을 주로 칠합니다.